박규현의 공기업 NCS 면접

저자 박규현

다락원

들어가면서

2016년 여름은 무척 더웠다. 더운 여름 내내 여름휴가도 없이 집 근처 카페에서 '박규현의 공기업 NCS면접' 원고를 쓰기 시작했다. 공기업 취업 강사와 취업 컨설팅 활동을 하면서 많은 학생이 제대로 된 공기업 면접 책이 없어 많은 어려움을 겪는 모습이 안타까웠기 때문이었다. 그래서 공공기관 인사담당 차장과 면접관으로 활동했던 경험을 살려, 실력이 충분한데도 번번이 공기업 면접에서 고배를 마시는 학생들에게 도움을 주고 싶었다.

하지만 책 원고를 쓴다는 것이 생각보다 만만치 않았다. "괜한 일을 시작했나?"라는 후회하기도 했고 진도가 잘 나가지 않을 때마다 머리를 쥐어뜯기도 했다. 그런 과정을 거쳐 마침내 책이 출판되었지만, 혹시나 학생들에게 욕이나 먹지 않을까 걱정하기도 했다. 하지만 기대했던 것보다 학생들의 반응이 좋아서 과분한 사랑을 받을 수 있었다. 책을 읽고 정말 큰 도움을 받아서 합격할 수 있다는 감사의 인사를 들을 때마다 뜨거웠던 여름의 고된 작업이 보상받는 느낌이었다.

이후 2023년에 변화하고 있는 공기업 면접 경향에 맞추어, 실제 지원자들이 면접에서 쉽게 활용할 수 있는 모범 면접 답변을 중심으로 새롭게 원고를 준비해 전자책 형태로 출판했다.

처음 면접을 준비하는 학생도 모범답변만 계속 읽다 보면 자연스럽게 좋은 답변을 만들 수 있도록 하는 것이 나의 목표였다. 또한, 기존 원고에서 충실하게 담지 못했던 토론면접, 발표면접, 그리고 상황면접에 대해 보다 더 깊이 이해하고 쉽게 활용할 수 있도록 구성하였다. 그리고 최근 지원자의 직무역량이 강조되면서 자주 제시되고 있는 경험행동 면접과 경험관련 질문을 준비하고 답변하는 방법을 보다 더 자세하고 쉽게 기술하였다.

하지만 아무래도 전자책 형태이다 보니, 면접을 준비하면서 불편함을 호소하는 요구가 많았다. 그런 학생들의 요구에 부응하여 다시 책 원고 내용을 가다듬어 이번에 새롭게 종이책을 출판하게 되었다.

인터넷과 유튜브에 떠도는 잘못된 정보와 조언을 맹신해, 엉뚱하거나 잘못된 답변을 준비했다가 면접에서 탈락의 고배를 마시는 지원자들이 아직도 많다. 이렇게 계속된 면접탈락으로 힘들어하는 지원자들이 이 책을 통해 공기업 면접에 대한 올바른 방향을 정확히 이해하고 구체적인 방법과 모범답변을 활용하여 합격이라는 멋진 결과를 만들어 내기를 희망한다.

많은 청춘들의 멋진 꿈을 응원하며, 2025년 여름

이 책을 읽는 법

처음 이 책의 원고를 쓰기 시작하면서 생각했던 책의 구조는 백과사전처럼 면접을 앞둔 지원자들이 자신이 원하는 답변을 빠르게 찾아서 확인할 수 있는 방식이었다. 또한 최대한 이론적인 부분 보다는 실전 면접에서 활용할 수 있는 내용으로 구성하고자 노력했다. 또한 풍부한 예시와 모범 면접답변을 수록해 이 책을 자주 읽기만 해도 면접에서 좋은 결과를 만들어 낼 수 있도록 기획했다. 그래서 이 책을 읽는 특별한 순서나 방법은 없다. 독자 여러분들이 알고 싶은 부분을 빠르게 찾아 그 내용을 참고하면 된다.

한 가지 주의해야 할 점이 있다면, 이 책에 실려 있는 모범 답변을 그대로 활용하기보다는 전반적인 답변 흐름과 내용을 참조하여 나만의 답변을 만들어 가야 한다는 점을 강조하고 싶다. 또한, 아무리 좋은 답변 내용이라도 자신에게 맞지 않는다면 오히려 독이 될 수도 있을 뿐만 아니라, 다른 지원자들 역시 이 책의 답변 내용을 참고하고 있다는 점도 잊지 않아야 할 것이다. 그래서 이 책의 답변 내용을 그대로 맹신하고 그대로 암기해서 활용하는 것은 절대 금물이다.

우선 공기업 면접을 준비할 시간적 여유가 있고 보다 체계적으로 면접을 준비 하고 싶은 독자라면, 이 책에서 구성한 순서대로 책을 읽어가며 내용을 소화하는 것이 좋을 것이다. 하지만 시간적 여유가 없는 상황에서 빠르게 면접을 준비하고 싶은 독자라면, 오히려 마지막 부분인 5부. 면접 질문별 공략법에서부터 시작해 역으로 책을 읽으면서 핵심을 정리하는 것이 효율적일 것이다. 이 과정에서 각 챕터의 제목과 설명 부분을 참고해 제외할 부분은 빠르게 제외하고 핵심만을 습득하는 것이 필요하다.

이 책의 구성은 크게 6부로 구성되어 있다.

1부. '공기업 NCS 면접에 대한 이해'에서는 공기업 면접, NCS 면접에 대해 알아보면서 우리가 잘 알지 못했던 공기업 면접의 진실을 우선 다루고 있다. 또한 NCS 면접의 실체를 파악하기 위한 내용으로 구성되어 있다. 마지막으로 공기업 면접의 특징과 형태 그리고 공기업 면접이 실제 어떻게 준비되고 평가 되는지를 다루고 있다.

2부. '공기업 면접준비'에서는 공기업 면접에서 탈락하는 사람, 합격하는 사람의 유형에 대해 다루면서, 실제 공기업 면접에서 가장 중요한 부분인, 지원자가 어떠한 자세와 마음가짐을 갖는 것이 필요한지를 다루고 있다. 또한 실제 공기업 면접을 어떻게 준비해야 하는지를 살펴보고 이어서 공기업 면접 준비를 탄탄히 할 수 있도록 내용을 구성하였다.

3부. '공기업 면접의 핵심'에서는 우선 면접 합격을 위해 면접 당일 현장에서 활용할 수 있는 현장 실전 TIP 4가지에 관해 이야기하고 있다. 특히 면접을 처음 준비하는 지원자라면 반드시 이해해야 할, 면접자세, 표정관리, 시선 처리에 관해 설명하고 면접답변 구성과 답변톤에서는 면접 답변 공식과 답변분량 그리고 답변톤에 관해 이야기하고 있다. 특히, 답변 공식의 경우에는 면접에서 간결하면서도 핵심을 담아 답변하는 방식으로 이 책의 내용에서 가장 중요한 부분이라 할 수 있다. 또한, 1분 자기소개, 지원동기, 경험질문, 마지막 발언 등 가장 중요한 면접질문에 대해 어떻게 대비해야 하는지 설명하고 마지막으로 면접에서 만난 위기에 대처하는 방법을 설명한다.

4부. '면접 형태별 공략법'에서는 우선 공기업 면접에서 가장 기본적인 형태인 인성면접에서 면접관의 신뢰를 얻을 수 있는 방법 7가지에 관해 설명하고, 이어서 공기업의 인성면접과 함께 최근 비중이 늘어나고 있는 토론면접, 발표면접, 상황면접에 대해 어떻게 준비해야 하는지 상세히 설명하고 있다. 또한 많은 예시를 통해 많은 지원자가 힘들어하는 토론면접과 발표면접 그리고 상황 면접에 대한 자신감을 키울 수 있도록 기획하였다. 마지막으로 인턴과 비정규직 면접에서 주의해야 할 점과 공략하는 방법을 설명하고 있다.

5부. '면접 질문별 공략법'에서는 이번 개정판을 준비하면서 가장 공을 많이 들인 부분으로 크게 10개의 장으로 나누어 공기업 인성면접에서 자주 제시되는 면접질문과 함께 602개의 다양한 모범답변을 제시하고 있다. 실제 면접을 준비하면서 답변 내용을 준비하는데 힘들어하는 지원자들에게 큰 도움이 될 것이다. 면접준비 시간이 부족한 지원자라면 최소한 다양한 모범답안을 소리 내서 읽는 것만으로도 어느 정도 면접준비를 마칠 수 있도록 기획하였다.

6부. '공기업 합격 후기'에서는 실제 공기업에 합격한 학생들의 생생한 합격 후기를 통해 이 책을 읽는 많은 취업준비생에게 방향을 제시하고 용기를 불어 넣을 수 있도록 준비했다.

차 례

차 례

차 례

4부　면접형태별 공략법

5부 면접질문별 공략법

차 례

차 례

차 례

탈락하는 답변

vs.

합격하는 답변

탈락하는 답변 vs. 합격하는 답변

공기업 면접에서 계속 탈락하면서도 자신이 왜 탈락하는지 정확한 이유를 몰라서 답답해하는 경우가 많다. 면접관의 질문에도 막힘없이 잘 답변했을 뿐만 아니라 자신의 강점과 역량을 충분히 전달했다고 생각했지만, 실제 결과는 탈락인 경우가 많다. 면접 탈락에는 여러 이유가 있겠지만 면접관으로부터 좋은 평가를 받지 못하는 답변 스타일이 분명히 존재한다. 그래서 본격적으로 들어 가기에 앞서, 먼저 아래 예시를 통해 면접에서 탈락하는 답변 스타일과 면접에서 합격하는 답변 스타일에 대해서 알아보자.

1 면접에서 탈락하는 답변 스타일

질문 ▶ 오래 기다리셨죠? 짧게 자기소개 부탁드릴게요.

답변

안녕하십니까? 행정직 지원자 145번입니다.

저는 오늘 면접관님들께 제가 가진 2가지 역량을 보여드리겠습니다.

첫째, 소통역량입니다. 저는 타 공공기관에서 인턴으로 근무하면서 소통역량을 발휘해 고객들의 만족을 이끈 경험이 있습니다. 특히, 고객맞춤형 서비스 제공을 통해 고객만족도를 높여 우수인턴으로 선정되기도 했습니다.

둘째, 분석역량입니다. 저는 마케팅동호회 활동을 통해 고객의 잠재적 니즈를 분석하고 맞춤형 홍보전략을 제안하여 공모전에서 우수상을 받은 경험도 있습니다.

이러한 저의 소통역량과 분석역량을 발휘해 우리 공사에서도 찾아오시는 고객들의 만족도를 높이고 우리 공사의 비전을 달성하는데 이바지하겠습니다. 또한 조직과 함께 성장해 나가는 열정 넘치는 모습을 보여드리겠습니다. 감사합니다.

질문 ▶ 네, 잘 들었습니다. 지원자 소통역량을 발휘하셨다고 하셨는데 구체적으로 어떻게 소통역량을 발휘한 것인가요?

답변

네, 저는 타 공공기관에서 인턴으로 근무하면서 고객들과 함께 소통하기 위해 노력하였습니다. 고객들의 말씀을 우선 경청하고 고객들의 정확한 니즈를 분석하였습니다. 또한 고객에게 더욱 친절한 서비스 제공을 위해 노력하여 고객만족도를 높일 수 있었습니다. 이러한 저의 소통역량은 우리 공사의 중요한 가치 중 하나인 고객만족을 높이는 데 크게 이바지할 수 있다고 확신합니다.

질문 ▶ 지원자, 고객들의 니즈를 분석하는 지원자만의 노하우가 있나요?

답변

제가 고객들의 니즈를 분석하는 노하우는 고객의 관점에서 생각하는 것입니다. 내가 아닌 고객의 관점에서 생각해서 고객의 니즈를 파악하고 그에 맞는 서비스를 빠르게 제공하는 것입니다. 또한 더욱 완벽한 고객서비스를 제공하기 위해 저만의 매뉴얼을 만들어 업무를 숙지하고 이를 고객응대에 반영함으로써 더욱 완벽한 고객서비스를 제공해 드리기 위해 노력한 경험이 있습니다. 실제 공공기관에서 인턴으로 근무하면서 한 고객께서 방문하셨을 때, 저는 고객님의 말씀을 경청하고 고객의 니즈를 빠르게 파악하고 서비스를 제공한 덕분에 친절 게시판에 칭찬사례로 등록된 경험을 가지고 있습니다. 이러한 고객중심의 서비스 제공으로 지사의 고객만족도 향상에 기여할 수 있었습니다.

질문 ▶ 그럼, 우리 지원자가 보완해야 할 역량이 있다면 무엇인가요?

답변

제가 보완해야 할 역량은 회계 분야 전문지식이 약간 부족하다고 생각합니다. 저는 학교에 다니면서 회계원리와 중급회계 등 다양한 회계과목을 수강하고 회계 관련 자격증을 취득하면서 기업회계에 대해서는 깊이 이해할 수 있었습니다. 하지만 세무회계 부분에 대해서는 아직 부족하다고 판단해 이를 보완하기 위해 현재 세무회계 온라인 강의를 수강하며 회계 분야 전문지식을 쌓기 위해 노력하고 있습니다.

답변

제가 우리 공사에 입사해 이루고 싶은 목표는 고객서비스 전문가가 되는 것입니다. 제가 그동안 쌓아온 소통역량과 분석역량을 발휘해 고객들의 니즈를 정확히 분석하고 그에 맞는 고객맞춤형 서비스를 제공할 뿐만 아니라, 체계적인 고객관리를 통해 우리 공사의 현재 고객만족도 87%를 2030년까지 92%까지 향상시키겠습니다. 이를 위해 저는 가장 먼저 고객서비스 관련 국내외 우수 사례를 조사하고 분석해 우리 공사만을 위한 고객 관리시스템을 구축하겠습니다.

질문 ▶ 고객만족도를 92%까지 높이기 위해서는 어려운 점들이 많을 것 같은데, 혹시 지원자가 가지고 있는 해결책은 무엇인가요?

답변

네, 저는 이번 면접을 준비하면서 실제 우리 공사의 지사를 방문한 경험이 있습니다. 실제 지사를 방문해 공사 직원들이 고객을 응대하는 모습을 관찰하고 고객서비스의 문제점에 대해 분석했습니다. 이를 통해 고객서비스 속도가 다소 늦다는 점과 고객에게 필요한 정보가 명확하게 안내되지 않는다는 문제점을 발견할 수 있었습니다. 그래서 저는 고객서비스 속도를 높이기 위해 비대면 고객서비스 제공을 늘리고 SNS를 통한 고객안내문 발송을 통해 이러한 문제를 극복할 수 있다고 판단했습니다. 특히, 제가 마케팅동호회에서 활동하면서 SNS를 통해 쌓은 고객과의 라포형성 경험을 활용한다면 고객서비스 만족도를 크게 높일 수 있다고 확신합니다.

질문 ▶ 우리 지원자의 인생의 롤모델이 있다면, 어떤 사람인가요?

답변

대학 시절 저는 우연히 유튜브를 통해 미국의 한 대학교의 졸업식 축사 장면을 본 적이 있습니다. 바로 스티브 잡스가 스탠퍼드 대학교 졸업생들을 위한 축사를 하는 장면이었습니다. 그 연설을 통해 스티브 잡스는 'Stay Hungry'라는 표현을 통해, 늘 현실에 안주하지 않고 끊임없이 미래를 개척해 나가는 도전정신에 관해 이야기했습니다. 당시 저는 스티브 잡스의 연설을 들으면서 전율을 느끼게 되었고, 이후 스티브 잡스를 조사하면서 그의 철학과 창의성 그리고 기업가 정신을 배울 수 있었습니다. 저는 우리 공사에 입사해서도 스티브 잡스처럼 현실에 안주하지 않고 끊임없이 성장하고 발전하기 위해 노력하는 모습을 보여드릴 자신이 있습니다.

 스티브 잡스도 기업을 경영하면서 많은 실패를 겪었고 비인간적인 모습으로 비난받기도 했던 것으로 알고 있는데, 지원자의 생각은 어떤가요?

 그렇지 않습니다. 스티브 잡스가 애플 초창기에 스티브 잡스의 철학을 이해하지 못하는 일부 임원들 때문에 어쩔 수 없이 회사를 떠난 적이 있었지만, 다시 화려하게 복귀해 애플의 성공을 이끌 수 있었습니다. 또한 영화에서 잠시 소개된 스티브 잡스의 매정한 모습은 대를 위해 어쩔 수 없이 소를 희생해야 하는 상황을 묘사한 것으로 알고 있습니다.

 네, 우리 지원자가 마지막으로 하고 싶은 말씀 있으시면 부탁드릴게요.

 오늘 많이 긴장된 탓에 저의 역량을 모두 보여드리지 못한 점이 아쉽습니다. 하지만 입사하게 된다면 저의 강점인 소통역량과 분석역량을 발휘해 우리 공사가 성장할 수 있도록 이바지하겠습니다. 또한 우리 공사가 추진하고 있는 ESG 경영에서 탁월한 성과를 창출하여 지속 가능한 성장을 이끌어 내는 데 중추적인 역할을 다할 것입니다. 감사합니다.

앞서 면접에서 탈락하는 답변 스타일에 대해 살펴보았다면 이제는 면접에서 합격하는 답변 스타일을 아래 예시를 통해 알아보자. 답변 내용을 하나씩 살펴보면서 앞선 탈락하는 답변 스타일과 어떤 점이 다른지 곰곰이 생각해 보자.

질문 ▶ 오래 기다리셨죠? 짧게 자기소개 부탁드릴게요.

답변

안녕하십니까? 행정직 지원자 145번입니다. 작고 사소한 일부터 꼼꼼히 챙기는 것, 제가 가진 가장 큰 장점입니다. 저는 이런 장점 덕분에 타 공공기관에서 인턴으로 근무할 당시, 선배님들께서 놓치기 쉬운 작고 사소한 것부터 꼼꼼히 챙긴 덕분에 선배님들로부터 야무지게 일한다는 칭찬을 들을 수 있었습니다.

저는 우리 공사에서도 작고 사소한 일부터 꼼꼼히 챙기는 신입직원이 되겠습니다. 처음 입사하게 되면 바쁘신 선배님들의 업무를 도와드리며 업무를 빠르게 배워 나가겠습니다. 작은 숫자 하나도 꼼꼼하게 확인하는 자세로 우리 선배님들로부터도 야무지게 일 잘한다는 칭찬을 꼭 듣겠습니다.

오늘 많이 떨리지만, 면접관님들께 작고 사소한 것부터 꼼꼼히 챙기는 저의 장점을 꼭 보여드리겠습니다. 감사합니다.

질문 ▶ 네, 잘 들었습니다. 우리 지원자 작고 사소한 것부터 꼼꼼하게 챙긴다고 말씀하셨는데, 구체적으로 어떤 것들을 잘 챙긴다는 건가요?

답변

네, 제가 꼼꼼하게 챙기는 것은 그리 대단한 것은 아니지만 고객들의 민원 신청서류를 꼼꼼하게 챙긴 것입니다. 타 공공기관에서 인턴으로 근무하면서 저는 고객들께서 신청하시는 서류를 발급해 드리는 업무를 담당했습니다. 간혹 고객들께서 신청서류를 잘못 기재해 업무처리가 늦어지는 경우가 있었습니다. 그래서 저는 고객들의 서류를 접수하면 빨간색 펜을 이용해 입력 내용을 꼼꼼하게 확인하고 업무를 처리해 드렸습니다.

 빨간펜을 사용하셨다고 말씀하셨는데, 그 방법은 혼자서 생각해 내서 활용하신 건가요?

네, 제가 서류를 검토할 때, 빨간펜을 사용하는 방법은 실은 옆자리에 계시던 선배님한테 배웠습니다. 그 선배님께서는 처음 저에게 업무를 가르쳐 주실 때, 신청 서류를 꼼꼼하게 확인해야 한다고 말씀해 주시면서 빨간펜으로 표시해 가면서 일을 하면 더 정확하게 업무를 처리할 수 있다고 말씀해 주셔서, 저 역시 빨간펜을 활용해 민원서류를 검토했습니다.

 빨간펜으로 표시 해가며 업무를 처리하면 업무가 늦어지는 경우는 없었나요?

네, 면접관님께서 말씀하신 것처럼 빨간펜으로 표시 해가며 업무를 처리하다 보면 업무가 조금씩 늦어지는 경우가 있었습니다. 그래서 처음 업무를 배우던 시기에는 업무처리가 늦어져 다른 선배님들께 눈치가 보이기도 했습니다. 하지만 업무에 조금 익숙해지고 고객들에게 사전 설명을 보다 충실히 해드린 덕분에 업무처리 속도를 조금씩 끌어 올릴 수 있었습니다.

 사전 설명은 구체적으로 고객들에게 어떻게 설명 드렸다는 건가요?

네, 제가 고객들에게 사전 설명을 해드린 방법은 고객들께서 입력하실 부분을 미리 표시해서 드리는 것이었습니다. 당시 신청 서류가 조금 복잡하다 보니 고객들께서 다시 작성하시는 경우가 있었습니다. 그래서 오전에 조금 여유 있는 시간을 활용하여, 그날 사용할 분량의 신청 서류 양식에 고객께서 반드시 입력해야 하는 부분을 형광펜으로 칠해서 고객들께서 실수하시지 않도록 도와드렸습니다.

질문 ▶ 하루에 평균 몇 분 정도의 고객을 응대하셨나요?

답변

네, 때에 따라 다르기는 하지만, 저는 하루에 약 열 다섯분 정도의 고객을 응대했던 것 같습니다. 제가 근무하던 지사가 그리 규모가 큰 지사가 아니어서 많은 고객이 찾아오지는 않으셨습니다. 하지만 요금 납부 시기가 되면 한꺼번에 고객들이 오시는 경우도 많았고 민원전화도 많아서 가끔은 업무가 늦어지는 경우도 종종 있었습니다.

질문 ▶ 그렇게 업무가 늦어지는 문제는 어떻게 해결하려고 노력하셨나요?

답변

그런 문제를 해결할 수 있는 특별한 방법은 없었던 것 같습니다. 대신 고객들께서 문의하신 내용을 빠르고 정확하게 안내해 드리기 위해 중요한 내용들은 포스트잇에 메모해 모니터 옆에 붙여 놓고 빠르게 확인하려고 노력했습니다. 그리고 혹시 제가 직접 처리하지 못한 업무는 선배님께 우선 부탁을 드리고, 그 부분은 그냥 넘어가지 않고 선배님께 자세한 내용을 여쭤보고 제 업무 다이어리에 따로 메모해 공부하려고 노력했습니다.

질문 ▶ 우리 지원자, 지원자가 가장 자신 있는 역량이 있다면 무엇인가요?

답변

제가 가진 가장 자신 있는 역량이 있다면 그리 대단한 것은 아니지만, 고객응대를 잘 할 수 있다는 점입니다. 저는 타 공공기관 인턴으로 3개월간 근무하면서 주로 찾아오시는 고객을 응대하는 업무를 담당했습니다. 처음에는 고객을 응대하면서 어려운 점도 많았지만, 선배님들께서 잘 가르쳐 주신 덕분에 고객응대 노하우들을 배울 수 있었고 저 역시 고객응대를 잘 하기 위해 노력한 덕분에, 나중에는 고객응대에 어느 정도 자신감을 가질 수 있었습니다.

질문 고객을 응대하면서 어려운 점이 있다고 말씀하셨는데, 주로 어떤 점들이 그렇게 어려웠나요?

답변

제가, 고객을 응대하면서 어려웠던 점은 까다로운 고객들을 응대하는 것이었습니다. 고객응대를 하면서 제 나름대로 밝게 인사드리고 친절하게 설명해드리기 위해 노력했지만, 가끔은 제 인턴 명찰을 보시고는 정규직 직원은 없냐고 물어보시며 저를 믿어 주시지 않는 경우가 있었습니다. 그래서 그럴 때마다 조금 속도 상하고 저도 잘해드릴 수 있는 데라는 억울한 마음도 들었던 것 같습니다.

질문 그럼, 지원자 그런 상황에는 어떻게 대처하셨어요?

답변

제가 그런 상황을 대처했던 방법은 우선 저도 그 업무를 잘 처리해 드릴 수 있다고 웃으며 말씀드리고, 그래도 계속 요구하시면 선배님께 말씀드려 대신 업무처리를 부탁드렸습니다. 고객이 그런 요구를 하시는 데 제가 계속 도와드리겠다고 고집을 피우게 되면 오히려 문제가 될 수 있다고 생각했기 때문입니다. 그래서 선배님께 사정을 말씀드리고 업무처리를 부탁드린 후, 그 선배님께서 고객을 응대하는 모습을 훔쳐보면서 그 선배님의 고객응대 노하우를 배우기 위해 노력했습니다.

질문 마음고생을 했을 것 같은데, 선배한테 어떤 고객응대 노하우를 배웠나요?

답변

네, 제가 배운 고객응대 노하우는 고객의 말씀을 다시 한번 확인하는 것이었습니다. 그 선배님께서는 고객께서 어떤 말씀을 하시면, "아~ 일자리안정자금 신청 대상인지 알고 싶으시다고요?"처럼 고객의 말씀을 반복해 말하면서 확인하곤 했습니다. 그렇게 확인하면 대부분 고객께서 조금 더 좋아해 주시고 더 정확한 업무처리를 할 수 있다는 것을 배울 수 있었습니다.

 그런 고객응대 노하우를 우리 공사에서 어떻게 발휘할 생각인가요?

네, 제가 우리 공사에 입사해서 고객응대 업무를 담당하게 된다면 더욱 정확한 업무처리로 고객들로부터 참 친절하고 듬직하다는 칭찬을 듣고 싶습니다. 찾아오시는 고객들에게 더 반갑게 인사드리고 어떤 용무로 방문하셨는지 정확히 확인하겠습니다. 그리고 고객께서 원하시는 업무를 빠르게 처리해 드리고, 혹시라도 제가 더 도움을 드릴 것은 없는지 여쭤보겠습니다. 그래서 고객께서 댁으로 돌아가실 때, 우리 공사는 정말 친절하게 일 잘한다고 칭찬하실 수 있도록 만들겠습니다.

 그럼, 우리 지원자 인턴으로 근무했던 기관에는 혹시 지원하지 않으셨나요?

네, 실은 인턴으로 근무했던 기관에도 지원했었습니다. 당시 인턴으로 근무하면서 그 기관의 사업과 업무들도 굉장히 중요하고 보람을 느낄 수 있을 뿐만 아니라, 함께 근무하던 선배님들도 저를 동생처럼 많이 챙겨 주셔서 정이 많이 들었기 때문이었습니다. 하지만 제가 필기 실력이 조금 부족해 좋은 결과를 얻지 못했습니다.

 그럼 지원자, 만일 그 기관과 우리 회사 모두 합격하신다면 어떤 선택을 하실 생각이에요?

만일 두 곳 모두 합격한다면 정말 기쁠 것 같습니다. 물론 평생 근무해야 할 직장인만큼 부모님과 함께 고민하고 결정하겠지만, 저는 우리 공사를 선택할 것 같습니다. 왜냐하면 제가 인턴으로 근무한 기관도 정말 좋은 기관이지만, 우리 공사는 제가 대학교 3학년 때부터 항상 1순위 목표로 설정한 곳일 뿐만 아니라 앞으로의 성장가능성도 더 높다고 생각합니다. 그래서 저는 주저하지 않고 우리 공사를 선택할 것 같습니다.

 어떤 점에서 성장가능성이 더 높다고 생각하시나요?

네, 우리 공사가 성장가능성이 더 높다고 생각하는 이유는 무엇보다 신재생에너지 분야에 많은 관심을 가지고 투자하고 있다는 점을 말씀드리고 싶습니다. 우리 공사는 2012년부터 미래 에너지 시장에서 가장 중요한 역할을 담당하게 될 신재생에너지로의 전환을 선언하고, 지금까지 꾸준한 기술개발과 투자를 이어오고 있습니다. 그래서 2024년 기준, 우리 공사의 신재생에너지 발전 비율을 13%까지 끌어올려 다른 에너지 공기업들을 선도하고 있습니다. 그런 만큼, 우리 공사가 국내는 물론 해외 에너지 시장을 적극적으로 공략하고 있어 앞으로의 성장가능성이 더욱 높다고 생각했습니다.

 마지막으로 지원자가 하고 싶은 말씀 있으시면 부탁드릴게요.

오늘 많이 떨리고 긴장되는 자리였습니다. 하지만 면접관님들께서 잘 이끌어 주신 덕분에 최선을 다할 수 있었던 것 같습니다. 오늘 부족했던 점을 보완하면서 좋은 소식 기다리고 있겠습니다. 오늘 저의 부족한 답변에도 고개를 끄덕이며 끝까지 경청해주신 면접관님들에게 다시 한번 감사 말씀드리고 싶습니다. 감사합니다.

지금까지 면접에서 탈락하는 답변과 합격하는 답변의 예시를 살펴보았다. 만일 두 종류의 답변 예시를 살펴보면서 그 차이점이 느끼고 자신의 답변에 반영할 수 있다면 분명히 좋은 결과를 거둘 수 있을 것이다. 만일, 그런 차이점을 명확하게 이해하지 못했어도 너무 걱정할 필요는 없다.

지금부터 이 책의 내용을 천천히 읽다 보면 공기업 면접에서 합격할 수 있는 확실한 방법과 노하우를 배울 수 있을 것이다. 준비되었다면 이제 공기업 합격을 위해 설레는 마음으로 페이지를 넘겨보자.

1부.

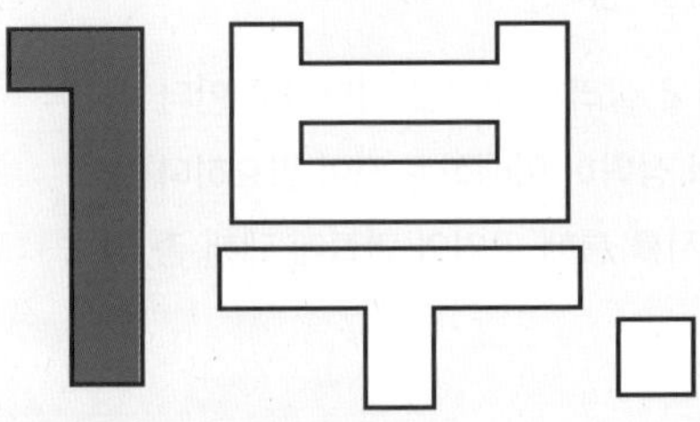

공기업 면접의 이해

1. 공기업 면접의 진실, 7가지

2. NCS기반 면접 이해

3. 공기업 면접의 A to Z

1장 | 공기업 면접의 진실, 7가지

학생들에게 면접강의를 하다 보면 생각했던 것보다 학생들이 공기업 면접에 대해서 너무 모르고 있거나 오해하고 있다는 것을 깨닫곤 한다. 어찌 보면 당연한 일이다. 아직 직장 생활 경험은 물론, 공기업 근무 경험이 없기 때문에 실제 공기업 면접이 어떻게 진행되고 면접관들이 어떻게 평가하는지 모를 수밖에 없다. 그러다 보니 시중에 떠도는 풍문이나 공기업 합격자들의 단편적인 면접 후기만을 보고서는 공기업 면접에 대해 이해했다고 생각하곤 한다.

또한, 최근에는 검증되지 않는 많은 유튜브 컨텐츠를 보고 그 내용을 그대로 맹신하고 따라 하는 경우도 많다. 공기업에서 근무한 경험도 없고, 공기업에서 직접 채용을 진행해 보지도 않았던 많은 사람이 공기업 취업의 전문가라고 내세우며 엉뚱한 이야기로 학생들을 현혹하는 경우도 많다.

이런 잘못된 정보와 오해 때문에 어렵게 만든 공기업 면접 기회를 결국 살리지 못하고 낙담하곤 한다. 공기업 면접에서 좋은 결과를 얻기 위해서는 먼저 공기업 면접에 대해서 정확히 이해하는 것이 필요하다. 많은 학생이 잘 모르고 있거나 오해하고 있는 공기업 면접의 진실, 7가지를 통해 공기업 면접에 대해 좀 더 자세히 알아보고 어떻게 공략해야 할지 생각해 보자.

1 스펙이나 실력보다는 이미지

면접의 당락을 결정하는 지원자의 요소에는 여러 가지가 있다. 우선 먼저, 직무관련 경력사항, 교육사항, 자격증 등과 같은 지원자의 스펙이 있고 필기평가를 통해 드러나는 지원자의 실력이 있다. 또한 경력/경험기술서, 자기소개서를 통해 살펴볼 수 있는 책임감, 성실성과 같은 지원자의 인성과 역량 등이 있다. 또한 면접질문과 답변 그리고 관찰을 통해서 살펴볼 수 있는 지원자의 이미지가 있다. 면접관들은 이러한 지원자의 여러 요소를 종합적으로 평가하고 면접관들의 평가 결과들이 모여서 지원자의 최종 합격 여부를 결정짓게 된다.

면접은 결국 이미지 싸움

여러 가지 요소 중에서 어떤 요소가 면접 당락을 결정하는 것일까? 언젠가 인사담당 차장으로 서류전형을 하면서 눈여겨봤던 한 우수한 지원자가 내 기대와 달리 면접에서 탈락한 일이 있었다. 그래서 면접이 끝난 후, 평소 친하게 지냈던 선배 면접관에게 조심스럽게 그 지원자의 탈락이유를 물어본 적이 있었다. 면접관들은 지원자를 잘 기억하지 못하는 경우가 많은데도 스펙이 좋았던 탓인지 그 선배는 그 지원자에 대해서 분명히 기억하고 있었다. 탈락이유를 묻는 내 질문에 대해 그 선배는 아주 쉽게 그 지원자의 탈락이유를 설명해 주었다.

"그냥 인상이 안 좋아서…."

내가 기억하기로는 그 지원자는 절대 비호감형 외모가 아니었다. 오히려 처음 보는 사람에게 호감을 줄 수 있는 좋은 인상이었는데도 "그저 인상이 좋지 않다."라는 이유로 탈락한 것이다. 내심 특별한 탈락이유가 궁금했던 나는 허탈할 수밖에 없었다.

이렇게 면접이 끝나고 나서 합격자들을 정리하다 보면 나의 예상과 달리 스펙이 좋은 지원자들이 고배를 마시는 경우가 생각보다 많았다. 오히려 스펙이 좋지 않더라도 지원자가 면접관에게 좋은 인상을 주고 합격하는 경우가 많았다.

여기에서 말하는 인상이란 단순히 외모를 말하는 것은 절대 아니다. 면접관이 지원자의 입사지원 서류와 면접질문과 답변 그리고 관찰을 통해 지원자에 대한 내리는 '종합적인 느낌이나 감'이라고 이야기하는 것이 맞는 표현일 것이다. 이를 흔히 인상 또는 이미지라고 이야기하게 된다. 그래서 많은 사람이 면접은 결국 이미지 싸움이란 말을 하곤 한다.

스펙이 부족하더라도 충분히

이렇게 면접에서 스펙이나 실력이 좋은 지원자가 아니라 면접관에게 좋은 이미지, 호감을 주는 지원자가 합격한다는 사실을 대부분 지원자는 모르거나 이해하지 못한다. 언뜻 들으면 굉장히 억울하고 잘못된 것처럼 들리겠지만 실제 면접관들은 지원자의 스펙이나 실력에 좌우되기보다는 지원자에 대한 이미지에 따라 평가를 결정하는 경우가 많다.

지원자의 이미지는 우선 겉으로 드러난 부분에서부터 만들어진다. 가장 먼저 입사지원서에서 드러나는 지원자의 스펙과 자기소개서의 경력과 경험에서부터 이미지가 만들어지기 시작한다. 스펙이 좋거나 경력이 많은 지원자의 경우에는 더욱 좋은 이미지를 만들 가능성이 크다. 다음은 눈으로 보이는 지원자의 외모와 자세 그리고 면접 태도에서 더욱 구체화된다. 다음은 지원자의 1분 자기소개를 통해 지원자의 이미지를 어느 정도 결정하게 된다. 다음은 면접관이 지원자에 대해 느꼈던 이미지를 확인할 수 있는 면접질문과 답변을 통해 이를 확정하게 된다. 이러한 일련의 이미지 구축 과정에서 면접관들은 서류를 믿기보다는 자신의 눈과 귀 그리고 판단을 더 믿는다는 점을 잊지 말아야 한다.

그래서 면접과정에서 자신의 스펙이나 실력을 자랑하는 데 급급한 지원자들이 탈락하는 경우가 생각보다 많다. 비록 스펙이나 실력이 부족하더라도 최선을 다해 자신의 진실한 모습을 보여주는 지원자가 합격의 기쁨을 맛보는 것이다. 이런 맥락에서 보면, 면접에서 자신을 자랑하기보다는 자기 생각과 경험을 진솔하게 이야기하고 자신의 열정과 가능성을 보여주는 것이야말로 면접합격의 비법인 셈이다.

그렇기 때문에 스펙이 부족하다거나 필기시험을 못 봤다고 면접에서 기죽을 필요가 없다. 올바른 자세와 진솔한 답변과 생각을 통해 충분히 면접에서 살아남을 수 있다. 반대로 스펙이 좋다고, 필기시험을 잘 봤다고 자만하거나 자신을 자랑하기보다는 겸손한 자세로 면접에 임하는 것이 필요하다. 또한 면접에서 잘 보이기 위해 멋진 단어를 사용해 그럴싸한 말을 늘어놓기보다는 쉬운 단어를 사용하면서 조금 투박하더라도 진솔한 자신의 모습을 보여주는 것이 필요하다.

2 면접의 성패를 좌우하는 1분 자기소개

대부분 면접에서는 지원자들이 입장하고 의자에 앉고 나면 바로 요구하는 것이 바로 1분 자기소개이다. 지원자가 스스로 자신을 소개하는 시간을 통해 지원자에 대해 빠르게 파악할 뿐만 아니라 지원자에게 물어볼 면접질문의 소재를 찾는 용도로 활용된다. 또한 입사지원서와 자기소개서를 검토할 수 있는 시간을 벌기 위한 목적도 있다. 대부분 1분 정도로 짧은 자기소개를 요구하는 경우가 많아 자연스럽게 1분 자기소개로 지칭되곤 한다.

첫인상을 결정하는 1분

자신의 첫인상을 결정짓는 1분 정도의 짧은 자기소개가 매우 중요하다는 것을 취업준비생이라면 누구나 잘 알고 있다. 하지만 1분 자기소개는 취업준비생들이 생각했던 것보다 훨씬 더 중요하다. 학생들에게 1분 자기소개가 왜 중요하다고 생각하는지를 물어보면 대부분 "첫인상을 결정하기 때문"이라고 답을 한다. 맞는 이야기이다. 지원자의 자기소개는 지원자에 대한 첫인상을 결정짓는다. 이렇게 면접관들이 자기소개를 통해 느꼈던 지원자의 첫인상은 쉽사리 바뀌지 않는다.

면접에서 첫인상이란 단순히 지원자에 대한 느낌을 이야기하는 것이 아니라, 지원자가 우리 회사에 과연 적합한 인재인지를 말하는 것이다. 그래서 면접관들은 지원자의 1분 자기소개를 듣고 난 후, 지원자의 당락을 60~70% 정도 결정하게 되는 것이다. 자기소개가 끝나고 주어지는 면접 질문들은 자신의 판단이 맞는지를 확인하기 위한 과정이라 할 수 있다. 지원자의 입장에서는 굉장히 억울한 일이 되겠지만 수없이 많은 지원자를 평가한 경험이 있는 면접관에게는 1분 정도의 짧은 시간도 충분하다. 그만큼 면접에서 자기소개는 중요한 역할을 한다.

면접질문 방향을 결정

이렇게 면접의 당락을 결정하는 자기소개는 면접질문의 방향을 결정하기도 한다. 지원자의 자기소개가 바로 면접관들에게는 좋은 면접질문 소재가 되기 때문이다. 자기소개를 통해 지원자가 이야기한 강점, 경력, 경험 등은 면접관에게 있어 가장 관심 있고 중요한 사항이다. 그래서 자기소개 내용에 관한 질문이 이어질 수밖에 없다.

예를 들어 지원자가 자신의 전공지식을 자랑하면 과연 전공지식 수준이 어느 정도인지를 파악하고 싶어 한다. 직무관련 경력과 경험을 이야기하면 그 경력과 경험에 대해 구체적인 사항들에 관한 질문을 하기 시작한다. 이런 점을 잘 이해하지 못하는 지원자들은 자기소개 연습에는 많은 시간을 투자하지만, 막상 자기소개 내용에 따라 어떤 질문이 나올 수 있는지 예상하고 그에 대한 답변 내용을 준비하지 않는 경우가 많다. 그래서는 결코 좋은 결과를 거둘 수 없다. 그래서 1분 자기소개를 준비하면서 면접관에게 자신의 인상을 확실히 전달하고 면접관이 질문하고 싶어 할 수 있는 키워드와 예상질문 그리고 답변 내용을 준비하는 것이 중요하다.

어설픈 비유는 금물

간혹, 면접관에게 강한 인상을 심어주기 위해 비유를 하는 경우도 있다. "저는 불꽃 같은 지원자입니다."와 같이 자신을 무엇인가에 비유해서 설명하는 것이다. 그런데 문제는 공기업 면접관들이 이런 비유에 그리 긍정적이지 않다는 점이다. 특히 자기소개 내용과 전혀 어울리지 않는 비유의 경우에는 더욱 심각하다. 이렇게 어설픈 비유는 오히려 지원자에 대해 좋지 않은 인상을 심어주는 경우가 태반이다.

이렇게 면접의 당락을 결정하고 면접질문의 방향을 좌우하는 1분 자기소개의 중요성에 대해 깊이 이해하고 준비하는 것이 면접성공의 비결 중 하나이다. 1분 자기소개를 공략하는 방법은 이 책의 뒷부분에서 다시 자세히 다뤄보자.

3 면접질문의 방향을 결정하는 자기소개서

입사지원을 할 때 제출하는 서류는 대부분 두 가지이다. 자신의 스펙이 담겨 있는 입사지원서와 자신의 스토리가 담겨 있는 자기소개서이다.

입사지원서와 자기소개서는 채용을 결정짓는 가장 핵심적인 서류로, 면접에서도 당연히 중요하게 활용된다. 인사담당자는 면접관이 지원자의 입사지원서와 자기소개서를 볼 수 있도록 미리 준비하지만, 사전에 전달하기는 어렵다. 그래서 면접관은 면접장에 앉아서야 비로소 지원자의 입사지원서와 자기소개서를 확인하고 검토하게 된다. 주로 지원자의 자기소개를 들으면서 검토를 시작하고 다른 면접관이 면접을 진행하는 중간에 틈틈이 검토하게 된다.

이렇게 짧은 시간 안에 입사지원서와 자기소개서를 검토하다 보니 실제 면접관들은 지원자의 자기소개서를 자세히 읽지 못하는 경우가 많다. 게다가 면접관으로서는 지원자와의 질문과 답변이 더 중요하지, 온갖 자랑으로 가득 차 있는 자기소개서를 잘 믿지도 않을 뿐만 아니라 중요하게 생각하지도 않는다.

하지만 면접과정에서 자기소개서는 지원자에 대한 기본적인 정보를 파악하는 데 매우 유용하다. 그래서 면접장에서 자기소개서는 지원자에 관한 질문 소재를 찾는 데 주로 활용된다. 자기소개서에 담겨 있는 지원자의 스토리, 경험은 면접관이 가장 흥미를 느끼는 부분이기 때문에 이에 대한 면접질문이 자주 등장할 수밖에 없다. 그래서 자신에게 주어지는 면접질문의 방향을 결정하는 것은 자신이 제출한 자기소개서인 경우가 많다.

면접질문은 첫 번째 항목부터

자기소개서의 여러 항목 중에서 가장 중요한 항목은 바로 첫 번째 항목이란 말이 있다. 서류전형에서 인사담당자가, 면접장에서 면접관이 가장 먼저 읽는 항목이기 때문에 그렇다. 이런 점을 생각한다면 특히 첫 번째 항목에 대한 면접질문을 예상하고 준비하는 것은 필수적이다. 이와 함께 지원동기 항목 역시 중요하다. 지원자의 열정과 비전 그리고 역량을 파악할 수 있는 지원동기 항목이야말로 면접관이 가장 관심 있어 하는 항목이기 때문이다. 그런 점에서 지원동기 항목에 단순히 자신의 지원계기를 쓰는 것은 바람직하지 못하다. 그래서 지원동기에는 자신이 지원 공기업을 선택한 구체적인 이유, 자신의 강점 그리고 비전과 열정을 담아내는 것이 필요하다.

고유명사와 특이한 단어들부터

자기소개서에 포함된 자신의 스토리 중에서 고유한 이름이나 특이한 단어들에 대해서는 특별히 신경을 써야 한다. 지원자들이 흔하게 쓰는 문장이나 표현들에 관해서는 관심을 두지 않지만, 지원자만의 스토리에 포함된 동아리명, 회사명, 지명과 같은 고유한 이름과 전공 관련 단어, 경영관련 단어 등은 면접관의 관심을 끌게 된다. 이런 면접관의 관심은 바로 면접질문으로 이어지게 된다. 그래서 자신이 작성하여 제출한 자기소개서에서 고유한 이름이나 특이한 단어들을 미리 파악하고 면접과정에서 충분히 설명할 수 있도록 준비해야 한다.

뒤늦은 오타 발견?

얼마 전에 한 학생의 고민을 상담해 준 적이 있다. 면접을 며칠 앞둔 그 학생의 고민은 지원하면서 제출했던 자기소개서에서 뒤늦게 오타를 발견하면서 시작됐다. 자신의 강점을 꼼꼼함이라고 썼는데 자기소개서 내용 중에 '열정'을 '역정'이라고 잘못 써서 제출한 것이다. 혹시라도 면접관이 자기소개서를 읽다가 오타를 발견하고 꼼꼼하지 못한 지원자라고 판단해서 탈락시키지는 않을까 하는 고민이었다.

그런데 그 학생의 고민과 달리, 면접관이 자기소개서를 꼼꼼히 읽고 오타를 찾아내기보다는 면접질문과 답변에 더 신경을 쓰기 때문에 크게 고민하지 않아도 된다. 만일 면접과정에서 오타에 대한 압박질문을 받게 되면 "자기소개서를 작성하면서 미처 확인하지 못하고 그냥 제출하는 실수를

 박규현의 공기업 NCS 면접

저질렀습니다. 이런 실수를 계기로 앞으로는…."과 같이 자신의 실수를 솔직히 인정하고 어떻게 이런 실수를 막을 것인지 계획을 말하면 충분하다.

4 결국, 면접관 역시 불완전한 존재

면접을 준비하면서, 또 면접에 임하면서 면접관에 대해서 한 번쯤 생각해 보는 것이 좋다. 면접관은 어떤 사람들일까? 취업준비생의 입장에서 면접관은 마치 자신의 생사여탈권을 쥐고 있는 판관과도 같은 존재이다. 면접장에서 면접관의 시선조차 함부로 맞추기 어려울 정도로 어려운 존재임이 틀림없다. 하지만 우리가 면접장에서 만나는 면접관들은 실은 길거리에서 흔히 만날 수 있는 평범한 직장인에 불과하다. 그런 평범한 직장인들이 면접관이 되어 우리에게 날카로운 질문을 던지고 나를 압박하는 것이다. 그래서 물론 쉽지는 않겠지만 필요 이상으로 면접관을 어렵게 생각할 필요는 없다.

우리가 지원한 공기업에서 면접관은 어느 정도 위치에 있는 사람들일까? 공기업마다, 채용전형마다 모두 다르겠지만, 만일 실무면접이라고 하면 대부분 40대 정도의 중간 간부들이다. 가끔 젊은 시각에서 면접평가를 위해 아주 젊은 직원들을 포함하기도 한다. 많은 실무경험을 통해 어떻게 일을 해야 하는지 잘 알고 있고, 어떤 유형의 직원들이 일을 잘하는지 잘 이해하고 있다.

임원면접의 경우, 50대 후반 정도의 고급 간부들로 공기업에서 나름대로 성공을 만들어 낸 사람들이다. 간혹 작은 공기업의 경우, 대표가 직접 면접에 참여하는 경우도 있다. 이들이야말로 관상쟁이에 버금가는 인재 감별 실력을 갖추고 있다. 오랜 기간 직장 생활을 통해 어떤 유형의 직원이 일을 잘하고 동료들과 잘 어울리는지 자신만의 판별기준을 가지고 있다.

또한, 공기업은 대학교수, 채용대행업체 직원 등과 같이 외부 인사를 면접관으로 반드시 활용한다. 이런 외부 면접관들 역시 면접관으로 활동한 경험이 많다 보니 날카로운 질문과 추가질문을 자주 활용하는 편이다. 이렇게 구성되는 면접관들에 대해서 우리가 생각해 봐야 할 점이 몇 가지 있다.

첫째, 예측할 수 없다는 점이다.

면접관들은 직장경험과 면접경험이 많다 보니 자신만의 인재관을 가지고 있고 지원자를 검증하고 평가하기 위한 자신만의 노하우를 가지고 있다. 또한 면접장에 들어서는 순간, 자신의 권한을 마음껏 활용하여 지원자를 당혹스럽게 만드는 날카로운 질문을 던지는 것을 즐긴다. 그래서 전혀 생각하지도 못했던 엉뚱한 면접질문, 즉흥적인 질문이 나올 수밖에 없는 것이다. 면접관의 이런 점을 이해한다면, 미리 면접관의 면접질문을 완벽히 예측하고 그에 꼭 맞는 답변을 준비한다는 것이 얼마나 힘든 일인지 알 수 있을 것이다.

둘째, 감정을 가진 존재라는 점이다.

면접관 역시 사람이기 때문에, 감정에 휘둘리는 경우가 있다. 면접과정에서 모든 감정을 배제한 채, 냉철한 이성으로 지원자를 평가하려고 노력하지만 가끔은 지원자의 답변과 태도에 기분 나빠하고 그런 지원자에게는 부정적인 평가를 하기도 한다. 또는 자신의 질문에 맞장구를 치며 깊은 공감을 표시하는 지원자에 대해서는 답변 내용이 조금 부족하더라도 비교적 후한 평가를 하기도 한다. 그래서 면접과정에서 가급적 면접관의 기분에 맞추어 주는 것이 현명하다. 하지만, 지원자가 면접장에서 면접관의 기분까지 신경 쓰며 답변하려는 노력은 바람직하지 않다. 단지 면접관을 존경하는 마음가짐을 가지고 면접질문에 최선을 다해 답변하는 모습이면 된다. 그것이 면접관에게 좋은 인상을 줄 수 있는 가장 좋은 방법이다.

셋째, 어느 정도의 편견을 가지고 있다는 점이다.

면접관은 각자 자신이 살아온 경험, 직장 생활 경험을 통하여 자신만의 인재를 판단하는 기준을 만들어 왔다. 면접관은 이렇게 스스로 강하게 믿고 있는 자신의 판단기준과 판단력을 바탕으로 지원자를 평가하게 된다. 면접관은 이런 평가가 스스로 공정하고 당연하다고 생각하지만, 지원자의 입장에서는 결코 공정하지 않다.

다시 말해, 면접관의 편견에 따라 면접 평가에 오류가 발생하는 것이다. 지원자의 입장에서는 분통이 터질 노릇이지만, 면접이란 평가에서 어느 정도 오류가 발생할 수 있다는 점을 인정할 수밖에 없다. 그래서 면접 과정에서 최선을 다하되, 혹시라도 좋지 않은 경우가 발생하더라도 스스로를 자책하는 것은 현명하지 못하다. 면접관마다 각자 좋아하는 스타일이 있다는 점을 인정하고, 되도록 많은 면접관에게 좋은 인상을 줄 수 있는 방법을 고민하는 것이 필요하다.

이렇게 우리가 별로 생각하지 않는 면접관의 특성에 대해 한 번쯤 생각해 본다면 우리가 면접을 어떻게 준비하고 어떤 답변을 통해 자신을 보여줄 것인지 보다 쉽게 깨달을 수 있을 것이다.

5 면접실패의 지름길, 면접답변 외우기

면접 준비의 대부분은 자신에게 주어질 면접질문을 예상하고 자신의 답변을 준비하는 것이다. 예상 면접질문을 준비하는 것도 어려운 일이지만 그 질문에 대한 답변을 미리 준비하는 것도 만만치 않다. 하지만 많은 지원자가 이렇게 답변을 준비하는 과정에서 큰 실수를 저지른다. 자신의 면접답변을 꼼꼼히 적어 놓고 이를 그대로 외우는 것이다. 어찌 보면 완벽히 준비하는 모습처럼 보이지만 실은 가장 위험한 방법이다. 지원자가 수없이 많은 면접답변을 꼼꼼히 적어 놓고 이를 완벽히 외우는 것이 왜 위험한지 알아보자.

첫째, 기억력에 한계가 있기 때문이다.

아무리 열심히 외우고 또 외워도 자신이 미리 정한 답변을 그대로 말할 수는 없다. 결국 면접과정에서 자신이 준비했던 답변을 그대로 말하지 못한다. 우리의 두뇌는 무엇이 정확한 답변인지는 기억하지 못해도 정확한 답변인지 아닌지는 쉽게 인식할 수 있다. 그래서 자신이 준비한 답변 내용과 조금이라도 다르게 답변하게 되면, 우리의 두뇌는 자신의 답변이 틀렸다는 경고메시지를 계속 보내게 된다. 이렇게 경고메시지를 받는 순간, 지원자는 당황할 수밖에 없고 점점 기억했던 답변에서 멀어지거나 엉뚱한 답변을 말하게 되는 것이다.

둘째, 답변을 서두르게 된다.

미리 준비했던 예상 질문을 받게 되면 속으로 쾌재를 부르게 된다. 그리고 자신이 준비했던 답변 내용을 머릿속에 떠올리기 시작한다. 이런 과정에서 혹시라도 답변 내용을 잊어버리게 될까 봐 자기도 모르게 답변의 속도가 점점 빨라지게 된다. 어서 빨리 답변을 말하고 그 상황에서 벗어나고 싶기 때문이다. 결국 답변속도는 점점 빨라지게 되고 이 과정에서 실수를 범하거나 너무 속도가 빨라 면접관에게 제대로 전달되지 못하게 된다. 이런 모습은 면접관에게 지원자가 성격이 급한 지원자라는 인상을 심어주게 되고, 결국 좋지 않은 결과를 얻게 된다.

셋째, 진실성이 부족해 보이게 된다.

면접관들은 답변 내용뿐만 아니라 답변하는 자세나 태도도 자연스럽게 평가에 반영하게 된다. 그런데 면접답변을 암기해서 답변하게 되면, 답변 내용을 정확히 전달하는 데에는 성공할지 몰라도 결국 책을 읽는 듯한, 영혼이 없는 듯한 답변을 하게 된다. 마치 녹음기처럼 외웠던 답변을 기계적으로 답변하는 것이다. 이럴 경우 면접관들은 지원자가 솔직하게 답변하는 것이 아니라, 진실을 숨기고 꾸민 답변을 한다고 판단하기 쉽다. 결국 지원자의 진정성 자체를 의심하게 되고 좋은 면접결과를 기대하기 어렵게 된다.

넷째, 다양한 상황에 대처하기 어렵다.

면접과정에서는 다양한 상황과 분위기가 연출된다. 이런 다양한 상황과 분위기에 맞추어서 답변해야 하는데, 면접답변을 그대로 외운 지원자는 이런 상황과 분위기보다는 자신이 준비한 답변을 그대로 말하게 된다. 결국 면접관의 시각에서는 지원자의 답변 내용이 큰 방향에서는 옳지만, 무엇인가 이상하거나 부족하다고 생각하게 된다. 혹은 지원자가 상황 판단력이 부족하다는 느낌을 받기도 한다. 다른 지원자들과 같은 질문이 주어지는 경우는 더욱 그렇다. 대부분 비슷한 방향으로 답변을 준비하다 보니 앞선 지원자가 답변한 내용 그대로 답을 해야만 하는 경우가 발생하기도 한다. 이렇게 답변 내용을 그대로 외우게 되는 경우, 면접과정의 다양한 상황에 대처하기 어렵게 된다.

다섯째, 예측하지 못한 질문에 대한 대처가 어렵다.

미리 예측하고 준비했던 답변만을 외운 지원자의 경우, 전혀 예상치 못한 질문을 받게 되면 더욱 긴장하고 당황하게 된다. 미리 정해진 답변 외에는 상황대처를 제대로 못 하는 것이다. 어떤 질문에는 그럴싸한 답변을 말하지만, 어떤 질문에는 너무 당황해서 답변조차 못 하는 지원자를 보면, 면접관들은 지원자가 준비가 부족하거나 불리한 답변을 회피한다고 느끼는 경우가 많다. 그래서 오히려 남들보다 더 많은 시간을 준비해서 답변을 준비했는데도 오히려 좋지 않은 결과를 얻게 되는 것이다.

이러한 이유로, 면접답변을 준비하는 과정에서 토씨 하나까지 모두 미리 작성하고 이를 암기하는 것은 면접실패로 이르는 지름길이다. 그렇다면 어떻게 준비하는 것이 좋을까?

가장 좋은 면접답변 준비 방법은 키워드만을 써놓고 면접연습을 할 때도 그때그때 다른 표현을 마음대로 사용하면서 키워드는 반드시 포함하여 답변하는 연습이 필요하다. 면접답변을 준비하는 방법에 대해서는 이 책의 후반부에서 더욱 자세히 설명하기로 하자.

6 나를 탈락시키기 위한 압박면접?

면접을 경험해 본 지원자가 가장 두려워하는 것은 면접 과정에서 압박받는 것일 것이다. 민간 대기업에 비해 그 강도나 빈도가 덜하기는 하지만 공기업 면접에서도 압박면접은 등장한다. 지원자의 약점에 대해 추궁하는 질문이 될 수도 있고, 자신의 답변 내용 중에서 꼬리를 잡아 질문에 질문을 거듭하기도 한다. 이런 압박면접을 받게 되면 지원자는 진땀을 흘릴 수밖에 없다. 강한 압박면접에 평정심을 잃고 면접관에게 날이 선 답변하기도 하고 괜히 주눅이 들어 충분히 답변할 수 있는 내용조차 답변하지 못하는 경우도 많다.

압박질문은 오히려

이렇게 압박면접이 끝나고 나면 면접에, 면접관에, 지원 공기업에 대해 화가 치밀어 오른다. 그럴 거면 차라리 솔직히 자격이 안 된다고 말을 하던지, 괜한 꼬투리를 잡아서 자신을 궁지에 몰아넣었다고 생각하기 쉽다. 이렇게 나를 탈락시키기 위해, 나를 공격하기 위해 압박질문이 주어졌다고 생각하는 지원자의 오해가 오히려 면접에 악영향을 미치곤 한다.

대부분 지원자는 압박면접의 목적을 '자신의 약점이나 꼬투리를 잡아서 떨어뜨리기 위해서'라고 생각하곤 한다. 하지만 전혀 그렇지 않다. 면접관의 압박면접은 사실 지원자에 대한 관심에서 시작된다. 특별한 경우가 아니라면, 면접관은 불합격이라고 판단한 지원자에 대해서는 절대 압박면접을 하지 않는다. 불합격할 지원자를 굳이 압박해서 나중에 괜한 문제를 만들고 싶지 않기 때문이기도 하고, 더 이상 관심의 대상도 아니기 때문이다.

오히려 면접관은 관심이 가는 지원자에게 이렇게 압박을 가하는 경우가 많다. 면접관은 압박을 통하여 지원자에 대해 좀 더 깊이 알고 싶어 한다. 지원자가 위기 상황에서 흔들리지 않고 문제를 헤쳐나갈 수 있는지, 또는 작은 일에 쉽게 흥분하고 발끈하는 성격이 아닌지 확인하는 것이다.

공기업의 업무 특성상 많은 국민을, 기업들을 고객으로 만나고, 상대해야 한다. 또한 국민 생활 전반에 걸쳐 많은 영향을 줄 수 있는 직무를 수행해야 한다. 이런 특성 때문에 면접관은 압박면접을 통해 지원자의 위기관리 능력이나 상황대처 능력 그리고 대인관계 역량 등을 평가하고 싶은 것이다. 그래서 오히려 압박면접은 오히려 나에게 좋은 기회가 될 수 있는 것이다.

압박질문에 대한 마음가짐

우선, 압박질문 자체에 반감을 갖거나 두려워하지 않아야 한다. 면접관이 나를 탈락시키기 위해 압박을 하는 것이 아니라, 나에 대해 관심을 두고 있기 때문에 나를 시험해 보는 것이라고 생각하는 것이 필요하다. 이런 긍정적인 생각을 바탕으로 면접관의 압박에 당황하지 않고 차분히, 조리 있게 자기 생각을 이야기하면 된다. 이런 압박면접에서 벗어나서 오히려 좋은 평가를 이끌어내는 구체적인 방법에 대해서는 면접 위기탈출편에서 자세히 알아보기로 하자.

7 답변을 아주 잘했으니까, 합격은

면접이 끝나고 난 후, 학생들에게 면접이 어땠는지를 묻곤 한다. "망했어요.", "너무 어려웠어요.", "그냥 최선을 다했어요."와 같이 면접을 그리 잘 보지 못했다는 학생들도 있고, "생각보다 쉬웠어요.", "답변을 잘했어요.", "느낌이 좋아요."와 같이 면접을 잘 봤다는 학생들도 있다. 그런데 막상 면접결과를 확인해 보면 면접을 잘 보지 못했다고 울상을 짓던 학생들이 합격하는 경우가 많지만, 면접을 잘 봤다고 자신만만해하던 학생들이 탈락하는 경우를 자주 접하게 된다. 우리들의 생각이나 예측과 사뭇 다르게 이런 결과가 나오는 이유는 무엇일까?

공기업의 조직문화와 인재상을 이해해야

그 이유는 지원자와 면접관의 판단이 다르기 때문일 것이다. 스스로 면접을 잘 봤다고 생각하는 지원자는 면접관으로부터 부정적인 평가를 받지만, 자신이 면접을 못 봤다고 생각하는 지원자는 오히려 면접관으로부터 후한 평가를 얻은 것이다. 면접질문도 예상했던 질문이었고 답변도 준비한 대로 잘했고 면접관으로부터 특별히 압박질문도 받지 않았는데 면접결과는 오히려 좋지 않은 것이다. 면접관의 날카로운 질문에 당황하고 대답도 매끄럽지 못했는데 결과는 좋은 것이다. 공기업 면접에서 이런 경우가 종종 발생하는 것은 공기업의 조직문화와 인재상 때문이다.

혼자서 잘난 척하며 자신의 자랑을 늘어놓고, 면접질문에 미리 준비한 듯 그럴싸한 내용을 매끄럽게 답변하는 지원자보다는 조금 어수룩하지만, 자신의 진정성을 담아 진실한 답변을 하고 긴장 때문에 목소리가 떨리면서도 자기 생각을 당당히 밝히는 지원자를 더욱 선호하는 탓이다. 이렇게 공기업 면접에서는 우리가 생각하는 것과 다른 모습의 지원자가 살아남는다.

공기업 토론면접에서는 오히려

이런 현상은 토론면접에서 더욱 극명하게 드러난다. 토론면접에서 다른 지원자들의 주장을 조목조목 반박하며 논리적으로 자신의 주장을 펼쳐 결론을 이끌어낸 지원자는 탈락하고, 다른 지원자의 주장에 고개를 주억거리며 열심히 메모하다가 상대방의 주장을 적극적으로 지지하는 모습의 지원자는 합격하는 것이다. 민간 대기업에서의 토론면접에서라면 당연히 전자의 지원자가 좋은 평가를 받을 가능성이 크겠지만, 공기업의 토론면접에서는 오히려 후자의 지원자가 더 좋은 평가를 받을 가능성이 크다.

하고 싶은 말은 다 하고 나왔다는 느낌

그럼, 공기업 면접에서는 어떻게 답변해야만 합격하는 것일까? 가장 중요한 것은 자기 생각을 숨기지 않고 모두 솔직하게 답변하는 것이다. 어찌 보면 굉장히 식상한 내용이기도 하고 당연한 내용이기도 하다. 하지만 지원자들이 모두 솔직하게 답변한다는 것은 어렵기만 하다. 그래서 마음을 비우는 노력이 필요하다.

면접관에게 잘 보이기 위해 노력하기보다는, 합격하고 싶다는 마음을 조금 비우고 내려놓은 상태로 면접관의 질문에 솔직하게 답변하는 것이 가장 좋은 방법이다. 이렇게 답변하고 나면, 면접이 모두 끝난 후 '개운하다.'라는 느낌을 받게 된다. 즉, '하고 싶은 말은 다 하고 나왔다.'라는 느낌이 들게 되고, 이런 지원자라면 반드시 합격하게 되는 것이다.

민간 대기업과 다른 공기업만의 조직문화와 인재상을 먼저 정확히 이해해야 공기업 면접에서 좋은 결과를 얻을 수 있다. 이 부분은 나중에 다시 공기업 면접에서 살아남는 사람과 탈락하는 사람들의 유형에서 자세히 살펴보기로 하자.

2장 | NCS기반 면접 이해

공기업에 NCS(National Competence Standards: 국가직무능력표준)기반 능력중심채용제도가 도입되면서 공기업 면접에도 NCS기반 면접평가가 도입되었다. 최근에는 NCS능력중심 채용제도와 본질이 같은 블라인드 채용제도가 도입되면서 NCS기반 면접평가, 블라인드 면접평가라는 용어가 혼재되어 사용되고 있다. 하지만 용어와 표현이 다를 뿐, 그 본질과 실체는 같은 만큼 크게 당황할 필요는 없다. 이 책에서는 블라인드 면접이란 표현보다는 NCS기반 면접평가라는 표현을 사용하고 있다.

1 NCS 면접이란?

종전의 공기업 면접을 전통적인 면접이라고 하면 새롭게 도입된 NCS기반 면접평가는 구조화된 면접이란 점에서 차이가 있다. 전통적인 면접이란 지원자에 대한 직무관련 연관성이 별로 없는 일상적이고 단편적인 질문을 통해 지원자에 대해 주관적으로 평가하는 것이다. 예를 들면, "취미가 무엇이냐?", "주량은 어느 정도냐?" 와 같은 면접 질문들이다.

이에 반해 구조화된 면접이란 직무역량을 중심으로 면접과정을 체계화하고 표준화하여 지원자의 직무역량을 평가하는 것이다. 예를 들어 "창립기념행사의 나무심기 행사에 예정보다 훨씬 적은 인원이 참석한 경우, 어떻게 할 것인가?", "혹시 이와 비슷한 경험을 해결한 경험이 있는지?", "행사 진행에 있어 가장 중요한 준비사항은 무엇이라고 생각하는지?"와 같이 직무관련 면접질문들을 체계화하여 미리 정하고 이를 통하여 지원자의 직무역량을 평가하는 것이다. 아래 NCS기반 면접질문 예시를 살펴보자.

직무 관련 도	능력 단위	능력 단위 요소	면접문항			평가요소	
			상황면접	경험면접	추가질문 (구조화된 질문)	직무 수행 능력	직업 기초 능력
4	사업 환경 분석 (경영 기획)	외부환경 분석하기	우리공단과 경쟁관계에 있다고 생각되는 조직이 있다면?		왜 경쟁관계라고 생각하며 지원자가 생각한 경쟁관계의 정의는?	전문지식 업무역량	조직 이해 능력

			상황	경험		
5	문서 관리 (사무 행정)	문서 수발 신하기	회사 내에서는 다양한 종류의 공문서들이 있다. 이를 체계적으로 분류하지 않으면 분실 등 관리에 어려움이 발생할수 있음에 따라 공문서를 보다 효율적으로 보관하면서, 쉽게 찾을 수 있는 방법이 있다면 무엇이 있는지?	취업준비를 위한 정보를 쉽게 검색하거나, 취득한 정보를 쉽게 찾기 위해 정보를 관리한 경험이 있는가?	본인이 경험한 효과적인 정보관리 방법을 설명해 주신다면?	전문지식 업무역량	문제 해결 능력
5	행사 지원 관리 (총무)	행사운영 하기	창립기념일 행사의 일환으로 1,000그루의 나무심기 행사를 50명의 직원이 참여하기로 계획하였다. 하지만 식목행사 실시 당일 20여명의 직원 밖에 참석하지 않은 상황인데 어떻게 할 것인가?	학창시절 동아리 활동 등을 하면서 비슷한 경험을 사례로 답변 가능함		업무역량 수행태도	문제 해결 능력

위에서 보듯이 직무수행에 필요한 능력단위와 능력단위 요소에 따라 상황과 경험을 묻는 면접질문을 미리 준비하고 지원자의 답변에 따라 추가로 주어질 면접질문을 구조화(체계화)하는 것이다. 이런 구조화되고 체계화된 면접질문을 통해서 지원자의 어떤 직업기초역량과 직무수행역량을 평가할 것인지를 미리 설계하고 면접에 적용하는 것이다.

2 NCS 기반 면접 4가지 평가 도구

위의 NCS기반 면접질문에서도 찾아볼 수 있듯이 NCS기반 면접평가에서는 네 가지 평가 도구를 제시하고 있다.

첫째, 경험면접이다. 직무수행이나 직무능력에 관련된 지원자의 과거 경력이나 경험에 대한 질문과 답변을 통해 평가하는 방식이다.

둘째, 상황면접이다. 직무수행과 관련된 특정 상황을 제시하고 그에 맞는 행동이나 질문을 요구하고 그를 평가하는 방식이다.

셋째, 발표면접이다. 특정 주제와 관련된 지원자의 발표 그리고 질의응답을 통해 지원자의 역량을 평가하는 방식이다.

마지막은 토론면접이다. 직무수행이나 가치관 판단을 위한 토의과제를 제시하고 지원자들 간의 의견수립 또는 토의과정을 통하여 지원자의 역량이나 상호작용역량을 평가하는 방식이다.

이렇게 제시된 NCS기반 면접평가의 4가지 도구는 실제로는 특별한 것은 아니다. 모두 공기업에서 예전부터 활용해 오던 방식들이다. 단지 차이가 있다면 NCS기반 면접에서는 지원자의 개인적인 사항에 초점을 맞추지 않고 실제 지원자가 직무수행에 필요한 역량과 자질을 갖추었는지를 평가한다는 점이다. 그래서 NCS기반 면접평가에서는 아래와 같이 직무관련 상황을 제시하고 그에 대한 지식을 평가하고 실제 직무수행역량을 가졌는지를 묻는 면접질문이 전보다 더 자주 주어질 것이라고 이해하면 될 것이다.

상황 제시	인천공항 여객터미널 내에는 다양한 용도의 시설(사무실, 통신실, 식당, 전산실, 창고, 면세점 등)이 설치되어 있습니다. 금년도에는 소방배관의 누수가 잦아 메인 배관을 교체하는 공사를 추진하고 있으며 당신은 이번 공사의 담당자입니다.	실제 업무상황에 기반한 배경 정보
	주간에는 공항운영이 이루어지는 관계로 주로 야간에만 배관교체공사를 수행하던 중 시공하는 기능공의 실수로 배관 연결 부위를 잘못 건드려 고압배관의 소화수가 누출되는 사고가 발생했으며 이로인해 인근시설물에는 누수에 의한 피해가 발생하였습니다.	구체적인 문제 상황
문제 제시	**문제** 1. 일반적인 소방배관의 배관연결(이음) 방식과 배관의 이탈(누수)이 발생하는 원인에 대해 설명하시오.	문제 상황 해결을 위한 기본 지식 문항
	2. 담당자로서 본 사고를 현장에서 긴급히 처리하는 프로세스를 제시하고 보수완료후 사후적 조치가 필요한 부분 및 재발방지 방안에 대하여 설명하시오.	문제 상황 해결을 위한 추가 대응 문항

③ STAR 기법에 따른 면접질문

NCS기반 면접평가에서 눈에 띄는 차이점이 있다면 예전과 달리 지원자의 경험을 물을 때 STAR 기법에 따라 보다 구체적으로 질문을 한다는 점이다. STAR 기법이란 지원자의 경력이나 경험을 상황(Situation), 역할(Task), 행동(Action), 결과(Result)로 구분하는 것이다. 아래의 NCS기반 면접질문의 예시에서 보듯이 지원자의 경험을 상황, 역할, 행동, 결과로 미리 나누어 면접질문을 체계화시켜 지원자에게 주어지게 된다. 하지만 그렇다고 해서 너무 걱정할 필요는 없다.

실제 면접 과정에서는 STAR 기법에 따라 꼬치꼬치 묻는 면접질문보다는 자신의 면접답변에 따라 추가적인 질문이 주어지기 쉽다는 정도로 이해하면 될 것이다. 그래서 면접을 준비하는 과정에서 면접관이 관심을 가질만한 자신의 경험을 미리 STAR에 나누어 생각해서 예상 질문과 답변을 미리 생각해 보는 수준이면 충분하다.

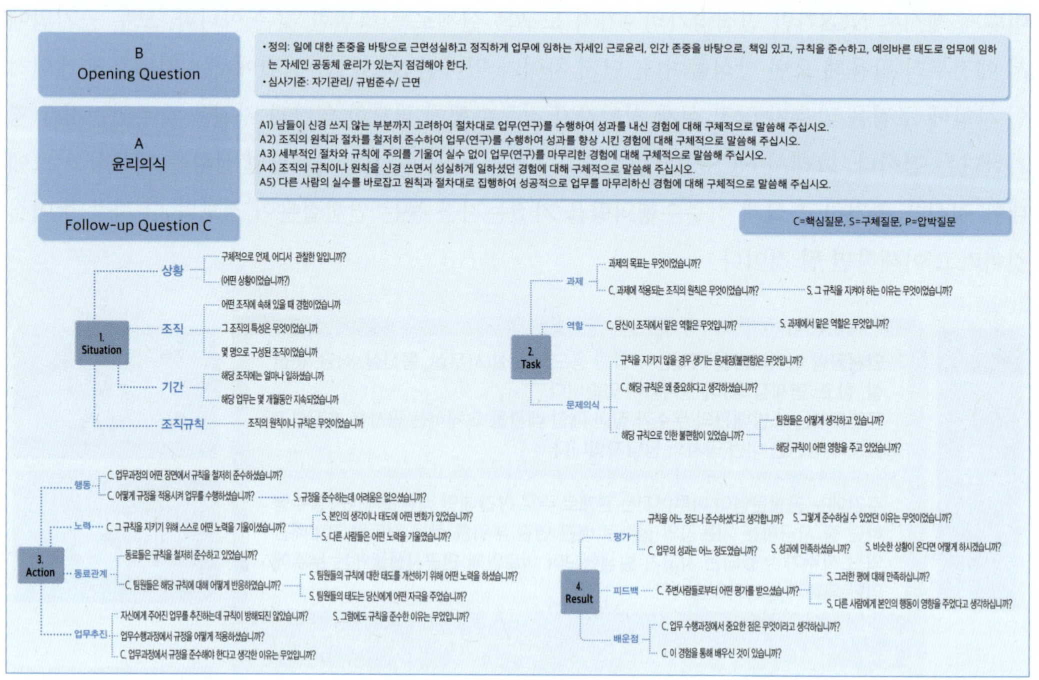

지금까지 NCS기반 면접평가의 전반적인 내용을 살펴보았다. 정부와 공기업에서는 NCS기반 면접평가를 도입, 확산시키기 위해 노력하고 있지만 단시간 내에 공기업의 면접형태가 바뀌기는 어렵다. 그래서 NCS기반 면접평가에 대해 걱정하기보다는 NCS기반 면접평가의 방향을 이해하고 그것에 맞게 준비하는 것이 필요하다.

NCS기반 면접평가를 준비하면서, 주의해야 할 점은 개인에 대한 질문보다는 역량을 평가할 수 있는 경험과 직무관련 면접질문의 비중이 높아진다는 점과 직무관련 상황에 대한 면접질문의 빈도가 높아지는 만큼 지원 공기업의 사업내용과 직무에 대해 철저히 조사하고 준비해야 한다는 점, 그리고 자신의 경험을 미리 STAR 기법에 따라 생각해 보고 예상 면접질문과 답변을 준비할 필요성이 있다는 점을 기억하자.

4 NCS기반 면접의 실체

공기업 채용과정에 NCS기반 면접평가가 새롭게 도입됨으로써 많은 혼란이 발생하였다. 많은 취업준비생이 NCS기반 면접평가에 대해 막연한 두려움을 가지고 있거나 잘못된 정보로 제대로 된 면접 준비를 못하는 경우가 있었기 때문이었다. 그런가 하면 공기업 면접을 보고 난 지원자들의 말에 따르면, 종전의 면접과 특별히 달라진 점을 찾기 어려운 경우가 있었다. 이런 현상이 나타나는 이유는 무엇일까?

첫째, 공기업의 NCS기반 면접평가의 실체가 명확하지 않다는 점이다.

직무역량을 중심으로 면접과정을 체계화하고 표준화했다고 하지만 실제 그것이 무엇인지, 어떻게 바뀌어야 하는지 명확하지 않은 것이다. NCS기반 면접평가의 4가지 도구로 경험면접, 상황면접, 토론면접, 발표면접을 이야기하고 있지만, 실제로는 종전에도 토론면접과 발표면접뿐만 아니라 지원자의 경험을 묻는 경험면접 역시 존재했다. 단지 차이가 있다면 직무관련 상황을 제시하고 이에 대한 지원자의 생각이나 해결책을 묻는 상황면접 역시 실무면접에서 활용되던 기법이었다. 결국 특별히 전과 달라진 점이 없다.

둘째, 공기업 인사담당자들의 준비와 노력이 부족하기 때문이다.

NCS기반 능력중심채용제도가 공기업에 도입되었지만 바쁜 인사담당자들이 이를 완벽히 이해하고 배울 시간도 부족한 상태이다. 완벽한 NCS기반 면접평가를 위해서는 공기업 인사담당자들이 면접질문을 사전에 철저히 준비하고 구조화해야 한다. 하지만 이를 체계적으로 준비할 시간이 부족하고 각 상황에 맞춰서 일일이 면접질문을 준비하기도 어렵다. 그래서 결국 예전과 같은 통상적인 면접질문들을 준비하는 경우도 있다. 또한, 채용과정 전반을 외부 용역업체에 위탁하는 경우, 외부 업체에 전적으로 의존하는 경우가 많다 보니 제대로 준비되지 못하는 경우도 있다. 게다가 아무리 면접질문을 준비한다고 해도 결국 면접이 면접관의 역량이나 재량에 좌우된다는 점을 잘 알고 있기 때문에 직무와 관련된, 구조화되고 체계화된 면접질문을 준비할 필요성을 많이 느끼지 못하기 때문이기도 하다.

셋째, 면접관이 바뀌지 않았기 때문이다.

아무리 정부가 NCS기반 면접평가에 대해 완벽한 지침을 제공해 주고, 인사담당자가 이에 따라 철저히 준비해도 결국 면접관이 바뀌지 않으면 모든 것이 그대로일 수밖에 없다. 공기업 면접관은 나름대로 면접경험과 판단기준을 가지고 있다. 게다가 면접장에서 자기 뜻대로 자유롭게 면접질문을 선택한다. 그래서 면접관들에 대한 교육이 필요하지만, 아직도 체계적인 면접 교육을 시행하지 않는 공기업들도 많다.

그러다 보니 실제 면접 과정에서는 면접관들이 자신에게 익숙한 면접질문들이 아직도 지원자들에게 주어지고 있다. 예외가 있다면 대학교수 등 외부 면접관의 경우, NCS기반 면접평가 방식에 비교적 충실하기 때문에 이에 대한 대비가 필요하다. 특히 자기 경험에 대한 답변에 이어지는 꼬리질문이 계속될 수 있다는 점에 유의해서 답변하면서 면접관이 답변 내용에 궁금함을 갖지 않도록 체계적으로 답변하는 요령을 키우는 것이 좋다.

이렇게 공기업에 NCS기반 면접평가가 도입되었지만, NCS기반 면접평가를 막연히 두려워할 필요는 없다. 하지만 NCS기반 면접평가가 도입되면서 직무관련 경험질문이 많아지고 면접답변에 이어지는 꼬리질문이 점점 날카로워지고 있다는 점을 기억하면 될 것이다.

지원자들은 이 책에서 제시하고 있는 방법대로 지원하는 공기업과 직무에 대해 철저히 조사하고 자신의 강점과 약점 등에 대해서 체계적으로 준비하면 될 것이다.

공기업 면접의 A to Z

제대로 공기업 면접을 준비하기 위해서는 공기업 면접에 대해 깊이 이해하는 것이 필요하다. 가장 먼저 민간기업과 달리 공기업 면접이 가지고 있는 특징을 이해하는 것이 필요하다. 그뿐만 아니라 공기업 면접의 형태와 순서를 이해하고 실제 면접에서 지원자를 어떻게 평가하는지 이해한다면 보다 효과적으로 공기업 면접을 준비할 수 있을 것이다.

1 공기업 면접의 특징

많은 취업준비생은 공기업뿐만 아니라 민간기업 취업도 동시에 준비하는 경우가 많다. 혹은 민간 대기업에서 근무하다가 사직하고 공기업 취업을 준비하는 경력자들도 제법 된다. 그러다 보니 이런 지원자들이 민간 대기업 면접을 준비하듯이 공기업 면접을 준비하다가 계속 고배를 마시는 경우를 종종 보게 된다. 공기업 면접이 가지고 있는 특성이 분명히 존재하는데도 공기업 면접이 민간 대기업 면접과 다르지 않다는 잘못된 생각 때문이다. 물론, 공기업 면접 역시 면접이다 보니 면접의 본질적인 내용은 민간 대기업과 다르지 않다. 하지만 면접의 방식이나 절차 등에서부터 공기업의 조직문화와 인재상까지 분명한 차이점이 존재한다. 이런 차이점을 정확히 이해하고 준비해야만 공기업 면접에서 살아남을 수 있다. 어떤 차이점이 있는지 살펴보자.

선호하는 인재

민간기업의 면접에서 선호하는, 채용하는 인재의 모습은 결국 성과를 가장 많이 창출할 수 있는 지원자이다. 쉽게 표현하면 돈을 많이 벌어다 줄 수 있는 인재이다. 하지만 공기업은 전혀 다른 모습의 인재를 선호한다. 공기업이 선호하는 인재를 한마디로 단정 지어 말한다는 것은 어렵지만, 그래도 하나의 모습으로 정리한다면 '믿을 수 있는 인재'이다.

믿을 수 있다는 것에는 많은 의미가 내포되어 있다. 공기업 직원에게는 일반 직장인보다 높은 수준의 도덕성, 윤리의식, 봉사정신 등이 요구된다. 그래서 작은 수준의 잘못도 공기업 직원이 저지를 경우, 그 파장이 무척이나 크다. 모든 공기업에서 소속 직원의 작은 잘못 때문에 조직 전체가 흔들리거나 매도당하는 경우를 한 번씩 정도는 겪게 된다. 그래서 신입직원을 선택할 때, 가장 많은 성과를 만들어 낼 수 있는 직원보다는 조직에 해를 끼치지 않을 직원을 먼저 선택하려는 경향이 있다.

면접위원의 구성

민간기업이 기업의 임직원 위주로 구성하는 데 반해, 공기업의 경우에는 기업 임직원과 함께 외부 면접위원을 반드시 포함하게 된다. 채용의 공정성과 투명성을 높이기 위해서이다. 이렇게 외부에서 초빙되는 면접위원은 대부분 사업과 업무적으로 연관성이 높은 분야의 대학교수, 채용을 위탁받아 진행하고 있는 채용 전문기업의 면접위원 등이다. 이렇게 외부에서 초빙된 면접관은 면접경험도 많지만, NCS기반 면접평가에 대한 이해도가 높아 직무관련 면접질문 등 까다로운 면접질문을 많이 던지는 편이다.

면접방식

민간기업의 면접방식은 굉장히 다양하게 구성되는 경우가 많다. 이에 반해 공기업의 면접방식은 대부분 정형화되어 있다. 한때, 공기업에서도 다양한 면접기법이나 방식들을 도입해서 운영했지만, 이렇게 겉으로 드러나는 면접방식이나 기법보다는 내실을 다지는 방향으로 변화되었다. 특히 NCS 능력중심채용제도의 도입에 따라, 특별한 면접방식을 사용하기보다는 내실화된 면접을 통해 좋은 인재를 선택하려고 노력하고 있다.

대부분 지원자의 인성이나 전문지식을 평가하기 위한 인성면접이나 역량면접이 주를 이루고 지원자의 의사소통과 조직적합성 등을 평가하기 위한 토론면접, 지원자의 논리력과 발표력 등을 평가하기 위한 발표면접이 있다. 최근에는 인바스켓면접 등 직무관련 상황을 미리 제시하고 그에 대한 문제해결 또는 상황대처 능력을 평가하고 면접관과의 질의응답을 통해 심층 평가하는 기법이 인기를 끌고 있다. 또한, 코로나19를 겪으면서 온라인으로 진행하는 비대면 면접과 AI를 활용한 AI 면접 역시 확산하는 추세이다.

면접경쟁률

민간기업의 경우에는 되도록 좋은 인재를 선발하고 싶은 욕심에 면접경쟁률을 높이는 경우가 많다. 최대한 많은 지원자를 대상으로 면접을 시행하여 최고의 인재를 채용하고 싶은 욕심 때문이다. 이에 반해, 공기업의 경우에는 민간기업과 달리 합리적인 수준의 면접경쟁률을 유지하고 있다. 대부분 2:1에서 5:1 정도로 운영하고 있다. 면접경쟁률을 높이 유지하여 많은 지원자가 참여할수록 좋은 지원자를 더 확보할 수 있는 장점이 있지만, 그만큼 면접을 진행하는 데 어려움이 많고 오히려 합격자 결정에 어려움을 초래하기 때문이다. 간혹 결원 보충 등 갑작스러운 채용으로 필기평가를 실시하기 어려울 경우, 지원자 모두에게 공평한 기회를 제공하다 보니, 턱없이 높은 면접경쟁률을 보이는 때도 있다.

압박면접

공기업 면접을 다녀온 많은 지원자가 공통으로 말하는 면접 평이 있다. "편하고 무난한 면접"이라는 평이다. 민간기업의 경우와 달리, 공기업에서는 면접지원자들 역시 고객으로 인식하는 경우가 많다. 이런 인식 때문에 자칫 면접지원자의 감정을 상하게 하는 면접을 지양하는 편이다.

저자가 공기업 인사담당 차장으로 근무할 당시에도, 면접위원들에게 가장 강조하는 요구사항이 바로 면접지원자에게 무리한 압박을 하지 말라는 점이다. 간혹 면접관 중에는 이런 요구사항을 지키지 않고, 면접지원자의 약점을 강하게 추궁하거나 답변 내용을 꼬투리 잡아 지원자를 난처하게 하는 경우가 있다. 이럴 경우, 압박받은 후 최종 탈락한 지원자는 지원 공기업에 대해 좋지 않은 감정을 갖게 되고 결국 이는 어떤 형태로든지 표출되기 쉽다. 심할 경우에는 고객 게시판 등을 통해 이런 압박면접에 대해 사과를 요구하는 경우까지 발생하게 된다. 그래서 공기업에서는 압박면접을 굉장히 조심스럽게 접근하곤 한다.

영어면접

민간기업과 달리 대부분 국내에 한정된 사업 분야를 갖는 공기업에서는 굳이 영어면접의 필요성을 느끼지 못하는 경우가 많다. 그래서, 실제 직무를 수행하는데 필요하지 않은 회화 능력을 평가하기 위해서 굳이 번거롭게 영어면접을 시행하지 않는 경우가 많다. 이렇게 영어면접을 잘 활용하지 못하는 이유 중 하나는 바로, 준비된 영어면접관을 확보하기 어렵기 때문이다. 물론 영어를 원어민 수준으로 잘 사용하는 직원이 있기는 하지만, 대부분 나이가 어리고 면접경험이 적다 보니 면접에서 기대했던 것만큼 결과를 만들어 내지 못한다. 그래서 외국인 영어 강사 등을 영어면접관으로 초빙하는 때도 있지만, 공기업 실정에 맞지 않는 질문을 던지는 등 문제점이 있다 보니 잘 활용하지 않고 있다.

블라인드 면접

NCS기반 능력중심채용제도가 도입되기 전에도 일부 공기업에서는 블라인드 면접을 진행했었다. 이러한 블라인드 면접은 최근, 공기업에 블라인드 채용제도가 강하게 도입되면서 블라인드 면접이 보다 보다 철저히 적용되고 있다. 면접 과정에서 지원자의 이름, 학교명, 지역 등을 언급하지 못하도록 했다.

이렇게 블라인드 면접이란 지원자의 학교, 학과, 학점, 토익성적 등과 같은 스펙에 좌우되지 않고 철저하게 지원자의 능력만을 검증하고 평가하는 면접방식을 말한다. 블라인드 면접이 지원자의 실력만으로 지원자를 평가한다는 긍정적인 측면도 있는 것이 사실이지만 오히려 지원자를 제대로 평가하지 못하고 있다는 비판도 있다. 하지만, 공기업에 블라인드 채용이 더욱 완벽하게 정착되면서 블라인드 면접이 더욱 강화될 것으로 예상된다.

워낙 많은 공기업이 있다 보니 모든 공기업의 면접형태를 파악한다는 것은 어렵다. 하지만 안정적인 채용을 중시하는 공기업이 자주 활용하는 면접형태를 몇 가지로 구분해 볼 수 있다. 어떤 종류의 면접형태, 방식들이 있고 어떤 특징들을 가졌는지 알아보자.

인성면접, 역량면접, 경험면접

인성면접이란 가장 기본적이고 필수적인 면접형태로, 면접관과 지원자가 서로 만나서 질문과 답변을 주고받는 방식이다. 이런 인성면접에서 지원자의 전공지식이나 실무역량에 초점을 맞추어 진행하는 면접을 역량면접이라 따로 분류하는 경우도 있다. 또한 최근에는 지원자의 직무관련 경험을 묻는 면접이라는 측면에서 경험면접이라 지칭하기도 한다.

인성면접은 면접에 참여하는 지원자의 수에 따라 다시 일대다 혹은 다대다 방식으로 나누어 볼 수 있다. 인성면접에서 당연히 면접관은 복수로 운영된다. 면접관의 수는 3명에서 7명까지 운영하는 경우가 대부분이며 홀수로 운영하는 경우가 많다. 이렇게 홀수로 운영하는 이유는 면접관들의 의견이 대립할 경우 원활한 의사결정을 위해서이다. 면접관들의 의견이 극명하게 맞서는 경우는 별로 없지만 홀수로 면접관을 운영하는 것은 관례화되어 있다.

면접에 참여하는 지원자가 혼자일 경우, 일대다 면접이 된다. 단 한 명의 지원자에 대해서 여러 명의 면접관이 질문과 답변을 하는 방식이다. 대부분 소규모 채용이나 경력직 채용, 또는 대규모 채용에서 임원면접보다는 실무면접에서 많이 활용된다. 면접 시간은 10분에서 30분까지 운영되곤 한다. 한 사람의 지원자를 두고 여러 명의 면접관이 10분에서 30분 정도의 면접을 진행한다는 것은 지원자에 대해 철저히 검증하고 평가하겠다는 것을 의미한다. 비교적 시간이 충분하기 때문에 다양한 면접질문이 주어지지만 다른 지원자와 비슷한 면접질문을 받을 가능성이 크다.

다음은 면접에 많은 지원자가 동시에 참여하는 다대다 면접이다. 3명에서 7명 정도로 운영하지만 대부분 5명을 많이 활용한다. 여러 지원자가 한 번에 입장하고 지원자별로 면접관들이 돌아가며 질문을 던지곤 한다. 주어진 전체 시간은 20~30분 정도로 만일 5명의 지원자가 입장했다면 결국 개인당 4~6분의 시간이 돌아가게 된다. 1분 자기소개를 한다고 가정할 경우, 지원자마다 3~5개 정도의 면접질문과 답변을 할 수 있는 시간이 주어진다. 결국 철저한 검증보다는 빠르게 지원자를 평가할 수밖에 없어 대부분 인턴 직원이나 대규모 신입직원 채용 시, 최종 임원면접에서 주로 활용된다.

토론면접

지원자들끼리 특정 주제를 가지고 토론하고 그 과정과 결과를 면접관이 관찰하면서 지원자의 소통, 협업역량과 조직이해도와 조직적합성 등을 평가하는 면접형태이다. 면접에 참여하는 지원자 수는 4명에서 8명 정도이다. 토론 시간은 20분에서 30분 정도가 주어지게 된다.

토론방식은 '전기요금 누진제 폐지 주장에 대한 찬반', '보편적 복지와 선별적 복지'와 같이 정답이 없는 사회적 이슈, 또는 지원 공기업이나 사업 관련 주제에 대한 찬반 토론방식으로 진행되거나, 지원 공기업이나 사업과 관련된 문제를 해결하는 문제 해결토론 방식이 주를 이룬다.

찬반 토론의 경우에는 지원자가 자율적으로 찬반을 결정하여 토론하는 방식과 지원자를 강제적으로 찬반을 결정하여 토론을 진행하는 방식이 있다. 이렇게 강제적으로 찬반 지원자를 나누는 이유는 더 적극적인 토론을 유도하여 지원자를 제대로 평가하기 위해서다.

문제 해결토론 방식은 특정 주제나 문제를 제시하고 그에 대한 결론이나 해결책을 도출하도록 하는 방식이다. 토론 주제는 '신재생에너지 확대 방안', '사업추진 과정 중, 고객의 서비스 거부에 대한 대처 방안', '스마트그리드 확산을 위한 우리 공단의 사업추진전략'과 같이 해당 공기업과 사업에 대한 정보와 고민이 필요한 주제들이 주어지게 된다.

대부분 공기업에서는 지원자들의 토론 진행 방법에 대해 개입하지 않지만, 간혹 원활한 토론 진행과 조정을 위하여 토론의 리더(조장)를 미리 정하도록 하기도 한다. 토론 리더를 정하는 것까지만 인사담당자나 면접관이 개입하고 나머지는 모두 지원자들이 스스로 결정하고 진행하는 방식이다. 면접관들은 이런 과정을 토론자 가까이서 관찰하거나 CCTV를 이용해서 다른 방에서 관찰하면서 지원자들을 평가하게 된다. 토론면접은 토론과정이나 토론 자체를 평가하기도 하지만, 토론 결과를 정리하여 제출하거나 발표하도록 하여 종합적으로 이를 다시 평가하기도 한다.

발표면접(상황면접)

면접대기장에서 지원자에게 미리 주제를 제시하고 발표내용을 준비할 시간을 준 후, 차례대로 면접관을 상대로 발표하는 방식이다. 발표 주제는 지원 공기업과 사업 관련 주제 또는 전공, 직무 분야 주제를 제시하는 경우가 많다. 발표 주제는 평가의 용이성을 위해 같은 주제를 주게 되고 준비시간은 약 30분 정도 주어지게 된다. 발표 자료는 노트북을 제공하여 프레젠테이션 자료를 만들도록 하거나 종이 한 장에 정리하고 이를 보면서 발표하는 방식이 쓰인다. 발표 시간은 대부분 5분에서 10분 정도로 짧게 주어지지만, 발표 후에 면접관과 질의응답을 진행하는 경우가 많다.

많은 학생은 발표면접에서 발표 자료나 발표력을 중요하게 생각하고 여기에 집중하지만, 면접관은 지원자의 분석력과 논리력을 더 중시하는 편이다. 발표 주제의 핵심을 잘 이해하고 그에 맞는 해결책이나 자기 생각을 체계적으로 정리한 지원자가 높은 평가를 받게 된다.

발표면접은 요즘 인바스켓 면접의 형태로 진화하고 있다. 인바스켓면접이란 지원 공기업의 사업이나 직무수행 과정에서 발생할 수 있는 가상 상황을 미리 준비하고 지원자가 상황을 선택한 후 그 상황을 해결하거나 대처하는 모습을 관찰하거나 발표하는 방식의 면접방식이다. 한수원이나 지역난방공사 등에서 활용하기 시작한 면접기법으로 앞으로 많은 공기업에서 활용할 것으로 예상된다. 이러한 발표면접은 직무관련 상황을 제시하고 주어진 문제상황에 대한 해결방안을 답변하는 상황면접과 결합하거나 혼용되는 경우도 있다.

행동 면접

지원자들이 다양한 활동(Activity)을 하는 과정을 관찰하거나 대화를 통해 면접을 진행하는 방식이다. 지원자와의 질문과 답변의 형식이 아니라 지원자의 행동을 관찰하는 형태이다. 대표적인 것은 축구와 같은 스포츠 활동이다. 지원자들이 축구팀을 구성하여 미니 축구 경기를 하는 과정을 관찰하는 방법이다. 또는 지원자별로 조를 이루어서 주어진 과제에 맞추어 도미노를 쌓아가는 과정을 관찰하는 방법이다. 팀플레이와 집중력, 끈기를 관찰할 수 있어서 확산하는 분위기이다. 등산하면서 조별로 특정 과제를 주고 그 과제를 해결해 가는 과정을 관찰하거나 면접관과 등산하면서 자연스럽게 대화를 주고받는 방법도 있다.

예전에는 호프집, 찜질방에서 선배 직원과 함께 자연스러운 분위기에서 대화를 나누면서 면접을 진행하는 방식이 유행하기도 했다. 또한, 특정 사안을 가지고 협상하는 방식이나 팀별로 도미노 게임 등을 통해 면접을 진행하기도 한다. 이런 행동 면접은 면접 자체를 준비하고 진행하는데 많은 시간과 노력이 필요해 비교적 소규모 채용 시에만 활용하거나 기본 면접형태를 보완하는 방식으로 운영하는 경우가 많다. 이런 제약조건에도 불구하고 일부 공기업에서 행동 면접을 하는 이유는 전통적인 면접형태로는 지원자를 정확히 평가하기 어렵기 때문이다. 지원자들이 이런 활동에 참여하는 모습을 관찰하거나 활동을 매개로 더욱 자유롭고 편안한 분위기에서 대화를 나눔으로써 지원자에 대해 보다 정확하고 심층적인 평가가 가능하기 때문이다.

이런 기본적인 면접형태 외에도 이를 변형하여 면접을 진행하거나 토론 후, 발표 면접과 같이 기본 면접형태를 다양하게 조합하여 운영하기도 한다. 또한, 최근에는 AI 면접을 도입해 면접에서 참고 자료로 활용하기도 한다.

지원자의 입장에서는 우선 공기업의 기본적인 면접형태에 대해 이해하고 지원 공기업의 면접방식에 대해 미리 알아보는 것이 필요하다. 다양하게 운영되는 면접형태에 일일이 맞추기보다는 기본적인 면접형태에 충실히 하는 노력이 더욱 효과적이란 점을 이해하자.

앞서 공기업 면접의 형태를 살펴보았다면 면접순서에 따라 구분해 볼 수도 있다. 체험형 인턴이나 계약직 또는 대규모 채용을 제외하고는 공기업의 면접은 단 한 번의 면접으로 끝나는 경우가 적다. 대부분 1차와 2차로 나누어서 면접을 진행하고 연구기관의 소규모 전문직 채용이나 경력직 채용과 같이 특수한 경우에는 심지어 3차 면접까지 진행하는 경우가 있다.

역량 중심의 1차 면접

1차 면접은 흔히 실무를 담당하는 중간 간부급 직원과 선배 직원들이 면접관으로 참여하기 때문에 실무진 면접으로 불리며 실무진 면접관들이 지원자가 얼마나 직무를 잘 수행할 수 있고 직무에 적합한지를 평가하기 때문에 역량면접, 직무 적합성 면접이라 부르기도 한다. 이러한 1차 면접은 대면, 토론, 발표, 행동 면접이 모두 활용되며 그중에서도 토론면접 혹은 실무진이 참여하는 인성면접으로 진행하는 경우가 많다.

1차 면접에서는 주로 지원자의 직무관련 지식과 경험을 묻는 전공 관련 면접질문들이 많이 던져진다. 단편적인 지식을 묻는 면접질문에서부터, 상황을 제시하고 어떻게 해결할 것인지를 묻는 면접질문까지 광범위하다. 이렇게 지원자의 직무역량과 함께 중시하는 부분은 바로 지원자의 근속 가능성이다. 그래서 지원자의 지원동기를 중시하는 편이며 다른 공기업 지원 여부, 지방 근무 가능성에 관한 질문이 자주 던져진다.

인성 중심의 2차 면접

2차 면접은 흔히 임원을 비롯한 경영진이 면접관으로 참여하는 경우가 많아 임원면접, 경영진 면접으로 불리며, 임원급 면접관들이 지원자의 직무역량보다는 인성에 초점을 맞추어서 얼마나 조직에 잘 적응할 수 있을지를 주로 평가하기 때문에 인성면접, 조직적합성 면접이라 부르기도 한다. 일정이 빠듯한 경영진이 주로 참여하기 때문에 면접 시간이 짧은 인성면접을 주로 진행하고 가끔 발표면접을 병행하는 경우가 있다.

앞서 이야기한 대로, 2차 면접에서는 지원자가 직무에서 얼마나 성과를 낼 수 있을까 보다는 조직에 잘 적응할지에 대한 평가가 주를 이룬다. 이런 경향은 이미 1차 면접을 통해 지원자들이 직무 역량을 충분히 갖추고 있다고 판단하기 때문이기도 하지만, 경영진으로서 가장 중시하는 것이 바로 조직의 안정적인 운영이기 때문이다.

그래서 지원자의 인성, 가치관 등에 관한 질문이 주를 이루게 되며 특히 갈등 해결과 같은 조직 활동에 관한 질문이 자주 던져진다. 쉽게 답변하기 어려운 딜레마 상황에 관한 질문과 함께 상사나 선배와의 갈등, 부정행위 발견 시 대처방안, 고객과의 갈등 상황 등에 관한 질문도 자주 등장한다.

아래의 표를 통해 공기업의 면접순서별 특징에 대해서 다시 정리해 보자.

장해기제	1차 면접	2차 면접
면접관	팀장급 중견 간부	임원급 경영진
면접 형태	대면 면접, 토론 면접, 발표 면접, 행동 면접	대면 면접, 발표 면접
평가 요소	직무수행 역량, 직무적합성	인성, 조직적합성
주요 질문	직무 관련 지식과 경험, 직무 및 사업관련 문제 상황 해결, 다른 공기업 지원여부, 지방근무 가능성, 지원동기 등	인성과 가치관, 사회적 이슈 등, 딜레마 상황, 조직 내 갈등상황, 고객과의 갈등해결, 조직이해, 입사 후 포부 등

4 면접관 선정

인사담당자로서 채용 시기가 되면 일분일초가 아깝고 정신이 없게 된다. 이렇게 바쁜 시기에 신입직원 채용을 결정짓는 면접관을 선택하는 것은 정말 힘든 일이 아닐 수 없다. 임원면접의 경우에는 굳이 고민할 필요가 없다. 직책에 따라 임원면접에 참여할 면접관들이 쉽게 정해지기 때문이다. 공기업에는 직원의 승진, 징계 등 직원의 인사와 관련된 중요한 사항을 결정하기 위하여 인사위원회를 운영하고 있다. 인사위원회는 보통 인사위원회와 중앙 인사위원회로 구성되는데 대부분 중앙인사위원회 위원으로 임원면접의 면접관을 선정하면 된다.

중앙인사위원회의 위원장은 기획, 경영 부문을 담당하는 이사가 자동 선임되며 다른 부문의 이사, 인사를 담당하는 부서의 실·국장 등이 참여하게 된다. 이렇게 인사위원회 위원을 면접관으로 선정하는 경우가 많지만, 때에 따라서는 별도로 신입직원 채용을 위한 면접위원회를 구성하여 면접관을 구성하기도 한다.

또한 투명하고 공정한 면접을 위해 외부 면접위원을 위촉하거나 면접을 포함한 채용과정 전체를 외부 전문업체에 위탁하기도 한다. 위부 면접위원은 대부분 평소 해당 공기업의 사업 분야와 밀접하게 관련되어 있고 공기업의 각종 회의 등에 자주 참여하는 대학교수를 위촉하는 경우가 많다. 채용 규모가 커서 채용 절차를 외부 전문업체에 위탁한 경우, 해당 업체에서 면접관을 자체적으로 선정하여 면접에 참여하기도 한다. 또는 해당 공기업 인사팀의 주도로 임원면접에서와 같이 대학교수 등 외부에서 면접관을 선택하기도 한다. 이러한 임원면접의 면접관 구성은 기관의 특성, 전통, 관례, 인사담당자의 성향 등에 따라 달라질 수 있다.

특별한 고민이나 별다른 어려움 없이 선정할 수 있는 임원면접의 면접관과 달리 실무진 면접의 경우에는 고려해야 할 사항이 너무 많다. 우선 해당 공기업의 직렬이나 전공을 고려해야 한다. 이렇게 공기업 면접에서 직렬, 전공 등을 고려하여 면접관을 선정하려는 이유는 면접평가와 채용에서 혹시나 있을 편중된 결과를 예방하고 공정성을 확보하기 위함이다. 또한 면접관으로 활동할 직원의 개인적인 성향도 고민해야 한다. 가끔은 지원자들에게 너무 날카롭거나 불필요한 질문을 던지거나 지원자를 강하게 압박하여 결국 문제를 일으키는 직원도 있다.

그래서 면접관을 선택할 때 가장 먼저 확인하는 것이 바로 이전 채용에서 면접관으로 활동했던 직원들을 먼저 살펴보게 된다. 이전 채용에서 면접관으로 활동했던 만큼 면접을 아무런 문제 없이 부드럽게 진행할 수 있기 때문이다. 혹시라도 필요한 면접위원을 이전 채용 면접에 참여했던 면접관에게서 찾기 어렵다면 앞서 이야기한 여러 가지 요소들을 반영하여 면접관을 추가 선정한다.

이러한 실무진 면접의 면접관은 대부분 30, 40대의 팀장급 이하의 직원으로 채워지게 된다. 최근에는 입사한 지 얼마 되지 않은 젊은 직원을 면접관으로 배치하여 보다 참신하고 공격적으로 면접을 진행하기도 한다. 또한, 임원면접과 마찬가지로 외부 면접위원을 포함해야 한다. 이렇게 선정된 직원들에게 면접관 참여 가능 여부를 확인하고 공문을 작성하여 해당 부서나 지사에 면접관 참가 협조 요청을 하고 나면 가장 중요한 고비를 넘은 것이다.

이렇게 선정된 면접관은 내부 임직원 면접관과 외부에서 초빙한 외부 면접관은 면접 성향이 다른 경우가 많다. 그래서 내부 면접관과 외부 면접관의 차이에 대해서도 이해하는 것이 좋다.

구 분	내부면접관	외부면접관
위원구성	주요간부, 선배직원, 임원	대학교수, 채용대행업체
위원성향	감정적, 가족적, 긍정적	이성적, 사무적, 비판적
선호질문	조직, 사업, 직무, 전공, 인성 질문	자소서 & 일반적인 경험, 상황제시
꼬리·압박질문	자제, 단순한 호기심	적극 활용, 면접진행의 편리성
면접운영	탄력적 운영, 면접 결과를 결정	정확한 운영, 면접 결과에 참고

5 면접질문 준비

이렇게 면접관을 선정하고 나면 인사팀이 해야 할 일은 지원자에게 주어질 면접질문을 미리 준비하는 것이다. 물론 면접 자체는 면접관의 재량에 따라 운영되기 때문에 면접질문 역시 면접관이 자율적으로 결정하기도 하지만, 어느 정도 면접질문에 대한 가이드라인 또는 주요 면접질문을 제시해 주어야 면접관들이 더욱 쉽게 면접에 임할 수 있어 면접질문 준비는 필수적이다. 면접질문 역시 전년도 면접질문을 먼저 확인하여 활용하고, 해당 공기업의 환경변화에 따라 적절한 면접질문들을 포함해 나간다. 공기업의 기관장 등 경영진이 교체된 경우에도, 새로운 경영진의 경영철

학이나 경영방침, 인재상 등을 반영할 수 있도록 면접질문을 추가한다.

이렇게 준비된 면접질문은 면접관 사전 회의나 면접위원 교육 등을 통해 면접관들에게 전달된다. 이러한 면접위원 교육은 외부 전문업체에 위탁하여 실시하는 경우가 많아지고 있어 면접 운영이나 질문이 점점 정교해지고 있다. 면접관들은 인사팀에서 제공한 면접질문을 참고하여 지원자에게 질문을 하지만 면접이 진행되면 될수록 인사팀이 제공한 면접질문에 없는 새로운 질문, 변형된 질문들을 면접관들이 스스로 만들어 내게 된다.

그래서 오전 면접보다는 오후 면접에서 미처 예상하지 못했고 대답하기 어려운 면접질문들이 많이 등장하게 된다. 그런가 하면, 면접관들의 피로도가 증가하고 면접 시간 관리 실패로 면접 일정이 밀리게 되는 오후 면접에는 반대로 형식적이고 간단한 면접질문이 주어지기도 한다. 그래서 면접 시간대에 따라 면접의 난이도를 먼저 예상하는 것은 모두 부질없는 일이다. 그보다는 자신이 생각하고 준비했던 대로 차분히 면접순서를 기다리는 것이 좋다.

6 면접평가 항목과 합산

인사팀이 면접을 위해 준비해야 하는 것 중 하나가 바로 면접평가 항목이다. 면접자의 어떤 점을 평가해야 하는지 미리 평가항목을 정하고 평가항목별로 배점을 결정하고 그것을 면접평가지 양식으로 만들어야 한다. 면접평가 항목은 기관별로 모두 다르지만 대부분 5개에서 10개 정도의 평가항목을 미리 결정하고 배점은 항목별로 균등하게 적용한다.

예를 들어, 10개의 면접평가 항목에 따라 각 10점을 배점으로 정하고 이에 따라 평가를 진행한다. 평가항목별 배점을 면접관이 자유롭게 점수로 기재하는 경우도 있지만, 이럴 경우 점수집계와 합산과정이 어렵기 때문에 '탁월 - 우수 - 보통 - 미흡 – 불량'과 같이 5단계 척도 혹은 '우수 - 보통 – 미흡'과 같이 3단계 척도에 따라 미리 점수를 정하고 등급만을 표시하는 경우가 많다.

최근에는 공기업에 NCS 기반 능력중심채용제도가 도입되면서 10가지 직업기초능력을 평가항목으로 그대로 포함하는 경우가 많다. 면접평가 결과지는 면접 응시 인원이 적으면 지원자별로 준비하여 평가하지만, 면접 응시 인원이 많으면 면접 조별로 지원자가 모두 포함된 평가 결과지를 활용하기도 한다. 면접 평가지에 점수를 기입하고 이를 합산하는 것은 공기업에 따라, 인사담당자에 따라, 면접위원에 따라 모두 달라진다.

대부분은 면접위원별로 주어진 평가항목과 배점에 따라 지원자별로 평가점수를 바로 기재하고 그 평가점수를 합산하여 이를 모두 모아 면접합격자를 정하곤 하지만, 때에 따라서는 면접이 끝난 후에 면접관들이 서로 협의와 의견교환을 통하여 우수한 지원자를 선택하고 그것에 맞게 평가지에 점수를 기재하는 경우도 있다. 주로 경력직이나 소규모 채용의 경우가 그렇다.

이런 방식을 사용하는 이유는 면접관의 성향에 따라 평가 배점이 달라질 수 있고 이는 결국 특정 면접관이 전체 평가결과를 왜곡시키는 경우가 발생하기 때문이다. 예를 들면, 점수를 짜게 주는 면접관이 면접결과를 좌우하는 것이다. 하지만 이 경우에도 단점이 있다. 바로 면접관 중에서 가장 직책과 영향력이 큰 면접관이 전체 면접결과를 좌우하는 것이다. 공기업에서는 면접관이 앉은 위치도 굉장히 신경을 쓴다. 흔히 말하는 의전이다. 그래서 면접관 중에서 가장 직책이 높은 면접관을 중앙에 배치하게 된다. 그래서 가운데 앉은 면접관의 평가가 가장 큰 영향을 미칠 수 있다는 점을 꼭 기억할 필요가 있다.

그래서 면접결과 점수를 합산하는 과정에도 제도적인 보완 장치를 포함하는 경우가 있다. 바로 올림픽 채점 방식이다. 지원자별로 가장 높은 점수를 준 면접관과 가장 낮은 점수를 준 면접관의 점수를 배제하고 나머지 면접관들의 점수만을 합산하여 평균값을 내는 것이다. 또는 면접관들이 지원자별로 평가한 점수를 그대로 합산하기도 한다. 또한, 면접관별로, 지원자의 전공별로 평가 결과의 왜곡을 줄이기 위해 평균을 일치시켜 새롭게 지원자별 점수를 합산하기도 한다.

앞서 이야기한 면접관 선정과 선정 절차, 평가항목, 평가 배점, 평가점수 합산방식 등 세부 절차와 방식들은 채용 전에 미리 수립했던 채용계획에 모두 포함할 뿐만 아니라 혹시라도 있을 실수를 예방하기 위해 두세 번씩 확인하게 된다.

이런 과정이 상당히 복잡하고 신경이 많이 쓰이는 일이어서 면접장에는 면접관 외에도 이런 면접 평가 결과를 정리하고 계산하며 평가결과를 면접관에게 다시 확인받는 절차 등을 진행하기 위한 면접 진행요원이 배치된다. 면접 진행요원은 별도 책상에서 면접관의 평가표를 수거하여 이미 자동화 작업이 가능하도록 준비된 엑셀 파일에 입력하고 확인하며 면접을 진행하는 역할을 한다.

7 최종 합격자 결정

이러한 과정을 거쳐 지원자별로 면접평가 점수가 합산하고 나서도 일은 남아 있다. 최종 면접합격자를 결정하는 것이다. 최종 합격자를 결정하기는 그리 어려운 일은 아니다. 이미 엑셀 파일에 지원자별로 면접점수만 입력하면 바로 결과가 산출될 수 있도록 준비해 놓기 때문이다.

최종 합격자를 결정하는 방식은 크게 2가지로 나누어 볼 수 있다. 하나는 각 전형 별로 미리 정해 놓은 가중치, 배점에 따라 합산하는 방식이다. 대부분 필기시험부터 적용하는 경우가 많다. 예를 들면, 필기시험 성적 30%, 실무진 면접 30%, 임원면접 40%와 같이 정해 놓은 가중치에 따라 최종 합격자를 결정하는 방식이다. 이렇게 합산하는 경우에도 최종 합격자를 결정하는 데 가장 크게 반영되는 것은 면접결과이다. 그 이유는 필기성적의 경우에는 지원자들의 대부분이 커트라인에 몰려 있는 경우가 많지만, 면접의 경우에는 새롭게 면접점수들이 넓게 분포되기 때문이다. 그래서 필기시험 성적이 좋지 않더라도 면접만 잘 본다면 충분히 합격 가능성이 있기 마련이다.

다른 하나는 통과방식이다. 앞서 이야기한 채용의 각 전형 별로 단순히 통과만 시키고 최종 합격자는 면접에서 가장 높은 점수를 받은 지원자가 합격하는 방식이다. 이를 허들 방식, 제로베이스 방식이라 부르기도 하고 그냥 편하게 걸러내기 방식이라 부르기도 한다.

어떤 방식을 적용하던 미리 정해 놓은 취업보호대상자, 국가유공자, 지역균형인재, 장애인 등에 대한 가산점을 계산하여 최종 합격자를 결정하게 된다. 만일 걸러내기 방식이라면 필기시험을 형편없이 봤더라도 면접만 잘 보면 당연히 합격할 수 있기 때문에 면접대상자로 통보받게 되면 필기시험 성적에 상관없이 더욱 열심히 준비하는 것이 필요하다.

이렇게 면접합격자를 결정하고 나면, 합격자를 공지하게 된다. 또한, 합격자에게는 합격 통보를, 불합격자에게는 불합격 통보를 하기도 한다. 이후, 정해진 채용계획에 따라 취업 관련 서류를 제출받고 임시 소집 등의 절차를 거쳐 신입사원 연수를 시작하게 된다. 기관에 따라서는 면접지원자들을 대상으로 취업관련 증빙서류를 제출 받아 사전에 결격사항 등을 검토하는 경우도 있다.

이렇게 복잡한 면접평가 방식을 먼저 이해한다면 그것에 맞게 면접에 임하는 전략을 수립하는 데 큰 도움을 받을 수 있을 것이다.

2부.

공기업
면접 준비

1장 | 공기업 면접에서 탈락하는 사람들의 유형

공기업의 조직문화는 민간기업과 많은 점에서 다르다. 그러다 보니 민간 대기업 면접을 준비했거나 경험이 있는 많은 학생이 공기업 면접에서 실패를 맛보곤 한다. 실제 면접을 진행하면서, 면접관으로 활동하면서 "저러면 안 되는데…"라고 생각했던 지원자들이 결국 면접에서 탈락하는 모습을 자주 보곤 한다.

그런 지원자들의 특징을 찾다 보면 어떤 공통점들을 찾아볼 수 있다. 이렇게 공기업 면접에서 떨어지는 지원자들의 유형을 정리해 봤다. 공기업의 면접관으로부터 나쁜 평가를 받는 지원자의 모습으로, 쉽게 생각하면 공기업에서 싫어하는 직원의 유형이라고 생각해도 크게 다르지 않다.

만일 특별한 이유 없이, 공기업 면접에서 계속 떨어지고 있다면 자기도 모르게 이런 유형의 지원자로 판단되고 있을 가능성이 크다. 그래서 공기업 면접에서 떨어지는 사람들이 어떤 유형인지 먼저 파악해 보고 면접과정에서 그런 모습으로 비추어지지 않도록 스스로 고쳐나가는 노력이 필요하다.

1 자랑을 늘어놓는 사람

공기업에서 동료들이 가장 싫어하는 직원의 유형 중 하나이다. 일을 하면서, 조직 생활을 하면서 잘난 척하는 직원이다. 마찬가지로 면접에서 가장 보기 싫은 지원자의 모습이 바로 자신의 자랑만을 늘어놓는 지원자이다. 물론 면접에서 자신의 강점을 전달하고 설득하는 것은 필수적이다. 하지만 이런 자랑이 도가 지나쳐, 면접관의 질문에 대한 핵심보다는 자랑만을 늘어놓는 지원자에 대해서는 반감이 들 수밖에 없다. 이는 보통 사람들이 가지고 있는 기본적인 성향이기도 하지만 공기업 면접관들에게는 특히 더 그렇다.

예를 들어, "우리 공사의 인재상 중 가장 중요한 것은 무엇인가?"라는 면접질문에

"네, 우리 공사의 인재상 중에서 가장 중요한 것은 전문성이라고 생각합니다. 저는 우리 공사에 입사하기 위해 그동안 꾸준히 전문성을 쌓아왔습니다. 대학 4학년 동안 전공 실력을 키우기 위해 열심히 노력한 덕분에 친구들보다 훨씬 더 좋은 성적을 받았습니다. 또한 한 번도 수업에 빠지지 않는 성실함과 끊임없는 노력을 통해 세 번이나 성적우수 장학금을 받을 수 있었습니다."

와 같이 자신의 자랑을 늘어놓은 지원자들이 있다. 면접관들은 이런 지원자들의 자기 자랑에 감탄하며 지원자의 전문성과 실력을 높이 평가하기보다는 조직 생활에서 잘난 척하며 문제를 일으

킬지도 모르는 지원자, 질문의 요지를 정확히 파악하지 못한 지원자라는 인상을 느끼게 된다.

반면에, 같은 질문에

"네, 우리 공사의 인재상 중에서 가장 중요한 것은 전문성이라고 생각합니다. 우리 공사는 중소기업 육성을 통한 국가 경제 발전이라는 미션을 가지고 있습니다. 우리 공사의 주요 고객인 1,200만 중소기업을 육성하고 도움을 드리기 위해서는 무엇보다 전문성이 뒷받침되어야 한다고 생각합니다. 전문성이 있어야 중소기업에 꼭 필요한 기술지원을 할 수 있고, 전문성이 있어야 기술지원에 대한 신뢰성을 확보해 효율적으로 중소기업을 지원할 수 있기 때문입니다."

와 같이 자랑을 늘어놓기보다는 면접관의 '가장 중요한 인재상'을 묻는 질문에 '전문성'이라는 핵심을 정확히 답변하고 자기 생각을 통해 그 이유를 밝히는 지원자가 더 좋은 평가를 받게 되는 것이다. 또한, 이런 답변에는 대부분 "지원자가 전문성을 쌓기 위해 노력해 온 경험?"과 같은 꼬리질문이 이어지기 때문에 훨씬 면접을 유리하고 쉽게 이끌어 갈 수 있게 된다.

면접의 목적이 결국 지원자에 대해서 그리고 지원자의 생각에 대해서 파악하는 과정이라는 점을 떠올린다면, 인성면접에서 자기를 자랑하기보다는 자기 생각을 보여주려고 노력하는 것이 면접 성공에 있어 가장 중요한 요소이다.

면접관이 가장 기특하게 생각하는 지원자는 바로, 올바른 생각, 남과 다른 생각, 한 수준 높은 생각을 가진 지원자이다. 지원자의 인성을 가장 중시하는 공기업의 면접관에게 있어서, 이렇게 자랑이 아니라 자기 생각을 제대로 이야기하고 보여주는 지원자야말로 가장 매력적인 지원자가 아닐 수 없다.

자랑보다는 묻는 것에 정확한 답변을, 그리고 내 생각을 함께 이야기하자.

2 인정하지 않는 사람

면접관의 압박질문이나 자신의 약점, 잘못 등에 대해 인정하지 않는 지원자를 말한다. 면접을 진행하다 보면, 놀랄 정도로 매끄럽게 답변을 잘하는 지원자를 보게 된다. 자신의 약점에 대한 압박에도 그럴싸한 논리와 화려한 언변으로 얄미울 만큼 잘 빠져나가는 지원자들이 있다. 이런 지원자들은 면접이 끝난 후에 스스로 면접을 잘 봤다며 좋은 결과를 자신하다가 불합격 통보에 망연자실하곤 한다. 면접관의 질문에 자신이 생각하기에 답변을 아주 잘했는데도 나쁜 평가결과를 받는 이유는 무엇일까?

이런 지원자들은 면접관에게 믿음을 주지 못하기 때문이다. 상황판단이 빠르고 임기응변에 강하다는 장점으로 비추어지기보다는, 말만 앞세우는 약삭빠른 지원자로 비추어지기 때문이다. 자신에게 불리한 상황이 닥쳐오면 그럴싸한 변명으로 일관하거나 자신만의 이익을 위해 다른 사람을 속일 가능성이 높다고 판단되기 때문이다.

"직무관련 경험이 별로 없는데 업무를 잘 할 수 있겠어요?"라는 압박질문에

답변

"네, 충분히 잘 할 수 있습니다. 저는 그동안 직무직문성을 쌓기 위해 전공 공부를 충실히 해 왔습니다. 그래서 전공 관련 수업에서 좋은 성적을 거둘 수 있었습니다. 또한 직무역량을 키우기 위해 전기기사 자격증을 취득하였고 관련 직업교육을 수강하기도 했습니다. 그런 만큼 이러한 저의 직무전문성을 발휘하여 우리 공사의 비전을 달성하는데 가장 핵심적인 역할을 할 수 있다고 확신합니다."

와 같이 자신의 약점이나 잘못을 인정하기보다는 먼저 변명하고 오히려 자랑하는 모습의 지원자를 말한다.

이런 지원자를 공기업에서 싫어하는 이유는 조직운영과 조직화합에 해가 되기 때문이다. 직무를 수행하면서, 직장 생활을 하면서 다른 사람들의 의견을 귀 기울여 경청하지 않고 자신만의 생각만을 고집해서 결국 조직화합에 큰 문제를 일으키게 된다. 누구나 약점은 있기 마련이고 실수도 범할 수 있다. 하지만 그런 상황에서 자기 잘못을 인정하지 않고 고집을 피우는 모습은 쉽게 받아들여지기 어렵다.

그래서 면접관의 압박질문에 대해서는 먼저 인정하는 것이 필요하다. 면접관은 냉철하지 못한 감정적인 존재이다. 자신의 압박질문을 인정하지 않고 오히려 변명하는 지원자를 절대 좋게 평가하지 않는다. 그렇다면 만일 앞과 같은 면접질문에 대한 올바른 답변 방향은 무엇일까?

답변

"네. 면접관님께서 지적하신 대로 제가 직무관련 경험이 부족한 편입니다. 학교에 다니면서 직무 전문성을 키우기 위해 학교 공부와 자격증 취득에 집중하다 보니 직무 경험을 쌓는데 소홀했습니다. 그래서 입사하게 되면 부족한 직무경험을 빠르게 쌓기 위해 다른 동기들보다 더 열심히 선배님들에게 혼나가며 업무를 배우기 위해 노력하겠습니다. 밤늦게까지 선배님들을 열심히 도와드리며 업무를 빠르게 배워 입사후 3개월 후에는 제 몫을 다하는 신입사원이 되겠습니다. 죄송합니다."

와 같이 먼저 면접관의 질문을 인정하고 그 자신의 약점에 대한 이유를 설명하고, 구체적으로 그런 약점을 어떻게 그리고 얼마나 열심히 보완할지에 대해 답변하는 것이 좋다.

이렇게 자신의 약점이나 실수를 인정하는 직원은 직장 생활을 하는 데 있어서 큰 문제를 일으키지 않는다. 그런데 자신의 약점이나 실수를 변명하거나 숨기려는 직원은 결국 조직에 더욱 큰 악영향을 미치는 경우가 종종 있다. 오랜 직장 생활을 통해, 이런 직원을 직간접적으로 접해본 공기업의 면접관들에게 이렇게 자신의 약점을 인정하지 않는 지원자는 절대 선택할 수 없는 지원자일 수밖에 없다.

먼저, 인정하라. 그리고 '하지만'을 말하며 변명하기보다는 '그래서'를 이야기하며 어떻게 보완할지에 대해 이야기하자.

③ 독불장군 같은 사람

공기업도 하나의 조직이다. 그래서 조직 운영에 해가 될 수 있는 지원자를 피하기 마련이다. 이런 지원자 중에 대표적인 것이 바로 독불장군과 같은 지원자이다. 쉽게 말하면 혼자서만 잘난 체하는 지원자의 모습이다. 친구와 동료들에게 고마움을 느끼지 않고 마치 혼자서 모든 성과를 만든 것처럼 자랑만을 늘어놓은 지원자의 모습이다.

다른 동료들의 잘못된 판단이나 행동을 자신이 나서서 설득하거나 바꾸었다며 으스대는 유형의 지원자이다. 공기업의 조직문화상, 일을 잘하지 못하는 직원은 용서할 수 있지만, 조직화합에 해가 되는 직원은 용납되기 어렵다. 이런 유형의 직원은 결국 조직에서 문제나 갈등을 일으키기 쉬우므로 "혹시 독불장군형이 아닐까?"라는 의심이 드는 지원자는 절대 합격하기 어렵다.

예를 들어, "조별 과제를 하면서 가장 어려웠던 점은?"이라는 면접질문에

답변

"네, 조별 과제를 하면서 가장 어려웠던 점은 다른 조원들이 조별 과제에 적극적으로 참여하지 않는 점이었습니다. 그래서 리더로서 저는 다른 지원자들을 찾아다니며 적극적으로 설득하고 솔선수범하는 자세로 조원들보다 더 많은 노력을 한 덕분에 팀워크를 향상시켜 결국 A+ 라는 좋은 성적을 받을 수 있었습니다."

와 같이 친구, 동료들을 비난하거나 깎아내리면서 자신을 부각하는 경우가 종종 있다.

이런 식의 답변을 들은 면접위원의 생각은 어떨까? 과연 조직 생활을 하면서 잘 적응한다고 믿을 수 있을까? 그렇지 않다. 오히려 조직에 절대 있어서는 안 될 독불장군형 직원이라고 판단하게 된다. 이런 유형의 직원이라면 조직에 적응하기도 어렵고, 조직에서 많은 문제와 갈등을 일으키게 된다. 안정적인 조직 운영을 중시하는 공기업의 면접관이라면 당연히 탈락시키고 싶은 지원자의

유형이다.

그래서 같은 면접질문에 대해,

"네, 조별 과제를 하면서 가장 어려웠던 점은 조원들과의 사소한 갈등이었습니다. 당시 조별 과제를 하면서 주제를 결정하는 과정에서 각자의 의견을 고집하다 보니 처음에는 다른 조에 비해 조별 과제 진행이 많이 늦어졌습니다. 하지만 조원들 모두가 조금씩 양보하면서 갈등을 해결하고 모두 밤 늦게까지 자료조사와 발표자료를 열심히 준비한 덕분에 교수님으로부터 주제선정과 자료조사 내용이 충실하다는 평가를 받을 수 있었습니다."

와 같이 나를 내세우고 자랑하기보다는 동료들을 인정하고 칭찬하는 모습, 동료들과 함께하는 모습을 보여주는 것이 좋다.

'내'가 아닌 '우리'를 먼저 이야기하자. '다른 사람 때문에'가 아니라 '다른 사람들 덕분에'를 이야기하자.

4   이해력이 떨어지는 사람

면접관의 질문을 잘 이해하지 못하는 지원자이다. 면접장에 들어서면 누구나 긴장하게 된다. 그러다 보니 면접관의 질문을 잘 이해하지 못하는 경우가 종종 발생한다. 이런 경우가 많다 보니 면접관 대부분은 지원자가 질문을 이해하지 못하는 것에 대해서는 비교적 관대한 편이다. 하지만 지원자가 질문 자체를 아예 이해하지 못하거나 "음~~"과 같은 소리를 내면서 답변 시간을 끄는 것은 굉장히 부정적으로 판단하게 된다. 또한, 면접관의 질문 요지를 잘못 이해하고 전혀 엉뚱한 답변을 하는 지원자 역시 심각하게 받아들인다.

예를 들어, "봉사활동을 하면서 가장 힘들었던 점은 무엇인가?"라는 질문에 답변하지 못한 채로 답변 시간을 질질 끌거나 엉뚱하게도

"저는 대학 시절부터 사회에 기여하기 위해 다양한 봉사활동에 참여했습니다. 특히 청소년 교육봉사 활동을 통해 가정형편이 어려운 학생들을 대상으로 멘토링을 진행하면서 저 역시 성장하는 계기가 될 수 있었습니다. 이렇게 다양한 봉사활동 경험을 통해 타인을 위해 희생하고 헌신하는 자세의 중요성에 대해 배울 수 있었고 국민경제 발전에 기여한다는 우리 공사의 핵심가치에 깊이 감명해 지원을 결심하게 되었습니다."

와 같이 자신이 그동안 많은 봉사활동에 열성적으로 참여했는지를 늘어놓고 자랑을 넘어 묻지도 않는 형식적인 지원동기까지 답변하는 것이다.

직장 생활을 하면서 상사, 선배로서 가장 난감한 후배의 유형이 바로 이런 모습이다. 상사의 업무 지시를 잘 이해하지 못하고 눈동자만 굴리는 답답한 유형의 후배이다. 이런 후배 직원은 상사와 선배를 정말 힘들게 만들곤 한다. 또는 상사의 지시사항에, 열심히 고개를 끄덕거리며 씩씩하게 "네. 알겠습니다. 내일까지 보고서를 완성해서 보고드리겠습니다."라고 큰소리를 쳐 놓고서는, 다음 날 아침에 전혀 엉뚱한 보고서를 내밀어 상사가 뒷목을 잡게 만드는 유형의 직원이다. 지시사항을 제대로 이해하지 못했는데도 지레짐작으로 넘겨짚어 엉뚱한 일을 벌여 놓는 후배의 모습이다. 그 누구도 이런 후배와는 함께 일하고 싶어 하지 않는다.

만일 지시사항을 제대로 이해하지 못했다면, 솔직히 잘 이해하지 못했다고 이야기하고 다시 지시사항을 정확히 파악하는 모습이 오히려 믿음직스럽다. 이렇게 상사의 지시사항을 정확히 파악해야만 제대로 일을 할 수 있기 때문이다.

그래서 면접질문을 제대로 이해하지 못했다는 사실보다는 그런 상황에서 잘못된 면접 태도나 엉뚱한 답변이 바로 치명적인 결과를 만들게 된다. 면접관의 질문이 잘 이해가 되지 않는다면 솔직하게,

"죄송합니다. 제가 긴장한 나머지 면접관님의 질문을 잘 이해하지 못했습니다. 다시 한 번만 말씀해 주시면 감사하겠습니다."

와 같이 재질문을 요청하여, 제대로 된 답변을 하는 것이 필요하다.

직장에서 가장 무서운 후배는 '자신이 모른다는 사실'을 모르는 사람이다. 반드시 확인하고 답변하자.

5 자신감이 부족한 사람

자신감이 부족한 지원자는 면접에서 살아남기 힘들다. 저자가 면접을 앞둔 취업준비생들에게 자주 조언하는 것 중 하나가 바로 "스스로를 믿어라."이다. 자신에 대해서 스스로 믿지 못하면 결국 자신이란 상품을 기업에 판매할 수 없게 된다. 그래서 면접을 앞둔 학생들에게 가장 필요한 것은 바로 자신감일지 모른다.

그렇지만 "자신감을 가져라."라는 조언이 말처럼 쉬운 일은 결코 아니다. 어쩌면 자신의 인생이 걸려 있을지도, 자신의 힘든 취업 준비기간을 끝낼 중요한 기회이기 때문에 모든 지원자는 당연히 긴장하게 되고 위축되기 마련이다. 이러한 긴장과 위축은 자연스러운 현상이다. 공기업의 면접관이라면 이렇게 긴장하고 위축된 지원자의 모습을 자연스럽게 이해하고 받아들인다. 그런데 문제는 긴장과 위축이 지나쳐 자신감이 전혀 없는 모습으로 비추어지게 된다는 점이다. 이럴 경우, 면접관은 그런 지원자를 좋게 평가하기 어렵다.

그렇다면 어떻게 하면 과도한 긴장과 위축을 극복하고 자신감 있는 모습을 보여줄 수 있을까? 우선 올바른 자세를 갖는 것이 필요하다. 어깨를 당당히 펴고 바른 자세로 앉아야 한다. 다음은 면접장에서의 긴장과 위축을 부인하지 말아야 한다. 그런 긴장과 위축을 자연스럽게 받아들이고 면접질문과 답변에 집중하는 것이 필요하다. 마지막으로 면접 전에 스스로에 대한 확신을 가져야 한다. 마음속으로 "넌 충분히 합격할 수 있어. 면접에서 제대로 보여주면 돼."라고 스스로 되뇌는 것이다.

또한 자신감이 부족하다고 느끼는 이유는 면접자세에서 비롯되기도 한다. 먼저 시선이 안정되지 못하고 흔들리는 경우이다. 답변을 준비하면서, 답변하면서 면접관을 똑바로 응시하지 않고 허공이나 바닥을 내려보면서 답변하게 된다면 자신감이 부족한 지원자라는 인상을 주게 된다. 답변하는 방식에서도 이런 자신감을 엿볼 수 있다. 답변하면서 목소리가 속으로 기어들어 가거나, 뒷부분을 흐리는 모습, 암기했던 답변을 버벅거리면서 답변하는 모습들 역시 자신감이 부족한 지원자라는 인상을 주게 된다.

남대문에서 1,000원짜리 양말 한 켤레를 파는 상인도 그 양말에 대해 확신을 가지고 팔고 있다. 공기업의 평균연봉을 8,000여만 원이라고 가정하고 30년간의 근무 기간을 계산한다면 자신은 24억짜리 상품인 셈이다. 그런 상품을 공기업에 팔기 위해서는 그 상품에 대해 철저한 확신이 있어야만 한다는 점을 잊지 말자. 그래서 자신에 대한 확신과 믿음을 가지고, 더 당당한 자세로, 더 큰 목소리로, 답변에 강약을 주면서 답변하는 연습을 통해 면접관에게 자신감이 넘치는 지원자의 모습을 보여주자.

'나'라는 상품을 팔기 위해서는 우선 스스로 '나'를 믿어야 한다.

6 열정과 전문성이 부족한 사람

"도대체 우리 회사를 어떻게 보고 지원한 거야?"라는 생각이 들 정도로 실망스러운 지원자의 모습이다. 지원 공기업과 직무에 대한 열정이 전혀 보이지 않는 지원자이다. 이렇게 지원자가 우리 회사에 대한 열정이 없다고 판단되는 지원자를 합격시키는 면접관은 절대 없다.

이렇게 열정이 부족한 지원자를 면접에서 탈락시키는 이유는 직장 생활에 적응하기 어렵기 때문이다. 아무리 공기업의 근무 여건이 좋다고는 하지만 결국 조직 생활이고, 직장 생활이다. 이렇게 힘든 직장 생활에서 꿋꿋하게 버텨내고 성과를 만들기 위해서는 '뜨거운 가슴'을 가지고 있어야 한다. 그렇지 못할 경우, 중도에 직장을 사직하거나 모든 일에 의욕을 잃고 그저 시간을 보내기 마련이다. 그래서 열정이 없는 지원자는 절대 면접을 통과할 수 없다.

그런데 문제는 지원자의 열정을 과연 무엇으로 평가하느냐일 것이다. 실제 면접관들이 "이런 질문에 이렇게 답변하는 지원자는 열정이 부족하다."라는 기준을 가지고 있지는 않다. 지원자의 면접 자세와 태도 그리고 여러 가지 면접질문에 대한 답변을 듣고 자연스럽게 지원자가 얼마나 열정을 가졌는지를 판단하게 된다. 주로 "우리 회사를 굳이 선택한 이유는 무엇인가?"와 같이 지원 동기를 묻는 면접질문이나 "우리 회사의 사업에서 가장 중요한 요소는 무엇인가?"와 같이 회사와 사업에 관한 면접질문에서 지원자의 열정을 판단하게 된다.

이런 종류의 면접질문에 대해 답변하지 못하거나 제대로 된 답변을 못 하면서도 보완 노력조차 보여주지 못한다면 "우리 회사에 입사할 마음이 있기는 한 거야?"라는 의구심을 갖게 되고 결국 지원자가 열정이 부족하다고 판단하게 된다. 즉, 지원자가 면접을 위해 얼마만큼 열심히 준비했는지를 가지고 지원자의 열정을 판단하게 되는 것이다. 이런 판단은 지원자의 자세와 태도에서도 이루어진다. 심지어는 지원자의 복장과 구두에서도 그런 열정을 판단하곤 한다. 그래서 면접장에 더러운 구두를 신고 왔다는 이유로 탈락했다는 이야기가 그럴싸하게 들리는 것이다.

또한 담당 분야에서 전문성이 부족한 지원자 역시 탈락하게 된다. 특히 실무진 또는 역량면접을 통해 지원자의 전문성을 판단하게 된다. 면접과정에서 지원 분야에 대한 기본적인 지식조차 가지지 못하고 있거나, 지원 공기업의 주요 사업 분야에 대한 대략적인 내용조차 모르는 경우, 지원자가 전문성이 부족하다고 판단하고 탈락시키게 된다.

이는 공기업에서 직원들에게, 특히 이공계 직원들에게 높은 수준의 전문성을 요구한다. 공기업의 홈페이지를 통해 각 공기업의 인재상을 조사하다 보면 '전문성'이란 단어를 자주 발견하게 된다. 공기업이 이렇게 직원들에게 높은 수준의 전문성을 요구하는 이유는 고객과 국민에게 신뢰를 주기 위함이다. 많은 공기업이 기업의 요청에 따라 특정 분야의 설비, 자재, 장비 등의 여러 기술 조건 등을 검사하고 심사하여 이를 인증하거나 평가하는 업무를 수행하는 경우가 많다.

이렇게 평가 관련 업무를 수행하는 과정에서 직원의 전문성은 평가결과는 물론 기관 전체의 공신력에 큰 영향을 미치게 된다. 그래서 기업을 대상으로 검사, 시험, 심사, 인증, 평가 등의 업무를 수행하는 공기업일수록 면접과정에서 지원자의 전문성 수준을 가장 중요한 판단 요소로 활용하고 있다.

지원 공기업과 직무를 열렬히 사랑하자. 그리고 '눈'이 아닌 '입'으로 공부하자.

7 자신을 보여주지 않는 사람

면접에서 가면을 쓰고 자신을 보여주지 않는 사람이다. 지원자들을 면접장까지 불러서 만나는 이유는 바로 지원자가 어떤 사람인지를 파악하기 위해서이다. 그런데 그런 면접에서 자기 생각이나 인성을 감추고 보여주지 않는 것이다. 지원자가 어떤 사람이 궁금해서 질문을 던졌는데, 멋진 표현으로 미리 준비한 그럴싸한 답변만을 늘어놓는 것이다. 이럴 경우, 면접관은 지원자에 대해 파악할 수 없기 때문에 결코 좋은 평가를 할 수 없다.

예를 들어, "동료와의 갈등을 해결하는 자신만의 방법은?"이란 면접질문에,

답변

"네, 동료와의 갈등을 해결하는 방법은 마음을 열고 솔직하게 대화를 하는 것입니다. 먼저 상대방의 이야기를 경청하며 소통하기 위해 노력한다면 자연스럽게 공감대를 형성할 수 있었습니다. 이렇게 공감대가 형성됨으로써 자연스럽게 갈등을 해결할 수 있었습니다. 저는 우리 공사에 입사해서도 저의 경청능력과 소통역량을 발휘해 어떠한 갈등도 슬기롭게 해결하는 모습을 보여드리겠습니다."

라는 답변을 들으면, 언뜻 굉장히 잘한 답변이라고 생각하는 경우가 많다. 하지만 면접관의 입장에서는 답답하기 그지없는 답변이다. 표현도 멋지고 답변 내용도 흠잡을 곳이 없지만, 실제 지원자가 어떤 사람인지는 파악하기 어려운 것이다. 이런 답변을 들은 면접관은 당연히 좀 더 지원자에 대해 알기 위해 꼬리질문을 던지게 되고, 이런 식으로 답변을 계속하게 되면 결국 면접관은 지원자에게 '파악 불가'라는 딱지를 붙이게 된다.

만일 같은 면접질문에,

답변

"네, 제가 동료와의 갈등을 해결하는 방법은 실은 먼저 사과하는 것입니다. 누가 잘 했는지, 못했는지를 따지기 보다는 갈등을 해결하기 위해서는 누군가 먼저 사과하는 것이 필요하다고 생각하기 때문입니다. 그래서 이유가 어찌 됐든 먼저 제가 사과를 하고 기회가 저녁에 편한 자리를 만들어, 치킨에 맥주 한잔을 하면서 서로 속상했던 이야기, 힘들었던 이야기를 나누다 보면 자연스럽게 갈등을 해결할 수 있었습니다."

라고 답변한다면, 면접관은 지원자가 '먼저 사과할 줄 아는 사람', '적극적으로 갈등을 해결하려고

노력하는 사람’, ‘치킨과 맥주를 좋아하는 사람’, ‘동료들과 잘 어울릴 수 있는 사람’이라는 이미지를 발견하게 된다.

면접질문과 답변 들을 통해서 지원자의 그런 이미지들이 모이게 되면, 그것을 뽑고 싶어 하는 인재상과 비추어 맞으면 합격을, 맞지 않다면 불합격이라는 결론을 내리게 된다. 하지만 탈락하는 지원자의 약 70% 정도는 멋진 표현과 완벽한 답변에도 불구하고 이런 이미지가 만들어지지 않았기 때문에 탈락한다고 볼 수 있다.

그래서 면접에서 답변 내용도 투박하고 방향이 약간 잘못됐더라도, 가면을 벗어 던지고 자신의 솔직한 모습을 보여주는 것이야말로 면접합격의 지름길이란 점을 잊지 말자.

판단은 면접관이 한다. 솔직하게 모든 것을 보여주고 오자.

2장 공기업 면접에서 합격하는 사람들의 유형

공기업 면접에서 살아남는 사람들이 있다. 남들은 그렇게 어려워하거나 거듭된 고배를 마시는 공기업 면접에서 자신도 믿지 못할 정도로 아주 쉽게 합격하는 사람들이다. 그런 지원자들에게서도 역시 어떤 공통점을 찾아볼 수 있다.

공기업에서 선호하는 인재상, 공기업 직원들이 좋아하는 유형이라고 생각하면 더욱 쉽게 이해할 수 있다. 주로 지원자의 인성에 관련된 측면이 주를 이루고 있다. 만일 공기업 면접을 준비하고 있다면 공기업 면접에서 살아남는 사람들의 유형을 파악하고 면접과정에서 이런 모습의 지원자로 보일 수 있도록 노력하는 것이 필요하다.

1 순박하고 우직한 사람

가장 먼저, 공기업 면접에서 살아남는 사람은 바로 시골 청년처럼 순박하고 우직한 지원자이다. 자신의 이익을 위해 다른 사람을 속이거나 이용하지 않고 잔꾀를 부리지 않는 지원자이다. 자신이 조금 편해지자고 편법을 사용하거나 절차나 규정을 무시하지 않고 올바른 방법으로 정해진 절차에 따라 끈기를 가지고 끝까지 노력하는 모습의 지원자이다. 원칙을 중요하게 생각하고 그 원칙을 반드시 지켜내려고 노력하는 지원자이다.

공기업 면접과정에서 이런 지원자가 합격하는 이유는 공기업이 공직윤리를 중시하기 때문이다. 공기업은 공공의 목적을 위해 운영되는 기관인 만큼 높은 수준의 공직윤리를 요구하고 있다. 그래서 공기업의 자기소개서와 면접과정에서 자주 등장하는 항목이 바로 공직윤리이다. 흔히들 공직윤리를 단순히 청렴성이라고만 생각하곤 한다. 하지만 궁극적인 공직윤리는 원칙을 준수하고 그 원칙에 따라 공공의 목적을 위해 성실히 근무하는 자세를 말한다.

공기업은 민간기업과 달리, 결과보다는 과정을 더 중시하는 경우가 많다. 예를 들면, 민간기업에서라면 수단과 방법을 가리지 않고 모든 방법을 동원해 목표를 달성하고 성과를 만들어 내는 직원이 좋은 평가를 받게 된다. 바로 성과 지향적 조직문화 때문이다.

하지만, 공기업은 이와 다르다. 공기업에도 분명히 성과 목표, 사업목표가 있다. 이 목표는 달성되어야 하는 것은 맞지만, 그렇다고 해서 부정하거나 잘못된 방법을 통해서 달성되거나, 정해진 절차와 규정을 지키지 않는다면 목표 달성은 아무런 의미가 없다. 그래서 정해진 규정과 절차를 반드시 지키는 그것이야말로 공기업 직원에게 필요한 덕목 중 하나이다.

"만일 고객이 무리한 요구를 할 경우?"라는 면접질문에 "고객의 요구사항을 경청하고 고객이 만족할 수 있도록 도움을 드리겠다."라는 식의 답변은 민간기업에서라면 적절한 답변이 되겠지만, 공기업에서라면 아주 부적절한 답변이 된다. 그래서 "고객의 요구사항을 경청하겠지만, 규정에 어긋나는 요구에 대해서는 그 이유를 잘 설명해드려서 고객을 이해시키겠다."가 바람직한 답변이 되는 것이다.

순박하고 우직한 지원자는 결코 화려한 표현이나 수사를 동원하지 않는다. 자신의 경험을 마치 기다렸다는 듯이 매끄럽고 그럴싸하게 자랑하지 않는다. 자신의 진심을 담아, 자기 생각을 조금은 어눌하게, 조금은 느리게 하지만 명확하게 이야기한다. 이러기 위해서는 결국 면접과정에서 욕심을 버리는 것이 필요하다. 나를 부각하기 위해, 나의 강점을 보여주기 위해서 노력하기보다는 '있는 그대로의 나'를 보여주고 결과는 담담히 기다리겠다는 마음가짐이 필요하다.

2 조직 친화적인 사람

나를 먼저 생각하기보다는 조직 전체를 먼저 생각하는 지원자이다. 새로운 조직에 잘 적응하고 동료들과 쉽게 친해지는 지원자이다. 조직 내 다른 구성원의 말을 경청할 줄 알고 공감하는 모습이다. 동료를 비난하거나 헐뜯지 않고 동료를 칭찬하고 인정하며 동료의 도움에 고마움을 표할 줄 아는 사람이다. 이런 지원자의 모습이 바로 조직 친화적인 사람이다.

공기업에서 이런 유형의 지원자를 선호하는 이유는 공기업이 추구하고 있는 안정성 때문이다. 안정성에는 여러 가지 측면이 있지만 가장 중요한 것은 바로 조직의 안정성이다. 조직의 안정성이란, 외부의 갑작스러운 상황변화나 내부의 문제로 인해 조직이 흔들리거나 위기에 처하지 않는 것이다. 특히 민간기업에서라면 쉽게 넘어갈 조직 내부의 사소한 문제나 한 직원의 잘못된 행동이 단지 공기업과 공기업 직원이란 이유로 사회적으로 큰 문제로 비화되어 조직 전체를 흔드는 경우가 종종 있다.

그래서 공기업은 조직에 잘 적응하며 조직 내에서 문제나 잡음을 일으키지 않고 조직구성원들과 함께 화합하고 협력하여 성과를 만들어 낼 수 있는 지원자를 선호하는 것이다. 민간기업에서도 역시 이 조직 친화적인 사람을 선호한다. 하지만 추구하는 방향은 다르다. 민간기업이 조직구성원 간의 유기적인 협력을 통해 많은 성과를 만들어 낼 수 있는 '성과 창출을 위한 조직 친화적 인재'를 선호한다면, 공기업은 조직 자체에 잘 어우러지고 협력할 수 있는 '조직화합을 위한 조직 친화적 인재'를 선호한다.

공기업 면접에서 자주 등장하는 딜레마 질문은 바로 지원자의 조직친화성을 파악하기 위함이다. "팀 내 저성과자를 어떻게 할 것인가?", "만일 선배가 자신을 부당하게 대우할 경우?"와 같은 질문들이다. 이런 질문에 "만일 동료가 성과를 만들어내지 못한다면 그 원인을 찾고 해결해 주어, 성과를 만들어 낼 수 있도록 도움을 주겠다.", "우선 나에게 어떤 잘못이 있는지를 먼저 생각해 보고 그런 잘못을 고치겠다. 그리고 선배에게 더욱 적극적인 자세로 다가서겠다."와 같은 답변 방향이야말로 공기업에서 선호하는 지원자의 모습이다.

이런 지원자들의 공통점은 면접과정에서 '우리'라는 단어를 많이 사용한다. "힘들었던 경험"을 이야기할 때, 나 혼자서 문제를 해결했다고 자랑하기보다는 다른 친구, 동료들에게 공을 돌리면서 "우리가 모두 힘을 합쳐 힘들었던 상황을 해결해 냈습니다."라고 이야기한다. 이처럼, 조직 친화적인 지원자는 나를 내세우기보다는 우리를 먼저 생각하고 조직의 화합과 협력을 가장 중요한 가치로 생각한다.

3 침착한 사람

갑작스러운 상황에도 흔들리지 않고 침착하게 상황에 대응하여 문제를 해결하는 지원자이다. 상황변화나 발생한 문제에 민감하게 반응하거나 호들갑을 떨기보다는 차분하게 상황을 분석하고 해결책을 찾아내는 지원자이다. 다른 사람과의 갈등이나 다툼에도 쉽게 흥분하지 않고 논리적으로 상대방을 설득할 수 있는 지원자이다.

공기업 면접관들이 이런 유형의 지원자를 선호하는 이유는 공기업이 추진하고 있는 사업들이 많은 고객, 국민에게 큰 영향을 미치기 때문이다. 민간기업이 판매하고 있는 상품과 서비스는 고객이 필요해서 직접 선택하는 경우가 대부분이다. 그래서 아무래도 고객층이 제한적일 수밖에 없다. 하지만 공기업이 고객에게 제공하는 서비스는 고객에게 선택권이 없는 경우가 많다. 그래서 공기업의 고객은 굉장히 넓게 분포되어 있다. 이런 상황에서 직원의 성급하고 잘못된 선택이나 행동은 광범위한 손해를 끼칠 수 있다. 예를 들어, 한전의 송배전 담당 직원의 작은 실수가 도시 전체의 정전 사태를 일으킬 수도 있는 것이다.

그래서 공기업 직원에게는 급작스러운 상황변화나 문제에도 흔들리지 않고 침착한 자세로 대응할 수 있는 역량이 필요한 것이다. 이런 침착함은 고객을 응대하는 데도 필요하다. 많은 국민이 고객인 만큼 다양한 성향의 고객들이 존재하고, 그런 고객들의 무리한 요구, 공격적인 요구에도 함께 언성을 높이지 않고 차분하게 고객의 말을 경청하고 고객의 마음을 풀어줄 수 있는 직원이 필요한 것이다.

그래서 공기업의 면접질문에 "고객이 강하게 항의할 경우에는?"과 같이 고객과 관련된 질문이 많이 나오게 된다. 또는 "공항 터미널의 배관 공사 중 갑자기 누수가 발생할 경우?"와 같이 지원 공기업의 사업과 관련된 상황을 제시하고 이에 대한 대응책을 묻는 경우가 많다.

이런 지원자들은 면접관의 강한 압박에도 반발하거나 흥분하지 않는다. 면접관의 다소 엉뚱한 갑작스러운 질문에도 당황하지 않고 침착하게 자기 생각을 정리해서 답변한다. 이런 유형 지원자들의 공통점은 대부분 조금 느린 것처럼 보이지만, 조리 있게 자신이 생각을 차분하게 말한다는 점이다.

4 당당한 사람

자기 생각과 소신을 당당히 말하는 지원자이다. 면접관의 날카로운 시선과 공격적인 면접질문에 주눅 들지 않고 자기 생각을 자신감 있게 밝히는 지원자이다. 이렇게 당당한 모습은 결국 자신에 대한 믿음, 자신감에서 시작된다. 자신의 분야에서 전문성을 가지고 상황을 주도적으로 이끌 수 있는 지원자이다. 이렇게 자신감을 가지고 있어야만, 고객에게 친절하되 비굴하지 않고, 상대방을 배려하되 위축되지 않을 수 있다. 이 전문성은 단순히 지식만을 의미하지는 않는다. 지식을 활용하여 업무와 사업을 추진할 수 있는 역량을 가지고 있어야 한다.

공기업의 면접에서 이런 유형의 지원자가 선택되는 이유는 공기업이 공신력을 중시하기 때문이다. 공기업 직원은 자신이 속한 공기업을 대표하여 사업장 관계자, 일반 국민 등 많은 고객을 만나야 한다. 이렇게 많은 고객을 만나고, 응대해야 하는 직원이 자신감이 없고 당당하지 못하다면 고객은 결국 공기업 또는 공기업의 업무처리 자체를 믿지 못하게 되는 것이다. 이렇게 고객이 불신을 갖게 되면 업무나 사업을 추진하는 과정이 어려워질 수밖에 없다.

만일 건강보험료 부과에 대해 불만을 가진 고객에게 직원이 당당하지 못하고 흔들리는 모습을 보여준다면 결국 고객에게 건강보험체계 전체에 대한 불신을 키우게 되는 것이다. 전자기기의 전자파 검증을 담당하는 직원이 자신감 없이 결과를 설명한다면, 고객은 그 검사 결과를 신뢰하지 못하는 것이다. 그래서 공기업 직원에게는 자신의 분야에 대한 폭넓은 지식과 경험을 바탕으로 고객에게 자신감 있고 당당한 자세가 필요한 것이다.

그래서 공기업 면접에서는 "자신을 뽑아야 할 이유?", "가장 자신 있는 나의 강점은?"과 같이 지원자의 역량을 파악하고 지원자가 얼마나 자신감을 가지고 있는지를 파악하기 위한 면접질문이 자주 등장한다.

이런 면접질문에 "네. 제가 가장 자신 있는 강점은 바로 남다른 책임감입니다. 저는…"과 같이 당당하게 자신의 강점을 답변할 수 있는 지원자라야, 고객을 만나서도 당당하게 업무와 사업을 설명할 수 있다. 사업이나 업무를 추진하는 과정에서 만나는 다른 공기업 또는 공무원들에게 주눅 들지 않고 협의를 진행할 수 있는 것이다.

이렇게 당당한 지원자라는 평가는 면접답변을 통해서만 이루어지는 것은 아니다. 면접장에 들어설 때 당당한 발걸음에서, 허리와 어깨를 쭉 펴고 바른 자세로 의자에 앉아 있는 자세에서, 면접관의 날카로운 시선을 피하지 않고, 답변할 때 눈동자를 돌리지 않는 자세에서도 이루어진다. 그래서 면접질문에 대한 답변뿐만 아니라, 면접장에서 주눅 들지 않고 당당한 모습을 보여주는 것이 중요하다.

5 판단력이 좋은 사람

상황분석과 판단이 빠른 지원자이다. 갑작스러운 위기나 심각한 문제가 발생했을 때, 상황을 정확히 분석하고 문제의 원인을 빠르게 찾고 효과적인 해결책을 적용해 결국 문제를 슬기롭게 해결해내는 지원자이다. 면접관의 질문 의도와 질문의 요지를 정확히 이해하고 그에 맞는 답변을 하는 지원자이다. 지원 공기업의 사업과 업무에 관한 상황을 제시하고 대응 방안을 묻는 면접관의 질문에, 상황을 정확히 이해하고 무엇이 문제인지 파악하여 그에 맞는 대안을 제시하는 지원자이다.

민간기업을 비롯한 모든 조직에서 원하는 주요한 역량 중 하나는 바로 판단력이다. 매번 변화하는 상황을 빠르게 정확하게 이해할 수 있어야 제대로 된 대응을 할 수 있기 때문이다. 공기업 역시 마찬가지이다. 앞서 이야기한 것과 같이 공기업의 사업이나 업무처리 결과는 국가와 사회, 그리고 국민 전체에 영향을 미치는 경우가 많다. 이런 상황에서 잘못된 판단은 치명적인 결과를 초래할 수 있다.

대외적인 부분에서만 좋은 판단력이 요구되는 것은 아니다. 신입직원이 상사의 지시를 잘못 이해하거나 상황을 오판해서 엉뚱한 일을 벌여 조직에 큰 피해를 미치는 경우도 많다. 잘못된 상황판단으로 쉽게 해결할 수 있는 문제를 힘들게 해결하는 경우도 있다. 그래서 공기업 면접관으로서는 상황을 정확히 판단할 수 있는 좋은 판단력을 가진 지원자를 선호할 수밖에 없다.

공기업의 면접관은 지원자의 판단력을 파악하기 위해 답변이 곤란한 면접질문을 던지곤 한다. "할머니께서 고맙다며 직접 키운 딸기를 가져올 경우?"와 같이 딜레마 상황을 묻거나, "지하철 객실 내 만취한 취객이 있다면?", "가스누출 사고가 발생할 경우?"와 같이 실제 발생할 수 있는 상황을 제시하고 답변을 요구하곤 한다.

이렇게 판단력이 좋은 지원자는 면접관의 질문에 주저하거나 시간을 끌지 않고 즉각적으로 답변하는 모습을 보인다. 주어진 상황에서 핵심을 정확히 파악하고 해결책을 제시한다. 답변이 곤란한 딜레마 상황에서 자기 생각을 먼저 정확히 제시하고 자신이 왜 그렇게 판단했는지를 명쾌하게 설명한다.

면접관의 모든 질문을 완벽히 준비해서 답변을 바로 말하긴 어렵다. 그래서 면접을 준비하는 과정에서 지원한 공기업의 직원으로서 생각하는 것이 필요하다. 또한 자기 생각을 정리해서 결론을 먼저 제시하고 그렇게 답한 이유나 판단 근거를 답변할 수 있도록 연습하는 것이 필요하다.

6 선배를 존경하는 사람

선배와 상사를 존경하는 지원자이다. 중요한 사항을 상사에게 빠뜨리지 않고 보고하고, 사소한 사항이라도 선배와 상의할 줄 아는 지원자의 모습이다. 상사와 선배의 연륜과 경험을 존중하고 상사와 선배를 존경하며 따르는 지원자이다. 혼자서 판단하거나 통제하기 어려운 상황을 제시하고 대응 방법을 묻는 면접질문에, 신입직원으로서 우선해야 할 것을 조치하고 상사에게 보고하거나 협의하여 문제를 해결하겠다는 지원자이다.

공기업에 있어서 위계질서는 굉장히 중요한 요소 중 하나이다. 민간기업에서라면 능력 좋은 후배가 선배를 제치고 상사와 직접 업무를 협의하는 일이 용납될 수 있지만, 공기업의 조직문화에서는 쉽게 찾아볼 수 없다. 이렇게 상사와 선배의 역할을 우선시하는 공기업의 조직문화를 관료주의적, 수직적 조직문화라고 비난할 수도 있겠지만 공기업의 계층적 관리체계는 사업추진과 업무 수행에 안전판 역할을 한다.

상사와 선배의 경험과 연륜 그리고 지혜를 빌려, 사업과 업무를 추진하는 과정에서 발생할 수 있는 위험 요소를 사전에 제거하거나 최소화할 수 있다. 추진과정에서 발생할 수 있는 시행착오를 줄여 예산과 인력 등의 자원을 절감할 수도 있다. 이런 모습은 가정에서나 학창 생활을 통해서도 엿볼 수 있다. 부모님에 대한 존경, 교수님에 대한 감사는 직장 생활로 이어져 상사와 선배에 대한 존경으로 이어진다고 판단하게 된다.

"상사의 불합리한 업무지시를 받게 된다면?", "동료의 비리를 발견하게 된다면?"과 같은 공기업의 면접질문은 지원자들을 힘들게 한다. 어떤 방향으로 답변해야 하는지 쉽게 판단하기 어렵다. 하지만 공기업의 계층적 조직문화를 이해하는 지원자라면 비교적 쉽게 올바른 답변 방향을 찾을 수 있다. "상사는 오랜 경험과 경륜을 가지고 있기 때문에 불합리한 업무지시라도….."와 같이 우선 상사를 존경하는 모습을, "동료의 비리를 발견한다면 가장 믿고 따르는 선배와 상의해서….."와 같이 작은 일이라도 선배와 상의해서 해결책을 찾는 방향으로 답변하는 것이 좋다.

선배와 상사를 존경하는 지원자라면, 쉽게 답하기 어려운 딜레마적 상황에서 먼저 상사와 선배의 조언을 떠올리게 된다. 사업이나 업무를 추진하는 과정에서 발생하는 심각한 문제에 대한 대응 방안을 묻는 면접질문에 "상사에게 보고", "선배님과 협의"와 같은 표현을 사용한다. 또한 "교수님의 염려와 도움 덕분에 공모전을 준비하면서….."라든지, "만일 1,000만 원이라는 돈이 생긴다면 먼저 부모님의 해외여행을…"과 같은 답변을 하는 지원자이다. 이렇게 선배와 상사를 존경하는 모습은 억지로 꾸민다고 해서 되는 일은 아니다. 작은 일 하나에도 다른 사람에게 감사의 마음을 갖고, 그런 마음을 자주 표현하는 것부터 노력하는 것이 좋다.

7 사명 의식을 가진 사람

지원하는 공기업의 사업 부문이나 역할에 대해 사명 의식을 가지고 있는 지원자이다. 단순히 안정적이고 좋은 직장을 찾아서 공기업을 지원하는 것이 아니라 국가와 국민을 위해 뭔가 의미 있는 일을 하고 싶어 하는 지원자이다. 지원 공기업의 사업과 역할의 중요성에 대해 잘 인식하고 자신이 어떻게 일해야 하는지 잘 이해하고 있는 지원자이다. 지원한 공기업과 직무 분야에 대해 뜨거운 열정을 가지고 있는 지원자이다.

공기업의 역할과 사업 분야는 민간기업이 할 수 없는 분야가 대부분으로 국가와 국민을 위해 일해야 한다. 한마디로 공공성, 공익성이 강한 조직이다. 그래서 공기업에서는 직원들에게 남다른 사명 의식 또는 열정을 강조하곤 한다.

실제 공기업 직원들은 민간기업에서 단순히 돈을 벌기 위해 일을 하는 것보다 훨씬 더 의미 있는, 국가와 국민을 위해 일한다는 남다른 자부심을 가지고 있다. 공기업에서 실제 일하다 보면 가끔은 "이 일을 도대체 왜 하는 거야?"라는 회의가 들 때가 있다. 이런 회의가 들기 시작하면 공기업에서 일한다는 것이 고역으로 느껴질 수 있다. 그래서 내가 하는 이 일이 바로 국가와 국민을 위해 일한다는 사명 의식이 필요하고 이것이 오랜 기간 공기업에서 열정을 발휘할 수 있는 원동력이 되는 것이다.

"공기업을 선택한 이유?", "우리 회사를 선택한 이유?", "좋은 조건의 민간기업을 관둔 이유?", "우리 회사에서 이루고 싶은 꿈은?" 등과 같은 지원동기나 입사 후 포부를 묻는 면접질문이 면접에서 절대 빠지지 않는 것이다. 그저 "공기업이 편하고 좋다고 해서", "전 직장이 너무 힘들어서"와 같은 이유를 가지고 지원했다면 이런 면접질문에 대한 답을 준비하기 어렵다.

그래서 공기업 지원동기는 얼마나 지원 공기업이 중요한 역할을 하는지에 대한 자기 생각을 명확히 정리하는 것이 좋다. 민간기업과 달리 이루고 싶은 목표를 이야기하기보다는 어떻게 조직에 헌신하고 국가와 국민을 위해 이바지할 수 있는지 생각하는 것이 바람직하다.

이런 지원자는 우선 지원 공기업에 대해 자세히 알고 있다. 지원 공기업의 설립목적, 연혁, 미션, 주요 사업, 현황과 주요성과 등에 대해 잘 알고 있을 뿐만 아니라 그에 관련된 자신만의 명쾌한 생각과 철학을 가지고 있다. 또한 지원하는 직무에 대해 비교적 상세하게 파악하고 있다. 지원 직무의 주요 내용, 직무수행에 필요한 역량, 주요 고객과 고객의 인식 등에 대해 답변을 주저하지 않는다.

또한 이런 답변을 하면서 확신에 찬 모습으로 면접관에게 자기 생각을 이야기한다. 지원 공기업의 비전을 어떻게 달성해야 하는지 자기 생각을 피력할 수 있다. 이렇기 위해서는 지원 공기업과 직무에 대한 철저한 조사는 물론이고 이를 바탕으로 직원으로서 자기 생각을 명확히 가지고 있어야 한다.

공기업 면접 대비 사전 조사

지원한 공기업으로부터 면접 일정을 통보받고 나서, 가장 먼저 해야 할 일은 바로 지원한 공기업과 면접 그리고 기출 면접질문 등을 철저히 조사하는 것이다. 시간에 쫓겨 마구잡이로 조사하기보다는 체계적으로 하나씩 조사를 해나가야 한다.

면접에 대비해서 조사해야 할 것은 크게 4가지로 나누어 볼 수 있다. 첫째, 기존 면접에 대한 조사, 둘째, 자신에 대한 조사, 셋째, 지원 공기업에 대한 조사 그리고 마지막으로 직원으로서 생각하기이다. 어떤 것들을 조사하고 정리해야 하는지 하나씩 살펴보자.

1 면접족보 조사

많은 학생이 면접 일정이 확정되면 가장 먼저 하는 것이 기존 면접에 대해 조사하는 것이다. 지원 공기업의 면접이 어떻게 진행되는지, 어떤 질문들이 나오는지를 조사하고 그를 바탕으로 자신의 답변 내용을 준비하는 것이다. 마치 대학 시절 중간고사를 앞두고 선배들을 귀찮게 쫓아다니며 족보를 구하는 것과 같다. 당연히 필요한 과정이고 매우 중요한 과정이다. 그런데 단순히 작년에 나왔던 면접질문만을 조사해서는 안 된다.

포털사이트 공기업 카페

어디에서 조사를 시작해야 할까? 공기업 취업을 준비하는 사람들이 많이 모이는 포털사이트의 카페들이 있다. 공기업 취업 관련 카페에 가면 많은 면접 후기와 합격 후기들이 있다. 또한 면접 관련 정보를 알 수 있는 사이트들도 있다. 이런 곳들을 통해서 종전의 면접이 어떻게 진행됐는지, 어떤 면접질문들이 있었는지를 조사하는 것이다. 또한, 종전 채용공고를 통해서도 면접형태에 대해서 알아볼 수 있다.

이런 과정을 통해서 지원한 공기업의 면접 분위기와 면접 진행방식을 미리 파악하게 되면 실제 면접장에서 당황하지 않게 된다. 공기업의 면접 분위기는 대체로 좋은 편이어서 크게 걱정할 것은 없다. 하지만 면접 진행방식은 반드시 파악해야 한다. 만일 지원한 공기업에서 면접 진행방식을 공지해 주었다면 그것을 그대로 믿으면 된다. 하지만 발표면접, 토론면접의 경우, 시간 조절에 실패하거나 빠른 면접 진행을 위해서 갑작스럽게 바뀌는 때도 있으니 유념하자.

면접형태 조사

지원 공기업에 대한 면접형태에 대해서 정확히 파악하는 것이 좋다. 지원 공기업의 면접전형 안내문을 꼼꼼히 확인하고 기존 면접 후기 등을 통해 실제 면접이 어떻게 진행되는지를 파악하는 것이 중요하다. 일부 작은 규모의 공기업의 경우에는 이런 면접형태조차 제대로 안내해 주지 않는 때도 있다. 이런 경우에는 직접 인사팀에 전화를 걸거나, 게시판을 통해 확인하는 것이 필요하다. 공기업에서 가장 일반적인 면접형태는 인성면접(경험면접, 역량면접)이지만, 지원 기업에 따라 발표면접, 상황면접, 토론면접이 병행되기도 한다.

공기업의 면접에서 가장 흔한 면접방식인 인성면접은, 대부분 5명의 지원자와 5명의 면접관과 같이 다대다 방식으로 진행되는 경우가 많다. 하지만 지원자 1명과 여러 명의 면접관이 면접을 보는 일대다 방식도 있다. 다대다 방식의 면접이라면, 실제 나에게 주어지는 면접 시간은 그리 많지 않다. 아무리 길어야 10분 정도에 불과하다. 하지만 일대다 면접방식이라면 면접 시간이 길게는 30분까지도 갈 수 있다. 그래서 일대다인지, 다대다인지에 따라 내가 준비해야 답변 내용도 자연스럽게 많아져야 한다.

기출 면접질문 조사

이러한 인성면접에서 나왔던 기출 면접질문도 파악해야 한다. 공기업 면접에서는 종전 기출 면접질문이 자주 나오는 편이다. 그 이유는 공기업의 면접관이 바뀌지 않는 경우도 많고 그 공기업에서 선호하는 면접질문도 있기 때문이다. 공기업 인사담당자가 면접관들을 선정할 때, 안정적이고 원활한 면접 진행을 위하여 대부분 기존 면접경험이 있는 임직원을 먼저 선정한다. 그러다 보니 작년에 면접을 봤던 면접관이 다시 면접장에 나타나 비슷한 질문을 던지는 경우가 있다.

또한, 지원 공기업에서 중요하게 생각하는 이슈나 주제는 자주 바뀌는 편이 아니어서 종전에 나왔던 면접질문이 다시 던져지는 경우가 많다. 그래서 기출 면접질문을 통해서 어떤 면접질문들이 나올 수 있는지를 미리 파악하는 것이 면접 준비에 있어서 꼭 필요하다. 하지만 종전의 면접질문과 방향이 전혀 다른 면접질문이 나올 수 있으므로 안일하게 종전 면접질문에만 맞추어서 답변을 준비하는 것은 위험한 일이다.

면접 형태별 진행방식 조사

발표면접과 토론면접의 진행방식도 중요하다. 발표면접을 위해 주어지는 준비시간은 어느 정도인지, 발표 자료는 어떻게 준비하는지, 발표자료 작성을 위해 컴퓨터를 주는지, 발표 시간은 어느 정도이며, 인성면접과 연계하여 발표가 진행되는지 아니면 발표면접만을 따로 진행하는지를 파악해야 한다. 또한 발표면접의 주제는 무엇이었는지 파악해야 한다.

토론면접의 경우에는 몇 명이 토론에 참여하는지, 찬반을 나누어서 토론하는지 아니면 결론을 도출하는 방식인지를 파악해야 한다. 또한 토론 주제는 무엇이 주어지고 어떤 형태로 모니터링을 하는지도 파악해야 한다. 토론면접의 주제가 무엇이었는지도 미리 알아봐야 한다.

이렇게 발표면접과 토론면접의 진행방식을 미리 파악해야만, 그것에 맞게 면접을 체계적으로 준비할 수 있다. 또한 발표와 토론의 주제를 미리 알아야만 그에 대한 정보를 미리 파악하고 정리할 수 있어 발표와 토론에 훨씬 유리한 입장에서 시작할 수 있다.

2   자신에 대한 조사

면접을 준비하기 위해서는 먼저 나에 대해서 조사해야 한다. 면접 준비를 위해서 나에 대해서 조사해야 한다는 것은 마치 뜬구름 잡는 이야기처럼 들릴 수밖에 없다. 평생의 참선을 통해서도 자아를 알지 못하고 열반에 드는 스님들도 있는데, 우리 같은 범인들이 자신에 대해서 안다는 것이 결코 쉬운 일은 아니다. 하지만, 우리가 알아야 할 '나'는 마음속 깊이 잠재된 자아도 아니며, 생각하면 할수록 알쏭달쏭한 나의 내면세계도 아니다.

우리가 알아야 할 '나'는 겉으로 드러나는 모습, 다른 사람의 눈에 비추어지는 모습 중에서도 취업과 관련된 부분만 해당한다. 결국 우리가 알아야 하고, 분석해야 할 부분은 취업과 면접에 관련된 '나'이다. 쉽게 이야기하면, 면접 과정에서 면접관이 나에게 질문을 던질 가능성이 있는 '나'에 대해서 알아야 하고, 분석해야 한다.

그러므로 우리가 가장 먼저 해야 할 일은 자신이 제출한 입사지원서와 자기소개서에 기술되어 있거나 연관된 나에 대해서 철저히 조사하는 것이다. 기업의 인사담당자와 면접관은 결국, 자신이 제출한 입사지원서와 자기소개서에서 지원자에 대한 정보를 파악하고, 지원자를 바라보게 된다.

그런데, 이 부분이 말처럼 녹녹한 것은 아니다. 입사지원서에 기재되어 있는 얼마 되지 않는 내용도 곱씹어 생각해 보면, 자신의 삶 거의 전체가 함축되어 있고, 자기소개서에 기술한 내용들 역시 만만하지 않다. 입사지원서와 자기소개서에 기술된 내용에 대해서 철저히 파악하고 준비하는 것이 당연한데도, 일부 지원자들은 자기소개서에 자신이 써 놓은 자신의 경험에 대해서 명쾌한 답변을 하지 못하고 동문서답을 하는 경우도 자주 볼 수 있다. 자신에 대한 조사도 크게 4가지로 나누어 볼 수 있다.

첫째는 자신의 강점이다.

자신이 강점으로 내세울 수 있는 것들을 따로 정리하는 것이 필요하다. 면접관들이 던지기 좋아하는 질문 중 하나가 "왜 우리가 너를 뽑아야 하나?"라는 유형의 질문이다. 지원자의 입장에서는 당혹스럽지만, 실은 면접관은 지원자에게 자신을 스스로 자랑할 기회를 주기 위해 지원자를 배려하는 질문이다. 이런 유형의 면접질문에 자신감을 가지고 자신의 강점을 제대로 설명하고 설득하지 못한다면 좋은 결과를 기대하기 어렵다.

그래서 우선 나를 채용해야 하는 이유를 3가지 정도 준비하자. 채용이유는 책임감과 같은 인성적인 측면, 문제 해결역량과 같은 역량적인 측면, 지원 기업 또는 직무에 대한 경험과 열정으로 나누어서 준비하는 것이 좋다. 이러한 채용이유, 즉 나의 강점을 한마디로 먼저 정의하고 그것에 대한 설명을 준비해야 한다.

그리고 그것을 가장 잘 보여줄 수 있는 사례, 경험을 준비해 놓는다면 "귀하를 채용해야 할 이유?", "가장 자신 있는 강점?", "직무를 잘 수행할 수 있다고 생각하는 근거?"와 같은 질문에 쉽게 답을 할 수 있다. 또한 그런 강점을 어떻게 발휘하고 사업과 직무에 적용할 수 있을지도 정리하는 것이 좋다. 그를 통해 조직과 사업 그리고 직무에 어떻게 이바지할 수 있을지 미리 정리하고 답변을 준비한다면 더욱 좋은 결과를 얻어낼 수 있을 것이다.

둘째는 자신의 약점이다.

자신이 감추고 싶어 하는 약점이나 말하기 어려운 단점들을 미리 정리하고 그런 약점에 대한 설명, 이유와 보완 노력 등의 답변 내용을 준비해야 한다. 가장 빈번한 것은 취업 공백 기간, 성격의 단점, 경력자의 전 직장 사직 이유, 병역면제, 직무관련 경험 부족 등이다. 면접관으로서는 지원자의 이런 약점에 관해 확인하고 입사 후에 비슷한 실수나 잘못을 다시 하지 않을까 걱정하기 때문에, 이런 유형의 면접질문이 자주 등장할 수밖에 없다. 대부분 지원자는 이런 유형의 질문을 받게 되면 압박한다고 느끼게 되고, 여기에서 벗어나기 위해 변명을 늘어놓곤 한다.

하지만 우리가 생각하는 것과 달리, 실제로는 이런 약점 자체보다는 약점에 대해 변명을 늘어놓거나, 아무런 반성이나 노력이 없었다는 점이 오히려 면접 탈락의 원인이 되곤 한다. 그래서 자신의 약점을 미리 조사, 정리하고 그와 함께 그런 약점을 설명할 수 있는 답변 내용과 자신의 반성, 또는 자신의 보완 노력에 대해 미리 준비해 놓아야 한다. 입사하게 되면 그와 비슷한 실수나 잘못을 하지 않겠다는 믿음을 줄 수 있도록 답변 내용을 준비해야 한다.

그래서 자신의 약점에 대해 먼저 인정하고 그에 대한 합당한 사유를 설명하고 그 약점을 보완하기 위해 어떤 노력을 기울여 왔으며, 그런 과정을 통해서 어떤 교훈을 얻었는지를 말하는 것이 중요하다. 또한 입사해서도 자신의 약점을 보완하기 위해 구체적으로 어떻게 노력할 것인지 답변 내용을 준비하는 것이 필요하다.

셋째는 자신의 계획이다.

지원 공기업에서 지원한 직무를 어떤 자세로 수행할 것인지, 어떻게 직무를 수행할 것인지, 어떻게 성과를 만들어 내고 조직에 이바지할 것인지, 자신의 비전 또는 목표와 이를 달성하기 위한 구체적인 계획을 미리 준비해야 한다. 자신의 계획을 준비한다는 것은 단순히 내 생각만을 정리하는 것은 아니다. 먼저 지원 공기업과 직무를 철저히 조사하고 정확히 이해해야 한다. 이를 통해서 지원 공기업과 직무의 문제점, 개선점, 성과와 계획 등을 파악하고 이에 맞는 자신의 계획을 수립해야 한다.

가장 중요하면서도 준비하기 어려운 부분이다. 이렇게 자신의 계획을 이야기할 때, 빠뜨려서는 안 되는 것이 바로 "어떤 자세로 일할 것인지?"이다. 거창한 계획보다는 구체적이며 실현이 가능한 계획을 말하는 것이 좋다. 인턴이나 계약직 직원으로 지원하는 지원자들이 난감해하는 것이 바로 "자신의 계획을 어떻게 말해야 하나?"라는 것이다. 정규직 직원으로서 계획을 말해야 할지, 아니면 인턴이나 계약직 직원으로서 계획을 말해야 할지 고민이 될 수밖에 없다. 이럴 경우, 인턴이나 계약직 직원으로서 계획과 자세를 말하는 것이 바람직하다.

넷째는 자신의 스토리이다.

자기소개서에 담긴 자신의 경험, 스토리에 대한 면접질문은 가장 빈번한 면접질문 소재이다. 그래서 자기소개서에 작성된 자신의 경험을 철저히 조사하고 준비해야 한다. 면접 과정에서 자기소개서에 담겨 있는 스토리에 관한 질문에 대해 명확하지 않게 답할 경우, 면접관은 지원자가 자기소개서를 부풀렸거나 거짓말을 썼다고 판단하기 쉽다. 이런 판단이 내려지면 그 지원자가 합격한다는 것은 절대 불가능하다.

그래서 자신이 작성한 자기소개서에 기재한 스토리와 경험에 대해서 정확히 답변할 수 있도록 준비해야 한다. 면접관은 지원자의 자기소개서를 앞에서부터 훑어보다가 특이한 단어, 고유명사, 활동 내용 등이 있으면 그것을 질문 소재로 삼기 때문에 첫 번째 항목부터 더욱 철저히 준비해야 한다.

단순히 자기소개서에 작성된 내용뿐만 아니라 그 경험, 스토리에 대한 전반적인 내용까지 준비해야 한다. 대부분 시간이 오래 지난 경험이다 보니 세부적인 내용까지는 잘 기억하지 못하는 때도 있다. 그래서 면접관이 계속되는 꼬리질문을 통해 질문한 세부적인 내용을 답변하지 못하고 쩔쩔매는 경우도 빈번하다. 면접을 준비하면서 기억을 되살려, 당시 어떤 일들이 있었는지, 자신이 구체적으로 어떻게 일을 했는지 정리하는 작업이 필요하다.

가끔 정확히 기억하기 어려운 수치들을 임의로 정하고 확신에 차서 답변하는 것 역시 오히려 답변의 신뢰를 떨어뜨리기도 한다. 예를 들어, 학창시절 동아리주점 매출액 증가율을 답하면서, "전년대비 14.5% 향상"이라고 명확하게 답변하는 것보다는 "정확히 기억나지는 않지만 전년보다 약 10% 이상 향상"이라고 답변하는 것이 오히려 신뢰를 줄 수 있는 답변이다.

대부분 자기소개서 경험에 대해 가장 빈번한 질문은 "그 활동을 하면서 가장 힘들었던 점과 극복한 방법?", "왜 그 활동을 했는지?", "구체적으로 어떤 활동을 했는지?", "그 활동을 통해서 배운 점과 느낀 점은?", "그 활동을 통해 들었던 피드백은?"과 같은 면접질문이다. 이런 면접질문에 대해서라도 반드시 대비하는 것이 필요하다.

3 지원 공기업 조사

면접을 앞두고 자신이 지원한 공기업을 조사하는 것은 당연하다 할 수 있다. 그런데 생각보다 많은 지원자가 자신이 지원한 공기업, 어쩌면 평생을 근무해야 할지도 모르는 공기업에 대해서 조사를 제대로 하지 않는 경우가 많다. 지원 공기업의 인터넷 홈페이지에 있는 내용만을 대충 훑어보고 준비를 다 마쳤다고 생각하고 면접장에 들어서기 때문일 것이다. 지원 공기업에 대한 조사는 아무리 강조해도 지나치지 않다.

하지만, 가끔은 오히려 지원 공기업에 대한 조사와 자료수집에만 치중한 나머지 제대로 면접연습을 하지 못하는 경우도 볼 수 있다. 그래서 지원 공기업에 대한 조사와 공부를 하되, 면접연습 시간이 부족하지 않도록 조절하는 것이 좋다. 그럼 이제, 지원 공기업을 어떻게 조사하고 준비해야 하는지 알아보자.

첫째는 지원 공기업의 장점이다.

지원 공기업의 강점과 장점을 정리하면 된다. 지원 공기업의 장점이나 강점을 조사하고 준비해야 하는 이유는 면접 과정에서 지원동기에 관한 질문뿐만 아니라 해당 공기업에 대한 다양한 질문에 대비하기 위해서이다. 이런 종류의 질문에 지원 공기업에 대한 장점이나 강점에 대해 소신껏 답변하는 모습은 긍정적인 평가를 이끌어 내게 된다.

최근 공기업이 어떤 성과를 거두었는지, 국내외에서 수상한 실적이 있는지, 외부 기관의 평가결과는 어땠는지를 조사해 보자. 이런 자료는 지원 공기업의 홈페이지에 있는 경영공시자료를 참조하거나 알리오(www.alio.go.kr)에서 찾아볼 수 있다. 또한 지원 공기업에서 추진하고 있는 주요 사업에 대한 고객들의 우호적인 평가내용도 조사하는 것이 필요하다. 이러한 조사는 대부분 인터넷을 통하여 언론매체 보도 내용 등을 중심으로 찾아보는 것이 좋다.

그중에서도 지원 공기업의 장점이나 강점을 가장 잘 정리한 자료는 공기업 기관장의 인터뷰 자료이다. 언론매체를 통한 인터뷰 기사에는 해당 공기업이 가장 자랑하고 싶어 하는 것, 가장 중요하게 생각하는 것들이 담겨 있어서 이런 강점을 조사하기에 좋다. 인터넷을 통해 검색할 때, '국민건강보험공단 이사장' 정도로 검색하면 더욱 빠르게 원하는 결과를 찾아볼 수 있다.

이런 조사를 통하여 지원 공기업을 내가 왜 선택했는지, 구체적으로 어떤 점이 좋은지 등을 정리하는 것이 필요하다. 단순히 조사를 통해서 파악한 내용만을 정리하고 요약하기보다는 그를 바탕으로 나만의 생각이나 판단을 따로 정리하는 것이 필요하다. 공기업 면접에서 지원동기와 관련된 면접질문에 대한 가장 좋은 답변은 이런 과정을 통해서 준비할 수 있다.

둘째는 지원 공기업의 약점이다.

지원 공기업에 대한 약점, 위기, 위협, 부정적 평가 등을 조사해서 정리하면 된다. 굳이 지원 공기업의 약점을 조사하고 정리하는 것은 면접에서 이런 약점을 보완할 방안 등에 관한 질문이 던져지기 때문이다.

공기업의 약점은 주로 외부 기관들의 평가결과나 지적사항들을 중심으로 정리하는 것이 편리하다. 최근 정부 공기업 경영평가 결과를 먼저 찾아보는 것이 좋다. 만일 좋지 않은 결과를 얻었다면 그 결과와 함께 원인까지 함께 파악해 봐야 한다. 또한, 국정감사 결과 언론에 보도된 내용은 반드시 확인해 보는 것이 필요하다. 예를 들어, '국민연금공단 국정감사'와 같이 공기업 명과 국정감사라는 단어를 조합해서 검색해 보면 지난 국정감사에서 국회의원들이 지원 공기업의 경영과 사업에 대해 지적한 여러 사항을 찾아볼 수 있다.

이렇게 국정감사에서 지적된 사항은 공기업에서 매우 중요하게 생각하고 이를 해결하기 위해 노력하게 된다. 그래서 이런 지적사항은 공기업 면접에서도 자주 등장하는 면접질문의 소재가 되곤 한다. 감사원 감사결과 지적사례 역시 마찬가지이다. 이렇게 국회나 감사원 등 외부로부터의 지적사항에 대해 미리 정리해 보고 그에 대한 자기 생각과 개선방안 등을 준비하면 된다.

주의해야 할 점은 그러한 지적사항을 그대로 인용해서는 안 된다는 점이다. 공기업의 처지에서는 그런 지적사항에 대해 반발하거나 공감하지 못하는 경우가 많다. 그래서 그런 지적사항을 그대로 답변에 활용하기보다는 그것을 지원하는 공기업의 관점에서 다시 생각해 보고 조금 순화하는 것이 필요하다. 예를 들어, "지난해 직원들의 납품 비리가 발생한 경우가 있었습니다."와 같이 직설적으로 답하기보다는 "우리 공사는 지난해 일부 직원들의 잘못된 행동으로 국민에게 실망감을 안겨준 사례가 있었습니다." 정도로 대답하는 것이 좋다.

셋째는 지원 공기업의 비전이다.

지원 공기업이 어떤 비전과 미션을 가지고 있고 이를 달성하기 위하여 어떤 경영전략을 가졌는지 그리고 어떤 핵심 가치를 공유하고 있는지를 파악해야 한다. 또한, 지원 공기업이 추진하고 있는 주요 사업에 대한 전반적인 내용과 내가 담당할 가능성이 높은 사업의 구체적인 내용 그리고 사업추진 전망과 평가 등을 정리하는 것이 좋다. 이러한 지원 공기업의 비전과 관련된 내용들은 면접에서 지원자가 우리 공기업에 얼마나 많은 관심과 열정을 가졌는지 파악하기 위한 질문의 소재로 주로 활용된다.

그래서 단순히 이런 정보들을 조사하고 정리하는 것이 아니라 "내가 직원이라면?"이란 생각을 하는 것이 필요하다. 내가 직원이라면 이런 비전과 경영 목표 달성을 위하여 무엇을 어떻게 할 것인지를 고민해 보고, 핵심 가치 중에서 나와 가장 잘 어울리는 핵심 가치를 고민해 봐야 한다. 주요 사업을 성공적으로 수행하기 위해 내가 해야 할 것이 무엇이고, 어떤 자세로 일할 것인지 고민하는 것이 필요하다.

이런 정보를 조사하는 것은 쉽다. 지원 공기업의 홈페이지에 가면 가장 잘 정리되어 있기 때문이다. 지원 공기업의 홈페이지에 있는 정보들을 단순히 눈으로 보고 따로 정리하기보다는 직접 입으로 말하는 발표 연습과 병행하는 것이 좋다. 이렇게 실제 직원이 지원 공기업의 비전과 같은 경영전략 체계와 주요 사업소개 내용 등을 국민에게 발표하고 설명하는 것처럼 발표 연습을 하면 자연스럽게 그 내용을 숙지할 수 있고 관련 용어나 표현들을 자연스럽게 사용함으로써 면접관에게 준비를 충실히 한 지원자라는 인상을 줄 수 있다.

홈페이지상의 정보에만 만족하지 말고 지원 공기업의 지사를 직접 방문해서 얻은 각종 홍보자료, 기관소개 자료 등도 함께 살펴보면 조금 더 깊은 정보 등을 얻을 수 있다. 특히 공기업에 따라 매년 발표하는 연보, 지속 성장보고서, 경영평가보고서와 같은 자료들은 지원 공기업에 대해 가장 정확하고 핵심적인 정보를 얻을 수 있으므로 검색이나 지인 등을 통해서 구하는 것이 좋다.

넷째는 지원하는 직무이다.

지원하는 직무에 대한 조사는 취업준비생으로서는 가장 어렵고 난감하기만 하다. 공기업 근무 경력이 있는 지원자라면 모를까, 처음으로 공기업 입사를 지원하는 취업준비생이 공기업의 직무를 조사하기는 어려워, 방향조차 제대로 잡지 못하는 경우가 많다. 게다가 채용 공고상의 채용 분야가 '일반행정직', '사업지원직'과 같이 직렬 단위로 이루어져 실제 내가 입사하면 구체적으로 어떤 직무를 수행할지 모르는 경우가 많기도 하다. 하지만 다행스러운 점이 있다면, 공기업의 면접관 역시 이런 취업준비생의 상황을 잘 이해하고 있어서 높은 수준을 요구하지는 않는다. 하지만 최대한 조사할 수 있는 부분까지는 미리 조사하고 정리하는 것이 필요하다.

우선 인터넷을 통하여 최대한 조사하고 난 후, 지원 공기업의 지사를 직접 방문하거나, 지원 공기업에 취업한 선배를 찾아가 묻거나, Linked In과 같은 SNS를 활용해서 지원 직무를 조사하는 것이 좋다. 구체적으로 어떤 일들을 하는 것인지, 왜 그 직무가 중요한지, 그 직무수행에 필요한 역량은 무엇인지 등을 조사해 보자. 이러한 조사를 바탕으로 직무수행에 필요한 역량 중에서 내가 자랑할 수 있는 역량은 무엇인지, 그런 역량을 키우기 위해 어떤 준비를 해 왔는지 미리 정리하면 좋다. 또한 어떤 자세로, 어떤 마음가짐으로 직무를 수행해야 성과를 만들어 낼 수 있을지 고민해 보고 그런 나의 자세나 열정 등을 준비하는 것도 좋다.

또한 지원 직무에 대한 조사는 단순히 직무수행에 그치는 것이 아니라 사업수행과 연계하여 생각해야 한다. 사업의 목표가 무엇인지, 사업의 대상 혹은 고객은 어떤 계층인지, 사업의 성과와 평가는 어떠한지도 함께 조사하는 것이 필요하다.

다섯째는 지원 공기업의 사업 현장이다.

공기업 취업을 준비하는 많은 취업준비생은 대부분 지원하는 공기업에 대한 정보를 인터넷에서 얻곤 한다. 지원하는 공기업의 홈페이지, 취업 관련 카페, 인터넷 검색 등을 통해서도 제법 많은 정보를 얻을 수 있다. 하지만 이런 정보들은 지원 공기업에 대한 피상적인 정보에 불과한 경우가 많다. 그러다 보니 학생들이 준비하는 자기소개서와 면접 답변들이 그저 겉만 훑는 경우가 많다. 그래서 저자는 공기업 취업을 준비하는 학생들에게 가장 많이 해주는 조언이 지원하는 공기업을 직접 방문해 보라는 것이다.

지원하는 공기업을 한번 방문한 것만으로도 생각보다 훨씬 더 많은 정보, 수준 높은 정보를 구할 수 있다. 자기 눈으로 직접 지원하는 공기업과 직원들의 모습을 보고, 공기업을 방문하는 고객들을 관찰하고, 고객들의 방문 이유와 고객들의 이야기를 직접 듣다 보면 내가 자기소개서와 면접장에서 해야 할 이야기들이 자연스럽게 떠오른다. 이런 현장 방문 경험을 자기소개서와 면접답변에 녹여내는 지원자라면, 다른 지원자들보다 더 열정이 있고, 치열한 고민을 통해 남다른 생각을 하고 있고, 직무수행을 위한 구체적인 계획이 있는 지원자로 평가받을 수 있다.

그렇다고 무작정 공기업을 방문하는 것은 조심해야 한다. 여기에도 나름대로 요령이 필요하다. 우선, 국민건강보험공단과 같이 일반 국민이 많이 방문하는 공기업의 경우에는 가까운 지사를 방문하는 것이 좋다. 지사를 방문하되 직원을 만나서 조언을 구하기보다는 고객대기석에서 직원들의 근무 모습과 고객들의 특징을 관찰하는 것이 좋다. 직원이 어떤 자세와 표정으로 고객을 맞이하고, 어떤 어투로 고객에게 설명하는지를 들어보자. 또한 자주 찾아오는 고객의 특성을 파악하고 주로 어떤 문제나 어려움 때문에 지사를 찾아오는지를 조사하면 된다. 또한 고객창구에 비치된 사업안내 자료, 기업홍보 자료는 사업내용 등을 파악하는 데 가장 유용한 자료가 될 수 있다.

일반 국민이 아니라 기업을 대상으로 하는 공기업의 경우에는 지사를 방문해서 직원에게 평소 관심을 많이 가지고 있고 취업을 위해 여러 가지를 알고 싶어서 찾아왔다고 이야기하고 조언을 구하면 된다. 대신 바쁜 근무 시간을 피해 오후 3~4시 무렵 정도에 방문하면 된다. 하지만 아무런 조사도 없이 무작정 방문하는 것은 좋지 않다. 미리 방문하는 공기업을 조사하고 조사를 통해 해결하지 못한 궁금한 점을 미리 메모하여 조언을 구한다면 훨씬 더 좋은 반응을 볼 수 있다.

이렇게 직접 현장을 방문한 경험이 있는 지원자라면, "우리 공단에 대한 국민의 인식을 개선하는 방안은?"이란 면접질문에 "네, 국민의 인식을 개선하기 위해서는 먼저 고객의 연령층에 맞는 홍보내용을 차별화해야 한다고 생각합니다. 지난주에 지사를 방문해 우리 공단을 찾는 고객들을 관찰할 기회가 있었습니다. (이하 생략)" 과와 같이 차별화된 답변을 할 수 있다. 이런 답변 하나만으로 나에 대한 평가가 달라질 수 있다는 점에서 반드시 시간을 내서 지원하는 공기업을 직접 방문하여 조사하는 것이 필수적이다.

이렇게 지원 공기업과 직무 등을 조사하고 정리한다면 면접 과정에서 나올 수 있는 다양한 지원 공기업 관련 질문들에 완벽히 대비할 수 있다. 앞서 말한 대로 단순히 이런 정보를 그대로 읊기보다는 그런 정보를 자신만의 기준과 가치관 그리고 판단을 통해 다시 정리하고 나만의 생각을 말하는 것이 중요하다는 점을 잊지 말자.

4 직원으로서 생각하기

이렇게 기출 면접을 조사하고 지원 공기업을 조사한 다음에 해야 할 일은 바로 지원하는 공기업의 관점에서, 지원한 공기업의 직원으로서 생각하기 시작하는 것이다. 면접이란 기업에서 직원으로 채용할지를 결정하기 위해 지원자를 평가하는 최종 단계이다. 결국 지원자가 직원으로서 인성과 자질을 지니고 있는지, 직원으로서 일을 잘하고 능력을 발휘할 수 있는지, 직원에게 필요한 열정을 갖추고 있는지를 평가하는 것이다. 그래서 면접을 준비하는 취업준비생이라면 이러한 기준에 자신을 스스로 미리 맞추고 그에 걸맞은 수준으로 준비해야 하는 것이다.

입사를 희망하는 지원자가 아니라 지원하는 공기업의 직원으로서 생각하기 시작하면 주변의 모든 것들이 새롭게 보이기 시작한다. 예를 들어, 한전의 직원이라면 길거리의 전신주에 복잡하게 얽혀있는 전선들이 내가 해결해야 할 문제로 인식된다. 건강보험공단의 직원이라면 길거리에서 힘들게 폐지를 줍고 있는 할머니를 보면서 혹시라도 노령연금을 수령하고 있는지 고민하게 된다. 만일 서울교통공사의 직원이라면 지하철의 술에 취해 잠든 사람을 어떻게 무사히 집에 돌려보내야 할지를 고민하게 된다.

몇 년 전, 서울메트로에 합격한 한 학생의 경우, 저자의 조언에 따라 예전 같으면 얼굴을 찌푸린 채 외면했을 지하철의 만취취객을 보고 "직원이라면 어떻게 해야 하나?"라는 고민을 했다. 실제 면접장에서 "지하철의 취객을 어떻게 해야 하나?"라는 질문을 받고 당황하지 않고 자신이 고민했던 해결책을 당당히 답할 수 있었다.

이렇게 지원하는 공기업의 관점에서 어떤 지원자를 뽑고 싶어 할지를 생각하다 보면 수없이 많은 면접질문들을 스스로 생각해 낼 수 있다. 또한 지원 공기업의 직원으로서 생각하고 세상을 바라보게 되면, 내가 해결해야 할 문제들이 수없이 떠오르고 그 해결책을 고민하게 된다. 이런 것들이 결국 공기업 면접에서 직원으로서 합당한 자격이 있는지를 묻는 면접질문이 될 것이고 그에 맞는 답변이 되는 것이다. 그래서 공기업 면접 일정이 확정되고 나면, 그 공기업의 직원으로서 생각하는 것이 필요하다.

박규현의 공기업 NCS 면접

4장 | 공기업 면접 준비의 핵심

면접이란 녀석은 참 엉뚱하다. 필기시험을 잘 봤다고 생각해서 면접 준비를 차근차근하면서 기다릴 때는 실망하게 하다가도 전혀 기대하지 않았던 면접 일정을 갑자기 통보받는 경우도 있다. 이렇게 갑작스럽게 면접 일정이 잡히고 나면 무엇을, 어떻게 준비해야 할지 당황하게 된다. 면접 일정이 잡히고 나면 우리가 무엇들을 준비해야 하는지 알아보자.

1　면접 근육 키우기

면접 강의나 면접 컨설팅을 통해 실전과 같은 면접연습을 하다 보면 학생들의 면접 실력이 극명하게 갈리는 경우가 있다. 굳이 수업을 듣지 않아도 될 정도로 준비가 잘 돼 있고 답변도 기가 막힐 정도로 잘하는 학생들이 있는 반면에 준비도 덜 되어 있고 아주 간단한 질문에도 말문이 막혀 얼굴이 빨개지는 학생이 있다. 이렇게 면접에 약한 학생들은 대부분 평소에도 주변 사람들과 말을 잘 하지 않는다는 공통점을 가지고 있다. 좋은 표현을 써가며 멋진 답변을 하는 다른 학생들에 비해, 이런 친구들은 기본적인 의사소통에서 사용하는 표현이나 단어를 구사하는 데도 어려움을 겪게 된다.

바로 면접 근육이 약한 학생들이다. 내성적인 성격으로 평소에도 주변 사람들과 말을 많이 하지 않는 유형이다. 또는 오랫동안 취업 준비를 하면서 점점 인간관계가 좁아져 하루에도 말을 몇 마디 하지 않다 보니 면접을 앞두고 자기 생각을 잘 표현하지 못하는 경우도 있다. 이런 학생들은 그저 다른 학생들에 비해 면접근육이 부족하고 오랫동안 면접 근육을 사용하지 않아 약해져 있을 뿐이다. 그래서 더욱 면접 근육을 키우는 연습을 해야만 한다. 면접 근육만 키울 수 있다면 어떤 면접질문에도 당당히 내 생각을 자유롭게 표현할 수 있게 된다.

면접 근육을 키울 수 있는 3가지 방법을 정리해 보자.

◆ 홈페이지 내용 발표하기

사람마다 각기 다른 강점이 있다. 타고난 언어능력은 물론 평소 책을 많이 읽고 친구들과 많은 대화를 하며 말하는 연습, 자기 의사를 표현하는 연습을 많이 한 학생들은 면접에서 분명히 강점을 보인다. 반면에 언어능력보다는 수리 능력이 더 발달했고 평소에도 별로 말이 없는 학생들의 경우에는 면접이 어려울 수밖에 없다. 하지만 면접을 잘 볼 수 있는 실력 역시 우리 몸의 근육처럼 연습을 통해 키울 수 있다. 그게 바로 입으로 소리 내서 문장을 읽는 연습이다. 가장 좋은 방법은 지원한 기업의 홈페이지를 보면서 혼자서 발표 연습을 하는 것이다. 지원기업의 홈페이지에는 지원자가 반드시 알아야 할 중요한 정보들이 보기 쉽게 정리되어 있기 때문에 가장 효과적으로 준비할 수 있기 때문이다.

이렇게 매일 1~2시간씩, 지원 기업의 홈페이지 내용을 보면서 큰 목소리로 많은 청중을 대상으로, 국민을 대상으로 발표하는 연습을 통해 거둘 수 있는 효과들이 생각보다 많다.

첫 번째, 홈페이지에 있는 지원 기업의 기본적인 정보와 사업내용에 대해 자연스럽게 공부를 할 수 있다.

면접을 준비하면서 지원기업 홈페이지 내용들을 공부하는 것은 가장 기본적인 부분이다. 하지만 문제는 많은 학생들이 홈페이지의 내용들을 필기시험을 준비하듯이 공부한다는 점이다. 가장 익숙한 방법이기 때문에 중요한 내용에 캡쳐하고 형광펜을 칠해가며 암기하며 공부하는 것이다.

이렇게 '입'이 아닌 '눈'으로 면접을 준비하는 것은 면접을 망치는 지름길이다. 실제 도서관에서 눈으로 읽으면서 필기 공부를 하듯이 이런 내용들을 아무리 공부하고 준비해도 막상 면접에서 이런 종류의 질문을 받게 되면 머릿속에 있던 내용들이 입으로 나오지 않고 버벅이게 된다. 하지만 이렇게 홈페이지의 내용을 발표하는 연습을 계속 하면 이런 종류의 질문에 대해 자기도 모르게 술술 답변하는 모습을 볼 수 있게 된다.

두 번째, 지원 기업의 용어와 표현을 면접에서 자유롭게 사용할 수 있다.

회사마다 그 회사만이 사용하는 단어와 표현들이 있기 마련이다. 이런 단어와 표현이 가장 잘 드러나는 곳이 바로 지원 기업의 홈페이지이다. 그래서 홈페이지의 내용을 발표하다 보면 자연스럽게 이런 용어와 표현을 익히고 면접에서 이를 자유롭게 사용할 수 있다.

면접을 보면서 분명 공부했던, 알고 있던 사업명이 입에서 간질간질 나오지 않아 당황했던 경험을 누구나 한 번쯤 가지고 있을 것이다. 이렇게 지원기업의 사업과 직무와 관련해서 필요한 용어와 표현을 제대로 사용하지 못하는 지원자는 결코 좋은 평가를 받을 수 없다. 하지만 이런 용어와 표현을 능숙하고 자연스럽게 사용하는 지원자라면, 그 회사에서 오랫동안 근무했던 면접관으로서는 굉장히 친숙하게 느껴질 뿐만 아니라 준비가 잘 된 지원자라는 느낌을 받게 된다.

세 번째, 자신의 잘못된 답변톤과 속도를 교정할 수 있다.

답변의 속도와 높낮이, 길고 짧음, 단어의 강약과 같은 답변의 톤이 지원자의 인상을 결정하는 경우가 많다. 답변속도가 빠른 지원자라면 성격이 급하다는 인상을 주거나, 답변톤이 계속 처지는 지원자는 열정이 없는 지원자라는 인상을 주기도 한다. 그래서 이런 답변의 속도와 톤을 바르게 잡기 위해서는 계속해서 연습하는 것이 필요하다. 핸드폰 녹음기능을 활용하여 자신의 홈페이지 발표를 녹음해 보고 다시 들어보면서 자신의 답변속도와 톤을 교정할 수 있게 된다.

혹시라도 홈페이지 내용이 빈약하거나 자신의 답변을 더 준비하고 싶다면 자기소개서를 발표하듯이 소리내서 읽는 연습을 하는 것도 좋은 방법이다. 면접에서 자기소개서에 작성한 경험내용을 질문하는 경우가 많으므로 자연스럽게 답변 내용을 정리하는 데 도움이 되기 때문이다. 대신, 대부분 자기소개서는 멋진 표현과 문어체를 쓰는 경우가 많다 보니 오히려 답변 내용이 꾸민 듯한 느낌을 줄 수 있으므로 주의해야 한다.

또 한 가지 좋은 연습 방법이 있다면 이 책에 실려 있는 예시 답변 내용을 소리 내서 읽는 것이다. 나만의 답변 내용을 따로 준비해서 읽는 것도 좋지만, 책에 실린 답변 내용을 굳이 암기하려고 하지 않고 계속 읽다 보면 자연스럽게 답변 방향과 분량 그리고 표현을 내 것으로 만들 수 있다. 그래서 이 책에 실려 있는 답변 내용을 매일 1시간 정도씩 읽다 보면 면접장에서 자연스럽게 나만의 멋진 답변, 솔직한 답변이 흘러나오는 모습을 보게 될 것이다. 실제 많은 학생이 이 책에 실린 모범답변을 소리내서 읽는 연습을 통해 면접에서 좋은 결과를 거두는 경우를 자주 볼 수 있었다. 면접준비 시간이 부족한 지원자라면 반드시 권해주고 싶은 연습 방법이다.

◆ 운동장 나가기

유독 면접에서만 긴장을 너무 심하게 하는 학생들이 있다. 평소에는 말을 잘하다가도 면접관 앞에만 서면 버벅대고 답변을 제대로 잇지 못하는 경우도 많다. 심할 때는 이렇게 너무 긴장해서 면접을 망치고 나서 면접 트라우마가 생겨 면접 기회가 있는데도 면접에 불참하던 학생을 만난 적도 있다. 또는 미리 준비한 답변 외에는 답변하지 못하는 일도 있다. 전혀 예상하지 못한 답변에 당황하여 머리가 하얗게 변해 아무 답변도 못 하기도 한다. 순발력이 부족한 경우이다. 이렇게 면접에 대한 긴장과 두려움을 극복하고 순발력을 키우는 방법은 바로 운동장에 나가는 것이다.

집 근처의 학교 운동장이나 공원에 나가 넓은 공간에 서서 혼자 큰 목소리로 면접연습을 하는 방법이다. 운동장 한가운데 서서 스마트폰의 예상 면접질문을 보면서 큰 목소리로 한 시간 정도 답변하는 연습을 하는 것이다. 운동장 전체에 자신의 목소리가 울리는 것을 느껴보는 것이다. 주의해야 할 점은 미리 준비한 답변을 외워서 답변해서는 절대 안 된다는 점이다. 미리 준비한 답변 내용이 아니라 내 마음이 내키는 대로 자유롭게 답변을 하는 것이 필요하다. 어떤 내용이든 상관없다. 이렇게 넓은 공간에 혼자 서서 자기 생각을 크게 답변하는 연습을 하다 보면 거둘 수 있는 효과들이 많다.

우선 면접에 대한 두려움을 극복할 수 있다.

운동장 한 복판으로 걸어가는 것조차 큰 용기가 필요하다. 그런데 운동장 한가운데에서 큰 목소리를 내고 연습하고 나면, 면접장에서도 훨씬 덜 긴장하는 자기 모습을 볼 수 있다. 면접에 대한 자신감을 키울 수 있다.

또한 답변톤 역시 자신감 있게 바꿀 수 있다.

목소리가 작거나 목소리가 너무 고음이어서 면접에서 불리한 학생들이라면 이런 방법을 통해 목소리를 키울 수 있고 목소리에 힘이 실려 듣기 좋게 만들 수 있다.

마지막으로 자유로운 답변이 가능해진다.

굳이 면접에서 정해진 답을 할 필요 없이 내 생각을 마음껏 말할 수 있다는 점을 깨닫게 된다. 마치 나를 가두고 있던 보이지 않는 벽을 깨는 느낌을 받게 된다. 그래서 면접에서 아무리 어렵고 생각지도 못했던 면접질문에도 당황하지 않고 자기 생각을 당당히 말할 수 있게 된다.

삼성, 현대 등 국내 대기업 면접에서 번번이 고배를 마신 학생이 있었다. 면접관으로부터 입사하고 싶은 마음이 있냐는 힐난을 받을 정도로 자신감이 부족했던 학생이었지만 운동장에 나가기를 통해 면접에 대한 자신감을 키워서 결국 지원했던 공기업에 당당히 합격하는 결과를 만들 수 있었다. 또 다른 학생은 운동장에서 큰 목소리로 자기 생각을 솔직하게 답변하다 보니, 면접에서 어떤 질문에도 내가 멋진 답변을 할 수 있다는 점을 깨닫고 오랜 실패를 극복하고 지원 공기업 면접에 최종 합격하는 기쁨을 맛보기도 했다.

◆ 미친 사람 되기

오랫동안 취업을 위한 필기 공부에만 집중하다가 갑자기 면접 기회를 잡게 되면 당황스러운 경우가 많다. 어떻게 준비해야 할지도 모르고, 준비해야 할 것도 너무나 많기 때문이다. 더 큰 어려움은 자신이 생각보다 말을 못한다는 점이다. 자기 생각을 논리적으로 이야기해야 하는데 횡설수설하는 때도 많고 적절한 표현이나 단어가 떠오르지 않아 말문이 막히는 경우도 많다. 평소에 자기 생각이나 주장을 말하는 연습이 부족했기 때문이다. 이런 사람들에게 가장 좋은 방법은 일상생활을 하면서 자기 생각이나 느낌 등을 계속 말하는 것이다.

가끔 길거리를 지나다 보면 하늘을 보고, 길거리 전봇대와 대화를 하는 사람을 볼 수 있다. 정신이 온전하지 못한 사람들이다. 이런 사람들처럼 면접연습을 하는 것이다. 모든 일상생활에서 자신이나 자기 생각에 대해 중얼거리는 방법이다.

예를 들어,

"네, 제가 점심 식사로 중국집을 선택한 이유는 값도 적당하고 맛도 좋기 때문입니다. 평소에는 중국 요리를 별로 좋아하지 않지만….",

"네, 제가 지금 짜장면을 주문한 이유는 짜장면을 왠지 먹고 싶었기 때문입니다. 어릴 때부터 늘 좋은 일이 있는 날이면 부모님과 함께 짜장면을 먹곤 했습니다. 그래서 그런 좋은 기억을 떠올리기 위해….",

"네, 제가 지금 버스를 선택한 이유는 피곤했기 때문입니다. 집으로 가면서 지하철을 탈까도 생각했지만, 지하철의 경우에는 자리를 잡기 어렵다고 생각했습니다. 그래서 자리에 앉아서 편하게 집까지 갈 수 있는 버스를 선택했습니다."

이렇게 일상생활 속에서 미친 사람처럼 중얼거리며 면접연습을 하면 좋은 점은

첫째, 면접에서 순발력을 발휘할 수 있다는 점이다.

아무리 열심히 준비해도 면접에서는 전혀 생각하지 못한 질문을 만나기도 한다. 하지만 이런 연습을 통해 자기 생각을 표현하는 연습을 계속하다 보면 어떤 면접질문에도 당황하지 않고 답변을 할 수 있는 순발력을 키울 수 있게 된다.

둘째, 면접에서 활용할 수 있는 어휘와 표현이 늘어나게 된다.

이렇게 모든 일상생활에서 다양하고 적합한 단어나 표현을 사용하는 연습을 통해 면접에서 더욱더 자기 생각을 잘 전달할 수 있게 된다.

셋째, 간결한 면접답변이 가능해진다.

면접관의 질문 요지에 맞는 핵심적인 내용을 간결하게 답변하는 것이 필요하다. 이렇게 일상생활에서 자신을 표현하는 연습을 하면, 자연스럽게 핵심을 담아서 답변하는 요령을 깨우치게 된다.

이런 연습 방법을 하면서 주의할 점은 되도록 입 밖으로 소리를 내서 말해야 하고, 또한 중얼거리되 답변의 속도와 어조 등에도 신경을 써야 한다. 이 연습 방법의 가장 큰 문제점은 정말 미친 사람으로 오해를 받을 수 있다는 점이다. 하지만 주변 사람들에게 피해를 주지만 않는다면, 내가 면

접에서 합격할 수만 있다면 당연히 시도해 봐야 할 연습 방법이다.

아직 면접 근육이 발달하지 못해 면접 때마다 고배를 마시는 학생들이 분명히 있다. 그렇다고 좌절할 필요는 없다. 면접 근육 역시 만들 수 있고, 키울 수 있기 때문이다. 지금도 "난 면접은 도저히 안 돼."라고 생각하며 좌절하는 학생들에게 조언해 주고 싶다. 지금도 눈으로만 면접을 공부하고 준비하고 있다면, 당장 면접 근육을 키우기 위해 입으로 소리 내어 자기 생각을 말하는 연습을 하라고 말이다. 몸짱이 되려면 뼈를 깎는 노력이 필요하듯이 면접에 성공하기 위해서는 면접 근육을 키우기 위한 남다른 노력이 필요하다.

2 면접연습과 피드백

이렇게 면접 준비를 어느 정도 마쳤다면 실제 면접장에서 자신이 준비한 것들을 마음껏 보여줄 수 있도록 면접연습을 해야 한다. 면접연습은 실전과 같은 방식으로 하는 것이 가장 좋다. 면접연습을 하는 것도 중요하지만 더욱 중요한 것은 면접연습에 대해 피드백을 받는 것이다. 하지만 취업준비생의 처지에서 실전과 같은 면접연습을 하기도 어렵지만 피드백을 받는 것 자체가 어려운 일이다. 그래서 우선 쉽게 면접연습을 할 수 있고 피드백을 받을 수 있는 방법부터 활용하는 것이 좋다.

녹음 또는 녹화

가장 손쉬운 방법은 녹음하고 이를 재생하면서 스스로 피드백을 받는 것이다. 스마트폰이나 컴퓨터의 녹음기능을 활용하여 실전과 같이 혼자서 자기소개를 하고, 준비했던 예상 면접질문을 스스로 던지고, 준비했던 답변을 말하는 것이다. 이런 과정을 통해 준비 자료와 머릿속에만 있던 답변 내용을 직접 말해보고 녹음된 파일을 재생하면서 자신의 답변에 부족한 점이 없는지 고쳐나가는 방법이다. 가장 쉽게 접근할 수 있지만 면접에서 중요한 역할을 하는 자신의 자세나 태도 그리고 이미지를 확인하지 못하는 단점이 있다.

이런 단점을 보완하는 방법은 영상으로 녹화하는 것이다. 스마트폰이나 노트북의 웹캠을 이용해서 자신의 자기소개와 면접 답변 연습을 하는 방법이다. 자기 모습을 직접 자기 눈으로 확인하면서 어떤 부분을 조심하고 교정해야 하는지 살펴보는 것만으로도 큰 효과를 볼 수 있다. 자신의 면접연습 장면을 녹화하는 것은 혼자뿐만 아니라 면접스터디에서 다른 사람과 함께 면접연습을 할 때도 적극적으로 활용하는 것이 좋다.

이렇게 녹음이나 녹화를 통해서 면접연습을 할 때, 주의해야 할 점은 중간에 답변이 막히거나 실수가 있더라도 진짜 면접처럼 연습해야 한다는 점이다. 중간에 조금 마음에 들지 않는다고, 잘못됐다고 녹음이나 녹화를 중단하고 다시 시작하는 것은 실전 면접에 가서 오히려 도움이 되질 않는다. 실제로 면접을 보듯이 실수가 있어도 그 실수에 대해 사과하고 끝까지 답을 하고 중간에 막히는 부분이 있어도 당황하지 않고 계속 답변을 이어가는 연습을 하는 것이 중요하다.

면접스터디

다음으로는 면접스터디에 참여하는 것이다. 공기업 취업을 준비하는 인터넷카페에 가면 필기시험 결과가 발표되고 나면 지원 공기업에 대한 면접스터디 모집 글이 올라오곤 한다. 여러 면접스터디 중에서 가장 효과적일 것으로 생각되는 면접스터디에 참여해서 스터디원들과 함께 면접연습을 하면 된다. 같은 직렬인 경우, 경쟁자로 인식해서 가끔 불편한 때도 있지만 오히려 같은 직렬의 지원자끼리 연습하는 것이 더 도움이 될 수 있다. 면접스터디를 통해 각자 면접관과 지원자가 돼서 서로 준비한 예상 면접질문을 던지고 답변하고 스터디원으로부터 피드백을 받다 보면 부쩍 면접 실력이 느는 것을 느낄 수 있다.

면접스터디를 통한 면접연습이 많은 장점도 있지만 주의해야 할 점도 있다. 스터디원들이 모두 지원자이다 보니 잘못된 정보나 피드백을 받을 수 있다는 점이다. 실제 면접관이 아닌 취업준비생의 측면에서 보고 느낀 피드백을 그대로 믿어 오히려 잘못된 답변을 준비하는 경우이다. 또 스터디 팀원끼리 경쟁의식을 강하게 느껴 제대로 된 피드백을 해주지 않거나, 상대방의 감정이 상할까 봐 꼭 필요한 피드백을 해주지 못하는 경우도 종종 있다. 그래서 면접스터디를 통한 면접연습에는 적극적으로 참여하되 스터디원의 피드백에 너무 몰입해서 그것이 정답인 양 섣불리 판단하지는 말자. 가장 좋은 것은 나만의 스타일로 내 생각을 제대로 보여주는 것이란 점을 기억하자.

전문가 또는 가족

마지막으로는 전문가를 통한 피드백이다. 전문가와 함께 실전과 같은 면접연습을 하고 제대로 된 피드백을 받는 것이 물론 좋겠지만, 경제적으로 여유가 있다면 모를까 컨설팅 비용이 부담스러운 것이 사실이다. 게다가 비용 부담 때문에 많은 시간 연습을 할 수 없다는 점도 단점이며, 제대로 된 전문가를 찾는 것 역시 어렵다. 짧은 시간에 비싼 비용을 들여 자칭 전문가와 면접연습을 하고 컨설팅받았는데 막상 기대했던 것보다 만족스럽지 못하거나 실제 면접에서 별로 도움이 되지 못하는 경우도 많다. 그래서 인터넷 광고에 현혹되지 말고 주변 사람들이나 현직자들의 추천을 받아 제대로 된 전문가를 찾는 것이 필요하다. 또한 일시불로 고액의 컨설팅 비용을 요구하거나 관련된 경력과 경험이 없는데도 합격을 보장하는 자칭 전문가들도 피하는 것이 좋다.

저자가 추천하고 싶은 방법은 바로 직장경험이 있는 아버지, 어머니와 함께 면접연습을 하는 것이다. 아버지나 어머니가 어렵다면 친척 중에 공기업 혹은 민간기업에서 면접경험이 있거나 면접경험이 없더라도 40대 초반의 직장경력이 있으신 분께 도움을 요청하자. 아버지나 40대 초반의 직장경험이 있는 친척과 함께 하는 면접연습이 좋은 이유는 실제 면접관의 나이가 그 정도인 경우가 많기 때문이다. 연령대가 같다는 것은 사람을 평가하고 보는 안목이 비슷할 수 있다는 점에서 매력적이라 할 수 있다. 미리 자신이 준비한 면접질문을 드리고 실전과 같이 면접을 부탁드리고 그에 대한 피드백을 부탁해 보자. 아울러 면접연습 장면을 캠코더나 스마트폰으로 녹화하는 것이 좋다.

이미지트레이닝

이러한 면접연습은 아무래도 시간과 장소의 제약이 따르기 마련이다. 이러한 제약 없이 마음껏 면접연습을 할 수 있는 방법이 있다. 바로 이미지트레이닝이다. 이미지트레이닝이란 주로 운동선수들이 경기를 앞두고 실제 육체를 이용한 연습 대신 명상을 통해 수련하는 연습 방법을 말한다. 경기력을 가장 잘 발휘할 때를 떠올려 보면서 당시의 여러 상황을 떠올리거나, 최악의 조건에서 그것을 극복해 내는 모습을 상상하는 방법으로 경기력을 끌어올리는 방법이다. 이 이미지트레이닝을 면접연습에서도 활용할 수 있다. 우선 방해 받지 않고 조용한 장소를 선택해 편한 상태에서 실제 면접장에 들어서면서부터 마지막 인사를 마치고 나오는 모습까지 마음속으로 상상하며 면접을 연습하는 것이다.

상상 속에서 마치 카메라가 나를 촬영하듯이, 나의 모습을 멀리서 관찰하듯이 상상하면 된다. 조금 떨어져서 면접관과 자신을 관찰하고, 실전과 같은 면접질문에도 당황하지 않고 자기 생각을, 답변 내용을 말하는 모습을 상상하면서 면접에 대한 자신감을 기르는 방법이다. 이미지트레이닝 면접연습은 고도의 정신 집중이 필요해 숙달될 때까지는 시간이 필요한 단점이 있지만, 자신이 상상하는 대로 모든 상황을 가정하고 연습할 수 있다는 장점을 가지고 있다. 특히 실제 면접에서 긴장을 많이 하거나 실수가 잦은 사람이라면 이런 이미지트레이닝을 통해 좋은 효과를 거둘 수 있다.

기타

마지막으로 스마트폰 앱 중에 면접연습 앱들이 있다. 이 중에서 가장 사용자가 많고 평점이 좋은 스마트폰을 이용해 보는 것도 가능하지만, 공기업에 특화된 면접 앱이 아직 없고 결국 화면을 보고 답변을 말하거나 녹음, 녹화하는 수준이어서 별로 추천하고 싶지 않다. 가장 오래되고 편한 면접연습 방법으로는 거울을 보며 면접연습을 하는 방법도 있지만 결국 연습도 제대로 안 되고 피드백도 제대로 안 되는 문제점이 있다.

면접 일정이 확정되고 난 후, 앞서 이야기한 대로 면접을 위한 사전 조사를 마쳤다면 이제 우리가 해야 할 일은 예상 면접질문을 정리하고 그에 대한 답변 내용을 준비하는 것이다. 이렇게 예상 질문과 답변을 준비하는 데 있어, 유념해야 할 부분은 다시 강조하지만, 자신의 시각이 아닌 인사담당자와 면접관의 시각에서 생각하고 판단해야 한다는 점이다. 자신은 당연하게 생각하는 사항들이 인사담당자와 면접관의 시각에서는 특이하게 생각되거나, 질문의 대상이 될 수 있다는 점이다. 지원하는 공기업의 인사담당자라면, 면접관이라면, 선배라면, 임원이라면 지원자에 대해서 어떤 점을 걱정하고 궁금해할지 생각해 보는 것이 필요하다.

답변 준비보다는 면접연습을

또한 모든 면접질문을 완벽히 준비한다는 것은 불가능하다는 점을 인식해야 한다. 수없이 많은 공기업이 있고, 그 공기업에 역시 면접관들이 모두 다르다. 그 면접관마다 각각 생각하는 방향이 다르고, 상황이 달라서 우리가 예측하지 못하는 면접질문이 등장할 수밖에 없다는 점을 이해해야 한다. 면접을 준비하는 우리 처지에서는 최대한 할 수 있는 만큼 열심히, 충실히 예상 면접질문과 답변 내용을 정리하고 미처 예측하지 못한 면접질문에 대해서는 기존에 준비했던 답변 내용 중에서 가장 어울리는 답변을 하거나 상황에 맞추어서 자기 생각을 즉흥적으로 진솔하게 답변해야 한다. 굳이 이런 이야기를 하는 이유는, 예상 면접질문을 준비하기 위해 너무 많은 시간을 쓰고서는 막상 면접연습을 소홀히 하는 경우가 있기 때문이다.

실제 면접연습에 시간을 투자하지 못할 정도로 많은 예상질문을 정리하고 답변 내용을 빼곡히 정리하는 데 시간을 허비하는 것이다. 특히 실제 면접 과정에서 별로 활용되지 못하는 기업분석에 너무 많은 시간을 들여 자료를 수집하는 우를 범하기도 한다. 물론 기업과 사업 그리고 직무에 대해 분석하는 것은 필요하지만 기업분석 자료를 아무리 많이 수집해도 그것을 내 것으로 만들어 답변하지 못한다면 결국 시간 낭비가 되곤 한다. 어찌 보면 당연한 일이지만, 생각보다 많은 지원자가 이렇게 자료를 수집하는데 소중한 면접 준비시간을 모두 낭비하는 경우가 많다. 그리고 대부분 공기업 면접에서 기업과 사업 그리고 관련 이슈들에 관한 질문의 빈도가 그리 높지 않다는 점을 고려해 적절하게 시간을 조절하는 것이 필요하다.

마인드맵 프로그램 활용

예상 면접질문 정리하는 방법은 마인드맵 프로그램을 활용하는 것이다. 조사를 통해서 생각한 면접질문들을 두서없이 죽 늘어놓기보다는 나름대로 기준으로 카테고리를 만들어서 체계적으로 예상 면접질문을 정리하는 것이 좋다. 이렇게 정리해야만 중복되는 질문들을 걸러낼 수 있고, 답변 내용도 정리하기에 쉽다.

예상 면접질문을 정리하는 데 활용하기 좋은 마인드맵 프로그램들은 종류가 많다. 고가의 외국 제품도 있지만 저자가 추천해 주고 싶은 프로그램은 '알마인드'라는 국산 공개프로그램이다. 고가의 외국산 프로그램에 전혀 뒤지지 않고 기능도 충실해서 예상 면접질문을 정리하는 데 활용하면 좋다. 갑작스럽게 면접 일정이 확정되어서 시간이 부족하거나 혼자서 예상 면접질문을 정리하기 어렵다면 저자가 미리 정리한 공기업에서 자주 출제되는 면접질문들을 먼저 활용해서 큰 틀을 잡고 여기에 자신이 생각했던 예상 면접질문들을 보강하면 좋을 것이다.

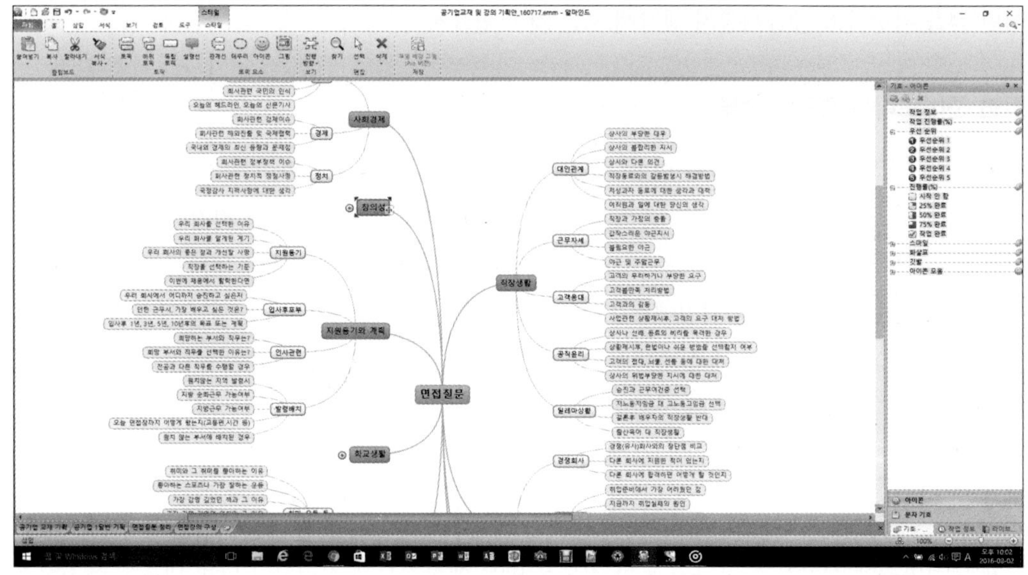

이렇게 마인드맵 프로그램을 활용해서 예상 면접질문을 정리했다면 다음으로 해야 할 일은 자신의 면접답변을 정리하는 것이다. 하지만 면접답변을 준비하면서 반드시 명심해야 할 점이 있다. 바로 답변할 내용은 자기소개서를 작성하듯이 서술형으로 완벽하게 준비하면 오히려 좋지 않다는 점이다.

답변 스크립트 작성 및 암기의 위험성

많은 학생이 예상 면접질문에 대한 답변 내용을 완벽한 서술형 문장의 형태로 준비하고 이를 외우는 경우가 많다. 운이 좋게 자신이 예상했던 면접질문이 주어지면 미리 외웠던 답변 내용을 그대로 말하게 된다. 문제는 아무리 완벽히 외웠던 답변도 면접장에서 긴장해서인지 중간에 까먹거나 조금씩 틀린 내용의 답을 하게 된다는 점이다. 이렇게 답변하다가 자신이 외웠던 내용과 다른 답을 말하고 있다는 것을 인식하고는 당황하게 된다. 결국 머릿속이 하얘지고 눈앞이 깜깜해지게 된다.

이렇게 되면 완벽히 준비했던 답변이 오히려 자신의 면접을 망치게 된다. 또 외웠던 답변 내용을 잊기 전에 말하려고 하다 보니 답변이 빨라지기도 하고, 아무런 생각 없이 그저 정형화된 답변을 그대로 기계처럼 재생하는 느낌을 주게 된다. 이럴 경우, 면접관은 지원자가 열심히 준비했다고 긍정적으로 평가하기보다는 말만 그럴싸하게 하고 있다고 생각하게 된다. 게다가 면접관의 질문 방향은 예상 면접질문과 조금 다른데도 준비했던 답변을 그대로 답하게 되는 경우가 많아 오히려 엉뚱한 답변을 하는 지원자라는 인상을 줄 수 있다. 그래서 면접을 준비하는 과정에서 가장 주의 해야 할 점이 바로 면접 답변을 그대로 외우는 것이다.

키워드로 정리하기

그럼, 면접답변을 어떻게 준비해야 할까? 가장 중요한 점은 절대로 답변 전체를 문장으로 쓴 후, 그 답변 내용을 그대로 외우지 않는 것이다. 자신이 답변할 내용의 키워드만을 정리하고 그 키워 드를 활용해서 그때그때 조금씩 다른 내용으로 답변할 수 있도록 준비하는 것이 좋다. 예를 들어 "자신을 채용해야 하는 이유?"라는 면접질문에 대한 답변을 "나의 강점, 직무관련 전문성(대학 전 공과목에 관한 관심과 노력), 직무에 대한 열정(지속적인 전문성 향상을 위한 노력–생산성본부 교육과정 이수, 학회참석 3회)" 등과 같은 형태로 키워드만 정리하는 것이다.

이 키워드를 보면서, 답변을 실제 해보고 여기에 익숙해지면 키워드를 보지 않고 답변을 이어가 는 연습을 하는 것이 좋다. 이런 방법이 익숙하지 않고 불안하게 느껴진다면 우선 워드 프로그램 을 이용해 전체 답변 내용을 정리하고 그 중에서 키워드만을 남기고 다른 부분은 음영 처리해서 키워드만 보면서 답변하는 방식으로 연습하는 것이 좋다.

반찬을 준비하기

또한, 비슷한 질문에 대해서 하나의 답변만을 준비하는 것이 효율적이다. 예를 들어, "자신을 채 용해야 하는 이유?", "가장 자신 있는 자신의 강점?", "직무수행을 위해 어떤 준비를 했는지?", "입사해서 직무에 어떻게 이바지할 것인지?"와 같은 질문에 대한 답변을 실은 같은 내용을 준비 해도 된다. 저자는 학생들에게 면접답변을 준비하는 것은 바로 반찬을 준비하는 것과 같다고 이 야기하곤 한다.

식당을 찾아오는 손님의 주문은 모두 다르겠지만 거기에 내놓을 반찬은 같아도 된다는 것이다. 미리 여러 가지 반찬을 준비해 놓고 날씨에 따라, 시간에 따라, 손님의 스타일에 따라 그에 맞는 반찬을 내놓으면 된다. 그래서 모든 면접질문에 하나씩 다른 답변을 준비하기보다는 마인드맵을 활용해서 비슷한 질문들을 하나의 카테고리로 묶어 놓고 그에 가장 적합한 반찬인 면접답변을 준 비하면 된다.

3부.
공기업 면접의 핵심

두근거리는 면접 당일, 절대 놓치지 않아야 할 Tip 들이 있다. 언뜻 생각해 보면, 작고 사소한 것처럼 느껴질 수 있지만, 오히려 면접장에서 자신의 긍정적인 이미지를 전달하는데 있어 가장 중요한 부분이 될 수 있다. 가장 기초적인 것들이라 그냥 넘어가지 말고 면접장에 들어서기 전에 반드시 점검해 볼 핵심 Tip 들에 대해서 알아보자.

1 면접을 보러 가면서

이제 모든 준비는 끝났다. 면접에 대한 불안감과 걱정 때문에 밤늦게까지 뒤척이다가 잠시 눈을 붙인 것 같은데 벌써 아침이다. 드디어 결전의 날이 밝았다. 가슴이 벌써 쿵쾅거린다. 면접 준비와 온갖 걱정 때문에 잠을 설쳐서인지, 거울 속의 내 모습이 초췌해 보인다. 비싼 돈을 주고 사서 처음 입는 정장 차림이 어색하고 답답하지만, 취업만 된다면 하루 종일이라도 이런 답답함을 참을 수 있다. 걱정과 기대가 섞인 엄마에게 "갔다 올게" 덤덤히 이야기하고 서둘러 면접장으로 출발한다. 가는 길에 혹시라도 무슨 일이 있을지 몰라 면접 소집 시간보다 한 시간 먼저 출발했다. 하늘이 밝다. 저 밝은 하늘처럼 어서 빨리 내 이 힘든 시절이 끝났으면 좋겠다. 그것이 오늘 결정된다.

오래 사귄 여자친구에게 카톡을 보낸다. "파이팅~~" 이모티콘과 함께 그녀가 힘껏 나를 응원해 준다. 취업준비생이다 보니 그동안 너무 소홀했다. 그런데도 투정 한번 부리지 않고 묵묵히 나를 기다려 주고 있다. 내가 합격만 하면 혼자서만 생각하던 행복한 결혼생활이 그리 멀지 않다.

그동안 취업을 못 하고 지내는 내 모습을 안쓰럽게 바라보던 아빠의 모습이 떠오른다. 가끔 엄마 몰래 지갑 속에 넣어준 용돈에도 제대로 고맙다고 말씀드리지도 못했다. TV에서 청년실업난이 얼마나 심각한지 뉴스만 나오면 바로 채널을 돌려 버리시는 아빠의 모습에 모든 것이 내가 못난 탓인 것만 같았다. 엄마는 요즘 친구들 모임이 있어도 잘 나가시지 않는다. 내 아이는 대기업에 취업했다는 친구들의 자랑이 듣기 싫은 탓이리라. 내가 오늘 면접을 잘 봐야 하는 이유이다. 내가 이번에는 꼭 합격해야만 하는 이유이다.

그동안 열심히 준비한 만큼 오늘 면접장에서 나의 모든 것을 보여주면 된다. 최선을 다했기에 좋은 결과를 기대하지만, 어찌 그것이 내 마음대로 되는 일인가? 나는 그저 준비한 만큼, 내가 그동안 노력해 온 만큼만 면접관들에게 보여주면 된다. 더 이상 욕심부리지 말자. 그저 100% 나의 모습을 그대로 보여주면 분명히 좋은 결과가 있을 것이다. "그래, 할 수 있다." 올림픽 펜싱 경기에서 극적으로 금메달을 딴 박상영 선수의 독백처럼 나도 눈을 감고 고개를 끄덕이며 나에게 속삭인다. "할 수 있다. 할 수 있다. 그래, 할 수 있다." 부쩍 자신감이 생긴다.

내가 취업만 하면, 내가 취업만 된다면, 기분 좋게 약주를 한잔하시고 돌아와 내 어깨를 두드려주실 아버지, 친구들에게 친척들에게 안부 인사를 겸한 자랑 때문에 전화기를 붙잡고 계실 엄마, 그리고 내 손을 꼭 잡고 기뻐해 줄 여자친구의 모습이 떠오른다. 합격을 확인하고 엄마에게, 아빠에게, 여자친구에게 합격했다고 말을 하는 내 모습을 떠올려 본다. 얼마나 좋고 행복할까? 세상을 다 가진 것 같은 기쁨이 내 가슴을 채우고 있다. 오늘은 왠지 느낌이 좋다. 면접에서 내가 준비한 질문이 나올 것 같고, 준비했던 내용을 멋지게 답변할 수 있을 것 같다.

면접장에 어느새 도착했다. 다른 때보다 더 당당하게, 힘찬 발걸음으로 문을 열고 면접대기장에 들어선다.

◆ 합격을 위한 마법의 주문

면접은 그날의 마음가짐이나 컨디션 그리고 운에 좌우되는 경우가 많다. 그래서 면접을 보러 가는 길에, 면접을 준비하면서 이런 이미지트레이닝을 하는 것이 필요하다. 면접합격을 위한 마법의 주문을 외우는 것이다. 불안함으로 잠을 이루지 못할 때, 면접에서 도망치고 싶은 마음이 들 때, 아무래도 이번 면접에서도 탈락할 것 같은 불길한 느낌이 들 때, 면접일이 다가올수록 면접만 생각하면 너무 심장이 쿵쾅거릴 때, 앞에서 봤듯이 면접을 보러 가면서 조용히 눈을 감고 할 수 있는 이미지트레이닝 방법이다.

첫 번째는 내가 합격해야 하는 이유를 떠올리는 것이다.

내가 합격해야 하는 이유를 떠올리면서, 자신에게 합격에 대한 더 큰 동기를 부여하는 것이 필요하다. "내가 합격해야 부모님께서 기뻐하실 수 있어.", "내가 합격해야 여자친구와 결혼할 수 있어.", "내가 면접에서 합격해야 멋진 차를 뽑을 수 있어."와 같이 부정적인 이유보다는 밝고 긍정적인 합격의 이유들을 머릿속에 떠올려 보는 것이다.

두 번째는 스스로 면접을 잘 볼 수 있다고 믿음을 심어주는 과정이다.

고리타분해 보이지만 스스로 "할 수 있다."라는 암시를 계속 걸어주는 것이다. 면접을 충분히 준비했고 그동안 열심히 준비해 온 만큼 면접을 잘 볼 수 있다고 스스로를 확신시켜 주는 것이다. 이 과정을 통해 면접에서 더욱 자신감 있는 모습을 보여줄 수 있다.

마지막으로 합격이라는 기쁜 결과를 떠올려가며 긍정적인 마음가짐을 갖는 것이다.

"딩동~!, 축하드립니다. 귀하께서는 이번 우리 공사의 면접전형에서 합격하셨음을 알려드립니다."와 같이 면접합격 소식을 듣는 그 순간의 기쁨과 감정을 느껴보는 것이다. 이 과정을 통해 면접관에게 더 긍정적이고 적극적인 모습을 보여준다면, 분명 기쁜 합격 소식을 들을 수 있을 것이다.

"면접은 결국 이미지"라는 말이 있다. 짧은 면접 시간 동안에 자신의 좋은 이미지를 면접관에게 심어주는 것이 면접의 당락을 결정하기 때문이다. 지원자의 이미지를 결정하는 것에는 지원자의 첫인상을 결정짓는 면접 복장과 용모도 빼놓을 수 없다. 면접답변과 자세, 태도도 중요하지만, 면접 복장과 용모 역시 중요한 요소 중 하나이다. 공기업 면접에는 어떤 복장과 용모가 좋을까?

우리 속담에 "옷이 날개"라는 말이 있다. 이것은 옷이 얼마나 사람을 다르게 보일 수 있는지를 정확히 표현한 말이라 할 수 있다. 흔히, 면접 일정이 잡히고 나면, 고민하는 것 중 하나가 바로 "어떻게 옷을 입고 면접을 보러 갈 것인가?" 하는 것이다. 사실, 면접 과정에서 복장이 차지하는 비중은 적지 않다고 할 수 있다. 그러다 보니, 많은 입사지원자는 면접 복장에 대해서 많이 고민하곤 한다. 하지만, 면접 복장을 준비하면서 몇 가지만 생각한다면, 고민의 폭은 상당히 줄어들 수 있다.

첫째. 정장 차림의 양복

면접 복장의 기본은 정장 차림의 양복이다. 간혹 세미 정장이라 불리는 캐주얼룩 정장을 입고 나타나, 인사담당자들을 곤혹스럽게 만드는 때도 있다. 하지만, 그렇게 자신의 패션 감각을 뽐냈던 지원자들이 합격한 경우는 별로 보지 못했다. 최근, 지원하는 공기업에 따라 세미 정장 또는 간편복 등의 면접복장을 따로 지정하는 경우도 있지만, 특별한 경우가 아니라면 정장을 준비하는 것이 좋다. 치마는 무릎을 약간 덮는 길이 정도가 적당하다. 하지만 반드시 치마를 고집할 필요는 없다. 특히 활동적인 업무를 수행하는 경우라면, 오히려 치마보다는 바지가 더 적합해 보일 수도 있다.

정장을 입기에 자연스러운 봄과 가을의 경우에는 큰 문제가 없지만 더운 여름과 겨울에는 어떻게 해야 할까? 더운 여름이라면 반소매 와이셔츠 또는 블라우스에 긴팔 정장 차림으로 준비하되 면접장에 들어서기까지는 편하게 반소매 와이셔츠, 블라우스만을 입고 있다가 면접장에 들어서면서 정장 상의를 착용하면 된다. 겨울에는 굳이 멋진 정장 코트를 준비할 필요는 없다. 정장 위에 편하게 입을 수 있는 복장으로 가서 면접장에 들어갈 때 정장 차림으로 입장하면 된다.

최근 면접 복장을 준비하기 어려운 취업준비생에게 도움을 주기 위하여 서울시와 같은 지방자치단체와 일부 공공기관에서 면접 복장을 대여하는 사업을 진행하고 있다. 그래서 철에 맞는 면접 복장을 준비하기 어려운 지원자라면 이런 프로그램을 활용하는 것도 좋을 것 같다. 또한 일부 공기업의 경우에는 아예, 단체로 면접 복장을 준비하여 지원자의 부담을 덜어주고 있기도 하다.

둘째, 무채색 계열의 복장

면접 복장의 색상은 무채색이 좋다. 면접 복장의 색상은 신뢰감을 줄 수 있고 안정적으로 보이는 무채색 계열을 선택하는 것이 좋다. 진한 무채색을 대부분 선택하지만, 개인에 따라 밝은 계열도 좋다. 그래서 면접대기장은 무채색 계열의 색들로 채워지지만, 그만큼 무채색이 좋은 선택이다. 남자의 경우, 대부분 짙은 남색 계열의 색상을 선택하며 짙은 회색과 같은 회색 계열도 좋은 선택이 된다.

만일 무채색 계열의 정장 차림이 자신에게 잘 어울리지 않는다면 자신에게 가장 잘 어울리는 색상을 선택하되 다른 사람들의 눈을 통해 거듭 확인하는 것이 좋다. 정장 안에 입는 와이셔츠, 블라우스는 가급적 무늬가 없는 하얀 색이 좋다. 물론, 엷은 파란색, 분홍색, 회색 등과 같이 약간 밝은 색상 또는 이런 색상의 줄무늬가 있는 와이셔츠와 블라우스를 선택해도 좋지만, 너무 눈에 띄는 원색 계열이나 눈에 띄는 무늬가 있는 와이셔츠나 블라우스는 피하는 것이 좋다.

셋째, 정장과 비슷한 색상의 넥타이

넥타이의 무늬나 색상이 정장의 색상과 같거나 같은 계열의 색상이 포함된 것을 선택하는 것이 좋다. 무채색의 정장에 원색의 넥타이와 같이 너무 눈에 튀는 것은 좋은 선택이 아니다. 넥타이 색상 중에 정장의 색상과 같거나 비슷한 색상이 포함된 것이 잘 어울려 보이고, 무난한 선택이 된다. 여학생의 경우에는 스타킹도 신경 쓰는 것이 좋다. 검은색 스타킹보다는 피부색이나 커피색 계열의 스타킹이 좋은 선택이 될 수 있다.

넷째, 편한 복장의 경우

시간제나 계약직 면접의 경우에는 대부분 부서 단위로 면접이 이루어지며 이 경우 "편하게 입고 오라."는 말을 들을 수 있다. 혹은 단정한 복장, 사무실 근무복장 등과 같은 표현을 쓰기도 한다. 이 경우에는 완전한 정장 차림보다는 세미 정장 차림으로 면접에 임하는 것이 좋다. 세미 정장과 정장을 구분 짓는 가장 큰 잣대는 바로 넥타이와 와이셔츠이다. 넥타이를 착용하지 않고 단색의 와이셔츠보다는 흔히 남방이라고 표현하는 무늬가 있거나 색이 들어간 와이셔츠 차림이다. 여학생의 경우에는 블라우스에 재킷 그리고 바지 차림도 무방하다. 특별한 기준이 있는 것은 아니지만, 너무 부담스럽지 않게 편하게 사무실에서 입고 근무할 수 있는 복장으로 준비하면 된다.

다섯째, 면접 복장 선택이 어려운 경우

만일, 아무리 생각해도 면접 복장을 선택하기 어렵다면, 면접 전에 잠시 시간을 내어 지원하는 공기업을 찾아가 보는 것도 좋다. 지원하는 공기업의 선배들이 입고 있는 옷차림이 바로 당신이 선택해야 할 면접 복장이다. 아직 면접 복장을 준비하지 못한 학생이라면 굳이 비싼 정장을 고집할 필요가 없다. 가까운 할인매장이나 아웃렛에 가서 자신에게 잘 어울리는 정장을 고르면 된다. 정장을 구매할 때, 되도록 와이셔츠와 넥타이까지 모두 착용하고 가장 잘 어울리는 조합을 한꺼번에 사는 것이 오히려 불필요한 지출을 줄이는 방법이다.

그리고 정장을 고를 때 혼자서 가기보다는 부모님과 함께 가는 것이 좋다. 부모님을 모시고 가지 못한 경우라면 그 매장에서 가장 나이가 많고 경험이 풍부한 직원에게 "면접장에 입고 갈 정장을 고르고 있습니다."라고 말하고 추천을 받는 것이 좋다. 연령대에 따라 정장을 입은 내 모습에 대한 평가가 달라지는 경우가 많기 때문이다. 그래서 실제 면접관과 비슷한 연령대의 사람, 아버지가 골라주는 면접 복장을 선택하는 것이 제일 좋다.

여섯째, 구두 선택

패션의 완성은 구두라는 말처럼, 구두에 신경을 쓰는 것이 좋다. 구두 역시 금속 장식이 화려한 구두보다는, 검은색의 무난한 구두가 바람직하다. 여학생의 경우에는 걷는데 불편함이 없을 정도 높이의 구두를 선택하는 것이 좋다. 또한, 너무 화려한 장식이 있거나 반짝이는 구두는 피해야 한다. 간혹 너무 높은 하이힐이거나 눈에 띄는 장식이 달린 구두를 신는 일도 있지만 그리 좋아 보이지는 않는다.

유념해야 할 사항은 아무리 구두가 좋아도, 구두가 더럽다면 나쁜 인상을 주기 쉽다. 더럽거나 깔끔하지 못한 구두를 신은 지원자는 왠지 입사해도 직장 생활을 대충 할 것 같은 인상을 주거나 입사 의지가 약하다고 판단하는 경우가 많다. 그래서 면접 하루 전에는 구두를 손질해 깨끗하게 준비하는 것이 좋다.

헤어스타일

헤어스타일에 따라 지원자의 인상이 많이 달라진다. 헤어스타일은 특별한 것이 없다. 자신에게 가장 잘 어울리는 헤어스타일로 준비하면 된다. 남학생의 경우에는 단정한 헤어스타일로 준비하면 된다. 면접 3일 전 정도에 헤어숍을 방문해 미리 헤어스타일을 완성하면 된다. 머리에 가볍게 왁스 정도를 바르는 것도 나쁘지 않지만, 너무 과도하게 손을 대는 것은 좋지 않다.

여학생의 경우에는 대부분 단정하게 뒤로 묶어서 머리를 감아올리는 스타일을 선호하지만, 단발인 경우, 얼굴이 각이 진 경우 등에는 뒤로 묶지 않아도 좋다. 하지만 머리가 너무 긴 경우에는 어깨에 살짝 닿는 정도 수준으로 정리하면 좋다. 또한, 항공사 승무원처럼 머리에 그물망을 하면서 머리를 정리할 필요까지는 없다. 면접 1일 전 정도에 헤어숍에서 미리 가다듬는 것도 좋다. 가끔 너무 밝은 색으로 염색을 한 경우가 있다. 이 경우에는 번거롭지만 원래 머리카락 색에 가깝게 다시 염색하는 것을 추천하고 싶다. 하지만 최근에는 워낙 염색하는 지원자들이 많아 너무 눈에 띄지 않는다면 굳이 재염색하지 않아도 된다. 이렇게 헤어스타일에는 특별한 기준이 없다. 단지 나에게 가장 잘 어울리고 믿음을 줄 수 있는 헤어스타일이면 괜찮다.

메이크업

예전에는 메이커업이 여성의 전유물이었지만 요즘은 남학생들도 가볍게 메이크업하는 경우가 있다. 여학생의 경우에는 너무 눈에 뜨이지 않는 수준으로 가볍고 밝게 보이는 수준 정도로만 하는 것이 좋다. 아이섀도와 같은 색조 화장은 두드러져 보이지 않는 수준에서 멈춰야 한다. 무난한 스타일을 선호하는 공기업 면접관의 관점에서 너무 강한 메이크업은 거부감을 느끼기 쉽다. 남학생의 경우에는 굳이 메이크업할 필요는 없지만, 얼굴이 깔끔하게 보이는 수준의 아주 가벼운 메이크업이라면 나쁘지 않다. 또한 현장에서 근무하는 직종에 지원하는 남학생의 경우에는 오히려 하얀 피부보다는 적당히 검은 피부가 어울릴 수 있다.

타투

최근에는 타투를 패션아이템처럼 활용하는 경우가 많다. 하지만 보수적인 문화를 가지고 있는 공기업에서는 여전히 타투는 금기시되곤 한다. 물론 직장 생활을 하면서 작고 귀여운 타투 정도는 무방하지만, 면접 과정에서는 아무래도 가리거나 감추는 것이 좋을 것 같다.

액세서리

면접에서는 될 수 있으면 눈에 띄는 액세서리는 피하는 것이 좋다. 하지만 눈에 잘 띄지 않는 가는 목걸이나 단정한 스타일의 귀걸이, 작은 반지 정도라면 무방하다. 간혹 남학생들이 크고 반짝이는 시계를 착용하는 것도 그리 바람직하지 않다. 이 역시 공기업 직원들에게 어울리는 액세서리일까 한 번 정도만 생각하면 쉽게 판단을 내릴 수 있을 것 같다.

4　면접대기장에서

면접대기장에 도착하면 많은 시선이 나에게 쏠리게 된다. 인사담당자의 출석 확인이 끝나고 나면 짧은 면접을 위한 지루하고 초조한 기다림이 시작된다. 하지만 완벽한 면접을 준비하기 위한 소중한 시간이다. 면접대기장에서 어떻게 면접을 준비해야 하는지 살펴보자.

면접 준비에 집중하기

공기업 인사담당자들은 무척이나 친절하다. 지원자들이 결국 우리의 동료이거나 고객임을 잘 아는 탓이다. 그래서 지원자들이 면접장에서 최대한 편하게 대기할 수 있도록, 조금이라도 긴장을 풀 수 있도록 여러모로 배려해 주곤 한다. 그러다 보니 여기에 휘말리는 경우가 있다. 인사담당자에게 휘둘려 시간을 뺏기지 말고 자신의 면접에만 집중하는 것이 필요하다. 특히 인사담당자에게 불필요한 질문을 하는 경우가 많다. 예를 들어, 해외연수나 복지와 연봉 관련 질문을 하는 경우가 있다. 면접대기장에서 인사담당자가 지원자를 평가하여 면접결과에 반영하지는 않지만, 나쁜 선입견을 심어줄 필요는 없다.

혹은 옆에 앉은 지원자와 함께 수다를 떠는 경우이다. 면접대기장에서 만난 면접 스터디원과 함께 이런저런 잡담을 나누며 시간을 보내는 경우도 종종 보게 된다. 면접을 앞두고 긴장을 풀 수 있고 여러 정보를 들을 기회라고 생각할 수도 있지만, 반대로 면접장에 들어서는 순간 오히려 더 긴장하게 되거나 잘못된 정보를 얻어 낭패를 보는 일도 있다. 다른 지원자에게 간단한 인사만을 하고 바로 자신의 면접 준비에 집중하는 것이 좋다.

불필요한 긴장 풀기

가장 먼저 해야 할 것은 불필요한 긴장을 푸는 것이다. 마음의 긴장은 몸의 긴장으로 이어진다. 반대로 몸의 긴장을 풀게 되면 마음의 긴장을 푸는 데 역시 도움이 된다. 목과 어깨 그리고 허리를 스트레칭하면서 긴장을 푸는 것이 좋다. 앉은 상태에서 목을 돌리고 어깨를 올렸나 내리거나 기지개를 켜서 과도한 긴장을 풀자. 화장실에서 허리를 굽혔다 펴면서 심호흡을 하는 것은 장시간 대기에 따른 피로와 함께 긴장을 푸는 데 큰 도움이 된다. 또한 입을 푸는 것도 필요하다. 소리를 내어 입을 풀 수 없는 상황인 만큼, 입을 크게 벌리면서 마음속으로 소리를 내어가면서 입 주변의 근육을 푸는 것은 실제 면접장에서 정확한 발음과 전달력을 높이는 데 도움이 된다.

면접대기장에서는 편한 자세를 취하는 것이 좋다. 면접 대기 시간이 길어지는 만큼 편한 자세로 앉아서 체력을 유지하는 것이 좋다. 그렇다고 해서 너무 늘어지는 자세는 금물이다. 면접대기장 온도에 따라 상의를 탈의하거나 넥타이를 잠시 여유 있게 풀어놓고 있어도 좋다. 잠시 구두를 벗고 한쪽 발등을 바닥에 대고 다른 쪽 발로 발바닥을 마사지하는 것도 좋다. 발가락을 뒤집어 바닥에 대고 스트레칭을 해서 장딴지의 근육을 푸는 것도 좋다.

면접질문과 답변 연습

다음은 면접질문과 답변을 연습하는 것이다. 미리 준비한 예상 면접질문을 떠올려 보며 자신이 어떻게 답을 해야 할지 생각해 보는 것이다. 집중이 잘되지 않는다면 조용히 눈을 감고 면접연습에서 활용했던 이미지트레이닝을 하는 것도 좋다. 이런 연습을 통해서 자신의 답변 내용을 정리하고 답변할 내용의 키워드를 기억하면서 답변을 최종 정리하자.

안내에 집중하기

면접대기장에서 인사담당자의 면접 안내 사항은 집중해서 들어야 한다. 특히 면접 시간에 대해서는 더욱 집중해야 한다. 간혹 화장실에 다녀오다가 자신의 면접 시간을 놓쳐서 허겁지겁 면접장에 들어가는 경우가 있다. 이러면 심리적으로 위축되다 보니 면접 역시 집중하지 못하는 경우가 있을 수 있다. 자신이 속한 면접 조의 면접 시간을 놓치지 않도록 주의해야 한다.

면접 자세와 태도

면접 자세와 태도는 면접 과정에서 지원자의 인상을 결정짓는 첫 단추라 할 수 있다. 많은 지원자가 자신의 답변 내용에만 초점을 맞추고 철저히 준비하지만, 막상 잘못된 면접 자세와 태도로 인해 면접에서 좋은 평가를 받지 못하는 경우가 많다. 그래서 이 장에서는 올바른 면접 자세와 표정관리 그리고 시선 처리 방법에 대해 살펴보자.

1 올바른 면접 자세

면접에서 지원자의 자세는 면접결과에 많은 영향을 미친다. 자세만 제대로 해도 좋은 평가를 얻는 경우가 많다. 그래서 올바른 면접 자세는 성공적인 면접의 첫걸음이다. 우리네 조상들은 관리를 등용할 때 신언서판(身言書判)을 기준으로 삼았다. 이런 의미에서 면접답변의 내용에만 신경 쓰기보다는 올바른 자세를 보여주는 것이 얼마나 중요한지 다시 알 수 있다. 대부분 지원자는 자신이 올바른 자세를 하고 있다고 생각하겠지만 실제 면접관의 시선에는 제법 많은 지원자의 자세가 바르지 못하다. 그래서 자기 모습을 직접 사진으로 찍어서 자신의 면접 자세가 올바른지 확인하는 것이 필요하다. 성공적인 면접의 첫걸음, 면접 자세를 어떻게 해야 할지 살펴보자.

면접장 입장

가장 먼저 신경 써야 할 부분은 바로 면접장에 들어서면서부터이다. 면접장에 들어서는 지원자는 아무래도 위축될 수밖에 없다. 그래서 어깨와 허리가 굽거나 고개를 숙이게 된다. 이런 모습은 자신감 없는 지원자의 모습으로 비추어지게 된다. 그래서 먼저 턱을 잡아당기고 고개를 펴는 것이 필요하다. 고개를 펴는 대신 시선은 아래 방향으로 약 15도 정도를 응시하게 되면 당당하면서도 겸손한 모습으로 보이게 된다. 다음은 어깨를 펴는 것이다. 어깨를 의식적으로 뒤로 잡아당겨 자신의 당당함을 보여주는 것이 좋다. 마지막으로 혹시라도 허리가 굽혀지지 않도록 조심해야 한다.

입장 직후

면접장에 들어서면 인사담당자의 안내에 따라 자리에 앉기 전에 면접관에게 인사를 하게 된다. 만일 인사담당자의 특별한 언급이 없는 경우라면 면접장의 분위기나 면접관의 안내에 따라 인사를 하면 된다. 특히, 다대다 면접에서 면접장에 들어서자마자 혼자 면접관에게 인사를 하는 것은 바람직하지 않다. 모든 지원자가 면접장에 입장하고 자리를 잡은 후에 단체로 면접관에게 인사를 하는 것이 좋다.

만일 일대다 면접이어서 혼자 면접장에 입장하는 경우라면 문을 조용히 닫고 의자에 앉기 전에 가볍게 인사를 하면 된다. 면접관에 대한 인사는 약 30도 정도로 하면 되고 부담스럽지 않은 목소리로 "안녕하십니까?"라고 가벼운 인사말을 곁들이는 것도 좋다. 그 이후, 면접관이 자리에 앉으라고 안내해 주면 구두로만 "감사합니다."라고 인사하고 착석하면 된다.

안정적인 앉는 자세

면접 자세는 의자에 제대로만 앉아도 바로 잡을 수 있다. 의자에 앉을 때 바지나 치마 때문에 앉는 자세가 불안정해지기 쉬우므로 바지와 치마에 신경을 쓰는 것이 좋다. 그래서 앉기 전에 바지나 치마를 손으로 적당히 잡아서 편하게 앉는 것이 필요하다. 의자에 앉을 때 가장 좋은 자세는 바로 오래 버틸 수 있는 자세이다. 과도한 긴장 속에서 제법 긴 시간을 앉아 있어야 하는 만큼 의자에 앉을 때부터 안정적인 자세를 잡는 것이 좋다. 자리에 앉고 나서 자세가 불안정하면 계속 신경이 쓰이기 마련이고 이는 자칫 면접을 망치는 원인이 되기도 한다.

가장 안정적인 자세를 위해서는 먼저 엉덩이를 의자 등받이에 붙이는 것이 필요하다. 의자에 가장 깊숙이 앉는 것이다. 그 다음에는 허리가 의자 등받이에 닿지 않도록 허리를 쭉 펴고 앉는 것이 좋다. 때에 따라서는 오히려 걸터앉듯이 엉덩이를 의자 등받이에서 떼고 앉는 것이 편할 수도 있다. 이러면 다른 지원자들에 비해 더욱 적극적인 모습으로 비추어질 수 있어, 저자는 주로 엉덩이를 떼고 의자에 약간 걸터앉는 방식을 권하는 편이다.

이렇게 엉덩이보다 상체가 약간 더 앞으로 나간 것처럼 척추를 앞쪽으로 펴게 되면 자연스럽게 가슴이 펴지고 어깨가 활짝 펴지게 된다. 약간은 불편한 이 자세는 오히려 오랜 시간 앉아 있어야 할 때 오히려 편안함을 주게 된다. 허리를 의자 등받이에 기대서 앉으면 건방진 모습으로 비추어질 수 있고 허리를 그저 곧은 상태로 앉게 되면 얼마 되지 않아 허리에 힘들게 힘을 주지 않는 경우, 앞으로 몸이 굽어지게 된다.

팔과 손의 위치

이 상태에서 남자의 경우, 다리를 어깨너비 정도로 편하게 앉고 손을 무릎에 가볍게 올려놓는 자세가 좋다. 이때 손은 달걀 하나를 손에 쥔 듯이 가볍게 말아 쥐는 것이 자연스럽게 보인다. 팔꿈치는 억지로 펴지 말고 자연스럽게 두는 것이 좋다. 간혹 팔꿈치를 억지로 펴서 팔을 직선으로 만드는 지원자가 있다. 이런 지원자는 예의 바르게 보이기보다는 경직되어 보인다는 점을 잊지 말자.

여자의 경우, 양 무릎을 붙이고 두 손을 치마 끝자락에 모아 손바닥으로 허벅지를 지탱해주는 것이 좋다. 간혹 어렵게 다리를 사선으로 하는 지원자도 있지만 그리 바람직한 자세는 아니다. 팔꿈치를 자연스럽게 늘어뜨리는 것이 가장 자연스럽게 보인다. 간혹 서비스직 직원처럼 두 손을 모아 아랫배에 위치하고 양 팔꿈치를 몸에서 떼어내는 지원자도 있지만 오히려 어색하게 보이게 된다.

또한 답변하면서 손을 움직이는 지원자들이 종종 있다. 손짓하면서 답변을 하는 것은 예의 없이 보일 수 있다. 그래서 손을 가볍게 누르는 느낌으로 고정해 놓고 답변을 하는 것이 좋다.

답변하는 자세

면접 과정에서의 자세도 지원자의 인상을 결정하게 된다. 간혹, 아무런 미동도 없이 고개를 고정한 채 답변하는 지원자들이 있다. 이런 경우, 경직되어 보일 뿐만 아니라 답답하게 보이기도 한다. 그래서 오히려 답변하면서는 가볍게 고개를 끄덕이면서 답변하는 것이 좋다. 자신의 답변톤에 맞추어 고개를 가볍게 앞뒤로 움직이면서 답변하는 모습을 솔직하고 열정적인 모습으로 비추어진다. 대신 고개를 좌우로 움직이거나 턱을 들면서 턱짓하듯이 답변하지 않도록 주의하는 것이 좋다. 이렇게 고개를 가볍게 움직이면서 답변하면서 필요하다면 가볍게 몸을 앞뒤로 움직이면서 답변하는 것도 괜찮다.

간단한 동작만으로도 면접관에서 좋은 인상을 남겨주는 방법이 있다. 면접관의 질문을 경청할 때, 가볍게 앞으로 몸을 숙이면서 고개를 끄덕이는 자세는 면접관의 질문을 적극적으로 경청하는 모습으로 비추어진다. 아주 작은 동작이지만, 실제 면접 과정에서 가장 큰 효과를 거둘 수 있는 자세이다. 그런 만큼 답변 연습을 하면서 항상 면접질문을 경청하기 위해 가볍게 상체를 앞으로 숙이면서 고개를 끄덕이는 자세를 연습해 실전에서 활용하도록 하자.

또한 답변하면서 자신이 강조하고 싶은 부분에서 몸을 약간 앞으로 움직일 경우, 보다 적극적으로 보이기도 한다. 하지만 이렇게 질문을 경청하거나 답변하면서 상체와 고개를 앞뒤로 움직이는 것이 과도하게 되면 오히려 부정적인 인상을 줄 수 있으므로 동영상으로 자기 모습을 촬영하면서 확인해 보고 연습하는 것이 필요하다.

마지막으로, 면접이 모두 끝난 후에는 의자가 뒤로 밀리거나 소리가 나지 않도록 조심스럽게 일어나서 면접관에게 가볍게 인사를 하고 면접장을 나오면 된다. 마지막 역시 인사담당자의 안내에 따르면 된다.

많은 지원자가 생각하는 것과 달리 면접에서 스펙이나 실력이 좋은 사람이 아니라 면접관에서 좋은 인상을 심어주는 지원자가 합격할 가능성이 크다는 이야기를 한 적이 있다. 면접관에게 좋은 인상을 심어주기 위한 여러 가지 요소가 있겠지만 그중에서도 지원자의 표정 역시 중요한 역할을 한다. 떨리고 긴장되는 면접장에서 표정관리를 한다는 것이 결코 쉬운 일만은 아니다. 하지만 면접장에서 나의 표정이 면접관에게 좋은 인상을 심어줄 수 있는 가장 기본이란 점에서 세밀한 주의와 노력이 필요하다.

가볍고 자연스럽게 웃는 표정

지원자에게 가장 좋은 표정은 당연히 웃는 표정이다. 그런데 웃는 표정에도 많은 종류가 있을 수 있다. 치아를 드러내고 환하게 웃는 표정도 있고, 부처님의 온화한 미소처럼 점잖게 웃는 표정도 있을 수 있다. 마음속에서 우러나온 듯한 미소도 있고 억지웃음으로 보는 사람을 불편하게 하는 일도 있다. 이런 표정관리는 단순히 말과 글로는 설명하기 어렵다. 그래서 결국 녹화를 통해 자신의 표정을 살펴보고 다른 사람으로부터 피드백을 받는 것이 가장 좋다. 하지만 이 역시 개인적인 기준이 모두 달라서 100% 신뢰하기 어렵다.

면접에서 가장 바람직한 표정을 쉽게 표현하면 바로 자연스러운 표정이다. 자연스러운 미소를 통해 면접관에게 긍정적인 인상을 심어주고 면접질문이나 상황에 맞는 자연스러운 표정을 보여주면 된다. 자연스러운 미소란 바로 입이 아닌 눈으로 웃는 미소이다. 남자 지원자의 경우, 치아를 드러내지 않고 입가를 아주 조금 올리고 있는 수준이다. 여자 지원자의 경우, 치아를 환하게 드러내기보다는 치아가 살짝 보이는 수준으로 미소를 띠고 눈은 면접관을 향해 약간 웃음을 띠는 수준이다. 이런 부드럽고 자연스러운 미소를 기본으로 면접장에서 내 순서를 기다리는 것이 좋다.

내 순서일 때의 표정 관리

나에 대한 면접관의 질문이 시작되면 이런 미소를 조금 줄이고 진지한 표정으로 면접관의 질문을 경청하는 모습을 보여줘야 한다. 그리고 공격적인 질문이나 진지한 질문에는 더욱 진중한 표정으로 경청하는 것이 좋다. 답변할 때 미소나 표정관리에 신경 쓰기보다는 자신의 답변 내용에 집중하는 것이 가장 좋다. 이런 표정관리와 미소를 연습하기 위해서는 거울을 보면서, 면접연습 과정을 녹화해서 자신의 표정이나 미소를 확인하고 고치는 연습이 필요하다.

남자 지원자도 그렇지만, 여자 지원자의 경우 표정관리나 미소가 면접에 미치는 영향이 더욱 커진다. 밝고 긍정적인 인상을 심어줄 수 있도록 가벼운 미소를 보여주는 것이 좋다. 일부 여자 지원자들은 면접 내내 어색한 미소를 짓는 일도 있다. 면접관으로서는 긍정적으로 보이기보다는 불편하게 느껴지는 경우가 많다. 가장 주의할 점은 면접 상황에 맞지 않게 계속 미소를 띠고 있거나 자신이 실수한 경우, 이를 모면하기 위해 웃음을 짓는 경우이다. 가장 부정적인 모습 중 하나이다. 만일 실수가 있다면 오히려 진지한 표정으로 사과하고 그 실수를 만회하기 위한 자세와 노력을 보여주는 것이 좋다.

내 순서가 아닐 때의 표정 관리

내 순서가 아닌 경우 다른 지원자의 질문과 답변을 경청하는 태도를 보여주는 것은 필요하다. 억지로 계속 미소를 짓고 있기 보다는 진지한 표정으로 다른 지원자의 답변을 경청하는 수준이면 된다. 다른 지원자의 답변이 훌륭할 경우, 작은 미소와 함께 고개를 끄덕거리는 수준으로 다른 지원자의 답변을 경청하고 있는 모습을 보여주면 된다. 만일 다른 지원자가 힘들었던 경험을 이야기하면서 울먹이고 있다면 함께 안타까운 표정을 보여주면 된다. 결국 표정과 미소는 면접장의 분위기에 맞추어서, 자신의 답변 내용에 따라서 자연스럽게 보여주면 된다. 굳이 늘 밝은 미소를 보여줘야 한다고 생각하면서 억지 미소를 짓고 있는 경우가 없도록 하자.

3 시선 처리

지원자들이 면접장에서 가장 곤혹스러운 부분 중 하나가 바로 시선을 처리하는 것이다. 앞에 앉아 있는 면접관을 빤히 응시하는 것도 불편하고 면접관의 시선을 피할 경우, 자신감이 없어 보이거나 거짓을 말하는 듯한 인상을 심어주기 때문이다. 면접장에서 시선 처리의 기본은 면접관의 인중을 보는 것이다.

면접관의 눈을 응시하면 공격적이고 도전적인 모습으로 비추어지고 면접관의 목 아래를 응시하면 자신감이 없어 보이기 때문이다. 그래서 면접관의 인중이나 입을 응시하는 것을 기본으로 하면 된다. 또한, 반드시 질문을 한 면접관을 응시하는 것이 필요하다. 간혹 질문한 면접관뿐만 아니라 다른 면접관까지 함께 훑어보면서 답변하는 경우가 있다. 이 경우, 면접관들에게 자칫 건방지다는 인상을 줄 수 있으므로 주의해야 한다. 상황별로 어떤 면접관을 응시해야 하는지 알아보자.

1분 자기소개할 때 시선 처리

먼저 1분 자기소개이다. 1분 자기소개를 하면서, 여러 면접관과 시선을 맞추는 지원자가 간혹 있다. 이는 결코 바람직한 모습이 아니다. 발표면접의 경우에는 여러 면접관과 교감하기 위하여 차례로 시선을 맞추는 것이 필요하지만 1분 자기소개할 때, 이렇게 여러 면접관을 차례로 보는 것은 오히려 작위적인 지원자라는 인상을 심어줄 수 있다. 그래서 바로 자신 앞에 있는 면접관 또는

1분 자기소개를 하라고 이야기한 면접관의 인중을 응시하며 자기소개를 하는 것이 좋다. 오히려 이런 모습이 순박해 보이고 진실해 보인다.

내 순서일 때의 시선 처리

면접이 내 순서인 경우, 질문하는 면접관을 응시하면 된다. 답변할 때도 질문했던 면접관을 응시하면서 답변하면 된다. 만일 대각선 방향으로 앉은 면접관이 질문하면 앉는 자세는 그대로 유지하되 고개만 약간 돌려 그 면접관을 응시하면 된다. 고개를 크게 돌리는 것보다는 15도 범위에서 고개만을 약간 돌리는 수준을 추천하고 싶다. 그러나, 답변 중에 면접관을 응시하는 것이 생각보다 어렵기도 하다.

특히 예상하지 못한 질문이나 답변하기 어려운 질문을 주면, 눈동자를 아래나 위로 돌리면서 답변을 생각하는 경우가 많다. 어찌 보면 자연스러운 현상이다. 하지만 면접에서는 결코 바람직한 모습이 아니다. 마치 거짓말을 한다는 인상을 주기 쉽다. 그래서 답변이 곤란한 질문 등을 받아 생각할 시간이 필요하다면 고개를 약간 숙이면서 면접관의 발 정도를 응시하면서 답변 내용을 생각한 후, 다시 면접관을 응시하면서 답변하는 것이 좋다. 이렇게 시선 처리하는 연습을 하기 위해서 반드시 자신의 답변 모습을 동영상으로 촬영하고 시선이 안정적으로 고정되어 있는지 확인하는 것이 필요하다.

내 순서가 아닐 때의 시선 처리

다음은 다대다 면접에서 내 순서가 아닌 경우이다. 이 경우에는 다른 지원자에게 질문하는 면접관을 함께 응시하면 된다. 핵심은 면접관과 다른 지원자의 답변을 경청하는 모습을 보여주는 것이다. 그렇다고 해서 옆에 앉는 다른 지원자를 빤히 쳐다보는 것은 삼가해야 한다. 다른 지원자의 답변에 나쁜 영향을 주기도 하지만, 나 역시 산만한 지원자처럼 보일 수 있다.

이렇게 시선 처리에서 가장 주의해야 할 점은, 딴 세상에 가 있는 것이다. 나의 순서가 끝나고 다른 지원자의 면접이 진행되거나 아직 나의 순서가 되지 않은 상황에서 어떤 지원자들은 답변 내용을 곱씹어보거나 자신을 자책하는 경우가 있다. 또는 다른 지원자의 답변을 들으면서 자신의 답변 내용을 미리 고민하는 경우가 있다. 그러면서 바닥이나 허공을 보면서 자신만의 세계로 빠져드는 것이다.

실제 면접을 진행하다 보면 이런 지원자들이 상당히 많은 편이다. 질문을 던지는 면접관은 답변하는 지원자를 보게 되지만, 다른 면접관들은 대기 중인 지원자를 보는 경우가 많다. 그래서 면접관들은 이렇게 다른 지원자들의 답변을 경청하지 않고 자신만의 세계에 빠져있는 모습이 눈에 잘 띄게 되고, 이런 지원자들을 굉장히 부정적으로 평가하게 된다. 그래서 다른 지원자의 순서이더라도 반드시 질문하는 면접관을 함께 응시하면서 면접에 참여하고 있어야 한다는 점을 명심하도록 하자.

마지막으로, 면접관을 응시하는데 한 가지 요령을 말하자면, 공기업의 면접에서는 중앙에 앉는 면접관이 가장 직급이 높거나 핵심 역할을 하는 사람이다. 그래서 될 수 있으면 가운데에 앉은 면접관과 교감을 많이 하는 것이 좋은 결과를 가져오는 경우가 많다.

3장 | 면접 답변 구성과 답변톤

면접에서 많은 지원자가 면접답변을 제대로 구성하지 못하고 핵심에 벗어난 답변을 하거나 면접관에게 자기 생각을 논리적으로 전달하지 못하는 경우가 많다. 또한, 적절하지 못한 답변분량으로 면접관의 신뢰를 잃는 일도 있다. 그분만 아니라 지원자의 인상을 결정하는 데 가장 중요한 역할을 하는 답변톤이 잘못되어서 면접에서 계속 낙방하는 예도 많다.

그래서 이번 장에서는 면접답변 공식을 활용하여 답변 내용을 어떻게 구성해야 할지, 답변분량은 어느 정도로 할지, 그리고 면접관에게 좋은 인상을 줄 수 있는 답변톤에 대해서 살펴보자.

1 면접 답변 공식

면접의 본질은 결국 면접관의 질문에 답변하는 것이다. 질문에 답변하는 것이 결코 어려운 일은 아니지만, 실제 면접장에 들어서면 면접관의 질문에 어떻게 답변해야 할지 혼란스럽기만 하다. 그래서 면접을 준비하면서 면접답변의 순서와 형식을 미리 결정해 놓는다면 훨씬 수월하게 답변을 할 수 있다.

일반적인 면접관의 질문에 면접 답변을 체계적으로 구성하는 방법은 저자가 개발한 답변 공식을 활용하는 것이다. 이 답변 공식을 잘 이해하고 내 것으로 만들 수 있다면 면접 답변이 훨씬 더 짜임새 있고 수월해 질 것이다.

◆ 면접답변 공식

① "네" + ② "면접관의 질문을 그대로 따라 하기" + ③ "짧은 결론" + ④ "왜냐하면~" + ⑤ "그래서~ "로 구성되어 있다.

먼저 면접질문과 답변 예시를 살펴보고 답변 공식을 어떻게 활용하는지 하나씩 살펴보자.

질문

지원자가 우리 회사에서 이바지할 수 있는 장점은?

답변

① 네, ② 제가 우리 회사에서 이바지할 수 있는 장점은 ③ 늘 긍정적으로 생각하는 자세라고 생각

전체적인 답변 공식을 이해했다면, 지금부터는 답변 공식의 구성 요소들을 하나씩 살펴보도록 하자.

① "네"라고 맞장구치기

사람들은 자기 말에 상대방이 바로 반응을 보이길 기대한다. 면접관 역시 다르지 않다. 자신의 질문에 바로 답변을 듣고 싶어 한다. 면접관으로 지원자들에게 질문을 던져보면 지원자들의 반응은 대부분 정해져 있다. 질문의 내용을 잘 이해하고 적절한 답변을 하는 지원자들도 있지만 바로 답변하지 못하는 경우가 대부분이다. 이렇게 바로 답변을 못 하고 답변 내용을 생각하는 지원자들은 "음~~"과 같이 불필요한 소리를 내거나 시선을 내리거나 올리기도 하고 혹은 침묵으로 일관하면서 시간을 끌기도 한다.

이런 모습의 지원자는 면접관에게 자신감이 부족하거나 준비가 덜 된 지원자라는 인상을 심어주기 쉽다. 모든 면접관의 질문에 기다렸다는 듯이 바로 답변을 시작하기란 사실상 어렵다. 그래서 답변을 준비하는 시간도 벌고 면접관에게 좋은 인상을 심어주는 요령이 필요하다. 어떤 요령일까?

바로 "네"라고 말하는 것이다. 면접관의 질문에 주저하지 않고 먼저 "네"라고 답변을 시작하는 것이다. 이렇게 "네"라고 먼저 답변을 시작하게 되면, 면접관에게 긍정적인 지원자, 준비를 많이 한 지원자, 판단이 빠른 지원자라는 인상을 심어줄 수 있다. "네"라는 긍정적인 답변은 면접관의 질문을 제대로 이해했다는 메시지와 함께 긍정적인 모습을 강조할 수 있다.

또한 면접답변을 하는 목소리가 작거나 톤이 낮은 것과 같이 고치기 힘든 문제점을 가진 지원자의 경우에는 "네"라는 답변을 의식적으로 크게 하거나 높게 하면, 자연스럽게 이어지는 답변도 적당한 크기와 톤으로 할 수 있게 된다. 이렇게 "네"라는 답변을 통하여, 마치 악기연주 전에 키를 맞추는 것처럼 답변 전체의 톤이나 크기를 미리 조정하는 효과가 있다. 자신 있고 당당하게 "네"를 말하는 연습만으로도 자신의 답변 전체를 자신 있고 당당하게 말할 수 있게 된다.

가끔, "네, 면접관님 답변드리겠습니다.", "네, 면접관님."과 같이 불필요한 내용으로 답변을 시작하는 경우가 있다. 누가 이런 방식이 좋다고 이야기했는지 모르겠지만 필자의 생각에는 오히려 답변의 집중도를 떨어뜨리고 가식적인 모습으로 비추어 질 수 있다.

또, 주의해야 할 점은, 면접관의 질문이 끝나자마자, 또는 면접관의 질문이 끝나지 않았는데도 답변을 시작하는 것이다. 이러면 면접관에게 굉장히 성급한 지원자라는 부정적인 인상을 줄 수 있다. 그래서 반드시 면접관의 질문이 끝난 후 약 0.5-1초 정도의 공백을 두고 답변을 시작하는 것이 좋다. 실제 면접관으로 활동하다 보면 이런 실수를 하는 지원자들을 종종 만나게 된다. 모두 결과가 좋지 않았다.

② 질문을 따라 하기

다음은, "네"라는 답변에 이어서 면접관의 질문을 그대로 따라 하는 것이다. 예를 들어 "최근에 가장 감명 깊게 읽었던 책은 무엇인가요?"라는 면접관의 질문에 "네"를 먼저 답하고 이어서 "제가 최근에 가장 감명 깊게 읽었던 책은…."이라고 면접관의 질문을 그대로 따라서 말하는 방법이다.

이러한 방법은 상대방의 마음을 여는 대화 기법 중에서 미러링 기법에 해당한다. 면접관이 사용한 단어, 문장을 그대로 사용함으로써 면접관의 마음을 더욱 쉽게 얻는 방법이다. 우리는 대화하면서 맞장구를 쳐주는 상대방에게 보다 호감을 느끼고 마음의 문을 열곤 한다. 면접관 역시, 자신의 질문을 그대로 따라 하는 지원자에게 자연스럽게 호감을 느끼고 좋은 인상을 느끼게 되는 것이다.

면접관의 질문을 그대로 따라 하면서 얻는 또 하나의 효과는 바로 '시간벌기'이다. 우리는 면접관의 질문에 대한 답변 내용을 생각할 시간이 필요하다. 그런데 대부분 지원자는 답변에 필요한 시간을 끌기 위해서 "음~~"과 같은 불필요한 의성어를 사용하거나 이마저도 없이 시간을 끄는 경우가 많다. 하지만 이렇게 면접관의 질문을 그대로 따라 하다 보면 보다 긍정적인 인상을 심어주면서도 답변 내용을 머릿속에서 정리할 수 있는 소중한 시간을 벌 수 있는 것이다.

또 다른 효과는 바로 정확한 답변을 하는 데 도움이 된다는 점이다. 면접관의 질문을 그대로 따라 하다 보면 자연스럽게 결론을 먼저 말하게 된다. 면접답변의 구성에서 가장 중요한 점이 바로 "결론 먼저"이다. 면접관의 질문을 그대로 따라 한 후, 그에 대한 결론, 답을 먼저 말하는 것은 면접관에게 핵심을 제대로 짚는 지원자라는 인상과 함께 긍정적인 결과를 끌어낸다. 이렇게 면접관의 질문내용을 그대로 따라 하는 방법은 정확한 질문내용을 다시 확인하고 그에 맞는 답변을 하게 되며, 답변 내용을 생각할 수 있는 시간을 벌어주게 된다.

③ 두괄식으로 핵심, 결론을 말하기

면접관의 질문을 따라 했다면 다음은, 면접질문에 대한 핵심, 결론을 이야기하는 것이다. 자기소개서를 작성하면서도 우리는 두괄식으로 작성해야 한다는 조언을 많이 들었다. 이는 자신의 결론, 핵심을 가장 먼저 보여줌으로써 인사담당자가 자기소개서의 내용을 쉽고 빠르게 이해할 수 있도록 하기 위해서다.

마찬가지로 면접에서도 가장 먼저 결론, 핵심을 이야기해야만 면접관들이 답변 내용을 쉽고 빠르게 이해할 수 있다. 직장 생활을 해본 사람들은 알겠지만, 직장에서 빠른 의사결정과 의사소통을 위해서는 먼저 결론을 이야기하는 것이 필수적이다. 그래서 아주 특별한 경우가 아니라면 모든 면접답변에서 결론을 먼저 말하는 것이 원칙이다.

이렇게 면접에서 가장 중요한 원칙을 모르는 지원자들이 제법 많다. 면접관의 질문에 대한 결론을 먼저 이야기하지 않고 장황하게 설명을 시작하거나 자기 경험을 주절주절 늘어놓는 경우이다. 이러면 면접관은 금세 주의력을 잃어버리고 지원자의 답변을 흘려듣는 경우가 많다. 성격이 급한 면접관이라면 금세 지원자의 답변에 싫증을 느끼고 답변을 중단시키고 다른 질문을 던지거나 질문순서를 다음 지원자로 넘기곤 한다. 그래서 가장 먼저 자신의 결론, 핵심을 짧게 이야기하는 것이 필수적이다.

> "네, 저의 가장 큰 장점이 있다면, 제 이야기를 먼저 하기 보다는 다른 사람들의 이야기를 잘 들어준다는 점인 것 같습니다."

④ 핵심, 결론에 관해 설명하기

이렇게 면접질문에 대한 결론, 핵심을 이야기했다면 다음에 답변할 내용은 그 결론에 대한 설명이다. 면접관들이 가장 궁금해하는 것은 지원자의 답변 내용 그 자체보다는 그런 답변을 한 이유나 근거, 지원자의 생각이다. 그래서 면접관이 궁금해하는 핵심이나 결론에 대한 자세한 설명이 필요하다.

주의해야 할 점은 묻지도 않은 자기 경험을 말하는 것이다. 물론 짧게 결론에 대한 근거로 자기 경험을 말하는 것도 가능하다. 하지만 이럴 경우, 답변이 자칫 장황하게 될 뿐만 아니라 자신을 잘 드러내지 못하고 면접관에게 자랑처럼 전달되는 경우가 많다. 그래서 '왜냐하면'을 먼저 말하고 자신에 관해 설명하거나 자기 생각을 말하는 방식이 바람직하다.

'왜냐하면' 부분에서 가장 좋은 답변 방향은 바로 자신의 생각을 이야기하는 것이다. 면접관에게 자신의 생각을 이야기하는 것이야말로 자신을 가장 잘 전달할 수 있는 방법이란 점을 잊지 말자.

첫째, 이유를 설명하기

"네, 저의 가장 큰 장점이 있다면, 제 이야기를 먼저 하기보다는 다른 사람들의 이야기를 잘 들어준다는 점인 것 같습니다. 왜냐하면, 저는 다른 사람들과 함께 어떤 일을 할 때, 제가 하고 싶은 이야기를 먼저 하기보다는 다른 사람들의 이야기를 잘 들어주고 상대방의 의도를 파악하기 위해 노력하기 때문입니다."

둘째, 생각을 설명하기

"네, 저의 가장 큰 장점이 있다면, 제 이야기를 먼저 하기보다는 다른 사람들의 이야기를 잘 들어준다는 점인 것 같습니다. 왜냐하면, 제가 하고 싶은 이야기를 먼저 하기보다는 다른 사람들의 이야기를 잘 들어주어야만 상대방의 의도를 빠르게 파악할 수 있고 보다 더 좋은 관계를 만들 수 있다고 생각하기 때문입니다."

다시 한번 강조하지만, 면접관이 경험을 묻지 않은 상황에서, '왜냐하면' 부분에서 자신의 경험을 말하지 않아야 한다. 이렇게 경험을 말하기 시작하면 답변이 장황해질 뿐만 아니라, 자칫 묻지 않는 자랑하는 것처럼 느껴져 바람직하지 않다.

셋째, 묻지 않은 경험을 답변하는 방식

네, 저의 가장 큰 장점은 소통역량입니다. 타공공기관에서 인턴으로 근무할 때 다른 동기들과 함께 기관소개 동영상을 제작하는 프로젝트를 진행한 경험이 있습니다. 프로젝트를 진행하면서 동영상 주제에 대한 생각이 달라서 갈등이 발생하게 되었습니다. 저는 이런 갈등상황을 해결하기 위해 저의 소통역량을 발휘해 동기들의 이야기를 경청하고 갈등을 중재하여 동영상을 완성할 수 있었습니다.

⑤ 답변 마무리하기

다음으로는 "그래서~"를 활용해서 답변을 정리하는 것이다. 이 부분은 크게 3가지 용법이 있을 수 있다. 첫째, 미래의 관점에서 자신의 계획이나 다짐을 말하기, 둘째, 과거의 관점에서 답변에 대한 근거나 자기 경험을 말하기, 셋째, 현재의 관점에서 답변을 다시 정리하기이다. 빠른 이해를 위해 각 용법에 따른 예시를 먼저 살펴보자.

첫째, 앞으로의 계획이나 다짐 말하기

네, 제가 우리 회사에서 이바지할 수 있는 장점은 늘 긍정적으로 생각하는 자세라고 생각합니다. 왜냐하면, 저는 아무리 어렵고 힘든 일이 있더라도 부정적으로 생각하기 보다는 긍정적으로 생각하며 문제를 해결하려고 노력하기 때문입니다. 그래서, 우리 공단에 입사해서도 저의 장점인 긍정적인 자세를 활용하여 팀의 분위기를 끌어올리고 어려운 문제를 해결해 나가겠습니다.

둘째, 과거의 근거나 경험을 말하기

네, 제가 우리 회사에서 이바지할 수 있는 장점은 늘 긍정적으로 생각하는 자세라고 생각합니다. 왜냐하면, 저는 아무리 어렵고 힘든 일이 있더라도 부정적으로 생각하기보다는 긍정적으로 생각하며 문제를 해결하려고 노력하기 때문입니다. 그래서 타 공공기관에서 인턴으로 근무하면서도 어렵고 힘든 때도 있었지만, 이런 긍정적인 자세 덕분에 선배님들로부터 성격 좋다는 이야기를 자주 들을 수 있었습니다.

셋째, 답변 내용을 다시 정리하기

네, 제가 우리 회사에서 이바지할 수 있는 장점은 늘 긍정적으로 생각하는 자세라고 생각합니다. 왜냐하면, 저는 아무리 어렵고 힘든 일이 있더라도 부정적으로 생각하기보다는 긍정적으로 생각하며 문제를 해결하려고 노력하기 때문입니다. 그래서 제가 입사 후 이바지할 수 있는 장점이 있다면, 아무리 어렵고 힘든 일이 있더라고 늘 긍정적인 자세로 문제를 해결하기 위해 노력하는 자세라고 생각합니다.

이렇게 3가지 방식으로 답변 내용을 마무리할 수 있다. 주의할 점은 많은 학생은 첫 번째, 자신의 계획이나 다짐으로 답변을 마무리하는 경우가 많다는 점이다. 그래서 오히려 면접관이 식상하게 느끼는 경우가 많은 만큼, 오히려 두 번째, 세 번째 방식의 마무리를 활용하되, 주요한 질문에 첫 번째 방식을 활용하는 것이 바람직하다.

답변 공식 활용법

이렇게 면접답변 공식을 활용하는 연습만 제대로 한다면 우리는 보다 쉽게 면접답변을 할 수 있게 된다. 이런 답변 공식은 면접관의 일반적인 질문에 활용할 수 있지만, 그렇지 못한 때도 있다.

특히, 지원자의 경험을 묻는 경험질문이나 특정 상황을 제시하고 답변을 요구하는 상황질문에는 활용하기 어렵다. 경험질문과 상황질문에는 이 책에 실린 각각의 답변방식을 활용하면 된다. 이런 경우를 제외한다면, 면접관의 질문 중 약 70~80% 정도는 답변 공식을 활용하여 답변하는 것이 충분히 가능하다.

하지만, 실제 면접에서는 답변 공식에만 얽매이기보다는 보다 자유롭게 변화시켜 활용하는 것이 바람직하다. 그래서 처음 면접을 준비하면서, 답변 공식을 활용하여 답변 연습을 꾸준히 하면서 답변 공식을 몸에 익힌 후, 어느 정도 익숙해지고 나면 "왜냐하면"과 "그래서"라는 단어 자체를 제외하고 내용은 그대로 답변하거나 "그 이유는~", "따라서~" 등으로 대체해서 사용하는 것도 가능하다. 이렇게 답변 공식을 충실히 활용할 수 있도록 연습하고, 실제 면접에서는 답변 공식마저 잊어버리고 답변이 나오는 대로 자유롭게 답변하는 것이 좋다.

이렇게, 답변 공식을 실제 활용해 답변하다 보면, 전혀 준비하지 않은 답변 내용도 자연스럽게 답변하는 자신을 발견할 수 있을 것이다. 또한, 질문에 대한 핵심을 먼저 제시하고 그 이유를 논리적으로 설명하는 답변 공식은 전형적인 두괄식 답변 구조을 가지고 있어 면접관에게 보다 간결하고 빠르게 내용을 전달하는 장점을 가지고 있다. 뿐만아니라 답변 공식을 활용하게 되면, 자연스럽게 3줄 정도로 간결하게 답변하기 때문에 면접관에게 더 좋은 인상을 전달해 줄 수 있다.

대단해 보이지 않는 답변 공식이지만, 이 답변 공식만 제대로 활용한다면 면접장에서 자신도 모르게 보다 수월하게 답변하는 자기 모습을 볼 수 있을 것이다.

2 면접 답변 분량

면접을 준비하는 학생들의 처지에서는 면접답변의 길이, 분량이 고민될 수밖에 없다. 지원자들은 모처럼 찾아온 면접 기회인 만큼, 면접관들에게 나의 강점과 역량을 최대한 보여주어서 합격을 만들어 내고 싶은 욕심이 들기 마련이다. 그래서 면접답변을 준비하다 보면 점점 이야기해야 할 것들이 떠오르고 답변분량은 늘어나게 된다. 하지만 면접장에서 실제 답변이 길어지면 "네, 잘 알겠습니다."라며 면접관의 제지를 받기 쉽다. 답변 도중에 이렇게 면접관의 제지를 받게 되면 아무리 강심장을 가진 지원자라도 표정이 굳어지고 당황하게 된다. 결국 면접에서 준비했던 답변도 제대로 다 못하고 오히려 좋지 않은 인상만 보여주기 십상이다.

반대로 면접답변이 짧을 때도 있다. 생각하지 않았던, 준비하지 않았던 질문에 당황해서 면접관이 물은 것만 짧게 답변하는 것이다. 그 순간 "뭔가 더 없냐?"는 듯 실망스럽게 바라보는 면접관의 표정을 보면 억지로 엉뚱한 답변을 말하거나 다음 순서로 넘어가는 경우를 겪게 된다. 이렇게 면접답변의 길이는 길면 긴 대로, 짧으면 짧은 대로 위험과 어려움이 따른다. 어느 정도의 답변

길이가 적당한지 답을 찾기 위해서는 먼저 면접형태와 시간을 고려하는 것이 필요하다.

면접답변은 30초 이내로

공기업 면접에서 가장 흔한 형태는 다대다 면접이다. 3~5명의 면접관에 5명 정도의 지원자가 함께 집단으로 면접을 진행하는 형태이다. 시간은 겨우 30여 분에 불과한 경우가 태반이다. 책정된 면접 시간은 30분이지만 면접관이 면접결과를 정리하고 논의하는 시간이 필요하기 때문에, 실제 면접 시간은 25분이다. 지원자 한 사람당 5분여의 시간이 주어지는 것이다. 여기에서 1분 자기소개를 할애하고 나면 결국 순수한 질문과 답변 시간은 4분여에 불과하다. 지원자당 5개의 질문을 준다고 가정하면 결국 각 질문과 답변에 걸리는 시간은 겨우 48초이다. 15초가 정도가 되는 면접관의 질문 시간을 고려하면 결국 답변에 배정해 줄 수 있는 시간은 30초 정도가 된다. 그래서 공기업 면접에서는 대부분 30초 이내로 답하라고 요구하는 경우가 많다.

이렇게 산술적으로만 계산해도 답변 시간은 30초가 적당하지만, 면접관으로서도 그 정도의 답변 분량이 가장 적당하게 느껴진다. 면접을 보는 지원자들도 힘들겠지만 하루 종일 면접장에서 지원자들에게 질문을 던지고 답변을 듣고 평가해야 하는 면접관 역시 힘들기는 마찬가지이다. 그래서 면접관들은 지원자들의 답변을 주의 깊게 경청하기 어렵다. 게다가 들어오는 지원자마다 모두 자기 자랑을 늘어 놓곤 한다. 뻔한 단어, 그럴싸한 단어, 추상적인 단어를 쓰며 자신이 얼마나 열심히 일할 준비가 되어 있는지를 호소하기도 하고 과거 경험을 구구절절 늘어놓으며 자기 자랑을 하곤 한다. 이런 상황에서 시간에 쫓기는 면접관들은 지원자들의 길고 장황한 답변에 짜증이 나기도 한다. 그래서 지원자들의 답변을 중간에 자르게 되는 것이다. 면접관이 지원자의 답변에 집중할 수 있는 시간은 30초 정도에 불과하다. 그래서 면접답변의 길이는 30초가 가장 좋다는 결론을 얻을 수 있다.

그러면 짧은 30초의 답변을 통해 주로 무엇을 이야기해야 할까? 30초 정도의 답변에 가장 좋은 답변 방향은 먼저 질문에 대한 답을 제시하고, 그 이유, 근거, 짧은 사례, 자기 생각을 말하는 것이다. 면접관들이 가장 듣고 싶어 하는 것은 지원자의 생각이다. 그래서 자기 생각을 말하려고 노력하는 편이 좋다. 가장 좋지 않은 사례는 질문에 대한 답을 제시하지 않고 설명하려는 지원자이다. 특히 자신의 과거 경험, 사례를 이야기하는 것이다. 이렇게 자기 경험을 이야기하다 보면 당연히 답변이 길어지게 되고 장황해지기 쉽다. 그래서 면접관의 질문에 되도록 자기 생각을 말하려고 노력해야 한다.

반대로 답변이 짧은 예도 있다. "본인만의 스트레스 해소법은?"이라는 면접질문에 "네, 저만의 스트레스 해소법은 친구들과 함께 운동하기입니다."와 같이 단답형으로 답하는 경우이다. 이러면 면접관이 가장 먼저 느끼는 감정은 "열정이 없다."라는 것이다. 흔히 성의가 없는 지원자라는 느낌을 받는 것이다. 이렇게 짧은 답변을 이어가는 것은 면접을 망치는 지름길이다.

짧은 면접답변을 하는 이유

면접 답변이 짧은 이유는 마땅히 답변할 내용이 없는 경우이다. 미처 예상하지 못하고 사전에 답변 내용을 준비하지 못한 경우이다. 준비된 면접질문에 답변을 잘 이어가다가 갑자기 생각하지도 못했던 면접질문을 받게 되면 당황하고 마땅히 답변할 내용이 떠오르지 않아서 묻는 것에만 답변하는 경우이다. 하지만 이렇게 답변 내용을 미리 준비하지 못해 짧은 답변을 하는 경우보다는 면접 중에 평정심을 잃고 당황해서 짧은 답변을 이어가는 경우가 더 많다. 흔히 "면접에서 말렸다."라고 표현하는 경우이다.

지원자들은 처음부터 이렇게 짧은 답변을 하지는 않는다. 처음에는 최선을 다해 자신의 장점을 보여주기 위해 답변을 길게 이어가곤 한다. 하지만 답변의 형식이 핵심을 먼저 제시하지 않고 설명하는 방식이거나, 잘 보이고 싶은 욕심에 굳이 필요하지 않은 경험이나 사례를 말하기 시작하면 답변은 점점 장황해져 간다. 면접관의 표정이 점점 일그러지게 된다. 이렇게 지원자의 답변이 장황해지면 면접관들은 답변을 모두 기다려 주지 않고 "네, 잘 들었습니다."라고 말하며 답변을 중간에 자르게 된다. 이렇게 답변하는 도중에 답변이 잘리게 되면 지원자는 당황하게 되고 점점 소극적인, 방어적으로 변한다.

이제, 면접 상황은 더욱 최악을 향해 달리게 된다. 이렇게 짧게 답변하다 보면 당연히 면접관의 질문은 계속 빠르게 이어지게 된다. 면접관에게 나의 강점, 장점을 전달하기는커녕, 면접관의 질문을 방어하는 모습에 가까워진다. 이렇게 면접을 마치고 나면 내가 어떤 답변을 했는지, 시간이 어떻게 지나갔는지조차 기억나지 않을 정도로 혼이 빠져서 면접장을 나서게 된다. 결국 면접에서 실패하게 되는 것이다.

◆ 짧은 답변을 피해야 하는 이유

면접에서 이렇게 짧은 답변, 단답형 답변을 피해야 하는 이유에 대해서 알아보자.

첫째, 열정이 부족한 소극적인 지원자라는 인상을 준다.

묻는 내용에만 답변할 경우, 면접관은 지원자가 열정이 부족하고, 소극적이라는 느낌을 받을 수밖에 없다. 면접에서 열정을 보여줘도 합격이 어려운 상황에서 이렇게 열정이 없는 지원자를 합격시킬 수는 없다. 이런 모습은 모처럼 친구의 소개로 소개팅에 나갔는데 상대방이 짧은 답변만을 할 경우, "나에게 별로 관심이 없나 보다."라는 생각이 들어 서둘러 소개팅 자리를 마치고 나와 주선자에게 전화를 걸어 화를 내는 것과 비슷하다.

이렇게 묻는 것에만 답변하는 지원자의 모습은 입사 후에도 상사나 선배가 지시한 것만 마지못해 하는 신입직원의 모습으로 비추어진다. "복사 좀 부탁해요."라는 선배의 부탁에 "여기요."라며 복사물만 책상 위에 덜렁 올려놓고 가는 신입직원의 모습이 떠오르는 것이다. 선배들이 바라는 신입직원은 단순히 복사 심부름에 그치지 않고 "선배님, 회의자료는 모두 복사했습니다. 혹시 회의실 준비는 어떻게 하면 될까요?"라고 물어보는 모습이다.

둘째, 더 많은 꼬리질문을 받게 되어 상황을 더욱 악화시키게 된다.

묻는 내용에만 답변하게 되면 우선 당장은 답변을 쉽게 할 수 있다. 하지만 답변이 끝나고 나면 당연히 면접관은 다음 질문을 할 수밖에 없다. 이렇게 계속 질문이 이어지게 되면 점점 당황할 수밖에 없다. 게다가 지원자별로 어느 정도 책정된 면접 시간을 고려하면 지원자의 짧은 답변은 결국 더 많은 질문을 받게 되는 결과를 초래한다. 더 많은 질문을 받는 것이 꼭 나쁜 것만은 아닐 것이다. 하지만 더 많은 질문은 더 어려운 질문을 의미하는 경우가 많다.

그래서 내가 답변할 수 있는 내용에 대해서는 서두르지 않고 차분하게 답변을 자세히 하는 것이 좋다. 그래야만 어려운 질문을 덜 받을 수 있게 되는 것이다. 이렇게 짧은 답변은 결국 '빈곤의 악순환'처럼 질문-짧은 답변-꼬리질문이라는 악순환이 이어지는 것이다. 처음에는 질문을 이어가던 면접관도 지원자가 이렇게 짧은 답변을 이어가게 될 경우, 이내 지원자에 대해 실망하게 되고 이내 다른 지원자로 넘어가게 된다.

셋째, 전혀 예상하지 못한 꼬리질문을 받을 가능성이 커지게 된다.

면접관은 대부분 지원자의 답변 내용에서 키워드, 또는 관심이 있는 단어를 골라서 꼬리질문을 하게 된다. 예를 들어, "네, 우리 조원은 모두 4명으로 구성되었습니다."라는 단답형 답변보다는 "네, 우리 조원은 모두 4명으로 구성되었습니다. 대부분 다른 조들은 5명으로 구성되었는데 우리 조는 인원이 부족해 다른 과 학생 2명과 우리 과 학생 2명으로 구성되었습니다. 인원이 다른 조에 비해 적다 보니 과제를 수행하는 데 약간의 어려움이 있었습니다."와 같이 답변하면 면접관은 자연스럽게 "구체적으로 어떤 어려움이 있었나요?"와 같이 쉽게 답변할 수 있는 꼬리질문을 하게 되는 것이다.

그런데 이렇게 단답형 답변을 하게 되면 면접관은 마땅한 꼬리질문 소재를 찾지 못하게 되고 결국 지원자가 전혀 예상하지 못한 꼬리질문을 받게 되는 것이다. 이런 꼬리질문에 더욱 당황하게 되고 결국 면접을 망치게 되는 것이다.

짧은 답변을 피하는 방법

그럼 어떻게 하면 짧은 답변, 부정적인 답변을 줄일 수 있을까? 가장 중요한 것은 평정심을 잃지 않는 것일 것이다. 아무리 예상하지 못했던 답변이더라도 당황하지 않고 면접관의 질문에 대해 솔직하게, 그리고 구체적으로 답변을 하는 것이다. 주의할 점은 면접관의 질문내용에 대해 먼저 결론, 핵심을 제시하고 이어서 설명하는 방식으로 답변해야 한다는 점이다. 핵심 내용이 먼저 제시되지 않는다면 장황하게 느껴지기 때문이다. 그래서 답변공식을 활용해 답변하는 연습을 꾸준히 한다면, 면접에서 갑작스러운 질문에도 자연스럽게 답변공식을 활용하면서 적절한 분량의 답변을 할 수 있게 될 것이다.

지금까지 면접답변 분량은 30초 정도가 적당하다는 점을 이야기했다. 하지만 이런 분량에 대한 조언은 면접형태에 따라 달라져도 된다. 가장 중요한 것은 내가 아니라 면접관의 관점에서 답변 분량을 고민해야 한다는 점이다. 참 어려운 일이다. 하지만 면접을 준비하면서, 면접을 보면서 항상 마음속으로 과유불급이라는 한자 성어를 떠올리려고 노력한다면 가장 적당한 답변분량을 찾을 수 있을 것이다.

3 **면접 답변 톤**

공기업 지원자들과 함께 면접 수업을 하면서 학생들을 두 조로 나누어, 한 조는 지원자로서 모의 면접을 보고 다른 한 조는 면접관으로서 지원자들을 평가할 기회를 자주 만들곤 한다. 지원자가 아니라 면접관의 시각에서 자신들의 면접 모습을 간접적으로 관찰함으로써 어떻게 면접을 봐야 하는지 훨씬 더 빠르게 배울 수 있기 때문이다. 모의 면접을 마치고 면접관으로서 지원자들의 면접 모습을 관찰했던 학생들에게 지원자들의 답변 내용이 기억에 잘 남는지를 물어보면, 답변 내용은 잘 기억 나지 않지만, 지원자의 답변 스타일에 따라 인상이 결정된다는 답을 하곤 한다.

이렇게 실제 면접관으로 면접을 진행해 보면, 지원자들의 구체적인 답변 내용은 귀에 잘 들어오지 않는다. 대신 지원자가 얼마나 조리 있게 답변을 잘했는지, 얼마나 괜찮은 지원자인지 인상만이 남게 된다. 이러한 지원자의 인상을 결정하는 것은 면접질문에 대한 답변 내용보다는 오히려 답변의 속도와 톤 그리고 답변의 크기인 경우가 더 많다.

답변 속도

지원자의 인상을 가장 먼저 결정하는 것은 답변의 속도이다. 생각보다 많은 지원자가 답변을 너무 빠르게 한다. 특히, 지원동기와 같이 쉽게 예상할 수 있는 질문에 숨 한번 돌리지 않고 마치 암송하듯이 답변하는 지원자들이 있다. 미리 준비했던 답변인 만큼 혹시라도 중간에 잊어버릴까 봐 서둘러서 기억했던 내용을 답변하는 것이다. 이런 식으로 자신의 지원동기를 답변하는 지원자에 대해서는 아무런 느낌도, 감흥도 들지 않는다. 죽어있는 답변을 하는 셈이다. 아무런 감정이나 열정이 느껴지지 않는 기계적인 답변으로 단단하기 그지없는 면접관의 마음을 움직이기는 어렵다.

게다가 답변 속도가 빠르면 면접관이 지원자의 답변 내용을 이해하기 힘들 뿐만 아니라 성격이 급한 지원자라는 인상을 주기 쉽다. 그래서 오히려 답변 속도가 조금 느린 것이 더 유리하다. 조금 느리게 답변하면, 자연스럽게 답변 내용을 생각할 시간을 벌 수 있게 되어 훨씬 더 조리 있는 답변을 할 수 있다. 또한 답변 속도가 느려지면 면접관이 답변 내용을 쉽게 이해할 수 있고 나에게 주어지는 면접 질문도 줄어드는 부수적 효과도 거둘 수 있다.

다시 말해, 빠르게 답변하면 면접질문을 10개를 받게 된다면, 느리게 답변하면 내가 답변해야 하는 면접질문이 8개로 줄어드는 것이다. 게다가 안정적이고 믿을 수 있는 지원자를 선호하는 공기업의 조직문화와 면접관 성향에 따라, 조금 느리면서 차분하게 답변하는 지원자가 더 좋은 인상을 주게 되는 것이다. 그렇다고 해서 너무 느린 속도의 답변은 지원자가 답답하다는 인상을 줄 수 있어 주의해야 한다.

가끔 답변 내용을 명확하게 전달하지 못하는 지원자들도 있다. 발음과 발성이 부정확한 경우이다. 구강구조나 혀와 치아 등의 문제로 선천적으로 발음이 명확하지 못한 지원자도 있지만, 대부분은 성격이 급해 말을 빨리하는 지원자들의 발음이 명확하지 않은 경우가 많다. 이런 문제점을 해결하기 위해서는 매일 한 시간씩 정도 책이나 신문 등을 소리 내 읽으면서, 한 자 한 자 또박또박하게 발음하는 연습을 하는 것이 필요하다. 이런 연습은 반드시 스마트폰 등을 이용하여 녹음이나 녹화하고, 나중에 직접 들어보면서 확인하고 교정하는 것이 필요하다.

답변의 톤과 크기

면접답변을 하는 목소리의 크기도 무척 중요하다. 목소리가 작을 경우, 면접관에게 답변 내용이 전달되지 않을 뿐만 아니라 자신감이 부족하거나 거짓을 말하는 지원자라는 인상을 주게 된다. 반대로 군대 이등병처럼 너무 목소리를 크게 해서 면접관의 인상을 찌푸리게 하는 일도 있다. 특히, 면접경험이 없어 자신감이 부족하거나 너무 긴장하는 경우, 소극적인 여자 지원자들이 목소리가 너무 작아서 실력은 충분한데도 좋은 평가를 받지 못하는 경우가 제법 많다.

가장 좋은 면접답변, 목소리의 크기는 면접장의 크기와 면접관과 지원자 간의 거리 등에 따라 다르겠지만, 결국 면접관에게 명확하게 들릴 수 있는 정도이다. 면접관으로서는 지원자의 목소리가 적당한 수준이어서 잘 들리게 되면, 지원자의 답변 내용을 더 쉽게 이해하고 더 좋게 평가하게 된다. 그래서 조금은 크게 들린다는 느낌으로 답변, 목소리의 크기를 맞추는 것이 좋다. 특히 남자 지원자의 경우, 크고 당당할수록 씩씩하고 열정이 있는 지원자라는 인상을 주는 만큼 더욱 목소리의 크기에 주의를 기울여야 한다. 흔히 "목소리가 기어들어 간다."라는 표현을 들을 정도로 목소리가 작은 남자 지원자가 합격하는 경우를 본 적이 없다.

혹시 주변 친구들이나 스터디원들로부터 목소리가 작다는 조언을 들은 지원자라면, 목소리를 키우기 위해서 넓은 공간에서 답변하는 연습을 하는 것이 좋다. 집 근처 학교 운동장, 빈 강의실, 옥상, 공원 등 넓은 공간에서 목소리를 키워서 답변 연습을 하게 되면 좋은 결과를 만들어 낼 수 있을 것이다.

면접답변의 톤, 높낮이도 면접에 영향을 미치곤 한다. 대부분 지원자의 면접답변 톤은 크게 문제가 되지 않는다. 하지만 가끔은 여자 지원자의 목소리 톤이 너무 높아서 신경질적이고 날카로운 인상을 주거나, 남자 지원자의 목소리 톤이 너무 낮아서 괜히 무게를 잡거나 겉멋이 잔뜩 들어있는 듯한 인상을 주는 일도 있다. 면접 답변의 톤은 지원자의 인상을 결정하기도 하지만 답변 내용을 명확히 전달하는 데 방해가 되기도 한다. 그래서 혹시라도 주변 사람들로부터 목소리의 톤이 높거나 낮다는 조언을 들었다면 이 부분 역시 고치는 것이 좋다.

지원자들을 살펴보면, 목소리 톤이 높은 이유는 성대만을 사용해서 발성하는 경우가 많았고, 목소리 톤이 낮은 원인은 성대나 가슴에 너무 힘을 주어 발성하는 경우가 많다. 그래서 목소리 톤이 너무 높다는 조언을 들은 경우라면, 답변하면서 가슴 중간에 손바닥을 대고 가슴의 진동을 키우는 연습을 통해 보완하면 된다. 반대로 목소리 톤이 너무 낮은 경우라면, 성대와 가슴에서 힘을 빼고 발성하거나 음계 중에서 "솔"에 맞추어 발성하는 연습을 하면 좋은 결과를 만들어 낼 수 있다.

면접 답변의 강약

면접답변에는 자신의 감정과 열정을 담아야 한다. 답변에 생명력을 불어넣어 면접관의 마음을 움직여야 한다. 말하기는 쉽지만 어떻게 해야만 면접답변에 자신의 감정과 열정을 담을 수 있는지 구체적으로 설명하기는 어렵다. 하지만 면접답변에 생명력을 불어넣어 감정과 열정이 느껴지도록 하는 방법은 있다. 바로 답변에 강약을 주는 것이다. 강조해야 할 단어, 중요한 단어를 조금 더 힘주어 말하고 중간에 잠깐의 공백을 주는 것이다. 마치 작은 파도가 치듯, 답변하면서 끊고 이어가며, 높이고 낮추는 과정을 통해 답변에 강약을 주고, 답변에 열정을 담는 것이다.

사람들의 마음을 움직이는 의사전달 방법 중에 가장 대표적인 것이 연설이다. 연설을 잘하는 사람들은 자신의 이야기에 감정을, 열정을, 심지어 영혼을 담아내 청중들의 마음과 생각을 움직인다. 이럴 수 있는 데에는 연설에는 바로 강약과 흐름이 있기 때문이다. 어떤 부분은 피를 토하듯이 강하게 이야기하고 어떤 부분은 작은 소리로 부드럽게 이야기한다. 어떤 부분은 매우 속사포처럼 빠르게 이야기하지만, 어떤 부분은 쉽게 이해할 수 있도록 느리게 이야기한다. 이런 연설기법을 통해서 청중들은 쉽게 연설자에 동화되고 연설자의 이야기에 귀를 기울이고 결국 마음을 움직이는 것이다.

하지만 면접에서 이런 연설기법을 그대로 흉내 내는 것은 곤란하다. 그래서 많은 청중을 향한 연설보다는 소수의 인원을 대상으로 프레젠테이션하듯이 답변하는 것이 좋다. 면접답변을 하면서 발표하듯이 강약과 흐름을 주는 것이다. "자신의 강점을 한 가지 꼽자면?"과 같은 면접질문에 "네, 제가 자랑할 수 있는 가장 큰 강점은 바로 자신감입니다."에서 '큰 강점은'과 '자신감'이라는 단어를 말할 때 잠시 숨을 돌리고 힘을 실어 주면서 답하는 것이다.

이렇게 답변에 강약과 흐름을 주기 위해서는 답변 내용을 준비하면서부터 다르게 준비해야 한다. 바로 전체 내용이 아니라 키워드만을 기억하고 그 키워드를 중심으로 강하게 이야기하는 연습을 계속하는 것이다. 또한 지원하는 공기업 홈페이지의 경영전략과 사업내용 등을 보며 혼자 발표하는 연습을 하면서 이런 답변기법을 익히는 것이 좋다. 홈페이지의 내용을 읽으면서 어절 단위로 끊어서 읽되, 단어의 마지막 글자에 더 힘을 주거나 톤을 높이는 것이다.

처음에는 어색하게 느껴질 수도 있지만 이렇게 어절 단위로 쉬어가면서, 약간 힘을 주면서 발표하는 연습을 하다 보면 자신도 모르게 면접답변에 자신의 감정과 열정을 담아 면접관에게 전달할 수 있을 것이다.

4장 면접 기본질문 공략법

지금까지 우리는 공기업 면접의 전반적인 특성을 파악하고 어떻게 준비해야 하는지를 살펴봤다. 공기업 면접에 대해 이해했다면 이제부터는 공기업 면접에서 가장 비중이 높은 기본적인 면접질문을 어떻게 공략해야 하는지 자세히 알아보도록 하자.

1 1분 자기소개 공략법

시작이 절반이라는 말이 있다. 그만큼 시작이 중요하고 시작만 제대로 하면 절반은 성공했다는 의미일 것이다. 이 말은 면접에서도 그대로 적용된다. 바로 1분 자기소개이다. 공기업에 따라, 면접관들에 따라 1분 자기소개를 건너뛰고 바로 면접질문을 던지는 때도 있지만, 대부분 공기업 면접에서는 짧은 자기소개를 먼저 요구하곤 한다. 면접 일정이 촉박한 경우에는 30초 정도의 자기소개서를 요구하기도 하고, "지원동기와 함께" 또는 "자신의 강점과 함께" 자기소개를 요구하는 때도 있다. 1분 정도의 짧은 자기소개가 면접에서 얼마나 중요한지 충분히 이해하지 못하고 제대로 준비하지도 않은 채 면접장에 들어서, 결국 면접에서 고배를 마시는 경우가 제법 많다.

면접장에 들어서 처음으로 자신을 보여주는 1분 자기소개는 지원자의 첫인상을 결정짓는다. 1분 자기소개가 끝나고 나면 면접의 절반은 끝났다고 볼 수 있다. 1분 자기소개가 끝나고 나면 면접관이 지원자의 당락을 결정짓는 경우가 60~70%에 달한다는 말이 있을 정도이다. 자기소개에 이은 나머지 면접 과정은 면접관이 1분 자기소개를 통해 자신이 느낀 지원자에 대한 인상과 느낌 그리고 판단을 다시 확인하는 과정에 불과하다고 말해도 과언이 아니다. 그만큼 1분 자기소개는 면접에서 가장 중요한 부분이다. 그래서 면접을 준비하면서 가장 고민해야 하는 것은 바로 1분 자기소개를 준비하는 것이다.

◆ 1분 자기소개의 활용

그런데, 궁금한 것이 있다. 면접관들은 늘 시간에 쫓기는 데도 모든 지원자에게 굳이 자기소개를 요구하는 것일까? 이미 모든 지원자가 제법 많은 분량의 자기소개서를 작성해서 제출했고, 그 자기소개서가 입사지원서와 함께 면접관의 책상 위에 분명히 놓여 있을 텐데도 말이다. 면접관들이 1분 자기소개를 지원자들에게 요구하는 이유는 크게 3가지를 생각해 볼 수 있다.

첫째, 지원자에 대해서 빠르게 파악하고 싶기 때문이다.

자기소개서에 적혀 있는 모습이 아니라 지원자의 자기소개를 통해 지원자의 제대로 된 모습을 빠르게 알고 싶기 때문이다. 그래서 자기소개라는 짧은 발표를 통하여 지원자의 역량, 강점뿐만 아니라 발표 능력, 자신감, 가치관까지도 빠르게 파악하게 된다.

둘째, 면접질문 소재를 찾고 싶어 하기 때문이다.

면접관들은 모든 지원자에게 같은 면접질문을 묻기보다는 지원자별로 새로운 면접질문을 하고 싶어 한다. 이런 면접질문의 소재를 찾는 데 중요한 역할을 하는 것이 바로 자기소개이다. 그래서 지원자의 자기소개 내용에 따라 면접질문의 방향이 크게 달라지는 경우가 많다. 그래서 자기소개 내용에 자신이 받고 싶은 면접질문 소재를 포함하는 것이 바람직하다. 하지만 그것이 자칫 자랑으로 이어지지 않도록 주의하는 것이 좋다.

셋째, 지원자에 대해서 파악할 시간이 필요하기 때문이다.

실제 면접관들은 지원자들이 면접장에 들어서기 전에 미리 입사지원서와 자기소개서를 읽어볼 시간이 없다. 그래서 1분 자기소개를 요구하고서는 귀로는 자기소개를 들으면서 눈으로는 입사지원서와 자기소개서를 훑어보곤 한다. 결국 지원자들은 열심히 자기소개를 하고 있는데 면접관들은 고개를 숙이고 책상 위의 서류철을 뒤적거리는 모습을 자주 보게 되는 것이다.

이제, 1분 자기소개를 공략하는 방법 8가지에 대해서 하나씩 알아 보고 이어서 1분 자기소개 예시를 살펴보면서 자신만의 멋진 1분 자기소개를 완성해 보자.

◆ 1분 자기소개 공략법, 8가지

첫째, 내가 아닌 면접관의 관점에서

이렇게 자기소개는 면접에서 자신의 첫인상을 좌우하고 면접질문의 방향을 결정짓는 만큼 철저히 준비하는 것이 필요하다. 자기소개를 준비하는 것은 결국 자신의 어떤 점을 면접관들에게 어필할 것인지를 결정하는 것부터 시작된다. 그러기 위해서는 "내가 면접관이라면?"이란 생각으로 고민하는 것이 좋다.

하루 종일 수없이 많은 지원자가 끊임없이 면접장에 들어서 1분 자기소개를 통해 자기 자랑을 늘어놓는다. 그러다 보니 면접관들은 지원자들의 1분 자기소개에 큰 감흥을 느끼지 못하는 경우가 많다. 하지만 이런 점 때문에 1분 자기소개에서 강한 인상을 전달할 수만 있다면 면접에서 유리한 위치를 차지하게 된다.

단순히 자신이 어떤 강점이 있고, 어떻게 노력할 것인지만을 이야기하면 면접관으로서는 그런 지원자의 자랑과 다짐에 공감되지 않는다. 그래서 지원 공기업이나 직무수행에서 가장 중요하고 필요한 점은 무엇인지, 국민의 인식이나 평가 등 주변 상황이나 환경변화 등에 대해 먼저 이야기하고, 그런 측면에서 자신의 강점, 역량, 경험, 열정, 자세 등이 지원 공기업과 직무에 구체적으로 어떻게 도움이 될 수 있는지를 설득하는 방향이 좋다. 애인에게 짧은 프러포즈를 준비한다는 생각으로 준비하면 좋다.

앞서 공기업 면접의 진실에서 1분 자기소개가 면접의 성패를 좌우한다고 이야기했다. 면접에서 1분 자기소개가 끝나고 나면 약 60~70% 정도는 당락이 결정된다는 이야기가 충격적일 수도 있겠지만, 실제 면접관으로 활동해 본 사람이라면 그 이야기에 고개를 주억거릴 것이다. 이렇게 중요한 1분 자기소개를 어떻게 공략하는 것이 좋을까 알아보자.

둘째, 메시지를 확실히 정하라

1분 자기소개에서 가장 중요한 대목이다. 실제 면접관으로서 지원자들의 1분 자기소개를 듣다 보면 "그래서 뭐?"라는 생각이 드는 경우가 많다. 자신을 면접관들에게 가장 처음으로 보여주고 자랑할 수 있는 1분 정도의 짧은 시간에 횡설수설하는 지원자가 생각보다 많다. 면접장에서 1분 자기소개를 정말 지원자 자신을 소개하는 시간이라고 생각하는 지원자들도 있다. 자신이 걸어온 길을 장황히 설명하는 경우이다. 혹은 무작정 자신의 뜨거운 열정만을 공허한 단어들과 실현 불가능한 계획을 통해 이야기하는 경우가 있다. 1분 자기소개를 고민할 때, 내가 면접관에게 "무엇을 이야기할 것인지" 내용을 고민하지 말고 가장 먼저 "무엇을 설득할 것인지"를 고민해야 한다.

1분 자기소개를 통해 면접관에게 이야기할 것은 결국 자신의 강점이다. 다른 지원자들에 비해 자신이 어떤 강점이 있는지를 명확히 이야기하고 설득해야 하는 것이다. 이렇게 이야기하면 많은 학생은 당연히 자신의 전공 실력, 기사 자격증 취득, 공모전 수상과 같은 이야기를 먼저 떠올리곤 한다. 하지만 여기에서 말하는 자신의 강점이란 역량만을 말하는 것은 아니다.

경력이 있는 지원자라면 직무관련 경력과 경험이 강점이 될 수 있고, 남다른 책임감을 가진 지원자라면 책임감이 자신의 강점이 될 수 있다. 또, 입사하고 나면 궂은일을 도맡아 하겠다는 자세가 강점이 될 수 있고, 지원 공기업의 고객이었기 때문에 고객의 처지에서 생각하고 일할 수 있다는 것도 강점이 될 수 있다. 이렇게 단순히 역량이 아니라 면접관들이 매력적으로 생각할 수 있는 남다른 강점을 찾아서 이를 이야기하고 설득하는 지원자가 가장 좋은 평가를 받게 되는 것이다.

지원하는 공기업에 따라, 직무에 따라 여러 가지 강점들을 생각해 볼 수 있겠지만 공기업의 조직문화와 특성을 고려하면 추천하고 싶은 강점은 전문성이다. 특히 이공계의 경우, 전문성을 강조하는 것이 좋다. 하지만 이는 단순히 지식이나 자격증을 의미하지는 않는다. 자신이 실제 직무를 수행하는데 필요한 전문성을 이야기하는 것이 좋다. 전문성보다 매력적인 강점은 직무관련 경력과 경험 그리고 역량이다. 직무수행에 당장 활용할 수 있고 도움이 될 수 있는 경력과 경험을 자랑해도 좋고 실제 직무수행을 잘 수행해 낼 수 있는 역량을 말해도 좋다. 이 역량은 애매모호한 개념으로 표현하기보다는 실제 현장에서, 실무에서 활용할 수 있는 구체적인 역량을 이야기하는 것이 좋다.

예를 들어 국민건강보험공단에 지원하는 지원자라면 주요 고객인 할아버지의 말씀을 끈기 있게 들어드리고 귀가 잘 안 들리는 할아버지에게 조리 있게 노령연금을 설명할 수 있는 역량을 이야기하는 것이다. 물론 단순히 내가 직무를 잘 수행할 수 있는 역량을 가지고 있다고 주장해서는 안 된다. 자신의 역량을 증명할 수 있는 객관적인 증거나 근거를 이야기해야 하는 것이다.

마지막으로 공기업 면접관들이 가장 선호하는 강점은 바로 지원자의 인성이다. 흔히 자세나 태도, 생각이나 마음가짐과 같은 것이다. 언뜻 잘 이해가 잘 안될 수도 있겠지만 조직 생활에서, 직원에게서 가장 필요한 것이 바로 사람 됨됨이라는 점을 생각해 보면 이를 효과적으로 전달할 수만 있다면 가장 매력적인 강점이 되는 것이다.

셋째, 분석하고 칭찬하라

1분 자기소개를 하면서 자신의 자랑거리만 늘어놓는 지원자들이 대부분이다. 수없이 많은 지원자가 면접장에 들어서 자신이 얼마나 좋은 인재인지 자랑을 늘어놓기 바쁘다. 그런 지원자들의 자기 자랑을 듣다 보면 어느새 지원자들의 거창한 자랑에도 그저 시큰둥해지기 마련이다. 그러다가 가끔 귀에 쏙 들어오는 이야기가 있다. 고개를 처박고 있다가도 저절로 고개를 들어 얼굴을 한 번 보게 만드는 지원자들이 있다. 바로 내가 다니는 회사, 공기업에 관해 이야기하는 지원자이다. 내가 몸담은 공기업에 대해, 사업 분야에 대해, 직무에 대해 나름대로 분석하고 강점을 말하며 칭찬하는 지원자의 자기소개는 면접관의 관심뿐만 아니라 긍정적인 평가까지 이끌어 내게 된다.

직원으로서, 면접관으로서 내가 근무하고 있는 회사에 대해 칭찬하는 지원자가 싫을 이유는 전혀 없다. 그것도 입에 발린 칭찬이 아니라, 홈페이지의 내용을 그대로 읊어대는 것이 아니라 우리 공기업이 왜 중요한지를 이야기하는 지원자에게 자연스럽게 눈길이 갈 수밖에 없다. 이것이 바로 1분 자기소개에서 지원하는 공기업에 대한 분석과 칭찬이 필요한 이유이다. 주의해야 할 점은 단순한 칭찬이어서는 안 된다는 점이다. 지원하는 공기업과 사업 분야를 조사하고 오랜 고민과 분석을 통해서 자기 생각을 말하며 지원 공기업에 대해 칭찬하는 것이 필요하다.

넷째, 자기 생각과 계획을 구체적으로

면접의 주요한 목적 중 하나는 지원자가 어떤 생각을 하고 있는지 파악하는 것이다. 그래서 면접 질문을 꼼꼼히 분석해 보면 지원자의 생각을 묻는 경우가 많다는 점을 알 수 있다. 그래서 1분 자기소개에서부터 자기 생각을 이야기하는 지원자는 좋은 평가를 받는 경우가 많다. 앞서 이야기한

대로 많은 지원자가 자기 생각보다는 자신의 자랑을 늘어놓기 바쁘다. 그런 자랑에 지쳐버린 면접관에게 자기 생각과 계획 그리고 각오를 밝히는 지원자는 남다르게 보일 수밖에 없다.

자기 생각을 이야기해야 한다고 하면 대부분 지원자는 자신의 다짐을 이야기하는 경우가 많다. "열정을 다해, 최선을 다해"와 같이 공허한 다짐보다는 구체적으로 "현장을 발로 뛰며, 선배들과 함께 힘을 합쳐"와 같이 어떻게 할 것인지 자신의 계획을 밝히는 것이 좋다. 1분 자기소개에서까지 수치를 들먹이며 자신의 목표나 계획을 말하라는 것은 아니다. 하지만 어떤 자세로 일을 할 것인지, 어떻게 선배 동료들과 화합하고 협력할 것인지를 면접관들이 명확히 이해할 수 있도록 전달하는 것이 좋다.

다섯째, 외운 것을 말하지 말고 키워드를 말하라

이는 비단 1분 자기소개뿐만 아니라 모든 면접답변을 준비하는 데에도 적용된다. 면접에서 자신이 이야기하거나 답변할 내용을 외워서는 절대 안 된다. 물론 1분 자기소개가 중요한 만큼 열심히 연습하는 것은 필요하다. 하지만 그것이 자기소개 내용을 글자 하나 틀리지 않도록 외우고 면접장에서 녹음기처럼 읊어대는 것은 아니다.

많은 지원자가 1분 자기소개의 내용을 철저히 외우고 면접장에 들어선다. 하지만, 면접장에 들어서는 순간 너무 떨리고 긴장이 돼서 외웠던 내용을 말하다가 그만 까먹거나 실수하게 된다. 면접관이 느끼지 못하는데도 스스로 틀렸다는 것을 알아채고 더 흔들리게 된다. 그래서 한숨을 내쉬며 죄송하다는 말과 함께 다시 시작해도 되냐고 허락을 구하곤 한다. 하지만 이렇게 한번 실수하게 되면 그다음 역시 실수를 범하게 된다.

결국 준비했던 내용을 다 말하지도 못하고, 자신이 얼마나 준비가 덜 됐는지만을 보여주고 자기 순서를 끝낸다. 이런 지원자들의 특징은 1분 자기소개를 망치고 나서 정신줄을 놓는다는 것이다. 다른 지원자들의 자기소개나 면접에 전혀 귀 기울이지 않고 멍하니 시선을 아래로 깐 채 다른 세상을 여행하곤 한다. 결국 준비도 제대로 안 된 지원자, 위기에 흔들리는 지원자, 다른 사람의 말을 경청하지 않는 지원자, 쉽게 포기하는 지원자라는 인상만 심어준 채 면접에서 탈락하는 것이다.

그래서 1분 자기소개는 절대 외워서는 안 된다. 자신이 이야기할 1분 자기소개를 미리 글로 쓰는 것까지는 좋다. 중요한 것은 그 내용에서 내가 반드시 이야기해야 하는, 가장 중요한 단어들, 키워드를 표시하는 것이다. 그런 다음에 1분 자기소개를 연습하면서 그 키워드만 잊지 않고 이야기하면 된다. 키워드를 제외한 다른 부분들은 얼마든지 변형해도, 다른 표현을 쓰며 이야기해도 된다. 이런 연습을 통해서 어떠한 상황에서도 내가 반드시 이야기할 키워드만 제대로 이야기한다면 그것이 바로 성공적인 자기소개가 되는 것이다.

여섯째, 속도를 조절하고 강약의 흐름을 타라

1분 자기소개 순서가 돌아오면 기다렸다는 듯이 바로 자신이 준비했던 내용을 속사포처럼 이야기하는 지원자들이 있다. 바로 앞서 이야기한 자기소개 내용을 외웠던 지원자들이 공통으로 보이는 모습이다. 미리 준비하고 외워 왔던 자기소개 내용을 혹시라도 중간에 잊어버릴까 봐 자신도 모르게 빠르게 이야기하는 것이다. 아무런 감정도, 느낌도 싣지 못하고 아무런 고저나 강약의 변화 없이 마치 녹음기를 1.5배 속으로 재생하는 것과 같이 내뱉는 것이다. 면접관이 자기소개 내용을 듣는지는 전혀 관심이 없다. 내가 준비한 내용만 틀리지 않고 말하면 된다는 식이다. 면접관으로서는 그리 반갑지 않은 지원자의 모습이다.

오랜 시간 많은 지원자와의 면접을 통해 지쳐버린 면접관으로서는 사실 지원자가 1분 자기소개를 아무리 잘해도 귀에 잘 들어오지 않는 경우가 많다. 그런 상황에서 이렇게 일방적으로 빠르게, 아무런 고저나 강약의 변화가 없는 자기소개 내용이 귀에 들어올 리 없다.

그래서 1분 자기소개는 오히려 자기 생각보다 약간 느리게 하는 것이 좋다. 또한 자기소개 내용 중에 자신이 강조하고 싶은 부분에 힘을 실어 주고, 중요한 부분에서는 일부러 맥을 끊는 것이 좋다. 이를 위해서는 자신의 1분 자기소개를 약간은 과장되게 감정을 넣어서, 약간은 느리게 말하는 것이 좋다. 속도를 조절하고 강약의 흐름을 타는 것, 그게 바로 평범하기 그지없는 1분 자기소개에 생명을 불어넣는 방법이다.

일곱째, 어설프게 비유하지 마라

1분 자기소개를 듣다 보면 가끔 눈길을 끄는 지원자들이 있다. 자신의 강점을 부각하기 위해 자신을 특정한 동물이나 사물, 현상 등에 비유하는 것이다. 심지어는 손동작이나 행동까지 넣어가면서 비유하는 지원자들도 있다. 그래도 제대로 비유하는 경우는 그나마 낫다. 대부분은 얼토당토 않은 비유를 하거나, 상황에 전혀 어울리지 않는 동작을 곁들여 눈살을 찌푸리게 한다.

이런 지원자들은 확실히 면접관의 시선을 끄는 데는 성공한다. 하지만 그뿐이다. 단지 시선을 끌었을 뿐, 면접관에게 좋은 인상을 심어주는 데는 실패하는 경우가 많다. 민간 대기업의 면접에서는 이렇게 자신을 비유하면서 멋지게 소개하는 것이 좋은 평가를 받을지 몰라도 공기업에서는 그렇지 않다.

오히려 상황판단을 못 하는 지원자, 돌출행동으로 사고를 칠 수 있는 지원자, 동료를 짓밟고 혼자서만 살아남는 이기적인 지원자, 신뢰감을 주지 못하는 지원자와 같은 부정적인 인상만 심어주게 된다. 공기업의 문화는 과정을 중시한다. 일을 추진하는 과정에서, 동료들과 전혀 다른 기발한 아이디어를 내고 남다른 행동이나 편법을 동원해서 성과를 만드는 직원은 결코 환영받지 못한다.

게다가 이미 그런 지원자들을 많이 봐왔던 공기업의 면접관들은 민간 대기업을 준비하다가 그냥 공기업에 지원해서 분위기를 잘 파악 못하는 지원자라는 선입견을 갖기도 한다. 그래서 공기업 면접의 자기소개에서는 어설프게 자신을 무엇에 비유하여 설명하기보다는 자신의 진정성을 담아 차분하게 면접관을 설득하는 모습이 필요하다.

여덟째, 구걸하지 마라

1분 자기소개를 듣다 보면 안쓰러운 표정으로 구걸하듯 자기소개를 하는 경우가 종종 있다. 지금까지 얼마나 힘들게 이 면접장에 올 수 있었는지를 이야기하거나, 취업을 위해서 얼마나 열심히 노력했는지를 이야기하다가 갑자기 감정에 북받쳐 울먹이며 자신의 간절함을 이야기하며 호소하기도 한다. 또는 "뽑아만 주신다면….”과 같은 말을 하면서 자신이 얼마나 열심히 일을 할 것인지 이야기하기도 한다.

이렇게 첫 대면에서부터 자신의 어려운 상황을 이야기하거나 당당하지 못하고 자신감 없이 비굴한 모습을 보여주는 지원자를 어떻게 긍정적으로 평가할 수 있을까? 우리 신입직원이 저렇게 자신감 없는, 비굴한 모습으로 외부 기관의 직원을 만나거나 고객을 만난다고 생각하면 절대 선택하고 싶지 않은 지원자의 모습이다.

물론 지원자로서 면접관에게 잘 봐달라고 부탁하고 싶은 마음이 드는 것은 당연하다. 하지만 그것을 노골적으로 드러내는 것은 오히려 절대 뽑지 않아야 할 정도로 실력과 자신감이 부족한 지원자로 비추어질 수밖에 없다. 1분 자기소개를 통해서는 절대 비굴하거나 약한 모습을 보여주기보다는 자신감 있는 모습으로 당당하게 자신의 강점을 이야기하고 설득해야 한다.

1분 자기소개 예시

지금까지 공기업 면접의 1분 자기소개를 공략하는 방법에 관해서 이야기했다. 어떤 자기소개가 좋은 자기소개인지 아래의 예시를 통해서 알아보고 자신에게 가장 잘 맞는 자기소개를 준비하고 그것을 멋지게 보여주자.

한국국토정보공사

안녕하십니까? 국토조사직 지원자 000 입니다. 한국국토정보공사는 38년간 축적해온 공간 빅 데이터라는 재화를 다양한 분야와 접목하여 새로운 공간정보 서비스 사업을 개척하고 있습니다. 국토조사 업무를 하는 데 있어, 데이터베이스의 유지관리가 물론 중요하지만, 이를 융복합하여 합리적 국토계획 및 정책에 이바지할 수 있는 가공된 분석 자료를 기획하는 부분 또한 중요하다고 생각합니다.

저는 도시에 이어 조경을 공부하면서 지역에 적합한 프로그램을 구상하고 설계하는 프로젝트를 경험했습니다. 이를 통해 특히, 환경·관광 분야와 연결된 가치 있는 공간 서비스를 기획할 수 있는 기초역량을 갖추었습니다. 저의 호기심 많은 탐구 정신과 성실함을 무기로 업무를 하면서 적극적으로 아이디어를 개진하고 데이터 분석 기술을 하나라도 더 배우기 위해 선배님들을 열심히 쫓아다니는 모습을 보여드리겠습니다. 오늘 이 자리가 긴장되지만, 면접관님들에게 저의 솔직한 답변과 발전 가능성을 보여드리겠습니다. 감사합니다.

한국조폐공사

안녕하십니까? 33번 지원자 000입니다. 한국조폐공사에서 가장 소중한 가치는 믿음이라고 생각합니다. 한국조폐공사는 1951년부터 국민 누구나 믿고 사용할 수 있는 지폐를 제작해 왔습니다. 또한 전자여권, ID 카드, TSM과 같이 누구나 안심하고 사용할 수 있는 보안 솔루션을 통해 세계 보안 시장을 개척하고 있습니다.

저는 세계 5대 조폐, 보완기업으로 성장하고 있는 한국조폐공사에서 가장 신뢰받는 직원이 되고 싶습니다. 고객에게 항상 밝은 미소와 적극적인 자세로 무한한 신뢰를 받고, 상사, 선배님들로부터는 000라면 어떤 일이든지 맡길 수 있다는 강한 믿음을 드리겠습니다. 오늘, 이 면접장에 서기까지 정말 열심히 노력해 왔지만, 아직도 배워야 할 점이 많습니다. 하지만 밤늦게까지 선배님들을 귀찮게 쫓아다니며 일을 배우고, 힘든 일에도 몸을 사리지 않고 가장 먼저 팔을 걷어붙이는 모습을 보여드리겠습니다. 감사합니다.

한국철도공사

 **답변**

작은 것부터 제대로 챙기겠습니다. 운전직 지원자 145번입니다.

사람은 바위가 아니라 작은 돌멩이 때문에 넘어진다는 말이 있습니다. 저는 작은 실수, 작은 방심이 자칫 큰 사고로 이어질 수 있다고 생각합니다. 그래서 타 교통공사에서 근무하면서 누가 보지 않아도 큰 목소리로 지적 확인 환호를 하고 체크리스트를 반복 확인하며 작은 것들을 챙겼습니다. 덕분에 저는 선배님들로부터 기관사 체질이라는 칭찬을 들을 수 있었습니다. 우리 공사에서도 작은 것 하나까지고 놓치지 않는 습관, 반복적으로 확인하는 습관을 통해 승객의 안전을 챙기겠습니다. 감사합니다.

한국철도공사

 **답변**

안녕하십니까? 토목직 지원자 145번입니다.

코레일에서 가장 중요한 가치는 약속이라고 생각합니다. 국민을 안전하고 편안하게 목적지까지 약속된 시간까지 모셔야 하기 때문입니다. 우리 코레일이 국민에게 신뢰받을 수 있었던 것은 선배님들께서 힘들고 어려운 상황에서도 그 소중한 약속을 지켜왔기 때문이라고 생각합니다.

저 역시 코레일에서 그 소중한 약속을 지켜나가고 싶습니다. 그 약속을 떠올리며 선배님들과 함께 땡볕에서 땀을 흘리고, 때로는 새벽에 곡괭이질을 하겠습니다.

오늘 대전까지 KTX를 타고 오면서 스스로 많은 다짐과 약속을 하면서 왔습니다. 오늘 면접관님들께 드리는 다짐과 약속을 절대 잊지 않고 국민에게, 선배님에게 신뢰받는 직원이 되기 위해 작은 일 하나하나에도 최선을 다하겠습니다. 감사합니다.

서울교통공사

 **답변**

사무직 지원자 23번 지원자입니다. 오늘 이 자리에서 저의 강점인 성실, 전문성, 열정을 보여드리겠습니다. 평소에 저는 조직에 헌신하는 성실한 모습으로 어떤 업무도 믿고 맡길 수 있는 신뢰를 쌓아왔습니다. 또한 KT와 LG에 핵심 솔루션을 제공하는 서버 개발자로서 발신자표시 서비스를 개발 및 운영하고 네트워크 상태를 주기적으로 모니터링하여 이상 징후를 사전에 차단했던 경험이 있습니다. 끝으로 서울메트로에서 철도시설을 지키는 최고의 정보보안 전문가로 성장하기 위해 제 열정을 끝까지 불태우겠습니다. 선배님들을 도와 1,000만 시민의 안전을 책임지는 든든한 파수꾼이 되겠습니다. 감사합니다.

서울교통공사

 답변

안녕하십니까? 사무영업 지원자 145번입니다.

저는 사람들을 좋아합니다. 사람들을 만나는 것을 좋아합니다. 그리고 저는 사람들을 도와주는 것을 좋아합니다. 제가 우리 서울교통공사에 지원한 이유입니다.

우리 공사에는 많은 승객이 찾아오십니다. 사무실에 앉아 있기보다는 개찰구 앞에서 고객들을 만나겠습니다. 길을 몰라서 헤매시는 어르신, 거동이 불편하신 장애인분들에게 먼저 다가가 작은 도움을 드리겠습니다. 갑작스러운 위급상황에도 병원에서 그동안 배웠던 위기 대처 능력을 발휘해 차분히 대응하겠습니다.

부족한 점도 있지만 사람을 좋아하는 저의 강점을 발휘해 고객들에게 미소를 선물해 드리겠습니다. 오늘 면접에서도 늘 열심히 노력하는 저의 모습을 모두 보여드리겠습니다. 감사합니다.

서울교통공사

 답변

안녕하십니까? 사무일반 지원자 145번입니다.

처음 철도관련 공공기관에서 역무직으로 근무하면서 어렵고 힘든 때가 있었습니다. 하지만 그럴수록 저는 더 밝게 웃으며 고객들을 응대하고 더 싹싹하게 선배님들을   아 다니며 업무를 배우기 위해 노력했습니다. 덕분에 저는 선배님들은 물론 고객들로부터 참 싹싹하다는 칭찬을 들을 수 있었습니다.

저는 우리 서울교통공사에서도 가장 싹싹한 신입사원이 되겠습니다. 어렵고 힘들 때도 있겠지만 그럴수록 선배님들을 믿고 의지하며 더 힘을 내겠습니다. 찾아오시는 고객들을 제 가족처럼 생각하고 정성을 다하겠습니다. 그래서 우리 선배님들께서 쌓아오신 든든한 신뢰를 제가 이어나가겠습니다.

많이 떨리고 긴장되지만, 면접관님들께 늘 밝고 싹싹한 저의 장점을 꼭 보여드리겠습니다. 감사합니다.

국민건강보험공단

 답변

안녕하십니까? 145번 지원자입니다.

우리 국민건강보험공단에서 가장 소중한 가치는 친근함이라고 생각합니다. 우리 공단은 건강보험과 장기 요양보험을 통해 국민의 곁에서 행복한 삶을 만들어 가고 있습니다.

저는 우리 공단에서 가장 진솔한 직원이 되고 싶습니다. 저는 곤란한 상황에서도 거짓말을 하기보다는 솔직하게 이야기하곤 합니다. 고객들에게 솔직하고 밝은 모습으로 먼저 다가갈 때 강한 신뢰를 줄 수 있다고 생각하기 때문입니다. 이러한 신뢰를 바탕으로 고객에게 한 걸음 더 다가가 친근한 우리 공단의 이미지를 보여드리겠습니다. 고객만족을 넘어 고객 감동이 될 수 있도록 국민건강보험공단에서 가장 믿음직스러운 신입직원이 되겠습니다. 감사합니다.

국민건강보험공단

안녕하십니까? 요양직 지원자 145번입니다.

고객을 응대하기가 쉽지만은 않았습니다. 까다로운 요구사항도 많고 화를 내시는 경우도 많기 때문입니다. 그래서 *협에서 또 공항에서 근무하면서 늘 즐거웠던 것은 아니었습니다. 그래도 고객께서 정말 고맙다며 웃어주실 때, 또 손을 잡아 주실 때가 가장 행복했었습니다.

우리 공단의 요양직 직원은 많은 어르신을 만나야 합니다. 한편으론 제가 잘 할 수 있을까 걱정이 되기도 합니다. 하지만 어르신들의 손을 잡아드리며 작은 것 하나라도 더 도와드리고 싶습니다. 그래서 환하게 웃으시는 어르신들의 고맙다는 인사와 칭찬을 꼭 듣겠습니다. 감사합니다.

국민건강보험공단

안녕하십니까? 요양직 지원자 145번입니다.

코로나 때문에 하루 종일 집에 갇혀 계시던 어르신들이 많았습니다. 저는 그런 어르신들에게 더 밝은 목소리로 안부 인사를 드리고 알기 쉽게 설명해 드려 두려움을 이겨내실 수 있도록 도왔습니다. 덕분에 어르신들께서는 하루 종일 제 전화가 가장 기다려진다며 말씀하시곤 하셨습니다. 저는 우리 공단에서도 어르신들이 가장 기다리는 직원이 되겠습니다. 하루 종일 외롭고 힘드실 것 같습니다. 그래서 더 밝게 인사드리고 더 쉽게 설명해 드리겠습니다. 그래서 어르신들께서 저를 꼭 기억하실 수 있도록 만들겠습니다. 감사합니다. 많이 긴장되지만, 면접관님들께서 이끌어 주시는 대로 저의 솔직한 모습 보여드리겠습니다. 감사합니다.

근로복지공단

안녕하십니까, 공감으로 남을 먼저 이해하려 노력하는 3번 지원자입니다.

우리 근로복지공단은 근로자들이 산업재해의 피해에서 스스로 일어서고 작업 현장으로 복귀할 수 있도록 도움을 주는 가장 든든한 친구와 같은 기관입니다. 그래서 우리 공단 직원에게 가장 필요한 것은 근로자와 공감할 수 있는 능력이라고 생각합니다. 저는 지난 2년간 지역센터에서 초등학생을 위해 영어교육 봉사활동을 통해 공감 능력을 키울 수 있었습니다. 제가 담당했던 아이는 처음에는 이야기조차 하지 않으려 했습니다. 그래서 저는 매일 센터에 나가 청소를 하며 아이를 지켜봤습니다. 아이가 원하는 것을 파악하고 그것을 수업에 적용한 결과 아이는 적극적으로 수업에 참여하게 되었습니다.

이렇게 봉사활동을 통해 키워온 저의 공감 능력을 발휘하여 산업재해라는 뜻하지 않은 피해를 당하신 근로자분들의 입장에서 그분들이 무엇을 원하고 필요로 하시는지 먼저 알고 도움을 드릴 수 있는 신입사원이 되겠습니다. 감사합니다.

안전보건공단

안녕하십니까? 안전직 145번 지원자입니다.

우리 안전보건공단은 1987년 설립된 이래 근로자의 생명과 건강을 지키기 위하여 다양한 전문기술 사업을 통하여 산업재해를 줄여왔습니다.

산업재해를 효과적으로 예방하기 위해서는 우리 공단의 고객인 근로자는 물론, 사업주와의 소통은 필수적이라고 생각합니다. 저는 환한 웃음으로 먼저 인사하며 누구하고도 친하게 지내는데 남다른 재능이 있습니다. 그리고 이 재능은 저의 가장 큰 장점이자 무기입니다.

3년 동안 교내 글로벌 프로그램에 참여하면서 12개국 60여 명의 외국인 학생들을 만나 함께 여행하고 운동을 하면서 모두 친구로 만들었습니다. 그리고 제조공정을 배우기 위해 현대자동차 조립공장에서 단기 아르바이트를 하면서 다양한 세대의 근로자들과 함께 일하고 소통하며 더욱 성장할 수 있었습니다.

이러한 경험을 바탕으로 안전보건공단에서 가장 인정받고 발전하는 신입직원의 모습을 보여드리겠습니다. 감사합니다.

한국농어촌공사

안녕하십니까? 145번 지원자입니다.

한국농어촌공사에 가장 필요한 인재는 소통과 협력을 잘하는 인재라고 생각합니다. 한국농어촌공사는 1908년 창립 이래 농업의 경쟁력 강화와 농어촌 생활환경 개선을 위해 힘써왔습니다. 또한, 농어촌 공간 재창조, 해외농업개발, 신재생에너지 사업 등의 미래 사업 창조를 통해 경쟁력을 강화하고 있습니다.

저는 국가 균형발전에 주도적인 역할을 하고 있는 한국농어촌공사에서 혼자보다는 선배 동료들과

한국농어촌공사

안녕하십니까! 기전직 지원자 145번입니다. 저는 오늘 면접에서 저의 세 가지 강점을 말씀드리고 싶습니다.

첫째, 소통역량입니다. 모든 일은 혼자서 할 수 없습니다. 그렇기 때문에 소통역량이 필요합니다. 저는 동아리 회장을 역임하면서 구성원들 간의 자유로운 의사소통으로 조직에 활기를 불어넣었습니다.

둘째, 전문성입니다. 저는 전공수업과 전기기사 학습을 통하여 직무에 필요한 전기설비 설계 및 감리에 관한 전문지식을 쌓아왔습니다.

셋째, 책임감입니다. 공동의 목표 달성을 위해서는 구성원 모두가 자신의 책임을 다하는 것이 필요합니다. 저는 학생회 활동 등 다양한 조직 활동을 통해 제게 주어진 일에 늘 최선을 다하기 위해 노력해 왔습니다.

한국농어촌공사의 선배님들과 함께 저의 세 가지 강점을 살려 살기 좋은 농어촌을 만드는 데 앞장서겠습니다. 감사합니다.

한국산업단지공단

안녕하십니까? 사무직 지원자 145번입니다. 저는 우리 아버지를 가장 존경합니다. 아무리 힘들어도 묵묵히 당신의 책임을 다해오셨기 때문입니다. 대한민국의 모든 아버지가 그러셨습니다. 그렇게 눈부신 경제발전을 이룩해 냈습니다.

우리 한국산업단지공단은 지난 30년 동안 우리 아버지들이 더 좋은 환경에서 일하실 수 있도록, 그리고 성공하실 수 있도록 도와드렸습니다. 저는 우리 공단에서 입주 업체들에 가장 친근한 직원이 되겠습니다. 찾아오시는 입주업체 관계자분들을 제 아버지처럼 환한 미소로 맞이하고 어려운 점을 끝까지 해결해 드리겠습니다. 그래서 입주업체들이 더 좋은 환경에서, 더 좋은 제품과 서비스를 만들어 세계 시장을 석권할 수 있도록 만들어 보겠습니다.

건강보험심사평가원

안녕하십니까? 심사직 지원자 145번입니다.

저는 남들처럼 뛰어나거나 빠르지 못합니다. 하지만 저는 부족함을 알기에 꾸준히 노력해 왔습니다. 힘들다고 투덜대거나 포기하지 않았습니다.

병원에서 13년을 근무하면서 힘든 일도, 포기하고 싶었을 때도 많았습니다. 하지만 선배들을 의지하고 후배들을 다독이며 저의 책임을 다해왔습니다. 덕분에 선배들로부터, 후배들로부터 믿음을 받을 수 있었습니다.

저는 그런 직원이 되고 싶습니다. 우리 심사평가원에서도 제 일을 끝까지 책임지는 직원, 변명하기보다는 밤새워 고치려고 노력하는 직원이 되겠습니다.

3번째 면접인데도 많이 떨립니다. 하지만 오늘도 최선을 다해보겠습니다. 감사합니다.

건강보험심사평가원

안녕하십니까? 심사직 지원자 145번입니다.

고령화 현상이 심화하면서 우리 건강보험심사평가원의 역할은 더욱 커지고 있습니다. 저는 우리 심평원에서 차가운 머리와 따뜻한 가슴을 지닌 직원이 되겠습니다. 업무에 있어서는 차가운 분석력을, 사람과의 관계에서는 따뜻함을 가지고 다가가겠습니다.

저는 금융기관에서 근무할 당시, 정확하고 세심한 고객분석으로 마케팅 전략을 세웠던 경험이 있습니다. 또한 대민업무를 담당하면서 고객의 관점에서 문제를 고민하고 공감한 덕분에 많은 단골고객을 만들 수 있었습니다.

이러한 경험을 발휘하여 정확성을 요하는 심사, 평가 업무에 있어서는 차가운 머리를, 동료와 고객에게는 따뜻함을 보여드리겠습니다. 감사합니다.

국민연금공단

 **답변**

안녕하십니까. 우리 국민연금공단에서 가장 믿음직한 일꾼, 부지런한 심부름꾼이 되고 싶은 지원자 145번입니다.

제가 가진 첫 번째 강점은 금융에 대한 이해입니다. 미소금융재단의 인턴 활동 당시, 일회성 금융 지원이 아니라, 지속적인 관계와 신뢰를 구축하는 것이 얼마나 중요한지 배울 수 있었습니다.

두 번째 강점은 지역에 대한 이해입니다. 죽장마을 농촌봉사활동, 한옥마을 팀 프로젝트 등의 활동을 통해 지역 주민들의 삶을 이해하고 함께 할 수 있었습니다.

세 번째 강점은 고객에 대한 이해입니다. 식당을 운영하는 어머니의 일손을 도우며 단골고객을 많이 확보할 수 있었던 이유는 고객의 마음을 읽기 위해 노력한 덕분이었습니다.

이러한 저의 강점을 발휘하여 우리 국민연금공단의 도움이 필요한 고객들에게 믿음직한 일꾼, 부지런한 심부름꾼 같은 신입직원이 되겠습니다. 감사합니다.

국민연금공단

 **답변**

안녕하십니까? 사무직 지원자 145번입니다.

우리 공단에서 인턴으로 처음 근무하면서 까다로운 민원인 때문에 속상했던 적이 많았습니다. 하지만 그럴수록 더 밝게 웃으며 친절하게 설명해 드리려고 노력했습니다. 덕분에 저는 선배님들로부터 딱 민원 체질이라는 칭찬을 들을 수 있었습니다.

저는 우리 국민연금공단에서 고객들에게 딸처럼 친근하게 다가가는 신입직원이 되겠습니다. 어렵게 시간 내서 찾아오시는 만큼 더 반갑게 인사드리고 어떤 도움이 필요하신지 정확히 파악하고 필요한 도움을 드리겠습니다. 그래서 고객들께서 돌아가실 때 우리 국민연금공단 정말 친절하고 일 잘한다고 칭찬하실 수 있도록 만들겠습니다. 많이 떨리는 자리이지만 오늘 면접관님들에게 딸처럼 친근하게 다가가는 저의 강점을 보여드리기 위해 최선을 다하겠습니다. 감사합니다.

국민연금공단

 **답변**

안녕하십니까? 콜센터 수어 상담직 지원자 145번입니다.

제가 3년간 지역 수어 통역센터에서 근무하면서 느낀 점이 있다면, 청각장애인들에게 가장 필요한 것은 바로 따뜻한 말 한마디와 작은 관심이었습니다. 저는 우리 국민연금공단에서도 그분들에게 가장 따뜻한 직원이 되고 싶습니다.

도움이 필요해서 어렵게 전화를 주신만큼 더 밝은 모습으로 인사드리겠습니다. 그분들의 손동작 하나도 놓치지 않고 잘 들어드리고 그분들에게 꼭 필요한 도움을 드리겠습니다. 그래서 그분들께서 우리 국민연금공단은 정말 일 잘한다고 칭찬하시도록 만들겠습니다. 오늘 많이 떨리지만, 면접관님의 질문에 솔직한 저의 모습을 보여드리겠습니다. 감사합니다.

한국전력공사

안녕하십니까. 사무직 지원자 145번입니다.

세상은 전기로 움직이고 있습니다. 이렇게 세상을 움직이는 전기는 발전기를 통해 만들어집니다. 저는 발전기와 같은 사람이 되고 싶습니다. 끊임없이 회전하며 전기를 생산하는 발전기처럼 저는 끊임없이 노력하여 성장과 발전을 만들어 내고 싶습니다. 저의 성장과 발전을 통해 우리 한국전력공사의 발전과 새로운 도약을 만들어 내겠습니다.

저는 지치고 힘들어도 내색하지 않고 무던하게 노력하는 끈기를 가지고 있습니다. 이런 끈기와 꾸준함 덕분에 동아리 활동과 인턴 경험 등 다양한 조직 생활에서 늘 함께하고 싶은 동료로 인정받을 수 있었습니다.

우리 한국전력공사에서도 발전기처럼 꾸준하게 노력하고 조직에 이바지하는 직원이 되겠습니다. 오늘 면접에서 저의 끈기를 면접관님들께 보여드릴 수 있도록 최선을 다하겠습니다. 감사합니다.

한국전력공사공단

안녕하십니까? 건축직 지원자 145번입니다.

처음에 현장은 너무 어려웠습니다. 제가 학교에서 배우고 생각했던 것들과 많이 달랐습니다. 사무실에서 해결하지 못하는 문제들도 많았습니다.

그래서 저는 현장을 뛰어다녔습니다. 냉커피를 타드리면서 선배님 그리고 현장 반장님들의 업무 노하우를 훔쳐 배웠습니다. 덕분에 선배님들로부터 싹싹하게 일 잘한다는 칭찬을 들을 수 있었습니다.

우리 한전의 건축 현장은 더 어려울 것 같습니다. 하지만 제가 열심히 배우고 뛰어다닌다면 어떤 일이든 충분히 해낼 수 있다고 믿습니다. 그런 자세로 한전 선배님들의 마음도 훔쳐보겠습니다.

우리 한전은 제가 오랫동안 꿈꾸어온 직장입니다. 그래서 오늘 더 많이 떨리고 긴장되지만, 저의 솔직한 모습을 모두 보여드리기 위해 최선을 다해보겠습니다. 감사합니다.

한국전력공사 청년인턴

 **답변**

안녕하십니까? 청년인턴 지원자 145번입니다.

우리 한국전력공사는 우리나라 최고의 공기업입니다. 저는 대한민국 최고의 공기업에서 선배님들의 업무를 도와드리며 실무역량과 경험을 쌓고 싶습니다.

선배님들께서 어떤 업무를 하시는지, 또 어떻게 하시는지, 그리고 고객을 어떻게 응대하시는지 꼭 배워보고 싶습니다. 바쁘신 선배님들을 대신해 밤늦게까지 자료를 정리하고, 귀찮은 일은 제가 먼저 처리하겠습니다. 그런 자세로 선배님들에게 칭찬받겠습니다. 그래서 올해 하반기에는 한전 입사라는 목표를 꼭 달성하고 싶습니다. 감사합니다.

신용보증기금

 **답변**

안녕하십니까? 행정직 지원자 145번입니다.

아무리 어렵고 힘들어도 항상 긍정적으로 생각하는 것, 제가 가진 가장 큰 장점입니다. 저는 이런 장점 덕분에 현 직장에서 선배님들로부터 듬직하다는 칭찬을 듣곤 했습니다.

요즘 많은 중소기업이 힘들어하고 있습니다. 저는 우리 신용보증기금에 입사해 그분들에게 힘이 되어드리고 싶습니다. 업무가 많이 어렵고 힘들겠지만, 선배님들과 함께 더 즐겁게 일하겠습니다. 더 친절한 자세로 도움을 드려 많은 중소기업이 이 힘든 시기를 이겨낼 수 있도록 돕겠습니다.

많이 떨리지만, 항상 긍정적으로 생각하고 노력하는 저의 강점 꼭 보여드리고 싶습니다. 감사합니다.

한국은행

 **답변**

안녕하십니까? 경영직 지원자 145번입니다.

제 별명은 맏언니입니다. 친구들이 힘들고 어려울 때마다 맏언니처럼 이야기를 들어주고 챙겨 주기 때문입니다. 그래서 가끔은 어머니한테 잔소리를 듣기도 하지만, 친구들과 더욱 친하게 지낼 수 있었습니다.

우리 한국은행에서도 맏언니 같은 직원이 되겠습니다. 힘들고 어려운 일에 몸 사리지 않고 가장 먼저 나서겠습니다. 힘들어하는 동료에게 먼저 다가가 힘든 이야기를 들어주고 손을 꼭 잡아 주겠습니다. 아무리 작고 사소한 일에도 최선을 다하겠습니다. 그런 자세로 선배님들로부터도 맏언니 같이 믿음이 간다는 칭찬, 꼭 듣겠습니다. 감사합니다.

산업은행

저는 대학시절 금융권 공동채용 박람회를 통해 산업은행을 처음 알게 되었습니다. 당시, 국가 경제를 위해 다양한 업무를 수행하며 자부심을 느낄 수 있는 직장이라 생각했고 이후 산업은행 인턴을 지원했습니다.

그리고 인턴으로 근무하며 작은 일에도 최선을 다했습니다. 왜냐하면 선배님들께서 바쁘시고 인력도 부족한 상황에서 기업을 돕는 업무에 집중하시는데 조금이나마 보탬이 되고 싶었기 때문입니다. 오늘 면접에서도, 작은 일에도 책임감을 갖고 능동적으로 임해온 저의 모습을 보여드리겠습니다. 감사합니다.

한국마사회

안녕하십니까? 전산직 지원자 145번입니다.

제가 공공기관에서 그룹웨어와 웹메일 업무를 담당하면서 배웠던 점이 있다면, 전산시스템을 운영하는데 있어 가장 중요한 것은 소통과 협력이란 점이었습니다. 그래서 저는 전산팀 선배님과 동료들은 물론 다른 부서와 협력업체 담당자와 더 많이 소통하며 협력하기 위해 노력해 왔습니다.

우리 한국마사회에서도 저보다는 우리팀을, 우리 회사를 그리고 고객을 먼저 생각하겠습니다. 시스템 운영업무가 어렵고 힘들겠지만 선배님, 동료들과 함께 서로를 응원하며 힘을 내겠습니다.

많이 긴장되는 자리이지만, 면접관님들께 늘 동료들과 함께 소통하며 협력하는 저의 강점을 보여드리겠습니다. 감사합니다.

한국중부발전

안녕하십니까? 발전기계직 145번입니다.

저는 겁이 많은 편입니다. 그래서 다른 사람들에게 피해를 줄까봐 제가 맡은 일은 더 꼼꼼하게 그리고 반드시 해내려고 노력해 왔습니다. 덕분에 저는 주변 친구들과 교수님으로부터 믿음을 받을 수 있었습니다.

저는 한국중부발전에서도 선배님들께 믿음 받는 예쁜 후배가 되겠습니다. 먼저 선배님들을 열심히 도와드리며 선배님 말씀을 하나도 놓치지 않고 꼼꼼하게 메모해 제 것으로 만들겠습니다. 저만의 체크리스트를 만들어 꼼꼼하게 확인하는 자세로 안전을 지켜가겠습니다. 첫 면접이라 많이 떨리지만, 오늘 면접도 열심히 해보겠습니다. 감사합니다.

공기업 면접뿐만 아니라 사기업 면접에서도 가장 많이 나오는 면접질문을 꼽으라면 대부분 지원동기를 뽑을 것이다. "우리 회사를 선택한 이유는?", "우리 회사를 지원한 동기는?", "꼭 우리 회사이어야 하는 이유는?" 등과 같이 회사를 지원한 동기를 묻는 질문은 약방의 감초처럼 면접에서 빠지지 않는 질문이다.

그런데 이 지원동기에 대한 답변을 준비하는 것이 생각보다 쉽지 않다. 사실 대부분 취업준비생의 처지에서는 취업하고 싶어서 지원했을 뿐, 지원한 회사에 대한 특별한 열정이 있어서 그 회사만을 지원하는 경우는 드물다. 그러다 보니 면접을 준비하면서 가장 고민하는 답변 중 하나가 바로 지원동기이다.

"네, 제가 우리 회사를 지원한 동기는 특별한 것은 없습니다. 우연히 채용공고를 보다가 괜찮을 것 같아서 지원했습니다."와 같이 정말 솔직하게 답변하자니 회사에 대해 아무런 열정과 생각 없이 지원했다는 인상을 주게 될 것 같고, "네, 제가 우리 회사를 선택한 이유는 우리 회사의 비전이 저의 직업적 가치관과 가장 부합하기 때문입니다."와 같이 멋지고 그럴싸한 답변을 하자니 왠지 면접관이 믿어 주지 않을 것 같아서 고민하게 된다.

면접관 역시 마찬가지이다. 지원자의 지원동기 답변들이 대부분 공감이 되지 않다 보니 지원자의 지원동기를 들으면서 남몰래 한숨을 쉬기도 한다. 이렇게 까다로운 지원동기에 대해 어떻게 답하는 것이 좋을지 생각해 보기 전에, 왜 면접관들은 뻔한 지원동기를 묻는지에 대해 먼저 생각해 보자.

◆ 지원동기를 묻는 이유

면접관이 지원동기를 묻는 이유는 결혼을 앞두고 프러포즈를 받고 싶어 하는 신부의 마음과 다르지 않다. 나를 얼마나 사랑하는지, 나를 위해서 얼마나 배려하고 노력할 것인지를 직접 듣고 싶은 신부의 마음처럼, 면접관 역시 지원자가 우리 회사를 얼마나 사랑하는지, 얼마나 헌신하고 노력할 것인지를 직접 듣고 싶어 하는 것이다.

사실 면접관 역시 지원자들이 남다른, 특별한 지원동기를 가지고 있기보다는 당장 취업을 위해 이곳저곳 지원한다는 사실에 대해 잘 알고 있다. 그런데도 지원자의 지원동기를 통해 우리 회사에 대해 얼마나 열정을 가지고 있는지, 혹시라도 중간에 이직하지는 않을지, 힘든 직장 생활에 잘 적응할지를 확인하고 싶어 한다. 그래서 면접질문 중에서 지원동기는 중요한 역할을 하게 되며, 그래서 지원동기에 대해서는 보다 철저하게 준비하는 것이 필요하다.

가장 좋은 지원동기는 바로 자신의 진정성을 보여주는 것이다. 회사의 거창한 비전을 이야기하고, 사회공헌 활동이 좋아서, 국가에 헌신할 수 있어서와 같이 쉽게 공감이 되지 않는 지원동기를 말하는 경우가 많다. 이렇게 거창하고 그럴싸한 지원동기보다는 자신의 솔직한 생각이나 각오를 말하는 것이 가장 좋다. 면접관의 마음을 움직일 수 있는, 매력적인 지원동기를 만드는 방법 7가지에 대해서 알아보자.

첫째, 솔직하게 답변하기

첫 번째 방법은 솔직하게 답변하는 방법이다. 거창한 지원동기를 말하기보다는 비교적 솔직하게 지원동기를 말하되 자신이 얼마나 열심히 일할 각오를 가지고 있는지를 강조하는 방법이다. 그렇다고 해서 면접관의 인상이 찌푸려질 정도의 솔직함은 오히려 치명적이란 점을 기억해야 한다.

답변

네, 사실 제가 처음에 우리 공사를 지원할 때만 해도 특별한 지원동기는 없었습니다. 하지만 입사지원서와 자기소개서 작성을 위해 우리 공사를 조사하게 되면서, 우리 공사가 얼마나 중요한 일을 하는지를 알 수 있었습니다. 특히 우리 공사가 최근 추진하고 있는 OOOO 사업에 대해 알게 되면서 우리 공사에 꼭 입사해서 그 사업을 꼭 하고 싶다고 생각했습니다. 그래서 집 근처 스터디카페에서 매일 새벽 2시까지 열심히 공부해서 이 자리까지 올 수 있었습니다.

답변

네, 제가 우리 공단을 지원한 동기는 솔직히 다른 지원자들에 비해 특별하지는 않습니다. 취업을 준비하면서 복지 관련 공공기관을 중심으로 지원을 해왔습니다. 같은 일을 하더라도 힘들고 어려운 국민에게 도움이 될 수 있는 일을 한다면 더 많은 보람을 느끼고 더 즐겁게 일할 수 있다고 생각했기 때문입니다. 그래서 우리 공단에 입사해서 아직도 힘들어하고 있는 어르신들의 차가운 손을 따뜻하게 잡아드리고 그분들에게 도움을 드리는 직원이 되고 싶어서 이렇게 지원하게 되었습니다.

답변

네, 제가 우리 공사를 지원한 동기는 특별한 것은 없습니다. 대학에 입학해 전공 공부를 하면서 우리 과 선배들이(전공자들이) 가장 입사하고 싶은 회사가 바로 우리 공사였습니다. 그래서 저 역시 군대에서 제대하고 복학하면서 우리 공사에 입사하기 위해 동기들과 함께 필요한 자격증을 취득하고 필기시험 준비를 열심히 해왔습니다. 그동안 우리 공사에 입사하기 위해 열심히 노력해 왔던 만큼 입사해서도 늘 열심히 뛰어다니는 모습을 보여드리겠습니다.

둘째, 자신의 강점을 부각하기

두 번째 방법은 자신의 강점을 부각하는 것이다. 자신의 강점이라고 생각할 수 있는 것은 우선 전공지식과 역량, 경력과 경험 그리고 인성(성격)이 될 수 있다. 지원한 회사의 사업이나 직무에 이러한 자신의 강점을 연결해 답변하는 방향이다. 자신의 끈기, 성실함과 같은 강점 역시 좋은 답변 방향이 될 수 있다. 대신 이렇게 강점을 이야기할 경우, 강점에 대한 구체적인 근거 혹은 강점 발휘 사례 등과 같은 꼬리 질문에 대해서도 철저히 준비해야 한다.

답변

네, 제가 우리 공단에 지원한 이유는 저의 강점을 가장 잘 발휘할 수 있는 곳이라고 생각했기 때문입니다. 우리 공단은 OOOOO 사업을 통해 많은 국민에게 OOOO 서비스를 제공하고 있습니다. 저는 그동안 카페 아르바이트, 동사무소 행정 보조 등을 통해서 많은 고객을 만나면서 제가 고객서비스에 강점이 있다는 점을 깨닫게 되었습니다. 그래서 우리 공사에 입사해서 이런 저의 고객서비스 역량을 발휘한다면 훨씬 더 재미있게 일할 수 있다고 생각해 지원하게 되었습니다.

답변

네, 제가 우리 공사에 지원한 동기는 제가 가장 잘 일할 수 있는 곳이라고 생각했기 때문입니다. 저는 전공 공부를 하면서 ICT에 대해 많은 관심을 갖게 되었습니다. 놀라울 만큼 빠르게 발전하고 있는 ICT 기술을 제대로 활용한다면 훨씬 더 효율적으로, 그리고 안전하게 설비를 유지 관리할 수 있기 때문입니다. 그동안 전공수업과 많은 프로젝트에 참여하면서 ICT에 대한 기본지식과 실무경험을 쌓아왔습니다. 우리 공사에 입사해서 이런 저의 지식과 경험을 발휘해 선배님들께 열심히 한다는 칭찬과 인정을 받고 싶어서 지원하게 되었습니다.

답변

네, 제가 우리 공사에 지원한 동기는 저의 경력을 가장 잘 활용할 수 있는 곳이라고 생각했기 때문입니다. 저는 지난 3년 동안 정보통신 분야 대기업에서 서버 응용프로그램 개발과 유지보수 업무를 담당했었습니다. 그를 통해 서버 운영에 대한 실무 지식과 경험을 쌓을 수 있었습니다. 우리 공사는 최근 OOOO 사업을 위한 서버를 구축하고 있는 것으로 알고 있습니다. 그래서 그동안 쌓아온 저의 지식과 경험을 가장 잘 발휘할 수 있는 곳이 바로 우리 공사라고 생각해 지원하게 되었습니다.

셋째, 인연을 강조하기

세 번째 방법은 인연을 강조하는 방법이다. 지원회사와 인연이 있는 경우, 그것을 활용하는 것이다. 하지만 억지스러운 인연을 이야기하는 지원동기는 오히려 좋지 않을 수 있다. 그래서 지원회사와 연관된 활동이나 경험 등을 이야기하는 것이 가장 좋은 방향이라 할 수 있다.

네, 제가 우리 공사에 지원한 이유는 저를 처음으로 서류전형에 합격시켜줬던 곳이기 때문입니다. 취업을 준비하면서 계속 서류에서 탈락하던 중에 우리 공사 서류전형을 처음으로 통과하게 되었습니다. 가장 힘들었던 시기에 처음으로 얻었던 좋은 결과였기 때문에 정말 기뻤했던 기억이 있습니다. 비록 필기시험을 통과하지는 못했지만, 그 이후부터 계속 우리 공사의 채용공고만을 기다리며 매일 밤잠을 줄여가며 열심히 노력해 왔습니다.

네, 제가 우리 공사에 지원한 이유는 대학생기자단 활동을 하면서 꼭 입사하고 싶은 회사라고 생각했기 때문입니다. 대학교 3학년 여름방학 때 3개월 동안 우리 공사의 대학생기자단 활동을 했습니다. 우리 공사가 추진하는 다양한 사업을 홍보하면서 자연스럽게 우리 공사에 대해 알게 되었고 선배님들이 열심히 일하시는 모습을 보면서 부럽다는 생각을 갖게 되었습니다. 또한 우리 공사가 어떤 강점을 가졌는지, 국민에게 얼마나 도움이 되는지를 알게 되면서 꼭 입사하고 싶다는 생각을 갖게 되었습니다.

네, 제가 우리 공단에 지원한 이유는 저에게 가장 친근한 회사였기 때문이었습니다. 저희 집 바로 맞은편에 우리 공단 지사가 있습니다. 그래서 학교에 다니면서 늘 어떤 일을 하는 곳인지 궁금했었습니다. 그러다 우연히 채용정보박람회에 참석해 우리 공단 부스를 방문해 선배님들로부터 공단이 추진하고 있는 사업과 얼마나 좋은 회사인지 들을 수 있었습니다. 그래서 우리 공사에 입사해서 선배님들과 함께 열심히 일하고 싶어서 아침저녁으로 공단 지사 앞을 지나다닐 때마다 꼭 우리 공사에 입사하겠다는 다짐을 하곤 했습니다.

넷째, 지인의 추천을 이야기하기

네 번째 방법은 교수님, 선배, 친척, 지인의 추천을 이야기하는 방법이다. 실제 가장 공감이 되는 지원동기 중 하나이다. 하지만 이렇게 다른 사람의 추천을 지원동기로 답하는 경우에는, 구체적으로 어떤 점이 좋다고 추천했는지와 같이 구체적인 내용을 묻는 꼬리 질문이 이어지는 경우가 많으니 미리 준비하는 것이 필요하다. 또한 답변 내용에 친인척의 재직 사실을 밝히는 것이 블라인드 채용에 위배될 수 있다는 점을 기억하자.

네, 제가 우리 공사에 지원한 동기는 대학교 선배님 때문이었습니다. 대학 2학년 때 과 선배님이 우리 공사에 합격한 모습을 보면서 우리 공사에 대해 관심을 갖게 되었습니다. 당시 그 선배님께서 우리 공사에 대해 엄청나게 자랑하시는 바람에 저를 비롯한 동기들이 모두 우리 공사 취업을 준비하게 되었습니다. 그래서 대학교 3학년 때부터 우리 공사에 입사하기 위해 차근차근 준비해 왔고 오늘 이 자리에 오게 되었습니다.

네, 제가 우리 공단을 선택한 이유는 직장 동료의 강력한 추천 때문이었습니다. 함께 병원에서 근무하던 친한 동료가 작년에 우리 공단에 입사했었습니다. 합격 후 그 동료를 만났는데, 우리 공단이 근무 여건과 분위기가 좋을 뿐만 아니라 일은 조금 힘들지만, 보람을 많이 느낀다는 이야기를 들었습니다. 그래서 그 동료에게 취업을 위해 준비해야 할 것들을 물어보면서 취업을 준비해 왔고, 취업 준비가 힘들 때마다 그 동료의 응원 덕분에 더 힘을 낼 수 있었고 오늘 이 자리에까지 오게 되었습니다.

네, 제가 우리 공사에 지원할 결심을 했던 계기는 채용정보박람회에 참석했을 때였습니다. 작년, 코엑스에서 개최한 취업박람회에 참석했을 때, 우리 공사 부스를 방문한 적이 있었습니다. 당시 재직하시는 선배님께서 공사에 대해 자세히 설명해 주시면서 워낙 좋은 점을 많이 말씀하셨고, 저의 전공을 가장 잘 살릴 수 있다는 점도 알게 되었습니다. 그래서 취업박람회가 끝나고 나서는 우리 공사를 1순위 목표로 설정하고 열심히 노력해 3번의 실패 끝에 오늘 이 자리에 설 수 있었습니다.

다섯째, 지원회사와 사업을 칭찬하기

다섯 번째 방법은 지원회사와 사업을 칭찬하는 방법이다. 실제로는 특별한 지원동기가 아님에도 불구하고 면접관으로서는 가장 듣기 좋은 지원동기이다. 하지만 거창하고 뜬구름 잡는 칭찬보다는 구체적인 내용이나 사례를 들어서 칭찬을 하는 것이 좋다.

네, 제가 우리 공사를 지원한 이유는 제가 꼭 하고 싶은 사업이 있기 때문입니다. 우리 공사는 ○○○○○ 사업을 통해서 서민들의 주거 안정에 기여하고 있습니다. 집이란 것은 단순히 잠자고 쉬는 곳이 아니라 가족과의 행복을 만들어 가는 공간이라고 생각합니다. 우리 공사에 입사해서 서민들이 가족과 함께 즐겁게 추억을 만들고 편하게 쉴 수 있도록 도움을 드린다면 정말 많은 보람을 느끼고 저 역시 전문성을 키울 수 있다고 생각해 지원하게 되었습니다.

네, 제가 우리 공단을 지원한 이유는 우리 공단이 복지 분야 최고의 공공기관이기 때문입니다. 우리 공단은 세계인이 모두 부러워하는 건강보험제도의 운영을 통해 국민이 마음껏 치료받고 더 건강한 삶을 살 수 있도록 도움을 드리는 가장 중요한 역할을 하고 있습니다. 저 역시 우리 공단에 입사하여 국민이 치료비 걱정 없이 높은 수준의 의료서비스를 받으실 수 있도록 도움을 드리는 일을 꼭 하고 싶어서 지원하게 되었습니다.

네, 제가 우리 공사에 지원한 이유는 가장 발전 가능성이 크다고 생각했기 때문입니다. 최근 미세먼지가 많은 국민에게 불안감을 주면서 국가적인 이슈가 되고 있습니다. 미세먼지를 줄이기 위해서는 무엇보다 깨끗하고 에너지를 사용하는 것이 필요하다고 생각합니다. 우리 공사는 그동안 국민들에게 깨끗한 에너지를 공급하기 위해 노력해 왔기 때문에 앞으로도 더욱 발전 가능성이 크다고 생각해서 지원하게 되었습니다.

여섯째, 인턴 근무 경험을 활용하기

여섯 번째 방법은 인턴 근무 경험을 활용하는 것이다. 지원 공기업에서 인턴으로 근무했던 경험이 있다면 주저하지 않고 지원동기로 말해도 좋다. 자연스럽게 인턴 근무 경험을 자랑할 수 있기 때문이다. 하지만 인턴 제한으로 지원하거나 인턴 근무 경험자가 많으면 변별력이 떨어질 수 있다는 점에 대해서는 미리 고민하는 것이 필요하다. 또한 지원 기업에 따라서는 면접 과정에서 인턴 근무 경력을 언급하지 못하도록 안내하는 예도 있으니 주의하도록 하자. 아울러 인턴 근무 경험의 경우에는 인턴 근무 중 담당했던 업무, 어려웠던 점, 배웠던 점, 인상 깊었던 점, 아쉬웠던 점, 교훈 등에 대한 꼬리질문이 이어지기 쉬우니 미리 대비하는 것도 필요하다.

네, 제가 우리 공사에 지원한 동기는 선배님들과 다시 함께 일하고 싶기 때문입니다. 저는 대학교 4학년 때 우리 공사 지사에서 5개월 동안 인턴으로 근무했습니다. 인턴 근무를 통해서 간접적이나마 실무경험을 쌓을 수 있었던 점도 좋았지만 좋은 선배님들 덕분에 정말 즐겁게 그리고 열심히 일할 수 있었습니다. 인턴 근무가 끝날 때 선배님들께 열심히 노력해서 꼭 우리 공사에 입사하겠다고 약속드렸고 오늘 선배님들과의 약속을 지키기 위해 이 자리에 왔습니다.

네, 제가 우리 국민연금공단에 지원한 이유는 선배님들과 꼭 다시 일하고 싶었기 때문입니다. 제가 우리 공단에서 인턴으로 근무할 때 선배님들께서 저를 늘 동생처럼 챙겨 주시고 업무도 많이 가르쳐

주시곤 하셨습니다. 그래서 이런 직장이라면, 이런 선배님들이라면, 평생 즐겁게 그리고 보람을 느끼며 일할 수 있다고 생각했습니다. 그래서 인턴 근무가 끝나고 나서 우리 공단이야말로 제 운명이라고 생각하고 힘들 때마다 책상 위에 붙여 놓은 선배님들과 함께 찍은 사진을 보며 열심히 노력해 오늘 이 자리에 오게 되었습니다.

답변

네, 제가 우리 공단에 지원한 이유는 가장 좋은 직장이라고 생각했기 때문입니다. 우리 공단의 청년 인턴으로 근무하면서 가끔은 일이 힘들기도 했지만 찾아오시는 고객님들께서 고맙다고 인사하실 때가 가장 즐겁고 많은 보람을 느낄 수 있었습니다. 직장이란 곳이 단순히 돈을 버는 곳은 아니라고 생각합니다. 우리 공단에서 근무한다면 고객들에게 도움을 드리고 감사의 인사를 들을 수 있기 때문에 가장 좋은 직장이라고 생각해서 지원하게 되었습니다.

답변

네, 제가 우리 공사에 지원하게 된 계기는 인턴 근무 경험 때문입니다. 우리 공사에서 인턴으로 5개월 동안 근무하면서 OOOO 사업을 담당했었습니다. 인턴이다 보니 주로 도와드리는 역할이었지만 OOOO 사업이 얼마나 중요한 사업인지 알 수 있었습니다. 그리고 선배님들께서 서로 도와주면서 열심히 일하시는 모습이 정말 보기 좋았습니다. 그래서 인턴 근무를 마치고 우리 공사에 꼭 합격하고 싶어서 함께 근무했던 인턴 동기들과 함께 온라인으로 스터디를 하며 열심히 노력해 왔습니다.

답변

제가 국민연금공단에 지원한 이유는 보람 있는 일을 하면서 살고 싶었기 때문입니다. 우리 공단에서 인턴으로 근무하면서 우리 선배님들께서 많은 업무 때문에 바쁘고 힘들 때도 많지만 늘 보람을 느끼면 일하시는 모습을 보면서 굉장히 부럽다고 생각했었습니다. 저 또한 공단 직원으로 입사해 많은 분께서 국민연금제도의 혜택을 보실 수 있도록 도움을 드리고 싶다고 생각해, 인턴 근무를 마치고 열심히 노력해 매일 꿈꾸어왔던 이 면접장까지 올 수 있었습니다.

일곱째, 자신의 열정을 이야기하기

일곱 번째 방법은 자신의 열정을 이야기하는 방법이다. 가끔 한 공기업만을 바라보고 취업을 준비하는 지원자들이라면 면접관의 마음을 움직일 수 있는 강력한 지원동기가 될 수 있다. 하지만 자칫 잘못하면 이어지는 "그래도 왜?"라는 꼬리 질문에 대해서도 미리 준비하는 것이 좋다.

네, 제가 우리 공사에 지원한 동기는 솔직히 저도 잘 모르겠습니다. 그냥 우리 공사가 좋고 우리 공사만 입사하고 싶었습니다. 지금까지 3번이나 우리 공사에 지원했다가 탈락했었습니다. 그럴 때마다 속이 너무 상해서 일주일 동안 집에 틀어박혀 있기도 했었습니다. 친구들도 우리 공사하고 인연이 아니라고 말리기도 했지만 포기하지 않고 저의 부족한 점을 보완하기 위해 열심히 노력해 왔습니다. 그동안 제가 얼마나 열심히 노력해 왔는지 면접관님들께 꼭 보여드리고 싶습니다.

네, 제가 우리 공단에 지원한 이유는 바로 우리 공단이 저의 첫사랑이기 때문입니다. 취업을 준비하면서 처음으로 지원했던 곳이 바로 우리 공단이었습니다. 비록 좋은 결과를 거두지는 못했지만, 그 다음부터 계속 우리 공단에 마음이 이끌렸습니다. 그래서 취업을 준비하다가 힘이 들 때마다 우리 공단의 홈페이지에 들어와서 새로운 소식을 보고, 공단에 입사하는 생각을 하면서 잠을 청하곤 했습니다. 제가 가장 입사하고 싶은 곳, 제가 가장 마음이 끌리는 곳이어서 지원하게 되었습니다.

네, 제가 우리 공사를 지원한 이유는 제가 지원할 수 있는 유일한 공기업이라고 생각했기 때문입니다. 제 전공의 특성상 사기업이나 다른 공기업에 취업하기 어려운 것이 사실입니다. 그래서 대학교 3학년 때부터 우리 공사 입사라는 목표를 세우고 그동안 열심히 노력해 왔습니다. 워낙 채용인원이 적어서 그동안 좋은 결과를 얻지는 못하다가 이번 하반기 채용공고를 애타게 기다리다가 이번에 지원하게 되었습니다.

지금까지 매력적인 지원동기를 만드는 7가지 방법에 관해 이야기했다. 앞서 이야기한 것처럼 면접에서 지원동기는 가장 중요한 부분이다. 그래서 자신만의 지원동기를 준비하는 것이 좋다. 여기에서 예시로 들은 내용을 참고로 자신만의 멋진 지원동기를 준비해 보자. 하지만 가장 좋은 지원동기는 자신의 진정성과 열정을 보여주는 것이라는 점을 잊지 말자.

3 마지막 발언 공략법

치열했던 면접이 거의 끝날 무렵이면 면접관은 지원자들에게 "혹시 궁금하거나 하고 싶은 이야기가 있으면…"이라 말하면서 지원자들에게 마지막 발언 기회를 주는 경우가 있다. 물론 모든 공기업과 면접관이 그러는 것은 아니지만, 그래도 마지막 발언 기회가 주어질 때를 대비해서 미리 준비하는 것이 좋다.

마지막 발언이 중요한 이유는 면접관이 면접을 통해서도 어느 지원자를 선택할 것인지 결정하지 못하는 경우가 종종 있기 때문이다. 면접관이 "그래, 이 지원자야."라는 확신을 갖지 못한 상태에서 지원자의 마지막 발언은 불리했던 전세를 역전시키거나 자신의 합격을 확정지을 수 있는 기회가 되기도 한다.

대부분 면접관은 마지막 발언을 요청할 때가 되면 어느 정도 마음의 결정을 내린 상태이지만 아직 판단을 내리지 못한 때도 있다. 그래서 마지막 발언을 통해 합격자와 불합격자를 결정짓는 경우가 있는 만큼, 최선을 다해 마지막 발언을 준비하는 것이 필요하다. 하지만, 마지막 발언을 미처 준비하지 못한 지원자들은 "특별히 없습니다."와 같이 성의 없는 답변으로 스스로 점수를 깎는 경우가 종종 있다. 면접 과정에서 마지막 발언은 절대 소홀히 할 수 없는 만큼, 어떻게 공략하는 것이 좋은지 알아보자.

◆ 마지막 발언 주의할 점

대부분 지원자는 좋은 결과를 만들기 위하여 마지막 발언을 멋지게 하려고 한다. 하지만 잘못된 마지막 발언으로 오히려 더 좋지 않은 인상을 남기는 때도 있다. 마지막 발언에서 주의해야 할 사항을 먼저 알아보자.

첫째, 이미 지나버린 질문에 대해 추가 또는 보충 답변을 하는 경우이다.

면접 중에 답변이 미처 생각나지 않아서, 또는 너무 긴장해서 제대로 하지 못한 답변을 다시 하는 것이다. 예를 들어, 마지막 발언 시간에 "아까 면접관님께서 질문하셨던 내용에 대해 다시 말씀드리겠습니다."와 같이 말하는 것이다. 물론, 면접관이 부족한 답변을 할 수 있도록 허락한 경우라면 괜찮지만, 그런 경우가 아니라면 면접관에게 괜한 짜증만 줄 가능성이 크다.

상사의 지시에 아랑곳하지 않고 자신의 고집을 피우는 직원의 모습을 미리 보여주는 것이다. 오히려 정해진 규칙을 지키지 않고 변명하는 지원자로 비추어질 가능성이 크다. 게다가 이런 지원자들은 대부분 다른 지원자의 답변을 전혀 경청하지 않고 나중에 어떻게 다시 답변해야 할까만을 생각하곤 한다. 그래서 면접관들에게 다른 사람들의 말을 전혀 경청하지 않는 모습으로 비추어지기 쉽다. 그래서 이미 지나간 질문은 깨끗이 잊어버리는 것이 좋다.

둘째, 자신의 강점 등 자랑을 다시 장황하게 늘어놓는 경우이다.

면접관이 싫어하는 지원자의 모습 중 하나가 바로 자랑만을 늘어놓는 지원자이다. 심지어는 마지막 발언 시간에도 자신이 얼마나 실력이 있고 노력해 왔는지를 이야기하면서 계속 자랑하는 지원자가 있다. 앞선 면접질문과 답변을 통해 미리 준비했던 자랑거리를 다 말하지 못했다고 생각하기 때문일 것이다.

하지만 이렇게 주어진 상황에 맞지 않게 자신의 자랑을 늘어놓는 모습은 지원자에 대한 부정적인 평가만 불러오게 된다. 설령 그런 모습을 부정적으로 평가하지 않더라도, 지원자의 일방적인 자랑을 곧이곧대로 믿어 주고 평가에 반영하는 면접관은 거의 없다. 오히려 지원자의 자랑에 반감을 갖고 낮은 평가를 하는 경우가 많다. 그래서 자신의 강점을 자랑하기보다는 자신이 어떤 자세로, 어떻게 일을 할 것인지를 이야기하는 것이 더 바람직하다.

셋째, 스스로 자책을 하는 경우이다.

스스로 면접을 못 봤다고 생각하거나 실수했다고 생각하고 이를 면접관에게 하소연하는 스타일이다. "너무 긴장돼서 오늘 면접에서 실수가 많았다.", "나의 100% 역량을 보여주지 못했다.", "많이 아쉽다."와 같은 말을 하는 것이다. 이 경우에도 역시 면접관이 "그래, 뛰어난 인재인데 오늘 실수가 많았으니까 감안해 줘야지."라고 생각하는 경우는 없다. 또한, 면접관들은 지원자들의 실수에 비교적 관대한 편이기도 하지만 잘 기억하지 못하는 경우도 많다. 면접관은 그리 대수롭지 않게 생각하지 않은 실수를 다시 자기 입으로 말해 면접관에게 그 실수를 다시 각인시키는 것이다.

심지어는 "이번 면접에서 탈락한다면…"과 같이 엉뚱한 말을 하기도 한다. 이러면 면접관들은 지원자의 솔직하고 인정하는 모습을 긍정적으로 평가하기보다는 지원자의 실수를 다시 떠올리며 부정적으로 평가하는 경우가 대부분이다. 지나간 실수나 잘못은 오히려 잊어버리는 것이 좋은 경우가 많다. 면접에서도 마찬가지이다. 그런 실수나 잘못을 빨리 잊어버리고 어떻게 자신의 긍정적인 모습을 보여줄 것인지를 고민하는 것이 더 효과적이다.

넷째, 애걸복걸하는 경우이다.

지원자들은 모두 절박하다. "이번 면접에만 합격하면…"이라는 생각을 가지고 있어서 면접 과정에서 그런 모습이 보이게 된다. 특히 마지막 발언에서 이런 모습은 더욱 두드러진다. 많은 지원자는 마지막 발언 기회가 주어지면, "저를 뽑아만 주신다면…", "만일 입사가 허락된다면…" 이란 표현을 쓰며 자신이 얼마나 열심히 일할 것인지를 이야기하곤 한다. 지원자의 이런 모습이 자신의 열정을 보여주기보다는 오히려 자신감 없는 모습으로 비추어지게 된다.

또는, 취업을 준비하면서 얼마나 어려웠는지를 이야기하고 뽑아만 주신다면 무엇이라도 하겠다는 식의 발언이다. 심지어는 부모님 이야기를 하며 눈물을 흘리면서 뽑아달라고 간청하는 지원자도 있다. 이 역시 지원자의 안타까운 사정에 고개를 끄덕이며 좋은 평가를 하는 예는 없다. 오히려 더 자신감 없고 개인적인 감정으로 일을 처리하려는 지원자라고 인식될 가능성이 더 크다. 그래서 마지막 발언에서 합격을 구걸하는 듯한 발언은 전혀 바람직하지 않다. 그보다는 "저는 입사해서…", "저는 신입직원으로서…"와 같이 자신이 입사해서 어떤 자세로, 얼마나 열심히 일을 할 것인지를 당당히 밝히는 것이 좋다.

다섯째, 자신감이 부족한 경우이다.

가장 많은 지원자가 마지막 발언을 통해하는 이야기는 바로 "면접을 볼 수 있는 기회를 주셔서 감사합니다."일 것이다. 지원자의 이런 감사 인사에 감동할 면접관은 거의 없다. 오히려 그동안 면접 기회를 거의 얻지 못할 정도로 자질과 능력이 부족한 지원자라는 인상을 받을 가능성이 훨씬 크다. 면접에서 스스로에 대한 자신감을 갖는 것이 매우 중요하다고 이미 이야기한 바 있다.

면접관으로서는 면접 기회를 얻는 것, 그 자체에 감사할 정도로 자신감이 부족한 지원자를 뽑고 싶은 경우는 없다. 그래서 면접 기회를 가질 수 있었다는 점에 감사하는 지원자야말로 최악의 마지막 발언이 될 수 있다. 자신이 면접을 보게 된 것은 나의 노력에 따른 당연한 결과이다. 여러분은 충분히 합격할 수 있는 자질과 능력을 갖추고 있다. 절대로 면접 기회 자체에 감사하는 일이 없도록 하자. 그보다는 오늘 면접관들이 보여준 관심과 배려 그리고 친절함 등에 대하여 구체적으로 감사를 표현하는 것이 좋다.

여섯째, 면접관에게 쓸데없는 질문을 하는 경우이다.

면접관이 듣기를 바라는 지원자의 마지막 발언은 면접 과정에서 미처 하지 못한 이야기나 면접 소감과 각오 같은 것이다. 면접관이 "혹시 궁금한 점이 있으면…."이라고 말하지 않는 이상, 면접관에게 질문을 던지는 것은 바람직하지 않다. 특히, "혹시 제가 부족했다고 느껴지는 점이 있었다면?"과 같은 질문을 통해 면접관의 답변을 듣고 이에 대해 보충 설명한다는 식의 해외 면접기법 동영상을 믿고 면접관에게 이런 식의 질문을 던지기도 한다.

또는 면접관에게 인사발령, 연봉과 휴가 같은 근무조건, 해외연수 등에 관한 질문을 던져 면접관을 당혹스럽게 하기도 한다. 마지막 발언은 결코 면접관에게 질문을 하는 기회가 아니라 자신을 어필 할 수 있는 마지막 기회라는 점을 명심하자. 혹시라도 상황에 따라 질문을 해야 하는 경우라면, "신입직원에게 추천해 주고 싶은 책", "발표 전까지 신입직원이 공부해야 하는 것"과 같이 자신이 노력하고 발전해 나갈 인재라는 점을 암시할 수 있는 질문이 좋다.

◆ 바람직한 마지막 발언

첫째, 면접관에게 감사를 표하는 것이 좋다.

"오늘 많이 긴장되고 떨렸는데 편하게 면접을 볼 수 있도록 배려해 주셔서 감사드립니다."와 같이 면접관에게 감사의 인사를 하는 지원자는 좋은 인상을 남기게 된다. 고맙다는 인사를 듣고 기분 나빠하는 경우는 없다. 그래서 마지막 발언을 통해 면접관에게 감사의 마음을 표현하는 것이 좋다. 면접관에게 감사의 인사를 할 때는 감사의 대상을 명확히 해야 좋다.

하지만 앞서 말한 것처럼 면접 기회 자체에 감사해서는 안 된다. 면접관으로 활동하면서 가장 기분이 좋았던 감사의 인사는 "편하게 면접을 볼 수 있도록 배려해 주셔서…", "스스로 부족한 점이 무엇인지를 파악할 수 있었다"와 같은 인사였다. 또한 마지막 발언은 "감사합니다."로 마무리해야 한다는 점도 잊지 말자.

둘째, 부족한 점을 보완하겠다는 모습이 좋다.

"오늘 면접을 통하여 어떤 부분이 부족한지를 배울 수 있었습니다. 부족한 부분을 보완하면서 좋은 결과를 기다리고 있겠습니다."와 같이 부족한 부분, 아쉬웠던 부분을 보완하겠다는 지원자는 면접관에게 긍정적인 인상을 남기는 경우가 대부분이다. 특히 면접에서 눈에 띄는 실수를 했다면 그 부분에 대해 준비가 부족했음을 솔직히 사과하고 어떻게 보완할 것인지를 구체적으로 말하는 것이 좋다.

셋째, 후회하거나 아쉬워하기보다는 자신 있고 당당한 자세가 좋다.

"오늘 100% 저의 역량을 다 보여드리지는 못했지만 솔직한 답변을 드린 만큼 후회는 없습니다." 와 같이 당당한 발언이 좋다. "오늘 면접 볼 기회를 주셔서 감사드립니다."와 같이 자신감이 없는 지원자보다는 이런 유형의 지원자에게 더 눈길이 가는 것이 사실이다.

넷째, 구체적인 계획을 말하는 것이 좋다.

"우리 공사에 입사해서 늘 선배님들에게 배우는 자세, 고객을 섬기는 자세, 매일매일 발전하는 자세를 보여드리겠습니다."와 같이 자신이 어떻게 일을 할 것인지, 어떻게 조직발전에 이바지할 것인지, 어떤 자세로 일을 할 것인지를 말하는 것이 좋다.

다섯째, 짧고 간결하게 하는 것이 좋다.

면접 과정에서도 그렇지만 마지막 발언을 횡설수설하게 길게 끄는 지원자들이 있다. 마지막 발언의 시간이 딱히 정해진 것은 아니지만 아무리 길어도 30초 이내에 마무리하는 것이 좋다. 말이 길어지면 길어질수록 마지막 점수를 딸 가능성은 점점 낮아지게 된다. 이런 점을 고려하여 자신이 꼭 하고 싶은 말만 제대로 하는 것이 좋다. 짧은 마지막 발언을 통해 자신의 강렬한 인상을 심어주는 것이 좋다. 강렬한 인상을 심어주기 위해서는 자신의 마음가짐을 말하는 것이 좋다. 신입직원에게 필요한 마음가짐을 담담히 말하는 것만으로도 면접관에게 좋은 인상을 심어줄 수 있다.

마지막 발언 예시

다른 면접답변과 마찬가지로 마지막 발언에도 정답은 없다. 자신이 면접관에게 마지막으로 하고 싶은 이야기를 미리 준비하는 것도 좋지만 때로는 면접에서 느꼈던 점, 자기 생각, 다짐과 의지를 자연스럽게 상황에 맞게 말하는 것도 좋다. 지금까지 공기업 면접의 마지막 발언을 공략하는 방법에 관해서 이야기했다. 어떤 마지막 발언이 좋을지 아래의 예시를 통해 알아보고 자신만의 멋진 마지막 발언을 통해 합격을 향해 한 발짝 더 다가가자.

답변

저는 지금까지 우리 공단에 입사하기 위해 열심히 노력해 왔습니다. 오늘 그런 모습을 보여드리기 위해 최선을 다했습니다. 오늘 너무 긴장한 나머지 저의 100% 모습을 보여드리지 못한 점이 아쉽지만, 최선을 다한 만큼 후회는 없습니다. 면접결과가 나올 때까지 오늘 면접에서 느꼈던 부족한 점을 보완하며 좋은 결과를 기다리고 싶습니다. 부족한 답변을 끝까지 경청해주시며 마음속으로 응원해주신 면접관님들께 다시 한번 감사드립니다. 감사합니다.

답변

우리 공사에 입사하고 싶은 마음이 크다 보니, 오늘 사실 많이 긴장되고 떨렸는데도 편한 분위기에서 면접을 볼 수 있도록 배려해 주셔서 감사합니다. 저는 면접을 준비하면서 지사를 방문한 적이 있었습니다. 많은 선배님이 적극적이고 친절한 자세로 고객을 위해 헌신하는 모습을 볼 수 있었습니다. 그런 선배님들처럼 저 역시 우리 공사를 방문하시는 고객들을 웃음으로 맞이하고 작은 것 하나까지도 챙기는 모습을 보여드리겠습니다. 감사합니다.

답변

네, 저는 이번 면접을 준비하면서 제가 면접관이라면 어떤 신입직원을 뽑고 싶어 할까를 많이 생각해 봤습니다. 제가 생각한 신입직원의 모습은 힘든 일에도 포기하지 않고 끝까지 노력하는 모습이었습니다. 입사한다면 아무리 힘든 일이 닥쳐도 선배님, 동료들과 힘과 지혜를 모아서 하나씩 헤쳐나가 국민건강, 평생 행복이라는 우리 공단의 비전을 달성해 나가겠습니다. 감사합니다.

답변

그동안 열심히 노력해 왔지만 아직은 선배님들처럼 완벽히 준비되지 못했습니다. 하지만 스스로 부족한 점을 알고 있기에, 더 발전하고 노력할 자신이 있습니다. 오늘 면접을 통해 제가 무엇을 더 준비하고 노력해야 하는지 알 수 있었습니다. 면접결과를 기다리면서 이런 부분들을 보완하기 위해 차근차근 준비하고 있겠습니다. 감사합니다.

오늘 최선을 다해 저의 진실한 모습을 보여드리기 위해 노력했습니다. 입사하고 나서, 오늘 면접관님들의 선택이 절대 틀리지 않았다고 생각하실 수 있도록 더욱 열심히 노력하는 모습을 보여드리겠습니다. 오늘 저와 함께 최선을 다하신 다른 지원자분들도 모두 고생하셨습니다. 오늘 저희 지원자들을 마음속으로 응원해 주시며 배려해 주신 면접관님들께 다시 한번 감사드립니다. 감사합니다.

실은 면접을 준비하면서 며칠 전부터 제대로 잠도 자지 못했습니다. 하지만 오늘 면접관님들께서 잘 이끌어 주신 덕분에 최선을 다할 수 있었습니다. 제가 앞으로 해야 할 일이 얼마나 중요한지 잘 알고 있습니다. 제게 소중한 기회가 주어진다면 면접관님들의 기대에 누가 되지 않도록 늘 열심히, 또 열심히 노력하는 모습을 보여드리겠습니다. 그래서 면접관님들께서 "저 친구는 내가 뽑았어."라고 말씀하실 수 있도록 만들겠습니다. 감사합니다.

오늘 아침에 아버지께서 욕심부리지 말고 솔직하게 답변하라고 말씀해 주셨습니다. 그런 아버지의 말씀을 생각하며 면접관님들의 질문에 솔직한 저의 모습을 보여드리기 위해 최선을 다했습니다. 오늘은 면접 준비한다고 함께 마음고생하신 부모님과 함께 맛있는 김치찌개 먹으면서 푹 쉬고 싶습니다. 하루 종일 피곤하실 텐데도 저희를 챙겨 주신 면접관님들께서도 즐겁고 편안한 저녁 시간 되시면 좋겠습니다. 감사합니다.

꼭 오고 싶었던 면접장이었습니다. 그래서 더 떨리고 긴장했던 것 같습니다. 하지만 면접관님들께서 저의 부족한 답변을 고개를 끄덕이며 경청해주신 덕분에 제가 준비했던 모습을 조금이나마 보여드릴 수 있었습니다. 제게 정말 소중한 기회가 주어진다면, 힘들고 어려울 때마다 오늘 이런 저의 간절함과 다짐을 떠올리며 더욱 힘을 내며 일하겠습니다. 그래서 선배님들께 인정받고 고객들에게 칭찬받는 신입사원의 모습을 보여드리겠습니다. 오늘 면접관님들께서 제게 보여주신 배려를 잊지 않고 고객들에게 돌려드리겠습니다. 감사합니다.

면접을 앞둔 지원자에게 가장 두려운 것은 면접관으로부터 전혀 예상하지 못했던 면접질문을 받는 것이다. 그래서 면접을 준비하면서 자주 제시되는 면접질문들을 조사하고 그에 맞는 답변 내용을 준비하곤 한다. 하지만 자주 나오는 면접질문에 대해서는 어느 정도 준비가 가능하지만, 면접과정에서 전혀 예상하지 못한 면접질문에 낭패를 보게 된다. 이렇게 예상하지 못한 면접질문 대부분은 꼬리질문인 경우가 많다.

꼬리질문이란 면접관이 나의 답변 내용에 따라 추가적인 내용을 질문하는 것을 말한다. 면접관들은 단순히 지원자의 답변 내용에 대해 더 깊고 자세히 알아보고 싶어 하거나, 또는 지원자의 답변 내용을 믿지 못하고 의심스러운 눈빛으로 더 구체적인 사항을 묻기도 한다.

지원자로서 이런 꼬리질문까지 먼저 예상하고 대비하기는 어려운 일이다. 그래서 어느 정도 예상과 준비를 할 수 있는 면접질문들보다는 오히려 꼬리질문에 대한 답변에서 면접의 승패가 갈리는 경우가 많다. 따라서 면접 합격을 위해서는 무엇보다 꼬리질문이 제시되는 이유와 꼬리질문을 줄이는 방법 그리고 한 발 더 앞으로 나아가 자신이 원하는 방향으로 꼬리질문을 유도하는 방법에 대해 이해하는 것이 필요하다. 특히, 공기업 면접에 참여하는 외부 면접관의 경우에는 꼬리질문을 즐겨하는 편이기 때문에 더 많은 준비와 노력이 필요하다.

꼬리질문을 하는 이유

그렇다면, 면접관은 어느 경우에 꼬리질문을 하는 것일까? 면접관이 꼬리질문을 하는 경우는 여러 가지가 있을 수 있지만, 결국 면접관에게 확신과 믿음을 주지 못하기 때문이다. 지원자가 부풀리거나 거짓으로 답변한다고 생각하는 경우, 애매모호한 답변으로 답변 내용에 대해 확신이 들지 않는 경우, 면접관이 원하는 답변 내용이 나오지 않는 경우, 지원자의 답변 내용이 마음에 들지 않거나 잘못됐다고 판단해서 추궁하려는 경우 등이 있을 수 있다.

물론, 모든 꼬리질문이 나쁜 것만은 아니다. 가끔은 면접관이 지원자의 답변 내용에 대한 단순한 호기심이나 지원자에게 호감을 느끼고 답변 내용에 대해 더 깊이 알아보고 싶은 마음에 꼬리질문을 하기도 한다. 하지만 이렇게 긍정적인 꼬리질문과 달리 불필요하거나 부정적인 꼬리질문은 되도록 받지 않는 것이 좋다. 부정적인 꼬리질문을 줄이는 방법에 대해 알아보자.

◆ 부정적인 꼬리질문을 줄이는 방법

이렇게 면접관이 꼬리질문을 하는 이유를 알았다면 꼬리질문을 줄이거나 아예 받지 않는 방법도 쉽게 찾을 수 있다. 결국 면접관이 꼬리질문을 해야 할 필요성을 느끼지 않도록, 면접관에게 확신을 줄 수 있도록 답변을 하는 것이다.

첫째, 답변 내용을 부풀리거나 거짓말을 하지 말아야 한다.

면접관들은 지원자가 답변을 부풀리거나 거짓말을 하는 것을 귀신같이 알아채곤 한다. 지원자의 답변이 부풀려져 있거나 거짓말이라는 의심이 들게 되면 면접관은 당연히 꼬리질문을 하게 된다. 면접관으로서는 지원자들이 자신을 자랑하는 답변을 잘 믿지 않는다. 대부분 지원자가 그렇게 답변하기 때문이다. 그러다 보니 지원자의 자랑 섞인 답변에 시큰둥할 수밖에 없다. 오히려 조금 부족할지라도 솔직하고 사실대로 답변하는 지원자를 높게 평가하는 경우가 많다.

예를 들어, "기대했던 만큼 성적은 좋지 않았지만, 조원들과 힘을 합쳐 열심히 노력해서 조별 과제를 완성할 수 있었습니다."와 같이 솔직한 답변을 더 신뢰하는 것이다.

둘째, 애매모호한 답변을 하지 않아야 한다.

많은 지원자가 자주 범하는 실수 중 하나가 바로 뜬구름 잡는 이야기를 한다는 것이다. 그럴싸한 멋진 단어를 나열하면서 애매모호한 답변을 하는 것이다. 그런 답변을 들을 때마다 면접관들은 "그래서 그게 도대체 뭔데?"라는 생각을 하게 되고 결국 꼬리질문을 할 수밖에 없는 것이다.

예를 들어, "친구와의 갈등을 해결하는 방법은 먼저 친구의 이야기를 경청하는 것입니다. 경청을 통해 서로에 대한 이해를 높이고 공감하면서 자연스럽게 갈등을 해소하곤 했습니다."라는 답변은 굉장히 답변을 잘한 것처럼 여겨질 수도 있다. 하지만 면접관으로서는 그게 도대체 정확히 무엇인지를 궁금해하고 또, 답답해하기도 한다.

그래서 "친구와의 갈등을 해결하는 방법은 친구에게 먼저 다가가 치킨에 맥주를 한잔하자고 제안하는 것입니다. 맥주를 한잔하면서 제가 잘못한 일이 있으면 먼저 미안하다고 사과하고, 제가 서운했던 일이 있으면 그때 서운했다고 이야기하는 편입니다. 그렇게 서로 마음속에 있던 이야기를 하게 되면 그동안 쌓였던 오해나 갈등을 쉽게 해결할 수 있었습니다."와 같이 구체적인 방법을 사실대로 답변하는 것이 좋다. 이런 답변에 면접관은 특별히 꼬리질문의 필요성을 느끼지 못하게 된다.

셋째, 질문 의도를 정확히 파악하고 그에 맞는 답변을 하는 것이다.

면접관이 꼬리질문을 하는 것은 분명히 뭔가 알고 싶어 하기 때문이다. 그런데 그에 대한 답을 제대로 하지 못하면 꼬리질문을 받게 되는 것이다.

예를 들어, "최근에 감명 깊게 읽었던 책은?"이라는 질문에 "네, 제가 감명 깊게 읽었던 책은 주홍 글씨입니다. 주홍 글씨는 미국의 호손이란 작가가 쓴 소설로써 죄지은 자가 숙명적으로 갖게 되는 원죄 의식과 청교도 시대의 암울했던 시대상을 잘 보여주고 있습니다. 특히 주인공 헤스터프 린은…."과 같이 책 내용을 설명하려고 드는 지원자들이 있곤 한다.

면접관으로서는 최근에 읽었던 책을 통해 지원자의 생각을 알고 싶어서 던진 면접질문인데 지원자는 엉뚱하게도 자기 생각을 보여주지 않고 책의 내용만을 설명하는 것이다. 이럴 경우, 면접관은 "그 주홍 글씨가 왜 감명이 있었습니까?"와 같은 꼬리질문을 할 수밖에 없는 것이다.

넷째, 정면으로 돌파하는 방법이다.

가끔 면접관이 지원자의 답변 내용이 마음에 들지 않거나 잘못됐다고 판단해서 추궁하려는 경우가 있다. 그래서 이런 경우에는 빠르게 자기 잘못을 인정하고 정면으로 돌파하는 것이 계속되는 꼬리질문을 끊어내는 가장 좋은 방법이 될 수 있다.

예를 들어, "네, 면접관님의 말씀을 듣고 보니 제가 당시에 생각이 짧았던 것 같습니다. 조별 과제에서 좋은 성적을 받기 위해 제가 리더쉽을 발휘한다고 했던 것이 오히려 다른 조원들에게는 일방적인 모습으로 비추어질 수도 있겠다는 생각이 들었습니다. 앞으로는 면접관님의 말씀을 잊지 않고 동료들과 조금 더 이야기를 나누고 좋은 방법을 찾는 노력을 기울이겠습니다."와 같이 면접관의 말을 인정하고 정면으로 돌파하는 것이 오히려 계속되는 꼬리질문을 막을 수 있는 가장 좋은 방법이 될 수 있다.

내가 원하는 꼬리질문을 유도하는 방법

앞서 살펴본 것처럼 불필요하거나 부정적인 꼬리질문을 줄이는 방법에 대해 살펴보았지만, 실제 면접과정에서 꼬리질문을 100% 피해 갈 수는 없다. 그래서 마치 농부가 논의 물꼬를 틔우는 것처럼 오히려 내가 원하는 방향으로 면접관이 꼬리질문을 하도록 유도해서 더욱 쉽게 면접을 이끌어가는 방법이 있다. 이렇게 내가 예측하고 준비할 수 있는 꼬리질문을 유도할 수만 있다면 예상하지 못한 꼬리질문 때문에 면접을 망치는 경우를 크게 줄일 수 있기 때문이다.

먼저 면접관이 좋아하는 꼬리질문의 소재는 지원자의 답변 내용 중에서 특별한 키워드나 애매모호한 표현 부분들이다. 특히, 그중에서도 답변의 마지막 부분에 이런 특별한 키워드나 애매모호한 표현이 들어가면 십중팔구 꼬리질문으로 이어지곤 한다.

예를 들어, "그래서 팀원들과 함께 체계적으로 역할을 분담한 덕분에 과제를 더욱 효율적으로 준비할 수 있었고 결국 교수님으로부터 큰 칭찬까지 들을 수 있었습니다."라고 답변한다면 면접관은 가장 먼저 '체계적인 역할 분담', '효율성', '교수님의 칭찬'이란 단어에 관심을 가지고 궁금하게 된다.

그래서 "체계적으로 역할을 분담했다고 그랬는데, 구체적으로 어떻게 역할을 분담했나요?", "더욱 효율적으로 준비했다는데, 얼마나 효율성이 올라갔나요?" 또는 "그런 효율성을 어떤 기준으로 판단했는지?", 그리고 "교수님으로부터 어떤 칭찬을 들었는지?"와 같은 꼬리질문을 받을 가능성이 높아지는 것이다. 이 중에서도 대부분 면접관은 가장 먼저 '체계적인 역할 분담'처럼 멋진 키워드에 더욱 관심을 가지게 될 가능성이 가장 높다.

이처럼 면접관이 궁금해할 수 있는 키워드를 일부러 포함하거나 애매모호한 표현을 사용해서 답변 내용을 구성하고, 면접관이 관심을 가질만한 키워드를 찾아 제시될 수 있는 꼬리질문을 예상하고 그에 맞는 답변 내용까지 준비하게 된다면 훨씬 더 면접을 쉽게 이끌어갈 수 있다.

물론 면접을 준비하는 과정에서 이런 부분까지 모두 생각하며 면접을 준비한다는 것은 현실적으로 어려울 수 있다. 하지만 이렇게 꼬리질문 가능성이 높은 특정 단어들을 답변 내용에 일부러 포함하는 연습을 꾸준히 한다면 자연스럽게 꼬리질문에 대한 대비를 완벽히 할 수 있고, 더욱 수월하게 면접을 진행할 수 있을 것이다. 이어지는 경험질문 공략법에서도 경험 관련 답변 내용을 구성하면서 이렇게 의도적으로 꼬리질문을 유도하는 방법에 대해 다시 알아보고 실제 경험답변과 꼬리질문 예시를 살펴본다면 보다 쉽게 꼬리질문을 유도하는 방법에 대해 이해할 수 있을 것이다.

◆ 꼬리질문 답변요령 4가지

앞서 면접과정에서 불필요하거나 부정적인 꼬리질문을 줄이는 한편, 우리가 원하는 방향으로 꼬리질문을 유도하는 방법에 대해 알아보았다. 그러면 면접관의 꼬리질문에는 어떻게 답변하는 것이 좋을지 그 4가지 방법에 대해 알아보자. 참고해야 할 점은, 여기에서 언급하는 꼬리질문에 답변하는 요령 4가지는 단순히 꼬리질문뿐만 아니라 경험질문을 비롯한 모든 면접질문에도 적용할 수 있는 유용한 방법이다. 그래서 다른 면접질문에도 이 4가지 요령을 적용하기 위해 노력하는 것이 꼭 필요하다.

첫째, 묻는 것만 답하기

많은 지원자가 꼬리질문에 답변하면서 저지르는 가장 큰 실수는 묻지 않는 것까지 한꺼번에 답변하는 것이다. 굳이 답변하지 않아도 되는 것을 장황하게 답변하기도 하고, 꼬리 답변을 하면서 구체적인 내용 없이 두리뭉실 답변하는 것이다. 이럴 경우, 답변 중간에 제지당하기도 하고 예상하지 못한 꼬리질문을 받기도 한다. 그래서 항상 면접관이 물어본 질문에 대해서만 구체적으로 답변하게 되면, 면접관은 나머지 궁금한 점에 대해서 자연스럽게 꼬리질문을 하게 되고, 이는 우리가 충분히 예상하고 준비할 수 있다.

둘째, 구체적으로 답변하기

모든 답변은 되도록 구체적으로 답변하는 것이 좋다. 특히 꼬리질문에 답변하면서 구체적으로 답변하지 않으면 엉뚱한 꼬리질문을 받게 된다. 이 경우, 당황하면서 제대로 답변하지 못해 답변의 진실성까지 의심받곤 한다. 그래서 되도록 면접관의 질문내용에 애매모호한 표현이나 멋진 표현을 최대한 배제하고 구체적으로 면접관의 질문에 사실위주로 답변하는 것이 필요하다.

셋째, 눈에 그려질 수 있도록

대부분 지원자는 꼬리질문에 답변하면서 자신의 강점이나 역량을 보여주기 위해 'What, 무엇을 했는지?'를 많이 이야기하려고 한다. 그런데 이렇게 무엇을 했다고 답변하는 것이 실제 면접관에게 잘 전달되지 않을 뿐만 아니라 지원자의 자랑, 일방적인 주장으로 받아들이는 경우가 많다. 그래서 오히려 'How, 어떻게 했는지?'를 전달할 수 있도록 답변하면 자연스럽게 면접관은 답변 내용이 눈에 그려지게 되고 더 쉽게 이해할 수 있게 되는 것이다.

넷째, 단답형 답변 금지

처음부터 단답형으로 답변하는 경우는 별로 없다. 하지만 이어지는 꼬리질문에 당황하게 되면 나도 모르게 단답형으로 답변하게 된다. 이 부분은 면접 답변 분량 파트에서 자세히 설명한 만큼 길게 설명하지 않겠다. 다만 기억해야 할 부분은, 압박받을수록 길게 답변하는 것이 좋다는 점이다. 압박받더라도 당황하지 말고 보다 더 구체적으로 답변하면서 쉽게 답변할 수 있는 꼬리질문을 포함하는 연습을 하는 것이 좋다.

꼬리질문 답변 예시

앞서 꼬리질문에 답변하는 요령 4가지에 대해 알아보았다. 그러면 실제 질문과 답변 예시를 통해 불필요하거나 부정적인 꼬리질문 대신, 내게 유리한 꼬리질문을 유도하고 답변하는 방법에 대해 알아보자.

질문

공공기관에서 인턴으로 근무했는데 주로 어떤 업무를 담당했는지?

답변

A) 제가 공공기관에서 인턴으로 근무하면서 주로 담당했던 업무는 민원인들을 안내하고 응대하는 역할이었습니다. 저는 복지 관련 공공기관 지사에서 찾아오시는 민원인들에게 친절한 서비스 마인드와 소통 역량을 발휘해 창구를 안내하고 도움을 드린 덕분에 민원인들로부터 많은 칭찬을 들을 수 있었습니다.

답변

B) 제가 공공기관에서 인턴으로 근무하면서 주로 담당했던 업무는 찾아오시는 민원인들을 안내하고 응대하는 역할이었습니다. 저는 복지 관련 공공기관 지사에서 주로 방문하시는 어르신들에게 어

이렇게 같은 질문에도 답변 내용을 다르게 구성할 수 있다. 먼저 각 답변 내용에서 면접관이 관심을 가지게 될 키워드를 생각해 보면, 답변 A의 경우에는 '서비스 마인드', '소통역량'에 대해 관심을 두게 된다. 따라서 "구체적으로 서비스 마인드를 어떻게 발휘했나요?" 또는 "소통역량을 구체적으로 어떻게 발휘했나요?"와 같은 꼬리질문이 주어질 가능성이 커진다.

반면에, 답변 B의 경우에는 '어려운 점', '민원응대 노하우'와 같은 키워드에 관해 관심을 가지고 "어떤 점 때문에 어려웠나?", "선배들한테 어떤 민원응대 노하우를 배웠나?"와 같은 꼬리질문을 받게 된다.

물론 답변 A와 답변 B에서 어떠한 꼬리질문이 주어지든지 미리 대비한다면 충분히 답변할 수 있겠지만, 서비스마인드와 소통역량을 구체적으로 표현하기가 더 어렵다는 점을 알 수 있다. 그뿐만 아니라 이런 식으로 자신의 서비스마인드와 소통역량을 강조하게 될 경우, 오히려 지원자의 일방적인 주장 또는 자랑으로 받아들여져 좋지 않은 평가를 받게 된다.

다시 '어려운 점'에 초점을 맞추어 꼬리질문이 이어지는 상황을 가정해서, 어떻게 계속 꼬리질문을 이어갈 수 있을지 아래 예시를 통해 자세히 살펴보자.

민원응대를 하면서 어떤 점이 어려웠나요?, 민원응대가 어려웠던 이유는?

네, 제가 처음 민원응대를 하면서 어려웠던 점은 업무 내용을 정확히 파악하지 못했기 때문이었습니다. 실제 민원 업무의 종류도 많았을 뿐만 아니라 민원을 처리하는 과정에서도 여러 가지 상황을 고려해서 처리해야만 했기 때문입니다. 그래서 처음에는 실수하기도 하고 민원 업무 처리에도 시간이 오래 걸리게 되었습니다.

위의 답변 내용을 살펴보듯이 면접관이 질문한 '어려운 점'에 대해서만 답변하고 있고, 또 그 답변 역시 구체적인 내용까지 포함해서 더 이상 그 부분에 대해서는 꼬리질문을 하지 않도록 하고 있다. 이 상황에서는 면접관은 대부분 그런 어려움을 어떻게 해결했는지에 대해서 궁금점을 가지게 되고 그 부분에 대해 꼬리질문을 하게 된다.

그럼, 그런 어려움을 어떻게 해결했나요?

네, 제가 그런 어려움을 극복한 방법은 더 열심히 하는 것뿐이었습니다. 우선 민원 업무 내용을 정확히 알아야 한다고 생각해, 업무매뉴얼을 집에 가지고 가서 따로 노트를 만들어 정리하며 공부했습니다. 또한 모르는 부분이 있으면 선배님께 맛있는 간식을 건네며 여쭤보고 중요한 부분은 포스트잇으로 모니터 옆에 붙여 놓고 늘 참고하려고 했습니다. 덕분에 하루는 까다로운 고객이 찾아왔지만 잘 응대해서 선배님께 일머리가 좋다는 칭찬까지 들을 수 있었습니다.

앞선 답변에서 보듯이 어려움을 극복한 방법에 대해서만 매우 구체적으로 눈에 그려질 수 있도록 답변하고 있다. 이렇게 구체적으로 답변을 하고 나면 더 이상 꼬리질문의 필요성을 느끼지 못하거나, '까다로운 고객'에 관심을 가지고 꼬리질문을 이어가게 된다.

까다로운 고객은 어떻게 응대했나요?

네, 제가 까다로운 고객을 응대한 방법은 우선 말씀을 잘 들어드리면서 메모를 한 방법이었습니다. 어느 날, 민원서류를 잘못 안내받았다고 화를 내시며 한 고객께서 찾아오셨습니다. 처음에는 당황스러웠지만, 우선 죄송하다고 말씀을 드리면서 진정하시도록 물 한잔 건네드리고 고개를 끄덕이며 그분의 말씀을 끝까지 들어드리고 중요한 부분은 따로 메모했습니다. 그리고 민원인께서 필요하신 서류를 빠르게 발급해서 나중에는 오히려 제게 화를 내서 미안했다고 말씀까지 하시고 돌아가실 수 있었습니다.

앞선 답변처럼 까다로운 고객을 응대한 방법에 대해 구체적으로 답변함으로써 면접관의 궁금점을 모두 해소할 수 있게 된다. 그뿐만 아니라 답변 A와 마찬가지로 자신의 민원응대 모습이 그려질 수 있도록 답변함으로써 자신의 고객응대 역량을 면접관에게 전달할 수 있게 된다. 또한 이렇게 꼬리질문 답변요령에 따라 꼬리질문을 원하는 방향으로 유도하면서 구체적으로 답변함으로써, 자연스럽게 3개의 꼬리질문을 포함하여 4개의 질문에 제대로 답변할 수 있게 되었다. 이처럼 꼬리질문을 유도하는 방법과 꼬리질문 답변요령만 제대로 활용한다면 다른 지원자들에 비해 훨씬 좋은 평가를 끌어낼 수 있을 것이다.

5장 | 경험질문 공략법

최근 공기업 면접의 특징 중 하나는 바로 지원자의 경험을 묻는 경험질문의 비중이 높다는 점이다. 이는 NCS능력중심 채용제도와 블라인드 채용제도의 도입에 따라 지원자의 경험을 통해 직무역량을 파악할 목적으로 지원자의 경험을 자주 묻기 때문이다.

그래서 국민건강보험공단처럼 경험질문의 비중이 극단적으로 높은 공기업들이 늘어나고 있고, 그렇게까지는 아니더라도 면접과정에서 경험질문이 자주 주어지곤 한다. 따라서 공기업 면접을 준비하면서 경험질문에 대해 완벽히 준비할 수 있다면, 거의 절반 정도는 면접준비를 마쳤다고 해도 과언이 아니다. 그래서 지금부터 공기업 면접에서 가장 중요한 경험질문에 대해 효과적으로 준비하는 방법에 대해서 알아보도록 하자.

1 많은 경험을 일대일로 준비하기

경험질문이 어려운 이유

예전에는 공기업 면접에서 쉽게 답변할 수 있는 "가장 힘들었던 경험?", "달성하기 힘든 목표에 도전했던 경험?"과 같이 어느 정도 예측할 수 있는 경험 관련 질문이 주를 이루었지만, 최근에는 "조직의 가치와 자신의 가치관의 차이로 힘들었던 경험?", "한정된 자원 상황에서 달성하기 힘들었던 목표에 도전하여 달성했던 경험?"과 같이 쉽게 답변하기 어려운 경험질문이 늘어나고 있다. 특히 외부 면접관들의 경우에는 기업의 경영체계, 사업과 직무내용 등에 대해 잘 이해하지 못하다 보니, 자연스럽게 경험 관련 면접질문을 선호하는 경향이 있다.

게다가 경험질문에 대해 답을 하고 나면 그에 맞추어 꼬리질문이 이어지다 보니, 어설프게 경험을 준비했다가 낭패를 보는 경우도 늘어나고 있다. 그러다 보니 많은 지원자는 공기업 면접에서 나올 수 있는 많은 경험질문에 맞추어 자신의 경험을 1:1로 짝지어 정리하는 경우가 많다. 심지어 면접을 준비하면서 30개가 넘는 많은 경험을 미리 준비한 지원자를 만난 적도 있었다.

일대일 경험답변 준비가 위험한 이유

하지만 2, 30여 개가 넘는 경험질문에 맞는 자신의 경험을 찾아내 이를 정리하는 것 자체가 어렵기도 하지만 더 심각한 문제는 예상 경험질문과 답변 내용을 1:1로 짝지어 준비하게 되면 실제 면접에서 낯선 경험질문에 당황하기 쉽다. 면접준비 과정에서 순발력과 활용력을 키우지 못한 탓이다.

예를 들어 "한정된 자원 상황에서 달성하기 힘들었던 목표에 도전하여 달성했던 경험?"이란 예상질문에 맞추어 인턴 근무 중 인턴 동기들과 함께 동영상을 만드는 과제를 수행했던 경험을 준비했는데, 막상 면접에서는 "한정된 자원 상황에서 동료들과의 협업을 통해 좋은 성과를 만들었던 경험?"이란 질문을 받게 되면 미리 준비하지 못한 경험이라 생각하고 당황하고 쩔쩔매게 된다. 미리 준비했던 자신의 경험을 최대한 활용하여 어떻게든 답변해야 하는데 이렇게 많은 경험을 1:1로 맞추어 준비하다 보니 제대로 답변하지 못하는 것이다.

선택 장애와 꼬리질문에 취약

또 다른 문제는 워낙 많은 경험을 준비하다 보니 막상 면접장에서 질문을 받게 되면 선택 장애를 겪게 된다는 것이다. 자신이 미리 준비했던 경험들이 그대로 면접질문으로 나오지 않고 약간만 다르게 주어지면 자신이 준비한 2, 30여 개의 경험 중에서 어떤 경험을 이용하여 답변해야 하는지 선택하지 못하고 당황하게 되는 것이다. 우리가 선택할 수 있는 대안들이 많을 경우, 오히려 선택이 더 힘들어지는 이치와 마찬가지이다.

마지막으로 이런 방식으로 많은 경험을 준비하게 되면 꼬리질문에 굉장히 취약해진다는 점이다. 워낙 많은 경험을 준비하다 보니 막상 당시에 구체적으로 어떤 일이 있었는지 세세히 기억하고 답변을 준비하기 어렵다. 그런 상황에서 면접관이 당시 상황에 대해서 꼬리질문을 이어가다 보면, 실제 경험했던 일인데도 구체적인 내용이 생각나지 않아 쩔쩔매게 되고 면접관은 답변 내용의 진실성을 의심하게 되는 것이다.

2   **대표 경험을 일대다로 준비하기**

그렇다면 경험 관련 질문에 어떻게 대비하는 것이 좋을까? 가장 효과적인 방법은 대표적인 경험을 3~5개만 준비하고 면접에서 어떤 면접질문이 주어져도 미리 준비한 경험을 최대한 활용하여 답변하는 방법이다. 실제 면접관들은 지원자의 경험 그 자체보다는 그 경험을 통해 파악할 수 있는 지원자의 생각, 행동 등에 더 관심을 두게 된다. 그래서 자신이 미리 준비했던 경험 중에서 면접관의 경험질문에 최대한 맞는 경험을 선택하고 답변 중에 면접관의 질문에 포함된 키워드를 포함해 답변하면 충분하다.

실제 예를 통해 살펴보자. 만일 인턴 근무 중에 홍보 동영상을 만들었던 경험을 미리 준비했다고 가정한다면, 어떤 면접질문을 받아도 거기에 맞추어 답변하는 방법을 살펴보자.

한정된 자원 상황에서 달성하기 힘들었던 목표에 도전하여 달성했던 경험은?

네, 제가 한정된 자원 상황에서 달성하기 힘들었던 목표에 도전하여 달성했던 경험은 공공기관 인턴으로 근무하면서 동영상을 제작했던 경험을 말씀드리고 싶습니다. 당시, 저는 인턴으로 근무하면서 동기들 5명과 함께 고객들에게 사업을 안내하고 홍보하는 5분 분량의 동영상을 만드는 과제를 수행하게 되었습니다. 비록 우리 모두 경험이 부족하고 시간과 예산이 한정되어 어려운 점도 많았지만, 인턴 동기들과 시간을 효율적으로 사용하고 기존 자료들을 활용하여 동영상을 완성해 좋은 평가를 받았던 적이 있습니다.

동료들과의 협업을 통해 좋은 성과를 만들었던 경험은?

네, 동료들과 협업을 통해 좋은 성과를 만들었던 경험은 공공기관 인턴으로 근무하면서 동영상을 제작했던 경험을 말씀드리고 싶습니다. 당시, 저는 인턴으로 근무하면서 동기들 5명과 함께 고객들에게 사업을 안내하고 홍보하는 5분 분량의 동영상을 만드는 과제를 수행하게 되었습니다. 비록 우리 모두 경험이 부족해서 생각보다 어려운 점이 많았지만, 인턴 동기들과 밤늦게까지 열심히 노력하고 서로를 도와주는 협업을 통해 동영상을 완성해 좋은 평가를 받았던 적이 있습니다.

동료들과의 갈등을 슬기롭게 극복하여 좋은 성과를 만들었던 경험은?

네, 제가 동료들과의 갈등을 슬기롭게 극복하여 좋은 성과를 만들었던 경험은 공공기관 인턴으로 근무하면서 동영상을 제작했던 경험을 말씀드리고 싶습니다. 당시, 저는 인턴으로 근무하면서 동기들 5명과 함께 고객들에게 사업을 안내하고 홍보하는 5분 분량의 동영상을 만드는 과제를 수행하게 되었습니다. 비록 우리 모두 경험이 부족해서 주제를 선정하는 과정에서 동료들과 갈등이 발생해 마음고생하기도 했지만, 서로를 이해하고 토의를 통해 의견을 조정하여 동영상을 완성해 좋은 평가를 받았던 적이 있습니다.

위에서 살펴본 것과 같이 실제, 하나의 경험을 활용하여 여러 가지 면접질문에 답변할 수 있다는 점을 알 수 있다. 이렇게 대표적인 경험을 3~5개 정도만 준비하는 방법에 불안감을 느낄 수도 있지만 대부분 면접에서 시간이 부족한 경우가 많다 보니, 지원자에게 3개 이상의 경험 관련 질문을 하기 어렵다는 점을 고려한다면 크게 불안감을 느낄 필요는 없다.

혹시라도 같은 경험을 다시 답변해야 하는 불가피한 상황이 발생한다면, "네, 제가 체계적으로 자료를 준비하여 목표를 달성했던 경험은 앞서 말씀드렸던 인턴 근무 당시 홍보 동영상을 제작한 것입니다."와 같이 답변하고 체계적으로 자료를 준비했던 내용을 이어서 답변하면 된다. 또한, 실제 면접과정에서 이렇게 미리 준비했던 경험은 아니지만 면접관의 경험질문에 딱 맞는 경험이 떠오른다면 그 경험으로 답변해도 된다는 점도 기억하자.

<h3>3   경험답변 구성 방법</h3>

이제 우리는 공기업 면접에서 가장 준비하기 어려운 경험질문을 효과적으로 준비하기 위해서는 많은 경험을 일대일로 준비하기보다는 대표적인 경험을 3~5개만 준비하고 다양한 경험질문에 일대다로 활용하는 방법을 배웠다. 그럼, 경험질문을 받았을 때, 경험답변을 어떻게 구성하고 어느 정도 분량으로 답변하는 것이 좋을까?

우선 면접관이 경험 전체를 쉽게 이해할 수 있도록 전체적인 내용을, 큰 그림을 그려주는 것이 좋다. 많은 지원자가 경험질문을 받으면 미리 준비했던 답변 내용을 장황하게 늘어놓는 경우가 많다. 그래서 처음 경험질문을 받게 되면 전체적인 내용을 이해할 수 있도록 큰 그림을 그려주면서 답변분량을 길게 가져가지 않는 것이 좋다. 또한 꼬리질문을 이어가려는 면접관의 성향을 고려해서, 경험답변을 하면서 면접관이 호기심을 느낄 수 있는 키워드를 포함해 우리가 원하는 대로 꼬리질문을 유도하는 것이 좋다.

◆ 경험답변 구조

앞서 예시로 들었던 경험답변 내용들을 자세히 살펴보면 일정한 틀, 구조가 정해져 있다는 것을 눈치챌 수 있을 것이다. 이렇게 경험답변 구조를 이해하게 된다면 훨씬 더 효율적으로 경험답변을 준비할 수 있고, 실제 면접과정에서도 효과적인 답변이 가능해진다.

이런 경험답변 방식은 저자가 개발한 SCAR(SCAR: Situation(상황), Crisis(위기), Action(행동), Result(결과)) 스토리텔링 기법을 활용한 방법이다. 예시로 활용된 경험답변 내용을 하나씩 살펴보자.

> (핵심) 네, 제가 한정된 자원 상황에서 달성하기 힘들었던 목표에 도전하여 달성했던 경험은 공공기관 인턴으로 근무하면서 동영상을 제작했던 경험을 말씀드리고 싶습니다.

첫째, 핵심 부분이다.

경험답변 내용을 면접관에게 훨씬 더 빠르게 이해시키기 위해 핵심을 두괄식으로 답변하는 것이다. 면접관의 경험질문을 그대로 따라 하고, 이어서 어떤 경험이었는지 핵심을 설명하는 방식이다.

둘째, 상황 부분이다.

나의 경험내용이 구체적으로 어떤 경험인지를 구체적으로 설명하는 것이다. 대부분 많은 학생이 경험답변을 하면서 이 상황 부분을 설명하지 않고 자신이 어떻게 행동했는지를 장황하게 늘어놓는 경우가 많아서 면접관이 지원자의 경험 자체를 잘 이해하지 못해서 엉뚱한 꼬리질문을 하거나 다시 상황과 관련된 질문을 하는 경우가 많다. 그래서 면접관이 어떤 상황이었는지를 정확히 이해할 수 있도록 육하원칙 등을 활용해 자신의 경험내용을 구체적으로 답변하는 것이다.

셋째, 위기 부분이다.

경험 당시, 어떤 어려움이 있었는지를 설명하는 부분이다. 꼭 필요한 부분은 아니지만, 실제 예시에서 보듯이 "한정된 자원 상황", "동료들과의 갈등"과 같이 면접질문의 내용을 자세히 살펴보면 위기 부분이 포함되는 경우가 많다. 그뿐만 아니라 자신의 경험과 성과를 좀 더 부각하기 위해서는 어떤 어려움이 있었는지를 포함하는 것이 훨씬 더 유리하다.

넷째, 행동 부분이다.

당시, 내가 어떻게 행동했는지를 설명하는 것이다. 답변 내용을 살펴보면 자기의 행동을 구체적으로 설명하지 않고 큰 그림을 그리듯이 간결하게 답변하는 것을 알 수 있다. 이렇게 답변하는 이유는 행동 부분을 너무 장황하게 답변하면 답변 분량이 길어져 답변 중간에 잘리는 경우가 많을 뿐만 아니라 오히려 면접관의 이해를 떨어뜨리게 된다. 그뿐만 아니라 우리가 쉽게 준비할 수 있는 꼬리질문을 유도하지 못하기 때문이다. 꼬리질문과 관련된 부분은 뒷부분에서 다시 설명하기로 하자.

다섯째, 결과 부분이다.

자신이 경험을 통해 어떤 성과를 거두었는지 설명하는 부분이다. 앞선 행동 부분과 마찬가지로 더 구체적으로 답변하지 않고 간결하게 답변하는 것을 알 수 있다. 이렇게 간결하게 결과 부분을 설명하는 것이 꼬리질문을 유도하는 데 유리할 뿐만 아니라, 반대로 결과를 장황하게 설명하는 것이 오히려 면접관에게 자랑하는 모습으로 비추어져 좋은 인상을 주지 못하기 때문이다.

이렇게 경험답변 분량을 적절하게 가져가면서 전체적인 내용을 이해할 수 있도록 상황을 설명하고 우리가 예상할 수 있는 꼬리질문으로 유도하는 방식에 대해 알아봤다. 이어서 꼬리질문에 답변하는 방법에 대해 자세히 알아보자.

4 꼬리질문 답변하기

지금까지 경험질문에 경험답변을 준비하는 방법에 대해 알아봤다. 앞서 이런 방식으로 경험답변을 준비하는 이유 중 하나로 우리가 예상할 수 있는 꼬리질문을 받기 위함이라고 설명한 바 있다. 경험질문은 경험답변을 준비하기도 어렵지만, 꼬리질문을 예측하지 못해 당황하면서 면접을 망치는 경우가 대부분이기 때문이다. 따라서 경험답변을 준비하면서 면접관이 궁금해할 만한 키워드를 제시해 우리가 미리 준비할 수 있는 꼬리질문을 유도한다면 훨씬 쉽게 면접을 볼 수 있다.

실제, 경험질문 비중이 굉장히 높은 국민건강보험공단 면접을 준비하면서 이런 방식을 활용해 저자와 경험면접 연습을 했던 지원자들이, 실제 면접과정에서도 면접관으로부터 똑같은 꼬리질문을 받고 오랜 면접 탈락의 아픔에서 벗어난 경우가 많다. 그런 만큼 경험답변을 준비하면서 꼬리질문을 유도할 수 있는 키워드를 반드시 포함해 꼬리질문에 답변하는 연습을 하는 것이 필요하다.

앞서 활용했던 경험답변 내용을 예시로 활용해 보자. 동료와의 갈등을 슬기롭게 극복하여 좋은 성과를 만들었던 경험에 대한 답변이다.

> **답변**
>
> 네, 제가 동료들과의 갈등을 슬기롭게 극복하여 좋은 성과를 만들었던 경험은 공공기관 인턴으로 근무하면서 동영상을 제작했던 경험을 말씀드리고 싶습니다. 당시, 저는 인턴으로 근무하면서 동기들 5명과 함께 고객들에게 사업을 안내하고 홍보하는 5분 분량의 동영상을 만드는 과제를 수행하게 되었습니다. 비록, 우리 모두 경험이 부족하다 보니 주제를 선정하는 과정에서 *동료들과 갈등이 발생*해 마음고생하기도 했지만, 서로를 이해하고 *토의를 통해 의견을 조정하여* 동영상을 완성하고 *좋은 평가를 받았던* 적이 있습니다.

위처럼 경험답변을 할 경우, 면접관은 경험의 대부분 내용은 이해할 수 있어서 꼬리질문을 할 필요성을 느끼지 못한다. 하지만, 답변 내용 중에서 밑줄로 표시한 부분은 구체적으로 답변하지 않기 때문에 자연스럽게 그 부분을 궁금하게 여기고 꼬리질문을 할 가능성이 커지게 되는 것이다.

이렇게 농부가 물을 가두고 물꼬를 틔우듯이 면접관이 궁금해할 만한 키워드를 활용해 꼬리질문 거리를 미리 던져 주는 것이 면접을 훨씬 쉽게 볼 수 있는 방법이다. 이런 방법을 이해하고 활용할 수 있다면, 공기업 면접준비에서 가장 어려운 경험질문에 완벽히 대비할 수 있을 것이다.

이어서, 실제 예시를 통해, 꼬리질문에 어떻게 답변하고 이끌어 가야 할지 먼저 살펴보고 이어서 꼬리질문에 답변하는 방법을 확실히 이해하자.

질문

당시, 갈등은 왜 발생했는가?

답변

네, 당시 갈등이 발생했던 이유는 동영상 주제에 관한 생각이 서로 달랐기 때문입니다. 어떤 친구들은 기존 사업 내용을 하나씩 설명해 가는 방식으로 동영상을 만들자고 주장했지만, 저를 포함한 다른 친구들은 사업 내용보다는 고객들이 궁금해하는 부분을 중심으로 동영상을 만들자고 주장했습니다. 이렇게 서로의 주장이 팽팽히 맞서 갈등이 발생하다 보니 동영상 제작이 늦어졌을 뿐만 아니라, 동기들 사이도 서먹서먹해졌습니다.

질문

그럼, 갈등을 어떻게 해결했는가?

답변

네, 갈등을 해결했던 방법은 우선 동기들과 함께 맛있는 저녁밥을 먹는 것이었습니다. 갈등을 해결하기 위해서는 먼저 서로의 생각을 이해하는 것이 중요하다고 생각했습니다. 그래서 동기들에게 카톡으로 연락해 회사 앞에 맛있는 곱창집에 모여서 함께 이야기를 시작했습니다. 덕분에 서로의 생각에 대해 이해할 수 있었고 토의를 통해 동영상 주제를 결정할 수 있었습니다.

주제는 어떻게 결정했는가?

네, 저희가 결정했던 주제는 두 개의 생각을 결합하는 것이었습니다. 먼저 고객들이 자주 묻는 사업들을 먼저 정리하고 그에 맞춰 사업들을 하나씩 설명하는 방식이었습니다. 왜냐하면 당시 동영상을 제작하는 목적이 고객의 불편을 줄이는 것이 목적이었기 때문이었습니다. 덕분에 빠르게 동영상을 제작할 수 있었고 기대했던 것보다 더 좋은 성과를 거둘 수 있었습니다.

어떤 성과를 거두었나?

저희가 거둔 성과는 인턴 근무 결과 발표 경진대회에서 우수상을 받은 것이었습니다. 저희가 제작한 동영상의 주제도 좋았을 뿐만 아니라 동영상 편집도 인상적이라는 평가를 받았기 때문이었습니다. 그뿐만 아니라 동영상 제작을 통해 인턴 동기들끼리 더욱 친해져 지금까지도 서로 연락을 주고받으며 한 달에 한 번씩 모임을 하고 있습니다.

면접관이 묻는 것만 구체적으로, 눈에 그려질 수 있도록

지금까지 예시를 통해 꼬리질문에 답변하는 방식에 대해 살펴봤다. 다시 한번 자세히 살펴보면 꼬리질문의 답변 내용에서 몇 가지 특징을 찾아볼 수 있을 것이다. 앞선 꼬리질문 공략법에서 설명했던 내용이다. 면접관의 질문에 답변하면서, 면접관이 묻는 것만 구체적으로, 눈에 그려질 수 있도록 답변하는 방법이다.

이렇게 면접관이 질문한 것만 구체적으로 답변을 하면서 자연스럽게 추가적인 꼬리질문을 유도할 수 있고, 불필요하거나 예상하지 못한 꼬리질문을 줄일 수 있게 된다. 이런 꼬리질문 답변요령을 이해하고 답변에 활용할 수 있다면 훨씬 더 수월하게 꼬리질문에 대비할 수 있을 것이다.

5 경험답변 정리와 답변 연습

대표적인 경험답변을 준비했다면 이제 면접에서 답변할 수 있도록 철저히 준비하고 연습하는 것이 필요하다. 경험답변을 연습하기 위해서는 우선, 기출 경험질문과 예상 경험질문을 준비해서 경험질문 리스트를 만드는 것이 필요하다. 이렇게 미리 준비한 경험질문 리스트를 보면서, 내가 준비했던 경험답변을 가지고 연습하는 방식이다.

예를 들자면, 첫째 날에는 인턴 당시 동영상을 제작했던 경험답변을 가지고 모든 예상 경험질문에 대해서 답변하는 연습을 하고, 둘째 날에는 카페에서 아르바이트했던 경험을 가지고 또다시 모든 예상 경험질문에 답변하는 방식이다. 이렇게 하나의 경험답변을 가지고 모든 경험질문에 답변하는 연습을 하게 되면 자연스럽게 순발력과 활용력이 길러져 실제 면접에서 어떠한 경험질문이 주어지든 충분히 답변할 수 있다.

또한, 이렇게 경험답변을 연습하면서 이를 따로 정리하는 것도 좋은 방법이다. 아래의 표와 같이 제시될 수 있는 경험질문 별로, 자신의 경험답변을 핵심-상황-문제-행동-결과로 나누어서 정리한다면 훨씬 경험답변을 준비하는 것이 수월할 것이다. 마지막 칸에 있는 어려웠던 경험의 경우에는 꼬리질문 유도를 위해 일부러 행동과 결과 부분을 제외한 것이다.

질 문	한정된 자원	동료협업	갈등해결	문제해결	어려웠던
핵 심	네, 제가 (질문내용) 경험은 공공기관 인턴으로 근무하면서 동영상을 제작했던 경험을 말씀드리고 싶습니다.				
상황(S)	인턴으로 근무하면서 동기들 5명과 함께 고객들에게 사업을 안내하고 홍보하는 5분 분량의 동영상을 만드는 과제를 수행하게 되었습니다.				
문제(C)	경험부족 시간예산 한정	경험부족 생각보다 어려움	주제선정 갈등, 마음고생	예상치 못한 문제발생	경험부족 갈등발생
행동(A)	시간활용 기존자료 활용	밤늦게 노력 서로 도와주기	서로 이해 토의, 의견조정	문제원인 분석 해결책 도출	
결과(R)	동영상을 완성하고 좋은 평가를 받았던 적이 있습니다.				

6 경험답변 준비 시 주의할 점

앞서 설명한 대로 이렇게 자신의 대표적인 경험을 3~5개만을 가지고 모든 경험질문에 대비하는 방법이 굉장히 효율적이고 효과적이지만 주의해야 할 점도 분명히 있다.

첫째, 답변머신이 되기 쉽다.

이렇게 3~5개의 경험답변을 가지고 모든 경험질문에 반복적으로 답변하는 연습을 하게 되면 자연스럽게 답변 내용이 암기된다. 그런데 문제는 경험답변을 암기한 듯이 답변머신처럼 답변하게 되면 오히려 면접관의 믿음을 잃게 된다는 점이다. 따라서, 다른 답변도 마찬가지이지만 경험답변의 경우에는 절대 암기한 것처럼 답변하지 말고 생각하면서, 뜸을 들이면서 답변하는 것이 필요하다. 이 부분은 이 책에 있는 '면접에서 신뢰를 얻는 방법' 중 마지막 부분인 '생각하면서 답변하기'를 참고하면 된다.

둘째, 나만의 스크립트가 필요하다.

이 책에 있는 답변 스크립트를 그대로 활용하기보다는 자신만의 스크립트를 준비하는 것이 좋다. 앞서 경험답변 정리표를 활용하되 표현이나 내용은 자신만의 것을 만들어야 한다. 간혹 학생들로부터 면접장에서 다른 지원자가 이 책에 있는 답변 내용을 그대로 답변하는 모습을 봤다는 이야기를 듣곤 한다. 아무리 책에 있는 답변 내용이 좋아 보이더라도 그것을 그대로 따라 하는 것은 바람직하지 않다. 가장 좋은 답변은 바로 자신만의 답변이라는 점을 명심하자. 아래는 경험답변을 하는 다른 형식의 답변 스크립트이다.

> **답변**
>
> 네, 저는 공공기관 인턴으로 근무하면서 동료들과의 갈등을 슬기롭게 극복하여 좋은 성과를 거둔 경험이 있습니다. 저는 인턴 동기들 5명과 함께 고객에게 사업을 안내하고 홍보하는 5분 분량의 동영상을 만드는 과제를 수행하면서 주제선정 때문에 동료들과 갈등이 발생했습니다. 이를 해결하기 위해 저는 서로를 이해하고 토의를 통해 의견을 조정하여 갈등을 해결하고 동영상을 완성해 좋은 평가를 받을 수 있었습니다.

셋째, 자칫 형식적인 답변이 될 수 있다.

간혹 경험답변을 준비하는 방식에 대해 이해했지만, 아래의 경험답변 예시처럼 너무 짧게 답변하게 된다면 면접관에게 성의 없이 답변하는 꼴이 될 수 있다. 그래서 답변을 너무 짧게, 간결하게, 두리뭉실하게 답변하지 않도록 분량을 조절하는 것이 필요하다. 물론, 지원 공기업의 면접 성향을 파악해서 거기에 맞춰 준비하는 것이 필요하다.

> **답변**
>
> "네, 제가 동료들과의 갈등을 슬기롭게 극복하여 좋은 성과를 만들었던 경험은 공공기관 인턴 경험입니다. 동기들 5명과 함께 동영상을 만드는 과제를 수행하게 되었습니다. 동료들과 갈등이 발생하기도 했지만, 의견을 조정하여 동영상을 완성하고 좋은 평가를 받았던 적이 있습니다."

넷째, 상황에 따라 답변분량이 달라져야 한다.

우리가 경험답변을 이런 방식으로, 이 정도 분량으로 준비하는 이유는 크게 3가지이다. 첫째, 너무 답변 분량이 길어지면 답변 도중에 잘릴 가능성이 크기 때문이다. 둘째, 상황 부분을 자세히 설명해서 면접관의 이해를 높이고 불필요한 꼬리질문을 받지 않기 위해서이다. 셋째, 어차피 꼬리질문을 하려는 면접관에게, 우리가 원하는 방향으로, 쉽게 답변할 수 있는 꼬리질문을 유도하기 위함이다.

그런데, 지원기업에 따라, 면접관에 따라 경험답변을 길게 답변해도 중간에 제지하거나 자르지 않고, 꼬리질문을 아예 하지 않는 때도 있다. 일대다 면접일 경우, 또는 다대다 면접에서 공통 질문으로 경험을 질문하는 경우 등에는 꼬리질문을 하지 않는 경우가 많다. 이런 상황에서 경험답변을 다른 지원자들과 달리 너무 간결하게, 짧게 하면 오히려 면접관에게 성의 없는 모습으로 비추어질 수 있다.

◆ 숏버전과 롱버전 준비하기

그래서 아래 예시처럼 경험답변을 Long 버전(5줄 정도)과 Short 버전(3줄 정도), 2가지 버전으로 준비해서 면접 상황에 따라 탄력적으로 대처하는 것이 좋다. 다만 이 경우에도 핵심 부분과 상황 부분은 같게 사용하고, Long 버전에서는 위기 부분과 행동 부분 그리고 결과 부분을 각기 하나의 문장으로 구성하는 방식이 효과적이다.

질문

동료들과의 갈등을 슬기롭게 극복하여 좋은 성과를 만들었던 경험은?

3줄 분량의 Short 버전

답변

네, 제가 동료들과의 갈등을 슬기롭게 극복하여 좋은 성과를 만들었던 경험은 공공기관 인턴으로 근무하면서 동영상을 제작했던 경험입니다.
당시, 저는 동기들 5명과 함께 고객들에게 사업을 안내하고 홍보하는 5분 분량의 동영상을 만드는 과제를 수행하게 되었습니다.
비록 우리 모두 동영상을 만들었던 경험이 전혀 없다 보니 주제를 선정하는 과정에서 동료들과 갈등이 발생해 마음고생하기도 했지만, 서로를 이해하고 토의를 통해 의견을 조정하여 동영상을 완성하고 좋은 평가를 받았던 적이 있습니다.

5줄 분량의 Long 버전

답변

네, 제가 동료들과의 갈등을 슬기롭게 극복하여 좋은 성과를 만들었던 경험은 공공기관 인턴으로 근무하면서 동영상을 제작했던 경험입니다.
당시, 저는 동기들 5명과 함께 고객들에게 사업을 안내하고 홍보하는 5분 분량의 동영상을 만드는 과제를 수행하게 되었습니다.

 박규현의 공기업 NCS 면접

7 준비하지 못한 경험질문을 받을 경우

경험답변을 이렇게 준비했음에도 면접과정에서 도저히 예상하지 못한 경험질문을 받거나 당황해서 경험답변이 떠오르지 않는 경우가 있다. 이럴 경우, 지원자들은 경험이 없다고 짧게 답하여 답변을 회피하고 있다는 인상을 주거나 억지로, 또는 거짓으로 경험을 지어내 답변하고 꼬리질문에 막혀 쩔쩔매기도 한다.

이런 때를 대비해 예상하지 못했던 경험질문에도 답변을 이끌어가는 방법을 미리 연습하는 것이 좋다. 면접관들은 대부분 지원자의 경험 그 자체보다는 그런 경험을 통해 지원자에 대해 파악하고 싶어 하므로 예상하지 못한 경험질문에 충분히 활용할 수 있다. 예상하지 못한 경험질문에 답변하는 방법은 크게 3가지이다.

첫째, '대신(Instead)'을 사용하는 방법이다.

면접관이 질문한 경험과 유사한 경험을 대신 답변하는 것이다. 대부분 면접관은 지원자의 경험 그 자체보다는 경험을 통한 지원자의 직무역량과 인성을 파악하고 싶어 하므로 이렇게 유사한 경험을 답변하는 것에 대해 너그러운 편이다. 또한 이렇게 대체 경험을 답변하는 방식을 활용한다면 더욱 겸손한 답변이 될 수 있는 장점도 있다.

질문

한정된 자원 상황에서 동료들과 협력하여 좋은 성과를 만들어낸 경험은?

답변

네, 한정된 자원 상황에서 동료들과 협력하여 성과를 만들어낸 경험은 없지만, 대신 시간에 쫓기는 상황에서 동료들과 협력한 경험은 있습니다. 대학 3학년 때 친구들 3명과 함께 조별 과제를 하면서 제대로 진행되지 않아 마감 시간이 2주밖에 남지 않는 상황이 발생했습니다. 마감 시간에 쫓기다 보니 마음이 조급해져 부정적인 방법을 사용할까 고민하기도 했지만, 친구들과 협력해서 역할을 새

롭게 조정하고 늦은 시간까지 서로를 도와주며 열심히 노력한 덕분에 과제를 무사히 완성해 교수님
으로부터 칭찬을 받았던 적이 있습니다.

 **질문**

기존에 없던 창의적인 방법으로 문제를 해결했던 경험은?

답변

네, 제가 창의적인 방법으로 문제를 해결한 것은 아니지만, 새로운 방식으로 문제를 해결했던 경험
을 말씀드리고 싶습니다. 대학 4학년 때 친구들 3명과 함께 창업 관련 조별 과제를 한 적이 있습니
다. 다시 창업과 관련된 경험이 없어 서로의 생각이 팽팽히 맞서는 바람에 창업 아이템 선정에 많은
어려움이 있었지만 다른 학생들이 생각하지 못했던 새로운 방식을 활용하여 창업 아이템을 선정하
고 과제를 성공적으로 수행했던 경험이 있습니다.

둘째, '만일(If)'을 사용하는 방법이다.

면접관이 질문한 경험이 없다고 먼저 밝히고 만일 그런 상황이 발생한다면 자신이 어떻게 대처할
것인지, 어떻게 상황을 해결할 것인지를 답변하는 방식이다. 또한 시간적인 여유가 있다면 그렇
게 대처하는 이유나 자기 생각, 판단을 이야기하면 된다. 면접관은 지원자가 이런 경험이 있는지
자체가 궁금한 것이 아니라 그런 상황에서 지원자가 어떻게 행동할 것인지 궁금해서 그런 질문을
던졌기 때문에 그런 상황을 가정하고 답변하면 이를 받아들이는 경우가 많다.

 **질문**

다른 동료를 실망시켰던 경험이 있는지?

답변

네, 저는 지금까지 다른 동료들을 실망시켰던 경험이 잘 떠오르지 않습니다. 하지만 만일 그런 상황
이 발생한다면 먼저 진심을 담아 사과하겠습니다. 동료와 함께 일을 하면서 동료를 실망시켰다면
원인이 무엇이든지 저의 잘못이라고 생각합니다. 그래서 먼저 동료에게 진심을 담아 사과하고 다시
는 그런 일이 발생하지 않도록 제가 더 주의하고 보완하기 위해 노력할 것 같습니다. 그렇게 한다면
저에게 실망했던 동료도 저를 인정해 주고 팀워크를 발휘해 더 좋은 성과를 거둘 수 있다고 생각합
니다.

조별 과제를 수행하면서 조원과 다투었던 경험이 있는지?

저는 조별 과제를 수행하면서 같은 조원과 의견이 맞지 않아 속상했던 적은 있었지만, 그것 때문에 다른 조원과 다투어본 경험은 없습니다. 만일 그런 상황이 생긴다면 감정에 휘둘려 조원과 다투기보다는 제가 먼저 한 발 뒤로 물러서는 모습을 보여주겠습니다. 그런 다음에 서로의 생각을 솔직히 털어놓고 이야기한다면 어떤 갈등도 해결할 수 있다고 생각합니다.

셋째, '왜(Why)'를 활용하는 방법이다.

아무리 고민해도 그런 경험이 없거나 잘 떠오르지 않는 상황에서, 앞선 두 가지 방법도 활용하기 어렵다면 마지막으로 활용할 수 있는 방식으로, 자신이 경험에 대해 답변하지 못하는 이유를 설명하는 방식이다. 단순히 그런 경험이 없다고 답변하는 것보다는 훨씬 좋은 인상을 줄 수 있다.

정보를 체계적으로 정리하여 좋은 성과를 만들었던 경험은?

네, 제가 너무 긴장한 탓에 정보를 체계적으로 정리하여 좋은 성과를 만들었던 경험이 갑자기 떠오르지 않습니다. 면접이 끝난 후, 체계적으로 정보를 정리했던 경험을 다시 한번 생각해 보겠습니다. 만일 그런 경험이 없다면, 정보를 체계적으로 정리하는 방법을 알아보고 실제 활용할 수 있도록 노력하겠습니다. 답변을 드리지 못해서 정말 죄송합니다.

인턴으로 근무하면서 고객을 감동시켰던 경험은?

네, 제가 인턴으로 근무하면서 고객을 감동시켰던 경험은 잘 떠오르지 않습니다. 워낙 찾아오시는 고객들이 많은데다 증명서 발급업무가 많아 고객을 감동까지 시켰던 경험은 사실 잘 떠오르지 않습니다. 하지만, 찾아오신 고객들께서 대부분 별다른 불편사항을 말씀하시지 않고 돌아가셨고, 선배님들로부터도 고객응대를 잘한다는 칭찬을 들었던 적도 있습니다.

최근 공기업 면접에서 자주 출제되는 경험관련 면접질문에 대비하여 철저히 준비하는 것이 필요하다. 하지만 이렇게 경험관련 면접질문에 대해 답변하기 어려운 경우라면, 위에서 말한 3가지 방법을 활용해 보자. 이렇게 답변이 어려운 상황에서도 끝까지 최선을 다하는 모습을 보여준다면 좋은 결과를 만들 수 있다.

8　유용한 경험답변 Tip, 2가지

마지막으로 경험질문에 답변하면서 활용할 수 있는 좋은 팁을 두 가지 정도 이야기하고 싶다. 그리 대단한 내용은 아니지만, 실제 경험답변을 하면서 활용한다면 면접과정에서 큰 도움이 될 수 있을 것이다.

뒤부터 해석하기

앞서 언급한 것처럼, 최근 공기업의 경험질문은 예전처럼 단순하지 않고 복잡해지고 있다고 이야기했다. 이런 경향은 경험질문의 비중이 높은 기업에서 자주 볼 수 있다. 예전에는 "동료와의 갈등을 해결했던 경험?"처럼 간단한 경험질문 대신에, 최근에는 "상대방의 오해로 발생한 갈등을 슬기롭게 해결했던 경험?"과 같이 점점 복잡한 경험질문이 주어지는 것이다.

이렇게 경험질문의 길이가 길어지게 되면 경험답변 소재를 찾지 못하고 당황할 수밖에 없다. 이럴 경우, 반드시 기억해야 할 점은 앞부터 해석하지 말고 뒤부터 해석해야 한다는 점이다. 앞선 예시 경험질문의 경우에는, "상대방의 오해"를 찾으려 하지 말고 뒷부분에 있는 "갈등을 슬기롭게 해결"에 집중해서 답변 소재를 찾아야 한다는 점을 기억하자.

개인 경험 활용하기

앞서 본 것처럼 길이가 긴 경험질문도 있지만 "힘들었던 경험?"과 같이 짧은 길이의 경험질문도 주어지게 된다. 물론 이런 경험질문에도 직무관련 경험을 답변하는 것도 좋지만, 반대로 개인적인 경험을 답변하는 것도 좋다. 그런데 많은 학생이 경험답변을 하면서 '직무 연관성'에 집착해 면접을 오히려 어렵게 만드는 때도 있다.

예를 들어 "힘들었던 경험?"에 인턴 근무 당시 동영상을 제작하면서 힘들었던 경험보다는 작년 면접에서 탈락하고 낙담했던 경험이 오히려 더 현실적이고 믿음을 줄 수 있다는 것이다. 그래서 질문의 길이가 짧은 경험질문에는 직무 연관성이 없더라도 자신의 개인적인 경험을 답변하는 것도 가능하다는 점을 기억하면 좋겠다.

6장 | 면접 위기 탈출법

면접장에 들어서면 모든 것이 내 뜻대로 되지는 않는다. 아무리 열심히 예상 면접질문과 답변 내용을 준비했어도 전혀 생각하지도 못했던 면접질문에 당황하기도 하고, 별로 대수롭지 않게 생각했던 나의 약점에 대해 집요하게 질문을 이어가는 면접관도 있기 마련이다. 이렇게 면접과정에서 나에게 위기가 닥쳐온 상황에서 어떻게 하면 효과적으로 벗어날 수 있는지 정리해 보았다.

1 모르는 질문을 받았을 경우

내가 전혀 모르는 내용을 묻는 면접질문을 받는 경우이다. 지원 공기업이나 주요 사업에 대한 준비와 학습이 부족했을 때 이런 상황을 만나게 된다. 대부분 지원 공기업의 현황이나 주요 사업의 성과 등에 대한 수치나 단순한 지식을 묻는 질문이 주를 이룬다. 이렇게 내가 전혀 모르는 질문을 갑자기 받게 되면 당황할 수밖에 없다. 이럴 때 대부분 지원자는 답변하지 못하고 머뭇거리거나 잘못된 답변을 하게 된다. 면접관들은 이런 모습의 지원자를 보게 되면 준비성이나 열정이 부족하다고 판단하게 되고 좋은 결과를 얻지 못한다.

이런 상황을 만나면 어떻게 해야 할까? 어차피 모르는 내용이기 때문에 시간을 끌어도 결국 제대로 된 답변을 하지 못한다. 이런 경우 오히려 빠르게 준비가 부족했음을 인정하는 것이 필요하다. 다음에 어떻게 구체적으로 보완할 것인지 자신의 계획을 말하는 것이 좋다. 지원자가 또는 신입 직원이 모든 것을 다 기억하고 알 수는 없다. 그래서 면접관들도 이런 점에 대해서는 너그러운 편이다. 하지만 오히려 면접에서 소중한 시간을 끌거나 잘 알지 못하는데도 아는 척하는 모습은 공기업에서 가장 싫어하는 후배의 모습이다. 그래서 이런 부정적인 인상을 남기지 않고 솔직히 모른다고 답변하되, 구체적으로 어떻게 보완할 것인지를 답변하는 것이 최고의 해결책이 된다.

작년도 건강보험 지출액은?

죄송합니다. 제 나름대로 열심히 준비한다고 했지만, 질문하신 작년도 건강보험 지출액을 미처 파악하지 못했습니다. 면접이 끝나는 대로 최근 5년 이내 건강보험 지출액과 추이를 분석하고 건강보험 지출액을 증감사유와 해결방안까지 고민하도록 하겠습니다. 정확한 답변을 드리지 못해서 정말 죄송합니다.

우리 공단의 중소기업지원 기술지원 사업의 최고 지원액은?

죄송합니다. 제가 너무 긴장해서인지 갑자기 중소기업 기술지원 사업의 지원 금액이 잘 기억나질 않습니다. 면접이 끝난 후, 중소기업 기술지원 사업 내용에 대해 더 철저히 공부하고 준비해서 중소기업 기술력 향상 사업을 추진하는데 부족함이 없도록 노력하겠습니다. 죄송합니다.

네, 우리 공단의 중소기업지원 기술지원 사업의 최고 지원액은 미처 준비하지 못했습니다. 열심히 준비한다고 했지만, 저의 노력이 부족했던 것 같습니다. 면접이 끝나는 대로 바로, 우리 공단의 중소기업지원 기술지원 사업을 조사하고 각 지원사업의 지원 금액까지 꼼꼼히 확인하고 조사하겠습니다. 그리고 만일, 기회를 주신다면 꼭 면접관님을 다시 찾아뵙고 중소기업지원 기술지원 사업의 최고 지원액에 대해 자신 있게 답변드릴 수 있도록 하겠습니다. 정말 죄송합니다.

인생에서 가장 소중한 가치는?

네, 제 인생에서 가장 소중한 가치는 미처 생각해 보지 못했습니다. 학교를 졸업하고 취업에만 신경 쓰다 보니 인생에서 소중한 가치가 무엇인지 생각해 보지 못했던 것 같습니다. 면접이 끝나는 대로 제 인생에서 어떤 가치를 가장 소중하게 생각해야 할지 고민해 보겠습니다. 또한 면접관님께서 이런 질문을 제게 하신 깊은 의미까지 반드시 고민해 보겠습니다. 죄송합니다.

위에서 보듯이 전혀 모르는 내용에 관한 질문이다. 이 질문에 시간을 끌지 않고 바로 죄송하다고 말하며 자신의 부족한 점을 인정하는 모습이다. 대신 부족한 점을 어떻게 보완할 것인지 구체적으로 이야기하고 있다. 눈여겨볼 부분은 단순히 질문내용에 대한 보완뿐만 아니라 한발 더 나아가 적극적으로 다른 사항까지 파악하고 보완하려는 자세를 보여주는 것이다.

2 질문을 이해하지 못한 경우

면접관의 질문내용을 잘 이해하지 못한 경우이다. 면접관의 질문이 애매모호하거나 너무 빨라서 또는 장황한 설명 다음에 갑작스러운 질문 그리고 질문 자체가 너무 어려워 이해하기 어려운 때도 있다. 이렇게 질문을 잘 이해하지 못했을 경우 많은 지원자는 당황하게 되고 시간을 끌거나 엉뚱한 답을 하곤 한다. 면접관의 질문을 이해하지 못했다는 것 자체가 감점요인이 되지 않을까 생각하고 면접관에게 재질문을 요청하지 않는다. 이럴 때 면접관들은 지원자가 질문 자체를 이해하지 못했다고 생각하지 않고 지원자가 답변을 못 하고 있다고 오해하기 쉽다. 더욱 안 좋은 상황은 질문을 정확히 이해하지 못했는데 섣불리 판단하고 아주 엉뚱한 답변을 하는 것이다. 엉뚱한 답변은 다시 압박질문으로 이어져 결국 면접을 망치게 된다.

이런 상황에서 빠져나오는 방법은 실은 간단하다. 자신이 질문을 잘 이해하지 못했다고 솔직히 이야기하고 재질문을 요청하는 것이다. 대부분 면접관은 긴장한 지원자들의 실수에 대해서는 비교적 관대한 편이다. 하지만 질문내용을 잘 이해하지 못하고 엉뚱하게 답하거나 시간을 끄는 것에 대해서는 굉장히 부정적이다. 직장에서 상사의 지시를 잘 이해하지 못했는데도 고개를 끄덕이고 나서는 나중에 아주 엉뚱한 일을 하거나 일을 망치는 직원을 굉장히 경계한다. 모르면 모른다고, 이해하지 못했다면 다시 물어봐서 정확히 이해하고 그것에 맞게 일을 제대로 하는 직원이 오히려 좋은 평가를 받게 된다. 그래서 이해하지 못한 것을 솔직히 말하고 재질문을 요청해 제대로 답하는 지원자의 모습을 보여줘야 한다.

 **질문**

우리 공단의 기술지원 사업 중에서 가장 중요한 점은?

답변

제가 너무 긴장해서 면접관님의 질문을 잘 이해하지 못했습니다. 죄송하지만 다시 한번만 말씀해 주시면 감사하겠습니다.

죄송합니다. 질문하신 내용의 핵심을 제가 잘 이해하지 못했습니다. 기술지원 사업을 추진하는 데 가장 중요한 직원의 역량에 대해서 답변드려도 되겠습니까?

위에서 보듯이 질문 자체가 모호한 상황이다. 이런 질문에 시간을 끌지 않고 바로 질문을 잘 이해하지 못했다고 말하고 재질문을 요청하거나 자신이 판단한 내용이 맞는지 확인하는 것이 좋다. 이렇게 면접관에게 다시 질문내용을 묻거나 확인함으로써, 오히려 면접관에게 좋은 인상을 주거나 면접관이 면접질문을 더 쉽고 간결하게 설명해주는 때도 있다. 하지만 면접관에게 재질문을 요청하는 것을 최소한으로 하는 것이 좋다는 점은 명심하도록 하자.

3 답변 중 실수하거나 막힌 경우

답변하던 도중에 잘못된 방향으로 답변하거나 답변할 내용이 기억나질 않아서 말문이 막히는 경우이다. 누구나 이런 경우가 일어나기 마련이다. 사람이란 묘해서 자기 입으로 답변하면서도 머릿속으로는 "어~ 이게 아닌데…."라는 생각을 하는 경우가 많다. 답변 방향을 잘못 잡아서 엉뚱한 이야기를 하던 중에, 자신이 질문 자체를 잘못 이해했다고 판단하기도 한다. 자기 경험에 관해서 이야기하다가 실제 이 경험이 적절하지 않다는 점을 깨닫기도 한다.

답변 도중에 이렇게 잘못이나 실수를 하게 되면 대부분 지원자는 답변 방향이 흔들리기 시작한다. 면접관에게는 횡설수설하는 모습으로 비추어진다. 혹은 답변을 중도에 멈추고 시간을 끌다가 다시 답변해도 되냐고 묻거나 다음 기회에 답변하겠다고 이야기하곤 한다. 이런 모습들은 지원자들을 굉장히 부정적으로 평가하는 빌미가 되곤 한다.

이렇게 답변 중에 답변 방향을 잘못 잡는 실수를 하거나 답변 내용을 잊어버렸을 때 가장 좋은 대처법은 바로 중단하는 것이다. 억지로 답변을 계속하면 횡설수설할 수밖에 없다. 잘못된 방향으로 계속 달려가는 기관차와 같다. 그래서 바로 답변을 멈추고 면접관에게 자신의 실수를 인정하는 것이 좋다. 누구나 긴장하고 실수를 한다는 점에서 이렇게 빠르게 판단하고 실수를 인정하는 모습은 오히려 면접관에게 좋은 인상을 심어줄 수 있다.

먼저 면접관에게 죄송하다고 말하면서 자신의 실수나 잘못을 인정하되, 긴장을 그 이유로 제시하는 것이 좋다. 그리고 올바른 방향으로 답변을 다시 시작하는 것이 좋다. 이 경우, 면접관에게 다시 답변해도 되냐고 묻기보다는 바로 답변을 시작하는 것이 좋다. 가장 피해야 할 모습은 생각이 잘 나지 않는다며 다음에 답변하겠다는 지원자이다. 이는 면접의 규칙을 어기는 모습일 뿐만 아니라 짧은 면접 시간을 생각하면 실현 불가능한 부탁이 될 수 있다. 마찬가지로 이런 실수에도 불구하고 웃음으로 얼버무리는 것 역시 피해야 한다.

간혹 이처럼 주어진 질문에 답하지 못했는데 다른 면접질문이나 마지막 발언 등의 기회에 그 질문에 대해 답변하는 지원자들이 있다. 이런 모습은 면접관들에게 아주 부정적인 지원자의 모습으로 비추어질 수 있다. 면접에서 답변의 내용이 중요하기보다는 지원자의 자세를 더 중요하게 생각한다는 점을 떠올리면 쉽게 그 이유를 생각해 낼 수 있을 것이다.

> **답변**
>
> 죄송합니다. 제가 너무 긴장한 나머지 답변을 잘못 말씀드렸습니다. 처음부터 다시 정리해서 답변드리겠습니다.

> **답변**
>
> 죄송합니다. 너무 긴장한 탓에 엉뚱한 방향으로 답변을 드렸습니다. 면접관님께서 허락해 주신다면 저의 생각을 다시 정리해서 정확한 답변을 드리겠습니다. 죄송합니다.

4 약점으로 압박하는 경우

면접관이 자신의 약점에 대해 압박하는 질문을 하는 경우이다. 낮은 학점, 취업 공백기, 장기휴학, 전공의 불일치, 이직이나 퇴직 등 자신의 약점을 언급하면서 그 이유를 묻거나, 힐난하듯이 약점이 있는데 과연 잘 할 수 있는지를 묻는 경우가 종종 있다. 공기업 면접에서는 민간 대기업에 비해 압박질문이 잦은 편은 아니지만 지원자의 약점에 관한 질문은 종종 나오기 마련이다.

이런 면접관의 압박질문에 대한 지원자의 반응은 대부분 그 약점을 인정하지 않고 변명하곤 한다. 또는 장황한 설명으로 약점을 언급하지 않고 그럴싸한 변명으로 어물쩍 넘어가는 때도 있다. 면접관들은 이런 모습의 지원자를 굉장히 부정적으로 평가한다. 그래서 더 이상 질문을 하지 않고 부정적으로 평가한 후 다른 지원자로 넘어가거나 반대로 추가적인 압박질문으로 지원자를 힘들게 만들곤 한다.

이런 상황에서 벗어나는 방법은 약점을 그대로 인정하는 것이다. 면접관이 약점이라고 판단한 부분을 지원자가 아무리 변명한다고 해서 그런 판단을 번복하지는 않는다. 누구에게나 약점은 있기 마련이다. 면접관이 심각하게 인식하는 것은 약점 자체가 아니라 약점을 인정하지 않고 변명으로 일관하는 지원자의 모습이다. 이런 유형의 직원들이 조직화합에 해를 끼치는 모습을 종종 봐왔기 때문이다. 그래서 부족하거나 잘못한 점이 있다면 그런 부분을 솔직히 사과하고 그것을 보완하고 극복하기 위해 노력하는 직원의 모습을 보여주는 것이 필요하다.

직무관련 경험이 별로 없는데?

네, 면접관님께서 지적하신 대로 제가 직무관련 경험이 부족한 편입니다. 저 역시 그런 점이 저의 가장 큰 약점이라고 생각합니다. 그래서 입사하게 된다면 더 열심히 선배님들에게 업무를 배울 생각입니다. 선배님들을 귀찮게 해서라도 업무를 빠르고 정확히 파악하여 저의 약점을 보완하겠습니다. 그래서 6개월 이내에 직무 경험이 많은 다른 동기들에 뒤지지 않는 모습을 보여드리겠습니다.

직무관련 전공이 아닌 것 같은데, 잘 할 수 있겠어요?

네, 면접관님께서 말씀하신 대로 제 전공이 지원 직무와 잘 맞지 않습니다. 대학교 3학년 때부터 취업을 준비하면서 그런 문제점을 보완하기 위하여 경영과 조직 관련 수업을 많이 들었습니다. 그리고 직장에서 전공자들에 뒤지지 않기 위해 컴퓨터활용능력을 키우는 데 주력해 왔습니다. 제 딴에는 노력해 왔지만 아무래도 전공자가 아니기 때문에 분명히 처음에는 어려움이 많을 것 같습니다. 하지만 극복하지 못할 어려움은 없다는 마음가짐으로 더 열심히 노력해서 오히려 더 성장하고 발전하는 모습을 보여드릴 자신이 있습니다.

왜 이렇게 취업 공백기가 길어졌죠?

네, 면접관님 말씀대로 저의 취업 공백 기간이 긴 편입니다. 변명처럼 들리시겠지만, 저 역시 취업을 준비하면서 이렇게 공백기가 길어질 것으로 생각하지 못했습니다. 제 딴에는 열심히 노력한다고 했지만, 저의 노력이 부족한 탓인지 계속 취업에 실패했습니다. 그럴 때마다 지치고 힘도 들었지만 부족한 점을 채우기 위해 노력해 왔고 오늘 제가 꼭 입사하고 싶었던 우리 공사 면접 기회를 만들 수 있었습니다.

취업 공백기가 긴 편인데 지금까지 무엇을 하셨죠?

네, 제 취업 공백기가 길어진 이유는 제가 2년 정도 공무원 시험을 준비했기 때문입니다. 안정적인 직장을 선호하시던 부모님의 강한 권유로 공무원 시험을 2년 동안 준비했지만 제가 실력이 부족한 탓에 좋은 결과를 만들지 못했습니다. 그래서 오랜 시간 고민한 끝에, 공무원 시험이 저에게 맞지 않는다는 결론을 내렸습니다. 게다가 연세가 많으신 부모님께 계속 부담을 드리는 것은 자식 된 도리가 아니라고 생각해서, 과감히 공무원 시험을 포기하고 취업을 준비하게 되었습니다.

나이가 많은 것 같은데 잘 적응할 수 있겠어요?

네, 면접관님 말씀대로 제가 취업 준비 기간이 길어지다 보니 나이가 많은 편입니다. 그래서 아무래도 동기들이나 선배들과의 관계에서 불편한 점이 있을 것 같습니다. 그럴수록 제가 더 열심히 다가서는 자세가 필요하다고 생각합니다. 입사해서 선배님, 동기들에게 먼저 친근하게 다가설 수 있도록 노력하겠습니다. 그리고 나이가 많은 만큼 힘든 일에 먼저 솔선수범하는 모습을 통해 선배, 동기들로부터 믿음을 받도록 노력하겠습니다.

그럼, 만일 나이가 어린 선배가 커피 심부름을 시킨다면?

네, 나이 어린 선배가 커피 심부름을 시킨다면 당연히 커피 심부름을 하는 것이 맞는다고 생각합니다. 직장에서 나이는 중요하지 않다고 생각합니다. 선배에게 맛있는 커피를 타드리고 대신 저는 선배한테 업무 노하우를 하나라도 더 배우겠습니다.

위의 예시에서 볼 수 있듯이 면접관의 압박질문에 대해 먼저 솔직히 인정하고 자신이 어떻게 노력하고 보완해 왔는지를 설명하는 것이 좋다. 이런 모습의 지원자라면 직장생활을 하면서 자신의 약점이나 잘못을 인정하고 그것을 극복하고 보완하기 위해 노력할 것이라는 믿음을 면접관에게 심어주도록 하자.

어느 것이 옳다고 정확히 말하기 어려운 질문을 던지고 지원자에게 선택을 강요하는 경우이다. 지원자의 가치관이나 지원 공기업의 중요한 이슈나 직장 내에서 발생할 수 있는 딜레마 상황 등에 관한 질문이 주를 이룬다. 이런 면접질문을 받게 되면 많은 지원자는 답변을 주저하고 시간을 끌거나 극단적인 답변으로 부정적인 평가를 받곤 한다.

이런 면접질문에 대한 정답은 없는데도 정답을 말해야 한다는 생각에 이런 실수를 범하게 되는 것이다. 면접관들은 이런 질문에 대한 대답을 못 하거나 늦는 지원자들을 준비가 부족하고 소신이 없는 지원자라고 판단하기 쉽다. 또는 극단적인 답변을 하는 지원자에 대해서는 "혹시나?" 하는 걱정을 하게 된다.

어릴 때부터 현명하게 답했던 방식

사실 우린 이런 상황에 아주 익숙하다. 아주 어릴 때부터 답하기 어려운 선택을 강요받은 경우가 있었다. 바로 "엄마가 좋아? 아빠가 좋아?"라는 질문이다. 이 질문에 대부분은 "응. 엄마도 좋고 아빠도 좋아. 그렇지만 엄마가 잘 놀아 주니까 엄마가 더 좋아"라고 답하곤 했다. 이렇게 어릴 때부터 현명하게 답했던 방식으로 답을 하면 된다.

이렇게 선택을 강요받는 경우, 먼저 면접관의 질문에 맞장구를 치며 "둘 다 장점을 가지고 있다.", "둘 다 필요하다.", "둘 다 중요하다."와 같이 말하며 공감을 표시해 주는 것이 좋다. 대부분 이런 질문에 대한 선택은 모두 좋기도, 나쁘기도, 중요하기도 해서 지원자에게 던져진다. 그래서 어떤 선택을 하든지 두 가지에 대해 모두 공함을 표현해 주는 것이 좋다. 다음으로는 자기 생각이나 판단에 따라 한 가지를 결정해서 답변하는 것이다. 마지막으로 그 선택에 대한 이유와 근거, 자신의 경험 등을 통해서 답변을 마무리하면 된다.

질문

우리 공사는 수익성과 공익성을 동시에 추구해야 하는데 지원자는 둘 중 어떤 것을 선택할지?

답변

네, 면접관님께서 말씀하신 대로 우리 공사는 수익성과 공익성을 동시에 추구해야 하는 어려움을 가지고 있습니다. 둘 다 모두 중요하지만, 그중에서 하나만 선택하라고 하면 공익성을 선택하고 싶습니다. 왜냐하면 우리 공사는 서민들에게 안정적인 주거환경 제공을 통해 국민에게 더 좋은 삶을 선물하기 위해 설립된 회사이기 때문입니다. 그래서 더 많은 국민에게 혜택이 돌아갈 수 있도록 공익을 추구하는 과정에서 수익성을 높이기 위한 노력을 기울여야 한다고 생각합니다.

전력산업 민영화에 대한 자기 생각은?

네. 면접관님이 말씀하신 전력산업 민영화는 우리나라 전력산업에서 가장 민감한 이슈입니다. 전력산업 민영화가 양질의 전력공급 서비스 제공이라는 장점을 가지고 있지만 또한 전력요금 상승이라는 우려를 동시에 갖고 있습니다. 저는 우리나라에서 전력산업 민영화는 시기상조라고 생각합니다. 국가적으로는 경제발전 추진 동력을 계속 유지하는 것이 필요하고 국민의 전력요금 부담이 예상되기 때문입니다.

장애인과 노인 그리고 임산부 중 한 명만 엘리베이터에 태울 수 있다면?

장애인과 노인 그리고 임산부 모두는 우리 사회가 보호하고 도움이 필요한 사람이라고 생각합니다. 그래서 세 명 중 한 사람만을 선택하는 문제는 굉장히 답변드리기 어렵습니다. 하지만 만일 그중에서 한 명만이 엘리베이터에 탑승할 수 있다면 저는 장애인을 선택하고 싶습니다. 대부분 장애인은 혼자서 활동하기에 많은 제약이 있으므로 가장 먼저 엘리베이터에 탑승하는 것이 맞는다고 생각합니다.

이렇게 선택하기 어려운 질문을 받은 경우, 면접관의 질문에 맞장구를 쳐주고 선택 답변 모두에 대해 언급해 준 후, 자기 생각을 답변하면 된다. 이어서 자기 생각이나 판단의 이유를 설명하는 방식이 좋다. 명심해야 할 것은 애매모호한 답변을 말하기보다는 정답이 없는 만큼, 자기 생각이나 판단을 명확히 밝히는 것이 중요하다는 점을 잊지 말아야 한다.

6 답변자를 지정하지 않는 경우

면접관들이 답변자를 지정하지 않고 지원자 전체를 대상으로 질문을 한 경우이다. 답변하기 어려운 주제보다는 주로 지원하는 공기업이나 경영전략, 사업 내용 등에 대한 지원자들의 준비 수준을 파악할 목적으로 질문하곤 한다. 이런 식의 질문을 통해 지원자의 적극성을 평가하기도 한다.

이런 경우, 대부분 지원자는 답변 내용을 깊이 생각하며 주저하다가 답변 기회를 놓치거나 면접관의 눈치만 살피게 된다. 면접관으로서는 이렇게 눈치를 보며 답변 기회를 포기하는 지원자보다는 조금 답변이 부족하더라도 적극적으로 답변을 하는 지원자의 적극적인 자세, 희생정신을 높게 평가하곤 한다.

그래서 면접관이 이런 방식으로 질문을 던진 경우, 먼저 답변하는 것이 유리하다. 100% 맞는 답변을 말하는 것이 아니라 나의 적극적인 자세를 보여주는 기회라고 생각하고 적절한 답변을 하는 것이 좋다. 단지 주의해야 할 점은, 답변을 서두르다가 질문내용을 잘못 이해하고 전혀 엉뚱하거나 잘못된 답변을 하는 것이다. 만일, 다른 지원자에게 답변 기회를 놓쳤다면 그 지원자의 답변이 끝난 후 답변해도 되는 상황이라면 면접관의 동의를 구한 후에 자신도 답변하는 것이 좋다. 대신 이 경우, 앞서 답변한 지원자와 다른 방향이나 내용으로 답변하는 것이 좋다. 앞선 지원자가 답변한 내용을 베낀 듯한 느낌이 전달되지 않도록 조심하자.

질문

우리 공사 직원의 자질 중에서 무엇이 가장 중요한지 이야기하실 분?

답변

네, 제가 먼저 답변드리겠습니다. 우리 공사 직원의 자질 중에서 가장 중요한 것은 바로 소명 의식이라고 생각합니다. 그 이유는….

답변

네, 저도 답변드리겠습니다. 한국방송광고진흥공사 직원에게 가장 필요한 자질은 전문가 정신이라고 생각합니다. 우리 공사는….

4부.

면접형태별 공략법

1장 | 인성면접 공략법

면접이란 과정을 곰곰이 생각해 보면 결국 자기 모습을 보여주고 면접관의 질문에 답변하는 것에 불과하다. 그런 과정을 통해서 어떤 사람은 합격을, 어떤 사람은 불합격하게 된다. 그런데 특별한 문제점이 없어 보이는데도 불합격하는 지원자들이 있다. 그런 지원자들의 답변하는 방식, 내용들을 살펴보면 면접관의 신뢰를 얻지 못한다는 것을 발견하게 된다. 답변 내용 자체가 면접관의 신뢰를 받지 못하다 보니 당연히 면접에서 고배를 마시게 되는 것이다. 그러면 답변을 어떻게 해야 면접관의 신뢰를 받을 수 있는 것일까? 인성면접을 공략하는 법, 7가지에 대해 알아보자.

1　자랑하지 않기

면접관의 신뢰를 받기 위해서는 자랑하지 않아야 한다. 많은 지원자는 합격하고 싶은 욕심에 모든 답변 내용에 자신의 자랑을 빼놓지 않는다. 노골적으로 자랑하는 때도 있지만 넌지시 자랑을 섞어서 답변하곤 한다. 이런 지원자의 자랑을 들은 면접관은 그런 자랑에 "정말 뛰어난 인재이군."이라며 감탄하기보다는 "정말 그렇게 뛰어난 인재야?"라는 의심하기 마련이다.

면접관이 불신하는 이유

이렇게 면접관이 지원자의 자랑을 불신하는 가장 큰 이유는 모든 지원자가 자랑을 늘어놓기 때문이다. 들어오는 지원자마다, 지원자의 답변마다 이어지는 자랑에 피곤함을 느끼게 되고 "휴, 또 자랑이야?"라는 생각이 먼저 들게 된다. 그래서 자랑을 많이 하는 지원자일수록 꼬리질문을 많이 받기 마련이다. 지원자들의 자랑을 믿을 수 없고 그것을 반드시 확인하고 싶기 때문이다. 게다가 자기 자랑을 늘어놓는 지원자라면 조직 생활에서 혼자서 잘난 척하면서 다른 사람들과 쉽게 어울리지 못한다는 경험도 자랑을 많이 하는 지원자가 많이 탈락하는 이유이기도 하다. 예를 들어

답변

"대학교 3학년 때, 조별 과제를 하면서 조원 간에 주제 선정 때문에 갈등이 발생했습니다. 저는 적극적으로 리더쉽을 발휘해 조원들의 갈등을 중재하였습니다. 제가 갈등을 슬기롭게 중재하고 해결한 덕분에 우리 조는 A+ 라는 좋은 성적을 거둘 수 있었습니다."

와 같이 자랑을 늘어놓을 경우, 면접관은 우선 지원자의 리더쉽이란 단어에 불신을 갖게 된다. 또한 대학 시절 A+ 성적을 받은 것 자체가 별로 대단한 성과라고 생각하지 않기 때문에 성적 자랑

에도 시큰둥한 경우가 많다. 결국 지원자는 이런 식의 자랑하는 답변을 통해 면접관으로부터 아무런 긍정적인 평가를 얻어내지 못한다.

4년 연속 성적우수 장학금을 받았다고 면접 때마다 자랑하던 지원자가 면접에서 계속 떨어지는 경우를 본 적이 있다. 그 지원자의 경우에는 그런 답변을 하고 나면 늘 따라오는 꼬리질문이 "그렇게 좋은 성적을 거둔 비결이 뭐냐?"에서부터 시작해서 결국 "학교생활을 하면서 다른 친구들과 어울리지 못하고 공부만 한 것은 아니냐?"라는 꼬리질문으로 끝나곤 했다.

욕심을 내려 놓기

이렇게 면접관이 지원자가 자랑을 늘어놓게 되면 지원자를 불신하게 되고 결국 면접 탈락의 위험이 커지게 되는 것이다. 그러면 어떻게 자랑하지 않고 답변을 할 수 있을까? 그에 대한 해결책은 면접에서 욕심을 부리지 않는 것이 중요하다. 말처럼 쉬운 것은 아니지만 욕심을 내려놓고 솔직하게 답변하는 것이 가장 좋은 방법이다.

그래서 자기의 자랑을 늘어놓는 답변보다는

답변

"대학교 3학년 때 조별 과제를 하면서 조원 간에 갈등이 발생했습니다. 조별 과제를 수행하기 위해서는 무엇보다 먼저 조원 간의 갈등을 해결해야 한다고 생각했습니다. 그래서 저는 조원들의 갈등을 중재하기 위해 조원들을 한 명씩 만나 이야기를 들어보고 생각의 차이를 좁혀보려고 노력했습니다. 그러자 조원들이 서로 조금씩 양보해주었고 우리는 의견을 모아 주제 선정을 마칠 수 있었습니다. 조원들의 이런 노력 덕분에 조별 과제를 무사히 마치고 좋은 성적도 거둘 수 있었습니다."

정도의 답변을 하게 된다면 면접관은 오히려 지원자가 갈등 해결을 위해 노력했다는 부분에 대해 신뢰를 갖게 되는 것이다. 이렇게 면접관의 신뢰를 얻기 위해서는 무엇보다 자신을 자랑하기보다는 자기 경험을 가감 없이 솔직하게 답변하는 것이 필요하다.

겸손한 표현 활용하기

또한, 면접답변을 하는 과정에서 겸손한 표현을 사용하는 것이 좋다. 특히 자신의 강점이나 역량 등에 대해 답변하면서 활용한다면 면접관에게 겸손한 지원자라는 인상을 줄 수 있다. 몇 년 전에 계속 면접에서 탈락하던 한 학생이 실제 면접에서 이런 겸손한 표현을 너무 많이 사용하다가, 면접관에게 "그렇게 젊은 사람이 자신감 없이 답변하면 어떡하냐?"라는 질책을 들었지만, 실제 가장 좋은 성적으로 합격을 했던 일이 있다.

이처럼 면접관으로서 지원자가 자신을 내세우지 않고 이렇게 겸손한 표현을 사용하는 것을 부정적으로 생각하는 경우는 거의 없다. 이런 겸손한 표현을 사용하는 답변 예시를 살펴보면서 면접 과정에서 겸손한 표현을 자연스럽게 활용할 수 있도록 노력하자.

- "네, 제가 가진 가장 큰 장점은, 그리 특별한 것은 아니지만 부족한 점을 채우기 위해 늘 노력한다는 점입니다."

- "저의 전문성은 그리 대단한 것은 아니지만 회로 설계에 대해 열심히 공부했다는 것입니다."

- "제가 그런 문제를 해결했던 방법은 특별한 방법은 아니었습니다. 그저 제가 더 열심히 노력하면 해결할 수 있다고 생각하고 매일매일 조금씩 더 노력했던 것입니다."

- "제가 공직윤리 중에서 가장 중요하다고 생각하는 것은 그리 대단한 것은 아닙니다. 자신에게 주어진 책임을 다하기 위해 포기하지 않고 끝까지 노력하는 것이라고 생각합니다."

- "제가 우리 공사 입사를 위해 노력한 것은 남다른 것은 없습니다. 다른 지원자들과 마찬가지로 우선 필기시험을 통과하기 위해 매일 10시간씩 집중해서 공부하기 위해 노력했습니다."

2 거짓말을 하거나 부풀리지 않기

면접장에 들어서기 전에 "면접관의 질문에 모두 솔직하게 답변하자."라고 생각했던 지원자들도 막상 면접질문을 받고 나면 자신도 모르게 거짓말을 하거나 부풀리는 경우가 많다. 꼭 합격해야 한다는 욕심에 자신도 모르게 그럴싸한 내용의 거짓말을 집어넣거나 마치 자신이 모든 문제를 해결하여 매우 뛰어난 성과를 거둔 것처럼 부풀려 답변하게 된다.

이런 지원자의 답변을 들은 면접관은 당연히 답변 내용에 대해 불신을 갖게 된다. 게다가 이렇게 거짓말을 하거나 부풀릴 경우, 지원자 자신도 모르게 눈빛이 흔들리거나 답변 중에 말을 버벅대 거나 말꼬리를 흐리게 된다. 이런 지원자들의 불안한 모습을 면접관들은 절대 놓치지 않는다. 게 다가 대부분 면접관은 풍부한 직장 경력과 다양한 경험이 있어서 지원자의 거짓말이나 부풀린 답 변 내용을 쉽게 찾아내곤 한다.

거짓말이나 부풀리는 답변은 꼬리질문으로

그래서 지원자의 미심쩍은 답변 내용을 반드시 확인하려고 하고 결국 꼬리질문으로 이어지게 된 다. 이렇게 꼬리질문이 이어지면 처음에는 대범하게 잘 대응하던 지원자들도 점점 불안한 마음에 흔들리게 되면서 얼굴이 빨개지거나 생각하지 못했던 질문에 전혀 답변을 못 하거나 단답형 답변으로 일관하다가 결국 면접을 망치게 된다. 면접관들이 지원자의 거짓말이나 부풀리는 답변을 절대 용서하지 않는 이유는 그런 지원자들이 입사하게 되면 언젠가는 큰 문제를 만든다는 사실을 잘 알고 있기 때문이다.

예를 들어, 까다로운 고객응대 경험을 묻는 면접질문에,

"백화점에서 근무할 당시, 굉장히 까다로운 요구를 하시는 고객이 있었습니다. 환불기간이 지났는데도 제품에 하자가 있다며 환불을 요구하시는 고객이었습니다. 저는 우선 고객님의 말씀을 끝까지 들어드리고 차분하게 설명해 드렸습니다. 그러자 고객께서는 나중에 오히려 미안했다며 사과하시고 돌아가셨습니다."

와 같은 답변보다는

"백화점 근무 당시 굉장히 까다로운 요구를 하시는 고객이 있었습니다. 환불 기간이 지났는데도 제품에 하자가 있다며 환불을 요구하시는 고객이었습니다. 고객님의 말씀을 들어드리고 나서 환불 기간이 지나서 환불이 어렵다고 자세히 설명해 드렸지만 끝내 화를 풀지 않고 돌아가셨습니다. 그래서 저 역시 굉장히 속이 상했고 그런 상황에서는 어떻게 대처해야 하는지 고민했던 경험이 있습니다."

와 같이 솔직한 답변이 면접관의 신뢰를 받게 되는 것이다.

이렇게 답변 내용에 거짓말하거나 부풀리는 이유는 고객응대를 잘했던 사례를 말해야 면접관으로부터 좋은 평가를 받을 것이라는 생각하기 때문이다. 고객응대에 있어서 아무리 열심히 노력해도 100% 만족을 만들어 낼 수는 없다는 사실을 면접관들이 누구보다 잘 알고 있다. 그래서 완벽한 고객응대로 멋진 결과를 만들어냈다는 답변을 쉽게 믿지 않는 것이다.

게다가 면접관은 지원자의 고객응대 사례 하나만을 가지고 지원자를 평가하지는 않는다. 반대로 열심히 노력했지만 결국 고객을 만족시키지 못했다는 사실만으로 지원자를 낮게 평가하는 경우는 없다. 오히려 이렇게 솔직한 답변으로 면접관의 신뢰를 얻게 되고 보다 좋은 이미지를 전달할 수 있게 된다.

면접장에서 자신의 부족한 점과 단점까지 솔직하게 모두 보여준다는 것은 대단한 용기가 필요한 일이다. 대부분 지원자는 자신의 부족한 점이나 단점을 말하면 면접관으로부터 나쁜 평가를 받을 거라고 믿기 때문이다. 하지만 이런 용기를 가진 지원자야말로 면접관의 신뢰를 받게 된다. 이런 지원자들이 면접관의 신뢰를 받는 이유는 생각해 보면 당연한 일이다.

우선 지원자들이 자신의 부족한 점과 단점을 말하는 경우는 많지 않기 때문이다. 그러다 보니 지원자가 부족한 점이나 단점을 말하는 경우 면접관은 지원자가 매우 솔직한 지원자라는 생각에 우선 호감을 느끼게 된다. 게다가 지원자가 실제 부족하거나 단점이 많아서 조직 생활이 어려울 것이라고 걱정하기보다는 겸손하고 솔직한 지원자로 오히려 동료들과 잘 화합하고 조직 생활도 열심히 하겠다고 생각하게 된다.

예를 들어 본인의 장점을 묻는 질문에

답변

"네, 저의 장점은 강한 책임감입니다. 대학교 3학년 때 친구들과 조별 과제를 수행하였습니다. 당시 시간이 너무 촉박하고 인력도 부족했기 때문에 모두 대충 선배들 것을 베껴서 내자고 이야기했습니다. 하지만 저는 강한 책임감을 바탕으로 도전정신과 리더쉽을 발휘하여 조별 과제를 성공적으로 이끌어 좋은 성적을 받을 수 있었습니다. 저는 우리 공사에 입사하여서도 이런 강한 책임감을 바탕으로 비전 2020을 달성해 내겠습니다."

라는 식의 답변보다는

답변

"네, 저의 장점은 책임감이라고 생각합니다. 제가 다른 지원자들처럼 뛰어나거나 일을 빠르게 하지는 못합니다. 하지만 저는 저에게 주어진 일을 조금 늦더라도 끝까지 해내려고 노력하는 편입니다. 덕분에 친구들과 조별 과제를 하면서도 최고의 성적을 받지는 못했지만 한 번도 조별 과제를 하면서 실수하거나 기한을 넘겨본 적이 없습니다. 그래서 친구들은 저에게 참 믿음직스럽다고 평가해 주곤 했습니다."

와 같이 자신의 부족한 점과 단점을 말하면 면접관은 오히려 이런 지원자를 더욱 신뢰하게 되는 것이다.

흔히 자신의 성과를 답변하는 때도 마찬가지이다.

- "모두 열심히 노력해 준 덕분에 전년보다 약 10% 정도 매출이 오르기는 했지만 기대했던 것만큼 수익률을 높이지 못한 점이 아쉬웠습니다."

- "덕분에 동아리 폐쇄 위기는 넘길 수 있었지만 신입 회원은 기대만큼 모집하지 못했습니다."

- "그렇게 열심히 노력했지만, 성과가 갑자기 좋아지지 않았습니다. 하지만 3개월 정도 지나자 조금씩 성과를 거둘 수 있었습니다."

와 같이 자신의 성과를 말하면서도 부족했던 점과 아쉬웠던 점 등을 함께 답변하게 된다면 성과에 대한 신뢰도 역시 커지게 된다.

이렇게 자신의 성과를 자랑하고 싶을 때도 되도록 부족했던 점, 아쉬웠던 점을 함께 이야기한다면 훨씬 더 면접관의 신뢰를 받게 된다는 점을 기억하자.

4 내 감정과 생각을 말하기

면접관들은 지원자의 모든 것을 알고 싶어 한다. 특히 공기업 면접에서는 지원자가 얼마나 뛰어난 역량을 가졌는지보다는 지원자가 얼마나 우리 회사에 적합한 인성을 가졌는지를 먼저 알고 싶어 한다. 그래서 공기업 면접에서는 인성면접이 주를 이루게 된다. 하지만 지원자들은 합격하고 싶은 욕심에 면접관에게 자신의 꾸며진 모습, 좋게 포장된 모습만을 보여주려고 한다.

그러다 보니 면접관은 꼬리질문을 통해 조금 더 지원자에 대해 파악하고 싶어 한다. 하지만 이렇게 꼬리질문이 이어져도 끝내 자기 모습을 보여주지 않는다. 이러면 면접관은 지원자를 '파악 불가'라고 평가한다. 지원자가 제대로 파악되지 않았으니 신뢰할 수도 없고 또 합격시키기도 어렵다. 이렇게 자기 모습을 보여주지 않아서 탈락하는 경우가 전체 탈락자의 약 70%가 된다는 것이 나의 생각이다.

그래서 지원자들에게 늘 내가 하는 조언은 바로 "가면을 벗어라."이다. 말처럼 쉬운 것만은 아니지만 면접을 보면서 가면을 모두 벗어버리고 솔직하게 자신을 보여주어야만 면접관이 나에 대해서 파악할 수 있게 되고 그래야만 나를 신뢰하고 합격시킬 수 있는 것이다. 지원자들이 해야 할 일은 모두 숨김없이 나를 보여주는 것이다. 판단은 결국 면접관이 할 것이다. 이런 마음가짐으로 면접을 보는 지원자들이 합격하게 되는 것이다.

면접관들에게 지원자가 자신의 모든 것을 보여주는 방법 중 가장 빠른 방법은 나의 감정과 생각을 말하는 것이다. 면접관의 질문에 답변하면서 나의 솔직한 생각과 감정을 함께 담아서 답변하는 것이다.

인턴 근무 중 가장 어려웠던 점을 묻는 질문에

답변

"네, 제가 인턴 근무 중 가장 어려웠던 점은 고객응대였습니다. 업무에 아직 익숙하지 않은 상황에서 까다로운 고객의 민원을 응대하는 것이 어려웠습니다. 하지만 저는 고객의 눈높이에 맞추어 고객의 니즈를 파악하고 응대하여 고객만족도를 높일 수 있었습니다."

라는 식으로 답변하는 경우가 많다. 하지만 이러면 고객응대가 정말 어려웠던 점이었는지를 불신하게 된다. 오히려,

답변

"네, 제가 인턴 근무 중 가장 어려웠던 점은 고객응대였습니다. 업무를 제대로 파악하지 못한 상태에서 까다로운 고객들을 응대하는 것이 가장 어려웠습니다. 그래서 며칠 되지 않았을 때 저에게 언성을 높이며 화를 내시는 고객 때문에 너무 속이 상하기도 하고, 회사와 선배님들에게 폐를 끼치는 것은 아닌가 라는 생각에 인턴을 그만둘까 고민하기도 했습니다.

라고 당시 내 감정이나 생각을 솔직하게 답변하면 고객응대가 정말 힘들었구나라는 생각과 함께 신뢰를 갖게 된다.

여기에서 눈여겨볼 부분은 실제 면접관이 질문한 어려웠던 점만 간략히 답변하는 것이다. 왜 이렇게 면접관의 질문한 부분에만 맞추어 답변해야 하는지는 다음 순서에 마저 이야기하자.

5 묻는 것에만 구체적으로 말하기

면접답변을 하면서 어려운 점 중 하나는 어느 정도 수준까지 답변해야 하느냐일 것이다. 너무 자세히 답변하면 답변이 장황해지기 마련이고 그러다 보면 자연히 답변속도가 빨라져 제대로 전달이 되지 않기 때문이다. 반대로 답변을 너무 간결하게 하면 열정이 없게 느껴지고 나의 강점도 제대로 전달되지 못하기 때문이다. 그래서 어느 정도 수준으로 답변해야 하는지는 늘 어려운 숙제이다. 대부분 공기업 면접에서는 30초 내외의 간결한 답변을 원한다. 그 이상이 되면 면접관이 답변 내용에 집중하기 어렵고 예정된 면접 시간도 초과하게 되기 때문이다. 그래서 30초 정도에 맞추어 답변하는 연습을 하는 것이 좋다.

이렇게 30초 정도의 답변 규칙을 지키는 가장 좋은 방법은 바로 묻는 것에만 답변하는 것이다. 앞

서 '나의 감정과 생각을 말하기' 부분에서 언급했던 부분이다. 이렇게 면접관이 묻는 부분에 대해서만 답변해야만 가장 적당한 분량으로 답변을 할 수 있다. 자칫 잘 보이고 싶은 욕심에 더 많은 내용을 답변하려다 보면 오히려 장황하게 느껴지고 면접관의 신뢰도 받기 어렵게 된다. 그래서 어려웠던 점을 물어보면 어려웠던 부분만을 답하는 것이다. 이럴 경우, 지원자들은 면접관에게 자신이 어려웠던 점을 극복했던 부분을 답변하지 않아 혹시나 나쁜 평가를 받지는 않을까 불안해하는 경우가 많다.

사실은 전혀 그렇지 않다. 그런 부분을 답변하지 않았다고 해서 나쁜 평가를 하지 않는다. 오히려 면접관은 그런 지원자의 답변에 당연히 그런 어려움을 어떻게 극복했는지 궁금해하고 "그런 어려움을 어떻게 극복했는지?"라는 꼬리질문을 하게 된다. 그런 어려움을 어떻게 극복했는지 만을 구체적으로 답변하고 나면 면접관은 이어서 어려움을 극복한 결과에 대해 꼬리질문을 하게 된다. 면접관을 내가 준비한 답변으로 유도하는 것이다.

이렇게 면접관이 묻는 내용에 대해서만 답변하되, 조금 더 구체적으로 답변해야 한다. 가장 좋은 방법은 나의 모습이 그려지도록 답변하는 것이다. 예를 들어 "고객응대가 어려웠다는 데 어떻게 극복했나요?"라는 질문이 주어지면,

답변

"네, 제가 그런 어려움을 극복한 특별한 방법은 없었습니다. 그저 내가 진심을 다하면 고객들도 내 진심을 알아줄 것이라고 생각했습니다. 그리고 선배들이 어떻게 고객응대를 하시는지 훔쳐보면서 선배들처럼 따라 하려고 노력했습니다. 그래서 우선 고객님의 말씀을 끝까지 들어드리고 도와드릴 수 있는 부분은 작은 것까지 챙겨드렸습니다. 그리고 도움을 드리지 못하는 부분은 관련된 규정과 지침을 보여드리면서 죄송하다고 말씀드리면서 그 이유를 알기 쉽게 설명해 드렸습니다."

처럼 구체적인 방법을 답변하는 것이다.

앞서 이야기한 대로 욕심을 부려 어려웠던 점에 대한 답변에서 모두를 이야기하려고 욕심을 부려 내가 어떻게 고객응대를 했는지를 제대로 다 전달하지 못하는 것보다 훨씬 구체적으로 답변할 수 있게 되고 결국 면접관의 신뢰를 받을 수 있는 것이다. 게다가 이렇게 묻는 것만 답변하면서 자연스럽게 예측할 수 있는 꼬리질문을 받게 됨으로써 예상치 못한 꼬리질문에 당황하는 경우를 줄일 수 있게 된다.

면접관으로 활동하면서 가장 답답했던 지원자의 유형 중 하나는 바로 멋진 단어와 표현만을 늘어놓는 지원자였다. 쉽게 표현할 수 있는 내용인데도 굳이 그럴싸하고 멋진 단어들을 늘어놓는 지원자들을 보면 믿음이 가질 않았다. 지원자들은 이렇게 멋진 단어나 표현을 들으면 면접관이 좋은 평가를 할 것으로 생각하곤 한다. 하지만 전혀 그렇지 않다. 오히려 그 반대이다.

멋진 단어와 표현을 늘어놓으면 우선 지원자의 진정성이 느껴지지 않는다. 지원자가 거짓으로 꾸며 답변하고 있다는 느낌을 강하게 받게 된다. 예를 들어 "당시 그런 문제를 어떻게 해결하셨나요?"라는 면접질문에

답변

"네, 저는 그 문제를 해결하기 위해 먼저 현상에 집착하기보다는 본질을 파악하였습니다. 회사의 마케팅전략이 고객에게 효과적으로 전달되지 않는다는 점에 착안했습니다. 그래서 고객들에 대한 접근성을 강화하기 위해 저는 우선 다양한 소통 채널을 활용하였습니다. 또한 마케팅전략의 효과적 추진을 위해 다각적인 노력을 경주했습니다."

와 같이 멋진 단어와 표현을 활용하면서 답변을 하는 것이다.

이러면 지원자의 전문성이 전달되기보다는 지원자에 대한 불신만 커지게 될 뿐만 아니라 꼬리질문이 이어지게 된다. 면접관의 꼬리질문은 이렇게 멋진 단어에 관해서 물어보기 마련이기 때문이다. 예를 들어, "본질을 파악했다는 데 어떻게 본질을 파악하셨나요?"라는 꼬리질문이 이어지게 되는 것이다.

하지만 쉬운 단어로 편하게 답변할 수도 있다.

답변

"네, 그 문제를 해결하기 위해 노력한 것은 특별한 것은 없었습니다. 먼저 상품도 좋고 직원들 모두 이렇게 열심히 하는데도 왜 고객이 몰라줄까를 고민했습니다. 그리고 고객들에게 우리 상품이 얼마나 좋은지를 알릴 수 있는 방법을 찾기 위해 경쟁사 홈페이지도 가보고 평점이 낮은 고객 리뷰도 하나씩 살펴보았습니다. 그래서 기존 방식대로 SNS 홍보를 진행하면서 제품의 이미지와 고객의 후기를 좀 더 올리려고 노력했습니다. 그리고 저녁에 한 시간씩이라도 더 사무실에 남아서 낮은 평점을 준 고객에게 직접 전화를 걸어 죄송하다고 말씀을 드렸습니다."

와 같이 되도록 쉬운 단어와 표현을 통해 답변하는 것이다. 이렇게 쉽게 이해할 수 있는 답변은 지원자의 진정성을 전달할 수 있을 뿐만 아니라 지원자의 모습을 그대로 면접관에게 보여줄 수

있게 된다.

거창하고 멋진 단어를 사용한다고 해서 지원자가 뛰어나다는 생각을 하는 면접관은 드물다. 오히려 겉멋만 잔뜩 든 지원자, 솔직하지 못한 지원자, 잘난 척하는 지원자라는 인상만을 주기 쉽다. 그래서 면접을 앞둔 지원자에게 옆집 아저씨에게, 삼촌에게 말하듯이 일상의 단어로, 편한 표현으로 하지만 면접관에 대한 예의를 갖추어서 답변하라는 조언을 하곤 한다. 그래야만 면접관으로부터 신뢰를 받을 수 있고 결국 합격의 기쁨도 얻게 되는 것이다.

7 생각하면서 답변하기

면접을 앞둔 지원자들은 예상 면접질문을 철저히 준비하고 그에 맞는 답변 내용을 미리 준비하고 이것을 외우기 위해 노력하곤 한다. 이런 방법이야말로 바로 면접에서 탈락하는 가장 확실한 방법의 하나이다. 이렇게 미리 준비한 면접질문을 받게 되면 지원자들은 속으로 쾌재를 부르며 준비한 답변 내용을 줄줄이 읊어대곤 한다.

이러다 보면 자연히 답변 내용을 잊어버리지 않기 위해 답변의 속도가 빨라지게 된다. 답변 중에 외웠던 내용과 다르게 답변했던 작은 실수에 집착하게 되고, 당황하게 된다. 그러다가 외웠던 내용을 잊어버리고서는 나중에는 백지가 되어서 질문이 무엇이었는지를 다시 묻기도 한다. 게다가 이렇게 외웠던 내용대로 답변하면 지원자의 감정이 전혀 담기지 않고 그저 책을 읽는 듯한 느낌이 들어 면접관의 신뢰를 받지 못하게 된다.

그러다 보니 "그렇게 미리 준비한 것 말고 진짜 힘들었던 경험을 말해 봐요."와 같이 면접관의 질책을 받기도 한다. 그래서 예상 면접질문에 맞추어 답변 내용 전체를 써놓고 외우기보다는 키워드만을 적어 놓고 면접연습을 하면서 키워드를 빠뜨리지 않고 모두 답변하는 연습을 하는 것이 좋다.

또한 주의해야 할 점은 바로 성급하게 답변하지 않아야 하는 것이다. 면접관의 질문이 끝나자마자 혹은 질문이 채 끝나지도 않았는데도 마치 기다렸다는 듯이 답변을 시작하는 성급한 모습이야말로 가장 주의해야 하는 모습이다. 이렇게 성급하게 답변을 시작하게 되면 면접관은 지원자가 미리 준비한 답변을 한다고 판단하게 되고 답변 내용 자체를 불신하게 된다.

그래서 "본인의 단점은?"이라는 면접관의 질문에, 질문이 끝나자마자

답변

"저의 단점은 너무 꼼꼼하다 보니 가끔 일이 늦어진다는 점입니다. 저는 평소 꼼꼼한 성격이다 보니 가끔 일이 늦어지는 경우가 있습니다. 하지만 덕분에 업무를 처리하는 과정에서 실수하지 않는 장점도 있습니다. 이러한 꼼꼼한 일 처리가 우리 공사의 행정업무를 처리하는 데 도움이 될 것이라고 생각합니다."

와 같이 답변하기보다는 잠시 고민하는 모습과 함께

답변

"네, 저의 단점은, (음…) 가끔 일이 늦어지는 경우가 있다는 점인 것 같습니다. 제가 음, 실은 걱정이 많은 편이서 어떤 일을 하면서 이것저것 생각하고 두 번 세 번 확인하는 경우가 많습니다. (음…) 그러다 보니 일이 늦어져 가끔 선배들한테 혼나는 일도 있었습니다. 그래서 이런 단점을 고치기 위해 어떤 일을 맡으면 (어…) 3일 정도 먼저 마감 기한을 잡아 놓고 일을 시작하곤 했습니다."

와 같이 '음', '어'와 같은 주저어(Filler Words)을 넣으면서 답변하는 것이 오히려 면접관의 신뢰를 얻는 방법이 될 것이다.

그래서 모든 질문에 청산유수처럼, 미리 준비한 것처럼 답변을 시작하기보다는 가끔은 생각하는 모습을 보이면서, 약간은 버벅대면서 답변을 하는 것이 오히려 좋다. 실제 덜덜 떨면서 제대로 답변도 못 했는데도 답변을 정말 잘했던 다른 지원자들을 제치고 합격했다는 이야기를 많이 듣게 되는 것이다.

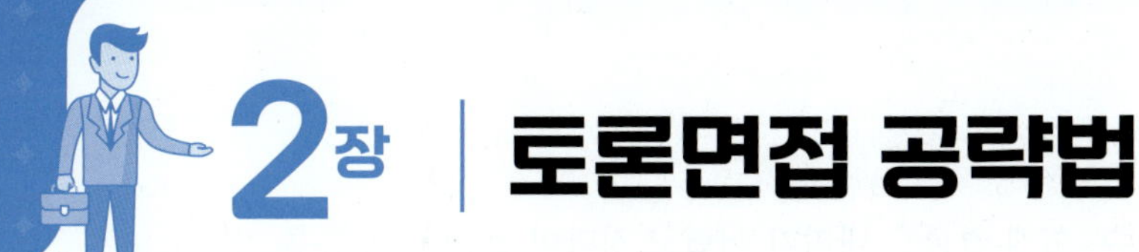

토론면접 공략법

최근 NCS능력중심 채용, 블라인드 채용이 도입, 확대되면서 공기업에 토론면접의 비중이 높아지고 있다. 이렇게 공기업 면접에서 토론면접이 확대되는 이유는 동료와의 협업과 소통이 무엇보다 중요하기 때문이다.

하지만 지원자로서는 토론면접에 대해 많은 부담을 느낄 수밖에 없다. 이렇게 토론면접에 대해 부담을 갖는 이유는 학교에 다니면서, 조직 생활을 하면서 토론해본 경험이 부족할 뿐만 아니라, 지원기업이 제시하는 토론 주제에 대해 미리 준비하고 학습하여 자신의 의견을 정리한다는 것이 생각보다 어렵기 때문이다. 하지만 토론면접은 토론 주제에 대해 미리 학습하고 토론의 올바른 방식만 이해한다면 절대 어렵지 않다. 토론면접을 어떻게 준비하고 어떻게 진행해야 하는지 살펴보자.

1 토론주제와 토론방식

토론면접이란 결국 주어진 주제에 대해 지원자들이 토론을 통해 서로의 의견을 교환하고 절충점을 찾아가면서 보다 나은 결론, 더욱 완벽한 해결책을 찾아가는 과정이라 할 수 있다. 그래서 토론주제에 따라 토론의 진행방식이 달라진다. 그래서 먼저 토론방식과 토론주제의 개념에 대해 명확히 이해하는 것이 좋다.

◆ 토론주제와 목적에 따른 분류

토론주제와 목적에 따라 토론진행 방식을 크게 2가지로 나누어 볼 수 있다.

첫째, 문제해결 방식이다.

지원기업의 사업이나 직무 수행상의 상황, 문제점, 이슈, 추진방안 등의 주제를 가지고 지원자 간의 토론을 통해 해결책을 찾고 결론을 도출하는 것이 목표인 토론진행 방식이다. 이렇게 문제를 해결하는 방식의 토론면접을 토의면접이라 부르기도 한다.

예를 들어, 지원기업의 특정 사업과 관련된 신문 기사 등의 자료가 사전에 제시되고 이를 참고하여 토론준비 시간을 가진 후, 지원자들이 특정 사업의 성공적인 추진방안에 관해 토론을 진행하고 마지막으로 그 사업을 성공적으로 추진하는 방안을 도출, 정리하고 이를 면접관에게 제출하거나 발표하는 방식이다.

둘째, 찬반토론 방식이다.

주로 사회적으로 논란이 되는 이슈, 쉽게 결론을 내리기 어렵고 정답이 없는 주제 등을 가지고 지원자를 찬반 양측으로 나누고, 양측이 서로 찬반의견을 토론하면서 결론을 도출하는 것이 목표인 토론진행 방식이다.

예를 들어, 보편적 복지와 선별적 복지와 같이 사회적으로 논란이 되는 주제가 주어지고 이에 대해 지원자들이 토론을 통해 서로의 생각을 교환하는 방식이다. 이러한 찬반토론 방식 역시 지원자들이 가지고 있는 의견 차이를 좁혀가고 각자 의견의 장점을 극대화하고 단점을 최소화하는 방안을 도출하는 것이 목적이다. 하지만 많은 지원자는 찬반토론에서 상대방을 논리적으로 압도하고 설득해 내는 과정으로 오해하고 무리하게 토론을 진행하는 경우가 많이 발생한다.

2   토론진행 방식에 따른 분류

토론 발언권을 갖는 방식에 따라 토론진행 방식을 3가지로 나누어 볼 수 있다. 대부분 토론준비 시간을 활용하여 지원자들끼리 토론을 어떻게 진행할 것인지 결정할 수 있도록 하므로 주어진 상황과 지원자들의 성향에 따라 가장 좋은 토론진행 방식을 결정하는 것이 필요하다.

첫째, 사회자를 두고 토론을 진행하는 방식이다.

사회자가 토론 흐름을 주도하고 지원자들의 의견을 조정해 가고 지원자들에게 발언권을 주면서 토론을 진행하는 방식이다. 가장 합리적이고 좋은 방식이지만, 실력이 충분하지 못한데도 돋보이고 싶은 욕심에 사회자를 자처해 토론을 망치는 경우가 생각보다 많다.

사회자가 실패하는 대표적인 사례를 살펴보면, 가장 먼저 사회자가 자신이 돋보이고 싶은 마음에, 토론과정에 너무 많이 개입하는 것이다. 모든 지원자의 의견제시 후 사회자가 개입에 자기 생각을 곁들여가며 정리하고 발언권을 주는 형태이다. 또는 사회자가 자신의 의견을 계속 피력하거나 그런 방향으로 토론을 진행하면서 토론을 망가트리는 일도 있다. 그래서 자신이 사회자로서 토론을 진행해본 경험이 많고 사회자 역할에 자신감이 있는 경우에만 사회자 역할을 맡는 것이 필요하다.

가장 바람직한 사회자의 역할은 우선 전체적인 토론방식을 결정하고, 자신의 발언을 최대한 줄이면서도 필요할 경우, 토론 내용을 전체적으로 정리하면서 새로운 방향을 제시하는 것이다. 또한 토론이 과열될 경우, 토론의 목적을 상기시키며 지원자들을 진정시키고 토론 분위기가 너무 침체될 때, 지원자들이 자기 생각을 정리해서 발언할 수 있도록 아이디어를 제공하는 것이다. 마지막으로 토론결과를 전체적으로 정리하고 토론 분위기를 긍정적으로 이끌어 가는 것이다.

둘째, 사회자 없이 균등하게 발언 기회를 갖는 방식이다.

앞서 이야기한 대로 사회자를 두고 토론을 진행하는 것이 가장 좋지만, 위험부담이 따를 수 있고, 사회자에 자원하는 지원자가 없을 때 순서를 정해 한 명씩 발언권을 갖는 방식이다. 모든 지원자가 균등한 기회를 가질 수 있고, 발언 순서를 미리 짐작할 수 있으므로 발언 내용을 미리 구상할 수 있는 장점이 있다. 하지만 엉뚱한 지원자나 소극적인 지원자가 있으면, 제대로 통제하지 못하는 단점이 있다. 그런데도 균등하게 순서에 따라 발언권을 갖는 방식은 아무래도 토론면접의 목적에 가장 부합할 수 있는 방식이다.

셋째, 아무런 형식 없이 자유롭게 토론을 진행하는 방식이다.

물론 자유로운 토론방식이 제대로만 작동된다면 가장 좋은 방식이 될 수 있겠지만, 실제 이런 방식으로 토론을 진행하게 되면 특정 지원자들만의 잔치가 되거나 소극적인 지원자들로 인해 서로 얼굴만 멀뚱멀뚱 보게 된다. 그래서 토론면접에서 가장 피해야 할 토론방식이라 할 수 있다.

3　토론면접의 평가방식

토론면접과 발표면접은 단독으로 진행되기보다는 주로 인성면접을 보조하는 수준에서 진행하는 경우가 대부분이다. 굳이 토론면접을 이야기하면서 이 이야기를 먼저 꺼내는 이유는 이 점이 토론면접을 공략하는 데 가장 중요한 요소이기 때문이다.

토론면접은 지원자가 얼마나 뛰어난 아이디어와 논리력 그리고 설득력이 있는지를 평가하기 위함이 아니라, 지원자가 얼마나 다른 사람들과 함께 잘 어울리고 협업을 할 수 있는지를 평가하기 위해 운영된다. 결국, 토론면접이란 지원자가 다른 지원자의 의견을 얼마나 잘 경청하는지, 자신의 의견을 논리적으로 전개해 설득하고 다른 지원자와 소통을 잘하는지, 다른 지원자와 갈등 없이 의견을 잘 조정해 나가는지를 관찰하는 면접인 것이다. 이 과정에서 다른 사람들의 의견을 무시 또는 반박하거나 불필요한 갈등을 만들어 내는지를 주로 보게 된다. 그래서 오히려 다른 지원자들을 도와주려고, 합격시켜줘야 한다는 마음가짐으로 토론을 진행한다면 더 좋은 결과를 얻게 된다는 점을 반드시 기억하자.

이렇게 관찰을 통해서 지원자의 의사소통 역량을 파악하게 되지만 평가방식은 조금 다르다. 면접평가의 주축은 인성면접이고 토론면접은 단지 보조하는 역할이기 때문에 토론면접의 배점은 상대적으로 적을 수밖에 없고, 그 평가방식도 감점 형태로 운영되는 경우가 많다.

쉽게 설명하면, 토론과정에서 눈에 띄게 문제를 일으키는 지원자나 소극적인 지원자의 점수를 먼저 감점한 후, 최종 평가결과를 결정한다. 그래서 토론면접에서 탈락하는 지원자의 유형은 크게 3

가지로 나누어 볼 수 있다.

첫째, 다른 지원자 의견을 경청하지 않고 자기 주장만을 계속 고집하는 지원자

둘째, 토론과정에 적극적으로 참여하지 않고 소극적으로 행동하는 지원자

셋째, 다른 지원자와 싸우거나 논쟁을 벌이는 지원자

이런 점을 고려한다면, 결국 토론면접 과정에서 어느 정도 기본만 하게 된다면 좋은 평가를 받을 수 있다는 것을 의미한다. 이런 사실을 잘 모르는 지원자들은 조금이라도 좋은 평가점수를 얻기 위해 자신의 주장을 강하게 펴려고 한다. 그 과정에서 다른 지원자의 의견을 반박하고 자신의 주장을 억지로 반복하기 쉽고 자신의 논리를 비약하기 쉽다. 결국 전체 토론에서 문제를 일으키게 되는 것이다. 결국 상대방의 의견을 존중하지 않는 지원자, 독불장군식으로 상대방에게 상처를 주는 지원자라는 인상을 주게 되어 부정적인 결과를 받게 된다.

이런 점만 제대로 이해한다면 공략 방법은 간단하기 그지없다. 튀기보다는 중간을 노리는 것이다. 토론과정에서 무리해서 점수를 따려고 하기보다는 점수를 잃는 일이 없도록 신중히 접근하는 것이 옳은 공략법이다. 물론 토론과정에서 몸을 사리고 소극적으로 참여하라는 뜻은 아니다. 하지만 남들과 비슷한 수준으로 토론에 참여하고 토론과정에서 다른 지원자들과 과도한 의견충돌을 만들어 내지 않는 것이 좋은 전략이다.

찬반토론의 경우가 특히 그렇다. 강제적으로 찬성과 반대 팀을 구성하여 토론을 진행하도록 하는 이유도 바로 이것이다. 그렇지만 찬반토론이 아니라 지원 공기업의 발전전략과 같이 결론을 도출하는 방식의 토론면접의 경우에는 더욱 적극적으로 자신의 의견을 개진하는 것이 필요하다. 물론 이 과정에서도 다른 지원자와 충돌하지 않고 자기 생각을 더욱 부드럽게 주장하는 것이 좋다.

4 토론면접 방법과 자세

첫째, 상대방의 말을 경청하라

토론면접에서 가장 중요한 부분이다. 다른 지원자의 의견을 경청하는 것이다. 그렇다고 해서 무작정 귀를 기울인다고 해서 경청하고 있는 모습이 전달되지는 않는다. 그래서 어느 정도의 테크닉이 필요하다. 먼저 의견을 말하는 다른 지원자를 주시하는 것이다. 상대방의 의견을 듣던 중에 좋은 의견이나 공감이 가는 의견에는 가볍게 고개를 끄덕여 주며 필기구를 이용하여 다른 지원자들이 주장하는 의견의 핵심을 메모하는 것이 좋다.

간혹 고개를 숙이고 다른 지원자의 발언 내용을 열심히 메모하는 데에만 집중하는 지원자도 있지

만, 오히려 부정적인 모습으로 비추어진다. 그래서 다른 지원자 의견의 핵심 키워드만을 간략히 메모하면서 최대한 의견을 말하는 지원자와 눈을 맞추는 것이 좋다. 메모하는 방식도 토론면접 방식에 따라 다르다. 문제해결 방식 토론의 경우에는 마인드맵을 그려나가는 방식이 효과적이고, 찬반토론 방식의 경우에는 메모지에 지원자들의 좌석 배치표를 그리고 그 빈칸들에 다른 지원자들의 의견을 정리하는 것이 좋다.

둘째, 상대방의 주장을 정리하고 칭찬하라

이렇게 다른 지원자들의 발언을 경청하며 메모하다 보면 자연스럽게 자신의 순서가 돌아온다. 자신의 순서가 돌아오면 가장 먼저 해야 할 것은 바로 다른 지원자의 의견을 먼저 정리하는 것이다. 예를 들면, "3번 지원자께서는 코로나 위기 극복을 위해서는 소상공인에 대한 지원이 필수적이라는 주장을 하셨습니다."와 같이 앞선 지원자의 주장을 정리하는 것이다. 혹은 "지금까지 코로나 위기 극복을 위해 소상공인 지원 방안에 대해 좋은 의견을 많이 도출할 수 있었습니다."와 같이 전체적인 토론 내용을 정리하는 것이다.

이렇게 상대방의 주장을 정리하는 모습은 상대방의 의견을 경청했다는 증거가 될 뿐만 아니라, 상대방을 존중하고 내 의견에 힘을 실어 주는 역할을 하게 된다. 이런 부분 없이 다른 지원자의 주장에 전혀 상관없이 자신의 주장을 이야기하는 모습은 바람직하지 않다.

앞에서 말한 것과 같이 다른 지원자의 의견을 정리한 다음에 해야 할 일은 상대방의 주장에 맞장구를 치고 칭찬을 하는 것이다. 다른 지원자의 의견에 맞장구를 치고 칭찬하는 모습은 자신의 소통 능력과 상대방을 존중하는 모습을 보여줄 수 있다. 예를 들어, "방금 말씀하신 대로 코로나 위기 극복을 위한 소상공인 지원은 가장 중요한 부분을 짚어 주신 것 같습니다."와 같이 다른 지원자의 의견을 더욱 적극적으로 칭찬하는 것이다. 간혹, "저도 공감하는 바입니다."와 같이 형식적으로 맞장구를 치는 때도 있지만, 그보다는 "정말 좋은 의견", "제가 생각하지 못했던 좋은 의견", "정말 참신한 의견", "가장 효과적인 방법" 등과 같은 표현을 통해 진심으로 다른 지원자의 의견을 칭찬하는 것이 좋다.

만일, 찬반토론 방식에서 상대방의 의견에 전적으로 공감하지 못하는 경우라면 "방금 말씀하신 것처럼 선별적 복지를 통해 취약계층에 대해 더 두껍게 복지혜택을 제공해야 하는 의견에는 저 역시 어느 정도는 공감하는 편입니다. 하지만 제 생각에는….."과 같이 최소한의 공감을 표시해 주는 것이 좋다.

셋째, 상대방의 주장에 편승하라

이렇게 다른 지원자의 주장을 정리하고 맞장구를 친 다음에는 나의 주장을 이야기해야 한다. 나의 주장을 강하게 펴기보다는 다른 지원자의 주장에 편승하여 자신의 의견을 말하는 것이 좋다. 다른 지원자의 의견에 편승한다는 것은 토론의 흐름에 따라간다는 것을 의미한다. 간혹, 토론을 진행하면서 다른 지원자들이 어떤 의견을 말하든지, 토론이 어떻게 흘러가든지 상관하지 않고, 무리해서라도 자신이 준비한 의견을 말하는 지원자들이 있다. 또는 자신이 준비한 2~3개의 의견을 한꺼번에 늘어놓으면서 시간을 잡아먹는 지원자들도 있다. 이런 모습은 토론면접에서 결코 좋은 결과를 얻어낼 수 없다. 그래서 전체적인 토론의 흐름, 앞선 지원자의 의견과 비슷한 흐름에 마치 서퍼가 파도에 올라타듯이 편승하는 것이 필요하다.

예를 들어, "방금 말씀하신 대로 코로나 위기 극복을 위해 소상공인 지원은 가장 중요한 부분을 언급해 주셨다고 생각합니다. 저는 소상공인 지원뿐만 아니라 전통시장 상인분들을 지원하는 것 역시 필요하다고 생각합니다. 왜냐하면…"과 같이 앞선 지원자의 의견에 편승해서 토론을 이어가는 것이다.

만일, 찬반토론 방식이라면 "선택적 복지를 통해 취약계층에 대해 더 두꺼운 복지혜택을 제공해야 한다는 의견에는 저 역시 일부 공감합니다. 하지만 저는 이런 선택적 복지를 추진하는 과정에서 불필요한 예산과 인력이 소요되는 문제점을 말씀드리고 싶습니다."와 같이 상대방의 의견에 내 의견을 덧붙이면서 완곡하게 반대의견을 제시하는 것이 좋다. 토론의 흐름에 편승하는 방법은 이어지는 토론에 편승하는 방법에서 자세히 설명하기로 하자.

넷째, 싸움을 만들지 마라

토론면접에 대해 정확히 이해하는 지원자들이라면, 토론면접에서 논쟁은 하지만 싸움은 만들지는 않는다. 이성적인 논쟁이라면 결코 문제가 되지 않지만, 논쟁하다 보면 감정에 휘둘리는 지원자가 나오기 마련이고, 이런 지원자 한 명 때문에 전체 토론면접이 싸움으로 치닫는 경우가 종종 있다. 자신의 주장에 대한 반박을 자신에 대한 공격으로 인식하고 자신의 탈락을 떠올리며 적극적으로 상대방의 주장을 반박하려고 들기 때문이다.

이런 상황에서 자신마저 평정심을 잃게 되면 결국 싸움으로 번지게 된다. 이럴 경우, 그 지원자의 의견이나 주장에 다시 반박하기보다는 오히려 자신의 주장을 다시 설명하는 수준에서 대응하는 것이 좋다.

예를 들어, "선택적 복지 추진을 위해서는 불필요한 인력과 예산이 필요하다는 점을 말씀드리면서 오해가 있었던 것 같습니다. 제가 말씀드리고 싶었던 점은….."과같이 자신의 주장을 다시 정리하여 말하고 토론을 계속 진행하는 것이 좋다.

앞서 이야기한 대로 토론을 진행하면서 상대방의 의견에 편승하는 방식이 좋다고 이야기했다. 그 럼, 구체적으로 어떻게 다른 지원자의 의견에 편승하여 자신의 의견을 개진할 수 있는지 살펴보자.

가장 먼저 유념해야 할 점은 새롭거나 창의적인 의견을 제시하는데 너무 집착하지 않는 것이다. 많은 지원자가 토론과정에서 좋은 평가를 받기 위해, 새롭고 기발한 아이디어를 제시하려고 한 다. 그러다 보니 토론의 흐름을 끊어버리거나 새로운 아이디어를 고심하다가 의견개진 기회를 놓 치는 때도 있다. 이렇게 토론 참여자들이 모두 다른 지원자의 의견에 편승하지 않고 새롭고 창의 적인 아이디어를 경쟁적으로 제시하고 나면 토론이 흐름을 타지 못하고 중단되는 경우가 많다. 그래서 서로가 다른 지원자가 뭔가 의견을 내주었으면 하고 눈치를 보면서 시간을 보내는 경우가 많다.

토론이란 새로운 아이디어를 만들어 내는 것이 먼저가 아니라 토론을 통해 서로의 생각을 교환하 고 정리해 나가는 과정이란 점을 명심해야 한다. 그래서 새롭거나 창의적인 의견을 제시하는 것 도 좋지만, 상대방의 의견을 지원해 주고 내용을 더욱 구체적으로 만들어 가는 것이 좋다.

첫째, 상대방의 의견에 대한 구체적인 방법론을 말하는 것이다.

예를 들어 앞서 지원자가 특정 사업의 홍보를 위해 유튜브를 통해 홍보하는 것이 좋겠다는 의견 을 제시했다면, 나는 유튜브 홍보를 위해서 구체적인 방법론을 말하는 것이다.

> 답변
>
> "앞선 지원자께서는 사업홍보를 위해 유튜브를 통해 홍보하는 방안을 말씀해 주셨습니다. 정말 좋 은 의견이라고 생각합니다. 저는 유튜브 홍보에 꼭 필요한 동영상 제작 방법에 대해서 말씀드리고 싶습니다. 동영상 제작에는 제법 많은 예산이 들어가는 만큼, 팀별로 UCC 동영상을 제작하는 방법 이 좋을 것 같습니다…"

와 같이 상대방의 의견에 호응하고 더 구체적인 방법론을 이야기하는 것이야말로 토론을 더 풍부 하게 만들 뿐만 아니라 자신의 협업 능력을 보여주는 좋은 방법이 될 수 있다.

둘째, 상대방의 의견과 비슷한 방법을 제시하는 것이다.

예를 들어 상대방이 먼저 유튜브를 통한 홍보방안을 이야기했다면, 나는 유튜브와 비슷한 다음이 나 네이버의 동영상 서비스를 이야기하는 것이다.

"앞선 지원자께서는 사업홍보를 위해 유튜브를 통해 홍보하는 방안을 말씀해 주셨습니다. 정말 좋은 의견이라고 생각합니다. 저는 그 의견에 덧붙여 유튜브 홍보뿐만 아니라 국내 포털에서 동영상으로 홍보하는 방안을 말씀드리고 싶습니다. 최근 유튜브 이용자들이 증가하는 추세이긴 하지만, 네이버나 다음과 같은 포털사이트를 이용하는 국민도 많다고 생각합니다. 그래서 저는 유튜브 홍보를 위해 제작한 동영상을 국내 포털사이트에서 제공하는 동영상 서비스에 함께 등록하는 것이 좋을 것 같습니다."

와 같이 상대방의 의견에 편승하여 유사한 방안을 제시하는 방법이다.

셋째, 상대방의 의견에 따라 양념을 넣어 주는 방식이다.

결국 상대방의 의견에 도움을 주는 방식이라고 생각하면 된다. 예를 들어

"작은 사업을 하는 제 친구도 얼마 전부터 유튜브를 이용하여 홍보를 시작했었습니다. 처음에는 많은 어려움이 있었지만, 최근에는 유튜브 홍보 덕분에 손님들이 많아져…."

와 같이 자신의 사례를 증거로 제시하는 방법이 있다.

또한 상대방의 의견에 필요한 준비 사항이나 기대효과 등을 이야기함으로써 상대방의 의견을 적극적으로 지지하는 것이다. 예를 들어,

"저는 유튜브 홍보에 필요한 것들이 무엇이 있는지 말씀드리고 싶습니다. 유튜브 홍보를 위해서는 먼저 홍보 컨셉에 맞는 스토리를 구성하는 것이 가장 중요하다고 생각합니다."

와 같이 상대방의 의견을 성공시킬 방안을 이야기하거나,

"저는 앞선 지원자가 말씀하신 유튜브 홍보를 통해 어떤 효과를 거둘 수 있는지 말씀드리고 싶습니다. 아무래도 유튜브 홍보의 경우에는 메시지를 효과적으로 전달할 수 있는 만큼, 국민에게…."

와 같이 상대방의 의견에 대한 증거, 기대효과 등을 제시하는 방식이다.

넷째, 토론의 방향을 전환하는 방식이다.

토론을 진행하다 보면 토론이 점점 잘못된 방향이나, 너무 지엽적인 방향으로 흐르는 경우가 종종 있다. 또는 토론이 너무 과열돼 자칫 감정싸움으로 이어질 위기에 처하는 때도 있다. 이런 상황에서 토론의 방향을 전환하는 것은 자신을 돋보이게 할 뿐만 아니라 토론의 질을 높일 수 있다. 물론 토론에서 사회자가 이런 역할을 하는 것이 맞지만, 자신이 적극적으로 나서서 새로운 의견을 제시하면서 토론의 방향을 전환하는 것도 좋다. 예를 들어,

> **답변**
>
> "지금까지 유튜브와 같은 동영상을 통해 사업을 홍보하는 방안에 대해 정말 좋은 의견들이 많이 제시되었다고 생각합니다. 그래서 저는 인터넷이 아닌 현장에서 홍보하는 방안에 대해서 의견을 말씀드리고 싶습니다. 제가 말씀드리고 싶은 홍보방안은 바로 마을회관을 직접 방문하여 홍보하는 방안입니다."

와 같이 토론의 방향을 전환하는 지원자들이 실제 토론면접에서 돋보이는 경우가 많다.

6 기조발언과 마무리발언

토론면접을 진행하면서 기조발언과 마무리발언을 하는 경우가 많다. 대부분 토론진행 방식을 지원자들에게 모두 일임하는 경우가 많아서, 토론면접 시간을 채우기 위해 기조발언과 마무리발언을 하는 경우가 많다. 또한, 기조발언과 마무리발언을 통해 토론의 완성도를 높일 수 있어서 많이 활용된다.

기조발언

우선, 기조발언의 목적은 본격적인 토론에 앞서 토론진행 방법을 결정하거나 지원자들의 전체적인 의견을 파악해 토론범위와 진행 방향을 결정하기 위함이다. 또한 딱딱해지기 쉬운 토론 분위기를 부드럽게 만들어 보다 원활하게 토론을 진행하기 위함이다. 바람직한 기조발언은 먼저 자신을 소개하고, 자신의 의견을 간략히 정리한 후, 토론 분위기를 끌어올리는 것이다. 예를 들어보자.

안녕하십니까? 오늘 토론진행을 맡은 지원자 145번입니다. 오늘 토론주제는 코로나19 위기 극복을 위한 우리 공단의 역할입니다. 먼저 한 분씩 돌아가면서 기조 발언을 통해 각자 준비하셨던 방안들을 간략히 말씀해 주시면 그것들을 정리하고 토론 방향을 잡아 진행하겠습니다. 모두 적극적으로 토론에 참여해 주셔서 좋은 결과를 끌어내면 좋겠습니다. 발언 순서는 시계방향으로 진행하도록 하겠습니다. 141번 지원자부터 기조발언을 부탁드리겠습니다.

안녕하십니까? 지원자 141번입니다. 저희가 오늘 토론할 주제는 코로나19 위기 극복을 위한 우리 공단의 역할입니다. 제가 생각했던 방안은 크게 2가지로 재정적인 지원책과 경영지원책입니다. 자세한 내용은 본 토론에서 여러분들에게 말씀드리겠습니다. 많이 떨리고 긴장되는 자리이지만, 더욱 적극적인 토론을 통해 코로나19 위기를 극복할 수 있는 좋은 대책들을 많이 도출하면 좋겠습니다. 저도 열심히 해보겠습니다. 감사합니다.

안녕하십니까? 지원자 142번입니다. 오늘 저희는 코로나19 위기 극복을 위한 우리 공단의 역할에 관해 토론을 진행하게 되었습니다. 저는 코로나19로 인해 더욱 큰 어려움을 겪고 계신 취약계층을 지원하는 방안을 중점적으로 준비했습니다. 여러분들과 함께 토론을 진행하면서 제 생각들을 더욱 보완시켜 나가고 싶습니다. 첫 토론면접이라 많이 긴장되지만 좋은 의견들을 경청하면서 좋은 결론을 도출하기 위해 열심히 노력하겠습니다. 감사합니다.

안녕하십니까? 지원자 143번입니다. 오늘 저희가 토론할 주제인 코로나19 위기 극복은 국민복지 증진을 위해 노력하고 있는 우리 공단의 입장에서 가장 중요한 주제라고 생각합니다. 저는 원활한 토론 진행을 위해 먼저 코로나19로 인해 어떤 어려움이 있는지를 먼저 도출하고 이어서 그에 맞는 해결 대책을 찾는 방식으로 토론을 진행하면 좋겠다는 생각을 해봤습니다. 처음 해보는 토론면접이라 부족한 점이 많을 것 같습니다. 많이 도와주시면 감사하겠습니다. 감사합니다.

◆ 마무리 발언

마무리 발언은 토론 시간이 아직 여유가 있을 때 주로 활용되는 편이다. 시간이 촉박할 때는 굳이 진행하지 않아도 된다. 마무리 발언은 주로 토론을 통해 느꼈던 점과 다른 지원자들에 대한 칭찬과 감사 그리고 토론결과 정리 등으로 구성하면 된다.

사회자 마무리 발언

 **답변**

지금까지 저희는 코로나19 위기 극복을 위한 우리 공단의 역할이란 주제를 가지고 토론을 진행했습니다. 지금까지 토론진행 내용을 정리하자면 우선, 취약계층 지원을 위한 방안으로 (중략) 등을 이야기했고 소상공인 지원을 위해 (중략) 방안 등을 도출했습니다. 혹시 지금까지 토론결과에 더 추가하실 부분이나 정정할 부분이 있다면 말씀해 주시면서 각자 토론을 마무리해 주시기를 바랍니다. 먼저 141번 지원자부터 부탁드립니다.

마무리 발언

 **답변**

사회자께서 말씀해 주신 결론 외에 제가 더 추가하고 싶은 부분은 없습니다. 오늘 토론을 진행하면서 다른 지원자들로부터 많은 것들을 배울 수 있었던 것 같습니다. 저희가 도출한 결론이 우리 공단에 반영되어 코로나로 인해 어려움을 겪고 계시는 많은 분께 조금이나마 도움이 되면 좋겠습니다. 오늘 토론에 적극적으로 참여해 주신 다른 지원자분들 모두 고생하셨습니다. 감사합니다.

답변

사회자께서 토론결과를 잘 정리해주신 것 같습니다. 또한, 다른 지원자분들이 모두 적극적으로 토론에 참여해 주신 덕분에 좋은 결과를 도출할 수 있었던 것 같습니다. 그중에서도 142번 지원자께서 말씀해 주신 전통시장 상품권 구매가 가장 인상 깊었던 것 같습니다. 모두 좋은 결과를 얻어 꼭 신입사원 연수원에서 다시 인사드릴 수 있으면 좋겠습니다. 감사합니다.

사회자 마무리발언

 **답변**

모든 지원자분의 마무리발언 잘 들었습니다. 그럼, 우리 조 토론결과는 앞서 말씀드린 것처럼 정리하도록 하겠습니다. 이번 토론을 진행하면서 부족한 점이 많았는데 여러 지원자께서 도와주신 덕분에 좋은 분위기에서 생산적인 결과를 도출할 수 있었던 것 같습니다. 토론면접에 이어 인성면접이 있는데, 다른 지원자분들 모두 좋은 결과를 거두시면 좋겠습니다. 이상으로 토론을 마치도록 하겠습니다. 감사합니다.

3장 | 발표면접 공략법

NCS능력중심 채용과 블라인드 채용이 도입, 확대되면서 공기업 면접에서 발표면접의 비중이 증가하고 있다. 이렇게 발표면접의 비중이 확대되는 가장 큰 이유는 무엇보다 지원자의 직무역량을 가장 잘 평가할 수 있는 면접이 바로 발표면접이기 때문이다.

공기업의 다른 면접들이 상당 부분 인성적인 측면이 강조된다면 발표면접이야말로 지원자의 직무역량과 열정 그리고 논리력과 발표력을 가장 빠르고 효과적으로 파악할 수 있는 평가도구라 할 수 있다. 또한 발표면접을 통해 지원자의 인성, 생각과 철학 등도 엿볼 수 있는 장점을 가지고 있다. 그러다 보니, 공기업 면접에서 발표면접의 비중이 점점 증가하고 있다. 또한 지원자가 발표를 마치고 나면 발표내용에 관한 질문과 답변이 이어지는 질의응답 시간을 갖는 경우가 많다.

하지만, 지원자로서는 다른 면접에 비해 발표면접이 더욱 부담스럽고 어려울 수밖에 없다. 가장 먼저 예상 발표주제를 생각해 보고 발표내용을 준비하기가 어렵다. 지원한 공기업의 사업추진 방향, 사업추진 내용 등에 대한 정보가 부족하다 보니 발표주제를 예상하기도 어려울 뿐만 아니라, 발표주제에 맞는 발표내용을 준비하는 것이 힘들 수밖에 없다.

다음은 발표내용을 구성하기가 어렵다. 아무리 발표내용을 잘 공부하고 준비했더라도, 실제 발표의 흐름을 어떻게 이끌어 가야 할지 방향을 설정하기 어렵다. 또한 공기업 면접관이 선호하는 발표 스타일을 알지 못해, 조금 튀는 방식으로 해야 할지, 아니면 조금 고리타분하더라도 정중한 자세로 핵심만을 발표해야 할지 감을 잡기 어렵다.

그뿐만 아니라, 발표 자체에 대한 두려움도 있다. 학창 시절, 교수님과 다른 학생들 앞에서 발표하는 것도 힘들고 어려웠는데, 취업을 위해 면접관들 앞에서 발표한다는 것 자체가 굉장한 압박감과 두려움을 불러오게 된다. 그래서 많은 준비를 했음에도 불구하고 너무 긴장한 나머지 발표면접을 망치는 일도 있다.

마지막으로 발표면접 연습과 피드백을 받기 어렵다. 발표면접을 제대로 준비하기 위해서는 실전과 같이 발표해보고 피드백을 받는 것이 필요한데 피드백을 해줄 사람을 구하기도 어렵고 스터디원들의 자칫 엉뚱한 피드백 때문에 오히려 낭패를 보는 일도 있다.

발표면접은 지원자에게 특정 주제를 제시하고 준비 시간을 준 후, 그에 대해 지원자가 발표하면 그를 평가하는 면접방식이다. 발표주제는 대부분 지원기업의 발전전략과 같은 경영관련 주제이거나 지원기업의 사업 관련 문제해결 또는 대안을 제시하는 주제가 많이 활용되며 지원기업과 직간접적으로 관련이 있는 경제, 사회 관련 이슈가 제시되기도 한다. 또한 '정비과정에서 직원들의 안전을 확보할 수 있는 방안'과 같이 직무를 수행하는 과정에서 발생하는 다양한 문제를 해결할 수 있는 주제들이 주어지기도 한다. 그래서 발표면접은 미리 발표주제에 대해 준비하고 공부하는 것이 필요하다.

발표주제에 대해 준비하는 방법은 무엇보다 스터디가 효율적이다. 스터디원들과 함께 발표주제를 함께 조사하면서 자료를 준비하고, 이를 바탕으로 발표하는 연습을 하는 것이 좋다. 만일, 스터디가 어렵다면 지원 공기업의 경영평가 결과, 국정감사 지적사항, 언론보도 자료, 지원 공기업의 웹진이나 월간지, 홈페이지 공지사항 등을 참고해서 발표주제를 미리 준비하는 것이 좋다.

과한 준비는 오히려 독이 될 수도

다만, 이런 발표주제를 미리 조사하고 공부하는 것에 너무 집착하는 것도 그리 좋지 않다. 물론 지원 공기업의 발표주제를 조사하고 공부하는 것이 필요하지만 그보다 더 중요한 것은 발표 연습을 하면서 어떤 주제가 제시되더라도 발표를 이끌어갈 수 있는 능력을 키우는 것이 먼저여야 한다. 또한 대부분 발표면접을 위해 자료를 제공하고 발표를 준비할 시간을 주는 만큼, 실제로는 너무 많은 자료를 조사하고 공부하는 것이 실제 발표에 큰 도움이 되지 못하는 경우가 많다. 가끔 발표면접 준비를 위해 자료만 가득 모아 놓고서 실제 발표 연습을 제대로 하지 못해 실제 발표면접에서 낭패를 보는 경우가 있다. 그래서 지원 공기업의 발표면접 기출 주제들을 살펴보고 그에 맞춰 적정한 수준에서 발표주제 조사와 준비를 마치는 것이 필요하다.

주제가 제시되고 발표를 준비하는 시간은 대부분 짧게는 10분에서 30분까지 다양하지만, 소규모 채용이나 경력직 채용의 경우에는 면접 전에 미리 발표주제를 제시하고 발표 자료를 제출받아 진행하기도 한다. 대부분 이런 경우에는 직무수행 계획을 발표하는 경우가 많다.

발표면접의 형식은 제시되는 발표주제에 따라 3가지 정도로 나누어 볼 수 있다.

첫째는, 문제해결 방식이다.

조직의 발전, 사업이나 직무의 추진방안 수립 등과 같이 문제를 해결하는 주제가 주어지는 방식이다. '공사의 국민인식 개선방안', 'OO 사업의 효과적인 추진방안', 'OO 사업추진에 따른 주민 설득방안', 'OO 제도 도입에 따른 OO 사업 홍보방안', '지하철 역사 내 공기질 개선방안' 등과 같이 지원 공기업의 경영 현안과 사업 관련 이슈를 제시하고 이에 대한 효과적인 대응 방안이나 특정 사업의 성공적인 추진계획을 수립하고 이를 발표하는 방식이다.

둘째는, 의견제시 방식이다.

국가나 사회적으로 논란이 되거나 주요 이슈에 대한 지원자의 생각과 의견을 발표하는 방식이다. 지원기업과 직무에 연관된 주제보다는 예를 들어, '선별적 복지와 보편적 복지', '친일파 인사의 국립묘지 이장', '최저임금 인상 폭 확대', '군 복무에 따른 가산점 부여' 등과 같이 주로 쉽게 결론을 내릴 수 없는 국가 또는 사회적으로 민감한 이슈를 제시하거나 선택하기 어려운 구체적인 딜레마 상황을 제시하고 이에 대한 자기 생각과 의견을 제시하는 방식이다. 또는 공무원 임용 면접과 같이 특정 주제를 제시하거나, 자기소개를 5분 정도 자유롭게 발표하는 방식으로 흔히, 5분 스피치라고 불리기도 한다.

셋째는, 직무수행계획 발표방식이다.

주로 연구기관과 같은 작은 공기업이나 경력직 채용에서 주로 볼 수 있다. 자신이 지원한 직무를 구체적으로 어떻게 수행할지 발표하는 방식으로, 사전에 발표 자료를 제출해서 진행하는 경우가 대부분이다.

이러한 발표면접 시간은 지원 공기업에 따라 모두 다를 수 있지만, 대부분 순수 발표 시간은 3분에서 10분 정도가 주어지고 질의응답을 포함한 전체 발표면접 시간은 10분에서 30분 정도가 주어지게 된다.

많은 학생은 발표면접에서 가장 중요한 것은 발표를 잘하는 것이라고 생각한다. 학생들의 이런 생각과 달리 면접관들이 발표면접에서 더 중요하게 생각하는 것이 있다. 바로 "핵심을 제대로 파악했는가?"이다. 발표면접을 진행하다 보면 발표 자세나 발표도 잘하지만, 핵심을 제대로 짚지 못하고 엉뚱한 이야기를 늘어놓는 지원자들이 있다. 반대로 잔뜩 긴장해서 목소리가 떨리는데도 주제에 대해 정확히 이해하고 핵심을 짚어서 이야기하는 지원자도 있다. 대부분 후자의 지원자들이 더 좋은 평가를 받게 된다.

공기업 면접관들이 발표면접을 통해 채용하고 싶어 하는 신입직원은 전문 발표자처럼 화려한 언변과 능수능란한 기법과 자세로 상대방을 설득할 수 있는 정도까지 원하는 것은 아니다. 오히려 이런 지원자들에 대해 부정적으로 평가하는 일도 있다. 그래서 공기업의 발표면접에서는 발표주제를 정확히 이해하고 핵심을 짚어내는 것이 가장 중요하다.

결국 발표면접에 대비하기 위해서는 출제 가능성이 높은 발표 주제들을 미리 고민해서 리스트를 만들고 그에 대한 기본적인 지식과 논점들을 미리 공부하는 것이 필요하다. 이런 과정에서 논점들을 개조식으로 정리하는 연습을 해야 한다. 이렇게 개조식으로 발표의 틀을 잡을 때 세 가지 정도로 분류하는 것이 좋다.

창의적인 아이디어에 집착하지 않기

또, 많은 지원자가 저지르는 실수는 바로 전혀 새롭고 거창한 아이디어를 찾는데 시간을 뺏긴다는 점이다. 그러다 보면 점점 시간은 부족해지고 전혀 핵심이 없는 엉뚱한 이야기만 늘어놓을 가능성이 크다. 공기업에서 지원자들에게 발표면접을 통해, 과연 회사나 사업에 대해 잘 파악하지 못하는 신입직원이나 지원자들로부터 완전히 새롭고 기발한 아이디어를 얻고 싶어 할까? 또한 공기업의 특성상, 그런 거창한 아이디어를 사업에 반영할 수 있을까?

그렇지 않다. 공기업이 발표면접을 통해서 신입직원으로부터 새롭고 거창한 아이디어를 얻을 수 있다고 기대하지는 않는다. 그래서 새롭거나 거창한 아이디어를 찾기보다는 기존 경영전략이나 사업들을 참조해서 자신만의 논점, 생각으로 새롭게 정리하여 제시하는 것이 좋다.

이런 점을 충분히 이해했다면 실제 발표면접에서 발표주제를 제시받고 난 후, 가장 먼저 해야 할 것은 "이 주제를 왜 제시했을까?" 생각하는 것이다. 지원하는 공기업에서 굳이 이것을 발표주제로 삼은 이유를 먼저 생각해 보고 면접관들이 어떤 이야기를 듣고 싶어 하는지를 생각하는 것이 필요하다. 그다음에 해야 할 것은 발표주제에 관해 핵심을 잡는 것이다. 쉽게 설명하면, 내가 발표할 내용의 전체적인 틀을 잡는 것이다.

제공된 자료의 활용

이렇게 발표내용을 구성하면서 지원자들이 혼란을 느끼는 것이 있다면, 발표 준비과정에서 제공되는 각종 자료를 발표내용에 어느 정도 포함할 것인지를 결정하는 것이다. 발표주제에 따라 다를 수는 있지만, 제공된 자료들을 모두 발표내용에 포함하기보다는 단순히 발표에 참조하고 활용하는 정도에 그치는 것이 좋다.

그래서 이어지는 발표내용의 구성에서 확인할 수 있는 상황분석 부분에 제공된 자료를 일부 인용해서 자신의 상황분석 근거로 활용하는 것이 좋다. 간혹, 발표 준비 시간에 제공된 자료를 모두 꼼꼼히 읽고 분석하면서 시간을 허비해 막상 발표내용을 구성하지 못하는 지원자들도 있다.

발표면접에서 가장 중요한 것은 제공된 자료를 잘 분석, 정리해서 발표하는 것이 아니라, 그런 자료를 참고해서 자기 생각을 논리적으로 전달하는 데 있다는 점을 반드시 명심하자.

4 발표내용 구성

앞서 이야기한 대로 발표면접에서 가장 중요한 것은 바로 발표의 틀을 잡는 것이다. 발표의 틀을 잡는 방법에 관해 이야기하기 전에 먼저 공기업 보고서의 형식에 대해 이해하는 것이 필요하다. 정부나 공공기관의 경우 일반적인 보고서의 형식이 정해져 있으므로, 이를 활용한다면 발표의 틀을 구성하는 것도 수월할 뿐만 아니라 훨씬 논리적인 발표가 가능해진다.

공기업 보고서는 대부분 아래의 순서로 이어진다.

① 목적(보고서를 작성하는 목적과 이유를 제시)

② 상황/ 환경 또는 문제점 분석(보고 주제에 대한 상황이나 문제점을 정리, 분석)

③ 추진방침(사업추진이나 문제해결을 위한 원칙, 방침, 방향을 제시)

④ 세부 추진방안(사업추진이나 문제해결을 위한 구체적인 방법, 추진일정, 예산과 인력 등 세부적인 추진방안)

⑤ 기대효과(보고서 내용의 추진으로 기대할 수 있는 예상효과)

⑥ 결론(보고서 내용과 핵심을 정리하고 결제권자를 설득)

아래 그림에서 볼 수 있듯이 이렇게 공기업 보고서의 형식을 활용하여 발표 내용을 3가지로 구성하는 것이 좋다.

① 상황분석(서론: 발표주제와 관련된 상황/ 배경/ 현황/ 문제점/ 필요성/ 원인 등을 분석하고 제시)

② 추진방안(본론: 사업의 추진방안/ 문제 해결방안/ 상황 대처방안을 제시)

③ 기대효과(결론: 사업추진의 기대효과/ 자기 생각과 결론을 제시)

이렇게 발표내용의 큰 틀을 3가지로 구성하고 다시 그 아래로 3가지 내용으로 구성하는 방식이다. 공기업 홈페이지의 경영전략 체계 등을 살펴보면 이렇게 3가지로 나누어 구성하는 것이 가장 일반적인 방식이란 점을 알 수 있을 것이다.

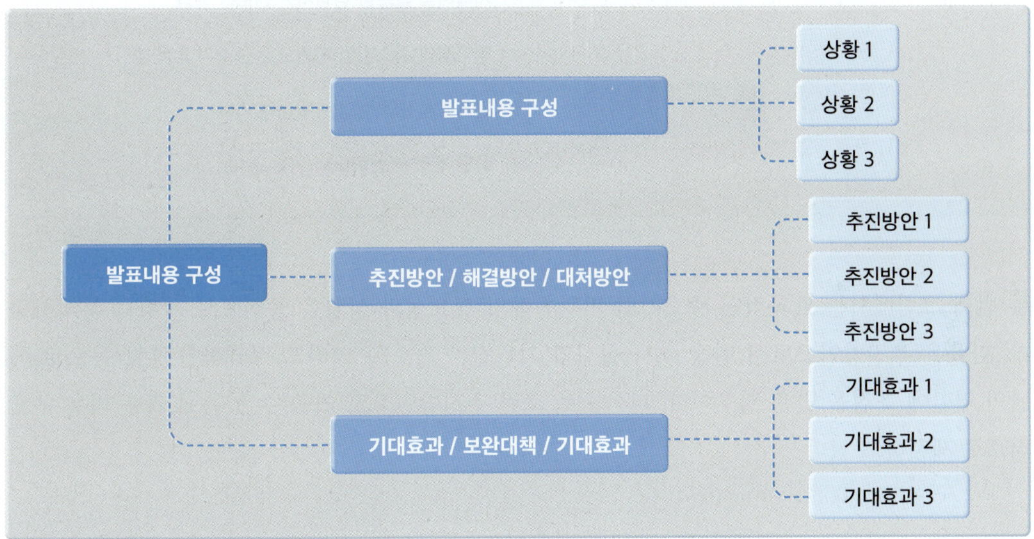

예를 들어 만일 중소기업을 육성, 지원하는 사업을 하는 공기업의 발표면접에서 '효과적인 중소기업 지원전략 수립'이란 발표주제가 제시되었다고 가정하고 발표의 틀을 잡아보자.

가장 먼저 고민해야 하는 것은 발표주제인 "효과적인 중소기업 지원전략"이 제시된 이유를 생각해 보는 것이다. 이 경우, 기존 중소기업 지원사업을 보다 확대하고 싶어 하는 지원기업의 의도를 파악해 낼 수 있을 것이다. 출제 의도에 맞추어 중소기업에 대한 지원을 확대하는 방안을 수립하고 발표하는 것이 좋다는 점을 알 수 있다. 이렇게 출제 의도를 고민하고 발표내용의 방향을 설정했다면 이제 하나씩 발표의 틀을 잡아보자.

먼저, 상황분석이다. 아래 첫 번째 그림에서 보듯이 효과적인 중소기업 지원을 위해 중소기업의 어려움을 중심으로 상황을 분석하였다. 다음은 추진방안을 3가지로 나누어 구성하였다. 앞서 중소기업의 어려움을 분석했기 때문에 거기에 맞추어 그런 점들을 해결할 수 있는 3가지 방안으로 구성하였다. 마지막으로 이러한 중소기업 지원전략을 추진함으로써 거둘 수 있는 기대효과를 3 가지로 구성하였다.

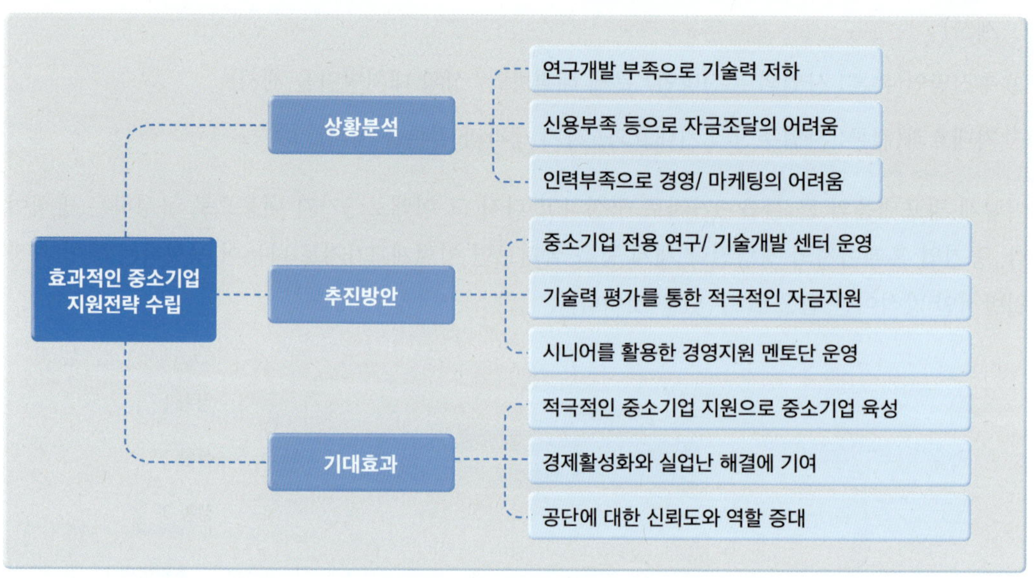

두 번째 그림에서는 효과적인 중소기업 지원전략의 필요성과 상황을 중심으로 상황을 분석하였다. 다음은 추진방안으로서 현장 조사 실시와 지원절차 간소화 그리고 적극적인 홍보 등으로 공단의 역할에 초점을 맞춘 경우이다. 다음으로 그런 추진방안으로 거둘 수 있는 효과를 더욱 구체적으로 제시하고 있다.

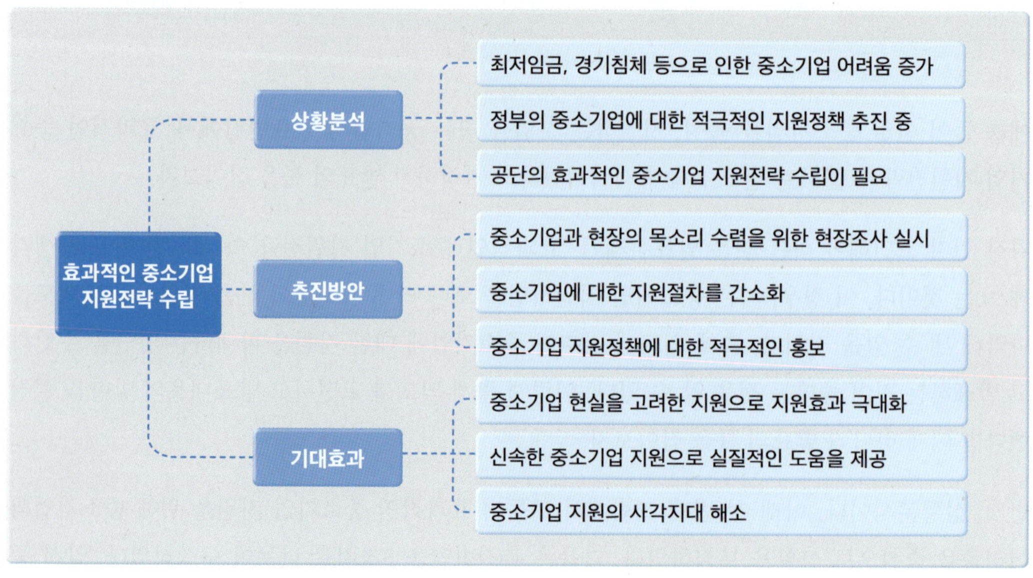

이렇게 지원자의 관점과 발표 방향 등에 따라 발표내용을 다르게 구성할 수 있다. 발표내용을 구성하는 데에는 특별히 정답이 있는 것은 아니다. 지원자가 지원기업의 사업과 이슈 등에 조사하고 그를 바탕으로 출제 의도에 맞추어 자기 생각을 체계적으로 정리하면 된다.

의견제시 방식의 발표내용 구성

발표주제가 국가, 사회적으로 민감한 이슈에 대한 자신의 의견을 발표하는 의견발표 방식 발표의 경우에는 앞선 문제해결 방식 발표와 틀을 다르게 하는 것이 좋다.

아래 그림에서 볼 수 있듯이, 먼저

① 상황분석에서 발표주제와 관련된 상황을 설명해주고,

② 찬성(필요성)을 정리하고

③ 반대(문제점)를 정리한 이후에 마지막으로

④ 자신의 결론, 생각을 제시하고 보완책도 함께 곁들여 주는 구성이 바람직하다.

아래 그림에서 찬성과 반대의 순서는 만일, 자신이 반대의견을 가지고 있다면 찬성의견을 먼저 말하고, 반대의견을 말한 후에 이를 근거로 자신이 왜 반대하는지를 설득하는 방식으로 하는 것이 좋다. 만일 찬성의견을 가지고 있다면 반대의견을 먼저, 이어서 찬성의견을 제시하고 마지막 결론으로 찬성 이유를 설명하면 된다.

아래 그림의 경우에는 발표 시간이 5분 정도에 불과한 것으로 가정하고 항목별로 2가지 정도의 내용을 포함했지만 만일 발표 시간이 좀 더 길다면, 이 역시 3가지 정도의 내용으로 구성해도 된다.

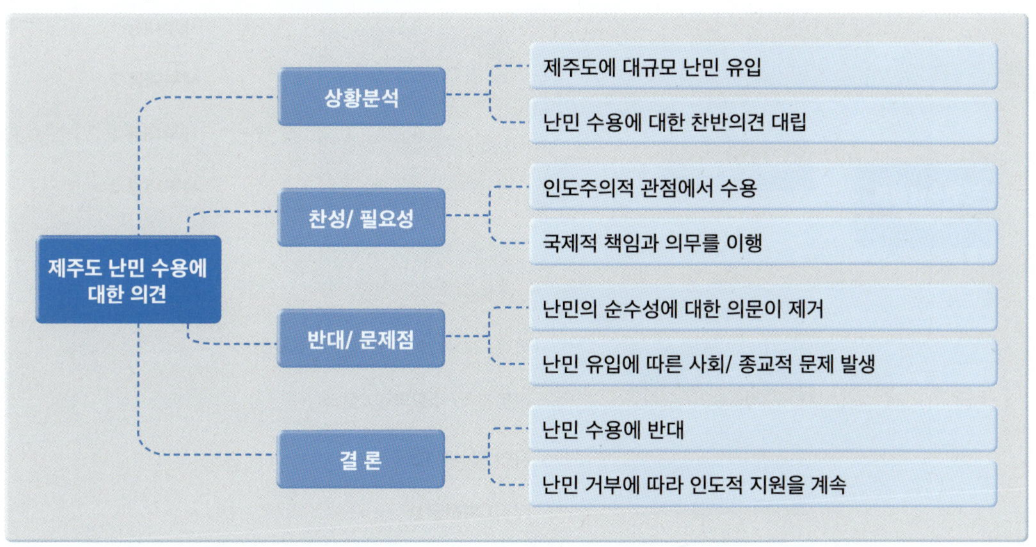

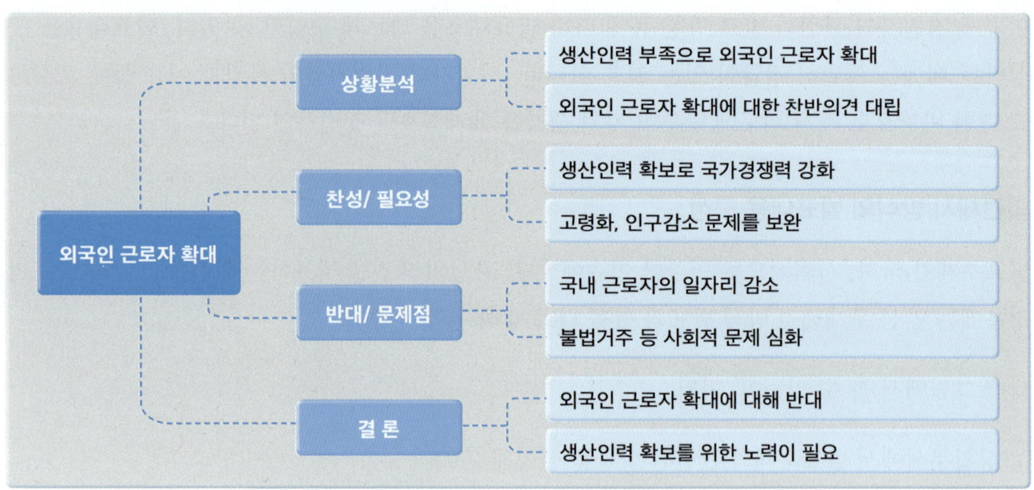

직무수행계획 방식의 발표내용 구성

입사 후, 지원 직무의 수행계획을 발표하는 방식의 경우에는 어느 정도 통일된 발표형식이 정해져 있지는 않다. 우선, 직무수행계획 발표의 경우에는 사전에 발표 자료를 작성, 제출하는 경우가 많다 보니 자신이 원하는 방식으로 구성하는 것이 좋다. 고민할 부분은 지원 공기업과 지원 직무에 따라 직무수행계획을 사업에 초점을 맞출지 아니면. 직무수행에 초점을 맞출지를 먼저 확실히 결정하고 작성하는 것이 좋다. 아래에 제시한 2가지 예시를 참조해서 나만의 직무수행계획 발표 내용을 구성해 보자.

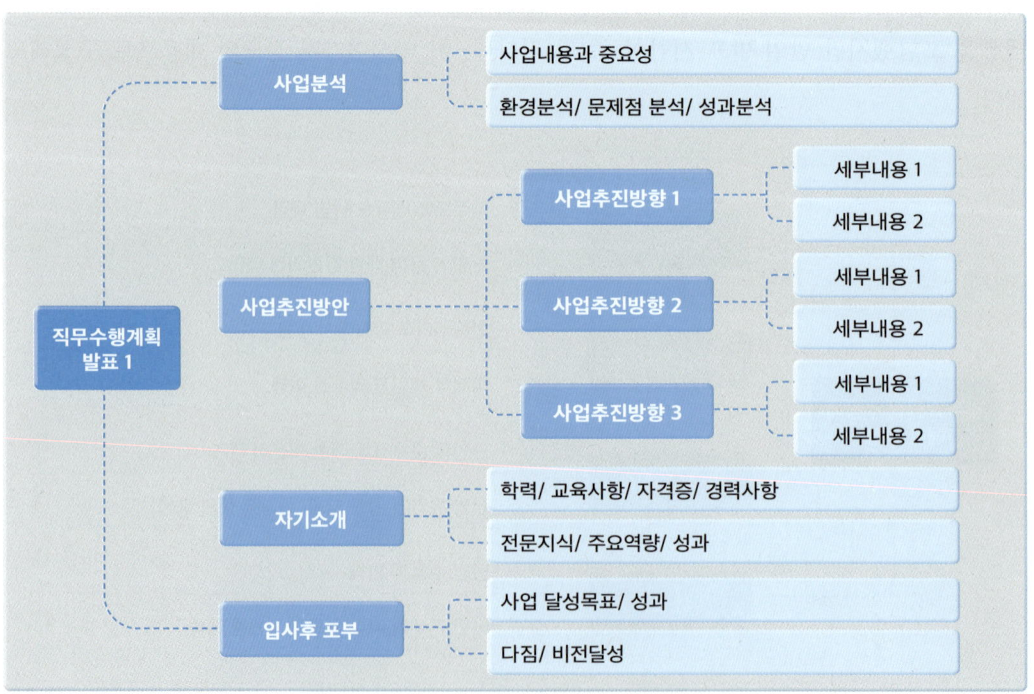

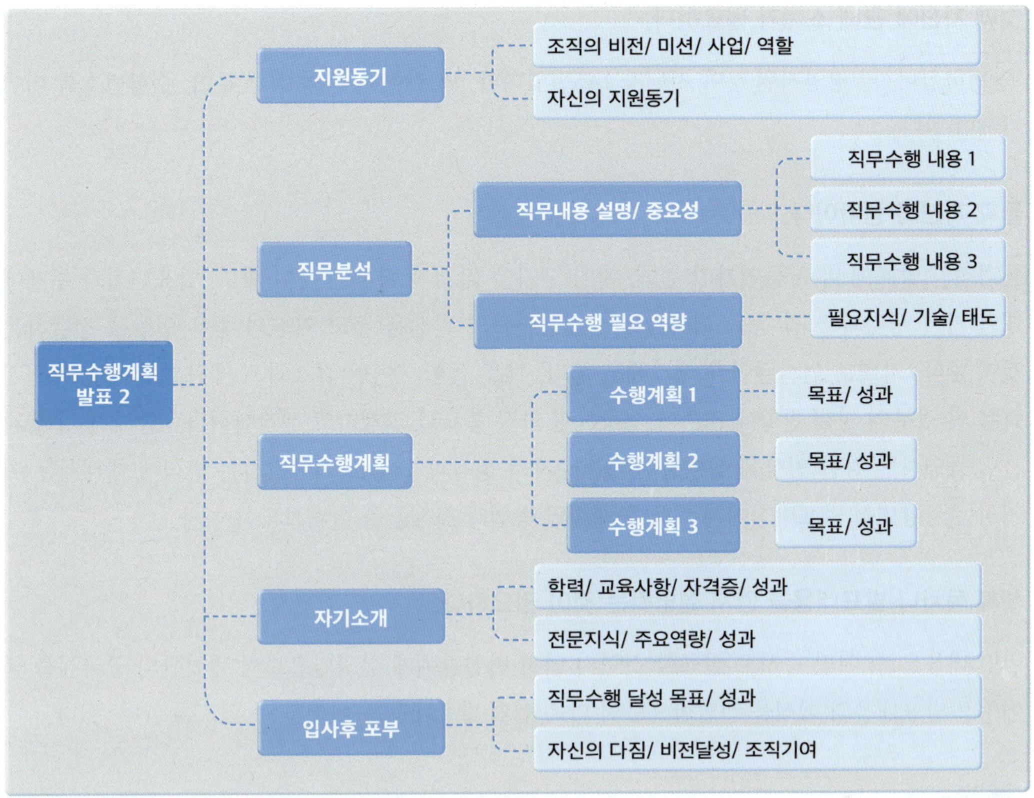

이렇게 발표내용의 틀을 구성하는 것이 처음에는 쉽지 않다. 하지만 이 책의 내용을 참고해서 다양한 발표 주제들을 대상으로 틀을 잡아보는 연습을 해본다면 훨씬 빠르게, 그리고 효과적으로 발표내용을 구성할 수 있을 것이다.

5　발표순서

이렇게 발표내용의 틀을 구성했다면 이 틀에 따라 발표를 진행하면 된다. 발표면접에 특별한 순서는 정해져 있지는 않지만 가장 일반적이고 효과적인 발표순서를 정리하면 다음과 같다.

① 자기소개
② 자기 생각과 느낌
③ 목차 또는 발표내용의 요약
④ 상황분석
⑤ 발표내용 발표(개조식/ 두괄식으로 발표, 핵심제시 – 왜냐하면 – 어떻게)
⑥ 기대효과
⑦ 내용요약, 자기 생각과 계획, 마무리 인사

첫째 자신에 관해 소개가 필요하다.

"안녕하십니까? 경영지원 분야 지원자 145번입니다."와 같이 자신의 지원 분야, 수험번호를 이야기해야 한다.

둘째 자신의 생각이다.

본격적인 발표에 바로 들어가기 전에, 자기 생각을 짧게 피력하는 것이 좋다. 발표면접과 주제에 대한 자기 생각과 느낌 등을 이야기해서 면접관들의 관심을 끌고 자신의 좋은 인상을 전달하는 것이 좋다. 가벼운 인사말이라 생각해도 좋다. 예를 들어, "이번 발표의 주제인 중소기업 지원전략은 현 정부의 정책 방향에 비추어 생각하면 가장 중요한 과제라고 생각합니다." 같이 자기 생각을 곁들인다면 강한 인상을 심어줄 수 있다. 자기 생각과 느낌을 이야기하는 방식에 대해서는 이어지는 상황면접 발표방식에서 더욱 구체적인 방법과 사례들을 살펴보도록 하자.

셋째 목차나 발표내용을 먼저 설명하는 것이 필요하다.

어떤 내용으로, 어떤 순서로 발표할 것인지 먼저 면접관에게 설명함으로써 면접관의 궁금점을 풀어주고 발표내용의 핵심을 전달함으로써 더욱 쉽게 발표내용을 이해할 수 있도록 할 수 있다.

"제가 오늘 발표해 드릴 순서는 먼저 중소기업이 겪고 있는 어려움과 문제점에 대해 먼저 말씀드리고, 이어서 이를 해결할 수 있는 지원전략을 3가지로 나누어 말씀드리겠습니다. 마지막으로 이런 지원전략을 통해 어떤 효과를 거둘 수 있는지 말씀드리면서 발표를 정리하도록 하겠습니다."

와 같이 전체 그림을 그려주는 것이다.

넷째 상황분석이다.

발표내용중에서 상황분석 부분이다. 여기에서도 핵심 내용을 먼저 이야기하고 그 내용을 다시 설명하는 방식으로 하는 것이 좋다. 또한 발표내용을 3가지 정도로 나누어서 이야기하는 개조식 발표는 면접관들의 이해를 돕고 자신의 논리력을 자랑할 수 있는 좋은 방법이다. 아래 발표내용을 참조해 보자.

"먼저 상황분석입니다. 면접관님들께서도 잘 아시는 것처럼 중소기업은 우리나라 경제의 뿌리라고 할 수 있습니다. 최근 최저임금 인상, 경기침체 등으로 많은 중소기업이 어려움을 겪고 있습니다. 저는 중소기업의 어려움을 크게 3가지로 나누어서 생각해 봤습니다. 첫째, 연구개발 부족으로 인한 기술력 저하입니다. 많은 중소기업이 연구개발에 소홀히 함으로써 기술력이 저하돼 시장 경쟁력이 부족한 상황입니다. 둘째, 신용 부족으로 인한 운영자금 부족입니다…."

와 같이 자신이 구성한 상황에 관해 설명하면 된다.

다섯째 본격적인 해결방안이다.

구체적인 추진방안을 면접관들에게 설명하는 것이다. 여기에서 중요한 점은 첫째, 둘째와 같이 개조식으로 발표를 하는 것이다. 또한 먼저 두괄식으로 핵심을 제시하고 이어서 자신이 왜 그런 방안을 만들었는지, 자기 생각을 설명한다. 다음은 구체적인 방법을 설명하는 방식을 활용하면 좋다. 다시 정리하자면,

먼저 핵심을 제시하고, 왜냐하면(Why?), 어떻게(How?)를 이어서 발표하는 것이다.

"다음은 이런 중소기업의 어려움을 해결할 수 있는 지원 방안입니다. 첫째, 중소기업들이 공동으로 활용할 수 있는 연구개발센터를 운영하는 것입니다. 왜냐하면 중소기업이 독자적으로 기술 연구개발이 어려운 상황인 만큼 중소기업들이 공동으로 활용할 수 있는 연구개발센터를 운영한다면 중소기업 간에 기술 교류와 공동 연구개발로 시너지효과를 창출할 수 있을 것입니다. 그래서 중소기업이 입주한 산업단지를 중심으로 중소기업 연구개발센터를 설립하고 중소기업 연구개발 인력들이 상주할 수 있도록 하여 중소기업의 기술력 부족을 해결하는 것이 필요하다고 생각합니다. 둘째, 기술력을 담보로 적극적으로 자금을 지원하는 것입니다…."

여섯째 기대효과를 말하는 것이다.

자신의 추진방안, 해결방안과 같은 발표내용이 추진될 경우, 거둘 수 있는 긍정적인 기대효과를 말함으로써, 면접관에게 발표내용에 대한 확신을 심어주는 것이다.

"마지막으로 이러한 지원전략이 효과적으로 추진될 경우, 거둘 수 있는 기대효과에 대해 말씀드리겠습니다. 이렇게 중소기업을 적극적으로 지원한다면 어려움을 겪고 있는 중소기업들을 육성할 수 있을 것입니다. 이렇게 중소기업이 육성된다면 침체에 빠진 대한민국의 경제를 활성화할 수 있을 뿐

일곱째 발표를 정리하는 부분이다.

지금까지 발표했던 내용을 다시 한번 요약정리하거나, 자기 생각이나 계획, 각오 등을 이야기하며 자신의 열정을 보여주는 것이 좋다. 또한 마무리 인사를 통해 면접관에게 좋은 인상을 심어주는 것이 필요하다. 아래 마무리 발언을 살펴보자.

답변

"저는 지금까지 면접관님들에게 중소기업의 효과적인 지원 방안에 대해 말씀드렸습니다. 중소기업 지원이 절대 쉽지 않겠지만 우리나라 경제발전에 가장 중요한 문제인 만큼, 저 역시 우리 공단에 입사하면 선배님들과 함께 밤늦게까지 중소기업 지원을 위해 고민하고 노력하는 모습을 보여드리겠습니다. 마지막으로 부족한 발표를 끝까지 경청해주셔서 감사드립니다. 지금까지 경영직 지원자 145번이었습니다."

지금까지 일반적인 발표주제, 문제해결 발표주제에 따른 발표순서와 형식에 대해 알아보았다. 다음은 발표주제에 대한 찬반의견을 발표하는 형식 또는 여러 방안중 하나를 선택하고 발표하는 형식에서 활용할 수 있는 발표 형식이다. 앞서 언급한 일반적인 발표주제와 비슷하다. 아래 발표순서와 실제 발표예시를 살펴보면서 어떻게 발표해야 하는지 배워보자.

찬반발표 또는 선택발표 형식의 발표순서

① 자기소개

② 자기 생각과 느낌

③ 목차 또는 발표내용의 요약

④ 상황분석

⑤ 발표내용 발표

  – 찬반발표) 찬성의견/필요성 – 반대의견/필요성

  – 선택발표) 1안의 장점/강점 – 2안의 장점/강점

⑥ 결론

⑦ 내용요약, 자기 생각과 계획, 마무리 인사

찬반발표 또는 선택발표 형식의 발표 예시

① 자기소개) 안녕하십니까? 토목직 지원자 145번입니다.

② 자기 생각과 느낌) 제가 오늘 면접관님들께 발표할 주제는 OO 혁신도시 발전을 위한 나들목 건설관련 노선을 선택하는 주제입니다. 이번 발표를 준비하면서 실제 고속도로를 건설하는 과정에서 얼마나 많은 요소들을 검토하고 고민해야 하는지 다시 한번 생각해 볼 수 있었습니다. 뿐만 아니라 우리 한국도로공사의 선택과 판단이 얼마나 중요한 의미를 갖게 되는지도 알 수 있었던 좋은 기회가 될 수 있었습니다.

③ 목차 또는 발표내용의 요약) 제가 오늘 발표할 순서는 먼저 나들목 건설과 관련된 상황을 분석하고 이어서 2개 노선안에 대한 장점을 비교해 보고 이어서 저의 결론에 대해 말씀드리도록 하겠습니다.

④ 상황분석) 먼저, 상황분석입니다.

우리 공사는 OO 혁신도시의 발전과 인근 고속도로의 정체를 완화하기 위하여 나들목 공사를 계획하고 있습니다. 나들목 공사를 위한 노선설계 과정에서 가장 유력한 2가지 방안을 마련하였지만, 각각의 장점과 단점이 있어 쉽게 선택하기 어려운 상황이며, 시민 대상 인터뷰 결과, 각각의 노선안에 대해 팽팽히 찬반 의견이 갈리고 있습니다. 하지만 기존 고속도로의 통행량이 계속 증가하고 있어 노선안을 빠르게 결정하고 나들목 건설을 추진해야 할 상황입니다.

⑤ 발표내용 발표(1안의 장점/강점 + 2안의 장점/강점)

저는 유력한 2가지 방안에 대해 각각의 장점을 비교해 보았습니다.

우선 1번째 노선안입니다. 총 공사기간은 4년이며 1,000억 원의 예산을 들여4Km 6차선으로 건설하는 방안으로 민가지역과 야생동물 밀집지역을 관통하는 방안입니다.

이 노선안의 장점으로는 첫째, 경제성이 높다는 점입니다. 인구밀집 지역에서 고속도로로 바로 이어지는 최단 거리로 노선이 설계되어 공사기간을 2년 이상 단축시킬 수 있고 공사금액 역시 500억 원을 절감할 수 있습니다. 둘째, 경제적 효과가 높습니다. 노선거리가 짧아 고속도로 진출입이 용이할 뿐만 아니라 이를 통한 새로운 관광객 유입 효과를 거둘 수 있습니다. 뿐만아니라 통행시간이 단축됨에 따라 사회적 비용을 절감할 수 있는 효과 역시 무시할 수 없는 상황입니다.

다음은 2번째 노선안입니다. 총 공사기간은 6년이며, 약 1,500억 원의 예산을 들여 6Km 6차선으로 설하는 방안으로 민가지역과 야생동물 밀집지역을 우회하는 방안입니다.

이 노선안의 장점으로는 첫째, 주민수용성이 높습니다. 나들목 건설과정에서 1안에 비해 상대적으로 주민설득 작업과 토지매입 비용을 절감할 수 있습니다. 뿐만아니라 주민들과의 불필요한 갈등과 마찰로 인한 공사지연과 건설비용 상승문제를 예방할 수 있는 장점을 가지고 있습니다. 둘째, 환경친화적입니다. 야생동물밀집 지역을 우회함으로써 환경을 보호할 수 있고 로드킬로 인한 2차 교통사고를 예방할 수 있습니다. 또한 차량 매연과 공해로 인한 주민 피해를 줄이는 효과를 거둘 수 있어 결국, 우리 공사가 추진하고 있는 ESG 경영과 Eco-Drive 경영방침과도 일치한다는 장점을 가지고 있습니다.

⑥ 결론과 보완방법) 마지막 결론입니다. 이러한 2가지 노선안의 장점과 단점을 종합적으로 고려한 저의 결론은 2안을 선택하는 것입니다.

제가 2안을 선택한 이유는 앞서 말씀드린 것처럼 주민수용성이 높아 불필요한 주민과의 갈등을 사전에 예방하고 공사지연에 따른 비용을 줄일 수 있다는 점과 야생동물은 물론 지역주민들의 환경문제를 해결할 수 있어 우리 공사의 경영방침과도 일치한다는 점 때문입니다. 하지만 2안을 선택할 경우, 경제성과 경제적 효과가 낮다는 문제를 해결하기 위해 보다 효율적인 공사관리 계획수립과 시공 그리고 지방자치 단체와의 협력을 통한 관광상품 활성화 등의 노력도 필요할 것입니다.

⑦ 내용요약, 자기 생각과 계획, 마무리 인사) 저는 지금까지 00 혁신도시 고속도로 나들목 노선 선택에 대한 저의 생각을 말씀드렸습니다. 입사하게 된다면 실제 토목직 직원으로서 이렇게 어려운 선택을 마주할 가능성이 높을 것입니다. 하지만 단기적인 관점보다는 장기적인 관점에서 더욱 안전하고 쾌적한 고속도로 건설과 운영을 위한 최고의 선택을 할 수 있도록 더욱 실력을 키워나가는 신입직원이 되겠습니다. 부족한 발표 끝까지 경청해 주셔서 감사드립니다. 감사합니다.

6   발표면접 연습

이렇게 발표면접을 준비했다면 이제부터는 실전 면접에서 자신의 실력을 보여주기 위해 발표 연습을 하는 것이 중요하다. 우선 발표를 잘하는 방법, 3가지를 알아보자.

첫째, 많은 발표 연습이 필요하다.

아무래도 발표 연습을 많이 하면 할수록 실전에서 발표를 잘 할 수 있기 때문이다. 우선 발표면접에 나올 수 있는 주제들을 먼저 정리했다면, 이런 주제들을 가지고 하루에 5-10개 정도씩 발표 연습을 하면 된다. 주어진 발표면접 시간에 맞추어 준비하되 아래와 같은 방법으로 발표 연습을 하는 것이 좋다. 준비 시간 20분, 순수 발표 시간 5분으로 가정하고 연습 시간을 배분했다.

① **발표 틀 구성하기** : 5분 정도의 시간 안에 발표주제를 보고 앞서 언급한 발표내용 구성 방법에 따라 발표의 틀을 잡는다.

② **발표내용 구상하기** : 5분 정도 발표 틀을 보면서 발표할 내용을 구상한다. 실제 발표면접 준비 시간은 20분이지만 연습 과정에서는 이보다 훨씬 짧은 시간 안에 발표 틀을 구성하고, 발표내용을 구상하는 것이 좋다.

③ **발표 연습하기** : 5분간 스마트폰 등을 이용하여 발표 모습을 녹화하면서 실전처럼 발표하는 연습을 한다.

④ **발표 연습 피드백** : 5분간 녹화한 동영상을 보면서, 발표 중에 빠뜨리거나 부족한 부분을 찾고 이를 메모하면서 자신의 발표를 보완한다.

⑤ **다시 발표 연습하기** : 발표 연습 피드백을 통해 찾아낸 보완할 점들을 반영해 다시 5분간 발표 연습을 한다.

이렇게 발표면접을 연습하면 약 30분 정도의 시간이 소요된다. 이렇게 하나의 주제에 대해 약 30분 정도 발표 연습을 꾸준히 하게 되면 실제 발표면접에서 자신의 실력을 마음껏 뽐낼 수 있을 것이다.

둘째, 발표내용 구성에 익숙해져야 한다.

앞서 저자가 소개한 발표내용 구성 방법 등을 활용하여 자신만의 발표의 틀을 고정하고 그에 맞춰 계속 연습해야만, 실전 발표면접에서 흔들리지 않고 발표를 진행할 수 있다. 물론 다른 발표내용 구성 방법을 활용해서 연습해도 되지만, 이 책에 실린 발표내용 구성 방법이 실제 공기업 발표에 가장 최적화되어 있는 만큼 최대한 그에 맞춰 연습하는 것이 좋다.

셋째, 발표내용 즉, 멘트에 익숙해져야 한다.

이 책에 실린 발표내용 예시문장 등을 참조해서 "이를 해결하는 방안을 크게 3가지로 말씀드리겠습니다."와 같은 발표 문구들을 고정하고 발표주제에 따라 내용만을 바꿔가며 계속 연습해서 익숙해진다면, 실전 발표면접에서 더욱 안정적으로 발표를 진행할 수 있다.

이렇게 발표 틀을 고정해서 사용하고 멘트를 고정해서 활용하면서 꾸준히 연습한다면 분명히 좋은 결과를 끌어낼 수 있을 것이다.

7 질의응답 대비

발표면접이 끝나고 나면 면접관으로부터 질문을 받고 그에 대한 답을 하게 된다. 주로 발표내용에 관한 질문인 경우도 있지만 가끔 인성면접에서 나옴 직한 면접질문을 받는 때도 있다. 이러한 발표면접 질의응답에 대해 어떻게 대비해야 할지 알아보자.

가장 먼저 면접관이 발표면접 후에 자주 묻는 질문에 대해 파악하는 것이 중요하다. 기본적으로 발표면접의 질의응답 과정에서의 나오는 면접질문은 압박질문에 가깝다.

약방의 감초, 예산과 인력?

특히 지원자가 발표한 방안 추진을 위한 예산과 인력 등의 문제를 거론하며 발표 방안이 실현 가능한지를 따져 묻기도 하고, 발표 방안들의 구체적이고 세부적인 계획과 방안을 물어보기도 한다. 또한 발표 방안의 부작용과 현실적 어려움을 언급하며 그런 부분들을 생각해 본 적은 있는지, 그리고 만일 보완한다면 어떻게 보완할 수 있는지를 묻기도 한다. 그뿐만 아니라 발표했던 방안을 실제 추진해본 경험이 있는지를 묻는 경우도 종종 있다.

특히, 예산과 인력 부분, 구체적인 실행방법 등은 면접관이 좋아하는 질문 소재인 만큼 반드시 이에 대한 답변까지 함께 고민하는 것이 좋다. 주의해야 할 점은, 발표했던 방안이 이미 시행되고 있는 것이라면, 그런 사실을 알고 발표했는지 공격적으로 물어볼 수 있으므로, 만일 기존 시행방안을 발표하는 것이라면 조금이라도 색다른 아이디어를 추가하는 것이 좋다. 다음은 발표면접에서 예상할 수 있는 꼬리질문들을 정리한 것이다. 자주 나오는 꼬리질문 내용이므로 미리 예상하고 그에 맞는 답변을 준비하는 것이 좋다.

발표면접에서 자주 나오는 꼬리질문 예시

질문) 소상공인 지원방안 추진을 위한 예산과 인력은 어떻게 확보할 생각인지?

질문) 소상공인 지원방안의 대상은 어떻게 선정할 계획인지?

질문) 소상공인 지원방안과 별도로 전통시장 상인에 대해서는?

질문) 소상공인 지원방안이 도덕적 해이를 초래한다는 비난에 대처방안은?

질문) 소상공인 지원방안은 이미 추진중인데, 어떤 차이점이 있는지?

질문) 소상공인 지원방안을 선택한 이유는 무엇인지?

질문) 소상공인 지원방안이 효과를 거두기 위해서 가장 중요한 점은?

질문) 소상공인 지원방안이 실제 추진된 사례가 있는지?

질문) 소상공인 지원방안을 추진하는데 발생할 수 있는 문제점과 해결방안은?

질문) 소상공인 지원방안을 추진하는데 지원자가 기여할 수 있는 부분은?

질문) 소상공인 지원방안을 실제 실제 추진해 본 경험이 있는지?

질문) 3가지 방안중에서 꼭 하나만 추진한다면 어떤 방안을 추진할 것인지?

그래서 발표면접을 준비하면서 발표방안별로 나올 수 있는 면접질문들을 생각해 보고, 만일 답변이 어려운 경우라면 과감히 다른 방안을 모색하는 것이 좋다. 하지만 갑자기 예상하지 못했던 부분에 대해 질문이 나온다면, 허둥지둥 답변을 급조해서 답변하기보다는 솔직히 그 부분에 대해 미처 생각하지 못했다고 말씀드리고 면접이 끝난 후, 어떻게 그런 부분을 조사하고 보완할 것인지 답변드리는 것이 오히려 더 좋을 수 있다.

답변

면접관님께서 말씀하신 사업추진 예산을 어떻게 확보할 것인지에 대해서는 미처 생각해 보지 못했습니다. 면접이 끝나는 대로 바로, 실제 제가 말씀드린 소상공인 지원사업 추진을 위한 대략적인 예산 규모와 예산확보 방법을 조사하고 공부하겠습니다. 그리고 혹시 기회를 주신다면, 다시 면접관님을 찾아뵙고 예산확보 방법에 대해 말씀드리겠습니다. 죄송합니다.

답변

면접관님의 말씀을 듣고 보니, 사업 규모에 따라 소상공인을 지원하겠다는 제 생각이 부족했다는 점을 알게 되었습니다. 빠른 사업추진을 위해 생각했던 방법인데, 오히려 그 때문에 사업이 지연될 수 있다는 점은 미처 생각하지 못했습니다. 면접이 끝나는 대로 면접관님의 말씀을 참고해서, 실제 지원사업 대상자를 어떻게 결정하는 것이 좋은지 조금 더 깊이 조사하고 고민하도록 하겠습니다. 죄송합니다.

8 발표자세

발표면접 자세에서 가장 신경 써야 할 것은 첫째, 면접관과 시선을 맞추고 교감하는 것이다. 질문한 면접관에게만 시선을 고정해야 하는 다른 면접과 달리, 발표면접은 면접관들과 시선을 맞추는 것이 좋다. 발표내용을 경청하는 면접관들을 고르게 보면서 발표해야만 교감을 할 수 있기 때문이다.

첫째, 발표를 서두르지 말자.

발표라는 곤혹스러운 상황에서 빨리 벗어나고 싶은 생각에 허겁지겁, 빠르게 자신이 이야기할 내용만을 일방적으로 이야기하는 모습을 자주 보게 된다. 이럴 경우, 아무리 발표내용이 좋아도 면접관들로부터 좋은 평가를 받기 어렵다. 발표면접이란 면접관을 설득하는 과정이다. 면접관이 내 발표를 잘 듣고 이해할 수 있도록, 공감할 수 있도록 페이스를 조절하는 것이 중요하다. 도망치려고 하지 말자.

둘째, 시선은 면접관에게 먼저

발표 자료나 메모를 참조할 수 있도록 허용하는 경우가 있다. 하지만 이 경우에도 발표 자료나 메모만을 보며 읽는 것처럼 발표하게 되면, 아무리 내용이 좋더라도 좋은 평가를 받을 수 없다. 그래서 발표 진행을 위해 한 번씩만 발표 자료나 메모를 보면서 되도록 시선은 면접관에게 향하는 것이 좋다. 이 경우, 여러 면접관님과 함께 시선을 맞출 수 있도록 골고루 시선을 배분하는 것이 좋다.

셋째, 한 자리에서만 바른 자세로

발표면접은 자기의 생각을 발표하는 것이지 강의를 하는 것이 아니다. 발표하면서 주의력을 끌기 위해서 자리를 옮겨가며 발표하는 경우가 있다. 이는 면접관에게 결코 좋은 인상을 심어주지 못한다. 자리를 움직이지 않고 한 자리에서만 바른 자세로 서서 발표를 진행하는 것이 좋다. 또한 면접관과 함께 발표 자료를 보면서 진행하는 경우라면, 면접관들을 정면으로 마주하기보다는 발표화면과 면접관을 같이 45도 정도로 보면서 발표하는 것이 훨씬 편하고 좋다.

넷째, 손동작은 조심스럽게

발표를 진행하면서 자연스럽게 손을 활용하는 것이 괜찮지만 과도한 손동작은 면접관이 발표에 집중하지 못하는 원인이 되기도 한다. 그래서 가볍고 자연스럽게 손동작을 활용하되 너무 가볍게 보이지 않도록 신경을 쓰는 것이 좋다. 또한, PPT 발표 화면을 손으로 가리킬 때에는 어깨높이 이상 손을 올리지 말고 공손하게 안내하듯 허리 높이 정도로만 손을 움직이는 것이 좋다. 특히 면접관을 향해 손가락 끝이 향하지 않도록 신경을 써야 한다.

이를 제외한 다른 자세들은 보통의 발표 자세와 크게 다르지 않다. 평소 조별 과제 발표를 했던 것처럼 하면 되지만 대신 발표 대상이 전혀 다른 만큼, 더욱더 정중하고 바른 자세를 보여줄 수 있도록 하자.

9 발표 자료 작성

지원 공기업에 따라 다르지만, 발표면접을 진행하면서 발표 자료를 작성하는 경우가 있다. 지원자가 발표를 준비하면서 발표 자료를 작성하고 이를 면접관에게 제출하거나, 보여주면서 발표하는 방식이다. 또는 면접관에게 발표 자료를 제출하지는 않지만, 지원자가 메모한 발표내용을 참조하면서 발표하는 때도 있다. 이와 반대로 지원자가 아무런 자료를 참조하지 못하고 바로 발표를 진행하는 때도 있다.

가장 일반적인 방법은 A4지에 발표내용을 필기로 적거나 컴퓨터를 이용해 발표 자료를 작성하고 이를 출력, 복사하여 면접관에게 제출한 후 이를 토대로 발표하는 것이다. 또한 전지에 발표내용을 작성하고 면접장에서 벽면에 부착하고 발표를 진행하는 때도 있다. 주의해야 할 점은, 발표 자료나 메모를 참조해서 발표할 때 발표 자료나 메모만을 보기보다는 되도록 면접관과 시선을 맞추며 발표해야 한다는 점이다. 실제 발표 자료나 메모를 한번 보기 시작하면, 불안한 마음에 계속 면접관과 시선을 맞추지 않게 되고 결국 좋은 결과를 만들어내기 어렵다.

또한, 어떠한 방식이든 발표 자료를 작성해야 한다면 면접관이 보기 편하도록 작성하는 것이 중요하다. 그래서 앞서 이야기한 발표내용 구성 방법과 아래 예시를 참조해서 발표 자료를 작성하는 것이 좋다. 발표 자료를 작성하면서 너무 상세하게 작성하기보다는 주요 내용만을 발표 자료에 담고, 나머지 내용은 발표를 통해 면접관에게 전달하고 또, 설득하는 것이 좋다.

효과적인 중소기업 지원전략

지원분야 : 경영지원

지원번호 : 2201345번

□ 상황분석

- 연구개발 부족으로 인한 기술력 저하
  - 연구개발에 대한 투자와 인력 부족으로 중소기업의 기술력 저하가 발생
  ※ 중소기업 실태조사 결과, 약 85%의 중소기업이 기술력 부족을 지적
- 신용부족 등으로 인한 자금조달의 어려움
  - 중소기업의 신용부족으로 인해 기업운영과 신규시장 개척을 위한 자금조달에 어려움
  ※ 코로나 19 위기로 인해 약 90%의 중소기업이 자금부족에 직면(한겨레, '22.08.01자)
- 인력부족으로 경영/마케팅의 어려움
  - 중소기업에 대한 인재공급처 처우불만족 → 인력부족 → 경영/마케팅 역량 약화

□ 추진방안

- (연구/ 기술개발센터) 운영을 통해 중소기업 기술력 강화
  - 중소기업의 공동 활용할 수 있는 연구/ 기술개발센터 운영을 통해 기술경쟁력 확보
- (기술력 평가)를 통한 적극적인 자금 지원
  - 신용 부족 등으로 어려움을 겪는 중소기업의 기술평가를 통해 적극적인 자금지원
- (시니어인력 활용)으로 중소기업 경영지원 멘토단 운영
  - 시니어인력 활용, 경영지원 멘토단 운영으로 중소기업의 경영/마케팅 활동 지원

□ 기대효과

- 적극적인 중소기업 지원전략을 통해 중소기업 육성
  - 다양한 중소기업 지원전략과 멘토단 운영을 통해 중소기업의 고충해소와 육성에 기여
- 중소기업의 활성화로 경제활성화와 실업난 해결
  - 중소기업의 활성화로 대한민국 경제기반 강화와 함께 청년 실업난 해결에 기여
  - 연구개발센터 운영을 통한 기술력 강화와 함께 청년 실업난 해결에 기여
- 공단에 대한 국민 신뢰도와 역할 증대
  - 중소기업 육성지원 미션 달성으로 국민신뢰도는 물론 공단 역할증대에 기여

4장 | 상황면접 공략법

상황면접에 대한 이해

공기업 면접에서 발표면접이 늘어나면서 상황면접 역시 그 비중이 늘어나고 있다. 정확한 이해를 위해 상황면접에 관해 설명하자면, 상황면접이란 아래 예시와 같이 직무수행 과정에서 발생할 수 있는 다양한 상황을 제시하고 그런 상황에서 어떻게 대처할 것인지를 발표 또는 답변하는 방식의 면접을 말한다. 그런데 공기업에서 이런 상황면접을 발표면접 또는 상황발표 면접이라 표현하다 보니 가끔 발표면접과 혼동하기도 한다. 이런 상황면접에서 상황발표 시간은 대부분 1분에서 3분 사이로 발표면접에 비해 비교적 짧은 편이다.

> 예시) 귀하는 우리 공단의 지사에서 고객응대를 담당하고 있다. 퇴근 시간이 이미 지난 시점에 한 고객이 찾아와 다른 직원이 담당하고 있는 민원업무 처리를 요청하고 있다. 하지만 귀하는 해당 민원업무에 대한 지식과 경험이 부족해 직접 처리하기 어려운 상황이다. 또한, 해당 민원업무 처리에 대해 조언을 해줄 수 있는 선배나 동료 직원들은 이미 퇴근을 한 상황이다.
> 이런 상황을 해결하기 위한 귀하의 대처방안에 대해 발표해 주시기 바랍니다.

> 예시) 귀하는 기관사로서 전동차를 운행하던 중, 술에 취한 한 승객으로부터 비상인터폰을 통해 객차 내에서 화재가 발생하였다는 신고를 접수받았다. 하지만 계기판의 화재감지 장치에는 아무런 이상이 없는 상황이다.
> 이런 상황에서 기관사로서 귀하는 어떻게 대처할 것인지 답하시오.

> 상황면접과 발표면접과의 차이가 있다면 우선 주어지는 주제의 성격이 다르다. 발표 면접의 경우에는 장기간에 걸쳐 조직 전체나 사업과 관련된 해결방안이나 개선방안 등을 찾는 것이 발표주제로 주어진다면, 상황면접의 경우에는 짧은 시간 내에 직무를 수행하면서 발생하는 상황을 해결하는 상황주제가 주어진다. 주로 한국철도공사, 서울교통공사 등과 같은 SOC 관련 공기업은 물론, 최근 국민건강보험공단, 국민연금공단과 같은 복지관련 공기업에서도 상황면접이 많이 활용되고 있다.

상황면접의 또 다른 특징이 있다면, 발표면접에 비해 준비 시간이 짧거나 아예 주어지지 않는 것이다. 대부분 발표면접은 발표 준비 시간을 약 10분에서 30분 정도로 비교적 여유 있게 주어진다면, 상황면접은 약 3분에서 10분 정도의 짧은 준비 시간이 주어지거나 면접장에서 바로 상황면접

자료가 제시되고 바로 답변 또는 발표를 요구하는 경우가 많다. 또한 상황면접은 별도로 운영되지 않고 인성면접, 역량면접과 함께 진행되는 경우도 있다.

상황면접과 상황질문

본격적으로 상황면접에 대해 알아보기 전에 참고할 사항은, 이 책에서는 인성면접이나 역량면접에서 "만일 고객이 무리한 요구를 한다면?"과 같이 직무관련 상황을 묻는 면접질문을 상황관련 면접질문(상황질문)으로 분류하고 있다. 상황질문은 사전에 준비 시간이 주어지지 않고 30초 정도의 짧은 답변 시간 안에 한 가지 정도의 해결책을 답변한다는 점에서 상황면접과 차이점이 있지만, 상황을 준다는 점에서 많은 공통점이 있어 독자들의 쉬운 이해를 돕기 위해 이 장에서 함께 다루게 되었다.

1 상황면접 주제

상황면접의 주제는 다양할 수 있지만 이를 크게 분류하면 아래와 같이 4가지로 구분해 볼 수 있다.

첫째, 화재, 사고, 응급상황 등 비상 상황 발생에 따른 대처방안을 묻는 경우이다. 주로 한국철도공사나 서울교통공사와 같이 교통 관련 공기업에서 주로 제시되는 형태이다.

둘째, 고객의 민원 제기, 고객의 항의 등과 같이 고객응대 관련 대처방안을 묻는 경우이다. 고객응대가 많은 공기업에서 주로 제시되는 주제로 상황면접뿐만 아니라 상황질문이 많이 주어지기도 한다.

셋째, 상사의 불합리한 업무지시, 동료와의 갈등, 동료의 비리 등 조직 생활에서 발생하는 조직융합, 갈등과 같은 여러 상황에 대한 대처방안을 묻는 경우이다.

넷째, 매뉴얼과 다른 지시, 갑작스러운 프로젝트 투입 등 직무수행 과정에서 발생하는 다양한 상황에 대한 대처방안을 묻는 경우이다.

상황면접을 준비하기 어려운 이유는 어떤 주제가 제시될지 방향을 잡기 어렵다는 점과 함께 실제 직무수행 경험이 없는 신입직원으로서 답변하기 어렵다는 점을 들 수 있다. 또한 상황면접에서 답변할 때 논리적으로 자신의 대처방안을 답변하는 것이 중요한데, 어떤 형식으로 답변해야 할지 방향을 잡기 어렵다. 하지만 상황면접에 발표 또는 답변하는 형식만 제대로 익힌다면 보다 수월하게 답변할 수 있을 것이다.

여기에서 이야기하는 상황면접 발표방식은, 먼저 상황면접 주제를 제시하고 발표를 준비한 다음에, 면접장에 입장해 발표하는 경우에 활용할 수 있는 방식이다. 순수한 발표 시간은 1분에서 3분 정도가 된다.

먼저 상황발표 방식의 전체적인 개요를 살펴보고 이어서 항목별로 간략한 설명과 예시를 참조하면서 상황발표 방식을 내 것으로 만들어 활용하자. 아래에서 보듯이, 밑줄로 표시한 부분(②번, ⑤번, ⑦번)은 발표에 필수적인 부분은 아니므로, 발표 시간이 부족하거나 발표 내용에 맞지 않다면 발표에서 제외해도 된다.

① 제가 면접관님께 말씀드릴 상황은 [제시된 상황]입니다.
② [제시된 상황]은 [상황발생 원인, 상황해결의 원칙, 상황해결의 중요성, 직무연관성, 자기 생각과 느낌]이라고 생각합니다.
③ 저는 이런 상황을 해결하기 위해 다음과 같이 3가지 방법으로 대처하겠습니다.
④ 첫째, 둘째, 셋째.
 [핵심제시 – 왜냐하면 – 그래서]
 [상황파악과 전파 – 응급조치과 상황해결책 – 사후조치와 재발방지]
⑤ 하지만 [상황의 반복, 문제점] 한다면, 저는 [다른 대책, 보완책, 해결책] 하겠습니다.
⑥ 그렇게 한다면, [상황해결, 긍정적 믿음]이라고 믿습니다.
⑦ 향후 계획, 상황에 대한 대처, 자신의 다짐

상황면접 발표방식 설명

① 면접관에게 상황면접 주제를 설명하면서 발표를 시작한다.

1분 자기소개 또는 인사를 하지 않은 경우라면, 가벼운 인사를 하는 것도 좋다.

"저는 면접관님께 (제시된 상황) 대해 발표드리겠습니다."
"제가 부여받은 상황은 (제시된 상황)에서 문제를 해결하는 것입니다."
"안녕하십니까? 행정직 지원자 145번 지원자입니다. 제가 면접관님께 말씀드릴 상황은 (제시된 상황)입니다."
"지금부터 발표를 시작하겠습니다. 제가 부여받은 상황은 (제시된 상황)에서 신속한 판단으로 가장 합리적인 의사결정을 내리는 것입니다."

② 아래의 예시처럼 바로 발표내용으로 들어가지 않고 주어진 상황 주제에 대한 자기 생각을 말한다.

발표내용도 물론 중요하지만 이렇게 상황 주제에 대한 자신의 생각을 먼저 밝힘으로써 면접관에게 더 깊은 인상을 남길 수 있다. 자신의 생각은 크게 5가지(상황이 발생한 원인을 분석, 상황해결을 위한 원칙을 설명, 상황해결이 얼마나 중요한지 강조, 해당 직무와의 연관성을 설명, 자신의 느낌을 설명) 정도로 나누어 볼 수 있다. 이 중에서 1개를 선택하거나 2개를 결합해서 발표에 활용할 수 있다. 발표시간이 부족하다면 발표에 포함하지 않아도 괜찮다.

상황발생 원인

"이런 상황이 발생한 이유는 우리 공단 사업에 대한 자세한 설명이 부족했기 때문이라고 생각합니다.",

"이런 상황이 발생한 이유는 무엇보다 우리 공단의 주요 고객인 어르신들과 소통이 부족한 점이 가장 큰 원인이라고 생각합니다."

상황해결 원칙

"이런 상황을 해결하기 위해서는 무엇보다 고객의 입장에서 생각하는 것이 가장 중요하다고 생각합니다.",

"이런 상황에서 가장 중요한 원칙은 바로 갑작스러운 상황에도 당황하지 않고 침착하고 차분하게 대처하는 것이라고 생각합니다."

상황해결의 중요성

"우리 공단은 고객만족을 최우선 가치로 생각하는 만큼 빠르게 이런 상황을 해결해야 한다고 생각합니다.",

"이런 상황을 빠르게 해결하지 못한다면, 다른 고객들이 불편할 수 있기 때문에 빠르게 고객의 불만족을 해결해야 한다고 생각합니다."

직무연관성

"우리 공사가 담당하는 주거복지 사업의 특성상, 무리한 고객의 민원요구가 발생할 수 있다고 생각합니다."

"우리 공단은 워낙 고객응대 업무가 많다 보니 종종 제시된 상황이 발생할 수 있다고 생각합니다."

자기 생각과 느낌

③ 자신의 상황해결 방법을 요약해서 설명한다.

먼저 이렇게 상황면접 발표 목차를 설명함으로써 면접관이 발표내용을 더욱 빠르게 이해할 수 있도록 한다.

④ 자신의 상황해결 방안을 말한다.

이때, 첫째, 둘째, 셋째와 같이 개요 순서를 말하고 이어서 핵심을 짧게 제시한다. 그다음에는 "왜냐하면"을 이용해서 그 이유를 설명하고 다음에는 "그래서"를 이용해서 구체적인 실행방안 등을 말한다.

또한, 서울교통공사와 같이 화재 발생과 같이 직무관련 비상 상황을 제시할 경우, 3가지 해결방안을 첫째, 상황파악과 전파, 둘째, 응급조치와 상황해결책, 셋째, 사후조치와 재발방지 대책으로 구성하면 더욱 쉽게 구성할 수 있다.

여기에서는 3가지 방안을 제시하고 있지만, 주제나 상황면접 발표 시간에 따라 해결방안을 1개나 2개로 줄여도 된다. 또한, 발표내용이나 자신의 스타일에 따라 "왜냐하면", "그래서"는 생략하거나 다른 방식으로 변형해도 된다.

니다.

셋째, 고객에게 필요한 도움을 드리겠습니다. 왜냐하면 고객께서 화를 내신 이유를 정확히 파악한다면 정확한 도움을 드릴 수 있기 때문입니다. 그래서 고객께서 원하시는 도움이나 서비스뿐만 아니라 말씀하지 않은 부분까지 더 꼼꼼하고 세세하게 설명해 드리며 도움을 드리겠습니다.”

“첫째, 먼저 상황을 정확히 파악하고 전파하겠습니다. 왜냐하면 간혹 승객들의 장난 전화로 오히려 더 큰 혼란과 사고가 발생할 수 있기 때문입니다. 그래서 정말 화재 발생이 맞는지 확인하고 화재가 맞는다면 지휘통제실에 빠르게 보고하고 역무원과 119의 협조를 요청하겠습니다.

둘째, 지휘통제실의 지시에 따라 응급조치를 취하겠습니다. 지휘통제실의 통제에 따라 화재 발생에 대응해야만 피해를 최소화할 수 있다고 생각합니다. 그래서 지휘통제실 통제에 따라 인근 역 정차, 또는 운행을 중단하고 안내방송을 통해 승객들이 안전하게 대피할 수 있도록 조치하겠습니다.

셋째, 역무원들과 협력해 사후조치를 취하겠습니다. 갑작스러운 화재 발생으로 여러 가지 문제가 발생할 수 있기 때문입니다. 그래서 119와 함께 부상 승객을 병원에 이송하고 열차 피해 규모를 정확히 파악해 후속 운행에 지장이 없도록 조치하겠습니다.”

⑤ 앞서 말한 상황해결 방안에 따른 문제점을 보완하거나, 상황이 해결되지 못하면 어떻게 대처할 것인지를 추가한다.

이 부분은 꼭 발표에 포함해야 하는 부분은 아니지만 미리 이런 보완책이나 또 다른 대응 방법을 미리 말한다면, 면접관의 꼬리질문을 피할 수 있는 장점이 있지만, 발표구조가 복잡해지고 발표 시간이 추가로 소요되기 때문에 가급적 발표에 포함하지 않는 것이 좋다.

“하지만 제가 도움을 드리지 못하는 상황이라면, 왜 도움을 드리지 못하는지 근거를 보여드리며 자세히 설명해 드리겠습니다.”

“이런 저의 노력에도 불구하고 고객께서 계속 무리한 요구를 하신다면, 고객응대 경험이 가장 많은 선배님께 조언을 구해 대처하겠습니다.”

⑥ 여기까지 발표한 내용을 통해 문제를 해결할 수 있다고 마무리 짓는 부분이다.

이렇게 상황해결에 대한 긍정적 믿음을 포함하게 되면 자연스럽게 면접관의 꼬리질문을 피할 수 있게 된다.

답변

"제가 이렇게 3가지 방법을 통해 고객을 응대한다면, 아무리 화가 많이 나신 고객도 화를 푸시고 댁으로 돌아가실 것이라고 믿습니다."

답변

"이런 3가지 방법을 통해 상황을 해결하기 위해 노력한다면 고객을 만족시킬 뿐만 아니라 우리 공단에 대한 신뢰 역시 높일 수 있다고 생각합니다."

답변

"지금까지 말씀드린 3가지 방법을 통해 고객을 응대한다면 고객의 문제를 해결하고 고객만족을 끌어낼 수 있다고 생각합니다.

⑦ 마지막으로 상황면접 발표를 마무리 짓는 부분이다.

이와 비슷한 상황을 해결하기 위한 자신의 다짐과 각오 그리고 향후 계획 등을 발표하여 면접관에게 좋은 인상을 심어줄 수 있다. 꼭 필요한 부분은 아니지만 시간이 짧은 경우가 아니라면 되도록 포함하는 것이 좋다.

답변

"우리 공단에 입사해서도, 아무리 까다로운 고객을 응대하더라도 고객의 말씀을 경청하고 적극적으로 문제를 해결하기 위해 노력해 고객만족을 끌어낼 수 있는 신입사원이 되겠습니다. 지금까지 부족한 저의 발표를 경청해주셔서 감사합니다."

답변

"고객들을 위해 존재하는 우리 공단의 직원으로서 늘 고객만족을 위해 노력하는 모습을 보여드리겠습니다. 감사합니다."

답변

"고객만족을 끌어내는 것이 생각보다 어려울 수 있다고 생각합니다. 하지만 입사하게 된다면 선배님들을 도와드리며 선배님들의 고객응대 노하우를 습득하고 늘 고객의 입장에서 생각하는 자세로 다시 찾아오고 싶은 우리 공단을 만들어 가겠습니다. 감사합니다."

3 상황면접 발표 예시

앞서 제시한 상황면접 발표 방법에 따라 실제 상황발표 예시를 보면서 깊게 이해하도록 하자. 지원기업에 따라 면접과정에서 상황을 짧게 요약한 상황주제를 구두로 제시하기도 하고, 상황을 좀 더 자세히 설명한 상황제시문을 별도로 제시하는 경우도 있으니, 지원기업의 상황면접 형식에 따라 연습하는 것이 필요하다.

상황주제) 나이 많은 고객이 고맙다며 음료수를 가져온 상황

상황제시) 당신은 공단 지사에 근무 중인 신입직원입니다. 민원 응대 업무를 맡아 정중하고 성실한 자세로 근무하던 중, 어느 날 한 나이 많은 고객이 창구를 찾아와 당신에게 음료수를 건네며 "항상 친절하게 도와줘서 고맙다."고 인사를 했습니다. 고객은 단순한 감사의 표현이라며 큰 의미는 없다고 말했으며, 음료도 일반 편의점에서 구입 가능한 소액 물품이었습니다.

당신은 순간 고객의 고마운 마음은 이해되었지만, 공단 직원으로서 청탁금지법 및 내부 청렴 지침상 일체의 물품 수수는 제한된다는 점을 잘 알고 있어 혼란을 느꼈습니다. 나이 많은 고객이 진심으로 감사한 마음을 표현한 상황에서 이를 거절하면 오히려 마음을 상하게 할 수도 있고, 받아들이면 내부 규정을 위반하거나 외부에 오해를 살 수 있는 상황입니다. 이런 상황에서 당신은 어떻게 대처하겠습니까?

상황발표) 이런 상황에서 무엇보다 중요한 것은 고객에게 고마운 마음을 표현하면서도, 공단의 청렴 가이드라인을 지키는 것입니다. 그래서 저는 두 가지 방법으로 대처하겠습니다.

첫째, 음료는 정중하게 거절하겠습니다. 왜냐하면 청탁금지법과 공단의 규정에 따라 아무리 작은 물품이라도 금지되어 있기 때문입니다. 그래서 "저를 생각해주셔서 정말 감사합니다만, 공단 규정상 물품을 받을 수 없어 죄송합니다."라고 부드럽게 말씀드리며, 고객님께 감사의 마음을 전하겠습니다.

둘째, 고객이 기분 나쁘지 않도록 정중히 배웅해 드리겠습니다. 왜냐하면 고객의 감사한 마음을 존중하고, 기분이 상하지 않도록 배려하는 것이 중요하다고 생각하기 때문입니다. 그래서 "고객님께 감사하다."고 말씀드리며, 고객이 기분좋게 집으로 돌아가실 수 있도록 배웅해 드리겠습니다.

상황주제) 고객이 선배가 담당하는 업무를 나에게 처리해 달라고 요구하는 상황

상황제시) 당신은 공단 지사에 근무 중인 신입 직원입니다. 어느 날 한 민원인이 창구를 찾아와 특정 업무 처리를 요청했습니다. 내용을 확인해보니, 해당 업무는 선배 직원이 담당하고 있는 영역으로, 당신의 담당 업무는 아니었습니다. 선배 직원은 현재 외근 중이거나 타 업무로 자리를 비운 상황이었고, 복귀까지는 다소 시간이 걸릴 예정입니다.

민원인은 "업무 다 똑같은데 그냥 당신이 해주면 되는 거 아니냐", "다시 오기 어렵다."고 말하며, 당신에게 처리를 강하게 요구하고 있습니다. 하지만 해당 업무는 담당자의 판단과 확인 절차가 필요한 부분으로, 섣불리 처리할 경우 문제가 생길 수 있고, 규정상 적절하지 않습니다.

민원인의 입장도 이해되지만, 내부 절차와 책임 구분이 필요한 상황에서 신입인 당신은 이 요청을 어떻게 응대해야 할지 고민이 됩니다. 이런 상황에서 당신은 어떻게 대처하겠습니까?

상황발표) 이런 상황에서 가장 중요한 건 민원인의 불편을 최소화하면서도, 내부 절차와 책임 구분을 지키는 거라고 생각합니다. 그래서 저는 두 가지 방법으로 대처하겠습니다.

첫째, 민원인의 입장을 충분히 공감하면서 기다림에 대해 정중히 사과드리겠습니다. 그래서 "오시느라 시간 많이 쓰셨을 텐데 기다리게 해드려 죄송합니다. 내용은 바로 확인해드리기 어렵지만, 처리에 불편 없도록 도와드리겠습니다"라고 진심을 담아 공감하며 차분히 응대하겠습니다.

둘째, 업무의 특성과 내부 절차를 쉽게 설명드리고, 가능한 대안을 안내하겠습니다. 해당 업무는 담당자의 판단이 필요한 사안이기 때문에, 제가 대신 처리할 경우 문제가 생길 수 있기 때문입니다. 그래서 "이 업무는 담당자가 직접 확인해야 하므로 오히려 제가 도와드리면 나중에 문제가 생길 수 있습니다. 담당자가 몇 시에 돌아오는데, 그 시간까지 기다리기 어려우시면 전화로 안내드릴 수 있습니다"라고 상황을 정확히 설명드리겠습니다.

이렇게 하면 규정을 지키면서도 민원인이 납득할 수 있도록 안내할 수 있을 것이라고 생각합니다.

상황주제) 선배가 나만 업무를 가르쳐주지 않는 상황

상황제시) 당신은 공사 지사에 근무 중인 신입직원입니다. 입사 초기부터 동기들과 함께 같은 부서에서 OJT를 받으며 실무를 익히는 중입니다. 다른 동기들은 선배 직원에게서 실무 처리 요령과 민원 대응 노하우 등을 상세하게 설명받고, 실수한 부분에 대해서도 피드백을 받으며 빠르게 성장해가고 있습니다.

하지만 당신은 같은 팀 선배에게서 거의 설명이나 피드백을 받지 못한 채, 매뉴얼만으로 업무를 익히고 있는 상황입니다. 질문을 하더라도 선배는 "매뉴얼에 다 있어"라는 식의 반응을 보이며 도움을 주지 않고, 본인 업무에 집중하거나 자리를 자주 비우곤 합니다. 처음에는 우연이라고 생각했지만, 반복되다 보니 위축감과 소외감을 느끼고 있습니다. 그 결과 업무 이해도는 점점 차이가 나고, 민원 대응 상황에서도 자신감이 떨어지고 있습니다.

문제는 선배와의 관계를 더 어렵게 만들까 걱정되어 이 상황을 쉽게 털어놓거나 문제 제기하기도 어렵다는 점입니다. 이런 상황에서, 당신은 어떻게 대처하겠습니까?

상황발표) 이런 상황에서도 스스로 위축되기 보다는 적극적으로 저의 실력을 키워 나가는 것이 무엇보다 중요하다고 생각합니다. 이를 위해 두 가지 방법을 말씀드리겠습니다.

첫째, 더 많은 업무 경험을 쌓으며 저의 실력을 키우겠습니다. 선배에게 업무를 배우는 것도 좋지만, 직접 업무에 부딪쳐가며 노력한다면 더 빠르게 업무경험도 쌓고 실력을 쌓을 수 있기 때문입니다. 그래서 선배를 원망하기보다는 퇴근 후에 자리에 남아 제 부족한 실력을 쌓아가겠습니다.

둘째, 그래도 이해가 되지 않는 부분이 있다면 선배에게 부담을 주지 않도록 조심하며 질문을 드리겠습니다. 왜냐하면 제가 업무를 배우려는 성실한 모습을 보여드리면 선배께서도 저를 많이 가르쳐주실 것이라고 생각하기 때문입니다. 그래서 "매뉴얼을 읽었는데 이 부분이 잘 이해되지 않아서요." 처럼 구체적이고 짧은 질문으로 접근하겠습니다.

이렇게 한다면 선배에게 부담을 주지 않으면서도 저의 실무역량을 키워 빠르게 적응할 수 있다고 생각합니다.

상황주제) 구두 업무보고를 고집하는 상사 때문에 업무가 지연되는 상황

상황제시) 당신은 우리 공단의 신입 직원으로서 새로운 팀에 발령을 받아 근무를 시작하게 되었습니다. 하지만 새롭게 발령 받은 부서의 팀장은 메신저나 이메일 등 공식적인 기록이 남는 수단보다는 직접 구두로 보고받는 것을 고집합니다.

팀장은 "직접 얼굴 보고 듣는 것이 가장 정확하다."는 입장을 가지고 있어, 팀원들은 보고를 위해 자리를 찾아다니거나 회의가 끝나기를 기다리는 일이 반복되고 있습니다. 상사는 잦은 외부 일정으로 자리를 비우는 일이 많아 의사결정이 늦어지고, 그로 인해 업무가 지연되는 경우도 발생하고 있습니다.

팀원들은 효율적인 업무진행을 위해 메신저나 이메일 병행 보고 방식을 제안해보지만, 팀장은 "이런 식이면 오히려 혼선이 생긴다."며 이를 받아들이지 않습니다. 이로 인해 팀원들의 피로도는 높아지고, 긴급한 업무처리나 협업에도 어려움을 겪고 있습니다. 이런 상황에서 당신은 어떻게 대처하겠습니까?

상황발표) 이런 상황에서도 상사의 소통 방식을 존중하면서도, 업무가 지연되지 않도록 하는 것이 제가 먼저 해야할 역할이라고 생각합니다. 그래서, 저는 두 가지 방법으로 상황을 해결하기 위해 노력하겠습니다.

첫째, 상사께서 원하시는 구두 보고 방식에 맞춰 자주 보고를 드리겠습니다. 신입으로서 상사님의 소통 스타일에 맞추는 것이 당연히 제가 해야할 역할이고, 오히려 더 빠르게 피드백을 받을 수 있는 기회라고 생각했기 때문입니다. 그래서 상사에게 찾아가 직접 보고를 드리며 하나라도 업무를 더 배우기 위해 노력하겠습니다.

둘째, 보고가 지연될 경우, 말로 드린 내용을 간단히 정리해 메신저나 문서로 "참고용"이라 덧붙여 남기겠습니다. 상사님이 메신저를 싫어하셔도 기록을 남기면 오해를 줄이고 업무가 원활하게 진행될 수 있기 때문입니다. 그래서 "방금 말씀드린 내용 정리해 공유드립니다."처럼 부담 없이 중요한 내용을 간결하게 전달하겠습니다.

이렇게 한다면, 상사께서도 조금씩 저를 이해하시고 업무방식을 바꿔주실 것이라고 생각합니다.

상황주제) 상사가 꼼꼼한 업무 스타일이어서, 선배와 나를 계속 질책하는 상황

상황제시) 당신은 공단 지사에 근무 중인 6개월차 신입직원입니다. 함께 일하는 상사는 성격이 예민하고 매우 꼼꼼한 업무 스타일을 가진 분으로, 업무 기한과 세부 기준을 철저히 지키는 편입니다.

최근 당신과 선배가 함께 맡은 업무가 있었는데, 외부 협조 지연과 내부 자료 정리에 시간이 소요되면서 정해진 기한 내에 마무리하지 못하게 되었습니다. 이에 상사는 반복적으로 선배와 당신에게 질책을 하며, 업무 태도와 능력에 대해 강한 불만을 표출하고 있습니다. 하지만 당신입장에서는 최대한 노력했으며, 상황을 설명해도 상사는 감정적으로 반응하거나 받아들이지 않는 모습입니다.

신입으로서 상사와의 관계를 해치지 않으면서도, 반복되는 질책과 불합리한 책임 전가를 어떻게 받아들여야 할지 고민이 됩니다. 이런 상황에서, 당신은 어떻게 대처하겠습니까?

상황발표) 이런 상황에서 가장 중요한 것은 상사의 성향을 존중하면서도, 감정에 휘둘리지 않고 책임감 있게 업무를 수행하는 것이라고 생각합니다. 그래서 저는 이런 상황을 두 가지 방법으로 해결하겠습니다.

첫째, 질책에 감정적으로 반응하지 않고, 차분하게 상황을 정리해 설명드리겠습니다. 왜냐하면 감정적인 대응은 오히려 갈등을 키우고, 신뢰를 잃을 수 있기 때문입니다. 그래서 "자료 정리에 시간이 더 걸려 일정에 차질이 있었습니다. 앞으로 더 미리 대비하겠습니다."처럼 책임감 있는 태도로 말씀 드리겠습니다.

둘째, 반복적인 상황을 줄이기 위해 선배와 함께 업무 계획을 사전에 더 구체화하겠습니다. 왜냐하

4 상황면접 경험발표 방식

간혹 상황면접에서 자기 경험을 토대로 발표하도록 요구하는 경우가 있다. 이 경우 앞서 활용한 상황면접 발표방식을 일부 활용해서 답변하면 된다. 물론 이런 방식을 먼저 활용하면서 연습하되 어느 정도 연습이 된다면 이를 자유롭게 변형해서 활용하면 된다. 마찬가지로 밑줄로 표시한 부분(②번, ⑦번)은 필수적인 부분은 아니므로 발표에서 제외해도 된다.

① 제가 면접관님께 말씀드릴 상황은(제시된 상황)입니다.

② 저는 실제 [제시된 상황]을 [상황해결 방법, 간략히]으로 해결한 경험이 있었습니다.

③ 당시 저는, 언제 어디서 무엇을 하면서 [제시된 상황]이 발생해 [어려움, 위기]를 겪었습니다.

④ 그래서, 저는 이를 해결하기 위해 다음과 같이 3가지 방법으로 대처했습니다.

⑤ 첫째 – 둘째 – 셋째. [핵심제시 – 왜냐하면 – 그래서]

⑥ 이렇게 3가지 방법을 활용한 덕분에 [상황해결, 성과/ 결과]를 얻을 수 있었습니다.

⑦ 향후 계획, 상황에 대한 대처, 자신의 다짐

아래 예시를 통해 경험을 활용한 상황면접 발표방식을 더 깊이 이해하자.

상황면접 경험발표 예시

① 제가 면접관님들께 말씀드릴 상황은 동료의 잘못으로 인해 제가 피해를 본 상황입니다.

② 저는 실제 카페에서 아르바이트하면서 동료의 잘못으로 인해 피해를 보는 상황을 해결한 경험이 있습니다.

③ 당시, 한 동료가 정해진 교대 시간을 지키지 않는 경우가 많아서 저 역시 학원 수업에 지각하는 경우가 발생하곤 했습니다.

④ 그래서 저는 3가지 방법을 활용해 이런 상황을 해결하기 위해 노력했습니다.

⑤ 첫째, 동료에게 혹시 어떤 어려움이 있는지 물어봤습니다. 왜냐하면 동료가 계속 늦는 이유가 있

다고 생각했기 때문입니다. 그래서 손님이 별로 없는 시간을 이용해 혹시 집에 어려운 사정이 있는지를 물어봤습니다.

둘째, 동료의 어려움을 해결해 주기 위해 노력했습니다. 그 동료는 카페까지 오는 교통편이 마땅치 않아 늦는다는 것을 알게 됐기 때문입니다. 그래서 혹시 교대 시간에 늦어지게 된다면 부담 없이 연락을 먼저 해달라고 부탁했습니다.

셋째, 근본적인 해결책을 찾기 위해 노력했습니다. 근본적인 해결책이 없다면 이런 상황이 계속될 수 있다고 생각했기 때문입니다. 그래서 사장님께 부탁드려 그 동료의 근무 시간을 늘리되 근무 일수를 줄이는 방식으로 상황을 개선하기 위해 노력했습니다.

⑥ 덕분에 그 동료도 교대 시간에 늦어지는 경우를 크게 줄일 수 있었고 저 역시 학원 수업에 지각하는 경우를 막을 수 있었습니다.

⑦ 우리 공단에 입사해서도 동료로 인해 피해를 보는 경우가 발생하더라도, 동료의 어려움을 먼저 생각하는 자세로 상황을 해결해 나가겠습니다. 감사합니다.

5 상황질문 공략법

상황관련 면접질문(상황질문)은 앞서 이야기한 것처럼, 인성면접 과정에서 다른 면접질문들과 함께 조직 생활이나 직무와 관련하여 발생할 수 있는 상황을 제시하고 답변을 요구하는 방식으로, 다른 면접질문과 마찬가지로 대부분 30초 이내로 답변하는 것이 좋다. 먼저 이런 상황질문에 답변하는 방식을 익히도록 하자. 물론, 이런 답변형식을 굳이 따라서 답변해야 하는 것은 절대 아니지만, 정해진 답변형식을 사용한다면 보다 논리적으로, 더욱 수월하게 답변할 수 있을 것이다.

답변형식)

① 네, 만일 [제시된 상황]한다면 [상황발생 원인, 상황해결의 원칙, 상황해결의 중요성, 직무연관성, 자기 생각과 느낌]할 것 같습니다.

② 하지만, 저는 [상황에 따른 핵심 대처 방법] 하겠습니다.

③ 왜냐하면, [대처 방법을 선택한 이유] 하기 때문입니다.

④ 그래서, 저는 [상황에 따른 구체적인 대처 방법] 하겠습니다.

⑤ 하지만, [상황의 반복, 보완책, 문제점] 한다면, 저는 [다른 대안, 보완책, 해결책]하겠습니다.

⑥ 그렇게 한다면, [상황해결, 긍정적 믿음]이라고 믿습니다.

위에 제시된 답변형식 중에 밑줄로 표시한 부분(①번과 ②번의 일부, ⑤번)은 꼭 포함하지 않아도 되는 옵션이라고 생각하면 된다. 실제 답변 예시를 통해 좀 더 이런 답변형식에 대해 익숙해지자.

답변예시)

> ① 네, 만일 까다로운 고객이 언성을 높이며 무리한 요구를 한다면, 처음에는 많이 당황할 것 같습니다.
>
> ② 하지만 저는 우선 그 고객께서 하시는 말씀을 끝까지 들어드리겠습니다.
>
> ③ 왜냐하면 고객께서 아무리 언성을 높이며 무리한 요구를 하더라도 제가 말씀만 잘 들어드린다면 화를 푸실 수 있기 때문입니다.
>
> ④ 그래서 시원한 물이라도 한 컵 건네드리며 말씀을 끝까지 들어드리고, 제가 도움을 드릴 수 있는 일이라면 빠르게 해결해 드리겠습니다.
>
> ⑤ 하지만 제가 도움을 드리지 못할 상황이라면, 왜 도움을 드리지 못하는지 근거를 보여드리며 자세히 설명하겠습니다.
>
> ⑥ 그렇게 한다면, 아무리 화가 난 고객이라도 화를 푸시고 웃으며 돌아가실 것이라 믿습니다.

답변예시)

> ① + ② 만일 까다로운 고객이 언성을 높이며 무리한 요구를 한다면 우선 고객께서 하시는 말씀을 끝까지 들어드리겠습니다.
>
> ③ 왜냐하면 우선 고객님의 말씀을 잘 들어야 고객님이 무엇을 원하는지 정확히 파악할 수 있기 때문입니다.
>
> ④ 그래서 시원한 물이라도 한 컵 건네드리며 말씀을 끝까지 들어드리고, 제가 도움을 드릴 수 있는 일이라면 빠르게 해결해 드리겠습니다.
>
> ⑥ 그렇게 한다면 아무리 화가 난 고객이라도 화를 푸시고 댁으로 돌아가시리라 생각합니다.

이 책에 수록된 면접질문별 공략법의 모범답안들을 살펴보면, 앞서 이야기한 상황질문 답변방식이 많이 활용되고 있다는 점을 알 수 있을 것이다. 그래서 상황질문에 대한 모범답변들을 살펴보면서 이러한 답변방식에 익숙해지고 능숙하게 활용할 수 있도록 노력한 후에, 이후에는 더욱 자유롭게 답변방식을 변형시켜 답변할 수 있도록 노력하자.

앞서 상황질문들에 답변하는 방식에 관해 설명했다. 그런데 상황질문에 답변하는 방식을 아무리 잘 이해하더라도 실제 면접에서 제시된 다양한 상황에 어떤 방향으로 답변하는 것이 옳은지 잘못 판단한다면 자칫 엉뚱하거나 잘못된 답변으로 오히려 낭패를 보기도 한다.

물론 상황질문에 대한 정답은 없지만 그래도 공기업의 조직문화, 면접관으로 활동하는 기성세대의 사고방식 등을 이해한다면 다양한 상황에 대한 답변을 더욱 쉽게 구성할 수 있을 것이다. 5가지 상황질문 대처 방법에 대해 알아보자.

첫째, 신중한 판단과 선택이 필요하다.

공기업에서 근무하는 현직자들이 가장 걱정하는 후배의 유형이 있다면 바로 성격이 급한 후배이다. 아무래도 성격이 급하면 예상하지 못한 문제를 만드는 경우가 많기 때문이다. 그래서 어떠한 상황을 만나더라도 조금 더 신중하게 판단하고 선택하는 것이 필요하다. 그래서 상황질문에 대한 답변을 구성하면서 아래의 답변 내용처럼 신중한 모습을 보여주는 것이 필요하다.

답변

만일 동료의 비리를 목격하게 된다면 많이 고민이 될 것 같습니다. 하지만 우선 그게 정말 동료의 비리가 맞는지 정확히 확인해 보겠습니다. 왜냐하면 제가 성급한 판단으로 잘못된 선택을 한다면 그 동료뿐만 아니라 조직 전체에 악영향을 미칠 수 있기 때문입니다. 그래서 동료의 비리가 맞는지부터 정확히 확인해 보고, 정말 비리가 맞는다면 가장 믿고 따르는 선배님께 조언을 구하겠습니다. 그렇게 한다면 선배님께서 가장 좋은 대처 방법을 알려주실 것이라 믿습니다.

둘째, 상사와 동료에 대한 믿음을 먼저 생각하자.

조직 생활에서 상사와 동료를 믿는다는 것은 어찌 생각해 보면 당연한 일이지만, 때로는 실제 지키기 어려운 일이기도 하다. 그래서 어떠한 상황을 만나더라도 상사와 동료에 대한 신뢰를 먼저 생각한다면 더욱 쉽게 답변 내용을 구성할 수 있을 것이다. 아래 답변 내용을 살펴보자.

답변

만일, 선배가 자신의 업무를 계속 저에게 떠넘긴다면 조금 힘들겠지만, 그 업무를 맡아서 열심히 해 보겠습니다. 선배님께서 업무를 주시는 것은 그만큼 저를 믿어 주시고, 업무를 가르쳐 주시기 위해서라고 생각합니다. 그래서 투덜대기보다는 선배님께 조언을 구하며 열심히 그 업무를 처리하겠습니다. 그렇게 한다면 업무도 더 많이 배우고 선배님과의 관계도 더 좋아질 것으로 생각합니다.

셋째, 이성적이고 논리적인 해결책보다는 인간적인 해결책을 찾아보자.

직장에서 만나는 다양한 상황을 이성적이고 논리적으로 해결하는 것이 옳다는 것은 누구나 안다. 하지만 이성적이고 논리적인 해결은 간혹 다른 동료들과의 심각한 갈등의 원인이 되기도 한다. 그래서 공기업에서도 이성적이고 논리적인 해결보다는 때로는 인간적인 해결이 더 효과적인 경우가 많다. 특히 요즘 MZ세대와 달리 면접관으로 활동하는 기성세대들은 이런 인간적인 해결을 더 선호하곤 한다.

답변

만일 특별한 이유 없이 선배로부터 부당한 대우를 받게 된다면 먼저 제가 잘못한 일은 없는지 되돌아보겠습니다. 선배님께서 특별한 이유 없이 저를 부당하게 대우할 리는 없다고 생각합니다. 그래서 제가 부족하거나 실수한 부분들을 보완해 나가겠습니다. 그래도 상황이 해결되지 않는다면, 회식 자리에서 선배님께 소주 한 잔 따라 드리면서 저를 이뻐해 달라고 앙탈을 부려보겠습니다. 그렇게 한다면 선배님께서도 저를 더 이쁘게 봐주시고 업무도 많이 가르쳐주시리라 생각합니다.

넷째, 적극적으로 해결하기 위해 노력하고 내가 희생하고 양보하자.

어떤 조직이건 문제를 해결하기 위해 적극적으로 노력하는 사람을 싫어하는 곳은 없다. 또한 내가 먼저 희생하고 양보하는 모습을 보여준다면 결국 상사와 동료들도 나를 인정해 줄 수밖에 없다. 그래서 주어진 상황에서 먼저 적극적으로 나서서 문제를 해결하고 먼저 희생하고 양보하는 모습을 보여주는 것이 좋다.

답변

만일 팀 내 저성과자가 있다면 조금은 힘이 들 것 같습니다. 하지만 저는 먼저 팀 내 저성과인 동료를 도와주기 위해 노력할 것 같습니다. 왜냐하면 그 동료를 돕는 것이 결국 팀의 성과로 돌아올 수 있다고 생각하기 때문입니다. 그래서 제가 먼저 다가가 도움을 주기 위해 노력하며 더 열심히 일하는 분위기를 만들겠습니다. 그렇게 한다면 그 동료 역시 더 많은 성과를 만들 수 있다고 믿습니다.

다섯째, 정도와 원칙을 지키자.

항상 규정과 원칙을 중요시하는 공기업에서는 규정을 지키지 않거나 편법을 사용하는 것을 극도로 경계한다. 그래서 어떤 상황에서든 규정과 원칙을 지키기 위해 노력하는 모습을 보여주는 것이 좋다. 앞서 언급한 다른 대처 방법에 따르되 정도와 원칙을 지키기 위해 노력하는 것으로 이해하면 좋을 것 같다.

만일 상사가 이해할 수 없는 불합리한 지시를 내린다면 부하직원으로서 그 지시에 따르기 위해 노력하겠습니다. 왜냐하면 상사가 그런 지시를 내린 데에는 분명한 이유가 있으리라 생각하기 때문입니다. 하지만 그 지시가 법이나 규정을 위반하거나 비윤리적인 지시라면, 그런 문제점을 정리해 따로 상사께 말씀드려 재검토를 부탁드리겠습니다. 그렇게 한다면 상사께서도 분명히 합리적인 지시를 다시 내려주실 것으로 생각합니다.

여섯째, 내 탓이오.

조직에서 발생하는 다양한 문제의 원인은 결국 '내 탓'인 경우가 많다. 공기업 역시 그렇다. 주어진 다양한 상황에서 '남'이 아닌 '나'에서 먼저 문제의 원인을 찾고 해결책을 찾는 것이 좋다. 특히, 보수적인 문화를 가지고 있는 공기업에서, 그리고 기성세대인 면접관의 입장에서는 '남 탓'보다는 '내 탓'을 먼저 생각하고 해결책을 찾는 조직친화적인 지원자를 선호할 수 밖에 없다.

만일, 저에게 다른 동기들에 비해 작고 사소한 업무만 주어진다면 많이 속상할 것 같습니다. 하지만, 선배님들께서 맡겨주신 작고 사소한 업무를 더 꼼꼼하고 완벽하게 처리할 수 있도록 노력하겠습니다. 왜냐하면 선배님들이 저에게 중요한 업무를 맡겨주지 않는 이유는 제가 아직 믿음을 드리지 못한 것이 원인이라고 생각하기 때문입니다. 그래서 작고 사소한 업무만 하고 있다고 투덜대기 보다는 주어진 업무를 더 완벽하게 처리하기 위해 노력하겠습니다. 그렇게 한다면 선배님들께서도 저를 믿어주시고 더 중요한 업무를 제게 맡겨 주실 것이라고 믿습니다.

지금부터 공기업의 인턴면접과 비정규직 면접을 공략하는 방법에 대해 살펴보자.

5장 │ 인턴, 비정규직 면접 공략법

공기업 취업을 위한 직무역량과 경험을 쌓기 위해 공기업 인턴에 지원하는 경우가 많다. 해당 공기업에서 인턴으로 근무하고 나면, 서류전형을 면제해 주거나 가산점을 부여받을 수 있을 뿐만 아니라, 타 공기업에 지원할 때도 우대혜택을 볼 수 있다. 그래서 많은 공기업 취업준비생이 공기업 인턴에 도전하곤 한다. 공기업 인턴의 경우에는 필기전형 없이 바로 서류전형과 면접전형만으로 채용이 진행됨에 따라 면접의 중요성이 더욱 크다고 할 수 있다.

또한 취업 공백기가 너무 길어지거나, 취업이 급한 경우 공기업 비정규직에 도전하는 때도 있다. 흔히 계약직이라고 부르는 공기업의 비정규직은 일반 기업의 계약직에 비해, 공기업 관련 직무 경험을 쌓을 수 있다는 점과 근무 강도가 낮아 취업 준비에 더 많은 시간을 할애할 수 있다는 점에서 때로는 좋은 선택이 될 수 있다. 그뿐만 아니라 공기업 비정규직의 경우에는 육아휴직 등의 사유로 채용이 진행되는 계약기간이 정해진 계약직도 있지만, 시간선택제, 공무직 등과 같이 계약기간이 정해지지 않은 무늬만 비정규직도 존재한다. 이 역시 필기전형이 생각보다 어렵지 않아 면접만 제대로 준비한다면 좋은 결과를 얻을 수 있다.

1 인턴 면접

공기업 인턴은 예전에는 금융권 공기업을 제외하고는 생소한 개념이었지만 지금은 슬프게도 너무 흔하게 듣는 단어가 되어버렸다.

취업준비생들에게 실제 공기업에서 직무를 수행하면서 직무관련 경험도 쌓고 직무역량을 기를 기회를 제공한다는 좋은 의도를 가지고 있지만, 실제 취업준비생들에게는 공기업 취업을 위한 새로운 스펙으로 받아들여지고 있는 것이 현실이다. 또한 공기업의 청년인턴 제도가 심각한 청년실업률을 조금이라도 떨어뜨리기 위한 정책 수단으로 변질된 점도 아쉽기만 하다.

또한, 공기업에서 인턴 근무를 하면서 직무 경험과 역량을 쌓기보다는 단순하고 반복적인 업무를 지원하거나 단순히 정규직 직원들의 업무 보조 역할에 머무는 경우가 많다. 그러다 보니 특별한 임무 없이 사무실에서 눈치만 보면서 시간을 보내는 경우도 발생하고 있다. 하지만 취업준비생으로서는 공기업의 인턴 근무를 통하여 공기업의 조직문화를 이해할 좋은 기회가 될 뿐만 아니라 해당 공기업뿐만 아니라 다른 공기업을 지원할 때도 가점 등 우대를 받을 수 있어 적극적으로 지원하는 것이 좋다.

◆ 공기업 인턴의 종류

공기업 인턴은 크게 두 가지로 분류된다. 인턴 근무 후, 평가를 통하여 정규직으로 전환되는 전환형 인턴, 채용형 인턴이다. 공기업 청년인턴의 정규직 전환비율은 민간기업에 비해 훨씬 높은 수준으로 대략 90% 정도이다. 또 다른 하나의 인턴은 정규직 전환 없이 순수하게 직무관련 경험만을 쌓을 수 있는 체험형 인턴이다. 짧게는 2개월, 길게는 5개월 정도 운영되는 체험형 인턴의 경우에는 근무할 지사나 지역을 미리 정하여서 모집하는 경우가 많다.

요즘 공기업들은 청년인턴제도 운영을 권장하는 정부의 방침에 따라 전환형 인턴을 통해서 정규직을 채용하는 경우가 제법 많다. 그래서 전환형 인턴 채용을 정규직 직원 채용으로 간주하고 그에 걸맞게 운영하게 된다. 전환형 인턴에 합격한 지원자들을 대상으로 근무 평가를 통해서 최종 정규직 전환 대상자를 선정하게 된다. 기재부의 공공기관 인력 운영 지침에 따르면 90% 이상을 반드시 전환하도록 하고 있지만, 실제로는 특별한 문제가 없는 경우 대부분 정규직으로 전환하게 된다. 그런 만큼 전환형 인턴 면접을 준비할 때 정규직 직원 면접을 준비하듯이 더욱 철저히 해야 한다.

체험형 인턴의 경우에는 2개월에서 5개월 정도의 근무 후 전환이 이루어지지 않는 만큼 전환형 인턴보다 채용 절차가 단순하고 쉬운 편이다. 그래서 지사 단위로 면접을 시행하거나 실무진 면접만으로 체험형 인턴을 선발하는 경우가 많다. 하지만 아무리 체험형 인턴이라고 해도 워낙 경쟁이 치열하고 공기업 취업에 좋은 기회로 활용될 수 있는 만큼 철저히 준비하는 것이 필요하다. 여기에서는 공기업 체험형 인턴 면접에서 공략해야 할 포인트에 대해서 살펴보기로 하자.

첫째, 구체적으로 어떤 도움을 줄 수 있는지 설득하자.

취업준비생들에게 직무관련 경험과 역량을 쌓을 기회를 제공한다는 명목을 가지고 있지만 실제 공기업에서는 업무의 중요성이나 난이도 때문에 단순히 선배들의 업무를 보조해 주는 인력으로 생각하는 경우가 많다. 그래서 체험형 인턴 면접의 경우에는 실제 공기업의 선배님들에게 자신이 어떻게 도움이 될 수 있는지를 구체적으로 어필하는 것이 좋다. 예를 들어, 동영상 편집, 유튜브 채널 운영, 블로그 관리, 엑셀 자료관리, 통계분석과 같이 실제 공기업의 선배들이 힘들어하는 부분을 자신이 충분히 도움을 줄 수 있다는 점을 공략한다면 분명, 좋은 결과를 얻을 수 있을 것이다.

둘째, 선배들과 잘 융화할 수 있다는 점을 보여주자.

인턴 근무의 경우에는 대부분 근무 기간이 짧은 편이므로 자신이 업무와 조직에 빠르게 적응할 수 있다는 점을 부각하는 것도 바람직하다. 또한 공기업 현직자들 역시 새로운 인턴사원이 배치될 때마다 관계를 설정하고 유지하는 데 어려움을 겪곤 한다. 간혹 말수가 적고 소극적인 인턴사원이 부서에 배치되면, 오히려 현직자들이 인턴의 눈치를 보며 불편해하는 경우가 있다. 그래서 면접 과정에서 이런 불편함을 걱정하지 않도록 인턴 면접에서 선배들과 잘 어울리고 좋은 관계를 맺을 수 있다는 점을 보여주는 것이 좋다. 특히 성격이 내성적인 지원자라면 보다 적극적으로 나서서 선배들의 업무를 도와줄 수 있다는 점을 어필하는 것이 좋다.

셋째, 고객 응대를 잘 할 수 있다는 점을 어필하자.

대부분 공기업 인턴의 경우에는 본사보다는 지사에 배치되는 경우가 많다. 이렇게 지사에 배치된 인턴사원에게 가장 많이 주어지는 업무는 바로 고객응대이다. 전문적인 고객응대까지는 어렵겠지만, 찾아오시는 고객들을 안내하고 일부 업무를 도와드리는 역할을 하게 된다. 그래서 공기업으로서는 고객응대를 잘 할 수 있는 인턴 지원자를 선호하는 편인 만큼, 자신이 고객응대를 잘 할 수 있다는 점을 어필하는 것이 좋다. 이 경우, 거창한 고객응대를 말하기보다는 아르바이트 경험 등을 통해 고객응대에 자신이 있다는 점에 관해 설명하는 것이 유리하다.

넷째, 책임감이 강하다는 점을 보여주자.

직장생활을 하면서 중요한 요소 중 하나는 바로 자신에게 주어진 책임을 다하기 위해 노력하는 것일 것이다. 인턴 지원자에게 가장 중요한 책임이라면 바로 정해진 인턴 근무 기간을 모두 채우는 것이다. 어렵게 인턴을 채용했는데, 이런저런 사정을 들어 중간에 인턴을 그만두게 된다면 현직자들로서는 불편한 점이 많을 수밖에 없다. 그래서 인턴 면접에서 출퇴근 시간을 묻거나, 숙소 문제를 어떻게 해결할 것인지를 물으면서, 지원자가 오랫동안 근무할 수 있는지를 파악하곤 한다. 이에 대비하기 위하여 실제 출퇴근이나 숙소 문제를 어떻게 해결할지 명확하게 생각하고 있어야 한다. 또한, 힘든 아르바이트를 오랫동안 했던 경험 등을 통해 자신이 책임감을 가지고 근무할 수 있다는 점을 보여주는 것이 효과적이다.

2 비정규직 면접

민간기업에 비해 많지는 않지만, 공기업에서도 계약직을 운영한다. 상시 지속적인 업무를 수행하는 공기업 계약직의 경우는 정부에서 정원의 5% 이하로 운영하도록 강제하고 있지만, 새로운 사업이나 한시적인 사업추진 또는 연구 등 전문 분야 업무추진을 위한 계약직 운영은 비교적 자유롭다 보니 공기업 채용공고에서 계약직을 찾기가 그리 어려운 일이 아니다.

공기업 계약직은 크게 계약기간이 정해지지 않고 계속 근무가 가능한 무기계약직, 흔히 계약직이라고 부르는 계약기간이 정해진 유기 계약직, 마지막으로 시간선택제 계약직으로 나누어 볼 수 있다. 계약직 직원이 수행하는 업무의 성격을 분류해 보면, 육아휴직 대체와 같이 기존 직원의 업무를 대신 수행하는 경우, 창업 촉진 사업과 같이 정부의 정책추진에 따라 새로운 사업의 업무를 수행하는 경우, 사업 물량의 확대 등으로 인력 수요는 있지만 정원을 확보하지 못해 한시적으로 계약직이 기존 업무를 수행하는 경우, 기타 정규직 직원의 업무를 단순히 보조하는 단순 업무 보조 등으로 나누어 볼 수 있다.

공기업의 무기계약직은 정규직으로 분류할 정도로 좋은 기회임이 틀림없다. 계약기간이 정해진 계약직이나 시간제 역시 공기업 근무 경험을 쌓을 수 있고, 해당 공기업 정규직 채용 시 유리한 위치를 점할 수 있어 적극적으로 도전하는 것을 추천할 만하다.

계약직 직원 채용은 대규모로 진행되기보다는 소규모로 진행되는 경우가 많다. 또한 본사 인사팀이 주관하여 직접 채용을 진행하기보다는 실제 근무할 부서나 지사 단위에서 채용을 진행하는 때도 많다. 소규모 계약직 면접은 정규직 채용 면접에 비해 면접 시간이 길거나 자유로운 편이다.

계약직 면접에서도 가장 중요하게 생각하는 것은 계약기간을 채울 수 있는지이다. 그러다 보니 상대적으로 "낮은 계약직 임금에도 근무할 수 있는지?", "굳이 계약직을 선택한 이유?", "출퇴근에 얼마나 걸리는지?", "만일 다른 곳에 합격한다면?"과 같은 질문이 주로 출제된다.

계약직 신분이다 보니 직무가 그다지 어렵지 않아서, 의사결정이 필요한 직무관련 질문보다는 컴퓨터활용능력, 직무를 얼마나 꼼꼼하게 처리할 수 있는지에 관한 질문이 많다는 점도 특징이다. 하지만, 가끔 계약직임에도 불구하고 기존 사업을 직접 맡아 수행하는 경우에는 지원자의 직무관련 경력과 경험에 대해 구체적으로 묻는 경우가 많다. 기존 정규직 직원과의 갈등도 역시 무시할 수 없는 상황이기 때문에 조직 내에서 잘 적응할 수 있는지, 다른 직원들과 얼마나 잘 어울릴 수 있는지를 확인하고 싶어 한다. 이에 반해, 전문 계약직이나 무기계약직의 경우에는 소규모로 채용되다 보니 오히려 정규직 면접보다 훨씬 꼼꼼하게 면접을 진행하기도 한다.

계약직 면접을 공략하는 방법은 우선 계약기간을 채우고 안정적으로 근무할 지원자라는 점을 강조하는 것이 좋다. 또한 기존 정규직 직원과의 갈등을 걱정하지 않도록 자신의 원만한 성격과 빠른 조직 적응력을 보여주어야 한다. 계약직 직원의 업무 특성상 정규직 직원의 업무를 보조하는 역할이 대부분이다. 그래서 업무 보조에 필요한 엑셀 등 프로그램 활용 능력과 꼼꼼한 일 처리능력도 보여주는 것이 필요하다. 또한, 계약종료에 집착하거나 힘들어하지 않고 긍정적이고 밝게 생각하는 모습 역시 필요하다.

공기업 면접에서 자주 나오는 면접질문을 유형별로 정리하고 이에 대한 답변 방향을 알아보기로 하자. 공기업 면접관이 지원자에게 던지는 면접질문은 크게 3가지로 나누어서 생각해 볼 수 있다.

첫 번째는 지원자가 작성한 입사지원서와 자기소개서를 바탕으로 주어지는 경험관련 면접 질문들이다.

입사지원서에는 인적 사항, 직무관련 교육사항, 자격증, 경력사항 등 지원자의 스펙에 관한 내용들이 기재되어 있다. 이러한 스펙 부분에서 면접관이 면접질문을 던질 가능성은 상당히 낮은 편이다. 자칫 지원자에 대한 지나친 압박질문으로 비추어질 가능성도 있고 답변 내용도 그리 특별한 것이 없다. 하지만 면접관들은 지원자의 경력사항에 대해서는 많은 관심을 두게 된다. 그래서 경력자의 경우에는 경력사항에 대한 면접질문에 주의를 기울여 준비해야 한다.

다음은 지원자의 자기소개서와 관련된 면접질문이다. 자기소개서에는 경력과 경험기술서가 포함되어 있을 뿐만 아니라 항목별로 지원자의 경험이 기재되어 있다. 면접관들은 지원자의 경력과 경험에 관심을 가질 수밖에 없고 이에 관한 질문을 많이 하는 편이다. 그래서 자기소개서에 포함된 자기 경력과 경험에 대해 철저히 준비해야 한다. 특히, 자기소개서 앞쪽에 있는 항목에서 회사명, 동아리명, 활동명과 같이 고유명사와 특이한 단어가 면접관들의 눈에 가장 먼저 뜨이고 이에 대한 면접질문이 제시될 가능성이 높다.

그래서 면접을 준비하면서 자기소개서상의 고유명사를 형광펜으로 칠하고 그에 대한 답변 내용을 준비하는 것이 좋다. 그런 경력과 경험과 관련하여 "가장 힘들었던 것?", "배운 점이나 느낀점?", "문제나 갈등 상황 및 해결법" 등과 같이 자주 나오는 면접질문에 대해서는 사전에 철저히 준비하는 것이 필요하다. 특히, 이런 면접 질문들은 외부에서 초빙된 면접관들이 선호하는 면접질문이다. 외부에서 초빙된 면접관의 경우에는 공기업의 임직원에 비해 상대적으로 면접경험이 많고 NCS기반 면접형태에 익숙하다 보니, 지원자의 답변 내용에 따라 그 내용을 더욱 구체적으로 묻거나 압박하는 꼬리질문을 즐기는 편이다.

두 번째는 지원자의 전공이나 지원 직무 그리고 지원기업의 사업 등에 대한 면접 질문들이다.

이를 전공 및 직무관련 질문으로 지칭할 수 있다. 이런 전공 및 직무관련 면접 질문들은 주로 실무진 면접에서 많이 등장하기도 하지만, 경영진 면접, 인성면접에서도 직무와 사업을 중심으로 주어지기도 한다. 이런 전공 및 직무관련 면접질문들을 통하여 지원자의 역량을 파악하는 경우가 대부분이지만, 지원자의 기업과 직무에 대한 열정을 파악하기 위한 목적으로 제시되기도 한다.

그래서 면접을 앞두고 자신의 전공에 대한 전반적인 지식이나 정보를 미리 정리하여 준비하고 지원 직무와 사업에 관해 공부하는 것이 필요하다. 특히 지원 직무와 사업에 관한 공부는 단순히 기업의 홈페이지에 있는 내용을 암기하는 데 그치지 말고 직원의 관점에서 자신만의 생각과 계획 그리고 각오 등을 미리 준비해야 한다. 이런 전공 및 직무관련 면접질문을 던지는 면접관은 지원 공기업의 임직원인 경우가 많다. 그래서 어설픈 답이나 잘못된 답을 할 때는 해당 내용에 대한 이해도가 높은 면접관들로부터 강한 압박과 추궁을 받기 쉽다. 이런 점에 유의하여 확실한 내용을 답변해야 한다는 점을 꼭 기억하자.

마지막으로 공기업 면접에서 흔하게 등장하는 인성 관련 면접 질문들이다.

지원동기에서부터 지원자의 취미까지 굉장히 다양한 면접 질문들이 존재하게 된다. 앞에서도 언급했듯이 이런 면접질문에 대해 정답은 존재하지 않는다. 자기 생각과 소신이 가장 중요하며 그에 대해 정확히 답을 하면 된다.

이런 인성 관련 면접질문들을 통하여 면접관들은 지원자가 어떤 사람인지, 어떤 생각을 하고 있는지, 입사해서 어떻게 적응하고 조직에 융화될 것인지를 파악하게 된다. 공기업에서는 무엇보다 지원자의 인성을 중시하는 경향이 많아서 자연스럽게 이런 인성 관련 면접 질문들의 비중이 굉장히 높다. 이런 면접 질문들에 따라 자신이 어떻게 답변할 것인지 미리 생각하고 고민해야만 면접장에서 당황하지 않게 된다.

이 책에서는 자기소개서 기반 경험관련 질문, 지원기업에 따른 전공과 직무관련 질문보다는 인성 관련 면접질문을 중심으로 어떤 면접 질문들이 자주 출제되는지 그리고 어떤 방향으로 어떻게 답변해야 하는지 살펴보도록 하자.

5부.
면접질문별 공략법

1장 │ 회사와 사업관련 질문

지원한 공기업과 사업에 관련된 면접질문은 빈번하게 출제되곤 한다. 이런 면접질문이 자주 출제되는 이유는 지원자가 우리 회사에 대해 얼마나 잘 알고 있는지를 파악해, 지원자가 우리 회사에 대해 얼마나 관심과 열정을 가졌는지를 평가하기 위해서다.

공기업뿐만 아니라 모든 회사는 우리 회사에 대한 강한 열정을 가진 지원자를 채용하길 희망한다. 강한 열정이 있어야만, 입사 후 힘든 직장생활에 잘 적응하고 직무도 잘 수행할 뿐만 아니라 중도에 회사를 관두지 않기 때문이다. 그래서 안정적인 조직과 인력 운영을 가장 중시하는 공기업의 면접관, 인사담당자로서는 지원자가 우리 회사와 사업에 대해서 얼마나 잘 알고 있는지를 자주 묻게 된다.

그래서, 이런 종류의 면접질문에 대해서 미리 준비하고 공부하는 노력이 필요하다. 이런 면접질문에 대한 특별한 답변 방향이 정해져 있는 것은 아니지만, 단순히 그것을 공부하고 그대로 답변하는 것만으로는 부족하다. 면접관이 질문한 지원 공기업과 주요 사업에 대한 답변뿐만 아니라, 직원으로서 바람직한 자기 생각, 판단을 정리하여 답변하는 것이 필요하다. 어떤 면접 질문들이 자주 출제되는지 알아보고 답변 방향이나 참고 사항에 대해 알아보자.

질문 ▶ 우리 회사의 경영전략(비전, 미션, 전략목표, 경영방침 등)

조언 ▶ 지원 공기업 홈페이지의 회사소개 메뉴를 통해 비전, 미션, 전략목표, 경영방침 등을 공부하고 가는 것이 필요하다. 단순히 이를 암기하는 수준이 아니라 자연스럽게 이런 내용이 답변을 통해 나올 수 있도록 입으로 말하는 연습이 필요하다. 특히 그 공기업에서 자주 사용하는 용어, 단어들이 있기 마련이다. 홈페이지 내용을 입으로 소리 내서 읽는 발표 연습을 통해 이를 자연스럽게 익히는 것이 필요하다.

답변

네, 우리 공단의 미션은 "일하는 사람을 행복하게"입니다. 우리 공단의 주요 고객은 1,200만 명에 달하는 근로자들입니다. 그분들께서 작업 현장에서 행복하게 그리고 안전하게 일할 수 있도록 돕는 것이 우리 공단의 역할이라고 생각합니다. 우리 공단은 이를 위해 사업장 안전 기술 지원, 근로자 건강증진사업 등 다양한 사업을 전개하고 있으며 특히, 최근에는 중대재해처벌법 도입에 따라 산업현장 패트롤 사업을 중점적으로 추진하고 있는 것으로 알고 있습니다.

우리 국민건강보험의 비전은 평생 건강, 국민 행복, 글로벌 건강보장 리더입니다. 이런 비전을 달성하기 위해 우리 공단은 국민에게 언제 어디서든 든든한 건강을 보장하고, 공정과 상식 기반의 지속 가능한 제도를 마련하고, 상생협력의 소통하는 파트너쉽을 구축하며, 함께 혁신하는 미래지향 조직을 만들기 위해 노력하고 있습니다.

우리 공사의 로고는 평화를 상징하는 비둘기를 활용해 안전을 강조하는 의미로 알고 있습니다. 가운데 있는 평화의 비둘기를 사람의 모습으로 형상화하고 그 둘레를 둘러싼 원을 활용하여 그 사람을 안전하게 보호한다는 뜻을 가지고 있는 것으로 알고 있습니다.

우리 공단에 대한 이미지는 든든하다는 것이었습니다. 처음에는 우리 공단에 대해 깊이 알고 있지 않았지만, 입사지원서를 작성하면서 우리 공단이 국민의 복지 증진을 위해 얼마나 많은 노력과 고민을 하고 있는지를 알게 되었습니다. 그래서 국민의 든든한 노후를 책임지고 있는 우리 공단에 대해 제가 처음에 느꼈던 이미지는 바로 든든함이었습니다.

질문 ▶ 지원 공기업의 인재상과 핵심 가치(자신에게 가장 잘 어울리는 인재상 또는 핵심 가치)

조언 ▶ 지원기업의 인재상을 단순히 묻는 질문도 있을 수 있지만 그보다는 그런 인재상 중에 가장 부합하는 인재상을 묻거나 부합하지 않는 인재상을 묻는 면접질문이 종종 있다. 지원 공기업의 홈페이지를 통해 인재상과 핵심 가치를 파악하고, 그중에서 자신에게 가장 잘 어울리는, 또는 가장 자신 있는 인재상을 미리 정리하는 것이 필요하다.

답변 방향은 우선 지원 기업의 인재상을 먼저 조사하고 그중에서 가장 자신에게 어울리는 인재상 또는 잘 어울리지 않는 인재상을 선택하는 것이 좋다. 답변방식은 장점, 강점, 역량 등을 답변하듯이 먼저 부합하는 인재상을 제시하고 그 이유를 설명하는 방식이 효과적이다.

부합하는 인재상의 경우에는 소통, 협업, 협력 등 조직융화와 관련된 내용을 선택하는 것이 무난하다. 무경력 지원자라면 공기업 인재상에 많이 포함된 전문성을 선택하는 것은 신중히 고민하는 것이 좋다. 또한, 이러한 질문 역시 인재상을 가장 잘 발휘했던 경험을 묻거나 부족한 인재상을 어떻게 보완할지를 묻는 꼬리질문이 따라오는 경우가 많은 만큼, 그에 대한 대비가 필요하다.

답변

우리 회사의 인재상 중 제게 가장 부합하는 인재상은 소통하는 인재라고 생각합니다. 저는 항상 동료들과 함께 일할 때 즐거운 분위기에서 서로 이야기하며 문제를 해결하는 것을 좋아하기 때문입니다. 이렇게 동료들과 소통하기 위해 노력한 덕분에 공공기관 인턴 근무 당시, 혁신아이디어 공모전을 준비하면서 동료들과 더 즐겁게 공모전을 준비할 수 있었고 생각보다 좋은 아이디어를 포함시켜 기대했던 것보다 좋은 성과까지 거둘 수 있었습니다.

답변

우리 공단의 인재상에서 저에게 가장 부합하는 인재상은 약속을 지키기 위해 책임을 다하는 인재라고 생각합니다. 저는 아무리 작고 사소한 약속도 지켜야만 상대방으로부터 신뢰를 받을 수 있고 저 역시 성장할 수 있다고 생각합니다. 그래서 친구들과의 모임에도 항상 10분 먼저 도착하고 편의점에서 6개월 동안 아르바이트를 하면서도 한 번도 지각을 하지 않아 점주님으로부터 칭찬을 듣기도 했습니다.

답변

우리 공사의 인재상 중에서 가장 저에게 어울리는 인재상이 있다면 창의적인 인재라고 생각합니다. 저는 주어진 일을 단순히 하기보다는 그 일을 어떻게 하면 더 잘 할 수 있을까 고민하고 새로운 개선 방법을 찾아 적용하는 것을 좋아하기 때문입니다. 우리 공사에 입사해서도 현실에 안주하지 않고 사업을 추진하는 과정에서 항상 선배님들께 조언을 구하면 새로운 방법을 찾아 보다 고객들이 더욱 만족할 수 있는 서비스를 제공하기 위해 노력하겠습니다.

답변

저에게 가장 부합하지 않는 인재상이 있다면 아무래도 전문성이라고 생각합니다. 제 딴에는 직무 전문성을 쌓기 위해 학부시절, 전공과목들을 수강하면서 발전설비 운영에 필요한 기초 지식을 쌓고 발전소 인턴 근무를 통해 발전설비 운영 실무에 대해 배웠지만 실제 발전설비 운영 경험은 많이 부족하다고 생각하기 때문입니다. 그래서 선배님들에 비해 턱없이 부족한 발전설비 운영에 관련된 전문성이 저에게 있어 가장 부족한 인재상이자 가장 빠르게 보완할 부분이라고 생각합니다.

답변

공단의 인재상 중에서 저에게 아직 부족한 점이 있다면 최고의 전문가가 되기 위해 끊임없이 성장하는 인재라고 생각합니다. 저는 그동안 부족한 저의 실력을 키우기 위해 열심히 노력해 왔지만, 아직 우리 공단 선배님들에 비해 부족한 점이 더 많습니다. 그래서 입사하게 된다면 이런 부족한 점을 채우기 위해 밤늦게까지 공부하고 동기들과 스터디 모임을 만들어 최고의 전문가가 되기 위해 더 열심히 노력하겠습니다.

질문 ▶ 지원 공기업에 대한 분석(SWOT), 우리 회사의 강점, 장점, 단점, 보완해야 할 점, 위기, 위협

조언 ▶ 지원 공기업에 대한 강점, 약점, 위기, 기회를 미리 분석하는 것은 필수적이다. 그러기 위해서는 지원 공기업에 대해서 높은 수준의 조사와 분석이 필요하다. 혹시라도 지원 공기업에 대한 SWOT 분석에 어려움이 있다면, 지원 공기업의 경영평가 보고서, 국회 지적사항, 감사원 지적사항, 언론 보도자료 등을 입수하여 파악하면 쉽다. 하지만 가장 쉽고 빠른 방법은 현직자나 지사를 방문하여 도움을 요청하는 것이다. 단순히 이런 자료를 참고하기보다는 그걸 토대로 나만의 분석을 준비하는 것이 필요하다.

답변

우리 공사의 강점은 바로 공사 선배님들의 뛰어난 전문성이라고 생각합니다. 우리 공사는 지난 30년간 국민에게 안정적인 주거환경 제공과 효율적인 국토개발을 위해 다양한 사업을 추진해 왔습니다. 이를 통해 우리 선배님들께서 쌓아오신 직무역량과 경험 그리고 전문성이야말로 우리 공사의 가장 큰 강점이라고 생각합니다. 저 역시 입사하게 된다면 선배님들에게 부끄럽지 않은 후배가 되기 위해서라도 부족한 저의 전문성을 쌓기 위해 더 많이 노력해야 할 것 같습니다.

답변

우리 공사의 장점은 바로 공사 선배님들께서 지난 45년 동안 힘들게 쌓아온 국민의 든든한 신뢰라고 생각합니다. 우리 공사는 끊임없는 기술개발과 노력을 통해 세계에서 유래를 찾아볼 수 없을 정도로 안정적인 전력공급과 전력손실 최소화라는 뛰어난 성과를 만들어 낼 수 있었습니다. 이렇게 보이지 않는 곳에서 묵묵히 땀 흘리며 노력해 오신 우리 공사 선배님들 덕분에 쌓아온 국민들의 든든한 신뢰야말로 공사가 가지고 있는 가장 큰 장점이자 자산이라고 생각합니다.

답변

우리 심사평가원이 가지고 있는 가장 큰 강점은 지난 25년간 쌓아온 다양한 건강 관련 빅데이터라고 생각합니다. 우리 심사평가원은 지난 25년간 쌓아온 국민의 건강 관련 빅데이터와 의료기관 정보를 분석하고 활용하여 전 세계적으로 가장 뛰어난 건강보험제도 운용에 이바지해오고 있습니다. 또한 최근에는 이러한 빅데이터를 활용하여 코로나19 위기를 극복하는 데 가장 중추적인 역할을 하고 있습니다. 그런 만큼 우리 심사평가원이 보유하고 있는 건강 관련 빅데이터야말로 가장 큰 강점이라고 생각합니다.

답변

우리 공사가 보완해야 할 약점이 있다면 재정건전성이라고 생각합니다. 우리 공사가 운영하는 전국적인 철도운송사업 운영을 위해 많은 부지를 확보하고 과감한 시설투자가 필수적입니다. 또한 산간벽지 노선 운영과 요금 인상 자제 등의 불가피한 요인으로 인해 약 170%에 달하는 높은 부채비율을

가지고 있습니다. 새로운 정부의 출범에 따라 정부에서는 우리 공사에 대해 부채비율 감소를 위한 강한 노력을 요구하고 있는 만큼, 재정건전성이야말로 우리 공사의 가장 큰 약점이자 가장 빠르게 보완해야 할 부분이라고 생각합니다.

답변

우리 공사가 당면하고 있는 위협이 있다면 현 정부가 강력하게 추진하고 있는 탄소중립정책이라고 생각합니다. 우리 공사는 전체 발전량 중에서 화석연료를 이용한 화력발전 비중이 약 85%에 달하고 있습니다. 그에 따라 정부의 강력한 탄소중립정책 추진에 따라 높은 화력발전 비중은 우리 공사에게 큰 위협이 될 수 있다고 생각합니다. 하지만 위기는 곧 기회라는 말이 있는 것처럼, 이러한 위협을 오히려 기회로 활용하여, 신재생에너지 발전 비중을 높이기 위해 보다 적극적으로 노력한다면 우리 공사의 성장과 발전에 큰 전환점을 만들 수 있다고 생각합니다.

답변

네, 면접관님께서 말씀하신 대로 우리 공단은 대내외적으로 급격한 환경변화와 도전에 직면하고 있습니다. 그중에서도 가장 큰 위협이 있다면 전 세계적으로 유례를 찾아보기 힘들 정도의 빠른 우리나라의 고령화 시대 진입이라고 생각합니다. 이는 국민연금 수령 대상자가 급격히 늘어나 연금재정을 악화시킬 뿐만 아니라 청년인구 감소 등으로 연금 조기고갈을 우려하는 목소리가 점점 커지는 원인이 되고 있습니다. 따라서 우리 공단은 많은 국민들이 연금고갈에 대해 막연한 두려움을 갖지 않도록 보다 적극적으로 홍보는 하는 것이 필요하다고 생각합니다.

질문 ▶ 회사의 보완해야 할 점, 개선해야 할 사항?, 앞으로 나아가야 할 방향?

조언 ▶ 우리 회사에 대한 지원자의 관심과 열정을 파악하기 위한 질문이다. 지원자에게 개선사항을 물어서 이를 반영하기 위한 질문은 아닌 만큼, 거창하거나 새로운 개선사항을 찾기보다는 쉽게 접할 수 있고 평범한 개선사항을 답하는 것이 좋다. 또한 너무 비판적이거나 직설적인 개선사항은 자칫 역효과를 불러올 수 있는 만큼, 주의를 기울여야 한다. 가장 좋은 개선사항은 시설의 부족이나 불편, 홈페이지 접근성, 고객에 대한 홍보 부족 등이 좋다. 특히 고객에 대한 홍보 부족을 말하면서 지원 공기업이 얼마나 중요한지를 언급하고 자신의 적극적인 홍보 노력과 의지를 함께 보여주면 좋다.

또한 이런 질문에 반드시 따라 나오는 꼬리질문은 구체적인 개선방안, 보완 방법이 될 것이다. 그래서 구체적인 방법을 미리 답변하지 않고 그런 꼬리질문에 따라 구체적인 개선방안, 보완 방법을 미리 준비해 답변하는 것이 필요하다.

답변

네. 우리 공사가 개선해야 할 점은 그리 특별한 것은 아니지만 고객 대기 공간을 더 확충하는 것이라고 생각합니다. 이번 면접을 준비하면서 실제 선배님들께서 일하시는 모습과 찾아오시는 고객들에 대해 좀 더 알고 싶어 지사를 방문했던 적이 있었습니다. 선배님들께서 고객만족을 위해 열심히 노력하는 모습이 정말 보기 좋았지만, 고객 대기 공간이 생각보다 부족하다는 인상을 받았습니다. 그래서 우리 공사에 대한 첫인상이 결정되는 고객 대기 공간을 좀 더 늘리고 커피 자판기 등을 비치해 놓는다면 고객들에게 더 좋은 서비스를 제공할 수 있다고 생각합니다.

답변

네. 우리 공단의 홈페이지에서 보완해야 점이 있다면, 글꼴 크기를 조금만 더 키우면 좋을 것 같다고 생각했습니다. 우리 공단 홈페이지는 디자인이 세련되고 메뉴 구성이 직관적으로 구성되어 있어서 원하는 정보를 쉽고 빠르게 찾을 수 있었습니다. 하지만 홈페이지를 이용하면서 조금 아쉬운 점이 있다면 우리 공단의 주요 고객인 중장년층에게는 홈페이지 글꼴이 너무 작아서 조금 불편할 수 있다는 생각이 들었습니다. 그래서 홈페이지 화면의 글꼴을 조금만 더 크게 조정한다면 중장년층 고객들에게 더 좋은 서비스를 제공할 수 있다고 생각합니다.

답변

네, 우리 공단이 보완해야 할 점이 있다면 보다 적극적인 홍보라고 생각합니다. 우리 공단은 우리나라 경제의 든든한 뿌리인 중소기업 지원을 위해 다양한 사업을 추진하고 있습니다. 하지만 아직도 많은 중소기업이 우리 공단이 추진하고 있는 사업에 대해 잘 모르는 경우가 있다고 생각합니다. 그래서 중소기업을 대상으로 우리 공단이 추진하고 있는 다양한 사업들을 유투브 등을 통해 보다 더 적극적으로 홍보한다면 더 많은 중소기업에 대한 지원을 강화할 수 있을 것 같습니다.

답변

우리 연구원이 개선해야 할 점이 있다면 국민의 인식을 높이는 것이라고 생각합니다. 실은 이번 면접을 준비하면서 주변 친구들 약 20명에게 우리 연구원에 대한 인식을 알고 싶어서 카카오톡 단톡방을 통해 간단한 설문조사를 한 적이 있었습니다. 하지만 우리 연구원을 들어봤다는 친구들도 있었지만 대부분 친구는 우리 연구원이 어떤 일을 하는 곳인지, 얼마나 중요한 일을 하는지 전혀 알지 못하는 상태였습니다. 그래서 국민을 대상으로 우리 연구원의 연구 성과와 주요 사업들을 적극적으로 홍보하는 것이 가장 빠르게 개선해야 할 점이라고 생각했습니다.

답변

우리 공사가 보완해야 할 점이 있다면 고객들의 접근성을 높이는 것이라고 생각합니다. 우리 공사는 현재 전국적으로 주요 대도시에 8개의 지사를 운영하고 있는 것으로 알고 있습니다. 하지만 많은 중소기업 대표님이 우리 공사의 지원사업 신청하기 위해 지사를 방문하는데 지사가 너무 적어 불편하다는 신문기사를 본 적이 있습니다. 그래서 고객들의 접근성을 강화하기 위해 전국적으로 최소한

15개 정도의 지사를 점진적으로 설치해 나가는 것이 가장 시급한 과제라고 생각합니다.

답변

우리 공사가 새로운 정부 출범에 따라 앞으로 나아가야 할 방향은 적극적인 해외시장 진출이라고 생각합니다. 우리 공사는 그동안 끊임없는 기술개발과 선배님들의 노력 덕분에 발전설비 분야에서 세계 최고 수준의 기술력을 보유하고 있습니다. 현재 우리 공사는 필리핀과 이집트 등 해외시장에 적극적으로 진출하고 있는 것으로 알고 있습니다. 하지만 여기에 안주하지 않고 향후 발전설비 수요가 가장 높을 것으로 예상되는 동남아와 중남미 국가를 중심으로 더욱 적극적으로 진출한다면 우리 공사의 발전과 수익성 향상에 크게 이바지할 수 있을 뿐만 아니라, 새롭게 출범한 정부의 정책기조를 충실히 이행할 수 있다고 생각합니다.

답변

우리 공사가 가장 빠르게 보완해야 할 점이 있다면 무엇보다 발전소 안전관리 강화라고 생각합니다. 몇 년 전 중대재해처벌법 시행으로 안전관리 중요성이 커지고 있는 상황에서 최근 타 발전소에서 협력업체 근로자의 안타까운 사망사고가 발생해 국민들로부터 많은 비판을 받고 있습니다. 물론, 발전소 특성상 많은 설비가 운영되고 있어 잠재적인 사고발생 위험이 존재하는 상황에서도 3년간 무재해를 이어가고 있지만, 오히려 거기에 안주하지 않고 발전소 안전관리를 강화해 나간다면 우리 공사가 힘들게 쌓아온 국민의 신뢰를 지켜나가고 사회적책임을 다할 수 있다고 생각합니다.

질문 ▶ 지원 공기업과 주요 사업에 대한 국민의 인식?, 부정적 인식개선 방안? 우리 회사의 홍보 방안?

조언 ▶ 모든 공기업의 성장과 발전에서 가장 중요한 것은 국민에 대한 인식이다. 그래서 국민의 인식을 중요하게 생각하는 경향이 있다. 그래서 기업이나 사업의 홍보방안이나 인식개선 방안에 대한 면접질문의 빈도가 높은 편이다. 미리 구체적인 홍보방안, 인식개선 방안을 준비하는 것이 필수적이다.

답변

국민의 평생 건강을 책임지고 있는 우리 공단에 대한 국민의 인식은 긍정적이라고 생각합니다. 특히 빠르게 고령화 사회로 진입하고 있는 상황에서 우리 공단이 시행하고 있는 요양보험 제도는 많은 국민에게 큰 힘이 되고 있습니다. 하지만 조금 아쉬운 점이 있다면, 아직도 우리 공단의 역할에 비해 많은 국민이 건강보험의 중요성에 대해 잘 인식하지 못하는 경우가 있습니다. 이를 개선하기 위해 보다 적극적으로 우리 공단의 주요 사업과 역할을 홍보하는 것이 필요하다고 생각합니다.

우리 공단에 대한 인식을 개선하는 방안은 유튜브를 더욱 적극적으로 활용하는 것이라고 생각합니다. 요즘은 남녀노소 누구나 할 것 없이 유튜브를 즐겨보고 있습니다. 그래서 우리 공단이 현재 운영하는 유튜브 채널을 통해, 대한민국의 유명한 의사 선생님들과의 인터뷰를 통해 각종 건강과 치료 관련 정보를 제공한다면 우리 공단에 대한 국민의 인식을 높일 수 있을 것 같습니다. 저 역시 우리 공단에 입사한다면 신입직원의 하루와 같은 브이로그를 만들어 우리 공단이 얼마나 중요한 역할을 하고 있는지 홍보할 수 있도록 노력하겠습니다.

우리 공단의 수출지원 사업을 홍보할 수 있는 가장 효과적인 방법이 있다면 전국에 있는 지식산업센터와 산업단지공단과 협력하는 것입니다. 전국에 산재해 있는 중소기업을 대상으로 우리 공단의 수출지원 사업을 홍보하기 위해서는 많은 예산과 인력이 필요합니다. 그래서 기존 홍보방식과 함께 지식산업센터와 산업단지공단 등과 MOU 체결을 통해 우리 공단의 수출지원 사업을 홍보한다면 적은 예산과 인력을 가지고도 더 좋은 성과를 거둘 수 있다고 생각합니다.

우리 공단의 건강증진사업을 국민에게 홍보하는 방안이 있다면 요즘 많은 인기가 있는 펭수를 활용하는 것입니다. 요즘 EBS의 펭수가 국민에게 많은 사랑을 받고 있습니다. 그래서 조금 예산이 들더라도 펭수가 우리 공단이 추진하고 있는 다양한 건강증진 사업과 프로그램을 직접 체험하는 동영상을 촬영해 공단의 유튜브 채널을 통해 홍보한다면 많은 국민의 관심뿐만 아니라 건강증진 사업 참여자를 확대하는 데 도움이 될 것 같습니다. 만일 저에게 기회가 주어진다면 직접 EBS를 찾아가 펭수를 우리 공단 유튜브에 출연할 수 있도록 섭외해 보고 싶습니다.

우리 공단의 재정지원사업을 홍보하는 방안이 있다면 사업에 참여하신 사업주들을 적극적으로 활용하는 것입니다. 가장 좋은 홍보는 결국 입소문이라고 생각합니다. 우리 공단의 재정지원 사업으로 산업재해를 예방하고 작업환경을 개선해 구인난까지 해결하신 사업주들이 많이 계신 것으로 알고 있습니다. 그런 사업주들을 직접 찾아뵙고 우리 공단의 재정지원 사업 때문에 얼마나 큰 도움을 받았는지를 인터뷰하고 인터뷰 동영상을 유튜브를 통해 홍보한다면 더 많은 사업주께서 재정지원 사업에 참여하실수 있다고 생각합니다.

네, 면접관님께서 말씀하신 대로 우리 공사가 추진하고 있는 태양광 발전 단지 건설에 반대하시는 주민들 때문에 많은 어려움을 겪고 있는 것으로 알고 있습니다. 태양광 발전 단지 건설에 대한 주민들의 부정적 인식을 개선하기 위해서는 무엇보다 지역 주민들을 직접 찾아뵙고 설득하는 것이 가장 중요하다고 생각합니다. 주민들은 태양광 발전 단지에 대해 정확한 정보가 부족하고 주변 분들의 잘못된 주장에 현혹되는 경우가 많은 것으로 알고 있습니다. 그래서 우리 공사의 직원들이 음료수라도 들고서 마을회관같이 주민들이 많이 모이는 곳들을 찾아뵙고 태양광 발전 단지가 지역 발전에 얼마나 큰 도움이 될 수 있는지를 자세히 설명해 드린다면 주민들께서도 긍정적으로 생각해 주실 것이라고 믿습니다.

답변

우리 공사의 행복주택에 대한 부정적인 인식을 개선하는 방안은 보다 좀 더 기본에 충실히 하는 것이라고 생각합니다. 면접관님께서 말씀하신 것처럼 우리 공사의 행복주택에 대한 부정적인 인식 때문에 마음고생하시는 입주민들이 있는 것으로 알고 있습니다. 하지만 이런 부정적인 인식을 개선하기 위해 많은 예산을 들여 홍보하는 것에는 한계가 있다고 생각합니다. 그래서 홍보에 집중하기보다는 우리 공사의 임직원 모두가 더 살기 좋고, 더 살고 싶은 행복주택 공급이라는 기본을 충실히 한다면 이러한 일부의 부정적 인식은 자연스럽게 개선될 수 있다고 생각합니다.

질문 ▶ 지원 공기업과 주요 사업의 발전전략과 전망, 지원기업과 사업관련 이슈에 대한 대응방안

조언 ▶ 지원하는 공기업과 주요 사업의 발전전략은 홈페이지의 내용을 토대로, 자기 생각을 덧붙여 가면서 정리하는 것이 필요하다. 되도록 긍정적인 측면에서 답변하되 더 많은 사업예산의 투자가 필요하다는 방식으로 답변을 준비하면 된다.

답변

우리 공단이 추진하고 있는 녹색혁명 알리미 사업의 효율적 추진을 위해서는 가장 먼저 많은 국민이 사업 내용을 쉽게 이해할 수 있도록 고객의 관점에서 생각하는 것이 필요하다고 생각합니다. 그리고 많은 국민이 사업 내용을 접할 수 있도록 TV 광고 등을 통해 적극적으로 홍보하는 것이 필요할 것 같습니다. 마지막으로 이런 홍보를 통해 우리 공단의 녹색혁명 알리미 사업에 참여하는 고객들이 사업 내용에 만족할 수 있도록 체계적인 고객관리가 필요하다고 생각합니다.

답변

우리 공사가 추진하고 있는 재해예방 사업의 성과를 거두기 위해서는 무엇보다 사업주에 대한 교육과 홍보가 중요하다고 생각합니다. 사업장의 재해예방에 있어서 가장 효과적인 방법은 바로 사업주가 안전보건의 중요성에 대해 인식하는 것이라고 생각합니다. 그래서 최근 시행된 중대재해처벌법의 상세한 내용과 함께 안전보건 활동이 비용이 아닌 투자라는 점을 설득해야만 우리 공단이 추진하고 있는 재해예방 사업의 성과를 극대화할 수 있다고 생각합니다.

우리 공사의 신재생에너지 발전 비중을 높이기 위해서는 더욱 공격적인 투자가 필요하다고 생각합니다. 우리 공사는 현재 신재생에너지 발전 비중이 15%에 불과한 만큼, 공격적인 투자를 통해 신재생에너지 발전 분야에서 경쟁 우위를 확보하는 것이 필요합니다. 이를 위해 산업자원부와 긴밀히 협의하여 해외 투자유치 등을 통해 투자 재원을 마련하고 신재생에너지 발전시설을 빠르게 늘려 가는 노력이 필요할 것 같습니다. 그뿐만 아니라 발전 효율이 낮은 신재생에너지 발전의 한계를 극복하기 위해 ESS 등 기술개발 노력도 더욱 강화해야 한다고 생각합니다.

면접관님께서 말씀하신 것처럼 우리 공사의 재정적자를 감소시키기 위해서는 무엇보다 요금 인상이 절실히 요구되고 있습니다. 우리 공사의 숙원 중 하나인 요금 인상을 끌어내기 위해서는 고객들에게 더욱더 친절하고 빠른 서비스를 제공하려는 노력과 함께, 요금 인상이 결국 장기적으로 고객들에게 도움이 될 수 있다는 점을 설득하는 것이 필요하다고 생각합니다. 우리 공사가 임금 인상을 통해 고객들에게 더 좋은 서비스를 제공할 수 있다는 점을 지속적으로 홍보한다면 국민 역시 요금 인상에 찬성해 주시리라 생각합니다.

 4차 산업혁명 대응, ESG 경영추진, 사회공헌 활동 강화, 청렴도 제고 방안, 봉사활동

 최근에는 4차 산업혁명 대응 방안, AI 활용방안, 빅데이터 활용방안, ESG 경영추진방안, 사회공헌 방안, 봉사활동과 같이 지원 공기업과 사업에 대해 얼마나 깊이 이해하고 있는지를 파악할 수 있는 질문들의 비중이 늘어나고 있다. 또한 코로나19 위기 극복방안, 국제 에너지 단가 인상, 금리 인상 등 지원기업과 관련한 대내외 환경변화에 따른 최근 이슈 대응 방안에 대한 면접질문도 약방의 감초처럼 자주 등장한다. 따라서 지원 기업 직원으로서 관련된 이슈들에 대해 생각해 보고 답변을 미리 준비하는 것이 좋다. 이런 질문에는 대부분 그런 방안에 지원자가 어떻게 이바지할 수 있는지를 묻는 꼬리질문이 이어진다는 점에 착안하고 미리 대비하는 것이 필요하다.

우리 공사가 4차 산업혁명에 대응하기 위해서는 IOT, ICT 등 4차 산업혁명 기술이 활용된 설비를 빠르게 도입하는 것이 필요하다고 생각합니다. 최근 4차 산업혁명이 빠르게 진행되면서 IOT, ICT 기술을 활용하여 더욱 정밀한 모니터링과 제어를 할 수 있는 설비가 개발되고 있습니다. 이렇게 새로운 기술이 적용된 설비를 빠르게 도입한다면 발전 공정에서 안전사고를 예방할 수 있을 뿐만 아니라 발전 효율도 더욱 높일 수 있다고 생각합니다.

우리 공단이 4차 산업혁명에 효과적으로 대응하기 위해서는 학습조직을 활용하는 방안을 생각해 봤습니다. 면접관님들께서도 잘 아시는 것처럼 최근 4차 산업혁명 기술이 빠르게 발전하고 있습니다. 그래서 이러한 새로운 기술을 빠르게 도입하고 활용하기 위해서는 무엇보다 직원들의 적극적인 노력이 중요할 것 같습니다. 그래서 4차 산업혁명 기술 습득과 학습을 위한 우리 공단 전체적으로 학습조직을 운영한다면 4차 산업혁명이라는 큰 변화에 효과적으로 대응할 수 있다고 생각합니다.

우리 공사가 빅데이터를 활용할 수 있는 방안이 있다면 출퇴근 시간대 배차시간 조정 열차편성에 활용할 수 있을 것 같습니다. 우리 공사가 보유하고 있는 고객들의 결제정보와 이용역 그리기 이용 시간대 등에 대한 빅데이터를 보다 심층적으로 분석해 배차시간을 조정하고 출퇴근 열차를 편성, 운영한다면 우리 공사의 가장 큰 현안 과제 중 하나인 출퇴근 시간대의 혼잡도를 낮출 수 있다고 생각합니다. 그뿐만 아니라 이런 데이터를 활용하여 지하상가 임대료 책정 등에도 활용함으로써 우리 공사의 수익을 증대할 수 있다고 생각합니다.

우리 공사가 빅데이터를 활용할 수 있는 방법은 예방 정비를 보다 체계화하는 데 활용할 수 있을 것 같습니다. 우리 공사는 발전설비의 안정적인 운영을 위해 사전 예방 정비를 시행하고 있습니다. 그래서 발전설비와 각종 부품 등의 교체 시기를 빅데이터로 구축하고 이를 활용한다면 안정적인 부품 확보를 통해 발전설비를 안정적으로 운영할 수 있을 뿐만 아니라, 부품교체 비용 등을 절감하여 공사의 수익성 개선에도 도움이 될 수 있다고 생각합니다.

우리 공사가 AI를 활용할 수 있는 방안이 있다면 전력수요 예측 고도화와 설비 유지보수 최적화에 활용할 수 있다고 생각합니다. 먼저, 전력수급의 경우에는 국민생활과 산업전반에 직접적인 영향을 주는 만큼, AI기반의 수요예측 모델을 개발해 날씨, 계절, 산업활동 데이터 등을 종합해 보다 정밀한 전력수급계획을 수립, 활용할 수 있다고 생각합니다. 또한, 송배전 설비의 고장은 대규모 정전으로 이어질 수 있기 때문에 AI를 활용해 송배전 현황을 실시간으로 모니터링하고 이상 징후를 사전에 탐지해 유지보수를 실시한다면 정보 효율성을 높일 수 있다고 생각합니다.

우리 공단이 ESG 경영을 추진하는 방안이 있다면, 그리 특별한 것은 아니지만 전자 고지 제도를 더욱 적극적으로 홍보하는 것이라고 생각합니다. 우리 공단은 자원 절약과 효율적 업무 처리를 위해 전자

고지 제도를 도입해서 운영하고 있습니다. 하지만 아직도 많은 고객께서 우편물을 이용한 고지서를 이용하고 있습니다. 그래서 아직 전자고지 제도를 이용하지 않는 고객들을 대상으로 전자고지가 얼마나 편리하고 효율적인지를 집중적으로 홍보하는 방안을 생각해 봤습니다.

답변

우리 공단의 사회공헌 활동을 강화하는 방안이 있다면 취약계층 지원을 보다 강화하는 것이라고 생각합니다. 우리 사회에는 아직도 경제적으로 많은 어려움을 겪고 계신 취약계층이 많이 계시지만 간혹 제도상의 허점으로 인해 실질적인 도움을 받지 못하시는 분들도 있는 것으로 알고 있습니다. 그래서 우리 공단이 추진하고 있는 복지사업을 추진하면서 혹시 있을지 모르는 복지 사각지대를 해소할 수 있도록 더 촘촘히 분석하고 더 두텁게 복지를 제공하는 것이 필요할 것 같습니다.

답변

우리 공사가 사회적 책임을 다하는 방안이 있다면 텀블러 사용을 생각해 봤습니다. 사무실에서 일을 하다 보면 자연스럽게 종이컵을 사용하는 경우가 많습니다. 그래서 우리 공사 직원 모두가 텀블러를 항상 가지고 다니면서 사용한다면 불필요한 종이컵 사용을 줄여 환경보호에 이바지할 수 있다고 생각합니다. 그리 특별한 방법은 아니지만 이렇게 직원 모두가 텀블러를 사용하면서 자연스럽게 자원 절약과 환경보호에 대해 생각해 볼 수 있을 뿐만 아니라 예산 절감에도 조금이나마 이바지할 수 있을 것 같습니다.

답변

우리 공사가 도입할 수 있는 사회공헌 활동이 있다면 지역 내 독거노인들의 주거환경을 더욱 안전하게 만들어 드리는 것이라고 생각합니다. 고령화가 빠르게 진행되면서 홀로 사시면서 힘들게 생활하시는 어르신들이 점점 늘어나고 있습니다. 그래서 지방자치단체와 협력하여 그런 독거노인 댁을 방문해 전기 전문가인 우리 공사의 직원들이 안전하게 전자제품과 전기기구를 사용하실 수 있도록 점검해 드리고 짧은 시간이라도 말벗이 되어드린다면 그분들에게 큰 도움이 될 것 같습니다. 저 역시 우리 공사에 입사한다면 한 달에 한 번씩이라도 선배님들과 함께 어려움을 겪고 계신 분들을 찾아뵙고 꼭 필요한 도움을 드릴 수 있도록 노력하겠습니다.

답변

우리 공단의 청렴도를 제고하는 방안은 원스트라이크 아웃제도를 도입하는 것입니다. 중소기업의 발전과 육성이라는 막중한 책임을 다하고 있는 우리 공단이 국민의 신뢰를 지켜나가기 위해서는 무엇보다 업무 처리 과정에서 청렴한 자세가 가장 중요하다고 생각합니다. 그래서 아무리 작고 사소한 비위행위라고 하더라고 원스트라이크 아웃제도를 통해 엄중히 처벌한다면 더욱 청렴한 우리 공단을 만들어 갈 수 있을 것입니다.

질문 ▶ 우리 회사를 방문한 느낌?, 면접장에 오면서 어떤 생각을 했는지?, 오늘 어떻게 왔는지?

조언 ▶ 면접에 가면 종종 회사를 방문한 느낌이나 어떤 생각을 가지고 왔는지 등에 관해 묻는 경우가 있다. 주로 지원자의 긴장을 풀어주기 위해 가볍게 던지는 질문이다. 그래서 특별한 답변방식은 필요하지 않다. 회사를 방문해서 느꼈던 점이나 자기 생각을 진솔하게 답하면 된다.

답변 방향은 지원 공기업을 칭찬하는 방향으로 하고 이를 통해서 자신의 입사 의지를 약간 보여주는 것도 좋다. 또한 작은 공공기관 면접에서 오늘 면접장까지 어떻게 왔는지를 물어보는 때도 있다. 이는 지원자가 실제 출퇴근이 힘들어서 퇴직하는 사례를 걱정하는 질문인 만큼, 그런 우려를 해소할 수 있도록 답변하는 것이 좋다.

답변

네, 오늘 면접장에 오면서 가장 많이 긴장되고 떨렸던 것 같습니다. 하지만 그동안 우리 공사에 입사하기 위해 열심히 노력했기 때문에 최선을 다하면 분명히 좋은 결과가 있을 거라고 스스로 다독이면서 면접장까지 왔습니다. 오늘 면접에서 꾸미거나 과장하기보다는 저의 솔직한 모습을 보여드리기 위해 최선을 다하겠습니다.

답변

그동안 취업을 위해 열심히 노력했지만, 실제 면접을 보는 것은 오늘이 처음입니다. 그래서인지, 더 긴장되고 떨리지만, 그동안 열심히 노력해 온 저의 모습을 면접관들에게 보여드릴 수 있도록 오늘 면접도 열심히 해보겠습니다.

답변

오늘 처음 원주 혁신도시에 왔습니다. 생각했던 것보다 깨끗하고 멋진 공기업 청사들의 모습이 굉장히 인상 깊었습니다. 그중에서도 가장 눈에 띄었던 건물은 우리 공단이었습니다. 이런 곳에서 좋은 선배님 그리고 동료들과 함께 평생 일한다면 정말 행복하겠다는 생각을 했습니다. 오늘 면접에서 최선을 다해서 꼭 우리 공단에서 근무할 수 있도록 하겠습니다.

답변

오늘 공단을 방문한 느낌은 따뜻하다는 점이었습니다. 복도에서 우연히 마주친 선배님들 모두가 저희를 보고 반갑게 미소로 맞아 주시는 모습이 정말 인상 깊었습니다. 덕분에 더욱 편안한 마음으로 면접 준비를 할 수 있었습니다. 게다가 모두 바쁘게 일하시는 모습을 보면서 우리 공단에 입사해서 제가 해야 할 일이 많다는 것을 느낄 수 있었습니다.

답변

오늘 면접에 오면서 면접관님들의 질문에 솔직하게 답변드리자고 생각하며 왔습니다. 합격하고 싶은 마음에 면접관님들께 부풀려 자랑하거나 거짓으로 답변하게 되면 면접관님들께 믿음을 받을 수 없다고 생각했습니다. 그래서 면접관님들의 질문에 가장 솔직하게 답변드리겠다고 굳게 다짐을 하고 이 면접장에 들어섰습니다.

답변

네, 저는 오늘 면접장까지 대중교통을 이용해서 도착했습니다. 집 앞의 정류장에서 버스를 타고 지하철 2호선으로 갈아타 한 50분 정도 걸려서 도착했습니다. 다행히 지하철에서 자리가 나서 면접답변을 살펴보면서 편하게 올 수 있었습니다.

답변

저는 오늘 회사까지 차를 직업 운전해서 도착했습니다. 별로 길이 막히지는 않았지만, 집에서 회사까지 거리가 있다 보니, 약 한 시간 정도 걸렸던 것 같습니다. 만일 입사하게 된다면 아무래도 매일 출퇴근하기는 조금 어려울 것 같아서 회사 근처에 원룸을 하나 구하는 것이 좋을 것 같다는 생각을 하기도 했습니다.

질문 ▶ 우리 회사의 고객은?, 우리 회사의 경쟁 기관이 있다면?

조언 ▶ 가끔 면접에서 우리 회사의 고객이나 경쟁회사를 묻는 경우가 있다. 지원자가 얼마나 우리 회사에 관해 관심과 열정을 가졌는지를 파악하기 위한 질문이다. 답변 방향은 지원 공기업의 고객이나 경쟁 기관에 대해 먼저 제시하고 그렇게 생각한 이유에 관해 설명하는 방식이 좋다. 이런 질문에는 대부분 그런 고객을 어떻게 만족시킬 수 있나? 또는 경쟁회사보다 경쟁 우위를 확보하는 방안 등을 묻는 꼬리질문이 이어질 가능성이 높다는 점을 기억해야 한다.

답변

우리 공단에 있어 가장 중요한 고객은 바로 중소기업의 사업주라고 생각합니다. 우리 공단은 중소기업 지원과 육성을 위한 다양한 사업을 추진하고 있는 만큼, 중소기업 사업주야말로 우리 공단에 있어 가장 중요한 고객이라고 생각합니다. 또한 새롭게 창업을 준비하시는 분들 역시 우리 공단이 놓쳐서는 안 될 주요한 고객일 것 같습니다.

우리 공사의 사무직 직원으로서 근무하면서 만날 수 있는 고객은 외부 고객과 내부 고객으로 나누어 생각해 볼 수 있을 것 같습니다. 외부 고객으로는 가장 먼저 전기를 사용하시는 모든 국민과 사업장 그리고 우리 공사와 함께 협력하는 협력업체와 관련 관계 기관들이 있을 것 같습니다. 또한 내부 고객으로는 현장에서 열심히 송배전 업무를 담당하고 계시는 많은 선배님이 될 수 있을 것 같습니다. 사무직 직원으로서 외부 고객과 내부 고객, 모두를 만족시키기 위해 늘 열심히 노력해야 한다고 생각합니다.

우리 연구원의 고객이 있다면 바로 대한민국 정부와 국민이라고 생각합니다. 우리 연구원은 4차 산업혁명 시대를 맞아 전자·전기 분야의 새로운 신기술을 개발하는 연구 수행과 함께 기술사업화를 통해 우리나라의 기술경쟁력을 강화하고 있습니다. 그래서 우리 연구원이 창출하고 있는 연구 성과와 각종 사업추진 성과는 결국 대한민국의 발전으로 이어지는 만큼, 우리 연구원의 고객은 바로 대한민국 정부와 국민이라고 생각합니다.

우리 공단의 경쟁회사가 있다면 민간부문의 생명보험사라고 생각합니다. 우리 공단은 국민의 안정적인 노후생활을 보장하기 위해 더 두텁고 폭넓은 국민연금제도를 운영하고 있습니다. 하지만 아직도 많은 국민이 노후에 대한 불안감으로 인해 민간부문의 생명보험사의 연금 상품에 가입하고 있습니다. 그래서 우리 공단의 경쟁회사를 굳이 꼽아야 한다면 바로 민간부문의 생명보험사들이라고 생각합니다.

우리 공사의 경쟁회사가 있다면 바로 일본의 신칸센을 운영하는 JR그룹이라고 생각합니다. 물론 현재 SRT 출범에 따라 SRT와 일부 노선을 공유하며 경쟁하고 있지만 우리 공사의 경쟁상대라 생각하기에는 여러 부족한 점이 있습니다. 뿐만아니라 장기적으로는 SR과의 통합이 이루어지는 것이 바람직하기 때문에 경쟁상대는 아니라고 생각합니다. 그래서 꼭 우리 공사의 경쟁상대를 꼽아보자면 우리 공사보다 더 많은 노선과 열차를 운행하고 있는 일본 JR그룹이 될 수 있을 것 같습니다.

우리 공사의 경쟁상대는 바로 LH공사라고 생각합니다. 우리 공사는 경기도민의 안정적인 주거생활 보장과 삶의 질 개선을 위해 다양한 주거복지 사업을 추진하고 있습니다. 하지만 LH의 경우에는 전국적으로 이와 유사한 사업을 추진하고 있는 만큼 우리 공사의 경쟁상대는 바로 LH공사라고 생각합니다. 그래서 이런 경쟁에서 우위를 차지하기 위해 보다 공격적으로 주거복지사업을 추진하는 것이 필요할 것 같습니다.

질문 ▶ 임금피크제, 성과연봉제, 저성과자 퇴출에 대한 견해, 무노동무임금 원칙에 관한 생각

조언 ▶ 노동조합과 직접적으로 관련된 면접질문은 아니지만 공기업의 임금피크제, 성과연봉제와 같이 직원의 근무조건에 관련된 면접질문이다. 최근에는 성과연봉제, 성과 퇴출제, 임금피크제와 같은 면접질문이 자주 주어진다. 대부분 공기업 직원은 이러한 정책에 대해 반감을 품고 있으므로 이런 종류의 면접질문 역시 답변을 신중히 하는 것이 좋다.

답변

네, 면접관님께서 질문하신 임금피크제는 많은 논란을 불러오고 있습니다. 정년퇴직을 앞둔 선배님들의 임금을 삭감하고 절감된 임금을 활용하여 청년 채용을 늘린다는 점에서 심각한 청년실업난에 도움이 되고 있다고 알고 있습니다. 하지만 이에 따른 선배님들의 상실감이 무척 클 것 같습니다. 그래서 그런 부분에 대한 배려와 지원이 필요하다고 생각합니다.

답변

네, 성과연봉제는 공기업에 경쟁체제를 도입함으로써 국민에 대한 서비스 질을 높이겠다는 목적으로 추진되고 있습니다. 제도 도입의 취지는 공감하는 편이지만 실제로는 성과연봉제가 조직 내의 갈등 원인이 될 뿐만 아니라 오히려 국민에 대한 서비스 질을 크게 떨어뜨릴 위험성이 있습니다. 또한 성과연봉제가 성공하기 위해서는 구성원의 공감과 지지 그리고 공정한 평가도구가 있어야 하는데 이런 부분은 크게 부족한 점이 아쉽습니다.

답변

저는 저성과자 퇴출에 대해서는 부정적인 의견을 가지고 있습니다. 공기업은 단기 성과보다는 지속 성과 공공성이 중요한데 단순한 수치로 성과를 판단하게 된다면 오히려 보여주기식 사업추진이 이루어 질 수 있습니다. 또한 저성과자 퇴출은 결국 조직을 위축시킬 뿐만 아니라 조직운영에서 가장 중요한 팀워크에도 많은 문제점을 일으킬 수 있다고 생각합니다. 그래서 저는 저성과자 퇴출보다는 성과가 나쁜 직원들을 대상으로 교육프로그램을 운영하고 성과평가체계를 보다 정교하게 설계하는 것이 우선되어야 한다고 생각합니다.

답변

무노동무임금 원칙은 당연히 준수되어야 한다고 생각합니다. 공기업이 중요한 역할을 하고 있지만 공기업에 대한 국민의 시각은 그리 우호적인 편이 아닙니다. 그런 점에서 무노동무임금 원칙은 지켜져야 한다고 생각합니다. 하지만 공기업 직원들이 왜 단체 행동에 나서는지에 대해서도 고려해야 한다고 생각합니다.

질문 ▶ 공익성 vs. 수익성

조언 ▶ 공기업 특성상 공익성과 수익성을 동시에 추구해야 하는 어려움이 있다. 그래서 공기업 면접에서 공익성과 수익성에 대한 면접질문이 자주 제시되는 편이다. 대부분 공익성으로 답변하는 경우가 많지만, 수익성으로 답변하는 지원자가 더욱 눈에 띄곤 한다. 정답이 없는 만큼 자기 생각을 논리적으로 답변하면 된다. 이런 질문에는 답변 내용에 따라 구체적인 방안을 묻거나, "공익 추구를 위해 월급을 삭감하게 된다면?"과 같이 압박질문이 이어질 수 있으니 그에 대비하는 것도 필요하다.

답변

공익성과 수익성 중에 하나를 선택하기는 정말 어려운 것 같습니다. 하지만 꼭 하나를 선택해야 한다면 저는 공익성을 선택하고 싶습니다. 물론 수익성을 추구하는 것도 중요하지만, 우리 공사는 안정적인 전력공급을 통해 국민에게 더 나은 삶에 이바지하기 위해 설립된 만큼 무엇보다 공익성을 우선 해야 한다고 생각합니다. 그래서 공익성을 우선하면서 수익성을 높일 방안들을 찾는 것이 좋다고 생각합니다.

답변

면접관님께서 말씀하신 것처럼 우리 공사는 공익성과 수익성을 모두 추구해야 하는 어려움을 가지고 있습니다. 저는 만일 둘 중의 하나를 선택해야 한다면, 공익성을 먼저 추구해야 한다고 생각합니다. 우리 공사가 만일 수익을 추구하게 된다면 국민의 부담이 더 커질 뿐만 아니라 국민의 신뢰를 잃어버리게 될 것이라 생각합니다. 그래서 공익을 먼저 추구하면서 수익을 극대화할 수 있는 다양한 방안들을 모색하는 것이 필요하다고 생각합니다.

답변

공익성과 수익성 중에 하나를 선택해야 한다면 우리 공사는 수익성을 선택해야 한다고 생각합니다. 물론 우리 공사는 안정적 전력공급이라는 공익을 추구하기 위해 설립된 공기업이지만, 수익이 뒷받침되지 못한다면 공익을 추구하는 것 역시 어렵다고 생각합니다. 그래서 해외 원전 수출 등을 통해 더 많은 수익을 창출하고 이를 통해 우리 공사에 해야 할 공익에 더 많은 재원을 투자해야 한다고 생각합니다.

조언 ▶ 공기업 면접에서도 가끔 정치, 사회, 경제 등 시사와 상식에 관련된 면접 질문들이 등장한다. 대부분 지원 공기업과 사업 분야에 관련된 시사상식을 묻는 면접질문이다. 시사상식 관련 면접질문은 지원자의 기본적인 자질과 함께, 지원 공기업에 관한 관심과 열정 그리고 올바른 가치관을 지니고 있는지를 파악하기 위한 목적이다. 이런 시사 관련 면접 질문들은 단순히 관련된 내용을 묻는 것이 아니라 지원자의 생각과 판단을 묻는 경우가 많다. 답변 방향은 자기 생각이나 판단을 이야기하되 한쪽으로 치우치거나 부정적인 모습보다는, 보다 균형 잡힌 가치관과 생각을 이야기하는 것이 좋다.

답변

네, 면접관님께서 말씀하신 대로 최근 남북 관계가 경색되는 상황입니다. 우리 공사로서는 남북 관계 악화에 따라 기존에 추진했던 남북한 철도연결 사업이 중단된 상태입니다. 남북 관계 개선을 위해 우리 공사가 해야 할 역할은 별로 없지만, 남북 관계가 개선될 상황에 대비해 기본적인 자료와 정보 등을 축적하고 준비하는 것이 필요하다고 생각합니다.

답변

면접관님께서 말씀하신 것처럼 최근 사드운영과 관련하여 중국과 보이지 않는 갈등이 발생하고 있습니다. 저는 사드 배치와 운영은 우리 대한민국의 안보와 직결되는 사안으로 결코 양보할 수 없는 일이라고 생각합니다. 하지만 사드운영과 관련하여 중국 정부가 불필요한 오해를 하지 않도록 다양한 외교채널을 통해 소통을 이어가야 한다고 생각합니다.

답변

네, 최근 우리 사회의 큰 문제 중 하나로 청년실업난을 들 수 있습니다. 저 역시 취업을 준비하는 취준생으로서, 더욱 적극적인 청년실업난 타개책이 필요하다고 생각합니다. 이런 의미에서 우리 공단의 역할이 더욱 중요하다고 생각합니다. 많은 청년이 산업현장에서 필요로 하는 직무역량을 쌓을 수 있도록 직업교육훈련 과정을 보다 확충하고 미래 사업을 선도할 수 있는 자격증 체계를 정리한다면 청년실업난 극복에 더욱더 크게 이바지할 수 있다고 생각합니다.

답변

네, 면접관님이 말씀하신 대로 최근 미세먼지에 대한 국민의 불안감이 커지고 있는 상황입니다. 그래서 미세먼지 절감을 위한 다각적인 노력이 필요하다고 생각합니다. 우리 남부발전도 노후화된 화력발전소를 대체할 수 있는 신재생에너지 분야에 대해 보다 적극적으로 투자해야 한다고 생각합니다.

네, 최근 미세먼지로 인해 많은 국민이 불편을 겪고 있습니다. 하지만 미세먼지에 대한 잘못된 정보와 막연한 불안감 때문에 우리 공사의 역할이 더욱 중요해졌다고 생각합니다. 그래서 국민의 불안감을 해소하기 위해 SNS 등을 통해 보다 적극적으로 우리 공사의 사업에 대해 홍보하는 것이 필요하다고 생각합니다.

면접관님께서 말씀하신 것처럼 최근 금리 인상과 우크라이나 전쟁 등으로 인해 많은 중소기업이 어려움을 겪고 있습니다. 중소기업이 겪고 있는 가장 큰 어려움은 아무래도 운영자금 부족이라고 생각합니다. 그래서 우리 공단이 추진하고 있는 다양한 중소기업 지원정책을 보다 더 두텁고 넓게 추진하고 더욱더 빠른 업무 처리로 생존을 걱정하는 중소기업들에 실질적인 도움을 주어야 한다고 생각합니다.

최근 우크라이나 전쟁으로 인해 많은 사람이 큰 피해를 보고 있습니다. 어떤 이유가 있더라도 전쟁만큼은 절대 일어나서는 안 된다고 생각합니다. 하지만 수출 중심 경제를 운영하는 우리나라의 상황을 고려한다면, 섣불리 우크라이나 전쟁에 개입하는 것은 자칫 더 큰 문제를 만들 수 있는 만큼, 국민의 의견을 충분히 수렴해 정책을 결정해야 한다고 생각합니다.

 노동조합 관련 질문

 대부분 공기업은 노동조합을 가지고 있다. 그렇다 보니 노동조합과 경영진과의 갈등이 발생하는 경우가 종종 있다. 공기업의 사업이 많은 국민에게 영향을 미치는 경우가 많아서 노동조합의 단체 활동이 국민에게 불편함을 초래하곤 한다. 그래서 철도와 같이 노동조합 파업이 쟁점이 되는 공기업에서 노동조합관련 질문이 종종 제시되곤 한다. 노동조합과 관련된 면접질문에서 주의해야 할 점은 노동조합을 강력히 비판하지 않도록 주의해야 한다. 그래서 가장 좋은 답변 방향은 중도를 지키고 극단적인 답변을 피하는 것이 좋다.

네, 만일 회사에 입사한 후, 선배님께서 노동조합 가입을 권유하신다면 조금 고민이 될 것 같습니다. 하지만 신입직원으로서 입사하게 된다면 처음에는 부족한 점이 많아 우선 업무부터 제대로 파악하는 것이 중요하다고 생각합니다. 그래서 먼저 업무를 제대로 파악하고 혼자서도 업무를 정확하게 수행할 수 있는 수준이 된 다음에, 팀장님과 선배님들의 조언을 구해 노동조합 가입 여부를 결정하는 것이 바람직하다고 생각합니다.

답변

네, 죄송하지만 실은 노동조합의 파업에 대해서는 지금까지 고민해 본 적이 없습니다. 노동조합은 직원들의 권익을 보호하기 위해 불가피하게 파업에 돌입하는 경우도 있다고 알고 있습니다. 하지만 우리 공사가 운영하는 철도운송망은 국가 경제와 국민의 삶에 미치는 영향이 대단히 크기 때문에 무조건 파업에 참여하기보다는 조금 더 신중하게 생각해 보는 것이 필요할 것 같습니다. 정확한 답변을 드리지 못해 정말 죄송합니다.

답변

만일 노동조합이 파업한다면 파업에 참여해야 하는 상황이 된다면 정말 고민이 될 것 같습니다. 우리 공사의 역할과 책임이 큰 만큼 노동조합의 파업은 국민에게 큰 영향을 줄 수 있다고 생각합니다. 아직 입사하지 않아 딱 부러지게 답변드리기는 어렵겠지만, 만일 그런 상황을 만나게 된다면 성급히 결정하기보다는 가장 믿고 따르는 선배님 또는 팀장님과 충분히 상의한 후에 결정하도록 하겠습니다. 죄송합니다.

답변

만일 경영방침과 노동조합의 행동 지침이 충돌하는 상황이 발생한다면, 우선 회사의 경영방침에 따르는 것이 맞는다고 생각합니다. 회사가 있어야 노동조합이 존재할 수 있고, 노동조합원 역시 직원이기 때문입니다. 하지만 그런 갈등이 생기기 전에 경영진과 노동조합 양측이 모두 대화를 통해 갈등을 해소하여 직원들에게 그런 부담을 주지 않아야 한다고 생각합니다.

2장 | 직무관련 질문

자신이 지원한 직무와 관련된 면접질문은 빈번한 면접질문 중 하나이다. 직원 채용의 목적이 결국 직무수행이란 점을 생각하면 직무와 관련된 면접질문이 자주 출제될 수밖에 없다는 사실을 쉽게 알 수 있다. 직무관련 질문을 통해 지원자가 직무를 잘 이해하고 있고 수행할 수 있는지, 직무수행에 필요한 역량을 가졌는지, 직무를 열심히 수행할 자세를 가졌는지 등을 판단하게 된다.

특히 이공계와 같은 기술직이나 사업 수행직의 경우에는 특히나 직무수행에 필요한 기본적인 지식과 역량을 가졌는지에 초점이 맞추어지는 경우가 많다. 또한 일반행정직, 경영지원직의 경우에는 직무수행을 위한 자세나 마음가짐 등에 초점을 맞춘 질문들이 자주 등장한다.

이런 종류의 면접질문에 제대로 답하기 위해서는 직무에 대한 기본적인 내용을 이해하고 자신이 그 직무를 잘 수행할 수 있는 지식과 경험과 같은 근거를 미리 정리하는 것이 필요하다. 또한 어떤 자세로 근무할 것인지 고민하고 자기 생각과 고민을 보여주는 것이 좋다.

질문 사업추진에 가장 필요한 역량?, 직무수행에 가장 중요한 요소?

조언 지원 공기업의 사업추진에 필요한 역량이나 요소에 대한 면접 질문들이 있다. 이런 면접질문에 제대로 답하기 위해서는 사업 내용과 직무에 대한 숙지뿐만 아니라 직원의 관점에서 고민해 보고 생각을 미리 정리하는 것이 좋다. 물론, 자신이 가장 자신있어 하는 직무역량을 선택해서 답변하는 것도 좋은 방법이다. 하지만, 가장 중요한 점은 자신이 자랑하고 싶어하는 직무역량을 자랑하기 보다는 그런 직무역량과 요소가 왜 중요한지 자신의 생각을 말하는 것에 초점을 맞추는 좋다.

또한, 주의해야 할 점은 면접관이 질문하지 않았는데도 자신을 자랑하기 위해 자기 경험을 늘어놓는 것이다. 이런 질문에는 대부분 그런 역량을 가장 잘 발휘한 경험을 묻거나 그런 역량을 어떻게 쌓았는지를 꼬리질문으로 묻는 경우가 많아서 미리 경험을 말하기보다는 면접관의 꼬리질문을 기다리는 것이 좋다. 또한 그런 역량을 발휘해서 어떻게 이바지할지를 묻는 경우도 많으니 미리 준비하는 것이 좋다.

답변

네, 우리 공단의 중소기업지원 사업을 추진하는 데 가장 필요한 역량은 고객의 입장에서 생각할 줄 아는 고객중심의 사고라고 생각합니다. 우리 공단의 주요 고객인 중소기업의 사업주들은 대부분 우리 공단의 도움이 간절히 필요하신 분들입니다. 그래서 그분들의 입장에서 생각하고 공감하며 그분들에게 가장 필요한 도움을 드리기 위해 노력한다면 우리 공단의 중소기업지원 사업을 성공적으로 추진할 수 있다고 생각합니다.

답변

우리 공사의 발전설비 운영직무를 수행하는 데 있어서 가장 중요한 요소가 있다면 작은 볼트 하나까지도 꼼꼼히 확인하는 자세라고 생각합니다. 안정적인 전력공급을 위해서는 발전설비에 대한 철저한 예방 정비를 통해 가동중단을 최소화하는 것이 필요합니다. 그래서 사전 예방 정비 계획을 철저히 세우고 그에 따라 작은 볼트 하나까지도 꼼꼼하게 점검하고 이상이 발견될 경우, 빠르게 조치하는 것이 가장 중요하다고 생각합니다.

답변

네, 우리 공단의 중소기업지원 사업을 성공시키기 위해서는 사업 전반을 볼 수 있는 통찰력이 필요하다고 생각합니다. 중소기업을 육성하고 성장시키기 위해서는 특정 분야에 대한 지원보다는 전반적인 지원이 필요하기 때문입니다. 그래서 주어진 업무를 성실하게 수행하면서 중소기업 경영 전반에 대해 조금 더 고민하고 이해하기 위해 노력하는 자세가 가장 중요할 것 같습니다.

답변

우리 공단의 요양직 직무를 수행하기 위해서는 무엇보다 어르신들에게 친근하게 다가설 수 있는 친화력이 가장 중요하다고 생각합니다. 우리 요양직 직원들은 일상생활이 어려우신 어르신들을 찾아뵙고 그분들에게 필요한 도움을 드리는 중요한 역할을 담당하고 있습니다. 간혹 공단 직원들의 방문을 불편해하거나 낯설어하시는 어르신들이 계신 것으로 알고 있습니다. 그래서 그분들에게 손녀딸처럼 밝게 인사드리며 친근하게 다가가 그분들의 마음을 열어 보다 정확한 평가를 통해 꼭 필요한 도움을 드리는 것이 가장 중요한 것 같습니다.

답변

심사평가 직무를 수행하기 위해서는 데이터 활용 역량이 가장 중요할 것 같습니다. 우리 심사직 직원들은 심사평가 기준과 지침에 따라 의료기관이 제출하는 방대한 진료 정보와 자료들을 체계적으로 분석하는 역할을 담당하고 있습니다. 그래서 그런 다양한 정보와 데이터를 체계적으로 수립, 정리하고 이를 체계적으로 분석할 수 있는 데이터 활용 역량이 꼭 필요하다고 생각합니다.

답변

우리 신용보증재단 직원에게 가장 중요한 역량이 있다면 금융에 대한 이해력이라고 생각합니다. 우리 재단은 담보력이 부족한 소상공인에게 신용보증을 통해 필요한 자금 지원을 연결하는 기관입니다. 따라서 기업의 재무상태를 정확히 분석하고, 금융기관과의 협력 속에서 적절한 보증 한도와 조건을 판단하는 능력이 무엇보다 중요합니다. 이를 위해서는 회계, 재무, 신용평가에 대한 이해력이 필수적이라고 생각합니다.

우리 공단 직원으로서 기술지원 사업을 효과적으로 추진하기 위해서는 무엇보다 안전보건 관련 지식과 관련 경험이 필요하다고 생각합니다. 최근 4차 산업혁명이 진행되면서 산업현장에 새로운 설비와 공법들이 활용되고 있습니다. 하지만 이에 따라 새로운 형태의 안전사고가 발생할 위험성 역시 증가하고 있습니다. 그래서 우리 공단의 기술지원 사업을 효과적으로 추진하기 위해서는 새로운 설비와 공법들에 대해 더 깊게 이해하고 유해위험 요소를 제거할 수 있는 전문지식과 현장 경험이 필요하다고 생각합니다.

우리 진흥원의 사업을 추진하는 데 있어 가장 중요한 역량이 있다면 소통 역량이라고 생각합니다. 우리 진흥원은 다양한 분야의 문화예술분야 종사자들을 지원하고 각종 문화예술 사업을 기획하고 추진함으로써 국민의 문화예술 수요를 충족시켜 주는 중요한 역할을 담당하고 있습니다. 이 과정에서 문화예술분야 종사자들의 어려움을 경청하고 그분들의 니즈를 파악할 수 있는 소통 역량이 있어야만 성공적인 사업추진이 가능하다고 생각합니다. 그래서 우리 진흥원 사업을 추진하는 데 있어 가장 중요한 역량이 있다면 문화예술 분야 종사자들의 눈높이에 맞춘 소통 역량이라고 생각합니다.

 직원에게 가장 필요한 직업윤리?, 가장 필요한 덕목?

 공직윤리를 중요하게 생각하는 공기업인 만큼 직업윤리, 공직윤리 또는 직원에게 필요한 덕목 등을 질문하는 경우가 많다. 대부분 공직윤리를 생각하면 청렴을 먼저 생각하고 답변하는 경우가 있다. 하지만 이렇게 청렴으로 답변할 경우, 청렴을 지킨 경험 또는 청렴을 지키지 못한 경험을 묻거나, 동료가 청렴하지 못한 행동을 할 경우 등 답변하기 어려운 꼬리질문에 당황하기 쉽다.

그래서 직업윤리 관련 면접질문에 답변할 때는, 반드시 이런 꼬리질문을 받을 것을 예상하고 답변을 준비해야 한다. 가장 좋은 답변 방향은 아무래도 답변이 수월한 성실함, 책임감, 고객만족, 공정성, 개인정보보호 등의 직업윤리를 먼저 고려해 보는 것이 좋다.

우리 공단 직원에게 가장 중요한 직업윤리가 있다면 공정성이라고 생각합니다. 우리 공단은 중소기업의 육성과 발전을 위해 다양한 지원사업을 추진하고 있습니다. 이 과정에서 혹시라도 공정하지 못한 업무 처리를 하게 된다면 중소기업 사업주들의 신뢰를 잃게 될 것입니다. 그래서 우리 공단 직원은 업무 처리 과정에서 법과 규정을 준수할 뿐만 아니라 자신의 양심에 따른 공정한 업무 처리로 중소기업 사업주들의 신뢰를 얻어야 한다고 생각합니다.

우리 공사 직원에게 꼭 필요한 직업윤리를 하나만 꼽기는 정말 어려울 것 같습니다. 하지만 만일 꼭 하나만 꼽으라면 저는 책임감을 꼽고 싶습니다. 왜냐하면 우리 공사 직원이 자신에게 주어진 책임을 다하지 않는다면 동료와 조직에 피해를 줄 뿐만 아니라 결국 고객들의 신뢰를 저버리는 행동이라고 생각하기 때문입니다. 그래서 아무리 작고 사소한 일이라도, 아무리 어렵고 힘든 일이라도 끝까지 해내려고 노력하는 책임감이야말로 우리 공사 직원에게 가장 필요한 직업윤리라고 생각합니다.

공직자에게 가장 필요한 직업윤리가 있다면 바로 성실함이라고 생각합니다. 공직자란 공공의 이익을 위해 일하는 사람이라고 생각합니다. 그래서 공직자가 자신에게 주어진 책임을 성실히 이해하지 않는다면 그 피해는 결국 국민과 사회 그리고 국가에 돌아간다고 생각합니다. 그래서 공공의 이익을 위해 일하는 공직자에게는 자신에게 주어진 역할과 책임을 다하기 위해 성실히 노력하는 자세가 가장 필요하다고 생각합니다. 저 역시 우리 공사에 입사하게 된다면 늘 성실한 모습으로 선배님은 물론 고객들로부터도 신뢰를 받을 수 있도록 노력하겠습니다. (* 공공기관 직원을 공직자라고 지칭하는 것은 논란이 있을 수 있지만, 간혹 공기업 면접관에 따라 공기업 직원을 공직자라고 표현하는 경우가 있을 수 있다.)

우리 공단 직원에게 가장 필요한 덕목이 있다면 고객만족을 위해 늘 노력하는 자세라고 생각합니다. 우리 공단에는 하루에도 수없이 많은 고객께서 찾아오시곤 합니다. 직원들에게는 매일 반복되는 일상이겠지만 고객의 입장에서는 불편하거나 도움이 필요해서 어렵게 시간을 내서 지사를 방문하시는 것이라고 생각합니다. 그래서 힘들게 찾아오신 고객들께 더욱 친절한 자세로 필요한 도움을 드리려고 늘 노력하는 자세야말로 우리 공단 직원에게 가장 필요한 덕목이라고 생각합니다.

우리 심사평가원 직원에게 가장 중요한 덕목이 있다면 개인정보 보호라고 생각합니다. 우리 심사평가원은 많은 국민의 방대한 건강 관련 정보를 보유하고 이를 적극적으로 심사평가 과정에서 활용하고 있습니다. 자칫 이렇게 민감한 개인정보가 혹시 유출된다면 우리 선배님들께서 그동안 힘들게 쌓아온 국민의 신뢰를 한 순간에 잃게 될 것입니다. 그런 만큼 철저한 보안 의식과 함께 주기적인 보안 점검 그리고 개인정보 보호를 위한 노력을 통해 국민의 신뢰를 지켜나가는 것이 가장 중요하다고 생각합니다.

질문 ▶ 입사하면 주로 어떤 일을 하는지 알고 있나요?

조언 ▶ 직무의 내용과 이해 수준을 파악하기 위한 질문이다. 이를 통해 지원자가 얼마나 열정을 가지고 있고 조직에 잘 적응하고 직무를 잘 수행할 수 있는지를 파악하기 위해 주로 활용된다. 이런 질문에 제대로 답하지 못하면 면접에서 절대 좋은 결과를 거둘 수 없는만큼 지원기업과 지원직무의 구체적인 내용까지 확실히 이해하고 가는 것이 필요하다. 면접 전에 채용 공고상의 직무기술서뿐만 아니라 홈페이지의 직무나 사업관련 내용에 대해서 미리 파악하고 그를 잘 설명할 수 있도록 답변을 준비하는 것이 좋다.

답변

네, 제가 지원한 직무인 행정직은 우리 공단의 중소기업 수출지원 사업을 주로 지원하는 역할로 알고 있습니다. 중소기업 수출에 필요한 해외시장의 다양한 정보를 분석하여 제공하고, 제품 수출 과정에서 발생하는 FTA 등 다양한 문제점들을 해결할 수 있도록 지원하고 있습니다. 또한 이런 과정에서 발생하는 다양한 부가적인 업무들을 수행하는 것으로 알고 있습니다.

답변

제가 입사하면 담당할 업무는 승강기 관련 안전점검을 주로 수행하고 있는 것으로 알고 있습니다. 우리 승강기안전원은 승강기의 안전 확보를 위한 사용 전 점검과 정기 점검 등을 주로 수행하고 있습니다. 저 역시 입사하게 된다면 승강기에 대한 검사와 점검을 통해 승강기 안전을 확보하기 위한 다양한 업무를 수행하는 것으로 알고 있습니다.

답변

네, 입사 후 제가 담당할 직무는 발전소 발전설비 유지보수로 알고 있습니다. 우리 공사가 운영하는 발전소에 있는 각종 설비들을 정기적으로 점검하고 유지보수함으로써 안정적으로 전력을 공급하는 역할입니다. 또한 갑작스러운 발전설비 고장에 빠르게 대응해 고장원인을 찾아 이를 해결하는 것 역시 중요하다고 알고 있습니다.

답변

제가 우리 국토안전관리원에 입사해서 담당할 직무는 공공시설물들의 안전을 확보하기 위해 다양한 시설점검과 감리 등을 담당하는 것으로 알고 있습니다. 우리 공사는 국민이 많이 이용하시는 터널, 교량, 대형 공공시설물들의 건축 과정에서 혹시 있을지 모를 부실시공을 예방하기 위해 감리를 진행하고 기존 시설물들에 대한 안전점검을 통해 더욱 안전한 대한민국을 만드는 데 기여하고 있습니다. 그래서 저는 시설 안전 직무를 수행하기 위해 그동안 관련 자격증을 취득하고 인턴 경험 등을 통해 역량을 쌓기 위해 노력해 왔습니다.

조언 공기업 중에는 고객을 앉아서 기다리지 않고 현장을 다니면서 고객을 만나거나, 현장의 업무를 처리해야 하는 곳들이 있다. 그런 곳에서는 현장 직무에 잘 적응할 수 있는지를 걱정하곤 한다. 그래서 자신이 현장 직무에 잘 적응할 수 있다는 확신을 줄 수 있도록 답변을 하는 것이 좋다.

답변

네, 면접관님의 말씀대로 우리 공단은 중소기업 지원을 위해 현지 출장 업무가 많은 것으로 알고 있습니다. 물론 출장 업무가 어렵고 힘들 수도 있지만, 저는 성격이 적극적인 편이라 오히려 여러 현장을 돌아다니면서 고객들을 직접 만나고 그분들에게 도움을 드리는 일을 하는 것이 오히려 더 적성에 맞을 것 같습니다. 현장 출장업무를 수행하기 위해서는 운전이 필수라고 알고 있습니다. 그래서 합격이 확정되면 바로 운전학원에서 도로 운전 연수를 받아 출장 업무에 차질이 발생하지 않도록 할 계획입니다.

답변

네, 입사하게 된다면 중소기업 현장을 방문하는 출장 업무가 많다고 알고 있습니다. 저는 사무실에서 업무를 하는 것도 좋지만, 현장에서 직접 발로 뛰며 사업을 추진하는 것이 더 좋습니다. 현장에서 일을 하다 보면 배우는 점도 훨씬 많고 성취감도 더 크다고 생각합니다. 그래서 입사하게 된다면 우리 공단의 선배들과 함께 열심히 현장을 누비면서 많은 중소기업에 도움이 될 수 있는 신입직원이 되겠습니다.

답변

면접관님께서 말씀하신 것처럼 우리 공사는 현장 근무가 많다 보니 처음에는 어려운 점이 있을 것 같습니다. 하지만 오히려 현장에서 근무하면서 더 많은 실무 지식과 경험을 쌓을 수 있을 뿐만 아니라 선배님들의 업무 노하우를 빠르게 배울 수 있는 장점이 있다고 생각합니다. 그래서 처음에는 조금 어렵더라도 선배님들과 함께 전기 안전 확보를 위해 더 열심히 발로 뛰는 모습을 보여드리고 싶습니다.

질문 ▶ 교대근무를 잘 할 수 있는지?

조언 ▶ SOC관련 공기업들의 경우에는 직무의 특성상 교대근무를 하는 경우가 많다. 이렇게 교대근무를 하게 되면 좋은 점도 많지만 불규칙한 생활방식으로 인해 많은 어려움을 겪기도 한다. 그래서 교대근무를 하는 공기업의 경우에는 종종 교대근무와 관련된 면접질문이 주어지는 경우가 있다. 답변 방향은 교대근무의 어려움을 인정하고 어떻게 그런 어려움들을 해결해 나갈 것인지 자신의 구체적인 계획과 생각을 답변하는 것이 좋다.

답변

네, 면접관님께서 말씀하신 것처럼 우리 공사 정비직의 경우에는 교대근무를 하는 것으로 알고 있습니다. 물론 교대근무가 어렵고 힘들겠지만, 승객들의 안전을 책임진다는 마음가짐으로 열심히 일하겠습니다. 선배님들과 함께 진한 커피를 마셔가며 밤늦게까지 근무하고 퇴근하면서 맛있는 국밥을 먹으면서 선배님들의 업무 지식을 배워나가겠습니다. 또한 교대근무에는 체력 관리가 중요한 만큼 매일 30분씩이라도 웨이트 트레이닝을 하면서 체력을 키워 어렵고 힘든 교대근무를 이겨내겠습니다.

답변

네, 발전설비 운영을 위해서는 교대근무가 꼭 필요하다고 생각합니다. 저는 교대근무가 힘든 점도 있지만 자기 계발 시간을 확보할 수 있고 여가생활도 즐길 수 있는 장점이 있다고 생각합니다. 그래서 교대근무를 마치고 제가 목표하고 있는 일반기계 기술사 취득을 위해 공부하고 제가 좋아하는 자전거도 타면서 생활한다면 오히려 교대근무가 저에게 더 잘 맞을 것 같습니다.

답변

네, 우리 공사 역무원의 경우에는 4조 2교대, 주야비휴로 근무하고 있는 것으로 알고 있습니다. 이렇게 교대근무를 하게 되면 체력적으로 어려움이 많은 것으로 알고 있습니다. 하지만 제가 선택한 일이고 이 일이 얼마나 중요한 일인지 잘 알고 있습니다. 그런 만큼 교대근무가 처음에는 어렵고 힘들겠지만, 집 근처 체육관에 가서 매일 한 시간씩 운동하며 체력을 키워 업무에 지장이 없게 하겠습니다. 또한 한가한 시간을 활용해 제가 좋아하는 취미활동을 하면서 생활한다면 힘든 교대근무를 잘 수행해 낼 수 있다고 생각합니다.

답변

네, 저는 야간근무에 자신이 있는 편입니다. 면접관님들께서 보시는 것처럼 실은 제가 체력이 좋은 편입니다. 게다가 저녁잠도 별로 없는 편이어서 동료들과 함께 에너지 음료 마시면서 밤늦게까지 열심히 근무하겠습니다. 그리고 퇴근 후에는 한 시간이라도 땀 흘리고 운동한 다음에 깊이 잠을 잔다면 힘든 야간근무도 잘 해낼 수 있을 것 같습니다.

조언 ▶ 업무를 수행하다 보면 가끔 갑작스러운 문제가 발생하는 경우가 있다. 답변 방향은 지원 직무 수행과정에서 발생하는 다양한 문제들에 대해 미리 생각해 보고 실제 그런 상황에서 어떻게 해결할지 미리 답변을 준비하는 것이 필요하다. 이런 질문에 대한 정답은 정해져 있지 않다. 자신의 생각을 솔직하게 답변하는 것이 좋다. 또한, 앞서 설명했던 상황질문 답변 요령을 참조하면 보다 수월하게 답변을 구성할 수 있다.

답변

만일, 중요한 행사에 참석자들이 오지 않는 경우라면 무척 당황스러울 것 같습니다. 우선 팀장님께 빠르게 이런 상황을 말씀드리고 다른 동료들에게 상황을 설명드리면서 도움을 부탁드리겠습니다. 그래서 동료들과 함께 다른 부서에 행사 참석 협조를 부탁하고 참석 예정자들에게 전화를 돌려 한 명이라도 더 행사에 참여할 수 있도록 독려하겠습니다. 그리고 다시는 이런 문제가 발생하지 않도록 행사참석자가 적었던 이유를 파악해 행사내용을 보완하고, 사전에 참석자 확인을 통해 행사를 성공적으로 개최하도록 노력하겠습니다.

답변

만일 고객께서 갑자기 가스 점검을 거부하신다면 그 이유에 대해 여쭤보겠습니다. 만일 가스 점검에 대해 오해하시는 부분이 있다면 자세히 가스점검이 필요한 이유와 자세한 절차를 설명해 드려 오해를 풀고 가스 점검을 받으실 수 있도록 만들겠습니다. 그리고 이런 일이 발생하지 않도록 더 자세한 안내문이나 문자를 발송해 갑작스러운 상황을 미연에 방지하겠습니다.

답변

만약 중요한 행사에 꼭 필요한 물품을 구매해야 하는데 규정을 지킬 수 없는 상황이라면 고민이 될 것 같습니다. 하지만 먼저 중요한 행사인 만큼 다른 부서나 관계 기관에서 그 물품을 빌릴 방법은 없는지 알아보겠습니다. 그래도 해결 방법이 없다면 다른 물품으로 대체해서 행사를 진행할 수 있는지 행사 준비 경험이 많은 선배님께 조언을 구해 해결하도록 하겠습니다.

답변

만일 업무 처리 중에 선배가 하셨던 업무가 잘못된 것을 발견하게 된다면 선배님께 그런 사실을 말씀드리고 어떻게 해결하는 것이 좋을지 조언을 구하겠습니다. 선배님의 입장만을 생각해서 그냥 넘어가게 된다면 나중에 더 큰 문제가 발생할 수도 있기 때문입니다. 그렇게 한다면 선배님께서 그런 문제를 해결하실 수 있는 좋은 방법을 찾아 주시리라 생각합니다.

조언 ▶ 공기업에서도 협력업체와 함께 업무를 수행하는 경우가 종종 있다. 특히 SOC 관련 공기업에서 각종 공사나 정비업무 등을 진행하거나 시설 유지보수, 전산 관련 개발 등의 업무가 그렇다. 이런 과정에서 협력업체와의 업무협조가 제대로 이루어지지 않아 마음고생하기도 한다. 답변 방향은 넓은 의미에서의 고객인 협력업체를 우선 이해하고 소통하여 업무를 원활히 수행하되, 협력업체의 잘못된 행동에는 조금 단호하게 대응하는 것이 좋다.

답변

만일 협력업체 소장님이 업무지시에 잘 협조하지 않는다면 우선 소장님과 편한 자리를 만들어 왜 업무협조가 잘 이루어지지 않는지를 파악해 보겠습니다. 만일 합당한 이유가 있다면 그 부분을 사과드리고 빠르게 보완하겠습니다. 하지만 합당한 이유 없이 업무지시에 잘 따르지 않는다면 팀장님께 보고드려 원칙에 맞게 업무를 처리하겠습니다. 그렇게 한다면 협력업체 소장님께서도 업무지시에 잘 따라주시리라 생각합니다.

답변

만일 협력업체와 업무 관련 이견이 계속 발생한다면 협력업체의 입장을 자세히 들어보겠습니다. 협력업체는 업무 전문성이 있는 만큼 다른 의견을 주장하는 이유가 있을 것 같습니다. 그래서 만일 협력업체의 의견이 합리적이고 타당하다면 좋은 의견을 주셔서 고맙다고 말씀드리고 업무에 반영해 더 좋은 성과를 만들 수 있도록 하겠습니다. 하지만 타당한 이유 없이 계속 협력업체가 다른 의견을 주장하며 업무에 협조하지 않는다면, 팀장님께 상황을 보고드리고 보다 더 단호하게 업무를 처리할 수 있도록 조치하겠습니다.

답변

만일 정당한 요구에도 불구하고 협력업체가 갑질을 한다며 항의한다면 조금 난처할 것 같습니다. 그런 상황이라면 혹시라도 협력업체가 그런 항의를 하는 이유가 있는지 다시 한번 되돌아 보고 확인하겠습니다. 하지만 협력업체에서 특별한 이유 없이 정당한 요구를 받아들이지 않는다면, 규정에 따라 정확히 업무를 처리해 나가겠습니다. 이렇게 규정에 맞게 업무를 처리한다면 협력업체도 잘못된 주장을 더 이상 하지 않으리라 생각합니다.

조언 ▶ 공기업에서는 다양한 사업을 수행하거나 업무를 추진하는 과정에서 외부 관계 기관, 지방 자치단체, 시민단체, 학계와 협력해 함께 일하는 경우가 많다. 또한 기재부, 소속 정부 부처, 국회, 언론사의 눈치를 보며 일을 하기도 한다. 그런 과정에서 발생할 수 있는 다양한 문제 들에 대한 대처방안을 묻는 질문이다.

답변

마감 기한을 지키지 않는 외부 전문가와 함께 일한다면 제가 더 부지런히 챙겨야 한다고 생각합니다. 먼저 자료가 왜 중요한지, 마감 기한을 왜 지켜야 하는지 자세히 설명하겠습니다. 그리고 마감 기한 10일 전부터 카톡이나 메일을 통해 수시로 확인한다면 마감 기한에 맞춰 자료를 제출해 주시리라 생각합니다.

답변

상급 기관의 담당자가 무리하게 자료 제출을 요구한다면 어떤 어려움이 있는지 자세히 설명하겠습니다. 우선 죄송하다고 말씀을 드리고 우리 공사의 어려움에 대해 차분히 설명하겠습니다. 그리고 평소에도 상급 기관 담당자와 좋은 관계를 유지하기 위해 자주 연락을 드리고 출장 중에 찾아가 인사를 드리겠습니다. 제가 그렇게 노력하는 모습을 보인다면 아무리 까다로운 상급 기관 담당자와도 좋은 관계를 유지하며 업무협조를 잘 끌어낼 수 있다고 생각합니다.

답변

인허가를 담당하는 지방자치단체의 담당자가 업무 협조를 해주지 않는다면 많이 답답할 것 같습니다. 우선 담당자를 찾아가 왜 업무협조가 안되는지 확인하겠습니다. 제가 해결할 수 있는 부분이 있다면 빠르게 조치해 업무를 마무리 짓겠습니다. 하지만 특별히 이유 없이 업무협조가 이루어지지 않는다면 다른 지사에서 비슷한 업무를 수행하면서 어떻게 처리됐는지 확인하고 관련 근거를 마련해 다시 설득해보겠습니다. 그렇게 한다면 지방자치단체의 담당자도 업무협조를 원만히 해결해 줄 것으로 생각합니다.

답변

언론사 기자가 협찬이나 광고를 무리하게 요구할 경우, 우선 그런 상황을 팀장님께 보고드리겠습니다. 왜냐하면 다양한 사업을 추진하는 우리 공단의 입장에서는 언론사 기자와 좋은 관계를 유지하는 것이 중요하기 때문입니다. 그래서 홍보팀과 협의를 통해 언론사와 불편한 관계가 만들어지지 않도록 적절한 해결책을 찾겠습니다. 하지만 도저히 수용할 수 없는 요구라면, 우리 공단의 예산사정과 관련 규정을 들어 자세히 설명해 드려 불필요한 갈등이 발생하지 않도록 만들겠습니다.

만약 심사 대상 기관 담당자가 우리 공단의 자료 제출을 거부하면 우선 담당자의 오해를 풀도록 하겠습니다. 우리 공단의 정당한 자료 제출 요구를 거부하는 이유는 담당자가 정확한 내용을 모르고 오해했기 때문이라고 생각합니다. 그래서 그런 자료가 왜 필요한지, 어떻게 작성해야 하는지 등을 자세히 설명해 드려서 오해를 풀도록 하겠습니다. 그렇게 한다면 심사 대상 기관의 담당자도 자료 제출에 적극 협조해 줄 것으로 생각합니다.

3장 | 입사지원관련 질문

지원동기와 함께 공기업을 선택한 이유, 입사 후 포부, 이직 사유 등은 면접에서 늘 빠지지 않고 등장하는 면접질문 중 하나이다. 어찌 보면 뻔한 질문에 뻔한 답변을 할 수밖에 없는 상황에서도 이러한 질문들은 지원자의 열정을 평가하기에 가장 좋은 질문이라는 생각에 면접관들이 선호하는 질문 중 하나이다.

하지만 이런 기본적인 질문에 제대로 답변하지 못하거나 그럴싸한 답변으로 면접관의 신뢰를 받지 못하고 결국 탈락하는 예도 자주 발생한다. 그래서 이번 장에서는 공기업을 선택한 이유, 입사 후 포부, 그리고 이직 사유에 대해 어떻게 답변해야 할지 정확히 이해하자.

질문 ▶ 공기업을 선택한 이유는?

조언 ▶ 가끔 우리 회사를 지원한 동기가 아니라, 사기업이 아닌 공기업을 선택한 이유를 묻는 경우가 있다. 이런 질문은 왜 하필 공기업 취업을 준비했느냐는 의미인데, 간혹 그 회사를 지원한 동기로 착각하거나 혼용해서 답변하는 경우가 있다. 실제 내가 공기업을 선택하게 된 이유를 구체적으로 설명하면 되는 질문이다.

답변

네, 제가 대기업보다 공기업을 선택한 이유는 친한 동아리 선배님이 강하게 공기업 취업을 권유해 주었기 때문이었습니다. 대기업에 다니시는 동아리 선배님이 한 분 계시는데, 저에게 고용이 불안정한 대기업보다는 안정적으로 근무하면서 업무에 보람을 느낄 수 있는 공기업을 선택하는 것이 좋다고 강하게 권유해 주었습니다. 또한 부모님께서도 되도록 공기업에 가라고 대학교 1학년 때부터 말씀해 주셔서 자연스럽게 공기업을 선택하게 되었습니다.

답변

제가 공기업을 선택한 이유는 보람 있는 일을 하고 싶었기 때문입니다. 취업을 준비하면서 어떤 직장을 선택해야 더 행복할 수 있을까 고민한 적이 있습니다. 대기업에 입사해서 아무리 높은 연봉을 받더라도 보람을 느끼지 못한다면 직장생활이 불행할 것이라고 생각했습니다. 그래서 연봉은 조금 낮더라도 국가와 사회 그리고 국민들을 위해 일을 하면서 보람을 느낄 수 있는 공기업 취업을 준비하게 되었습니다.

답변

제가 사기업이 아닌 공기업을 선택한 이유는 더 좋은 직장에서 일하고 싶었기 때문이었습니다. 물론 사기업에서 저의 능력을 발휘해 인정받고 많은 돈을 벌고 싶은 욕심도 있었습니다. 하지만 동료들과 함께 많은 국민을 위해 일을 하면서 서로를 응원하고 챙겨 주는 조직에서 일한다면 더 즐겁게 일할 수 있다고 생각했습니다. 그래서 취업을 준비하면서 사기업에도 지원했지만, 주로 제가 가고 싶었던 공기업들을 중심으로 지원하곤 했습니다.

답변

제가 공기업 취업 준비를 했던 이유는 아무래도 안정성 때문이었습니다. 평소에 아버지께서 저에게 대기업의 경우에는 고용이 보장되어 있지 않아서 40, 50대가 되면 마음고생한다고 이야기해 주시곤 하셨습니다. 그래서 무엇보다 안정적인 직장에서 일을 해야만 저도 더 열심히 일을 할 수 있고 가족을 부양할 수 있다고 생각해서 공기업 취업을 준비해 왔습니다.

질문 ▶ 입사 후 포부, 10년 후 나의 모습?

조언 ▶ 지원자가 어떤 비전을 가지고 있고, 얼마나 열정을 가졌는지를 파악하기 위해 던져지는 질문이다. 아무리 근무조건이 좋은 공기업이라지만, 결국 직장생활이기 때문에 자신만의 비전과 열정 그리고 구체적인 계획을 세우고 있지 않다면 견디기 힘들다.

그래서 이런 질문을 통해 지원자가 얼마나 열심히 일할 수 있는 인재인지, 얼마나 확고한 목표를 가지고 매진할 것인지, 비전과 열정을 가지고 직장생활에 잘 적응할 수 있는지를 파악하게 된다. 주의해야 할 점은 이런 목표, 비전 등은 직무와 관련된 비전과 목표를 제시하는 것이 좋다. 팀장, 국장, 이사장과 같은 직책을 제시하는 모습은 바람직하지 못하다.

답변

네, 저의 입사 후 포부는 신용분석 전문가가 되는 것입니다. 우리 공단은 어려움을 겪고 있는 많은 중소기업을 지원하는 중요한 역할을 담당하고 있습니다. 중소기업을 지원하는 과정에서 중소기업의 재무상태, 경영상태, 경영진 등에 대해 정확하게 평가하고 분석할 수 있는 역량이 반드시 필요하다고 생각합니다. 그래서 우리 공단에 입사하게 된다면 선배님들에게 하나라도 더 업무를 배우고 저 역시 제 개인시간을 활용해 실력을 키워 중소기업에 꼭 필요한 도움을 드릴 수 있는 신용분석 전문가가 되는 것이 저의 목표입니다.

네, 저는 공사에 입사해서 전기안전 분야 전문가가 되는 것이 저의 장기적인 목표입니다. 제가 전기기사 자격증은 가지고 있지만 아직 실무경험이 없다 보니 현장에 바로 적용하는 데는 부족함이 있을 것 같습니다. 이런 부족한 점을 채우기 위해 선배님들의 현장 경험을 빠르게 배우고 그것들을 꼼꼼히 메모해 제 것으로 만들 수 있도록 노력하겠습니다. 또한 전기안전과 관련된 이론과 지식을 더 쌓기 위해 주말을 이용해 전기안전기사 자격증은 물론 산업안전기사에도 도전할 계획입니다.

네, 10년 후 우리 공사에서 저의 모습은 선후배들과 함께 힘을 모아 중소기업에 실질적인 도움을 줄 수 있는 전문가입니다. 아직도 많은 중소기업이 뛰어난 기술력을 가지고 있는데도 자금 부족으로 도산의 위기에 내몰리곤 합니다. 이렇게 기술력이 우수한 중소기업을 발로 뛰어 찾아다니고, 그분들에게 실질적인 도움을 줄 수 있는 중소기업 전문가야말로 제가 꿈꾸는 10년 후 저의 모습입니다.

네, 제가 우리 공단에서 이루고 싶은 목표는 최고의 안전전문가가 되는 것입니다. 우리나라에서는 아직도 매년 6,000명이 넘는 근로자들이 산업현장에서 목숨을 잃고 있습니다. 그런 안타까운 산업재해를 효과적으로 예방할 수 있는 최고의 안전전문가가 되는 것이 저의 목표이자, 또 해야 할 일이라고 생각합니다. 이를 위해서는 무엇보다 현실에 안주하지 않고 끊임없이 스스로 부족한 점을 채우기 위해 노력하는 자세가 중요하다고 생각합니다.

제가 우리 공사에서 이루고 싶은 목표는 선배님들에게 인정받는 후배, 그리고 후배들에게 도움이 되는 선배가 되는 것입니다. 처음 입사해서 처음에는 부족한 점이 많겠지만 누가 가르쳐주지 않아도 선배님 어깨너머로 업무 지식과 노하우를 열심히 배워 참 열심히 노력한다는 칭찬과 인정을 꼭 받고 싶습니다. 그리고 저도 년차가 쌓이면 선배님들에게 배웠던 지식과 노하우를 후배들에게 전수해 주고 혹시라도 조직에 잘 적응하지 못하고 힘들어하는 후배들이 있다면 맛있는 국밥이라도 한 그릇 사주면서 다독여 줄 수 있는 좋은 선배가 되고 싶습니다.

조언 ▶ 앞서 회사에서 이루고 싶은 목표나 10년 후 나의 모습 등의 질문은 장기적인 목표나 비전을 묻는 것이라면, 이런 질문들은 비교적 가까운 시점의 목표를 묻는 질문이다. 실제 지원자가 어떻게 일을 할 것인지, 어떤 생각을 가지고 지원했는지를 파악하기 위한 질문이다. 주의해야 할 점은 거창한 목표를 제시하거나 수준이 낮은 자기 계발 목표 등을 제시하는 것이다. 이런 질문에는 되도록 신입직원으로서 5년 이내에 자신이 어떻게 일을 해 나갈지를 답변하는 것이 좋다.

답변

네, 입사 후 저의 목표는 가장 먼저 업무를 빠르게 파악하는 것입니다. 먼저 사업추진과 관련된 규정과 지침을 빠르게 숙지하겠습니다. 규정과 지침을 제대로 모른다면 사업추진 과정에서 실수하거나 제대로 일을 하지 못할 것이기 때문입니다. 규정과 지침을 공부하면서 선배님들의 사업추진 관련 경험과 노하우를 배워나가겠습니다. 선배님들을 쫓아다니면서 궁금한 점을 여쭤보고 꼼꼼히 메모해서 6개월 이내에는 제게 주어진 역할을 100% 소화하고 달성하는 모습을 보여드리겠습니다.

답변

입사 후 저의 목표가 있다면 조직에 빠르게 적응하는 것입니다. 제가 공공기관 인턴 경험은 있지만 실제 업무를 직접 맡아서 수행해본 경험은 없습니다. 그래서 입사하게 된다면 선배님들에게 혼 나가며 업무를 배우고 선배님들과 빨리 친해져 조직에 빨리 적응하고 싶습니다. 그래서 선배님들께서 이번 신입사원들 정말 잘 들어왔다고 말씀하실 수 있도록 만들고 싶습니다.

답변

네, 저는 우리 공단에 입사하면 선배님들께 조금이라도 도움이 되는 신입사원이 되고 싶습니다. 공단 입사를 위해 그동안 열심히 노력해왔지만, 아직 선배님들에 비해 부족한 점이 더 많습니다. 그래서 먼저 근무하면서 제가 어떤 점이 부족한지를 먼저 정확히 파악하고 그런 점들을 보완하기 위해 노력하겠습니다. 그래서 바쁘신 선배님들에게 조금이라도 도움을 드릴 수 있는 신입사원이 되는 것이 저의 첫 번째 목표입니다.

답변

제가 우리 공사에서 이루고 싶은 목표는 선배님들에게 어떤 일이든 믿고 맡겨 주실 수 있는 직원이 되는 것입니다. 처음 입사하게 되면 어려운 점들이 많이 있을 것 같습니다. 그래서 바쁘신 선배님들의 업무를 우선 열심히 도와드리면서 업무를 배우고 모르는 것이 있으면 선배님들께 커피라도 건네드리면서 조언을 구하겠습니다. 그래서 선배님들께서 아무리 어렵고 힘든 일도 저를 믿고 맡겨 주실 수 있는 후배 사원이 되고 싶습니다.

네, 제가 인턴으로 근무하면서 가장 배우고 싶은 것은 중소기업 신용도 평가 업무입니다. 대학 시절 기업의 신용평가에 대한 기본적인 지식은 쌓았지만, 현장에 바로 적용할 수 있을지 확신하지 못하고 있습니다. 인턴으로 근무하면서 우선 선배님들의 신용도 평가 업무를 옆에서 도와드리면서 실제 현장에서 신용도 평가를 어떻게 하는 것이 효과적인지 배우고 싶습니다. 그리고 이를 바탕으로 우리 재단에 입사해 제가 배운 지식과 경험을 활용해 중소기업 신용도를 보다 더 정확하게 평가하고 싶습니다.

 이직 사유? 이직을 선택한 이유?, 직장을 관둔 이유?, 이전 공기업을 사직한 이유?

 경력을 가진 이직자들을 가장 곤혹스럽게 하는 면접질문이다. 면접관들이 이직 사유를 물어보는 이유는 혹시라도 지원자가 조직에 잘 적응하지 못하는 것은 아닌지, 또는 불미스러운 일로 전 전 직장을 관둔 것은 아닌지, 우리 회사에 입사해서도 곧 관두지는 않을지 걱정하기 때문이다.

그래서 경력자들이 이직 사유를 제대로 답변하지 않으면 가장 큰 탈락 사유가 되기도 한다. 특히 이전 직장이 좋은 기업일수록, 공기업일 경우, 이직이 잦을 경우, 이런 면접관들의 우려는 더욱 커진다. 공기업 면접관들은 이미 수없이 많은 경력자를 만나봤고 채용해 왔다. 그래서 경력자들이 왜 이직을 선택했는지 대부분 잘 이해하고 있다. 그런 면접관들에게 그럴싸한 이직 사유를 말하기보다는 솔직한 이직 사유를 말하는 것이 필요하다.

네, 제가 이직을 결심하게 된 이유는 안정적인 일자리를 찾고 싶었기 때문이었습니다. 사기업에 다니면서 좋은 선배님들을 만난 덕분에 업무도 많이 배우고 즐겁게 일할 수 있었습니다. 하지만 제가 모시던 팀장님께서 하루아침에 갑자기 퇴직하시는 모습을 보면서 10년 후 저의 모습을 보는 것 같아서 충격을 많이 받았습니다. 그래서 보다 안정적인 직장에서 저의 실력을 발휘하면서 열심히 일하고 싶어서 오랜 고민 끝에 이직을 결심하게 되었습니다.

네, 제가 회사를 관둔 이유는 갑자기 회사 사정이 어려워졌기 때문이었습니다. 최근, 제가 근무하던 중견기업이 갑자기 중국 수출이 어려워지면서 경영 위기를 겪게 되었습니다. 그래서 월급도 받지 못하는 경우도 발생했고 회사 분위기도 뒤숭숭해졌습니다. 그래서 재취업 가능성이 높은 제가 먼저 사직하는 것이 오히려 회사와 선배님들에게 도움이 될 거라 생각해, 회사를 관두게 되었습니다.

네, 제가 이직을 고민한 이유는 사실 치열한 경쟁에 너무 지쳤기 때문입니다. 대기업에서 근무하면서 많은 것을 배우고 좋은 대우도 받을 수 있었지만, 가끔은 실적에 대한 압박감과 동료들과의 치열한 경쟁 때문에 지치고 힘들게 느껴지는 경우가 있었습니다. 그래서 동료들과 실적을 두고 경쟁해야 하는 대기업보다는 동료들과 함께 힘을 모아 국민을 위해 일할 수 있는 공기업으로 이직을 준비하게 되었습니다.

네, 제가 공기업으로 이직을 선택한 이유는 단순히 영리를 추구하는 개인 회사에서 일하기보다는 국민에게 조금이라도 도움을 주는 일을 하고 싶었기 때문입니다. 대기업에서 근무하면서 가끔은 이윤과 성과를 위해서 다른 사람들의 마음을 아프게 해야만 하는 경우가 종종 있었습니다. 그러면서 사기업 근무에 회의가 생겼고 자연스럽게 공익을 위해 자긍심과 보람을 갖고 일할 수 있는 공기업에 관심을 갖게 되었습니다.

제가 회사를 관둔 이유는 솔직하게 말씀드리자면, 생각보다 월급이 너무 적었기 때문이었습니다. 처음 입사를 할 때는 월급이 조금 적어도 괜찮다고 생각했지만, 실제 한 달 월급이 세후 200만이 조금 넘다 보니, 이 정도 월급으로는 나중에 정말 결혼하기도 힘들겠다는 생각이 들었습니다. 그래서 오래 고민 끝에 부모님과 상의한 후, 회사를 관두고 다시 취업을 준비하게 되었습니다.

제가 병원을 그만둔 이유는 점점 체력적 한계를 느꼈기 때문입니다. 그동안 상급 종합병원에서 5년간 근무하면서 많은 임상 지식과 경험을 쌓고 환자들이 건강하게 퇴원하시는 모습을 보면서 많은 보람을 느끼곤 했습니다. 하지만 계속 교대근무를 하다 보니 생활 리듬이 깨져 불면증과 소화불량에 시달리는 경우가 많았습니다. 그래서 병원에서 근무하면서 체력적 한계를 느끼게 되어 다른 직장인들처럼 아침에 출근하고 저녁에 퇴근할 수 있는 직장에 다니고 싶어 선배님과 동료들에게 미안하다고 이야기하고 이직하게 되었습니다.

제가 병원을 사직한 이유는 저의 전문성을 살려 더 오랫동안 근무할 수 있는 직장에서 일하고 싶었기 때문입니다. 병원에서 근무하면서 많은 보람을 느끼며 일할 수 있었지만 가끔은 정년까지 계속 근무할 수 있을까? 라는 고민을 하곤 했습니다. 그래서 동료들에게는 미안하지만 제가 그동안 쌓아온 전문성을 살려 정년까지 열심히 일할 수 있는 직장으로 이직을 결심하게 되었고 우리 건강보험공단을 준비하게 되었습니다.

제가 이전 공기업을 그만둔 이유는 제가 너무 어리고 철이 없었기 때문이었습니다. 모두 입사하고 싶어 하는 공기업에 입사했지만, 지방 근무가 너무나 힘들게 느껴져, 선배님들이 말리는데도 그것을 뿌리치고 직장을 관두게 되었습니다. 그리고 2년간 취업을 계속 실패하면서 제가 그 당시 얼마나 철이 없었는지, 생각이 짧았는지 뼈저리게 깨닫게 되었습니다.

제가 잘 다니던 공공기관을 관둔 이유는 실은 계속 아쉬움이 남았기 때문입니다. 운이 좋게도 졸업하기도 전에 작은 공공기관에 합격해 선배님들께 이쁨도 많이 받으며 즐겁게 근무할 수 있었습니다. 하지만 아무래도 규모가 작고 연봉도 조금 낮은 편이라, 조금만 더 공부해서 더 좋은 직장으로 이직하라는 부모님의 권유에 저 역시 욕심이 생겨 저를 챙겨주시던 선배님들과 팀장님께 죄송하다고 말씀드리고 전 직장을 그만두게 되었습니다.

제가 이전 공기업을 그만둔 이유는 실은 선배님들의 권유 때문이었습니다. 제가 근무하던 공기업이 규모가 작은 편이고 연봉도 상대적으로 낮은 편이었습니다. 그래서 저를 챙겨 주시던 선배님들께서 술자리에서 나처럼 후회하지 말고 하루라도 빨리 다른 공기업으로 이직하라고 계속 말씀해 주셨습니다. 그런 선배님들의 말씀을 듣고 나서, 조금 더 공부해서 더 큰 공기업으로 입사하고 싶어 이전 공기업을 사직하게 되었습니다.

제가 이직을 선택한 이유는 우리 공사에 꼭 입사하고 싶었기 때문입니다. 취업을 준비하면서 우리 공사를 1순위로 두고 열심히 노력했지만, 실력이 부족해 좋은 결과를 얻지 못했습니다. 다행히 다른 공기업에 입사해 열심히 근무했지만 계속 우리 공사에 대한 미련을 떨쳐낼 수 없었습니다. 그래서 퇴근 후에 시간을 쪼개어가며 틈틈이 공부하며 우리 공사 채용공고를 기다렸다가 이렇게 다시 도전하게 되었습니다.

제가 공무원을 관둔 이유는 제 미래가 그려지지 않았기 때문입니다. 공무원에 입직해서 열심히 근무했지만, 생각보다 급여도 너무 적었고 까다로운 민원 때문에 속상할 때도 많았습니다. 게다가 승진도 어려워 평생 공무원으로 근무할 자신이 없었습니다. 그래서 오래 고민하다가 공무원을 퇴직하고 제 근무 경험을 활용할 수 있는 공기업 취업을 준비해 왔습니다.

제가 전 직장을 관둔 이유는 제 능력이 부족하다고 느꼈기 때문이었습니다. 전 직장에 입사해 비정규직 직원의 노무관리 업무를 담당하게 되었습니다. 나이가 많으신 어머님 같은 분들에게 가끔 거짓말을 해야 하고, 중간에 끼여서 욕을 듣기도 했습니다. 그런 상황들을 겪으면서 제가 노무 업무를 수행하는데 능력이 부족하다고 생각하게 되었고, 제가 잘 할 수 있는 재무회계 직무를 하고 싶은 마음에 오랜 고민 끝에 팀장님과 선배님들께 죄송하다고 말씀드리고 관두게 되었습니다.

네, 제가 이직을 결심했던 이유는 사실은 국민연금공단에 입사해서 더 많은 일을 하고 싶었기 때문입니다. 왜냐하면 지금도 ****센터에서 근무하면서 좋은 선배님, 또 동료들과 함께 참가 장애인분들에게 도움을 드리는 일을 하면서 정말 즐겁게, 그리고 보람 있게 일하고 있습니다. 하지만 아무래도 제가 만날 수 있는 장애인분들이 제한적이기도 하고 또 국민연금공단에서 일을 한다면 더 많은 분께 도움을 드릴 수 있다고 생각해, 오래 고민하다가 이렇게 이직을 고민하게 됐습니다.

 ▶ 이직이 잦은 이유?

 ▶ 경력자 중에 이직이 잦은 지원자들이 있다. 이렇게 잦은 이직은 지원자에게 불리한 것이 사실이다. 그래서 대부분 면접관의 질문에 방어적으로 답변을 하거나 그럴싸한 사유를 답변하는 것은 치명적인 결과를 초래한다. 그래서 면접관들이 잦은 이직 사유를 이해할 수 있도록 솔직하게 답변하면서도 다시 이직을 하지 않을 것이라는 믿음을 줄 수 있도록 반성하는 모습을 보여주는 것이 바람직하다. 특히 주의해야 할 점은 답변하면서 핑계를 대는 것처럼 회사별로 퇴직 사유를 답변하는 것이다. 이런 경우에는 면접관이 오해하지 않도록 구체적인 사유를 정확하게 답변하는 것이 좋다. 또한, 이렇게 잦은 이직사유를 묻는 질문들에는 "우리 회사에서도 그럴 텐데?"라는 꼬리질문이 이어진다는 점을 기억하고 그에 맞는 답변을 준비하는 것이 필요하다.

네, 제가 이직이 잦은 이유는 제 실력이 많이 부족했기 때문입니다. 처음 취업을 준비하면서 열심히 노력했지만 계속 좋은 결과를 얻지 못했습니다. 그래서 조급한 마음에 부족한 역량과 직무 경험을 쌓기 위해 중소기업에 입사하게 되었습니다. 하지만 근무하던 기업마다 회사 사정이 어려워지거나, 월급이 너무 적어 계속 이직을 거듭하게 되었습니다. 그럴 때마다 저 자신도 힘들었지만, 더 부족한 실력을 키우기 위해 노력해 오늘 이 자리에까지 올 수 있었습니다.

네, 면접관님께서 지적하신 것처럼 제가 근무 기간에 비해 이직이 잦은 편입니다. 이렇게 이직을 많이 하게 된 이유는 제가 너무 조급한 마음에 잘못된 선택을 해왔기 때문입니다. 취업을 준비하면서 빨리 취업하고 싶은 욕심에 깊은 고민 없이 첫 직장생활을 시작했지만, 제가 생각했던 것과 너무 달라 6개월 만에 그만두게 되었습니다. 그 다음에라도 더 실력을 쌓고 공부해서 더 좋은 직장을 선택했어야 하는데, 집안 사정이 그리 좋지 않고 빨리 취업하려다 보니 계속 계약직으로 입사와 퇴사를 거듭하게 되었습니다. 그러다 보니 이렇게 이직을 많이 하게 됐습니다. 죄송합니다.

제가 이직이 잦았던 이유는 결국 제가 끈기가 부족했기 때문인 것 같습니다. 제가 그동안 근무했던 직장들이 작은 규모이다 보니 오래 근무하기 어려운 사정들이 각각 있었습니다. 그러다 보니 끈기 있게 더 버티지 못하고 직장을 관두고, 또다시 불안한 마음에 취업하고 이런 잘못된 선택을 계속하게 되었습니다. 그래서 실은 이번 면접을 준비하면서 그동안 제가 참 끈기가 부족했다는 생각에 후회를 많이 했습니다.

네, 제가 이직이 잦았던 이유는 변명처럼 들리시겠지만 제 나름대로의 고민과 사정이 있었습니다. 처음 근무했던 직장의 경우에는 갑자기 회사사정이 어려워져서 자의반 타의반으로 2년만에 직장을 그만 두게 되었습니다. 다행히 바로 두 번째 직장을 구할 수 있었지만 결혼과 육아문제 때문에 계속 지방에서 근무하기 어려운 사정이 있었습니다. 그리고 세 번째 직장의 경우에는 처음 제시 받았던 연봉의 절반도 받지 못하다 보니 회사에 대한 믿음이 사라져 3개월만에 퇴사하게 되었습니다.

조언 ▶ 공기업 면접관이 모두 합리적인 질문만을 던지는 것은 아니다. 그래서 가끔은 지원자를 당황하게 하는 이런 질문들이 나오는 경우가 있다. 지원자로서는 황당하기 그지없지만 면접관으로서는 지원동기를 가장 잘 파악할 수 있는 질문일 수도 있다. 그래서 당황하지 않고 자신의 입사 의지를 피력하는 수준으로 답하면 된다. 또한 이전 면접에서 탈락했던 이유를 묻는 때도 있다. 이 경우에는 자신의 약점을 솔직히 이야기하기보다는 자신의 면접이 부족했다는 방향으로 답을 하는 것이 좋다.

답변

네. 만일 이번 면접에서 탈락하게 된다면 정말 속이 많이 상할 것 같습니다. 하지만 제가 좋은 결과를 얻지 못한 것은 제가 부족한 탓이라고 생각합니다. 그래서 제가 어떤 부분이 부족했는지를 고민하고 열심히 보완해서 내년에는 더 준비된 모습으로 면접관님들을 찾아뵙겠습니다.

답변

네, 생각하기 싫지만 만일 제가 오늘 면접에서 탈락한다면, 제가 오늘 너무 긴장한 나머지 100% 제 역량을 보여드리지 못했기 때문이라고 생각합니다. 그동안 합격을 위해 열심히 노력했지만 입사하고 싶은 마음이 강하다 보니 너무 긴장했던 것 같습니다. 하지만, 만일 면접에서 탈락한다면 이전보다 더 열심히 준비하고 노력해서 내년에는 더 나은 모습을 꼭 보여드리겠습니다.

답변

네, 제가 작년에 우리 공단 면접에서 탈락했던 이유는 제가 너무 욕심을 부렸기 때문이라고 생각합니다. 꼭 합격하고 싶은 욕심에 저를 내세우고 저의 역량을 부풀려 자랑하게 되었습니다. 그런 모습이 오히려 면접관님들의 믿음을 받지 못하고 탈락했던 이유였던 것 같습니다. 그래서 이번 면접에서는 저를 자랑하기보다는 면접관님의 질문에 가장 솔직하게 답변드리기 위해 노력하고 있습니다.

답변

제가 올해 상반기 면접에서 탈락했던 이유는 면접관님들의 믿음을 받지 못했기 때문인 것 같습니다. 처음으로 보는 면접이라 긴장을 많이 했고 면접관님의 질문에 미리 준비했던 답변 내용을 허겁지겁 답변하기 바빴습니다. 지금 생각해 보면 면접관님께서 질문하셨던 질문에 더 진솔하게 답변을 드렸어야 하는데 제 딴에는 완벽한 답변이라고 생각해 진실하지 못한 모습을 보여드려 결국 탈락했던 것 같습니다. 그래서 오늘도 많이 떨리지만, 면접관님들께 미리 준비한 답변보다는 진짜 제 생각을 다 말씀드리고 가자고 생각하고 오늘 이 자리에 왔습니다.

면접의 목적이 지원자에 대해 정확히 파악하기 위함이다 보니, 공기업 면접에서도 지원자 개인에 대한 면접질문도 많은 편이다. NCS기반 능력중심채용제도의 도입에 따라 이런 개인 관련 질문들이 줄어들 것이란 예상과 달리, 아직도 지원자 개인과 관련된 면접질문이 많은 편이다. 지원자 개인에 관한 질문은 굉장히 다양하다. 그래서 일일이 다 준비하기는 어렵겠지만 어느 정도는 미리 준비하는 것이 필요하다. 미처 준비하지 못한 면접질문에 대해서는 굳이 꾸미거나 속이려고 하기보다는 솔직한 모습을 보여주는 것이 좋다.

질문 ▶ 지원자의 장점은?, 지원자의 성격상의 장점은?

조언 ▶ 지원자의 직무관련 강점을 묻는 질문도 있지만 성격 그 자체에 초점을 맞춘 질문들도 종종 등장한다. 대부분 강점은 직무상의 강점이나 역량을, 장점은 성격상의 장점을 말하는 경우가 많다.

자신의 장점을 선택할 때도 직무와 연관된 장점을 선택하는 것이 좋다. 예를 들어, 고객응대가 많은 직무라면 경청과 친화력을, 회계직무라면 엉덩이가 무겁다는 장점을 말하는 것이 좋을 것이다. 또한 장점을 말할 때, 소통, 책임감, 친화력과 같이 하나의 단어로 답변하기보다는 "상대방의 이야기를 잘 들어주는 경청", "상대방의 입장에서 생각하며 대화하는 소통의 자세", "작고 사소한 일이라도 끝까지 해내려는 책임감"과 같이 구체적인 표현을 통해 장점을 말하는 것이 좋다.

이런 성격에 관련된 질문에 대해 자신의 장점을 먼저 답변하고 그런 장점이 어떻게 발휘되는지, 그리고 그런 장점을 가장 잘 발휘한 경험을 말하거나 앞으로 어떻게 장점을 활용할 것인지 이야기하는 것도 좋다. 또는 그런 경험을 간략히 설명하거나 앞으로의 활용계획을 일부러 답변하지 않아 꼬리질문을 유도하는 것도 좋은 방법이다.

간혹 자기소개서의 성격의 장단점 항목을 그대로 외워서 답변하는 경우를 보게 된다. 그리 바람직하지 않다. 물론 자기소개서에 작성한 성격의 장단점과 같이 답변하는 것이 좋지만 그렇다고 해서 그것을 그대로 외워서 답할 필요는 없다. 그리고 자기소개서의 내용과 다르게 자신의 진짜 장단점을 답변하는 것도 가능하다.

🔵 **답변**

네, 저의 가장 큰 장점은 아무리 힘들어도 포기하지 않는다는 점입니다. 저는 지금까지 성장하면서 크고 작은 어려움들을 겪어 왔습니다. 그런 어려움들을 만날 때마다 마음이 약해지기도 했지만, 절대 포기하지 않고 끝까지 노력해 오곤 했습니다. 입사해서도 어려운 일이 닥치더라도 실패가 두려워 포기하기보다는 끝까지 도전하고 그 결과를 담담히 받아들이는 모습을 보여드리겠습니다.

🔵 **답변**

네, 저의 가장 큰 장점은 엉덩이가 무겁다는 점입니다. 제가 다른 지원자들에 비해 특별히 뛰어나다고는 생각하지 않습니다. 하지만 저는 어떤 일이 주어져도 끝까지 포기하지 않고 그 일을 끝까지 해내려고 노력하는 편입니다. 그래서 학교에 다닐 때도 늘 엉덩이 무겁게 앉아서 노력한 덕분에 교수님으로부터 듬직하다는 평가를 받곤 했습니다.

🔵 **답변**

네, 제 성격의 장점은 늘 긍정적으로 생각한다는 점입니다. 저는 어떤 일이든지, 어두운 면과 밝은 면이 함께 있다고 생각합니다. 그래서 힘들거나 어려운 일이 생겨도 어두운 면에 집착하기보다는 긍정적인 면을 생각하기 위해 노력합니다. 덕분에 군 제대 시기가 늦어져 1년 동안 휴학을 하면서도, 재충전의 기회라고 생각하고 전공 관련 현장 경험을 쌓기 위해 공사장에서 아르바이트하면서 많은 것들을 배울 수 있었습니다.

🔵 **답변**

네, 저의 성격상 장점은 상대방의 이야기를 잘 들어준다는 점입니다. 저는 제 이야기를 먼저 하기보다는 친구들의 이야기를 맞장구치며 잘 들어주는 편입니다. 그래서 항상 친구들이 어렵고 힘든 일이 있으면 가장 먼저 저를 찾아와 고민을 털어놓곤 합니다. 얼마 전에는 엄마에게 취업도 못하는 녀석이 친구들 고민상담만 해주고 다닌다고 꾸중을 듣기도 했습니다.

🔵 **답변**

네, 저의 장점을 꼽자면 상대방에게 먼저 적극적으로 다가선다는 점입니다. 저는 낯선 환경이나 새로운 사람을 만나면 상대방을 기다리기보다는 먼저 커피라도 한잔 들고 다가가 이야기를 건네는 편입니다. 덕분에 낯선 환경에 빠르게 적응할 수 있었고 더 많은 친구를 사귈 수 있었던 것 같습니다. 우리 공사에 입사해서도 선배님들에게 아침마다 큰 목소리로 인사하고 싹싹하게 다가가 빠르게 업무에 적응하는 모습을 보여드릴 자신이 있습니다.

🔵 **답변**

네, 제가 자랑하고 싶은 장점은 작고 사소한 일도 꼼꼼하게 잘 챙길 수 있다는 점입니다. 제가 실은 겁이 많은 편이라 어떤 일을 하든지 혹시 일이 잘못될까 봐 작은 것까지 꼼꼼하게 챙기곤 합니다. 그래서 친구들과 여행을 갈 때도 항상 제가 여행계획을 시간단위로 꼼꼼하게 세운 덕분에 갑작스러운 상황에서도 당황하지 않고 여행을 잘 마친 경험이 있습니다.

답변

네, 저의 장점은 순발력이 좋다는 점인 것 같습니다. 저는 갑작스러운 상황이 발생해도 당황하지 않고 상황에 맞는 해결책을 찾아 문제를 해결하려고 노력하기 때문입니다. 그래서 국제영화제에서 자원봉사자로 활동하면서 갑작스럽게 비 때문에 행사에 차질이 발생했지만, 순발력을 발휘해 동료들과 함께 차분하게 대처한 덕분에 혼란을 막고 행사를 무사히 치를 수 있었습니다.

답변

저의 가장 큰 장점은 맡은 일을 끝까지 해내기 위해 노력하는 책임감입니다. 제게 주어진 일을 끝까지 책임지지 않으면 다른 동료들에게 피해를 줄 뿐만 아니라 조직에도 악영향을 줄 수 있다고 생각하기 때문입니다. 그래서 가끔 일이 버겁게 느껴질 때도 있었지만 그럴 때마다 끝까지 해내야 한다는 생각으로 밤잠을 줄여가며 열심히 노력해 부모님으로부터 가끔 "몸 상하니까 쉬어가면서 하라"는 조언을 듣기도 했습니다.

답변

제가 가지고 있는 강점은 항상 작은 일에도 늘 노력한다는 점인 것 같습니다. 제가 특별히 뛰어난 점은 없지만 저는 스스로 부족하다고 생각하면 그걸 보완해야 하기 위해 밤늦게까지 노력하기 때문입니다. 그래서 우리 공단에서 인턴으로 근무할 때도 처음에는 업무 파악이 늦어져 선배님들께 눈치가 보이기도 했지만, 저만의 업무매뉴얼을 만들어 열심히 노력한 덕분에, 나중에는 선배님들께서 참 일을 야무지게 잘한다고 칭찬해 주시기도 하셨습니다.

답변

저의 가장 큰 장점은 작은 일이라도 꾸준히 노력하는 것입니다. 왜냐하면 아무리 어려운 일이 있더라도 스스로 고민하고 열심히 노력하는 과정이 있다면, 충분히 해낼 수 있다고 생각하기 때문입니다. 그래서 국민연금공단에 입사하게 된다면 작은 일에도 노력하는 저의 장점을 발휘해 국민에게 더 많은 도움을 드리고 아무리 작고 사소한 것도 더 꼼꼼하게 확인하고 노력하는 모습을 통해, 선배님들한테 믿음을 받고 또 고객들로부터 칭찬받는 신입사원이 되겠습니다.

답변

저의 장점이 있다면 실은 계획을 꼼꼼하게 잘 세운다는 점인 것 같습니다. 저는 어떤 일을 할 때 혹시라도 그 일이 잘못될까 봐 사전에 철저히 계획을 세우고 꼼꼼하게 확인하려고 노력하기 때문입니다. 그래서 지금 근무하고 있는 지역 ****센터에서도 다양한 행사를 많이 개최했는데, 그럴 때마다

답변

네 저의 가장 큰 장점은 그리 대단한 것은 아니지만 어떤 상황에서도 잘 웃는다는 점인 것 같습니다. 제가 실은 성격이 밝고 긍정적인 편이다 보니 어렵고 힘든 상황에서도 자주 웃으려고 노력하기 때문입니다. 그래서 우리 공단에서 인턴으로 근무할 때 아무리 화가 많이 나신 고객들께서도 제가 이렇게 밝게 웃는 모습을 보여드리면 자연스럽게 화를 푸시는 경우가 많았습니다.

질문 ▸ 자신 있는 역량?, 강점?, 전문성?, 가장 자신 있는 것은?, 가장 잘 할 수 있는 일?, 직무에 활용할 수 있는 전문성?

조언 ▸ 이렇게 자신의 강점이나 역량을 묻는 질문은 지원자라면 반드시 준비해야 할 면접질문이다. 답변 방향은 실제 직무를 수행하는 데 도움이 될 수 있는 자신의 강점이나 역량이면 모두 좋지만 되도록 직무연관성이 높은 것을 선택하는 것이 좋다. 자신의 직무관련 전문성이나 경험, 컴퓨터활용능력, 고객 응대 역량, 협업역량 등 자신의 강점을 단 하나만 설정해서 이를 답하면 된다.

간혹 2~3가지 강점을 늘어놓는 지원자들이 있지만, 오히려 설득력이 떨어질 뿐만 아니라 답변 도중에 중단당할 가능성이 높다. 또한 신입 지원자의 경우에는 전문성으로 답변하는 것이 오히려 부정적으로 보여 꼬리질문에 시달릴 수 있는 만큼 조심하는 것이 좋다.

자신의 강점을 먼저 제시하고 그런 강점이 어떤 모습인지, 어떻게 활용하는지 등에 대해서 잘 설명해서 면접관들을 설득할 수 있도록 근거를 제시해야 한다. 또한 이런 질문에는 그런 강점이나 역량을 입사 후에 어떻게 발휘할 것인지를 묻는 꼬리질문이 이어질 가능성이 큰 만큼 그에 대해서도 대비하는 것이 좋다.

답변

네, 저의 가장 큰 강점이 있다면 일을 빠르게 배운다는 점입니다. 저는 일을 하면서 궁금하거나 확신이 서지 않는 일은 절대 그냥 지나치지 않고 선배들에게 물어보거나 혼자서 공부해서 반드시 확인하곤 합니다. 이런 강점 덕분에, 전에 일하던 직장에서도 처음에는 선배님들로부터 귀찮다는 핀잔을 듣기도 했지만, 나중에는 오히려 일머리가 좋다는 칭찬까지 들을 수 있었습니다.

저의 가장 큰 강점은 눈썰미가 좋다는 점입니다. 제가 눈썰미가 좋은 편이다 보니 가끔 다른 사람들이 쉽게 찾지 못하는 것을 문제를 찾아내는 경우가 많습니다. 그래서 인턴으로 근무할 당시, 선배님께서 참고해 보라고 주셨던 중요한 보고서의 통계 데이터에 잘못된 부분을 찾아 말씀드린 덕분에 선배님한테 칭찬을 들을 수 있었습니다.

네, 제가 가장 자신이 있는 역량은 특별한 것은 아니지만 바로 엑셀을 잘한다는 것입니다. 저는 고등학교 때부터 엑셀과 같은 프로그램을 사용하여 공부했던 내용을 정리하는 것을 좋아했습니다. 대학에 와서도 동아리 총무를 맡으면서 엑셀로 동아리 회비와 동아리 관리비는 물론, 친구들 연락처까지 모두 엑셀로 기록하여 관리할 정도로 엑셀을 좋아합니다. 덕분에 아무리 많은 데이터도 함수를 이용해서 빠르게 일을 마치곤 해서 엑셀의 귀재라는 별명을 듣기도 했습니다.

네, 제가 자신 있는 역량이 있다면 통계분석역량인 것 같습니다. 학교에 다니면서 통계 과목을 수강하면서 처음에는 어렵기도 했지만, 점점 흥미를 느끼게 되었습니다. 그래서 나중에는 일부러 통계 과목들을 찾아다니며 수강한 덕분에 데이터를 분석하고 활용하는데 자신감을 가질 수 있게 되었습니다. 우리 공사에서도 사업대상자를 선정하기 위해 통계데이터를 많이 활용하는 것으로 알고 있습니다. 입사하게 된다면 제가 자신있는 통계분석 역량을 발휘해 바쁜 선배님들에게 조금이나마 도움이 되어 드리고 싶습니다.

네, 제가 직무수행에 가장 자신 있는 점은 작은 것 하나도 잘 챙긴다는 점입니다. 큰일을 잘하는 것도 중요하지만 작은 일 하나하나가 모여 결국, 큰일이 된다고 생각합니다. 그래서 저는 아무리 작고 사소한 일도 꼼꼼하게 확인하고 챙기는 편입니다. 우리 공단에 입사해서도 처음에는 작고 사소한 일부터 먼저 시작할 것 같습니다. 그런 작은 일부터 열심히 하면서 선배들에게 열심히 배워 나중에는 선배님들께서 크고 중요한 일도 믿고 맡겨 주실 수 있도록 노력하겠습니다.

네, 제가 가장 자신 있는 역량이 있다면 동료들과 함께 서로 협력하며 좋은 성과를 만들 수 있는 협업 역량입니다. 저는 학교에서 팀 프로젝트를 하면서 제가 맡은 일만 생각하기보다는 혹시라도 동료들이 어려워하는 일이 있다면 제 일처럼 가장 먼저 나서서 필요한 도움을 주곤 했습니다. 이런 협업 역량 덕분에 큰 갈등 없이 좋은 분위기에서 동료들과 힘을 합쳐 다양한 프로젝트를 수행할 수 있었고 성과를 만들어 내기 위해서는 무엇보다 동료들과의 협업이 중요하다는 점을 배울 수 있었습니다.

제가 쌓아온 전문성이 있다면 그리 대단한 것은 아니지만, 다양한 고객들의 눈높이 맞춰 고객을 응대할 수 있는 고객서비스 역량입니다. 저는 그동안 다양한 서비스직 아르바이트와 공공기관 인턴으로 근무하면서 다양한 고객들을 만나고 고객들을 도와드린 경험이 많습니다. 처음에는 고객응대가 어렵고 힘들게 느껴지는 경우도 있었지만, 선배님의 고객응대 노하우를 훔쳐 배우고 저 역시 까다로운 고객들을 응대하는 경험이 쌓이면서 자연스럽게 고객응대에 자신감을 갖게 되었습니다.

네, 제가 직무에 이바지할 수 있는 전문성이 있다면 만성질환에 대한 의학적 지식과 임상경험입니다. 저는 내과 병동에서 약 5년간 근무하면서 많은 만성질환자의 치료와 간호를 담당해 왔습니다. 이런 경험을 통해 만성질환자들이 겪는 어려움을 누구보다 잘 이해할 수 있었고 그분들에게 어떻게 다가가야 하는지를 배울 수 있었습니다. 공단 건강직으로 입사하게 된다면 만성질환에 대한 임상지식과 경험을 살려, 하루라도 빨리 담배를 끊을 수 있도록, 하루 10분씩이라도 땀흘려 운동하실 수 있도록 설득해 나가겠습니다.

저의 강점은 상대방에게 먼저 친근하게 다가설 수 있다는 점입니다. 저는 낯선 사람을 만나더라도 상대방을 기다리기보다는 먼저 적극적으로 웃으며 말을 건네고 친해지기 위해 노력하기 때문입니다. 그래서 이런 강점 덕분에 저는 더 많은 친구를 사귈 수 있었고 또, 그 친구들과 함께 다양한 활동을 하면서 많은 것들을 배울 수 있었습니다.

질문 ▶ 지원자의 단점? 성격상의 단점?, 아직 보완하지 못한 단점?, 최근에 들었던 부정적 피드백,
주변 사람들의 평가

조언 ▶ 단점 또는 성격상의 단점을 묻는 경우에는, 자신의 단점을 솔직히 이야기하는 것이 좋다.
장점은 쉽게 찾지만 어떤 단점을 선택해야 하는지 고민하는 경우가 많다. 너무 치명적인 단
점이 아닐까 걱정하는 때도 많고 너무 형식적인 단점을 말하면 진실하지 못하게 보일까 걱
정되기 때문이다. 자신의 단점을 찾는 가장 좋은 방법은 동전의 양면처럼 자신의 장점 때문
에 발생하는 단점을 떠올리는 것이다.

예를 들어, 꼼꼼한 것이 장점이라면 일 처리가 늦어지는 것이 단점으로, 책임감이 장점이라
면 그로 인한 스트레스 또는 무리한 일 처리로 인한 실패를 단점으로, 상대방에게 먼저 다
가가는 것이 장점이라면 가끔 타인으로 인해 상처받는 것을 단점으로 생각할 수 있다.

대부분 단점을 말할 때는 자신의 단점을 제시하고 그런 단점이 발생하는 이유를 설명하거
나 그런 단점이 어떻게 나타나는지를 이야기한 다음에 단점을 보완하기 위해 어떻게 노력
하는지를 말하는 것이 좋다. 하지만 일부러 단점보완 방법을 말하지 않고 꼬리질문을 유도
하는 것도 좋은 방법이 될 수 있다.

답변

네, 저의 단점은 남의 부탁을 잘 거절하지 못해 가끔은 제 일을 제대로 하지 못하는 점입니다. 학교
에 다니면서도 다른 친구들의 어려움을 보거나 도움을 요청받으면 딱 잘라 거절하지 못하고 도와주
다가 오히려 제가 맡은 부분을 제대로 하지 못하는 있었습니다. 그래서 이런 저의 단점을 보완하기
위해 제 일에 지장이 없는 범위 내에서 친구들 도와주고, 혹시라도 정말 도움을 주기 어려운 상황이
라면 상대방이 무안해하지 않도록 저의 사정을 잘 설명하기 위해 노력하고 있습니다.

답변

네, 제가 가진 단점은 가끔 일 처리가 늦어진다는 점입니다. 제가 성격이 꼼꼼한 편이라 어떤 일을
할 때 두 번 세 번 확인하다 보니, 가끔 일이 늦어져 주변 동료들에게 피해를 준 적이 있습니다. 그래서
이런 저의 단점을 보완하기 위해 항상 일을 할 때, 3일 정도 앞당겨 미리 마감 기한을 설정하고 이를 스
마트폰 일정 프로그램에 메모해 아침마다 일정을 확인하며 보완하고 있습니다.

답변

네, 저의 단점은 잔걱정이 많다는 점입니다. 저는 중요한 일을 앞두면 혹시 일이 잘못되면 어쩔까 걱
정하는 때도 많고 일어나지도 않을 일까지 미리 걱정을 사서 하는 경우가 많기 때문입니다. 이런 단
점을 보완하기 위해 중요한 일을 앞두고 계획을 세울 때, 너무 작은 부분에 매달리기보다는 우선 큰
부분들을 명확하게 결정하고 발생할 수 있는 돌발 상황에 어떻게 대처할 것인지 미리 생각하면서
이런 단점을 보완해 나가고 있습니다. 하지만 아직도 이런 단점을 완벽하게 보안하지 못하고 있어,

이런 부분은 입사해서도 조금 더 신경쓰고 노력해야 할 것 같습니다.

답변

저의 단점은 새로운 사람이나 낯선 환경을 만나면 긴장을 너무 많이 한다는 점입니다. 제가 성격이 소심한 편이다 보니 많은 사람 앞에 서거나 중요한 발표를 하게 되면, 너무 긴장한 나머지 머리가 하얘져 낭패를 본 경우가 있었습니다. 그래서 학교에 다닐 때도 일부러 발표과제가 있는 수업을 선택해서 발표자 역할을 맡아가며 이런 단점을 보완하기 위해 노력했습니다. 실은 이번 면접을 준비하면서도 너무 긴장을 하지 않도록 밤늦게 학교 운동장에 나가 혼자서 큰 목소리로 답변하는 연습을 하기도 했습니다.

답변

제가 생각하는 단점은 낯을 가리는 것입니다. 제가 낯을 가리다 보니 낯선 사람을 만나면 쉽게 다가가지 못하고 가끔은 오해받는 일도 있었습니다. 그래서 이런 단점을 보완하기 위해 낯선 사람을 만나면 먼저 웃으면서 적극적으로 다가가고 같이 커피라도 한잔 마시면서 친해지기 위해 노력하고 있습니다. 그래서 전보다는 낯을 가리는 단점을 많이 보완할 수 있었지만, 입사 후에도 이런 단점을 보완하기 위해 조금 더 노력해야 할 것 같습니다.

답변

저의 단점이 있다면 의욕을 너무 앞세우는 경우가 있다는 점입니다. 저는 어떤 일을 할 때 능력에 비해 의욕을 너무 앞세워 과도한 목표를 세우는 바람에 저 스스로 스트레스를 받거나 오히려 더 나쁜 결과를 만드는 경우가 있습니다. 이런 단점을 보완하기 위해 일주일마다 공부계획을 세울 때에도 너무 많은 목표를 설정하지 않고 현실적으로 달성할 수 있는 공부량을 설정하는 대신 어떤 일이 있더라도 목표했던 공부량은 반드시 지키려고 노력해 왔습니다.

답변

저의 단점은 가끔 작은 것들을 놓치는 경우가 있다는 점입니다. 제가 어떤 일을 하다 보면 그 일에 너무 집중하는 바람에 친구들과의 모임약속과 같이 작고 사소한 것들을 제대로 챙기지 못해 낭패를 보는 경우가 있습니다. 이런 단점을 보완하기 위해 스마트폰의 메모 프로그램을 이용해 작은 것들까지 꼼꼼하게 메모하고 수시로 이를 확인해서 작은 것들까지 놓치지 않기 위해 노력하고 있습니다.

답변

제가 아직 보완하지 못한 단점은 욕심이 많다는 점인 것 같습니다. 제가 실은 일 욕심이 많은 편이라 어떤 일을 맡게 되면 더 잘하고 싶은 마음에 너무 많은 것을 챙기려고 하다고 오히려 낭패를 보는 경우가 있습니다. 이런 단점을 보완하기 위해 너무 욕심을 부리기보다는 제가 잘 할 수 있는 일에 더 집중해서 좋은 성과를 만들기 위해 노력하고 있습니다. 입사해서도 우선 선배님들에게 혼나가며 신입사원에게 꼭 필요한 기본부터 탄탄히 다지고 이후 실력이 쌓이면 더 좋은 성과를 만들기 위해 노력하는 모습을 보여드리겠습니다.

답변

네, 제가 보완해야 할 단점이 있다면 겉보기와 달리 성격이 소심하다는 점인 것 같습니다. 제가 실은 성격이 소심한 편이다 보니 어떤 일을 할 때 이것저것 고민하고 생각하면서 시간을 허비하는 경우가 있기 때문입니다. 이런 단점을 보완하기 위해 일을 시작할 때, 고민하는 시간을 줄이고 대신 먼저 일을 시작한 다음에 문제점이 발견되면 그것을 보완하고 해결하기 위해 노력하고 있습니다. 입사하게 된다면, 우선 업무관련 규정과 지침을 명확히 공부하고 이해해서 업무를 하면서 소심하게 고민하지 않고 보다 더 효율적으로 수행할 수 있도록 노력하겠습니다.

답변

저의 단점은 가끔 성급하게 일을 처리하려다가 오히려 실패하는 경우가 있다는 점인 것 같습니다. 제가 어떤 일을 하게 되면 서둘러 일을 하려다가 오히려 나중에 일이 꼬여 더 좋지 않은 결과를 만들어내는 경우가 있었습니다. 그래서 이런 단점을 보완하기 위해 일을 시작하기 전에 조급함을 내려놓고 더 차분하게 생각해 보고 미리 준비할 것들을 챙기기 위해 노력하는 편입니다.

답변

저의 단점이 있다면 다른 사람들의 눈치를 많이 본다는 점인 것 같습니다. 저는 다른 사람들에게 잘 보이고 싶은 욕심이 조금 많아서 주변 사람들의 눈치를 보는 경우가 있습니다. 그러다 보니 가끔 친한 친구들이 그렇게 다른 사람들 신경 쓰지 말고 네 생각을 먼저 말하라는 조언을 받곤 했습니다. 그래서 요즘에는 식당에 가서도 다른 사람들의 눈치를 보기보다는 제가 먼저 먹고 싶은 메뉴를 말하는 방식으로 이런 단점을 보완하기 위해 노력하고 있습니다.

질문 ▶ 부족한 역량?, 자신의 약점?, 보완해야 할 점?, 직무수행 어려움

조언 ▶ 지원자의 역량과 함께 종종 지원자의 부족한 역량을 묻는 경우가 있다. 부족한 역량을 묻는 경우 어떤 내용으로 답변해야 할지 고민될 수밖에 없다. 가장 좋은 방법은 현직자 선배들에 비해 자신이 부족한 부분을 찾는 것이다. 예를 들어, 현장 업무 경험, 사업과 업무 관련 지식, 관련 법령에 대한 이해, 실무역량과 경험 등이 될 수 있을 것이다. 또한 부족한 역량을 어떻게 보완할 것인지 구체적인 방안까지 함께 준비하는 것이 필요하다.

답변

네, 제게 가장 부족한 역량은 실무역량과 경험인 것 같습니다. 왜냐하면 그동안 부족한 역량을 쌓기 위해 노력하고 공공기관 인턴으로 근무하면서 조금이나마 실무경험을 쌓아왔지만, 아직 선배님들보다 실무역량과 경험이 턱없이 부족하기 때문입니다. 그래서 입사하게 된다면, 저의 부족한 실무역량과 경험을 쌓기 위해 더 많은 노력을 기울여야 할 것 같습니다.

답변

제가 입사 후 보완해야 할 점은 고객응대 역량이라고 생각합니다. 우리 공단에는 업무 특성상 많은 고객이 찾아오시는 것으로 알고 있습니다. 제가 아르바이트 경험이 있기는 하지만 다양한 고객을 응대한 경험은 부족하기 때문에 처음에는 고객들의 요구사항을 정확히 파악하고 그에 맞는 서비스를 제공하는데 어려움이 있을 것 같습니다. 그래서 고객응대 역량을 쌓기 위해 먼저 업무매뉴얼을 완벽히 이해하고 선배님들의 고객응대 노하우를 빠르게 배워 제 것으로 만드는 노력이 필요하다고 생각합니다.

답변

제가 입사 후 가장 어려울 것 같은 점은 현장 설비에 대한 지식과 이해라고 생각합니다. 그동안 학교에 다니면서 설비에 대한 기본적인 지식을 쌓기 위해 노력했지만, 실제 우리 공사의 다양한 현장 설비에 대해서는 깊게 알고 있지 못합니다. 현장 설비에 대해 정확히 알지 못하면 자칫 큰 사고로 이어질 수 있는 만큼, 입사하게 된다면 동기들과 함께 스터디 모임을 만들어 공부하고 모르는 부분이 있다면 선배님들께 도움을 요청해 제 것으로 만들기 위해 노력하겠습니다.

답변

저의 약점이 있다면 복지 관련 전문지식이 부족하다는 점입니다. 저는 그동안 병동에서 근무하면서 다양한 의학적 지식과 임상경험을 쌓아왔지만, 요양직 업무를 수행하는데 필요한 복지 관련 전문지식이 상대적으로 부족한 상황입니다. 그래서 업무수행에 필요한 복지 관련 전문지식과 경험을 쌓기 위해 선배님과 동료들에게 조언을 구해 주말마다 따로 시간을 내서 공부하고 관련 업무지침과 모범사례를 공부해 어르신에게 꼭 필요한 도움을 드릴 수 있는 요양직 직원이 되겠습니다.

제가 보완해야 할 역량이 있다면 행정업무 관련 역량이라고 생각합니다. 제가 공공기관에서 인턴으로 근무하면서 선배님들의 행정업무를 도와드린 경험은 있지만, 직접 보고서를 작성하고 행정업무를 처리한 경험은 부족하기 때문입니다. 그래서 입사하게 된다면 저의 부족한 행정업무 역량을 쌓기 위해 선배님들의 업무를 더 열심히 도와드리면서 실무경험을 쌓고, 선배님들이 작성한 보고서를 복사해 하나씩 공부하고 혹시 이해가 되지 않는 부분은 선배님들께 조언을 구해 행정업무도 잘하는 신입사원이라는 평가를 꼭 듣겠습니다.

 취업 공백기가 길어진 이유는?

 면접관으로서는 지원자의 취업 공백기에 관해 관심을 두기 마련이다. 취업 공백기에 관한 질문은 지원자가 혹시 다른 경력을 숨기고 있지는 않은지 걱정해서 질문하는 때도 있고, 단순히 취업 공백기를 어떻게 보냈는지를 궁금해하는 때도 있다. 이런 질문은 취업 공백기가 길어질수록 질문빈도가 높아지게 된다.

요즘에는 워낙 취업난이 심각해 1~2년 정도의 취업 공백기는 그리 대수롭지 않게 생각하지만 2~3년 정도라면 취업 공백기 질문에 대해 미리 대비하는 것이 좋다. 간혹 취업 공백기에 관한 질문을 자신에 대한 압박질문으로 생각하고 방어적으로 답변하거나 공무원 시험 준비 등을 숨기려는 경우가 있다. 이렇게 취업 공백기에 대해 의문을 가진 면접관에게 솔직하게 답변하지 않으면 오히려 지원자에 대한 의심을 키워 나쁜 결과로 이어질 수 있다는 점을 기억하는 것이 좋다.

취업 공백기가 길어진 이유는 그 동안 저의 노력이 부족한 것이 가장 큰 원인이라고 생각합니다. 제 나름대로는 열심히 취업을 준비한다고 했지만, 합격자들에 비해 저의 노력이 부족했던 탓에 계속 좋은 결과를 얻지 못했었습니다. 그럴 때마다 힘들고 불안하기도 했지만 그럴수록 더 열심히 해야 한다고 생각해, 매일 한 시간씩이라도 더 책상에 앉아서 공부하려고 노력했고 덕분에 이 면접장까지 올 수 있었습니다.

저의 취업이 늦어졌던 이유는 제가 처음에 방향을 잘못 잡았기 때문입니다. 처음에 취업을 준비하면서 내가 열심히만 하면 충분히 취업을 할 수 있다고 자신했었습니다. 하지만 실제 취업을 준비하다 보니 열심히 하는 것도 중요하지만, 올바른 방향을 잡고 거기에 맞는 계획을 잘 세워 취업을 준비해야 한다는 점을 알게 되었습니다. 그래서 처음 취업을 준비하면서 취업전략과 계획을 세우지 못했던 탓에 효율적으로 취업을 준비하지 못해 이렇게 취업이 늦어지게 되었습니다.

답변

제 취업 공백기가 길어졌던 이유는 실은 제가 공무원 시험을 2년 정도 준비했기 때문입니다. 대학을 졸업하고 처음 취업을 준비하면서 주변 친구들과 부모님의 조언을 듣고 7급 공무원 시험을 준비했었습니다. 2년 동안 열심히 공부하고 준비했지만 결국 좋은 결과를 얻지 못했습니다. 그래서 퇴직을 앞두고 계신 부모님께 너무 부담을 드리는 것 같아서 만류하시는 부모님을 설득하고 다시 취업을 준비하다 보니, 이렇게 취업 공백기가 길어지게 되었습니다.

답변

취업 공백기가 길어졌던 것은 핑계처럼 들리시겠지만, 취업을 준비하면서 충분한 공부 시간을 확보하지 못했기 때문입니다. 실은 가정 형편이 그렇게 좋은 편이 아니어서 대학 시절부터 계속 아르바이트를 했었습니다. 학교를 졸업하고 나서도 더 이상 부모님께 부담을 드릴 수 없어 일주일에 2~3개씩 아르바이트를 하면서 취업을 준비하다 보니 공부 시간을 충분히 확보하지 못했습니다. 그래서 효율적으로 공부하기 위해 노력했지만 좋은 결과를 얻지 못해 취업이 늦어지게 되었습니다.

답변

제 취업 공백기가 길어졌던 이유는 제가 너무 조급했기 때문인 것 같습니다. 학교를 졸업하고 취업을 준비하면서 다른 친구들이 취업하는 것을 보면서 빨리 취업해야 한다는 조급함을 갖게 되었습니다. 그래서 중견기업에 입사해 약 2년간 근무하면서 직무역량과 경험을 쌓을 수 있었지만, 아무래도 연봉과 안정성 측면에서 아쉬운 점이 많아 오랜 고민 끝에 직장을 관두고 다시 취업을 준비하게 되었습니다. 지금 생각해 보면, 취업에 너무 조급해 하지 않고 스스로 믿음을 가지고 꾸준하게 노력했더라면 더 좋았을텐데라는 후회를 한 적이 있었습니다.

답변

제 취업 공백기가 길어진 것은 변명처럼 들리시겠지만, 제가 건강관리에 실패했기 때문이었습니다. 취업을 준비하면서 열심히 해야 한다는 생각에 하루 종일 자리에만 앉아서 공부하다 보니 허리가 나빠져 한 시간 이상 책상에 앉아 있기 힘들 정도로 상태가 나빠졌습니다. 그래서 결국 병원에 다니면서 꾸준히 허리치료를 받고 매일 1시간씩 운동을 열심히 하며 건강을 회복한 다음에, 다시 취업을 준비하다 보니 취업 공백기가 생각보다 길어지게 되었습니다.

답변

제 취업이 늦어진 이유는 개인적인 사정이 있었기 때문이었습니다. 대학을 졸업하고 취업을 준비하던 중에 아버지께서 갑자기 위암 판정을 받고 투병을 시작하셨습니다. 부모님께서는 그래도 취업 준비에 집중하라고 말씀하셨지만, 현실적으로 장남이었던 제가 취업준비에만 몰두하기 힘든 상황이었습니다. 그래서 어머니와 함께 교대로 항암치료를 하시는 아버지를 간호하고 틈틈이 어머니가 하시는 작은 가게 일을 도와드리다 보니 이렇게 취업이 늦어지게 되었습니다.

질문 ▶ 취업을 위한 노력? 취업 공백기? 자기 계발?

조언 ▶ 지원자가 우리 회사를 위해 얼마나 열심히 했는지를 묻거나 평소 자기 계발을 위해 어떤 노력을 했는지 묻는 질문이다. 굳이 그런 노력을 통해 어떤 성과를 거두었는지 자랑하기보다는 실제, 그동안 얼마나 열심히 노력해 왔는지 진솔하게 답변하는 것이 좋다.

답변

제가 우리 공사 입사를 위해 기울여 왔던 노력은 그리 특별한 것은 없는 것 같습니다. 취업하기 위해서는 무엇보다 치열한 필기 경쟁을 뚫는 것이 가장 중요했습니다. 그래서 집 앞 독서실에서 하루에 반드시 10시간 이상씩은 공부하려고 노력했습니다. 가끔 공부가 지치고 집중이 잘되지 않으면 공원에 가서 30분씩 정도 땀을 흘리며 운동하고 저녁마다 공기업에 입사해서 제가 일하는 모습을 상상하면서 힘을 내곤 했습니다.

답변

제가 우리 공단 입사를 위해 특별히 노력해 온 것이 있다면, 복지 관련 전문지식과 직무역량을 쌓는 것이었습니다. 학교에 다니면서 복지 관련 전공수업을 더 열심히 수강하면서 복지 관련 전문지식을 쌓았습니다. 또한 복지관 현장실습을 통해 실제 장애인들이 어떤 어려움을 겪고 계시는지, 그리고 그분들을 어떻게 도와드려야 하는지 생각해 볼 수 있었습니다. 뿐만 아니라, 우리 공단에서 3개월간 인턴으로 근무하면서 선배님들을 도와드리며 장애인 복지 관련 다양한 사업을 수행하는데 필요한 역량을 키우기 위해 노력했습니다.

답변

네, 저는 취업 공백기 동안, 공공기관에서 계약직과 인턴으로 근무하면서 틈틈이 취업 준비를 해왔습니다. 취업 공백기가 길어지다 보니 부모님께 계속 부담을 드리는 것이 죄송해 3개의 공공기관에서 계약직과 인턴으로 근무하면서 제게 부족한 직무 경험과 역량을 쌓기 위해 노력했습니다. 처음에는 취업 준비와 직장 생활을 하는 것이 어렵기도 했지만 주간, 월간 단위로 계획을 세우고 열심히 노력한다면 반드시 좋은 결과가 올 거라고 스스로 되뇌이며 열심히 준비해 오늘 제가 가장 오고 싶었던 면접장까지 올 수 있었습니다.

저는 자기 계발을 위해 전기 관련 전문지식과 실무역량을 쌓기 위해 노력해 왔습니다. 대학 시절 전기 관련 전공수업을 들으면서 기본적인 지식을 쌓고 조별 과제를 수행하면서 전공지식을 활용해 다양한 문제를 해결할 수 있는 방법을 배우기 위해 노력했습니다. 또한 현장에서 활용할 수 있는 전기 관련 실무역량을 쌓기 위해 노력한 덕분에 전기기사와 전기공사기사 자격증도 취득할 수 있었습니다. 또한 에너지 공기업 교육과정에 참여해 실제 발전설비와 전력계통 운영에 대한 다양한 내용을 배울 수 있었습니다.

 나이가 많은 편인데 잘 적응할 수 있는지?

 나이가 많은 지원자들이 있다. 블라인드 채용이기 때문에 나이가 정확히 드러나지 않지만, 경력 기간이 길거나 외모를 보면 나이가 많다는 점을 알 수 있다. 그래서 면접관들은 나이가 많다 보니 조직에 잘 적응하지 못할까 걱정하는 경우가 많다. 대부분 이런 질문에 예전 경험을 말하면서 잘 적응할 수 있다고 주장하곤 한다. 하지만 이런 방식보다는 나이가 많다는 점을 우선 인정하고 조직에 잘 적응할 수 있다는 믿음을 주는 것이 좋다.

네, 면접관님 말씀처럼 제가 나이가 많은 편이기 때문에, 처음에는 조직에 적응하는 데 조금은 어려움이 있을 것 같습니다. 하지만 그럴수록 제가 더 열심히 선배님들에게 다가가기 위해 노력하겠습니다. 우선 바쁘신 선배님들을 열심히 도와드리고 먼저 말씀하시지 않더라도 작고 사소한 일부터 먼저 제가 챙기겠습니다. 그리고 퇴근 후에는 선배님들에게 맛있는 것 사달라고 졸라서 선배님들의 업무 노하우를 빠르게 배우겠습니다. 제가 그렇게 노력한다면 선배님들께서도 저를 불편해하시지 않고 저를 많이 챙겨 주시리라 생각합니다.

면접관님께서 걱정하시는 것처럼 제가 나이가 많아서 저보다 나이 어린 선배님들과 함께 일할 경우가 많을 것 같습니다. 하지만 직장생활에서 나이보다는 경력이 더 중요하다고 생각합니다. 그래서 제가 먼저 선배님들에게 친근하게 다가가기 위해 노력하겠습니다. 아침에 더 큰 목소리로 인사드리고 출출한 오후 시간이 되면 작은 간식이라도 먼저 챙겨드리면서 선배님들과 친해지기 위해 노력하겠습니다. 퇴근 후에도 선배님들과 함께 같이 볼링도 하고 영화도 보면서 선배님들께서 저를 불편해하시지 않도록 만들어 보겠습니다.

면접관님 말씀처럼 제 나이 때문에, 처음에는 불편한 점이 있을 것 같습니다. 하지만 제가 나이가 많더라도 선배님들에게 더 겸손하게 다가가야 한다고 생각합니다. 선배님들께서는 비록 저보다 나이가 어리지만, 저보다 훨씬 더 많은 직무관련 경험과 실무 지식을 가지고 있기 때문입니다. 그래서 제가 하나라도 더 배운다는 자세로, 더 겸손하게 저의 부족한 부분을 채우기 위해 노력하고 또 선배님들께 맛있는 커피라도 한잔 대접해 드리면서 궁금한 점을 여쭤봐서 제 것으로 만들어 나가겠습니다.

만일 저보다 나이 어린 선배님께서 커피 심부름을 시키신다면 제일 맛있는 커피를 타드리겠습니다. 선배님께서 커피를 부탁하신 데에는 분명히 이유가 있을 것 같습니다. 그래서 제 실력을 발휘해 맛있는 커피를 가져다드리고 혹시 더 제가 더 도와드릴 일은 없는지 여쭤보겠습니다. 그리고 기회가 닿으면 저는 선배님께 부탁드려 맛있는 치킨을 얻어먹겠습니다. 그렇게 한다면 선배님과도 관계도 더 좋아지고 선배님 업무 노하우도 더 많이 배울 것 같습니다.

 지원자의 성격은?, 친구들이 평가하는 지원자는?

 지원자의 인성을 중요시하는 공기업 면접에서 지원자의 성격을 묻는 것은 어쩌면 당연한지 모른다. 자신의 성격을 묻는 질문에 대해 가장 올바른 답변은 솔직히 자신의 성격을 답하는 것이다. 간혹 자신의 성격을 듣기 좋게 꾸미거나 다른 성격의 소유자로 숨겨 말하기도 한다. 이럴 경우, 믿지 못할 지원자라는 인상을 심어주게 되어 치명적인 결과를 초래한다. 참고해야 할 점은 면접 과정에서 지원자의 인성 검사 결과를 보면서 질문하는 경우가 종종 있다는 점이다. 인성 검사의 결과와 다르게 이야기하면 이를 추궁하는 질문이 이어질 수밖에 없다.

네, 저의 성격은 적극적이고 긍정적인 편입니다. 저는 항상 일을 기다리기 보다는 적극적으로 먼저 일을 찾아서 나서는 편입니다. 또한 일의 결과가 좋지 않더라도 실망하고 낙담하고 있기보다는 무엇을 고쳐야 할지 생각해 보고 개선해 나가는 편입니다. 이렇게 적극적이고 긍정적인 성격 덕분에 친구들로부터 긍정의 아이콘이라는 별명도 얻을 수 있었습니다. 우리 공사에 입사한다면 항상 적극적이고 밝은 모습으로 선배님들께 가장 이쁨 받는 신입사원이 될 자신이 있습니다.

답변

네, 주변 사람들이 평가하는 저의 모습은 오지랖이 넓다는 것입니다. 학교에 다닐 때도 비록 학과 간부는 아니었지만, 학과에 일이 생기면 먼저 나서서 해결하려고 노력하곤 했습니다. 그래서 가끔은 친구들로부터 실속이 없다는 말도 듣기도 하지만, 이런 성격 덕분에 더 많은 친구를 사귈 수 있었습니다. 공사에 입사해서도 우선 저의 업무를 빠르게 파악해 조직에 적응하고 선배님이나 동료들이 혹시 야근을 하면 큰 도움은 드리지 못하더라도 옆에서 복사라도 해드리며 오지랖을 부려보겠습니다.

답변

저의 성격은 세심한 편입니다. 저는 항상 어떤 일을 하든지 작고 사소한 것까지 꼼꼼하게 계획을 세우고 그 계획에 따라 차근차근 일을 처리하는 것을 좋아하는 편입니다. 그래서 가끔은 일이 늦어지는 때도 있지만 이런 세심한 성격 덕분에 전 직장에서도 항상 중요한 일이 있으면 동료들로부터 도움을 요청받곤 했습니다. 하지만 너무 세심한 성격이 단점이 될 수 있다고 생각해 이를 보완하기 위해 항상 일을 시작할 때 마인드맵 프로그램을 활용해 보다 큰 그림을 먼저 생각하려고 노력하고 있습니다.

답변

친구들이 평가하는 저는 만나면 항상 즐거운 친구입니다. 제가 실은 성격이 밝고 활달한 편이라 항상 친구들을 만나면 대화를 주도해 즐거운 분위기를 만드는 편입니다. 그래서 제가 모임에 빠지면, 친구들이 다음 모임에는 꼭 나와야 한다고 말해주곤 합니다. 우리 공사에 입사해서도 이런 저의 성격을 살려 항상 즐겁게 일하는 부서 분위기를 만들 수 있는 분위기 메이커 역할을 꼭 해서, 가장 즐겁게 일하는 부서로 만들어 보겠습니다.

질문 ▶ 리더형 vs. 팔로워형? 외향적 성격 vs. 내향적 성격, 창의적 인재 vs. 성실한 인재

조언 ▶ 지원자의 성향을 파악하기 위해 둘 중에 하나를 선택하게 하는 질문이 있다. 이런 유형의 질문에는 정답은 없다. 자신의 성향, 생각에 맞춰 답변하면 된다. 이런 질문들에는 그런 성향을 발휘했던 경험을 묻는 꼬리질문이 이어질 수 있으므로 그에 대해서도 미리 준비하는 것이 좋다.

답변

네, 저는 리더형과 팔로워형 중에서 팔로워형에 더 가까운 것 같습니다. 대학 시절 조별 과제를 수행하면서 리더 역할을 맡은 때도 있었지만, 그보다는 팔로워로서 리더를 도와주고 팀원들과 함께 으쌰으쌰 함께 일할 때가 더 마음이 편하고 더 좋은 결과를 만들어 냈던 것 같습니다. 그래서 저는 리더형보다는 그리 눈에 띄지는 않지만 팀에 있어서 꼭 필요한 역할을 하는 팔로워형에 더 가까운 것 같습니다.

답변

저는 리더형보다는 팔로워형이라고 생각합니다. 저는 친구들을 앞에서 이끌기보다는 뒤에서 다른 친구들이 일을 잘 할 수 있도록 도와주고 어려운 일이 있으면 함께 해결하는 것을 좋아하기 때문입니다. 그래서 학교에 다닐 때도 조별 과제를 하게 되면 친구들이 저에게 같은 조를 하자고 먼저 말하곤 했습니다. 우리 공사에 입사해서도 팀장님과 선배님들이 이끌어주시는 대로 저에게 주어진 역할에 최선을 다하고 다른 선배님들에게 조금이나마 도움이 될 수 있는 팔로워가 되겠습니다.

답변

저는 팔로워라기보다는 리더에 더 가까운 것 같습니다. 저는 어렵고 힘든 일이 생기면 뒤로 피하기보다는 먼저 앞으로 나서서 적극적으로 해결책을 찾기 위해 노력하는 편입니다. 그래서 자연스럽게 리더 역할을 맡은 적이 많았고 저 역시 리더로서 팀원들과 함께 힘을 모아 일을 할 때며 제 능력보다 더 좋은 성과를 거두곤 했었습니다. 타 공공기관에서 인턴으로 근무할 때도 사업홍보 아이디어 공모전을 준비하면서 리더 역할을 맡아 동기들과 함께 열심히 노력한 덕분에 좋은 성과를 거둔 적도 있었습니다.

답변

저는 리더형과 팔로워형 중에서 리더형에 더 가까운 것 같습니다. 제가 그리 뛰어난 점은 없지만 항상 어떤 일이 생기면 그를 해결하기 위해 앞장서는 경우가 많다 보니 자연스럽게 리더 역할을 많이 맡았던 적이 많습니다. 리더로서 그리 대단한 역할을 한 것은 아니지만, 그래도 혹시라도 친구들이 어렵거나 힘들어 하는 부분은 없는지 먼저 살피고 필요하다면 가장 먼저 나서서 도움을 주려고 노력한 덕분에 친구들에게 늘 믿음을 받을 수 있었습니다.

답변

네, 저의 성격은 내향적인 편입니다. 저는 차분하게 앉아 제가 해야 할 일들을 먼저 생각하고 그것들을 끈기 있게 추진하는 것을 좋아하는 편입니다. 그래서 계획에 따라 일을 차근차근히 해 나가는 데에는 자신이 있는 편입니다. 하지만 갑자기 어려운 상황이 발생하면 주변 친구들에게 도움을 부탁하지 못하고 어떻게 해서든 혼자 해내려고 끙끙대는 경우가 있습니다. 이런 내향적인 성격을 보완하기 위해서 친구들과 자주 어울릴 수 있는 기회를 만들고 힘든 일이 있으면 솔직하게 먼저 털어 놓으려고 노력하고 있습니다.

답변

저의 성격은 외향적인 성격입니다. 저는 어떤 일을 하든지 혼자서 끙끙대기보다는 친구들과 함께 이야기하며 다 함께 힘을 모아 문제를 해결하는 것을 좋아하는 편입니다. 그래서 가끔은 어머니한테 제 실속도 못 챙긴다는 잔소리를 듣기도 하지만, 이런 외향적인 성격 덕분에 더 많은 친구들을 사귈 수 있었고 친구들한테 '의리파'라는 평가를 자주 듣곤 합니다.

답변

저는 창의적인 인재보다는 성실한 인재인 것 같습니다. 저는 다른 친구들처럼 뛰어난 아이디어가 많거나 순발력이 뛰어난 편은 아닙니다. 하지만 제가 해야 할 일들을 먼저 정리하고 그것을 달성하기 위해 계획을 세우고 한 발 한 발 노력하는 편입니다. 그래서 가끔은 친구들로부터 조금 좋은 아이디어가 없다고 타박받는 때도 있지만, 이런 성실한 모습 덕분에 친구들이 어렵고 힘든 일이 있으면 가장 먼저 저를 찾아오는 편입니다.

답변

저는 창의적인 인재와 성실한 인재 중에서 창의적 인재라고 생각합니다. 저는 어떤 일을 하든지 그 일을 좀 더 잘 할 수 있는 방법을 고민해서 문제를 해결하고 남들이 잘 생각하지 못하는 부분을 캐치하는 경우가 많기 때문입니다. 하지만 문제를 해결하는 과정에서 창의성도 필요하지만, 때로는 목표를 달성하기 위해 우직하게 한 방향으로 꾸준하게 밀고 나가는 자세도 중요하다고 생각해 취업 준비를 하면서 먼저 계획과 목표를 구체적으로 세우고 매일 스스로 점검하면서 혹시라도 게을러지지 않도록 노력하고 있습니다.

답변

저는 토끼형보다는 거북이형에 더 가까운 것 같습니다. 저는 비록 다른 친구들처럼 뛰어난 점은 없지만 항상 부족한 점을 먼저 생각하고 그것을 보완하기 위해 한 시간씩이라도 더 열심히 노력하는 편입니다. 그래서 처음 대학교에 입학해서도 전공과목을 수강하면서 다른 친구들보다 이해가 부족해 어렵기도 했지만, 동기들에게 더 많이 물어보고 휴일에도 고등학교 물리 참고서를 가지고 공부한 덕분에, 나중에는 오히려 친구들에게 오히려 도움을 줄 수 있었습니다.

네, 저는 일 중심이라기보다는 사람 중심이라고 생각합니다. 학교에 다니면서 조별 과제를 하면서 좋은 성적을 받기 위해 동료들에게 강한 피드백을 하기도 하고 조금은 독선적으로 팀을 이끌었던 적도 있었습니다. 하지만 여러 가지 활동을 하면서 자연스럽게 동료들과 좋은 관계를 유지해야만 더 좋은 결과를 만들어 낼 수 있다는 평범한 진리를 깨닫게 되었습니다. 그래서 가끔 동료들에게 아쉽고 서운한 점이 있어도 그것을 직설적으로 말하기보다는 먼저 동료에게 편하게 다가가 필요한 도움을 주기 위해 노력하고 있습니다.

질문 ▶ 지원자의 평소 주량은 어느 정도인가요?

조언 ▶ 요즘 공기업 면접에서는 잘 등장하지 않는 면접질문이지만 간혹 작은 공공기관의 임원 면접에서 등장하는 때도 있다. 이렇게 지원자의 주량을 물어보는 것은 "술을 마시고 혹시라도 실수하지 않을까?"라는 걱정과 함께 "주변 동료들하고 잘 어울리지는 못하는 것은 아닐까?"라는 걱정 때문이다.

그래서 주량에 관련된 면접질문에 대해서 솔직히 답변하되 면접관이 걱정하는 부분을 해소해 주는 것이 필요하다. 주량이 많은 경우, 적당한 수준에서 절제할 줄 알고 실수하지 않는다는 믿음을 심어주는 것이 필요하다. 반대로 주량이 적은 편이라면 동료들과 잘 어울린다는 점을 설명하는 것이 좋다.

네, 제 주량은 소주 두 병 정도입니다. 친구들과 함께 어울리는 것을 좋아하다 보니 자연스럽게 주량이 늘었습니다. 하지만 아버지한테서 술을 배운 덕분에 기분이 좋을 정도로 술에 취하면 스스로 절제하곤 합니다. 덕분에 지금까지 한 번도 술을 마시고 실수를 한 적은 없습니다.

네, 제 주량은 소주 두 잔 정도입니다. 술을 잘 못 마시는 체질이다 보니 주량이 많은 편은 아니지만, 친구들과의 술자리를 끝까지 함께하고 술에 취한 친구들을 택시에 태워서 집에 보내는 것까지 책임지는 편입니다.

네, 저는 전혀 술을 하지 못하는 편입니다. 대신 친구들과 함께 수다를 떠는 것을 좋아해서 술자리 모임이 있으면 반드시 참석하는 편입니다. 술을 못 마시는 대신 음료수와 술안주로 한껏 기분을 내곤 합니다. 제가 없으면 술자리가 재미가 없다며 친구들은 꼭 저를 술자리에 데리고 가는 편입니다.

조언 ▶ 공기업 면접에서 지원자의 취미나 스트레스 해소법을 묻는 경우가 종종 있다. 단순히 지원자에 대해 궁금해서 질문하는 경우라고 생각할 수도 있지만, 공기업의 지방 이전에 따라 지방 생활에 잘 적응하고 견딜 수 있는지를 판단하기 위한 경우가 많다. 또한 지원자가 다른 사람들과 잘 어울려 활동할 수 있는지도 평가하기 위함이다. 그래서 평소 취미나 스트레스 해소법을 묻는 면접질문에 가장 좋은 답변 방향은 다른 사람들과 함께하는 취미나 스트레스 해소법을 중심으로 답변하면 좋다. 단순히 취미라고 생각했던 것이 가끔은 직무수행에 도움이 되는 때도 있다. 그래서 지원하는 직무수행에 도움이 될 수 있는 방향으로 답변 내용을 정리하면 좋다.

답변

네, 제 취미는 등산입니다. 어릴 때부터 등산을 좋아하는 아버지 덕분에 자연스럽게 등산을 좋아하게 됐습니다. 취업 준비 때문에, 요즘은 등산을 자주 가지 못하지만, 한 달에 한 번씩 정도는 온 가족이 함께 가까운 산을 등산하곤 합니다. 올라갈 때는 조금 힘들기는 하지만, 정상에 올라가면 속이 뻥 뚫리는 기분이 들기 때문입니다. 그래서 주말에 특별한 약속이 없으면 부모님과 함께 자주 등산을 가려고 노력하고 있습니다.

답변

네, 저의 스트레스 해소법은 친구들과 함께 맛집을 찾는 것입니다. 취업을 준비하면서 가끔 스트레스를 받는 때가 있습니다. 그럴 때마다, 친구들과 함께 맛집에 가서 맛있는 음식을 함께 먹고 수다를 떨면서 스트레스를 풀곤 했습니다. 우리 공사에서도 스트레스를 받는 일이 생기면 선배님들에게 맛있는 저녁밥을 사달라고 졸라서 스트레스도 풀고 선배님들과 빠르게 친해지기 위해 노력하겠습니다.

답변

저는 스트레스를 받으면 동전 노래방에 가는 편입니다. 제가 노래를 잘 부르는 편은 아니지만, 가끔 스트레스를 받을 때마다 혼자 끙끙대기보다는 동전 노래방에 가서 큰 목소리로 제가 좋아하는 노래를 한 두 곡 정도 부르다 보면 금새 기분이 좋아져 저절로 스트레스가 풀리기 때문입니다. 그래서 가끔 취업을 준비하는 친구들을 모아서 함께 맛있는 저녁도 먹고 동전 노래방에 가서 노래를 부르며 스트레스를 풀고 있습니다.

답변

학교에서 공부하거나 취업을 준비하면서 스트레스가 쌓이면 친구들과 함께 농구를 하는 편입니다. 친구들과 땀 흘려 가며 농구 한 게임을 하다 되면 친구들과의 사이도 좋아질 뿐만 아니라 취업 준비로 인한 스트레스도 싹 잊을 수 있기 때문입니다. 그리고 친구들과 함께 편의점에서 시원한 캔맥주 한잔하다 보면 아무리 스트레스를 받는 상황도 별것 아닌 것처럼 느껴져 더 힘을 낼 수 있었던 것 같습니다.

답변

저의 스트레스 해소법은 밀렸던 빨래와 집 청소를 하는 것입니다. 혼자 자취를 하다 보니 이런저런 핑계를 만들어서 빨래와 청소를 미루는 경우가 있습니다. 그래서 스트레스를 받는 일이 있으면 혼자 끙끙 앓기보다는, 오히려 창문을 모두 열어 놓고 대청소를 하고 밀려있던 빨래를 모두 해치우고 가지런히 정리하는 편입니다. 이렇게 밀려있던 빨래와 청소를 하고 나면 괜히 기분이 좋아져 스트레스를 잊어버리곤 합니다.

답변

저는 가끔 스트레스를 받을 때마다 친구들과 함께 게임을 하는 편입니다. 롤이란 게임이 있는데 친구들과 함께 온라인으로 만나서 게임을 2~3시간 정도 하다 보면 스트레스가 싹 풀리는 느낌이 들곤 합니다. 그래서 취업을 준비하면서도 한 달에 2~3번 정도는 꼭 친구들과 함께 온라인 게임을 하면서 스트레스를 풀곤 했습니다.

답변

저는 주말에는 주로 자기 계발과 경영관련 책을 읽고 좋은 내용을 정리하곤 합니다. 이런 책을 읽다 보면 혼자서만 보기 아까운 내용들이 많이 있습니다. 그런 내용들을 요약하고 정리해서 파워포인트나 그림파일로 만들어서 친구들에게 보내주곤 합니다. 그리고 가끔 정리했던 자료들을 보면서 스스로 고쳐야 할 점은 없는지 생각하곤 합니다.

질문 ▶ 가장 스트레스를 받는 상황은?, 언제 가장 스트레스를 받는지?

조언 ▶ 직장생활은 스트레스의 연속이라 해도 과언이 아니다. 공기업 역시 크게 다르지 않다. 그래서 면접관들은 지원자의 스트레스 해소법뿐만 아니라 지원자가 어떤 상황에서 가장 스트레스를 받는지 묻곤 한다. 실제 자신이 가장 스트레스를 받는 상황이 언제인지 솔직하게 답변하고 이어지는 "그런 상황을 어떻게 극복하는지?", "최근에 가장 스트레스를 받았던 상황?"과 같은 꼬리질문 역시 준비해야 한다.

답변

네, 제가 가장 스트레스를 받는 상황은 제 능력보다 더 많은 일을 해야 할 때인 것 같습니다. 가끔 제 능력보다 더 많은 일을 해야 하는 상황을 만나게 되면 혹시 일이 잘못되지는 않을까 하는 걱정 때문에 저 혼자서 스트레스를 받곤 합니다. 그래서 이런 스트레스를 받으면 가끔 저녁에 잠을 못자고 설치는 경우가 종종 있었습니다.

답변

제가 가장 스트레스를 많이 받는 상황은 제 뜻대로 일이 제대로 되지 않을 때인 것 같습니다. 제 딴에는 계획을 세우고 그에 따라 열심히 했는데도 기대했던 결과를 얻지 못하는 경우가 있었습니다. 그런 상황이 발생하면 나쁜 결과 때문에 속이 상하기도 하고 저 스스로 자책하는 때도 있었습니다. 그래서 제 뜻대로 일이 제대로 되지 못하는 상황을 만나게 되면 스트레스를 받는 것 같습니다.

답변

네, 저는 동료들과 사이가 서먹서먹하게 느껴지면 스트레스를 받는 것 같습니다. 저는 항상 동료들과 함께 서로 이야기를 주고받으며 즐거운 분위기에서 일하는 것을 좋아합니다. 하지만 가끔 동료들과 왠지 모를 거리감이 느껴지고 서먹해지면, 제가 혹시 무슨 잘못을 한 것은 아닌지 걱정하면서 스트레스를 받곤 합니다. 그래서 그런 상황을 만나게 되면, 혼자 끙끙 앓으며 스트레스를 받기보다는 동료에게 먼저 카톡으로 가벼운 이야기를 먼저 보내면서 동료와 더 가까워지려고 노력하고 있습니다.

답변

제가 가장 스트레스를 많이 받을 때는 갑자기 많은 일이 몰릴 때인 것 같습니다. 이렇게 한꺼번에 많은 일들이 몰리게 되면 어떤 일부터 해야 하는지 쉽게 결정하지 못하고 우왕좌왕하면서 스트레스를 받곤 합니다. 그래서 이런 단점을 보완하기 위해서 많은 일이 몰리더라도 저만의 우선순위를 정하고 그에 따라 일을 처리하려고 노력하고 있습니다. 하지만 가끔은 빠르고 쉽게 처리할 수 있는 일들부터 보이는대로 하나씩 해결하면서 일의 가짓수 자체를 줄이려고 노력하기도 합니다.

질문 ▶ 스트레스 상황을 해결하는 방법?

조언 ▶ 스트레스 상황을 해결하는 방법을 묻는 질문은 스트레스 해소법이 아니라 스트레스를 받는 상황 자체를 어떻게 해결하는지 묻는 질문이다. 따라서, 스트레스를 받을 만큼 힘든 상황을 구체적으로 어떻게 해결하는지를 답변하면 된다.

답변

네, 제가 그런 상황을 극복하는 방법은 사실 특별한 것은 없는 것 같습니다. 우선 제 능력보다 더 많은 일을 해야 하는 만큼 시간을 내서 더 열심히 하려고 노력합니다. 아무리 일이 많아도 제가 더 열심히 노력하면 충분히 할 수 있다고 생각하면서 시간을 더 쪼개서 하는 편입니다. 그래도 도저히 혼자서 해내기 어렵다는 가까운 동료들에게 이런 사정을 이야기하면서 도움을 요청하곤 합니다.

답변

제 뜻대로 일이 제대로 되지 않는 상황이 되면, 저는 제가 무엇을 잘못했는지를 먼저 생각하는 편입니다. 계획대로 일이 되지 않는다는 것은 제 계획이나 방법에 문제가 있거나 제 노력이 부족하기 때문이라고 생각합니다. 그래서 처음부터 다시 천천히 생각하며 문제의 원인을 찾고 그걸 보완해서 문제를 해결하려고 노력합니다. 그래서 대학 3학년 때, 모형 전기자동차를 만드는 조별 과제를 하면서 처음에는 제대로 작동이 안 돼 스트레스를 많이 받기도 했지만, 끈기를 가지고 문제의 원인을 찾아내 결국 해결한 경험이 있습니다.

답변

네, 저는 동료들과 사이가 서먹서먹하게 느껴지면 같이 야구 경기를 보러 가곤 합니다. 퇴근 후에 제가 응원하는 야구팀의 경기를 함께 보면서 맥주도 한잔 같이 마시고 큰 목소리로 응원하다 보면 자연스럽게 동료들과의 관계가 다시 끈끈해지는 것을 느끼기 때문입니다. 그래서 전 직장에서 근무할 때도 늘 우리 팀이 가장 분위기 좋다는 평가를 듣곤 했었습니다.

답변

저는 한꺼번에 많은 일이 몰리면 중요도와 긴급도에 따라 우선순위를 설정합니다. 가장 중요하면서도 긴급한 업무를 먼저 빠르게 처리하고 그다음에는 중요하지 않더라도 긴급한 일을 처리합니다. 이어서 긴급하지 않은 중요한 일 그리고 덜 중요한 일을 처리하는 편입니다. 이렇게 우선순위를 설정하게 되면 훨씬 마음도 편해지고 업무도 더 효율적으로 처리할 수 있었던 것 같습니다.

조언 ▶ 지원자의 인성이나 가치관, 생각 등을 알기 위해 가치관을 묻는 면접질문이다. 고리타분한 면접질문으로 자주 들을 수 있는 면접질문은 아니다. 하지만 한 번 정도 이런 면접질문에 대한 답을 생각하는 것이 좋다. 평소에 가지고 있는 좌우명 등을 이야기하면 된다. 하지만 중요한 것은 단순히 좌우명이 아니라, 그 좌우명을 갖게 된 계기를 설명하고 좌우명에 따라 내가 평소 어떻게 행동하고 처신하는지를 이야기하는 것이 필요하다.

답변

네. 저의 좌우명은 "큰 바위 때문이 아니라 작은 돌 때문에 넘어진다."입니다. 이 말은 큰일이 아니라 생각지도 않았던 작은 일 때문에 실패하는 경우가 있다는 의미입니다. 고등학교 2학년 때 사회 선생님께서 해주신 말씀인데 너무 마음에 와닿아서 제 좌우명으로 삼고 있습니다. 사람을 만나거나 일을 하거나 작은 것 하나도 놓치거나 소홀히 하지 않기 위해 노력해 오고 있습니다.

답변

저의 좌우명이 있다면 약속을 잘 지키자는 것입니다. 아무리 작은 약속이라도 그 약속을 지키지 않는다면 다른 사람의 신뢰를 얻을 수 없다고 생각합니다. 그래서 저는 친구들과의 시간 약속부터 철저히 지키려고 노력하고 항상 저 스스로 했던 저와의 약속을 지키기 위해 늘 노력하는 편입니다.

답변

네, 특별한 가치관은 없지만 우리 집 가훈인 "역지사지"를 늘 생각하며 행동하는 편입니다. 항상 다른 사람의 입장에서 먼저 생각해서 다른 사람의 어려움을 살피고 다른 사람의 입장에서 그 사람을 이해하고 의견을 경청하려고 노력하고 있습니다. 역지사지를 생각하며 활동한 덕분에 지금까지 다른 친구들과 크게 다투는 경우가 없었고, 조별 과제와 같은 조직 활동에서도 지금까지 큰 어려움이 없이 활동할 수 있었다고 생각합니다.

답변

제가 인생에서 가장 소중하게 생각하는 것은 바로 가족입니다. 가족은 아무리 제가 어렵고 힘들어도 저를 지탱해주는 버팀목 역할을 할 뿐만 아니라, 제가 열심히 살아야 하는 이유라고 생각합니다. 그래서 취업을 준비하면서도 부모님을 비롯한 가족들의 도움과 응원 덕분에 오늘, 이 면접장까지 올 수 있었던 것 같습니다.

질문 ▶ 가장 존경하는 사람은?, 인생의 롤모델?, 역사상 가장 존경하는 인물?

조언 ▶ 존경하는 인물, 인생의 롤모델과 같은 면접질문은 지원자가 어떤 사람인지를 쉽게 파악할 수 있어 종종 제시되곤 한다. 답변 방향은 특별히 정해진 것은 없지만 실제 내가 닮고 싶어 했던 사람, 내가 되고 싶은 모습을 떠올려 보고 그 사람을 왜 존경하게 되었는지를 설명할 수 있도록 답변을 준비하면 좋다.

박지성 선수, 손흥민 선수, 개그맨 유재석, 김연아 선수 등과 같이 대중적 인지도가 높은 사람이거나, 부모님, 대학 시절 교수님, 동아리 선배님, 인턴 근무 당시 현직자 선배 등 친근한 사람을 선택하는 것이 좋다. 가끔 세종대왕, 이순신 장군과 같이 역사적 인물로 답변하는 예도 있지만 역사상 존경하는 인물로 한정하지 않는 한, 그리 바람직하지는 않다.

답변

네, 제가 가장 존경하는 사람은 조금 식상하게 들리시겠지만 바로 저희 아버지입니다. 저희 아버지는 공무원으로서 20년 넘게 근무하시면서 아무리 몸이 아파도 한 번도 직장에 늦거나 결근하시지 않으셨습니다. 어릴 때는 저희와 잘 놀아 주지 않는 아버지가 조금 서운하게 느껴지기도 했지만 제가 철이 들고 나서는 아버지께서 우리 가족들을 위해 얼마나 힘들게 노력하셨는지, 그리고 얼마나 성실하게 일하셨는지를 깨닫게 되었습니다. 그래서 항상 저희 남매에게 말보다는 행동으로 성실한 모습을 가르쳐 주신 저희 아버지를 가장 존경하고, 또 사랑합니다.

답변

제가 가장 존경하는 인물은 대학 시절 전공 교수님이셨습니다. 그 교수님께서는 학생들의 어려움을 내 일처럼 생각하시고 항상 저희에게 도움이 될 수 있는 조언을 아끼시지 않으셨습니다. 그리고 항상 밤늦게까지 연구실에 남아서 공부하시는 모습을 보여주시곤 하셨습니다. 그래서 그런 교수님을 보면서 저도 다른 사람들에게 조금이나마 도움을 주기 위해 노력하며 살고 싶다는 생각을 갖게 되었던 것 같습니다.

답변

저의 인생의 롤모델이 있다면 타 공공기관에서 근무할 때 저의 멘토였던 차장님이셨습니다. 그 차장님께서는 가장 먼저 출근하셔서 업무를 준비하시고 어떤 일을 하시든지 최선을 다하기 위해 항상 노력하시곤 하셨습니다. 또한 인턴이었던 제게 하나라도 업무를 더 가르쳐 주시기 위해 바쁜 시간을 쪼개어 주시곤 하셨습니다. 그뿐만 아니라 자기 생각만을 고집하시지 않고 후배들의 이야기까지 끝까지 경청해주시는 모습을 보면서 자연스럽게 저의 롤모델로 삼게 되었습니다.

답변

제가 가장 존경하는 인물은 바로 박지성 선수입니다. 박지성 선수는 그리 뛰어난 신체적 조건을 가지고 있지 않았지만, 그 부족함을 채우기 위해 항상 다른 선수들보다 더 열심히 뛰곤 했습니다. 그래서 2개의 심장을 가지고 있다는 평가와 함께 잉글랜드 프리미어리그의 맨체스터 유나이티드에서 멋진 활약을 보여주었습니다. 중학교 때부터 그런 박지성 선수가 활약하는 축구 경기를 보면서 어떤 역할이 주어져도 항상 최선을 다해야 한다는 가장 소중한 교훈을 배운 덕분에 오늘, 이 면접장까지 올 수 있었던 것 같습니다.

답변

제가 닮고 싶은 사람은 대학 시절 같은 과 친구였습니다. 그 친구는 집안 사정이 그리 좋지 않아 항상 아르바이트하면서도 매일 도서관에 나가 열심히 공부하곤 했습니다. 그뿐만 아니라 조별 과제를 할 때도 모두가 맡기 싫어하는 어렵고 힘든 역할을 자처하곤 했습니다. 그래서 그 친구와 함께 어울리면서 제가 스스로 부족하다는 생각을 자주 했고 그 친구를 닮기 위해 노력한 덕분에 정말 많은 것을 배울 수 있었습니다. 그래서 대학 시절 저의 가장 친한 친구였던 그 친구가 가장 부럽고 존경하는 사람입니다.

질문 ▶ 직장선택 기준, 회사생활에서 가장 중요한 것은?, 본인의 직장관은?

조언 ▶ 지원자의 직장선택 기준이나 직장생활에 대한 가치관을 묻는 질문이다. 지원자가 직장생활에 대해 어떤 생각과 가치관을 가졌는지 파악하기 위한 질문이다. 공기업의 조직문화에 맞추어서 조직이나 사람에 대해 이야기하는 것이 좋다. 이런 면접질문에는 "그럼 우리 회사에서 답변한 기준을 충족시키지 못하면 어떻게 할 것이냐?"라는 꼬리질문이 이어지기 쉽다.

답변

제가 직장을 선택하는 기준은 보람된 일을 할 수 있는 곳입니다. 한번 입사하게 되면 오랫동안 근무해야 할 직장에서 제가 하는 일에서 보람을 느끼지 못한다면 직장생활이 전혀 즐겁지 않을 것 같습니다. 그래서 저는 직장을 선택할 때, 내가 하는 일에서 보람을 느낄 수 있는 직장을 선택하고 싶었습니다. 그래서 저는 국민들의 삶에서 가장 중요한 부분을 차지하고 있는 주거문제를 해결하고 사회취약계층을 위한 주거복지사업을 추진하고 있는 우리 공사에 꼭 입사하고 싶다는 생각을 갖게 되었습니다.

저의 직장선택 기준은 그리 특별한 것은 아니지만 크게 3가지입니다. 첫째, 아무래도 연봉이 높아야 저의 생활이 안정되고 행복한 가정을 꾸릴 수 있을 것 같습니다. 둘째는 조직에 자긍심을 느껴야만 저 역시 조직 발전을 위해 더욱 열심히 일할 수 있다고 생각합니다. 그리고 마지막으로 제가 하는 일이 국가와 사회 그리고 국민들에게 도움이 되어야만 보람을 느끼며 열심히 일할 수 있다고 생각합니다. 그래서 저는 취업을 준비하면서 이런 3가지 기준에 따라 지원기업을 선택해 왔습니다.

네, 제가 직장생활에서 가장 중요하게 생각하는 것은 바로 사람이라고 생각합니다. 조직이란 것이 결국 사람이 모여서 만들어지고 공동의 목표를 가진 사람들이 협력해서 성과를 만들어내는 만큼, 사람이 가장 중요하다고 생각합니다. 그래서 직장 선배님과 동료 그리고 후배들까지 모든 사람에게 믿음을 주고, 서로 힘들고 어려울 때 돕고, 함께 땀 흘려 노력하는 자세가 직장생활에서 가장 중요하다고 생각합니다.

네, 저의 직장관은 즐거워야 한다는 점입니다. 단순히 돈을 위해서 일을 한다면 일이 재미있을 수 없고, 결국 아무런 성과도 만들어 내지 못한다고 생각합니다. 일을 통해서 자신의 능력을 키우고 성장해 가면, 일에서 즐거움을 찾을 수 있다고 생각합니다. 또한 동료들과 함께 마음을 털어놓고 즐거운 분위기에서 일할 수 있는 직장이라면 바로 최고의 직장이라고 생각합니다.

 기타 지원자 관련 질문

 NCS 면접이 확산하면서 지원자에 대한 시시콜콜한 질문의 빈도는 크게 줄었지만, 아직도 "자신을 하나의 색깔로 표현한다면?"과 같은 다소 시대에 뒤떨어진 스타일의 면접질문이 여전히 제시되곤 한다. 특별한 질문 의도를 생각하거나 자신의 매력을 보이려고 욕심부리기보다는 면접질문에 맞춰 자기 생각을 솔직하게 답변하는 것이 좋다.

저를 하나의 색깔로 표현한다면 검은색이라고 생각합니다. 검은색은 어떤 색과도 잘 어울릴 뿐만 아니라 보는 사람에게 차분하고 단정한 이미지를 주곤 합니다. 저 역시 검은색이 저에게 잘 어울려 검정 옷을 즐겨 입는 편입니다. 그래서 저를 굳이 하나의 색깔로 표현하자면 검은색이라고 말씀드리고 싶습니다.

답변

저는 동물로 비유하자면 우직한 소라고 말씀드리고 싶습니다. 소는 우리 사람에게 가장 친근한 동물일 뿐만 아니라 사람들에게 가장 많은 도움을 주는 동물이기도 합니다. 게다가 성격도 우직해서 늘 묵묵히 자신의 역할을 다하는 모습이 저에게 가장 잘 어울린다고 생각합니다. 그래서 저를 동물로 비유하자면, 묵묵히 제 역할을 다하는 소라고 생각합니다.

답변

저를 하나의 단어로 표현하자면 서글서글 인 것 같습니다. 제가 실은 성격이 긍정적인 편이고 항상 친구들에게 먼저 다가가 분위기를 편하게 만들곤 합니다. 카페에서 아르바이트할 때도 손님들에게 밝게 웃으며 인사하며 응대한 덕분에 점장님으로부터 서글서글하다는 칭찬을 들을 수 있었습니다. 그래서 저를 하나의 단어로 꼭 집어 표현하자면 서글서글이 가장 잘 어울릴 것 같습니다.

답변

저의 특기는 아무리 많은 자료도 엑셀을 활용해 깔끔하게 정리할 수 있다는 점입니다. 제가 실은 엑셀을 좋아하는 편이라 고등학교 때부터 엑셀을 가지고 용돈과 학습계획을 관리하곤 했습니다. 대학교에서 동아리 활동을 할 때는 총무부장을 맡아 엑셀로 동아리 운영비를 정리하면서 엑셀의 기능들을 많이 배울 수 있었습니다. 그 덕분에, 공공기관에서 인턴으로 근무할 때, 선배님들께서 힘들어하시던 10년간 사업대상자 자료들을 일주일 만에 엑셀로 깔끔하게 정리해 선배님들께 엑셀 천재라는 별명을 듣기도 했습니다.

답변

제가 자랑할 수 있는 특기는 조금 우습게 들리시겠지만, 삼겹살을 노릇노릇 맛있게 굽는 것입니다. 제가 고기를 좋아하는 편이어서 친구들과 삼겹살을 먹을 때마다 주로 제가 집게를 들고 고기를 직접 굽는 편입니다. 제가 육즙이 빠지지 않게 노릇노릇 구운 삼겹살 맛을 본 친구들이 항상 저에게 고기 집게를 건네주는 편입니다. 우리 공사에 입사해서도 부서 회식이 있을 때마다 저의 실력을 마음껏 발휘해보고 싶습니다.

답변

저는 평소 자전거를 타면서 체력을 관리하고 있습니다. 취업을 준비하면서 거의 하루 종일 자리에 앉아 있다 보니 허리도 구부정해지고 체력도 부족하다고 느꼈습니다. 그래서 체력을 키우기 위해 아버지가 비싸게 사시고 잘 타지 않으시는 자전거를 빌려 일주일에 한 두번씩 정도 타곤 했습니다. 덕분에 자세도 좋아지고 체력도 좋아져 취업 준비에 더 집중할 수 있었습니다.

제가 최근에 감명 깊게 읽었던 책은 사실 없습니다. 학교에 다닐 때는 적어도 한 달에 한 권씩이라도 책을 읽으려고 노력했는데, 취업을 준비하면서 책을 읽을 수 있는 마음의 여유가 없었던 것 같습니다. 게다가 부모님께 용돈을 타서 생활하다 보니 책을 사는 것이 부담스러워 취업준비와 관련된 책 외에는 구입하지 못했습니다. 하지만 공사에 입사하게 된다면 선배님들이 운영하는 독서 모임에 들어가 한 달에 한 권씩의 책이라도 읽기 위해 노력하겠습니다. 죄송합니다.

제가 최근에 가장 감명 깊게 봤던 영화는 이순신 장군의 한산도 전투를 다룬 '한산'이라는 영화였습니다. 이순신 장군이 나라를 지키기 위해 고민하고 노력하시는 모습이 인상 깊었을 뿐만 아니라 한산도 해상전투 장면이 너무 멋지고 인상이 깊었기 때문입니다. 그래서 친구랑 한산을 보고 나서 너무 여운이 깊게 남아, 다시 부모님을 모시고 극장에 가기도 했습니다.

인사관련 질문

공기업 면접에서 종종 등장하는 인사관련 질문들은 대부분 지원자가 혹시 최종 합격한 후에 입사를 포기하거나, 입사 후 중도에 인사관련 문제로 퇴사하지 않을까 하는 우려 때문에 출제된다.

공기업의 입장에서 채용 완료 후, 이런 문제로 인해 입사를 포기하거나 퇴사하는 직원이 발생하면 다음 채용 시기까지 인력 부족을 감당해야 하므로 굉장히 중요하게 생각한다. 또한 지원자가 직무에 대한 열정을 얼마나 가졌는지를 파악할 목적도 가지고 있다. 직무에 대해 강한 열정을 가지고 있는 지원자를 희망하기도 하지만, 이것이 지나치면 오히려 직무 불만족으로 퇴사할 위험성이 있다고 판단하기도 한다.

그러다 보니 인사관련 면접질문에 대한 잘못된 답변은 합격 여부에 치명적인 영향을 미친다. 그리고 한 가지 참고할 사항은 실제 인사 배치는 면접질문으로 결정되지는 않는다는 점이다. 실제 인사 배치는 채용이 확정된 후, 인사팀에서 다시 결정하기 때문에 면접 과정에서 인사관련 질문에 너무 민감하게 반응하지 않는 것이 좋다.

질문 근무하고 싶은 부서는?, 희망하는 직무는? 본사 또는 지사중 어디를?

조언 소규모로 진행되는 공기업 채용이라면, 지원자에게 희망부서와 희망 직무를 질문하는 것은 실제 인사 배치까지 고려하는 경우가 많다. 하지만 만일 대규모로 진행되는 채용이라면, 인사 배치를 고려하기 위해서가 아니라 지원자의 직무관련 전문성과 적합성 그리고 직무관련 열정을 파악할 목적이 대부분이다. 그래서 인사 운영의 탄력성이 부족한 소규모 채용에서는 자신의 희망부서와 희망 직무를 너무 고집스럽게 답변하지 않는 것이 좋다.

채용 후, 인력 상황에 맞추어 다른 부서나 직무에 배치해도 큰 문제가 없다고 느끼게 하는 것이 좋다. 대규모 채용이라면 자신의 직무관련 전문성과 열정을 부각하는 것이 유리하기 때문에, 더욱 적극적으로 답변하는 것이 좋다. 또한, 인사팀, 경영기획팀, 국제협력팀과 같이 인기가 좋은 특정 부서를 이야기하기보다는 일을 많이 배울 수 있는 부서, 고객을 많이 만날 수 있는 부서, 현장에서 일을 배울 수 있는 부서 등으로 표현하는 것이 좋다. 또한 이러한 질문에는 대부분 "만일 희망하지 않는 다른 부서에 배치된다면?"과 같은 꼬리질문이 이어진다는 점에 대비해야 한다.

네, 입사 후 제가 근무하고 싶은 부서는 홍보팀입니다. 우리 공단의 건강증진사업을 진행하는 데 중요한 것 중 하나는 적극적인 홍보라고 생각합니다. 그래서 기회가 닿는다면 홍보팀에서 근무하면서, 제가 그동안 대학생기자단 활동 등으로 쌓아온 홍보 경험을 발휘해 더 많은 국민들께 건강의 소중함을 알려드리고 어떻게 하면 건강을 지켜나갈 수 있을지 알려드리는 일을 한다면 저 역시 훨씬 더 즐겁게 그리고 보람을 느끼며 일할 수 있을 것 같습니다.

네, 솔직히 특별히 입사 후 근무 희망부서를 생각해 보지는 못했습니다. 하지만 만일 가능하다면 신입사원 시절에 일을 더 많이 배울 수 있는 부서라면 좋을 것 같습니다. 신입직원 때 힘들더라도 일을 많이 배워 놓는 것이 나중에 저에게 훨씬 도움이 될 것이라 생각하기 때문입니다. 그래서 일은 조금 힘들어도 일을 많이 배울 수 있는 부서에 배치된다면 좋을 것 같습니다.

네, 저는 입사하게 된다면 고객지원 업무를 담당하고 싶습니다. 우리 공단에는 하루에도 많은 고객이 방문하시는 것으로 알고 있습니다. 그래서 신입사원으로서 고객지원 업무를 담당한다면 업무 내용을 더 빠르게 배울 수 있을 뿐만 아니라, 제가 그동안 다양한 서비스직 아르바이트를 하면서 쌓아온 고객응대 역량도 발휘해 많은 고객들이 우리 공단은 정말 친절하고 일 잘한다고 칭찬하실 수 있도록 만들어 보고 싶습니다.

네, 저는 입사하게 된다면 경영평가를 배우고 싶습니다. 대학교에서 경영분석 수업을 들으면서 경영에서 평가 업무가 얼마나 중요한 업무인지 알게 되었습니다. 그리고 우리 공사의 업무를 넓은 시야에서 빠르게 배울 수 있다는 점도 매력적이라고 생각합니다. 특히 제가 엑셀로 자료를 깔끔하게 정리하고 파워포인트와 아래아한글로 보고서를 보기 좋게 만드는 것을 좋아합니다. 이런 저의 능력을 가장 잘 발휘할 수 있는 경영평가 업무에 꼭 한 번 도전해 보고 싶습니다.

만일 입사하게 된다면 저는 본사에서 근무하고 싶습니다. 왜냐하면 본사에서 근무하게 된다면 업무가 조금 어렵고 힘들겠지만, 그만큼 업무도 빠르게 배우고 제 실력도 키울 수 있을 것 같습니다. 그뿐만 아니라 본사에서 근무하면서 우리 공사의 전체적인 현황을 파악할 수 있을 뿐만 아니라 본사에 계신 선배님들로부터 더 많은 노하우를 배울 수 있다고 생각합니다. 그래서 만일 기회가 주어진다면 저는 지사보다는 본사에서 근무하고 싶습니다.

네, 저는 본사와 지사 중에서 지사에서 근무하고 싶습니다. 우리 공사는 국민에게 안정적인 전력공급이라는 막중한 책임을 지고 있습니다. 그래서 지사에서 근무한다면 더 많은 고객을 만날 수 있을 뿐만 아니라 현장 실무경험도 쌓을 수 있다고 생각합니다. 그래서 저는 신입사원 시절에는, 지사에서 근무하면서 현장과 고객을 더 잘 이해하고 다양한 업무 지식을 쌓아 나중에는 본사에서 이런 지식과 경험을 살려 다양한 사업들을 기획해 보고 싶습니다.

 만일 희망하는 부서에 배치받지 못하면? 다른 업무를 하게 되면?

 앞서와 같이 희망부서나 직무를 질문한 이후에, 그 답변에 따른 후속 질문으로 주어지는 경우가 대부분이다. 공기업의 인사 특성상 전공을 살리지 못하는 부서나 본인이 희망하지 않는 부서에 근무하는 경우가 제법 많다. 간혹 신입직원들이 이런 경우에 잘 적응하지 못해서 퇴사를 선택하기도 한다. 이런 문제들 때문에 지원자에게 이와 비슷한 질문이 던져지기도 한다. 그래서 그런 상황이 발생해도 배치받는 부서와 직무에서 최선을 다할 것이라는 점을 전달하는 것이 필요하다.

네, 만일 제가 희망한 홍보팀이 아니라 다른 부서에 발령받는다면, 조금 서운하겠지만 인사팀에서 저의 적성과 능력을 반영한 결과라고 생각합니다. 그래서 오히려 새로운 분야에 도전할 기회가 주어졌다고 생각하고 더 열심히 일을 배워서 성과를 만들겠습니다. 그렇게 한다면 제가 몰랐던 저의 업무적성을 발견할 수도 있고 오히려 더 좋은 성과를 만들어 선배님들에게 칭찬을 받을 수 있다고 생각합니다.

네, 만일 다른 부서로 발령받게 된다면 조금은 서운할 것 같습니다. 하지만 우리 공사의 업무 중에서 중요하지 않은 업무는 없다고 생각합니다. 만일 홍보업무가 아니라 다른 업무를 담당하게 되더라도, 그 업무 분야에서 최고가 되기 위해 열심히 일하고 공부하는 모습을 보여드리겠습니다. 그리고 나중에 기회가 닿는다면 홍보업무에 다시 도전해 보겠습니다.

네, 만일 다른 부서로 발령이 난다고 하더라도 직장인이라면 회사의 지시에 따라야 한다고 생각합니다. 그래서 발령받는 부서에서 선배님들에게 열심히 배우고 노력해 이른 시간 안에 조직과 업무에 적응해서 능력을 발휘하겠습니다. 이렇게 열심히 업무를 배우고 실력을 쌓는다면 선배님들로부터 인정받아, 언젠가는 제가 원했던 인사팀에서도 분명히 일할 기회가 있을 것이라고 생각합니다.

질문 ▶ 우리 공사는 승진이 늦은 편인데?

조언 ▶ 아무래도 공기업이다 보니 퇴직자가 적은 편이다. 이는 승진적체를 의미하게 되고 간혹 진취적이고 도전적인 직원들은 이런 것에 잘 적응하지 못하는 경우가 있다. 그런 부분에 대한 걱정 때문에 던져지는 질문인 만큼 승진에 좌우되지 않고 열심히 일할 인재라는 점을 설득하는 것이 좋다.

답변

네. 우리 공사 승진이 늦은 편이라고 알고 있습니다. 직장생활을 하는 데 있어서 승진을 빠르게 하면 좋겠지만, 그보다는 제가 좋아하는 일에 자긍심을 가지고 일을 하는 것이 더 중요하다고 생각합니다. 승진에 연연하기보다는 어떻게 하면 제 전문성을 키울 수 있을지 고민하고 제 능력을 인정받을 수 있도록 열심히 일하겠습니다.

답변

네, 면접관님 말씀대로 직장인에게 승진은 중요한 동기부여 수단이라고 생각합니다. 하지만 저는 진정한 동기부여는 일을 통한 성취감이라고 생각합니다. 그래서 제가 맡은 일에 최선을 다하고 노력하겠습니다. 그러다 보면 선배님들한테 능력을 인정받아 언젠가는 승진할 수 있을 것이라고 생각합니다.

질문 ▶ 지방으로 발령받는다면?, 지방 근무가 가능한지, 지방 근무에서 어려울 것 같은 점?

조언 ▶ 많은 공기업이 지방으로 이전되면서 공기업 지방 근무의 가능성이 더욱 커졌다고 할 수 있다. 그러다 보니 지방 생활에 적응하지 못하는 신입직원들이 중도에 퇴사하는 경우가 종종 있다. 이런 부분을 확인하기 위한 면접질문이다. 그럴싸한 근거를 대면서 지방 근무가 가능하다고 답하기보다는 지방 근무에 어떻게 적응할 것인지 자신의 의지를 보여주는 것이 더욱 좋다. 하지만 요즘은 본사가 지방에 이전했기 때문에 지방 근무를 당연하다고 생각하는 경향이 많아 이런 유형의 질문빈도가 줄어들고 있다.

답변

네, 직장인이라면 당연히 회사의 지시에 따라 본사에서 근무해야 한다고 생각합니다. 그리고 복잡한 서울보다는 오히려 상대적으로 여유가 있고 본사가 있는 지방에 정착하는 것도 좋다고 생각합니다. 부동산에 알아보니 보증금 1,000만 원에 월 30만 원 정도면 성안동에 깨끗한 원룸을 구할 수 있다고 알고 있습니다. 우선은, 원룸을 구해서 생활하다가 나중에 돈을 모으면 작은 아파트를 전세로 구해 생활하겠습니다.

네, 저는 오히려 복잡한 서울보다는 지방에서 근무하고 싶습니다. 우리 공사에는 총 25개의 지사가 있습니다. 대부분 지방의 중심 도시에 자리 잡고있는 만큼 생활에 큰 불편함은 없다고 알고 있습니다. 지방에서 근무하면서 한 달에 2번씩 정도 서울에 사시는 부모님을 찾아뵙는다면 부모님께서 오히려 더 좋아하실 것 같습니다.

네, 저는 우리 연구원에 지원하면서 당연히 대전에서 근무할 각오를 하고 지원했습니다. 취업을 준비하면서 근무지보다는 제가 보람을 느끼며 열심히 일하는 것이 제일 중요하다는 것을 알게 되었습니다. 게다가 요즘처럼 취업이 힘든 시기에 지방 근무 때문에 고민한다는 것은 사치라고 생각합니다. 또한 대전이 살기 좋은 도시인만큼 선배님들과 함께 즐겁게 대전 생활을 즐길 수 있도록 하겠습니다.

네, 지방에서 근무하다 보면 여러 가지 불편한 점도 있을 것 같습니다. 하지만 그럴수록 지사에 계신 선배님들을 믿고 의지하면서 열심히 생활하겠습니다. 낮에는 선배님들과 열심히 근무하고 퇴근 후에는 선배님들과 맛있는 저녁 식사를 함께하면서 선배님들의 업무 노하우를 배운다면 오히려 지방 근무가 더 좋을 것 같습니다.

만일 부모님께서 지방 근무를 반대하신다면 고민이 많이 될 것 같습니다. 하지만 저는 어떻게 해서든지 부모님을 설득하겠습니다. 우리 회사가 정말 좋은 직장이고 제가 그동안 입사를 위해 정말 열심히 노력했다는 점을 말씀드리겠습니다. 그리고 아침마다 제가 일하는 모습을 사진을 찍어서 보내드리고 철마다 지방의 특산물을 사고 부모님에게 보내드리겠습니다. 그렇게 한다면 부모님께서도 지방에서 열심히 생활하는 저를 더 많이 응원해 주실 것이라고 생각합니다.

면접관님께서 말씀하신 것처럼 우리 심사평가원에 입사하게 된다면 대부분 원주에서 근무하게 된다고 알고 있습니다. 가족과 친구들과 떨어져 생활하는 것이 처음에는 어렵겠지만 선배님들과 동료들이 있는 만큼 원주 생활에 빠르게 적응하겠습니다. 실은 이번 면접을 준비하면서 우리 심사평가원에서 가까운 호평동의 원룸들을 찾아보면서 원주에서 즐겁게 직장생활을 하는 저의 모습을 상상하기도 했었습니다.

네, 제가 지방에서 근무하게 된다면 가장 어려운 점이 있다면 아무래도 3끼니 식사를 챙겨 먹는 것이라고 생각합니다. 그동안은 부모님께서 챙겨 주신 밥을 먹고 나녔는데, 혼자 3끼 식사를 챙겨 먹는 것이 처음에는 어려울 수 있기 때문입니다. 하지만 인터넷에 있는 많은 레시피를 배워 스스로 음식을 만들어 먹고 기회가 닿는다면 선배님들도 제 원룸에 초대해 맛있는 식사를 함께 먹는다면 그런 어려움 정도는 충분히 극복할 수 있다고 생각합니다. 게다가 우리 공사 구내식당이 맛있다고 소문이 난 만큼, 구내식당을 자주 이용한다면 큰 어려움은 없을 것 같습니다.

 ▶ 새로운 업무?, 인수인계 불가능한 상황?, 선배들의 무관심?, 한꺼번에 일이 몰리는 상황?

 ▶ 실제 공기업에서는 신입직원으로 입사하거나 정기, 비정기 인사이동으로 인해 새로운 업무를 담당하는 경우가 많다. 이런 과정에서 인수인계나 조언 없이 혼자서 업무를 처리해야 하는 경우, 대처 방법을 묻는 질문이다. 이런 질문에 특별한 방법을 말하기보다는 열심히 노력해서 끝까지 해내겠다는 자세가 중요하다.

만일 인수인계 없이 갑자기 중요한 프로젝트를 혼자 담당해야 할 상황이 된다면 처음에는 당황스러울 것 같습니다. 하지만 최선을 다하는 자세로 중요한 프로젝트를 성공적으로 끝마치는 것이 가장 중요하다고 생각합니다. 가장 먼저 밤늦게 사무실에 남아, 기존 선배님들께서 하셨던 업무 내용과 보고서 등을 참고해서 업무를 추진하겠습니다. 또한 본사나 다른 지사에 계신 선배님들께 전화를 돌려 어렵거나 궁금한 점을 해결하도록 하겠습니다. 그래도 프로젝트 진행이 어렵다면 팀장님께 솔직히 현 상황을 보고드리고 필요한 조언을 구하도록 하겠습니다.

만일 중요한 프로젝트를 혼자서 담당해야 한다면 아무래도 야근을 많이 해야 할 것 같습니다. 우선 프로젝트를 기한 내에 성공적으로 마칠 수 있도록 전체적인 계획을 더욱 세밀하게 세우도록 하겠습니다. 이 과정에서 조언이 필요하다면 비슷한 프로젝트를 하셨던 선배님을 찾아 저의 사정을 말씀드리고 조언을 부탁드리겠습니다. 또한 도저히 혼자서 해낼 수 없는 상황이라면 동료들에게 맛있는 커피라도 한 잔씩 돌리면서 도움을 받아 성공적으로 프로젝트를 마치도록 하겠습니다.

새로운 업무를 추진해야 하는 상황에서 도저히 조언을 구할 수 없다면 우선 기존 선배님들께서 하셨던 업무자료를 먼저 참고하겠습니다. 기존 업무자료만이라도 꼼꼼하게 살펴본다면 기본적인 업무

처리 방향을 충분히 잡을 수 있다고 생각하기 때문입니다. 그리고 업무를 수행하면서 예상하지 못한 상황이 발생할 수 있는 만큼, 작은 것 하나까지 꼼꼼하게 생각하고 미리 대처방안을 마련해 업무를 끝낼 수 있도록 하겠습니다.

답변

만일 선배님들께서 업무가 너무 바쁘셔서 제게 업무를 가르쳐주지 못하는 상황이라면 저는 우선 바쁘신 선배님들을 적극적으로 도와드리겠습니다. 후배 직원으로서 바쁘신 선배님들의 업무를 적극적으로 도와드린다면 선배님들께서도 조금 더 여유가 생기셔서 제게 업무를 가르쳐 주실 수 있을 것 같습니다. 그뿐만 아니라 업무를 도와드리면서 자연스럽게 선배님들의 업무 노하우를 배울 수 있다고 생각합니다.

답변

네, 제 능력에 비해 너무 많은 일들이 한꺼번에 몰리는 상황이 된다면 당황스러울 것 같습니다. 만일 그런 상황이 된다면 저는 먼저 업무의 긴급성과 중요도를 기준으로 우선순위를 결정하고 그에 따라 업무를 하나씩 처리해 나가겠습니다. 또한 주말에, 사무실에 나와 그동안 밀렸던 일들에 더욱 집중해서 실수 없이 업무를 처리하겠습니다. 이렇게 노력했는데도 도저히 혼자서 해결할 수 없는 상황이라면 선배님들이나 동료들에게 도움을 부탁하겠습니다. 그렇게 한다면 아무리 많은 업무가 한꺼번에 몰리는 상황이라도 충분히 해낼 수 있다고 생각합니다.

질문 ▶ 오늘 면접장까지 어떻게 오셨나요? 집에서 사무실까지 출퇴근 시간이 얼마나 걸리나요?

조언 ▶ 지방 이전을 하지 않은 소규모 공기업의 인턴이나 계약직 채용 시 자주 등장하는 면접질문이다. 정규직 직원 채용이라면 별로 등장하지 않지만, 신분이 불안정한 인턴이나 계약직 직원의 경우, 출퇴근이 힘들 경우 중도에 퇴사하는 경우가 많기 때문이다. 그래서 출퇴근이 상대적으로 수월하다는 점을 강조하는 선에서 답하면 된다. 혹시라도 지방 혁신도시의 본사를 둔 공기업에서 이런 면접질문이 주어진다면, 지역 연고가 있음을 이야기하는 것도 좋은 방법이다.

답변

네, 오늘 아침에 7시쯤에 일어나 면접 준비를 마치고 8시에 집 앞 버스정류장에서 1300번 직행버스를 타고 50분 만에 도착했습니다. 출근 시간이었는데도 빈자리가 있어서 편하게 올 수 있었습니다.

네, 집에서 가까운 석수역에서 지하철을 타고 약 1시간 정도 걸려 회사에 도착했습니다. 출퇴근 시간이 아니다 보니 지하철이 여유가 있어서 편하게 올 수 있었습니다.

네, 마침 작은아버지가 여기 성남동에 살고 계셔서 어제 오후에 KTX를 타고 내려와 작은아버지 댁에서 일찍 자고, 아침에 여기 본사까지 택시를 타고 20분 만에 도착했습니다. 만일 입사하게 된다면 당분간 작은 아버님 댁에서 신세를 지기로 했습니다.

  성과 좋은 부서 vs. 근무 분위기 좋은 부서, 실력 좋은 상사 vs. 인간적 상사

  이렇게 두 개의 다른 부서나 상사의 유형 중에 하나를 선택하는 질문을 받게 되면 조금 고민이 될 수밖에 없다. 물론 정답은 없지만, 미리 한 번쯤 자기 생각을 정리하는 것이 좋을 것 같다.

만일 두 개의 부서 중에서 하나를 선택해야 한다면 아무래도 저는 근무 분위기는 좋지 않더라도 성과가 좋은 부서를 선택하고 싶습니다. 왜냐하면 좋은 성과를 만들어 내는 부서에서 일을 하게 된다면 저 역시 빠르게 실력을 키울 수 있기 때문입니다. 대신 근무 분위기가 좋지 않은 만큼, 제가 막내 직원으로서 더 좋은 부서 분위기를 만들기 위해 노력해 보고 싶습니다.

만일, 두 개의 부서를 선택할 기회가 있다면 저는 성과는 좋지 않더라고 근무 분위기가 좋은 부서에서 일하고 싶습니다. 아무래도 좋은 근무 분위기에서 근무하게 된다면 훨씬 동료들과 즐겁게 일할 수 있기 때문입니다. 이렇게 좋은 분위기에서 선배님들과 힘을 합쳐 더 열심히 일하게 된다면 자연스럽게 성과를 만들어 낼 수 있다고 생각합니다.

만일, 두 분의 상사 중에 한 분을 선택해야 한다면 조금 고민이 될 것 같지만, 저는 실력이 뛰어난 상사님을 모시고 근무하고 싶습니다. 실력이 뛰어나신 상사님과 함께 근무하다 보면 어렵고 힘든 점도 많겠지만 그만큼 더 실력을 키울 수 있다고 생각합니다. 대신, 차가운 성격의 상사님께 제가 더 자주 보고도 드리고 살갑게 다가간다면 상사님과의 관계 역시 원만하게 만들 수 있다고 믿습니다.

저는 실력은 부족하더라도 인간적인 상사와 함께 일하고 싶습니다. 인간적인 상사와 함께 근무하게 되다면 훨씬 더 좋은 분위기에서 일할 수 있다고 생각하기 때문입니다. 대신 선배님들과 함께 인간적인 상사와 함께 더 좋은 성과를 만들어내기 위해 열심히 근무한다면 분명 더 좋은 성과도 거둘 수 있을 것입니다.

조직화합을 가장 중요하게 생각하는 공기업이다 보니 면접 과정에서 조직화합과 갈등에 관련된 면접질문이 자주 등장하는 편이다. 실제 공기업 채용에서 가장 중요하게 생각하는 부분이어서 신중하거나 바람직한 답변이 아니면 면접에 실패할 가능성이 크다. 또한, 공기업의 조직문화나 특성을 잘못 이해한다면 답변하기 곤란한 질문이다.

조직화합과 갈등 해결과 관련된 면접질문에 대한 기본적인 답변 방향은 신중하고 조심스러운 지원자, 쉽게 흥분하지 않고 행동하기 전에 두 번 세 번 생각하고 고민하는 지원자, 상사와 동료의 입장과 감정을 고려할 줄 아는 지원자의 모습을 떠올리면 된다. 세부적인 질문들과 올바른 답변 방향에 대해서 알아보자.

질문 ▶ 동료와 갈등이 발생한다면? 상사나 선배의 부당한 대우? 갈등 해결 방법?

조언 ▶ 직장생활에서 갈등이 발생할 때 어떻게 대처할 것인지를 묻는 면접질문이다. 안정적인 조직운영과 조직화합을 중시하는 공기업에서 가장 우려하는 점이 바로 조직 내에서 필연적으로 발생하게 되는 갈등이 커져 외부로 나가 문제를 만드는 경우이다. 그래서 갈등이 발생한 경우에도 슬기롭게 이를 대처하여 갈등을 해결해 나갈 수 있는 지원자의 모습을 보여줘야 한다. 주의해야 할 점은 소통과 같이 애매모호한 방법을 말하면서 갈등 해결 경험을 말하지 않는 것이 좋다.

답변

만일 동료와 갈등이 발생한다면 제 생각만을 고집하기보다는 그 동료의 입장에서 먼저 생각해 보겠습니다. 그 동료와 갈등이 발생한 이유는 분명히 저에게도 있다고 생각하기 때문입니다. 그래서 제가 잘못한 부분이 있다면 미안하다고 사과하고 빠르게 갈등을 해결하겠습니다. 하지만 도저히 그 이유를 모르겠다면 기회를 봐서 그 동료와 함께 퇴근 후에, 치킨에 맥주 한잔을 하면서 마음을 털어놓고 이야기하면서 자연스럽게 갈등을 풀어 나가겠습니다.

답변

만일 동료와 갈등이 발생한다면 속이 많이 상할 것 같습니다. 하지만 갈등은 최대한 빨리 해결해야 분위기도 나빠지지 않고 업무도 더 효율적으로 할 수 있다고 생각합니다. 그래서 누가 잘했는지, 못했는지를 따지기보다는 먼저 동료에게 적극적으로 다가가겠습니다. 그리고 삼겹살에 소주라도 한잔하면서, 서로 마음을 열고 속상했던 이야기, 힘들었던 이야기를 하다 보면 어떤 갈등도 쉽게 해결할 수 있다고 믿습니다.

만일 동료와 갈등이 발생한다면 그 동료가 좋아하는 것을 함께 하겠습니다. 동료와 갈등이 발생하는 이유와 서로에 대한 이해가 부족하기 때문이라고 생각합니다. 그래서 그 동료가 좋아하는 야구팀이 있다면 같이 야구 응원을 같이 가면서 함께 할 수 있는 시간을 늘려가겠습니다. 그렇게 좋아하는 것들을 함께하다 보면 자연스럽게 이야기도 많이 나눌 수 있고 그 동료의 생각도 더 잘 이해할 수 있어서 갈등을 쉽게 해결할 수 있다고 생각합니다.

만일 동료와 사이가 서먹해진다면 신경이 많이 쓰일 것 같습니다. 저는 그럴수록 그 동료에게 더 다가가기 위해 노력하겠습니다. 일을 하면서도 제 일만을 생각하기보다는 혹시라도 그 동료가 어려워하는 것은 없는지 살펴보겠습니다. 그리고 간식도 함께 자주 먹으면서 혹시 힘든 점이 없는지 물어보겠습니다. 그렇게 제가 그 동료를 챙기고 신경 써 준다면 그 동료 역시 저를 많이 챙겨 줄 것 같습니다.

만일 선배님과 갈등이 발생한다면 후배인 제가 먼저 죄송하다고 말씀드리는 것이 맞다고 생각합니다. 그래서 먼저 제가 어떤 점이 부족했는지, 무엇을 잘못했는지 되돌아보고 선배님께 진심을 담아 죄송하다고 말씀드리겠습니다. 그리고 제가 스스로 부족한 점을 보완하고 고쳐나가기 위해 열심히 노력하는 모습을 보여드린다면 선배님과의 관계도 분명히 좋아질 것이라고 생각합니다.

네, 만일 선배가 저를 부당하게 대우한다면, 가장 먼저 제게 어떤 잘못이 있는지 생각해 보겠습니다. 그 선배님께서 부당하게 대우하는 이유가 분명히 있을 것 같습니다. 그래서 제가 잘못한 점이나 부족한 점을 먼저 고쳐나가겠습니다. 그래도 선배님께서 제게 마음을 열어주지 않는다면 저녁 회식 자리에서 소주라도 한 잔 따라 드리면서 저를 많이 키워달라고 부탁드려 보겠습니다. 그렇게 제가 노력하고 선배님에게 다가간다면 분명히 선배님께서도 저를 이뻐해 주실 것 같습니다.

만일 선배님께서 저를 부당하게 대우한다면 처음에는 많이 서운할 것 같습니다. 하지만 서운하게만 생각하기보다는 혹시 제가 일을 잘못한 것은 없는지, 제가 버릇없게 행동한 것은 없는지 반성해 보겠습니다. 그리고 선배님에게 더 적극적으로 다가가고 열심히 노력하는 모습을 보여드려서 선배님을 제 편으로 만들어 보겠습니다.

질문 ▶ 다른 부서와의 갈등? 다른 부서와 협력 방법?

조언 ▶ 조직 생활을 하면서 다른 부서와의 협업은 꼭 필요하다. 하지만 이 과정에서 다른 부서와 협업이 제대로 되지 않거나 갈등이 발생하곤 한다. 답변 방향은 다른 부서와의 관계를 개선하기 위해 노력하고 협업이 잘되지 않는 이유를 해결하기 위해 노력하는 것이다.

답변

만일 구매 부서에서 행사에 필요한 물품을 구매해 주지 않는다면 마음이 조급해질 것 같습니다. 하지만 먼저 구매 부서 담당자에게 왜 물품 구매가 어려운지 정확한 이유를 조심스럽게 물어보겠습니다. 그리고 제가 해결할 수 있는 문제라면 빠르게 문제를 해결하고, 그렇지 않다면 팀장님께 상황을 정확히 보고드리고 다른 부서나 지사에서 필요한 물품을 빌리는 등 다른 대안을 찾아보겠습니다.

답변

다른 부서와 의견차이나 갈등이 계속되는 경우라면 빠르게 갈등을 해결해야 한다고 생각합니다. 그래서 우리 부서가 아닌 다른 부서의 입장에서 어떤 점을 서운해하는지 생각해 보겠습니다. 그리고 다른 부서와 함께 회식자리를 만들어 갈등을 풀기 위해 노력하겠습니다.

답변

국회에 업무보고 자료를 제출해야 하는데 다른 부서가 업무협조를 잘해주지 않는다면 전화보다는 직접 그 부서 담당자를 찾아가겠습니다. 그리고 업무보고 자료가 왜 필요한지 그리고 얼마나 급한지 다시 한번 설명하겠습니다. 그렇게 한다면 다른 부서에서도 더 적극적으로 업무를 협조해 줄 것이라고 생각합니다.

조언 ▶ 요즘 공기업 면접에서 자주 나오는 질문 중 하나이다. 면접관들이 함께 일하기 힘든(싫은) 동료의 유형을 자주 묻는 이유는 이를 통해 지원자의 성향을 빠르게 파악할 수 있고 지원자가 조직이나 동료들과 잘 융화될 수 있는지를 가늠해 볼 수 있기 때문이다.

답변 방향을 설정할 때, 단순히 일하기 싫은 동료를 성급히 답변하기보다는 내가 어떤 모습으로 비추어질지 한 번쯤 생각해 보는 것이 필요하다. 또한 함께 일하기 힘든 동료를 너무 극단적 표현으로 답변하게 되면 오히려 자기주장이 강한 지원자로 오해를 받을 수 있으므로 조금은 순화된 표현으로 답변하는 것이 좋다.

그리고 이렇게 함께 일하기 힘든 동료의 유형을 묻고 난 다음에는 대부분 "그런 동료나 상사를 만나서 일하게 된다면 어떻게 할 것인지?"를 묻거나 "그런 동료와 일해본 경험이 있는지?"를 묻는 경우가 많다. 그래서 이런 꼬리질문에 대한 답변 내용까지 미리 생각해 보는 것이 좋다. 특히 그런 경험을 답변하는 과정에서 동료를 너무 비난하는 잘못을 범하지 않도록 주의해야 한다.

답변

네, 제가 가장 함께 일하기 힘든 동료는 자신의 책임을 다하지 않는 동료인 것 같습니다. 서로 힘을 모아 일하는 과정에서 자신의 책임을 다하지 않으면 다른 동료에게 피해를 줄 뿐만 아니라 조직에도 악영향을 줄 수 있기 때문입니다. 그래서 저는 자신의 책임을 다하지 않는 동료와 함께 일하기가 가장 어려울 것 같습니다.

답변

네, 함께 일하기 싫은 동료의 유형은 시간 약속을 잘 지키지 않는 동료입니다. 함께 일하면서 시간 약속을 잘 지키지 않는다면 팀워크가 깨질 뿐만 아니라 다른 동료에게도 피해를 주기 때문입니다. 그래서 저는 그런 동료와 함께 일하면 미리 카톡이나 메일을 통해 약속 시간을 자주 알려주는 방식으로 문제를 해결하곤 했습니다.

답변

네, 제가 함께 일하면서 가장 힘들었던 동료는 자기 생각을 잘 말하지 않는 동료입니다. 저는 동료들과 함께 일할 때, 서로 즐거운 분위기에서 많은 이야기를 하면서 일하는 것을 좋아하는데 동료가 자기 생각을 잘 말하지 않게 되면 제가 혹시 잘못한 것은 아닌지 걱정하면서 스스로 위축되는 경우가 있습니다. 그래서 자기 생각을 잘 말하지 않는 동료와 함께 일하게 되면 더 신경이 쓰이고 일도 제대로 되지 않는 경험이 있었습니다.

답변

네, 제가 함께 일하기 싫은 동료는 저보다 능력이 뛰어난 동료인 것 같습니다. 함께 일하는 동료가 저보다 더 능력이 뛰어나면 스스로 위축돼서 자신감이 떨어지기 때문입니다. 그래서 저는 저보다 월등히 능력이 뛰어난 동료와 함께 일하는 것이 부담스럽게 느껴지는 것 같습니다.

답변

네, 제가 협업하는 과정에서 가장 까다롭게 느껴졌던 동료는 자기 생각만을 고집하는 동료인 것 같습니다. 다른 사람의 이야기를 듣지 않고 자신만의 생각만을 고집하게 된다면 협업을 하는 것이 어려워질 뿐만 아니라 팀 분위기도 나빠지기 때문입니다. 그래서 자기 생각만을 고집하는 동료와 함께 일할 때가 가장 까다롭게 느껴졌던 것 같습니다.

답변

만일 동료 중의 한 명을 골라서 최저점을 줘야 하는 상황이 생긴다면 정말 고민이 많을 것 같습니다. 하지만 팀원 중에서 누군가 한 명에게 최저점을 줘야 한다면 저는 불성실한 동료에게 최저점을 주겠습니다. 조직에서 자신의 역할이나 책임을 다하지 않고 불성실한 모습을 보인다면 다른 직원들에게도 나쁜 영향을 미치기 때문입니다.

질문 ▶ 그런 동료와 함께 일하게 된다면?

답변

자신의 책임을 다하지 않는 동료와 함께 일하게 된다면, 기분 나쁘지 않는 선에서 그 동료의 업무를 챙겨줄 것 같습니다. 왜냐하면 그 동료가 자신의 책임을 다하지 않으면 결국 그 피해는 우리 팀 전체에게 올 수 있기 때문입니다. 그래서 제 업무를 하면서 자연스럽게 그 동료가 하고 있는 일이 잘 되고 있는지 살펴보고, 혹시라도 제대로 되지 않는 상황이라면 먼저 다가가 필요한 도움을 줄 수 있도록 노력하겠습니다. 그렇게 한다면 그 동료도 저에게 미안해서라도 자신의 책임을 다할 것이라고 생각합니다.

답변

자신의 생각을 잘 말하지 않는 동료와 일하게 된다면 제가 조금 귀찮게 먼저 말을 많이 건네겠습니다. 왜냐하면 자신의 생각을 말하지 않는 동료는 자신이 힘들어도 그것을 혼자서 해결하려고 하다가 오히려 문제를 키울 수 있기 때문입니다. 그래서 평소 업무를 하면서 자연스럽게 그 동료에게 자연스럽게 먼저 말을 건네면서 일이 어떻게 진행되는지 이야기하고, 필요하다면 함께 야근을 하면서 그 동료를 도와주며 더 친해지기 위해 노력하겠습니다. 그렇게 한다면 그 동료 역시 저에게 마음의 문을 열고 더 많이 소통하고 협력할 수 있을 것 같습니다.

네, 저는 저보다 능력이 뛰어난 동료와 함께 일할 때면, 그 동료와 친해지기 위해 노력합니다. 먼저 그 동료에게 다가가 함께 밥을 먹기도 하면서 친해지기 위해 노력하면서, 그 동료가 가진 장점이나 일하는 방식을 배우기 위해 노력합니다. 저도 사람인지라 가끔 그 동료에게 질투심이 생기는 때도 있지만, 그럴 때마다 저에게 부족한 점을 채울 수 있는 좋은 기회라고 생각하면서 제가 맡은 일을 더 열심히 하려고 노력하는 편입니다.

네, 만일 자기 생각만을 고집하는 팀장님과 함께 일을 한다면 처음에는 어려움이 있을 것 같습니다. 하지만 팀장님께서는 저보다 직무역량과 업무경험이 많으신 만큼, 부하 직원으로서 우선 팀장님의 생각에 따르는 것이 당연하다고 생각합니다. 우선 팀장님의 지시에 따라 열심히 업무를 추진하면서 성과를 만들어 내서 저의 실력을 인정 받는다면 팀장님께서도 저의 의견도 받아들여 주실 것이라고 생각합니다.

  그런 동료와 일했던 경험이 있느냐?

네, 자기 생각만을 고집했던 동료는 아니지만, 팀 프로젝트를 하면서 자기주장이 강한 팀원과 함께 일했던 적이 있습니다. 창업론 수업을 들으면서 팀원 4명과 함께 조를 이루어, 새로운 서비스 상품을 개발하고 이를 발표하는 과제를 수행하게 되었습니다. 그런데 한 동료가 자기주장이 너무 강하다 보니 새롭게 개발할 서비스상품을 결정하는데 너무 많은 시간이 걸리고 팀 분위기도 나빠져서 힘들었지만, 그 동료의 이야기를 더 많이 들어주고 맞장구를 치면서 조금씩 의견 차이를 좁혀 팀 프로젝트를 무사히 마쳤던 적이 있었습니다.

네, 책임감이 부족한 동료는 아니지만 개인적인 사정 때문에 종종 일처리가 늦어지는 동료와 일했던 경험이 있습니다. 일자리 안정자금지원 사업을 담당하면서 한 동료가 아이가 아파 수술을 받아야 하는 상황이다 보니 업무에 잘 집중하지 못하고 실수가 잦은 편이었습니다. 그래서 고객들로부터 항의전화를 받기도 하고 업무처리가 늦어져 팀 전체적으로 분위기가 나빠지기도 했었습니다. 물론 업무도 중요하지만, 같은 팀원으로서 마음고생을 하는 그 동료가 너무 안쓰러워 다들 자기 업무를 하면서 틈틈이 그 동료의 업무를 도와주려고 함께 노력했던 적이 있습니다.

답변

네, 자기 생각을 잘 말하지 않는 동료와 일했던 경험은 아니지만, 우리 공단 인턴 근무 당시 말수가 적은 팀장님과 함께 일했던 경험이 있습니다. 그 팀장님께서 평소에 워낙 말수가 적고 감정표현을 잘 하지 않는 편이어서 처음에는 팀장님이 어렵게만 느껴졌습니다. 하지만 선배님들로부터 팀장님이 원래 말수가 적은 편이지만 정말 좋은 팀장이라는 이야기를 듣고, 저 역시 용기를 내서 더 자주 업무내용을 여쭤보기도 하고 간식도 가져다 드리면서 친해지기 위해 노력했습니다. 덕분에 팀장님으로부터 면접을 잘 볼 수 있는 노하우도 배울 수 있었습니다.

질문 ▶ 팀 분위기가 나쁘다면? 동료들 사이에 갈등이 발생한다면? 동료의 험담?

조언 ▶ 팀 전체적으로 분위기가 좋지 않거나 화합이 잘 안될 때 어떻게 대처할 것인 지를 묻는 질문이다. 틀에 박힌 식상한 답변보다는 실제 그런 상황에서 내가 어떻게 행동할 것인 지를 구체적으로 설명하면 된다.

답변

만일 팀 분위기 좋지 않다면 어려움이 많을 것 같습니다. 팀 분위기가 좋아야 더 즐겁게 일을 할 수 있고 동료들과 협력을 통해 더 좋은 성과를 만들어 낼 수 있기 때문입니다. 저는 그런 상황에서 동료들과 함께 편하게 참여할 수 있는 활동을 준비해 보겠습니다. 예를 들어, 팀원 모두가 함께 야구장에 가서 큰 목소리로 응원하고 나면 전보다 훨씬 더 분위기가 좋아질 것 같습니다. 그렇게 한다면 팀의 분위기도 좋아져 업무에서 더 좋은 성과를 만들어 낼 수 있다고 믿습니다.

답변

네, 저는 만일 그런 상황이라면 팀 분위기를 끌어올리기 위해 노력해 보겠습니다. 선배님들이 모두 피곤해하는 오후 시간대에 맛있는 간식을 준비해 팀원 모두가 간식을 먹으면서 자연스럽게 분위기를 끌어올려 보겠습니다. 그리고 막내로서 제가 선배님들을 졸라 맛있는 저녁이라도 함께하면서 서로 이야기를 나누실 수 있도록 만들어 보겠습니다. 그렇게 제가 팀 분위기를 끌어올리기 위해 열심히 노력하는 모습을 보여드린다면, 선배님들께서도 저를 봐서라도 더 좋은 분위기를 만들어 주실 것 같습니다.

동료들 사이에 갈등이 발생한다면 고민이 많이 될 것 같습니다. 하지만 신입직원인 제가 갈등을 해결하기 위해 성급히 나서는 모습은 오히려 좋지 않을 것 같습니다. 우선 제가 해야 할 일들을 충실히 수행하면서 조심스럽게 그런 갈등을 해결할 수 있는 방법은 없는지 고민해 보겠습니다. 그리고 좋은 자리를 만들어 함께 소주라도 한 잔 마시며 이야기하다 보면 동료들 사이의 갈등은 충분히 해결할 수 있다고 생각합니다.

만일 선배님들께서 서로 싸우시면서 각자 저에게 편을 들어달라고 말씀하시면 정말 곤란할 것 같습니다. 만일 그런 경우라면 저는 섣불리 나서기보다는 우선 선배님들의 말씀을 잘 들어드리겠습니다. 그리고 혹시라도 제가 중재할 수 있다면 선배님들께서 서로에 대한 오해를 푸실 수 있도록 메신저 역할을 하겠습니다. 그렇게 제가 노력한다면 선배님들도 관계를 다시 회복하고 좋은 관계가 될 수 있다고 생각합니다.

만일 다른 동료를 험담하는 동료가 있다면 저는 험담을 듣기보다는 다른 화제로 전환하겠습니다. 다른 동료에 대한 험담을 계속 들어주게 되면 제가 오히려 갈등을 더 키울 수 있다고 생각합니다. 그래서 험담을 계속 들어주기보다는 요즘 인기 있는 우영우 변호사 드라마 이야기를 하면서 화제를 전환하고 되도록 그런 자리를 피하겠습니다. 그렇게 한다면 험담하던 동료도 저의 마음을 이해하고 더 이상 다른 동료에 대해 험담하지 않을 것 같습니다.

 야근, 회식, 소통부재, 일방적 업무 처리 등 잘못된 조직문화

 공기업에서도 조직과 상사에 따라, 습관적인 야근이나 잦은 회식 또는 의사소통 부재 등 잘못된 조직문화가 존재하곤 한다. 이런 잘못된 조직문화에 어떻게 대처할 지를 묻는 질문이다. 좋은 답변 방향은 우선 팀과 동료들을 먼저 고려하면서 부드러운 접근을 강조하는 것이다.

만일 습관적으로 야근을 하는 부서에서 근무하게 된다면 어려움이 많을 것 같습니다. 저는 야근이 계속되는 이유가 무엇인지 고민해 보겠습니다. 그래서 업무프로세스가 잘못되었다면 선배님들께 해결책을 말씀드리고 함께 힘을 모아 상황을 해결해 나가겠습니다. 하지만 특별한 이유 없이 야근하는 것이라면 팀원들에게 퇴근 후에 할 수 있는 자기 계발이나 취미활동 등을 소개해 조금씩 야근을 줄여 나가겠습니다.

만일 팀 내에 불필요한 야근이 많다면 분명히 원인이 있을 것이라고 생각합니다. 만일 업무가 너무 많아서 그런 것이라면 보다 근무 시간에 더욱 집중해 업무를 효율적으로 처리하도록 하겠습니다. 하지만 특별한 이유 없이 야근하는 경우라면 상사와 선배님들과 함께 빠르게 퇴근할 수 있도록 분위기를 만들어 보겠습니다. 그렇게 한다면 불필요한 야근을 줄일 수 있을 것 같습니다.

만일 팀 내 회식이 너무 잦다면 퇴근 후에 동료들과 함께 할 수 있는 다른 활동들을 찾아보겠습니다. 물론 직장생활을 하면서 회식은 꼭 필요하다고 생각하지만 너무 잦다면 모두에게 부담이 될 수 있기 때문입니다. 그래서 퇴근 후에 함께 영화나 연극을 보거나 자전거와 같이 스트레스도 풀고 체력도 기를 수 있는 운동을 하면서 자연스럽게 회식을 줄여 나가는 것이 좋을 것 같습니다. 만일 그것이 어렵다면 1차에서 간단한 식사와 적절한 음주 정도로만 회식을 마치자고 선배들에게 말씀드려 보겠습니다.

만일 상사께서 고압적인 분위기 속에서 일방적으로 업무를 지시하신다면 어려움이 많이 있을 것 같습니다. 그런 상황이라면 저는 먼저 상사와 더 친해지기 위해 노력하겠습니다. 더 자주 보고를 드리고 함께 어울릴 수 있는 시간을 늘려가겠습니다. 그렇게 상사와 더 친해진다면 자연스럽게 저의 의견을 수용해 주시리라 생각합니다.

 팀 내 세대 간 갈등이 있다면? 세대 차이가 있다면?, 세대 차이를 극복한 경험?

 최근 공기업의 채용이 증가하면서 MZ세대가 늘어남에 따라 세대 간 갈등 또는 세대 차이로 인해 어려움을 겪는 경우가 발생하고 있다. 그에 따라 최근 공기업에서 세대 간 갈등이나 세대 차이에 관한 생각을 묻거나 해결 방법을 묻는 경우가 많다. 신입직원으로서 선배님들을 존중하고 배우려고 노력하는 자세를 바탕으로 적극적으로 갈등을 해결하기 위해 노력하는 모습을 보여주는 것이 좋다.

팀 내 세대 간의 갈등이 발생한다면 무엇보다 서로를 이해하고 존중하는 자세가 필요하다고 생각합니다. MZ세대는 기성세대가 쌓아온 많은 성과와 업무 처리 방식 등을 우선 존중하고 이를 배우기 위해 노력해야 한다고 생각합니다. 또한 기성세대는 MZ세대가 겪고 있는 어려움과 사고방식을 이해하기 위해 노력한다면 세대 간 갈등은 충분히 해결할 수 있다고 생각합니다.

답변

네, 만일 팀 내에 세대 차이가 존재한다면 많이 불편할 것 같습니다. 하지만 세대 차이를 극복하기 위해서는 무엇보다 서로에 대해 이해하려는 노력이 필요하다고 생각합니다. 그래서 팀원들이 함께 가벼운 마음으로 참여할 수 있는 모임을 만들어 운영하면서 서로에 대해 이해할 수 있는 시간을 늘려나가겠습니다. 또한 선배님들의 업무 경험과 노하우를 배우기 위해 노력한다면 세대 차이는 충분히 극복할 수 있을 것 같습니다.

답변

부서 내에 세대 차이로 인해 보이지 않는 갈등이 발생한다면 빠르게 해결해야만 한다고 생각합니다. 이런 갈등을 해결하기 위해 저라면 나이 많으신 선배님들과 친해지기 위해 노력하겠습니다. 선배님들과 친해져야만 근무 분위기도 좋아져서 즐겁게 일할 수 있고 선배님들의 업무 노하우도 훔쳐 배울 수 있기 때문입니다. 그래서 선배님들이 좋아하시는 아재 개그와 트로트도 배워가며 선배님들께 더 친근하게 다가서겠습니다.

답변

제가 세대 차이를 극복한 경험은 타 공공기관에서 인턴으로 근무할 때 선배님들과 서먹서먹한 관계를 개선한 경험입니다. 제가 근무하던 부서에는 대부분 경력이 10년 이상 되신 나이 많으신 선배님들이 많이 계셨습니다. 그래서 처음에는 다가가는 것이 어려웠지만 아침마다 큰 목소리로 인사드리고 혹시 업무가 바쁘신 것 같으면 먼저 다가가 혹시 도와드릴 일은 없는지 자주 여쭤보곤 했습니다. 이렇게 열심히 노력하는 저의 모습을 선배님들께서 좋게 봐주신 덕분에 나중에는 선배님들과 많이 친해져서 직장생활 노하우까지 배울 수 있었습니다.

답변

네, 제가 선배님들과 세대 차이를 극복한 방법은 조카처럼 친근하게 다가가는 것이었습니다. 우선 아침에 출근하실 때 더 밝고 큰 목소리로 인사드리고 혹시 도와드릴 일은 없는지 자주 여쭤봤습니다. 그리고 점심 식사를 마치고 산책을 함께 하면서 취업과 관련된 저의 고민을 먼저 털어놓고 조언을 구하곤 했습니다. 그뿐만 아니라 선배님들께서 가장 고민하시는 자녀들의 공부 방법 등에 대해 제가 가진 노하우들을 넌지시 알려드리곤 했습니다. 덕분에 선배님들과 많이 친해져서 선배님들로부터 맛있는 커피도 많이 얻어 마실 수 있었습니다.

답변

팀 내에 세대 차이가 발생하는 이유는 서로에 대한 이해가 부족하기 때문이라고 생각합니다. MZ세대는 기성세대가 겪었던 힘들었던 시기와 환경을 잘 알지 못하고 기성세대 역시 MZ세대가 겪고 있는 고민에 대해 잘 알지 못하는 것 같습니다. 이렇게 서로에 대해 잘 이해하지 못하고 생각의 차이가 있다 보니 세대 차이가 발생한다고 생각합니다. 그래서 세대 차이를 극복하기 위해서는 무엇보다 서로에 대한 이해가 먼저 필요하다고 생각합니다.

질문 ▶ 팀 내 저성과자에 관한 생각과 대처방안은?, 일을 잘 못하는 선배 직원이 있다면?

조언 ▶ 조직 내에서 일을 잘하지 못하는 직원에 대한 대처 방법을 묻는 질문이다. 직장생활에서 상대적으로 일을 못 하는 직원은 있기 마련이다. 조직에서 그런 직원이 일을 잘 못해서 발생하는 문제보다는 그런 직원과 관련된 갈등이 오히려 더 큰 문제를 만드는 경우가 많다. 그래서 그런 직원에 대한 갈등을 슬기롭게 헤쳐나가는 것이 필요하고 이에 대한 지원자의 생각을 묻는 질문이다. 그래서 그런 동료를 배척하지 않고 성과를 만들 수 있도록 적극적으로 도와주려는 인간적인 모습을 보여주는 것이 좋다.

답변

네, 만일 팀 내에 저성과자가 있다면 일하는 데 조금 어려움이 있을 것 같습니다. 하지만 팀원은 또 다른 가족이기 때문에 어떻게든 성과를 만들기 위해 서로를 챙겨주고 도와줘야 생각합니다. 그래서 동료가 성과가 나쁜 이유를 먼저 고민해 보고 혹시라도 제가 도와줄 수 있는 방법은 없는지 찾아보겠습니다. 하지만 만일 제가 도와주기 어려운 상황이라면 가장 믿고 따르는 선배님께 조심스럽게 조언을 구하겠습니다. 그렇게 한다면 선배님께서 분명히 좋은 해결 방법을 제시해 줄 것이라고 생각합니다.

답변

만일 팀 내에 자신의 책임을 다하지 않는 동료가 있다면 속이 많이 상할 것 같습니다. 만일 그런 동료가 있다면 혹시 개인적인 어려움은 없는지 조심스럽게 물어보겠습니다. 그래서 제가 도움을 줄 수 있는 것이 있다면 퇴근 후에 함께 사무실에 남아 그 동료에게 필요한 도움을 주겠습니다. 만일 제가 도움을 주지 못하는 상황이라면 국밥에 소주라도 함께 하면서 더욱 힘을 내서 일할 수 있도록 응원하겠습니다. 그렇게 한다면 그 동료도 자신의 책임을 다하기 위해 열심히 일해 분명 더 좋은 성과를 만들어 낼 것이라고 생각합니다.

답변

만일 팀 내 저성과자가 있다면 그런 동료를 원망하기보다는 그 동료가 성과를 만들어 낼 수 있도록 적극적으로 도와주는 것이 맞다고 생각합니다. 성과가 나지 않는 것은 일에 대한 의욕이 없거나 효과적으로 일하는 방법을 모르기 때문이라고 생각합니다. 그래서 동료가 다시 열정을 찾을 수 있도록 옆에서 함께 일하면서 힘을 북돋아 주겠습니다. 그리고 제가 알고 있는 효과적인 일 처리 방법을 알기 쉽게 설명해주겠습니다. 이렇게 한다면 그 동료 역시 분명히 성과를 만들어 낼 수 있다고 생각합니다.

답변

만일 일을 못하는 선배님이 계신다면 우선 그 선배님의 업무를 제가 더 적극적으로 도와드리겠습니다. 선배님을 도와드리는 것은 같은 팀원으로서 당연히 해야 할 일뿐만 아니라 선배님을 도와드리면서 저 역시 업무도 더 많이 배울 수 있다고 생각하기 때문입니다. 예를 들어, 제가 실은 엑셀을 굉장히 잘하는 편인데, 선배님께서 엑셀을 잘하실 수 있도록 도와드리면서 엑셀 사용법을 조금씩 알려드리겠습니다. 그러다 보면 선배님께서도 분명히 엑셀을 이용해 업무를 더 효율적으로 잘하실 수 있다고 믿습니다.

답변

팀 내의 저성과자 선배님이 계신다면 우선 성과를 내실 수 있도록 도와드려야 한다고 생각합니다. 팀 내에 저성과자가 있다면 팀의 분위기도 좋지 않고 팀 성과도 내기 어렵기 때문입니다. 만일 선배님이 의욕이 없으셔서 그런 것이라면 선배님께서 의욕을 찾는 방법을 생각해 보겠습니다. 예를 들어 선배님이 잘하실 수 있는 일들을 계속 여쭤보겠습니다. 그게 아니라 실력이 부족하신 것이 이유라면 실력을 키울 수 있는 교육프로그램을 선배님과 함께 수강해 보겠습니다.

답변

만일 팀 내 저성과자가 있다면 빠르게 해결책을 찾아야 한다고 생각합니다. 만일 저성과자가 저의 후배라면 그 후배가 왜 성과를 내지 못하는지 고민해 보고 그 후배가 성과를 낼 수 있도록 더 관심을 가지고 도와주고, 업무를 가르쳐 주겠습니다. 그리고 저녁에 삼겹살에 소주 한 잔 사주면서 더 힘을 낼 수 있도록 도와주겠습니다. 하지만 저성과자가 저의 선배님이라면 다른 선배님들과 함께 도와드릴 수 있는 방법을 찾아보겠습니다.

질문 ▶ 부당한 인사평가, 성과를 뺏긴다면?

조언 ▶ 공기업 역시 평가에서 벗어날 수 없다. 상사의 근무 성적 평가부터 동료, 후배들의 다면평가도 존재하고 있다. 이런 평가에서 좋지 않은 평가를 받을 때가 종종 있다. 이런 상황에 어떻게 대처할 것인지를 묻는 면접질문이다. 답변 방향은 평가결과를 부정적으로 받아들이기보다는 자신의 발전 계기로 삼아 구체적으로 어떻게 노력할 것인지 설명하면 된다.

답변

네, 만일 저보다 더 열심히 일을 하지 않은 동료가 저보다 더 좋은 평가를 받는다면 조금은 속이 상할 것 같습니다. 하지만 그 동료가 저보다 더 좋은 평가를 받은 데에는 분명히 이유가 있을거라고 생각합니다. 그래서 오히려 그 동료에게 다가가 친하게 지면서 그 동료가 가진 강점을 배우기 위해 노력하겠습니다. 그렇게 저의 부족한 부분을 채우기 위해 노력한다면 저 역시 좋은 평가를 받을 수 있다고 생각합니다.

답변

만일 상사로부터 좋은 평가를 받지 못한다면 솔직히 기분이 별로 좋지 않을 것 같습니다. 하지만 상사께서 저를 그렇게 평가하신 이유가 있다고 생각합니다. 그래서 혹시 제가 부족한 점은 없는지 스스로 뒤돌아보고 보완해 나가겠습니다. 그래도 정확한 이유를 모르겠다면 팀 내 선배님께 이런 점을 말씀드리고 제가 어떤 부분을 보완해야 할지 여쭤보겠습니다. 그리고 그런 부분을 보완해 나간다면 상사께서도 저를 분명히 좋게 평가해 주실 것 같습니다.

답변

네, 제가 후배보다 나쁜 평가를 받는다면 우선 그 이유를 생각해 보겠습니다. 제 나름대로 열심히 했지만 나쁜 평가를 받은 것은 저의 성과가 부족했거나 제가 모르는 저의 잘못이 있다고 생각합니다. 그래서 더 많은 성과를 만들어 내기 위해 더 열심히 노력하고 그 후배에게도 배울 점이 있다면 배우기 위해 노력하겠습니다. 이런 모습을 보여드린다면 전보다 좋은 평가를 받을 수 있다고 생각합니다.

답변

만일 함께 일하는 동료들로부터 좋은 평가를 받지 못한다면 속이 많이 상할 것 같습니다. 하지만 동료들이 저를 그렇게 평가하는 것은 분명히 저에게 부족한 점이 있다고 생각합니다. 제가 열심히 하지 않았는지, 제가 동료들에게 소홀히 하지 않았는지, 저의 자세와 태도에는 문제가 없는지 반성하고 그것들을 고쳐나가겠습니다. 그리고 동료들의 어려움을 제가 먼저 나서서 도와주고 동료들과 더 자주 어울릴 수 있는 시간을 만들겠습니다. 제가 그렇게 열심히 노력하는 모습을 보여준다면, 동료들도 저를 인정해 줄 것으로 생각합니다.

답변

만일 제가 열심히 일해서 만든 성과를 선배가 가져가신다면 조금은 속이 상할 것 같습니다. 하지만 선배께서 저의 성과를 가져가신 데에는 그럴만한 이유가 있다고 생각합니다. 그래서 속상해 있기보다는 선배님을 도와드렸다고 생각하고 그냥 넘어가도록 하겠습니다. 하지만 이런 일이 계속된다면, 선배님과 맛있는 식사를 하면서 저의 속상한 마음을 솔직히 말씀드려 보겠습니다. 그렇게 한다면 선배님께서도 저의 성과를 분명히 챙겨 주실 것 같습니다.

답변

만약 선배가 업무 실수나 책임을 저에게 전가한다면 사실 속이 상할 것 같습니다. 하지만 선배가 그렇게 하는 것은 제가 모르는 저의 실수나 책임이 있을 수 있다고 생각합니다. 그래서 너무 서운하게 생각하기보다는 덤덤히 받아들이고 대신 그런 일이 발생하지 않도록 제가 더 꼼꼼히 챙기겠습니다. 그렇게 한다면 선배님께서도 저를 더 인정해 주시고 미안해 하실 거라고 생각합니다.

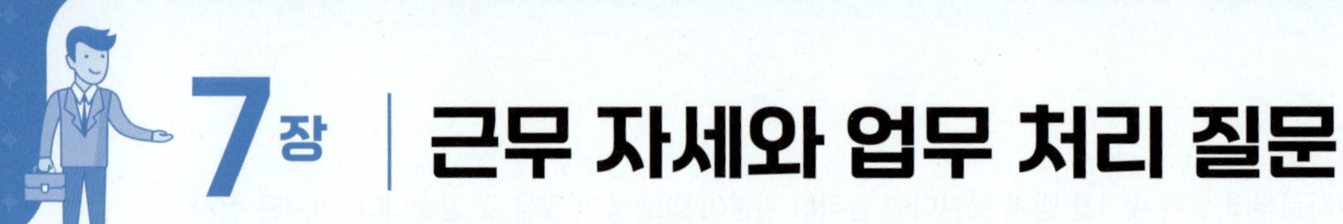

예전에는 공기업 면접에서 근무 자세나 업무 처리 등에 관한 질문은 자주 등장하는 편이었다. 하지만 이런 면접질문의 빈도가 줄어들기는 했지만, 여전히 최종 면접에서 이런 면접질문이 제시되는 경우가 많다. 따라서 이런 면접 질문들에 대한 답변을 미리 정리하는 것이 좋다.

어차피 면접관이 듣고 싶어 하는 답변 내용은 정해져 있다 보니 지원자들도 이에 대해 준비를 잘하는 편이고 답변들도 비슷한 경우가 많다. 그래서 답변 내용 그 자체보다는 그런 답변을 하게 된 내 생각이 더 중요하다. 또한 그럴싸한 멋진 답변보다 실제 그런 상황에서 구체적으로 내가 어떻게 행동할지가 눈에 그려질 수 있도록 답변하는 것이 필요하다.

질문 ▶ 만일 상사가 불합리한 지시를 내릴 경우, 상사가 잘못된 지시를 내릴 경우, 만일 상사와 의견이 다를 경우

조언 ▶ 직장생활에서 상사의 판단이 전적으로 맞을 수는 없다. 이런 경우에 어떻게 대처할 것인지를 묻는 질문이다. 이런 경우, 당연히 상사의 지시를 거부하거나 상사에게 직언해야 한다고 생각하지만, 공기업의 조직문화에서는 결코 바람직하지 못한 모습이다. 그렇다고 해서 상사의 잘못된 지시에 무조건 따르는 것 역시 큰 문제를 초래할 수 있다.

그래서 가장 좋은 답변 방향은 우선 상사의 지시를 받아들이되 문제점이 있다면 상사의 입장을 배려해서 조용히 재검토를 부탁하는 방법이다. 이런 질문들에는 대부분 "그렇게 했는데도 이런다면?"과 같은 꼬리질문이 이어질 수 있으니, 그에 맞는 답변들도 미리 생각해 보는 것이 필요하다.

답변

네, 만일 상사가 불합리한 지시를 내리더라도 우선은 그에 따르는 것이 맞는다고 생각합니다. 왜냐하면 상사는 저보다 훨씬 업무경력과 경험이 많기 때문에 그런 지시를 한데에는 분명히 이유가 있을 것이라고 생각합니다. 하지만 상사의 지시가 법과 규정을 어기는 것이거나 우리 공단에 큰 피해가 발생한다면, 상사님을 조용히 찾아뵙고 그런 문제점을 정리해 보고드리면서 재검토를 부탁드리겠습니다. 그렇게 한다면 분명히 상사님께서 다시 합리적인 지시를 내려주실 거라고 생각합니다.

답변

만일 선배가 매뉴얼과 다르게 작업을 진행하라고 말씀하시면 고민이 될 것 같습니다. 저는 우선 선배님께 매뉴얼과 다르게 작업을 지시하신 이유를 여쭤보겠습니다. 만일 타당한 이유가 있다면 선배님의

업무지시에 따라 업무를 처리하되, 특별한 이유가 없이 단순히 일을 쉽게 하려고 그런 경우라면 안전을 생각해서 매뉴얼에 따라 업무를 진행하겠다고 말씀드리겠습니다. 그렇게 한다면 선배님의 업무 노하우를 배울 수 있고 작업도 보다 안전하게 진행할 수 있을 것 같습니다.

답변

만일 상사가 잘못된 지시를 내리신다면, 우선 그 지시내용을 정확히 파악해 보겠습니다. 신입직원인 제가 지시사항을 잘못 파악했거나 상황을 잘못 판단할 수도 있기 때문입니다. 상사의 지시내용이 분명히 잘못되었다고 판단된다면, 가장 믿고 따르는 선배님에게 조언을 구해 보겠습니다. 선배님의 조언을 듣다 보면 좋은 해결책을 찾을 수 있다고 생각합니다.

답변

만일 상사가 부당한 업무지시를 내리신다면, 우선 그 업무지시에 따르기 위해 노력하겠습니다. 하지만 그 업무지시가 법이나 규정에 맞지 않고 비윤리적이라면 제가 가장 믿고 따르는 선배님께 사정을 설명해 드리고 조언을 구하겠습니다. 제가 아직 근무 경험이 부족하고 쉽게 판단할 수 없는 문제이기 때문에 선배님께 조언을 구한다면 분명히 좋은 해결 방법을 알려주실 것이라고 믿습니다.

답변

만일 팀장님께서 잘못된 지시를 내린다면 고민이 많이 될 것 같습니다. 저는 우선 팀장님의 지시내용을 다시 정확히 확인해 보겠습니다. 제가 팀장님의 지시를 잘못 이해할 수도 있기 때문입니다. 만일 팀장님의 지시내용이 정확하다면 되도록 팀장님의 지시를 따르는 것이 맞다고 생각합니다. 팀장님께서도 분명히 뭔가 이유가 있어서 그런 지시를 내렸다고 생각하기 때문입니다.

답변

네, 만약 프로젝트 실패가 예상되는 데도 팀장만 혼자서 팀원들과 다른 주장을 고집하신다면 조금 난처할 것 같습니다. 하지만 우선 팀장님께서 그런 주장을 하시는 이유에 대해 생각해 보고 알아보겠습니다. 왜냐하면 경험이 많으신 팀장님께서 그런 주장을 하시는 데에는 분명한 이유가 있으리라 생각하기 때문입니다. 하지만 그런 이유를 도저히 모르겠다면 저녁 회식과 같이 편안한 자리를 만들어서 우선 팀장님께 그 이유를 여쭤보고 팀원들의 생각을 조심스럽게 건의해 볼 것 같습니다. 그렇게 한다면 팀장님께서 다시 좋은 판단을 내려 주실 것으로 생각합니다.

조언 ▶ 업무를 수행하다 보면 가끔 상사나 선배 사이에 끼여 난처한 경우가 있을 수 있다. 이런 상황에서 어떻게 대처할지 묻는 질문이다. 먼저 정확히 이해해야 할 부분은 상사란 업무지시 권한이 있는 명령권자를 말하고 선배란 업무명령 권한이 없는 팀의 동료를 말한다. 이 부분만 정확히 이해하면 답변 방향을 잡는 것이 절대 어렵지 않다.

답변

만일, 상사와 선배가 각기 다른 방식으로 업무를 처리하라고 말씀하시면 고민이 되겠지만 저는 상사의 업무지시에 따르겠습니다. 왜냐하면 상사께서는 더 많은 업무 경험을 가지고 계실 뿐만 아니라 부하직원으로서 상사의 지시에 당연히 따라야 하기 때문입니다. 대신 선배님께 이런 상황을 먼저 말씀드려 불필요한 오해를 하시지 않도록 하겠습니다.

답변

만일 선배가 부탁하신 업무를 처리하던 중, 상사께서 다른 업무를 지시하신다면 선배님께 이런 상황을 말씀드리고 어떤 업무부터 먼저 처리해야 할지 여쭤보겠습니다. 제가 신입직원이다 보니 아직 상사나 선배가 주신 업무 중에 무엇을 우선해야 할지 잘못 판단하면 오히려 문제를 만들 수 있기 때문입니다. 그래서 선배의 조언에 따라 더 중요하고 급한 업무를 먼저 처리하고 이어서 다른 업무를 처리하겠습니다.

답변

네, 만일 상사님이 저에게 선배 모르게 선배의 업무를 처리하라고 말씀하시면 조금 고민이 될 것 같습니다. 우선 상사께서 그런 지시를 하신 이유를 여쭤보고 선배의 업무를 제가 대신 처리하겠습니다. 그리고 선배가 기분이 상하실 수도 있는 만큼 선배께서 오해하시지 않도록 나중에 적당한 때에 사정을 잘 설명하겠습니다. 그렇게 한다면 선배께서도 저의 사정을 이해해 주시리라 생각합니다.

조언 ▶ 아무리 공기업이 근무 여건이 좋다고 하지만 실제로는 야근과 주말 근무가 필요한 경우가 많이 있다. 특히 본사에서 근무하면 야근이나 주말 근무가 더욱 많은 편이다. 이런 상황을 미리 가정해 보고 자신이 어떻게 행동할 것인지 생각하면 쉽게 답변 내용을 생각할 수 있다. 주의해야 할 점은 야근이나 주말 근무를 적극적으로 하겠다는 식의 답변보다는 왜 자신이 그렇게 생각했는지를 구체적으로 밝히는 것이 좋다.

네, 만일 가족의 중요한 모임이 있는데 갑작스럽게 회사에서 일을 해야 한다면, 먼저 회사 일을 하는 것이 맞는다고 생각합니다. 회사의 일이 잘못되거나 늦어지면 피해가 발생하기 때문입니다. 그래서 회사 일을 먼저 잘 처리하고 나중에 마음 편하게 가족 모임을 따로 갖는 것이 좋다고 생각합니다.

네, 중요한 약속이 있는데 야근해야 하는 경우가 발생한다면 약속 상대방에게 사정을 잘 설명하고 약속을 미룬 후에, 제가 맡은 일을 처리하겠습니다. 혹시 약속을 도저히 미루기 어려우면은 팀장님께 사정을 말씀드리고 우선 약속 모임에 가서 얼굴이라도 내비친 후에, 다시 회사로 복귀해 밤늦게까지 그 일을 깔끔하게 마무리해 다음 날 아침에 팀장께 보고드릴 수 있도록 하겠습니다.

실제 그런 상황을 겪어 보질 않아서 불필요한 야근에 대해 쉽게 답변드리기 어렵지만, 우리 공단에 불필요한 야근은 없다고 생각합니다. 무엇인가 중요하고 급한 일이기 때문에 어쩔 수 없이 야근한다고 생각합니다. 하지만 중요하지도 급하지 않은 일이라면 최대한 근무 시간에 집중해서 일을 마무리 지어 불필요한 야근을 줄여 나가도록 하겠습니다.

우리 공단은 국민의 건강을 책임져야 하는 막중한 임무를 가지고 있습니다. 그래서 중요하거나 급한 일 때문에 어쩔 수 없이 야근이나 주말 근무를 해야 하는 경우가 있을 수 있다고 생각합니다. 최대한 근무 시간에 효율적으로 일해 야근이나 주말 근무를 줄이겠습니다. 하지만 꼭 야근이나 주말 근무가 꼭 필요할 경우라면 조금 힘이 들더라도 동료들과 함께 즐겁게 일할 수 있도록 노력하겠습니다.

네, 면접관님이 말씀하신 대로 직장생활을 하다 보면 직장인에게 야근이나 주말 근무는 피할 수 없는 숙명 같은 것이라고 생각합니다. 불가피하게 야근이나 주말 근무를 하게 된다면 투덜대기보다는 적극적인 자세로 최대한 업무를 빨리 끝내도록 하겠습니다. 일을 빨리 마치고 선배, 동료들과 함께 맛있는 국밥을 함께 먹다 보면 야근이나 주말 근무도 오히려 재미있을 것 같습니다.

만일 퇴근 시간을 넘어 고객께서 찾아오신다면 당연히 고객께서 요구하시는 업무를 처리해 드리겠습니다. 저에게는 매일 반복되는 업무이지만, 고객께서는 정말 어렵게 시간을 내서 찾아오신 만큼 당연히 고객을 도와드려야 한다고 생각합니다. 제가 그렇게 퇴근을 미룬 채 고객을 도와드린다면, 그 고객께서도 우리 공단을 더 믿고 칭찬해 주시리라 생각합니다.

조언 ▶ 공기업 면접에서 간혹 일가정양립에 대한 면접질문이 제시되는 경우가 있다. 또한 바람직하지는 않지만, 작은 공공기관 면접에서 경력직 여성 지원자를 대상으로 출산 육아와 관련된 면접질문이 주어지는 경우도 있을 수 있다. 자칫 불쾌한 질문일 수 있지만, 자신의 출산, 육아와 직장생활 병행에 관한 생각을 솔직하고 당당하게 말하는 것이 좋다.

답변

직장생활을 하면서 일과 가정을 모두 충실히 한다는 것이 생각보다 어려울 수 있다고 생각합니다. 하지만 직장인이라면 월급을 받는 만큼 먼저 일을 충실히 해야 한다고 생각합니다. 제 일을 완벽하게 수행하지 않는다면 주변 동료들에게 피해를 줄 수 있고 국민들에게 피해를 줄 수 있기 때문입니다. 그리고 가정생활이 원만해야만 업무에 더 잘 집중할 수 있기 때문에 가정에도 충실하기 위해 노력하겠습니다.

답변

네, 면접관께서 말씀하신 대로 육아와 직장생활은 모두 중요하고 이 둘을 병행하기가 결코 쉬운 일은 아니라고 알고 있습니다. 직장인으로서 자신의 책임을 다하는 것도 중요하지만 출산과 육아 역시 중요하기 때문에 이를 병행해 나갈 방법을 찾겠습니다. 다행히 남편의 근무시간이 저보다 자유로운 편이고 친정어머니도 가까이 살고 계셔서 아이를 키우면서 많은 도움을 받을 수 있어 큰 어려움은 없을 것 같습니다.

답변

네, 직장인에게 직장생활은 가장 중요합니다. 저 역시 결혼 후에도 계속 직장생활을 하면서 제 능력을 발휘하고 싶습니다. 하지만 결혼 후에 출산과 육아도 역시 중요하기 때문에 이 둘을 조화롭게 병행할 수 있도록 노력하겠습니다.

답변

면접관님께서 질문하신 출산 육아와 직장생활에 대해서는 실은 지금까지 깊이 생각해 본 적이 없습니다. 만일 출산 육아와 직장생활을 병행하기 어려운 상황이 온다면 고민이 되겠지만 팀 동료와 가족들과 잘 상의해서 결정하도록 하겠습니다.

조언 ▶ 어느 조직이든 조직에 잘 적응하지 못하는 구성원이 있기 마련이다. 이렇게 조직에 잘 적응하지 못하는 구성원으로 인해 조직의 분위기가 나빠지고 성과 창출에도 악영향을 미치게 된다. 그래서 공기업에서도 직원을 채용하면서 "혹시라도 조직에 잘 적응하지 못할까?"라는 우려 때문에, 이런 면접질문을 던지곤 한다. 답변을 준비하면서 실제 그런 상황이 발생할 경우, 어떻게 대처할지를 먼저 생각해보되 나보다는 동료, 조직을 먼저 생각하는 자세를 보여주는 것이 좋다.

답변

네, 제가 새로운 조직에 빠르게 적응하는 방법은 그리 특별한 것은 아니지만 작은 것까지 잘 기억하는 것입니다. 처음 낯선 조직에 들어가면 동료들의 이름부터 시작해서 동료들이 좋아하는 커피와 관심사 등 작고 사소한 것을 잘 기억해서 동료들과 빠르게 친해지기 위해 노력합니다. 이렇게 작은 것까지 기억하고 챙겨 주는 모습을 보여주면 동료들도 저를 더 빨리 인정해 주고 많은 도움을 주곤 했습니다.

답변

제가 낯선 환경에 빠르게 적응하는 저만의 노하우가 있다면 동료들의 어려움을 내 일처럼 도와주는 것입니다. 낯선 환경에서 내일만을 생각하기보다는 동료들이 혹시 어떤 어려움을 겪는지 먼저 살펴보고 적극적으로 도움을 주면 훨씬 더 빠르게 조직에 적응하고 동료들과도 친해질 수 있었습니다. 그래서 타 공공기관에서 인턴으로 근무하면서 처음에는 서먹서먹하기도 했지만 제가 먼저 선배님들의 업무를 적극적으로 도와드린 덕분에 저 역시 선배님들로부터 업무를 훨씬 더 많이 배울 수 있었습니다.

답변

네, 저는 새로운 부서에 빠르게 적응하기 위해서 무엇보다 업무를 빠르게 배우기 위해 노력하겠습니다. 우선 업무 내용을 정확히 이해하고 잘 수행해야만 동료들에게 피해를 주지 않고 동료로서 인정받을 수 있다고 생각하기 때문입니다. 그래서 우선 업무 지침과 매뉴얼을 완벽히 숙지하고 기존 업무 관련 자료들을 참고하며 업무를 빠르게 배워 동료들에게 믿음직한 모습을 보여주겠습니다. 또한 모르는 것이 있으면 동료들에게 커피라도 한 잔 건네면서 도움을 부탁하면 자연스럽게 새로운 부서에도 잘 적응할 수 있을 것 같습니다.

답변

만일 친해지기 어려운 동료와 함께 일하게 된다면 저는 그 동료의 관심사를 먼저 파악해 보겠습니다. 그 동료가 좋아하는 것을 저 역시 좋아하고 함께 대화 소재로 삼는다면 훨씬 빠르게 친해질 수 있다고 생각합니다. 만일 동료가 맛집을 좋아한다면 인터넷에서 맛집 정보를 찾아 그 동료에게 소개해 주고 기회가 닿으면 함께 맛집에 가서 이런저런 이야기를 하다 보면 그 동료 역시 저에게 마음의 문을 열어 줄 것으로 생각합니다.

만일 조직에 잘 적응하지 못하는 동료가 있다면 매우 안타까울 것 같습니다. 그런 상황이라면 저는 그 동료가 왜 조직에 적응하지 못한지 조심스럽게 알아보겠습니다. 그래서 혹시 업무를 어려워한다면 제가 더 쉽게 일을 할 수 있도록 필요한 도움을 주고, 동료들과 잘 어울리지 못하는 상황이라면 함께 어울릴 수 있는 자리를 만들겠습니다. 그래도 해결이 되지 않는다면 선배님들께 이런 상황을 말씀드려, 선배님들과 함께 그 동료가 조직에 빠르게 적응할 수 있도록 만들어 보겠습니다.

만일 조직의 가치관과 저의 가치관이 맞지 않는다면 고민이 많이 될 것 같습니다. 하지만 조직구성원으로서 저의 가치관을 고집하기보다는 조직의 가치관과 문화에 제가 맞추어 가야 한다고 생각합니다. 그래서 조직의 가치관을 따르기 위해 노력해 보고, 그래도 안 된다면 믿고 따르는 선배님께 저의 이런 고민을 털어놓으며 조언을 부탁드리겠습니다. 그렇게 한다면 선배님께서 저에게 해결책을 제시해 줄 수 있다고 생각합니다.

새로운 업무와 저의 적성이 맞지 않는다면 그럴수록 제가 더 열심히 해야 한다고 생각합니다. 아무리 저의 적성에 맞지 않는 업무라도 저를 믿고 맡겨 주신 만큼, 끝까지 해내야 한다고 생각하기 때문입니다. 그래서 새로운 업무를 더욱 잘 할 수 있는 방법을 고민하면서 차근차근 업무를 처리하겠습니다. 그렇게 노력한다면 시간이 흐르면서 자연스럽게 새로운 업무에 저의 적성을 맞추어 갈 수 있을 것 같습니다.

네, 면접관님께서 말씀하신 것처럼 현장의 안전점검 업무가 저의 적성에 맞지 않을 수도 있다고 생각합니다. 하지만 우리 공사 직원에게 현장의 안전점검 업무는 가장 중요하면서도 기본적인 업무라고 생각합니다. 그리고 직장생활을 처음 시작하는 사회 초년생이 적성을 따지고 있는 것은 배부른 소리라고 생각합니다. 현장의 안전점검 업무가 어렵고 힘들더라도 선배님들과 함께 열심히 땀 흘려 일하다 보면 저 역시 빠르게 적응할 수 있다고 생각합니다.

조언 ▶ 조직에서 동료들과 좋은 관계를 유지하는 것만큼 중요한 것도 없다. 그래서 공기업 면접에서도 동료들과 좋은 관계를 맺을 수 있는지를 묻는 질문들이 제시되곤 한다. 뭔가 멋진 답변을 준비하기보다는 동료들과 좋은 관계를 형성, 유지하기 위해 구체적으로 어떻게 노력할 것인지를 답변하면 된다.

답변

만일 무뚝뚝한 상사가 쉽게 곁을 내주지 않는다면 그럴수록 저는 더 자주 보고를 드리겠습니다. 업무를 수행하면서 중간중간 진행 상황을 보고드리며 상사의 조언을 구하도록 하겠습니다. 또한 피곤한 오후 시간대에는 달달한 간식을 드리면서 상사에게 더 다가가기 위해 노력하겠습니다. 그렇게 제가 노력하는 모습을 보여드리면 상사께서도 저에게 곁을 내주실 뿐만 아니라 업무도 많이 가르쳐 주실 것 같습니다.

답변

친해지기 어려운 동료와 함께 일한다면 분위기가 서먹서먹할 것 같습니다. 그런 상황이라면 저의 장점인 친화력을 발휘해 보겠습니다. 먼저 동료가 부담스럽지 않는 범위 내에서 저의 작은 관심을 보여주겠습니다. 지금 하는 업무에서 제가 도와줄 일은 없는지, 어제 퇴근 후에 봤던 영화는 재미있었는지? 등을 자주 물으며 제가 친근하게 다가간다면 그 동료 역시 저에게 마음을 열어 줄 것이라고 생각합니다.

답변

제가 동료들과 친해지는 방법은 카카오톡으로 커피 기프티콘을 쏘는 것입니다. 동료들의 생일이나 축하할 일이 있을 때 그리고 도움을 받을 때, 그냥 넘어가지 않고 커피 기프티콘을 보내면 동료들과 더 쉽게 친해지곤 했습니다. 그래서 처음 입사해서 선배님들께서 업무를 가르쳐 주실 때마다 맛있는 커피 기프티콘을 보내드려서 선배님들과 빨리 친해질 수 있도록 만들겠습니다.

답변

만일, 새로 배치받은 부서에서 텃세가 있다면 처음에는 조금 힘들 것 같습니다. 하지만 어느 조직에서나 텃세는 있기 마련이라고 생각합니다. 그래서 동료들의 텃세를 탓하기보다는 제가 더 적극적으로 동료들과 친해지기 위해 노력하겠습니다. 제가 실은 탁구를 잘 치는 편입니다. 그래서 동료들과 퇴근 후에 탁구 한 게임하고 맛있는 저녁도 함께 먹으면서 노력하는 모습을 보여준다면 새로운 부서에서도 동료들과 즐겁게 일할 수 있다고 생각합니다.

조언 ▶ 공기업에서 흔한 면접질문은 아니지만 간혹 면접질문으로 제시돼 지원자들을 당혹스럽게 하는 질문이다. 지원자의 성향을 알아보기 위함도 있지만 지원자의 근무 자세를 파악하기 위한 목적도 가지고 있다. 특히, 민간기업에 근무했다가 사직한 지원자들에게 던져지는 경우가 많다. 공기업을 선택하는 지원자들의 성향을 고려하면, 빠른 승진이나 높은 임금보다는 여유 있는 근무 여건을 선호하는 경우가 많다. 하지만 면접 과정에서 이를 솔직하게 드러내는 것은 조심해야 한다. 반대로 승진에 집착하는 모습은 피하는 것이 좋다.

답변

네, 만일 빠른 승진과 편한 근무 여건 중에서 하나를 선택해야 한다면 빠른 승진을 선택하고 싶습니다. 편하게 근무하는 것도 좋지만 그보다는 저의 역량과 열정을 발휘하여 열심히 일해서 저의 능력을 인정받고 싶습니다. 그러다 보면 승진은 자연스럽게 따라온다고 생각합니다.

답변

네, 만일 저노동 저임금과 고노동 고임금 중에서 하나를 꼭 선택해야 한다면 저는 열심히 일하고 인정받는 것을 선택하고 싶습니다. 직장생활에서 가장 행복감을 느끼는 때는 바로 열심히 일해서 그것을 인정받는 것이라고 알고 있습니다. 꼭 높은 연봉을 위해서가 아니라 저의 능력과 열정을 발휘해서 선배와 동료들로부터 인정받고 싶습니다.

질문 ▶ 과정 vs. 결과?

조언 ▶ 공기업 면접에서 지원자의 가치관을 묻는 질문들이 많다. 그런 가치관을 빠르게 파악할 수 있는 질문 형태가 바로 양자택일형 질문이다. 이런 유형의 면접질문에 정답은 없다. 자기 생각과 그 근거를 답변하면 된다. 이런 질문에는 대부분 답변 내용을 반박하는 꼬리질문이 이어지는 경우가 많은 만큼 그에 대해 대비하는 것이 좋다.

답변

만일 과정이나 결과 중에서 하나를 선택해야 하는 상황이라면 저는 과정을 선택하겠습니다. 옳고 바른 과정과 노력을 통해 얻은 결과만이 가치가 있다고 생각합니다. 아무리 좋은 결과라도 과정이 잘못되었다면 절대 인정받을 수 없기 때문입니다. 그래서 저는 과정과 결과 중에서 꼭 하나를 선택하게 된다면 과정을 선택할 것 같습니다.

면접관님이 말씀하신 과정과 결과 중에서 하나를 선택하기는 어려울 것 같습니다. 하지만 저는 과정과 결과 중에서 과정을 선택하겠습니다. 물론 직장인으로서 좋은 결과를 만들어 내는 것도 중요하지만 공기업 직원으로서 올바른 과정 역시 중요하다고 생각합니다. 또한 과정에서 올바른 방법을 선택하고 열심히 노력한다면 분명히 좋은 결과는 따라올 것이라고 생각합니다.

업무를 수행하면서 과정과 결과 중에 하나를 선택한다면 저는 결과를 선택하겠습니다. 물론 과정을 충실히 하는 것도 중요하지만 직장인은 결국 결과로 보여줘야 한다고 생각합니다. 그래서 최고의 결과를 만들어 내기 위해 열심히 노력하되 그 과정에서 혹시라도 잘못된 편법을 사용하지 않도록 주의해야 한다고 생각합니다.

 마감 기한 vs. 완성도

 마감 기한과 완성도는 직장생활을 하면서 늘 고민하는 화두이다. 이 역시 정답은 없는 질문이기 때문에 자기 생각을 답변하면 된다. 하지만 공기업의 특성상 마감 기한보다는 완성도가 더 중요한 업무들이 많다는 점을 고려해서 지원하는 직무에 맞게 생각을 정리하는 연습이 필요하다.

만일 마감 기한과 완성도 중에서 하나를 선택한다면 저는 마감 기한을 선택할 것 같습니다. 업무를 처리하는 과정에서 완성도를 높이는 것도 중요하지만, 마감 기한을 지키지 못한다면 다른 동료나 부서에 피해를 줄 뿐만 아니라 공사에 대한 신뢰에도 악영향이 있을 수 있다고 생각합니다. 그래서 우선 마감 기한을 맞추기 위해 노력하고 부족한 완성도는 추후에 보완하는 것이 맞는다고 생각합니다.

업무를 수행하면서 마감 기한과 완성도를 모두 챙겨야 하지만 둘 중에서 하나만 선택한다면 저는 마감 기한을 선택하겠습니다. 아무리 업무의 완성도가 높다 하더라도 정해진 기한을 지키지 못한다면 업무 전체의 성과를 인정받을 수 없다고 생각합니다. 그래서 최대한 완성도를 높이기 위해 밤늦게까지 열심히 노력하되 반드시 마감 기한을 지키는 자세가 필요할 것 같습니다.

면접관님께서 질문하신 마감 기한과 완성도 중에서 하나를 선택하는 것은 정말 어려울 것 같습니다. 하지만 만일 하나만 선택해야 한다면 저는 완성도를 선택하겠습니다. 물론 업무를 하면서 마감 기한을 지키는 것도 중요하지만 완벽하지 못한 업무는 큰 혼선을 불러와 우리 공단이 쌓아온 신뢰를 깨뜨릴 수도 있다고 생각합니다. 그래서 우선 완성도를 높이기 위해 최선의 노력을 다하고 혹시라도 마감 기한을 지키지 못할 상황이라면 빠르게 상사에게 보고드려 다른 피해가 발생하지 않도록 하겠습니다.

고객 관련 질문

공기업 중에서 많은 국민이 찾는 공기업들에서 자주 등장하는 면접질문의 유형은 바로 고객 관련 상황질문이다. 많은 고객을 상대해야 하는 만큼 고객과 관련된 여러 가지 문제가 발생할 수밖에 없고 이런 문제들은 조직에 크고 작은 부정적인 영향을 주게 된다.

특히 공기업에서는 고객서비스 결과, 고객만족도 조사 결과, 고객들의 민원 제기 건수 등으로 종합적인 고객만족도를 평가하고 이를 경영평가에 큰 비중으로 반영하기 때문에 매우 중요하게 판단한다. 그만큼 고객 관련 면접질문은 자주 출제되고 답변 내용에 따라 당락이 결정될 수 있으므로 답변을 신중히 해야 한다. 단순히 잘 소통하고 고객의 입장에서 업무를 추진하겠다는 식의 답변보다는 자기 생각과 함께 구체적으로, 눈에 그려질 수 있도록 자신의 고객응대 방법을 설명하는 것이 좋다.

질문 ▶ 고객의 무리하거나 부당한 요구의 경우?, 고객이 흥분해서 민원 처리를 요구할 경우?

조언 ▶ 실제 공기업에는 규정에 맞지 않는 무리하거나 부당한 요구를 하는 고객, 민원인들이 종종 있다. 되도록 고객의 요구를 들어주는 것이 좋지만 규정과 지침의 범위 내에서 이루어져야 한다는 점만 이해한다면 답변은 쉽다. 이러한 면접질문의 경우에는 실제 자신의 고객응대 경험에 대해 꼬리질문이 이어질 수 있으므로 이에 대해서도 대비하는 것이 필요하다. 또한 주의해야 할 점은 면접관이 진상 고객, 악성 고객 등의 표현을 사용하며 질문하더라도 자신은 '까다로운 고객' 등으로 순화하여 표현하는 것이 좋다.

답변

네, 만일 무리한 요구를 하시는 고객이 오신다면 주변의 다른 고객들에게도 피해가 갈 수 있으므로 먼저 편하게 대화할 수 있는 장소로 모시겠습니다. 그리고 커피라도 한 잔 권해드리고 고객의 말씀을 끝까지 경청하고 고객의 요구사항을 정확히 파악한 후, 제가 도와드릴 수 있다면 적극적으로 도와드리겠습니다. 하지만 만일 규정과 원칙에 어긋나 도움을 드리기 어렵다면 근거를 보여드리면서 도움을 드리지 못하는 이유를 자세히 설명드리겠습니다. 그렇게 한다면 고객께서도 분명히 이해해주실거라고 생각합니다.

답변

만일 고객이 무리하거나 부당한 요구를 한다면, 먼저 고객의 말씀을 끝까지 메모하며 경청하겠습니다. 대부분 고객이 화를 내는 이유는 자신이 무시당하고 있다고 생각하기 때문입니다. 그래서 이렇게 경청하는 자세를 통해 화가 나신 고객의 감정을 풀어드리겠습니다. 그리고 제가 도와드릴 수 있는 부분은 적극적으로 도와드리고 도와드리지 못하는 경우라면, 왜 도움을 드리지 못하는지 규정과 지침을 보여드리며 차분하게 설명해 드리겠습니다. 그렇게 한다면 고객께서도 우리 공단의 입장을 충분히 이해해 주실 것이라 믿습니다.

답변

만일 고객이 흥분하거나 화를 내면서 무리한 요구를 하시면 먼저 흥분을 가라앉힐 수 있도록 가볍게 맞장구를 치며 말씀을 끝까지 들어드리겠습니다. 그리고 시원한 물이나 커피를 권해드리면서 고객께서 화를 내시는 이유를 파악하겠습니다. 혹시라도 일처리에 잘못이 있다면 고객께 정중하게 사과드리고 고객께서 잘못 이해하신 점이 있다면 알기 쉽게 자세하게 설명해 드려 고객의 오해를 풀도록 하겠습니다.

답변

만일 무리한 요구를 하시는 고객이 계신다면 먼저 말씀을 들어드리는 것이 중요하다고 생각합니다. 왜냐하면 고객의 말씀을 들어드리는 것만으로도 많은 불만을 해소할 수 있기 때문입니다. 고객의 요구사항을 경청하고 제가 해결할 수 있는 문제인지 확인해 보겠습니다. 제가 해결해 드리지 못하는 사항이라면 고객님께 왜 해결해 드릴 수 없는지 자세히 설명하겠습니다. 그리고 혹시 다른 지방자치단체나 다른 기관에서 도움을 받을 수 있는 방법은 없는지 확인하고 안내해 드리겠습니다. 그렇게 한다면 고객께서도 충분히 이해해 주실 거라고 생각합니다.

답변

만일 고객께서 화를 내시면서 무리한 요구를 하신다면 처음에는 당황할 것 같습니다. 고객이 화가 나신 분명한 이유가 있을 거라고 생각합니다. 그래서 우선 고객께서 흥분을 가라앉힐 수 있도록 사과드리고 고객께서 그런 요구를 하시는 이유를 정중히 여쭤보겠습니다. 그리고 당연히 도움을 드릴 수 있는 일이라면 빠르게 도움을 드리고, 도저히 도움을 드리기 어려운 요구라면 자세한 이유를 설명해 드리겠습니다.

질문 ▶ 고객이 계속 무리한 요구를 한다면?

조언 ▶ 고객의 무리한 요구에 대해 제대로 답하지 못할 경우, 또는 지원자를 압박하기 위한 꼬리질문으로 주어진다. 자신의 노력에도 고객이 이해하지 못하고 계속 무리한 요구를 할 때는 결국 선배의 도움을 청하는 것이 가장 좋다. 이 부분을 이야기하되 자신 역시 그런 역량을 키워나가겠다는 자세를 보여주는 것이 좋다.

만일 제가 고객의 말씀을 경청하고 잘 설명해 드렸는데도 계속 고객께서 무리한 요구를 하신다면, 고객 대응 경험이 많은 선배님에게 도움을 부탁드리겠습니다. 고객응대 경험이 많으신 만큼 저보다 더 고객을 잘 이해하고 상황을 해결하실 수 있다고 믿습니다. 그리고 선배님의 고객대응을 옆에서 보고 배워서 저도 비슷한 상황에서 당황하지 않고 대응할 수 있도록 하겠습니다.

만일 고객께서 계속 무리한 요구를 하신다면 저의 설명이 부족했기 때문이라고 생각합니다. 그래서 다시 고객님께서 쉽게 이해할 수 있도록 쉬운 표현을 통해 하나씩 자세히 설명해 드리겠습니다. 그리고 이와 비슷한 업무를 처리했던 사례를 설명해 드려 고객께서 오해하시지 않도록 하겠습니다. 그런데도 계속 무리한 요구를 하신다면 조금 단호하게 규정상 절대 해결해 드릴 수 없다는 점을 확실히 이해시켜 드리겠습니다.

 악성 민원인이 계속해서 민원을 제기하는 경우

만일 악성 민원인이 계속해서 민원을 제기한다면 당혹스러울 것 같습니다. 우선 민원인의 요구에 대해 다시 한 번 검토해 보고 민원 업무 경험이 많으신 선배님께 조언을 구해 보겠습니다. 하지만 불가능한 민원을 계속해서 제기하시는 경우라면, 민원인께 해결해 드릴 수 없는 이유에 대해 보다 명확하게 설명해 드리겠습니다. 그렇게 한다면 악성 민원인께서도 더 이상 무리한 민원을 요구하시지 않으시리라 생각합니다.

 고객이 언성을 높이며 상사를 불러오라고 요구할 경우

만일 고객이 언성을 높이며 상사를 불러오라고 요구하면 당황스러울 것 같습니다. 하지만 먼저 고객이 진정하실 수 있도록 도움을 드리고 최대한 제가 업무를 처리해 드리겠습니다. 그래도 계속 상사님을 찾으신다면 이런 사정을 상사님께 보고드리고 도움을 부탁드리겠습니다. 그리고 상사님께서 고객을 응대하시는 모습을 보면서, 제가 부족했던 부분이나 잘못한 부분을 찾아 그것을 보완하겠습

질문 ▶ 고객이 합리적인 요구를 하는 경우?

조언 ▶ 함정이 숨겨진 대표적인 면접질문 중 하나이다. 우리의 규정이 잘못되어서 고객이 합리적인 요구를 하고 있다는 질문에 많은 지원자는 고객의 합리적인 요구를 처리해 주겠다고 답변하곤 한다. 하지만 공기업에서 규정과 지침은 절대 준수되어야 한다는 점을 이해한다면 쉽게 답할 수 있을 것이다.

답변

만일 우리 규정이 잘못되어 있는 상황에서 고객이 합리적인 요구를 한다면 정말 고민이 많을 것 같습니다. 하지만 규정과 지침이 비록 부족하거나 잘못되었다 하더라도 직원으로서 규정과 지침을 반드시 지켜야 한다고 생각합니다. 그래서 고객의 말씀을 잘 경청하고 우리 공단의 규정과 지침에 관해 설명해 드려서 양해를 구하도록 하겠습니다. 그리고 이러한 규정이나 지침의 개정을 본사에 제안하여 빠르게 개정해 고객이 불편을 겪지 않도록 만들겠습니다.

답변

만일 고객께서 우리 공사의 규정이 잘못된 상황에서 합리적인 요구를 하신다면 조금 당혹스러울 것 같습니다. 하지만 신입직원으로서 공사의 규정이 잘못되었다고 쉽게 판단해서는 안 된다고 생각합니다. 그런 규정과 지침이 만들어진 분명한 이유가 있는 만큼, 업무 경험이 많은 선배님께 이런 상황을 설명해 드리며 조언을 구하겠습니다. 그렇게 한다면 선배님께서 어떻게 대처해야 할지 잘 알려주실 것으로 생각합니다.

질문 ▶ 고객에게 도움을 드리지 못할 경우

조언 ▶ 실제 공기업에서 고객지원 업무를 하다 보면 사정이 굉장히 딱한 데도 규정상 도움을 드리지 못하는 경우가 있다. 바람직한 답변 방향은 고객에 대한 따뜻한 마음을 보여주면서 새로운 해결책을 찾기 위한 노력을 보여주면 된다.

답변

만일 사정이 딱한 고객이 찾아오셨는데 규정상 도움을 드리지 못하는 경우라면 저 역시 마음이 아플 것 같습니다. 우선 그 고객께 따뜻한 물이라도 한잔 건네며 고객의 안타까운 사정에 공감해 드리겠습니다. 그리고 우리 공단에서 도움을 드리기 어렵다고 설명해 드리고, 다른 지방자치단체나 관련 관계 기관에 전화를 걸어 혹시 고객께서 도움을 받을 방법이 있는지 확인해 보겠습니다. 그렇게 한다면 도움을 드리지 못하더라고 고객께서 저의 따뜻한 마음을 알아주시리라 생각합니다.

답변

만일 안타까운 사정이 있는 고객에게 도움을 드리지 못한다면 다른 해결책은 없는지 두 번 세 번 확인해 보겠습니다. 아직 제가 업무 경험이 부족해 잘 모를 수 있다고 생각하기 때문입니다. 그래서 고객응대 경험이 많으신 선배님께 조언을 구하고 본사 담당 직원에게도 전화를 걸어 사정을 설명하며 다른 해결책을 찾아보겠습니다. 그렇게 한다면 분명히 안타까운 사정이 있는 고객에게 꼭 필요한 도움을 드릴 수 있을 것 같습니다.

질문 ▶ 고객응대 노하우? 고객응대 역량?

조언 ▶ 공기업에 따라 고객을 응대하고 지원하는 것이 업무인 공기업들이 있다. 복지 관련 공기업 등 고객응대가 많은 이런 공기업에서는 무엇보다 고객응대 역량을 가장 중요하게 생각한다. 그래서 고객응대 역량과 관련된 면접질문에 대해 철저히 준비하는 것이 필요하다.

답변

네, 제가 가진 고객응대 노하우는 그리 특별한 것은 아니지만 말씀을 끝까지 들어드리는 것입니다. 고객께서 아무리 화가 난 상태에도 말씀만 끝까지 들어드리면 화를 자연스럽게 푸시는 경우가 많았습니다. 그래서 공공기관에서 인턴으로 근무할 당시, 찾아오시는 고객님의 말씀을 끝까지 들어드리고 필요한 도움을 드린 덕분에 차장님으로부터 고객응대를 참 잘한다는 칭찬을 듣곤 했습니다.

저의 고객응대 노하우는 고객님의 말씀에 적극적으로 맞장구를 치는 것입니다. 예를 들어, "정말 속상하셨겠어요."와 같이 고객님께서 말씀하실 때 맞장구를 치며 호응해 드리면 대부분 화를 푸시곤 하셨기 때문입니다. 그래서 카페에서 아르바이트할 때도 이런 노하우를 활용한 덕분에 매니저님께서 까다로운 고객이 오시면 제게 고객응대를 부탁하시곤 하셨습니다.

제가 가진 고객응대 노하우는 고객님의 말씀을 다시 한번 반복하며 확인하는 것입니다. 제가 인턴으로 근무하던 공공기관에는 주로 연세가 많으신 고객들께서 찾아오셨습니다. 그래서 처음에는 의사소통에 어려움도 있었지만, 고객님의 말씀을 다시 한번 반복하며 확인한 덕분에 고객들께서 원하시는 내용을 빠르게 파악해 그에 맞는 도움을 드릴 수 있었습니다. 덕분에 가끔 기관을 재방문하시는 고객들께서 일부러 저를 찾아서 오시는 일도 있었습니다.

제가 가진 고객응대 역량이 있다면 내가 아닌 고객의 입장에서 생각하는 것입니다. 학원에서 근무할 당시 저는 학원 입장에서만 생각하기보다는 학부모님 입장에서 생각하고, 필요한 도움이나 정보를 드리기 위해 노력했습니다. 덕분에 학부모님들은 물론 학생들로부터 늘 고맙다는 인사를 들을 수 있었고 학원 매출 증대에도 조금이나마 이바지해, 얼마 전에도 학원 원장님으로부터 다시 근무해 줄 수 없는지 물어보는 전화를 받기도 했습니다.

제가 가진 고객응대 역량이 있다면 작은 것들부터 꼼꼼하게 챙긴다는 점입니다. 저는 병원에서 간호사로 근무하면서 환자나 보호자들께서 먼저 말씀하시기 전에 링거줄 정리와 같이 작고 사소한 것들을 꼼꼼하게 챙겨 불편하시지 않도록 도와드렸습니다. 그래서 처음에는 일이 늦어져 힘들기도 했지만 작은 것들을 꼼꼼하게 잘 챙긴 덕분에, 병동에서 근무하면서 늘 환자와 보호자들로부터 참 일을 야무지게 잘 한다는 칭찬을 듣곤 했습니다.

제가 가장 자신 있는 고객응대 역량이 있다면 밝게 인사를 드리는 것입니다. 힘들게 찾아오신 만큼 "오시는데 많이 더우셨죠?"와 같은 인사 말씀을 드리며 밝게 웃으며 인사드리면 많은 고객께서도 기분이 좋아지셔서 더 빠르게 업무를 처리할 수 있었습니다. 또한, 돌아가실 때도 제 번호를 알려드리면서 "혹시 궁금한 점이 있으시면 언제든지 연락 달라."고 말씀드리면, 참 친절하다고 칭찬을 많이 해주시곤 하셨습니다. 덕분에 어르신들로부터 손주 소개해 주고 싶다는 말씀을 많이 듣곤 했습니다.

저의 고객응대 역량은 민원 업무별로 미리 필요한 서류를 준비해 놓는 것입니다. 제가 인턴으로 근무하던 공기업에는 민원인들께서 많이 찾아오셨습니다. 그래서 아침에 조금 일찍 출근해서 민원인들께서 자주 요구하시는 민원 업무 서류들에 형광펜을 칠해 놓고 미리 준비해 고객들께서 업무를 빠르게 처리할 수 있도록 도와드렸습니다. 덕분에 함께 근무하시던 선배님께서 저를 보고 딱 민원업무 체질이라는 농담을 해주시기도 하셨습니다.

 고객만족 경험, 고객 불만족 경험

 고객지원 업무가 많은 공기업에서 자주 제시되는 면접질문이다. 기억에 남는 고객을 응대했던 경험, 고객을 만족시킨 또는 만족시키지 못한 경험, 까다로운 고객을 응대했던 경험을 묻거나 내가 고객으로서 만족했던, 만족하지 못했던 경험 등을 묻는 질문이다. 고객지원 업무가 많은 공기업에 지원하는 경우라면 고객응대와 관련 경험을 미리 준비해야 한다. 이렇게 지원자의 경험을 묻는 질문에는 반드시 구체적인 내용들을 확인하는 꼬리질문이 이어지는 경우가 많다는 점을 기억하자.

제가 가장 기억에 남는 고객응대 경험이 있다면 영화관에서 화를 내시는 한 고객을 응대했던 경험입니다. 어느 날 영화 상영 시간에 촉박해 영화표를 환불해 달라고 요구하시는 고객이 계셨습니다. 영화관 방침상 이미 영화 상영이 시작된 경우에는 환불을 해줄 수 없다고 설명해 드렸지만, 계속 화를 내시며 항의하시는 상황이었습니다. 저는 우선 고객님의 말씀을 경청해 드리고 영화관의 방침을 설명해 드리고 대신 할인쿠폰을 제공해 드려 원만하게 해결했던 기억이 있습니다.

제가 고객만족을 이끌었던 경험은 그리 대단한 것은 아니지만 공공기관에서 인턴으로 근무하면서 고객님께 칭찬받았던 경험입니다. 복지 관련 공공기관에서 계약직으로 근무하면서 일자리안정자금 사업을 안내하는 업무를 담당했습니다. 어느 날, 한 사업주께서 신청 대상이 되지 않는 데도 전화를 주셔서 어려움을 하소연하셨습니다. 비록 일자리안정자금 신청을 도와드릴 수는 없었지만 다른 지원사업을 연계해 도움을 드릴 수 있었습니다. 그 사업주께서 나중에 정말 힘들어서 전화했었는데 친절하게 응대하고 도움을 줘서 고맙다고 칭찬 게시판에 글을 남겨주셔서, 저 역시 뿌듯했던 적이 있었습니다.

네, 제가 고객을 만족시켰던 경험은 백화점에서 판매 아르바이트를 할 당시 환불을 요구하셨던 한 고객을 도와드렸던 경험입니다. 제가 근무하던 매장은 정해진 환불 기한이 있었는데, 한 고객께서 환불 기간이 넘은 상태로 찾아오셔서 환불을 요구하셨던 적이 있었습니다. 환불을 요구하시며 흥분하셨던 고객님의 말씀을 잘 들어드리고 환불 대신 다른 대안을 안내해 드려 잘 해결할 수 있었고, 그 고객께서 제게 너무 친절하고 일 처리가 깔끔하다며 저희 매장의 단골손님이 되셨던 적이 있었습니다.

네, 제가 고객만족을 끌어내는 데 실패했던 경험은 공공기관 인턴으로 근무했을 때 일입니다. 한 어르신께서 전기요금이 갑자기 너무 많이 나왔다고 언성을 높이며 찾아오셨던 적이 있었습니다. 마침 선배님들께서 자리를 비우셔서 제 나름대로 차분히 응대했지만, 그 어르신께서 계속 정규직 직원을 찾으셔서 결국 한 선배님께서 그 어르신을 응대했던 적이 있었습니다. 그때, 제가 조금만 더 업무에 자신감을 가지고 응대했었더라면 하는 아쉬움이 남아 기억에 남는 고객응대 경험이었습니다.

제가 고객만족에 실패했던 경험은 카페에서 아르바이트할 때였습니다. 어느 날 저녁에 술에 취한 고객들이 찾아오셨는데 커피를 한 잔만 주문하시고 컵에 나눠달라고 요청하셨습니다. 그런데 카페 지침상 그렇게 해드릴 수 없어서 그런 사정을 친절하게 설명해 드렸지만 결국 화를 내시면서 그냥 돌아가셨던 적이 있었습니다. 제 딴에는 친절하게 설명드렸는데 그렇게 화를 내고 가버리시는 바람에 저 역시 속이 많이 상했던 기억이 있습니다.

9장 | 공직윤리 관련 질문

공직윤리를 중시하는 공기업이다 보니 직원의 직업윤리, 공직자에게 필요한 공직윤리에 관한 면접질문이 자주 등장하게 된다. 공기업 직원에게 공직윤리는 가장 중요한 요소 중 하나이기 때문에 답변을 신중히 해야 한다. 또한, 자신이 우선 공직윤리를 철저히 지킬 수 있는 지원자라는 점을 보여줘야 한다. 하지만 주의해야 할 점이 있다.

공기업 면접관의 입장에서는 아무리 공직윤리가 중요하지만 이를 조직의 외부로 유출하거나 이를 해결하기 위해서 외부로 가져가는 것에 대해서는 굉장히 부정적이란 점이다. 그래서 공직윤리 관련 답변을 하면서 매우 신중하게 접근하는 것이 좋다.

질문 ▶ 위법부당한 지시?, 법이나 규정에 맞지 않는 지시?

조언 ▶ 상사, 선배로부터 법이나 규정 그리고 지침에 맞지 않는 지시를 받는 경우에 어떻게 대처할 것인지를 묻는 질문이다. 원칙에 따라 처리하는 것이 맞지만 이럴 경우, 조직에 악영향이 있을 수 있다. 그래서 보다 신중하게 판단하고 상사와 선배와의 소통을 통해 조직 내부에서 문제를 해결하는 것이 좋다.

또한, 이 질문은 상사나 선배의 불합리한 업무지시를 받을 경우와 자칫 혼동하기 쉽지만, 불합리한 지시란 법, 규정, 지침에는 맞지만, 자신의 판단에 잘못된 지시라고 여겨지는 경우를 말한다.

답변

만일 상사나 선배가 위법부당한 지시를 내릴 경우, 정말 고민이 많이 될 것 같습니다. 먼저 상사나 선배가 그런 사실을 정확히 파악하지 못할 수도 있기 때문에, 그런 문제점을 정리해서 조용히 찾아뵙고 재검토를 부탁드리겠습니다. 만일 상사나 선배가 위법부당하다는 점을 알면서도 그런 지시를 내렸다면 제가 아직 정확히 상황판단이 어렵기 때문에, 그것을 무작정 따르기보다는 가장 믿고 따르는 선배님께 우선 조언을 구하겠습니다.

답변

만일 선배가 위법 부당한 지시를 내린다면 우선 그런 지시를 하신 이유에 대해 여쭤보겠습니다. 왜냐하면 선배가 법이나 규정을 잘 모르고 그런 지시를 하셨을 수도 있기 때문입니다. 하지만 규정을 잘 알고 계시면서도 그런 지시를 내리신 것이라면 위법 부당한 지시에 따를 수 없다는 점을 말씀드리면서 선배님과 함께 다른 대안을 모색해 보겠습니다. 그렇게 한다면 법과 규정에 맞게 업무를 처리할 방안을 찾을 수 있다고 생각합니다.

만일 상사가 규정에 맞지 않는 지시를 내린다면 친하게 지내는 선배님께 조언을 구하겠습니다. 왜냐하면 제가 규정을 잘못 이해할 수도 있기 때문입니다. 그래서 선배님께 상사님의 지시내용을 말씀드리고 이런 상황에서 어떻게 대처해야 하는 것이 좋은지 여쭤보겠습니다. 그렇게 한다면 선배님께서 그에 맞는 해결책을 알려주실 것이라고 믿습니다.

만약 상사께서 규정에 맞지 않는 업무지시를 내리신다면 조금은 당황스러울 것 같습니다. 하지만 바로 그 지시에 따르기보다는 혹시 제가 상사님의 지시를 오해하거나 착각한 부분은 없는지 다시 한번 확인해 보겠습니다. 그래도 정말 상사님의 지시가 규정에 맞지 않는다면 상사님을 조용히 찾아뵙고 이런 문제점에 대해 말씀드리고 재검토를 부탁드리겠습니다.

 동료의 비리를 목격한 경우

 모든 조직에서도 그렇지만, 공기업 역시 사업과 직무를 수행하는 과정에 부정비리가 개입할 위험성이 존재한다. 특히, 공기업의 업무 중에는 허가, 승인, 검사, 인증과 같이 이권이 개입할 여지가 있는 업무가 있어서, 간혹 외부의 유혹을 뿌리치지 못하고 부정비리를 저지르는 동료가 있을 수 있다.

만일, 동료의 비리를 목격하게 된다면 비리가 정말 맞는지 정확히 확인하고 정말 비리가 맞다면, 상사나 선배와의 협의를 거쳐 조직에 되도록 피해가 발생하지 않도록 조치하는 것이 바람직하다. 그래서 가장 먼저 해당 동료가 부정비리를 다시는 저지르지 않도록 하고, 그것이 어렵다면 내부 감사실을 통해 조치하는 것이 필요하다. 가끔 과도한 정의감에 불타 규정에 따라, 동료의 비리를 감사원, 국민권익위, 검찰, 경찰과 같은 사정 기관에 신고하겠다는 답변은 절대 금물이다.

만일 상사나 동료의 비리를 발견하게 된다면 섣불리 판단하기보다는 두 번 세 번 확인해 보고 고민하겠습니다. 우리 공단은 국민건강을 책임지고 있는 만큼 어떤 부정이나 비리도 있어서는 안 됩니다. 하지만 이런 문제는 조직 내부에서 자체적으로 먼저 해결하는 것이 옳다고 생각합니다. 제가 혼자서 판단하기보다는 가장 믿고 따르는 선배님께 조언을 구해서 합리적인 해결 방법을 찾도록 하겠습니다.

만일 동료의 비리를 목격하게 된다면 고민이 많이 될 것 같습니다. 저는 우선 그것이 정말 비리가 맞는지 확인해 보겠습니다. 제가 자칫 성급히 판단하고 행동하게 된다면 그 동료는 물론 조직에도 큰 피해가 발생할 수 있기 때문입니다. 그리고 그게 정말 비리가 맞다면 그 동료와 조용한 자리를 만들어 자신의 잘못된 행동을 바로잡을 수 있도록 제가 끝까지 설득하겠습니다. 그렇게 한다면 그 동료도 자기 잘못을 뉘우치고 자신의 비리를 바로 잡을 것이라고 생각합니다.

만일 동료의 비리를 목격한다면 우선 그 동료에게 혹시 어떤 말 못 할 사정이 있는지 물어보겠습니다. 그래서 제가 도울 수 있는 일이 있다면 돕고, 그렇지 않다면 그 동료에게 비리를 스스로 바로 잡을 수 있도록 설득하겠습니다. 혹시라도 그 동료가 그런 비리를 계속 저지른다면 가장 믿고 따르는 선배님에게 이런 상황을 말씀드려 해결책을 찾겠습니다. 그렇게 한다면 국민들에게 가장 신뢰 받는 우리 공단을 만들어 갈 수 있을 것 같습니다.

만일 동료가 사무실 비품을 집으로 가져가는 모습을 보게 된다면 조금 당황스러울 것 같습니다. 하지만 우리 공단의 직원으로서 사무실 비품을 집에 가져가는 것은 잘못된 행동이라고 생각합니다. 그래서 그 동료에게 직접적으로 이야기하기보다는 사무실 비품을 관리할 수 있는 대장을 만들어 그런 행동을 하지 못하도록 만들겠습니다. 그렇게 한다면 동료도 그런 잘못된 행동을 다시는 하지 않을 것이라고 생각합니다.

 상사가 지인의 업무 처리를 빠르게 해달라고 부탁하는 경우

 공기업의 업무특성상 민원업무 처리가 많다. 민원업무를 처리할 때에는 반드시 정해진 규정과 절차 그리고 접수순서에 따라야 한다. 하지만, 간혹 상사, 선배, 동료가 자신의 지인이 신청한 민원업무를 빠르게 처리해 달라고 요청하는 때가 있을 수 있다. 만일, 이런 상황에서 지인의 민원업무를 먼저 처리하게 되면, 나중에 큰 문제가 될 위험성이 많다. 따라서 이런 경우에는 상사의 부탁이 있다고 하더라도 정해진 규정과 절차 그리고 접수순서에 따라 업무를 처리해야 한다.

만일 상사가 지인분의 업무를 빠르게 처리해 달라고 말씀하신다면 조금 곤란할 것 같습니다. 우선 상사에게 빠르게 업무를 처리해야 할 특별한 이유가 있는지 여쭤보겠습니다. 만일 특별한 이유가 있다면 상사의 지시에 따라 빠르게 처리하고, 만일 특별한 이유가 없다면 기다리고 계시는 다른 민원인들의 업무를 먼저 처리하고 최대한 빠르게 처리해 드리겠습니다. 그렇게 한다면 상사께서는 저의 업무 처리를 이해해 주시리라 생각합니다.

만일 상사께서 친척분의 업무를 먼저 처리해 달라고 하신다면 난처할 것 같습니다. 하지만 저는 정해진 순서에 따라 업무를 처리하겠습니다. 우리 공사 직원으로 형평성에 맞게 접수된 순서대로 업무를 처리해야 한다고 생각하기 때문입니다. 대신 상사께는 이런 저의 어려움을 설명해 드리고 최대한 그 분의 업무를 빠르게 처리해 드리겠습니다.

만일 상사께서 규정에 맞지 않게 지인의 업무를 처리하라고 지시하시면 고민이 될 것 같습니다. 하지만 우선 상사에게 그런 업무 처리가 규정에 맞지 않는다는 점을 자세히 보고드리고 재검토를 부탁드리겠습니다. 상사께서는 간혹 세부적인 업무규정에 대해 잘 모르실 수 있기 때문입니다. 그렇게 한다면 상사께서도 규정에 맞게 다시 업무를 처리하라고 다시 말씀해 주실 것 같습니다.

네, 그렇게 상사에게 그런 문제점에 대해 보고드렸는데도 규정에 맞지 않게 업무를 처리하라고 말씀하신다면 가장 믿고 따르는 선배님께 조언을 구하겠습니다. 선배님께 이런 사정을 설명해 드리고 이런 상황에서 어떻게 처리하는 것이 옳은지 조언을 구한다면 선배님께서 좋은 해결책을 말씀해 주시리라 생각합니다.

조언 ▶ 공기업 역시 업무를 수행하면서 협력업체와 함께하는 경우가 많다. 그래서 가끔 업무협의를 위해서 협력업체와 함께 식사하는 경우가 있을 수 있다. 하지만 협력업체와의 식사는 불필요한 오해를 불러올 수 있는 만큼 피하는 것이 좋다. 만일, 업무협의를 위해서 협력업체와 식사가 꼭 필요한 경우라면, 반드시 식사비용을 직접 부담해야 한다는 점만 명심하면 그리 어려운 질문은 아닐 것이다.

답변

만일 상사께서 협력업체와 함께 식사하자고 제안하신다면 특별한 이유가 먼저 있는지 여쭤보겠습니다. 그래서 특별한 이유가 있다면 협력업체와 함께 식사하며 좀 더 원활하게 업무가 처리될 수 있도록 하되, 식사비용은 반드시 우리 직원들이 결제하도록 하겠습니다. 만일 특별한 이유가 없다면 상사께 말씀드려 불필요한 오해를 살 수 있다는 점을 조심스럽게 말씀드려 협력업체의 식사 제의를 정중하게 거절하도록 하겠습니다.

답변

선배님께서 협력업체와 함께 식사하자고 제안하실 경우, 아무래도 정중히 거절하는 것이 맞는다고 생각합니다. 왜냐하면 협력업체와의 식사가 아무리 좋은 목적을 가지고 있더라도 자칫 불필요한 오해를 받을 수 있기 때문입니다. 그래서 구내식당에서 협력업체와 간단히 식사하고 커피 한잔 마시면서 필요한 업무협의를 진행하겠습니다. 그렇게 한다면 협력업체와의 업무협조도 잘 이루어질 뿐만 아니라 불필요한 오해도 예방할 수 있다고 생각합니다.

답변

만일 팀장님께서 고객과 함께 회식하자고 말씀하신다면 고민이 될 것 같습니다. 저는 팀장님을 설득해 직원들끼리만 회식을 진행하겠습니다. 회식 자리에 고객이 참여하게 된다면 괜한 오해를 살 수도 있고 팀장님께 오히려 누가 될 수도 있기 때문입니다. 그래서 팀장님께 이런 점들을 말씀드리며 설득한다면 팀장님께서도 좋은 판단을 내려 주시리라 생각합니다.

답변

만일 상사께서 용역계약을 체결한 협력업체로부터 향응을 접대받는 경우가 발생한다면 조금 당황스러울 것 같습니다. 우리 공사 직원으로서 협력업체 담당자로부터 향응을 접대받는 것은 절대 있어서는 안 될 일이라고 생각합니다. 그래서 가장 믿고 따르는 선배님을 조용히 찾아가 상사의 향응 접대에 대해 어떻게 행동해야 할지 조언을 구하겠습니다. 그렇게 한다면 선배님께서 분명히 좋은 해결책을 주시리라 생각합니다.

답변

만일 상사가 협력업체 담당자로부터 향응을 접대받는 것을 목격한다면 조금 당황스러울 것 같습니다. 하지만 우선, 제가 혹시라도 오해하지 않았는지 조용히 확인할 것 같습니다. 그리고 그게 정말 향응접대가 맞다면 상사님을 조용히 찾아뵙고 그런 행동을 하신 불가피한 사정이 있는지 여쭤보고, 그런 향응 접대가 상사에게 큰 누가 될 수 있다는 점을 조심스럽게 말씀드리겠습니다. 그리고 대신 팀원들과 함께 편하고 즐겁게 어울릴 수 있는 자리를 만들 수 있도록 노력하겠습니다.

질문 ▶ 고객의 선물? 고객이 계산을 해버렸다면?

조언 ▶ 공기업에 근무하다 보면 가끔 고객들이 고맙다며 작은 선물이나 음료수 등을 가져오는 경우가 있다. 이러한 고객의 선물은 아무리 작더라도 직무와 관련성이 있기 때문에 절대 받아서는 안 된다. 이런 사실을 명확히 이해하고 명확히 답변하는 것이 좋다. 특히 면접을 준비하면서 흔히 '김영란법'이라 부르는 '부정 청탁 및 금품 등 수수의 금지에 관한 법률'에 대해서 미리 알아보는 것이 필요하다. 주의해야 할 점이 있다면 고객의 호의를 거절하거나 반환하는 과정에서 고객에게 상처가 되지 않도록 신경 써야 한다.

답변

네, 만일 고객께서 고맙다며 음료수를 사무실로 가져오신다면 정중히 거절하겠습니다. 우리 공단의 직원으로서 고객에 대한 서비스는 당연한 것입니다. 그런데도 이렇게 음료수를 가져오시는 고객이 계신다면 우선 감사하다는 말씀을 드리되, 고객으로부터 어떠한 대가나 선물도 받지 않는다는 우리 공단의 방침을 설명해 드리고 이해를 구하도록 하겠습니다.

만일 그런 경우가 발생했다면 가장 먼저 고객과 함께 식사한 것이 문제라고 생각합니다. 만일 불가피하게 그런 경우가 발생했다면 제 신용카드로 다시 식사비를 계산한 후에 고객의 카드 결제를 취소하도록 하겠습니다. 그리고 다시는 그런 일이 발생하지 않도록 고객에게 전화를 드려 다시는 그런 일이 발생하지 않도록 정중히 말씀드리겠습니다.

만일 할머니께서 직접 키운 딸기를 가져오신다면 정말 고민이 많이 될 것 같습니다. 하지만 우리 공사에서는 아무리 작은 것이라도 절대 받아서는 안 된다고 생각합니다. 그래서 "딸기를 받으면 저 정말 크게 혼나요."라고 할머니에게 설명해 드리겠습니다. 그리고 댁에 무사히 돌아가실 수 있도록 현관까지 제가 직접 모셔다드리며 고맙다고 인사를 드리겠습니다.

만일 고객이 커피 기프티콘을 보낸다면 이를 다시 반환할 수 있는 방법을 찾아보겠습니다. 아직 그런 경험이 없어서 정확히 방법은 모르지만, 분명히 방법이 있으리라 생각합니다. 또한 고객에게 우리 공사의 직원은 고객으로부터 어떤 대가나 선물도 받을 수 없다는 점을 충분히 설명해 드려, 다시는 그런 일이 발생하지 않도록 하겠습니다.

 근무 중이나 출장 중 동료의 이탈, 근무태도 불량

 공기업에서는 직원의 근태관리에 대해 엄격한 편이다. 그래서 간혹 면접 과정에서 동료의 근무지 이탈, 근무 시간 미준수와 같은 근태 관련 면접질문이 주어지는 경우가 있다. 답변 방향은 우선 동료의 어려움을 살피고 필요한 도움을 주고, 근무에 차질이 발생하지 않도록 하는 것이 좋다.

만일 야간근무 중에 함께 근무하던 선배가 개인 용무를 위해 급하게 집에 가는 상황이 발생한다면 조금 당황스러울 것 같습니다. 우선 선배님께 혹시 어떤 사유가 있는지 여쭤보고 혹시라도 제가 도울 수 있는 일은 없는지 여쭤보겠습니다. 그리고 혼자 근무하면서 제가 더 주의해야 할 점은 없는지 인수인계를 받도록 하겠습니다. 하지만 안전 문제 등으로 혼자 근무하기가 어렵다면 비번이신 다른 선배님들께 사정을 설명드리고 도움을 부탁드리겠습니다.

만일 출장 업무 중 선배님께서 갑자기 개인 용무로 근무지를 이탈하는 경우라면 우선 선배님께 제가 도울 수 있는 일은 없는지 여쭤보겠습니다. 그리고 출장 업무에 차질이 발생하지 않도록 선배님께 조언을 구하고 더 꼼꼼하게 업무를 처리하도록 하겠습니다. 만일 혼자서 출장 업무를 하는 것이 위험하거나 문제가 발생할 소지가 있다면 팀장님께 이런 상황을 보고드리고 어떻게 대처할지 조언을 구하겠습니다.

만일 팀 동료가 계속 지각하는 상황이라면 우선 그 동료가 걱정될 것 같습니다. 우선 그 동료에게 혹시 어떤 어려움 때문에 지각을 계속하는지 물어보고 제가 도움을 줄 수 있는 것이 있다면 적극적으로 도움을 주겠습니다. 하지만 특별한 이유 없이 지각하는 것이라면, 조금 번거롭더라도 아침마다 문자나 전화를 걸어 그 동료가 지각하지 않도록 유도하겠습니다. 그렇게 한다면 동료도 정해진 근무 시간을 철저히 지킬 것으로 생각합니다.

 동료의 성희롱? 상사의 부적절한 접촉이나 성적 농담?

 공기업에서도 간혹 성희롱과 같은 불미스러운 일이 발생하는 경우가 있다. 그래서 이런 문제를 예방하기 위하여 철저한 예방 교육을 하고 문제 발생 시 더 엄정하게 조치하는 경우가 많다. 그래서 성희롱 관련 문제에 관해서는 규정과 절차에 따라 대응하는 방향으로 답변해도 되지만, 간혹 아주 대수롭지 않은 문제가 조직 외부로 유출되는 부분에 대해서는 경계하고 있는 만큼 주의가 필요하다.

만일 선배가 후배를 성희롱한 사실을 듣게 된다면 화가 많이 날 것 같습니다. 하지만 우선 성희롱을 당한 후배가 또 다른 상처를 받지 않도록 다독여 주고 자세한 내용을 파악해 보겠습니다. 만일 그게 성희롱이 맞다면 우선 팀장님에게 조심스럽게 이런 사실을 말씀드리고 관련 절차에 따라 조치해, 다시는 이러한 문제가 발생하지 않도록 대처하겠습니다.

만일 상사가 다른 동료에게 자주 성적 농담을 하는 것을 목격한다면 속이 많이 상할 것 같습니다. 이런 문제가 발생한 이유는 상사가 문제의 심각성을 잘 알지 못하기 때문이라고 생각합니다. 그래서 상사를 조용히 찾아뵙고 그런 성적 농담이 다른 동료에게 큰 상처가 될 수 있다는 점을 말씀드리겠습니다. 그래도 그런 행동이 고쳐지지 않는다면 부서 내의 다른 선배님께 이런 상황을 말씀드려 좋은 해결책을 찾아보겠습니다.

팀장님께서 제게 짓궂은 농담을 하신다면 별로 기분이 좋지 않을 것 같습니다. 이런 상황에서 제가 웃으며 넘어가게 된다면 오히려 문제를 더 키울 수 있다고 생각합니다. 그래서 팀장님께 그런 짓궂은 농담 때문에 오히려 제 기분이 상했다는 점을 말씀드리고 다시는 그런 농담을 하지 말아 달라고 부탁드리겠습니다. 그렇게 한다면 팀장님께서도 상황을 정확히 파악하시고 다시는 그런 농담을 하지 않으리라 생각합니다.

 자기 잘못을 뒤늦게 발견할 경우?, 선배의 실수를 발견한 경우?

 가끔 업무를 하다 보면 자신의 실수를 뒤늦게 발견하는 경우가 있다. 이런 상황에서 문제를 감추거나 축소하게 되면 오히려 더 큰 문제가 발생하기 마련이다. 따라서 자기 잘못을 정확히 보고하고 그에 맞는 해결책을 찾는 것이 중요하다. 또한 앞으로 비슷한 실수를 하지 않도록 개선하는 노력도 함께 필요하다. 이런 모습을 기억하고 답변한다면 그리 어려운 질문은 아닐 것이다.

협력업체와의 용역계약 과정에서 저의 실수를 뒤늦게 발견한다면 매우 당황스러울 것 같습니다. 하지만 잘못을 발견하고도 그것을 숨기는 것은 오히려 더 문제를 키우는 행동이라고 생각합니다. 그래서 상사에게 먼저 솔직하게 저의 실수를 보고드리고, 규정과 지침에 맞는 해결책을 찾겠습니다. 그리고 이런 실수를 했던 원인을 생각해 보고 다시는 비슷한 실수를 하지 않도록 노력하겠습니다.

업무 처리 과정에서 뒤늦게 저의 실수를 발견했다면 난처할 것 같습니다. 하지만 그런 실수를 감추기보다는 제가 업무적으로 성장할 기회로 활용하겠습니다. 먼저, 제가 실수한 정확한 내용과 보완할 방법을 정리해 상사님께 솔직하게 보고드리겠습니다. 그리고 상사님의 지시에 따라 저의 실수를 보완하고 앞으로는 이런 실수를 하지 않도록 더 주의하겠습니다. 그렇게 한다면 오히려 상사님의 신뢰를 얻을 수 있을 뿐만 아니라 저 역시 업무 역량을 키울 수 있을 것 같습니다.

만일 업무 처리 과정에서 선배님의 실수를 발견하게 된다면 조금 고민이 될 것 같습니다. 우선, 제가 혹시 오해한 것은 아닌지 정확히 다시 한번 확인하고 선배님의 실수가 명확하다면, 선배님을 조용히 찾아가 이런 사실을 조심스럽게 말씀드리겠습니다. 그리고 선배님과 함께 실수를 보완하거나 만회할 수 있는 방법을 찾아 보겠습니다. 그리고 저 역시 그런 실수를 할 수 있는 만큼, 업무 처리에 더욱 주의를 기울이겠습니다.

만약 업무를 처리하다가 팀장님의 치명적인 실수를 발견하게 되면 조금 고민할 것 같습니다. 우선 그런 실수를 제 선에서 해결할 방법은 없는지 찾아보겠습니다. 하지만 그런 실수가 도저히 만회할 수 없는 실수라면, 팀장님께 정확한 내용을 정리해 보고드리면서 어떻게 그런 부분을 해결할 수 있을지 함께 찾아보도록 하겠습니다. 그렇게 한다면 아무리 치명적인 실수라도 분명히 해결할 수 있다고 생각합니다.

경험관련 질문

NCS 능력중심채용제도가 공기업에 확산하면서 지원자의 역량을 평가하기 위하여 지원자의 경험을 묻는 질문의 비중이 급격히 늘어나고 있다. 경험관련 질문은 워낙 질문의 범위가 넓어 답변을 준비하기 어려운 경우가 태반이다. 하지만 이런 경험을 체계적으로 준비할 수 있다면 면접에서 훨씬 더 유리한 고지를 점할 수 있다. 이러한 경험관련 질문은 크게 3가지로 나누어 생각해 볼 수 있다.

첫째, 입사지원서와 자기소개서에 기재된 지원자의 경력이나 경험 그 자체를 확인하는 묻는 질문이다.

주로 작성된 내용의 진실성을 검증하고 그를 통해 지원자의 인성과 역량을 평가하기 위한 질문이다. 그래서 입사지원서와 자기소개서의 경력과 경험 사항에 대해 예상질문을 미리 생각해 보고 더 꼼꼼하게 준비하는 것이 필요하다.

둘째, 일반적인 경험질문이다.

주로 "힘들었던 경험?", "가장 후회하는 선택?", "가장 어려웠던 목표에 도전했던 경험?"과 같이 지원자 모두에게 쉽게 제시할 수 있는 질문으로 주로 지원자의 역량보다는 인성적인 측면을 파악하기 위해 제시되는 질문이다. 직무관련 경험을 묻는 경험질문에 비해 질문의 길이 자체가 짧은 편이다. 물론 질문의 범위가 넓은 편이긴 하지만 비교적 쉽게 준비할 수 있는 질문들이다.

셋째, 직무관련 경험질문이다.

"동료들과 함께 팀워크를 발휘해 좋은 성과를 거두었던 경험?"과 같이 직무연관성이 높은 경험을 묻는 질문이다. 질문범위가 무한정 넓을 뿐만 아니라 표현에 따라 답변 방향이 크게 달라져 미리 준비하기 까다로운 질문들이다.

이 장에서는 주로 첫째와 둘째 관련된 경험질문과 답변 예시를 들어 설명하고 셋째 직무관련 경험질문의 경우에는 경험질문 답변요령을 참고해서 준비하는 것이 바람직하다.

조언 ▶ 많은 면접관은 지원자의 현재를 알기 위해 지원자의 과거 경력과 경험 등에 관한 질문을 즐겨 하는 편이다. 경력과 경험과 관련한 면접질문에 가장 좋은 답변 방향은 솔직하게 답변하는 것이다. 혹시라도 경력과 경험 사항을 숨기거나 부풀려 자랑하게 되면 오히려 지원자에 대한 신뢰가 떨어지기 때문이다.

또한, 이렇게 지원자의 경력과 경험을 묻는 질문 다음에는 대부분 답변한 내용에 따라서 면접관의 꼬리질문이 이어지는 경우가 많다. 따라서 경력과 경험관련 답변 내용을 준비하면서 오히려 면접관이 호기심을 느낄 수 있는 키워드나 내용을 포함하여 내가 원하는 방향으로 꼬리질문을 유도하는 것이 좋다.

답변

네, 제가 전 직장에서 담당했던 업무는 장비 점검과 출하 업무였습니다. 제가 근무했던 회사는 반도체 관련 장비를 제작하고 국내외 고객사를 대상으로 판매하는 회사였습니다. 저는 수출지원팀에서 근무하면서 반도체 관련 장비의 작동상태와 고장 여부 등을 최종 점검하고 이를 고객사에 전달하는 역할을 담당했습니다. 또한 고객사의 요구나 클레임을 접수하고 빠르게 필요한 사후조치를 취하는 업무를 담당하기도 했습니다.

답변

제가 타 공공기관에서 인턴으로 근무하면서 담당했던 업무는 선배님들의 업무를 지원해 드리는 것이었습니다. 저는 지사의 고객지원팀에서 근무하면서 전산입력과 같이 선배님들의 업무를 도와드리고 찾아오시는 고객에게 용무를 여쭤보고 담당 창구로 안내하는 역할을 담당하기도 했습니다. 처음에는 어려운 점도 많았지만, 선배님들께서 업무를 잘 가르쳐 주시고 도와주신 덕분에, 나중에는 선배님들께 일 잘한다는 칭찬을 듣기도 했습니다.

답변

제가 우리 공단에서 인턴으로 근무하면서 담당했던 업무는 고객응대를 지원하는 것이었습니다. 제가 근무했던 지사의 경우에는 고객들이 많이 찾아오셨습니다. 그래서 동기들 5명과 함께 조를 이루어 출입구에서 코로나 방역을 위해 고객들의 체온을 측정하고 고객들을 해당 업무 창구로 안내하는 역할을 주로 담당했습니다. 비록 3달간의 짧은 기간이었지만 인턴 근무를 통해 고객응대에서 어떤 것이 가장 중요한지 배울 수 있었습니다.

답변

제가 동아리 활동을 하면서 맡았던 역할은 홍보팀장이었습니다. 제가 활동하던 취업동아리에서 홍보팀장 역할을 맡아 신입생을 모집하고 다양한 동아리 활동을 SNS를 통해 홍보하는 것이 주요 역할이었습니다. 또한 취업과 관련한 기업 인사담당자들을 인터뷰하고 이를 정리해서 동아리원들에게 배포하는 역할을 담당하기도 했습니다. 홍보팀장으로 활동하면서 가끔 힘이 빠지는 때도 있었지만 동아리원들이 모두 적극적으로 도와준 덕분에 다양한 홍보활동을 경험할 수 있었습니다.

답변

제가 학창 시절에 했던 봉사활동은 교육봉사 활동이었습니다. 가정 형편이 어려운 초중고 학생들을 대상으로 일주일에 한 번씩 만나 부족한 학교 공부를 도와주고 학생들의 고민을 상담해 주는 활동이었습니다. 처음에는 마음을 열어주지 않는 아이들 때문에 마음고생하기도 했지만, 봉사활동을 하면서 학생들의 마음을 열기 위해 노력하면서 자연스럽게 다른 사람과의 소통에서 무엇이 중요한지 배울 수 있었던 소중한 기회였습니다.

답변

네, 저는 육군에서 약 5년간 복무하면서 소대장과 작전참모 보직을 수행했습니다. 처음 임관하면서 보병부대 소대장으로서 병사들과 함께 생활하며 부대 운영에 이바지하기 위해 노력했습니다. 또한 대대 작전참모로 근무하면서 다양한 작전계획을 수립하고 실제 작전 준비를 성실히 수행해 사단 표창장을 수여 받기도 했습니다. 이런 경험을 통해 아무리 어렵고 힘든 상황에서도 절대 포기하지 않고 꾸준히 노력하는 자세가 얼마나 중요한지 배울 수 있었습니다.

답변

제가 학창 시절 가장 좋아했던 과목은 마케팅원론이었습니다. 처음 마케팅원론 담당 교수님께서 워낙 재미있게 잘 가르쳐 주셨을 뿐만 아니라 저 역시 마케팅을 통해 상품의 강점을 소비자에게 다양한 방법으로 어필하는 것에 많은 매력을 느꼈기 때문입니다. 그래서 마케팅 관련 다양한 대외 활동에 참여하게 되었고 우리 공단의 대학생기자단 활동을 하는 데도 큰 도움을 받을 수 있었습니다.

답변

네, 제가 가장 힘들었던 아르바이트는 택배 상하차 아르바이트였습니다. 군대 제대 후 친구들과 함께 해외여행을 가기 위해 약 1주일간 택배 상하차 아르바이트를 한 적이 있습니다. 평소 체력에는 자신이 있어서 충분히 잘 해낼 수 있다고 생각했지만, 생각보다 일이 너무 힘들어 포기하고 싶은 때도 많았지만 함께 일하는 형님들 덕분에 3주 동안 돈을 모아 해외여행을 다녀올 수 있었습니다. 택배 상하차 아르바이트를 하면서 왜 부모님께서 어릴 때부터 저에게 열심히 공부하라고 말씀하셨는지 알 수 있었습니다.

답변

제가 가장 기억에 남는 대외 활동은 화장품 회사에서 주최한 마케팅 공모전에 참여했던 것입니다. 같이 친하게 지내던 친구들 3명과 함께 약 한 달간 화장품에 대한 소비자들의 반응을 분석하고 그에 맞춘 마케팅전략을 수립하는 것이었습니다. 공모전을 준비하면서 생각보다 어려운 점도 많았지만, 친구들과 함께 밤늦게까지 열심히 노력한 덕분에 장려상과 함께 장학금 30만 원을 받아 친구들과 함께 국내여행을 다녀 올 수 있었습니다.

 경험에서 어려웠던 점, 아쉬웠던 점은?

 지원자의 경력과 경험과 관련해서 어려웠던 점이나 아쉬웠던 점에 대한 면접질문이 자주 나오는 편이다. 특히, 경력과 경험에 관한 질문에 이어 꼬리질문 형태로 제시되는 경우가 많다. 그래서 경력과 경험 과정에서의 어려웠던 점이나 아쉬웠던 점에 대해서 미리 준비하는 것이 필요하다. 또한, 답변 내용을 준비하면서 그런 어려움이나 아쉬움을 극복했던 내용을 일부러 포함하지 않고 꼬리질문을 유도하는 것이 바람직하다.

이전 직장에서 고객응대 직무를 수행하면서 가장 어려웠던 점은 까다로운 고객을 응대하는 것이었습니다. 제가 근무하던 복지 관련 공공기관에는 산재 보상 관련 민원인들께서 많이 찾아오셨습니다. 그래서 더 친절하고 빠르게 응대하기 위해 노력했지만, 가끔 산재 등급 인정을 제대로 해주지 않는다고 언성을 높이거나 폭력을 행사하시는 분들도 계셨습니다. 그 분들의 안타까운 사정이 안타까웠지만 규정과 지침 때문에 더 많은 도움을 드리지 못할 때가 가장 힘들고 어려웠던 것 같습니다.

제가 전 직장에서 근무하면서 가장 어려웠던 점은 입사 초기에 업무를 새롭게 배우는 것이었습니다. 제가 근무하던 직장이 그리 규모가 크지 않았고 전임자 역시 먼저 퇴사한 상태여서 업무를 가르쳐 주시는 선배님이 계시지 않았습니다. 그래서 업무를 하나씩 해 가면서 스스로 업무를 배우다 보니 시간도 오래 걸리고 가끔 막막하기도 했습니다. 게다가 제가 혹시라도 업무를 하면서 실수할까 봐 스트레스를 많이 받기도 했던 점이 가장 어려웠던 것 같습니다.

제가 공공기관에서 인턴으로 3개월 동안 근무하면서 어려웠던 점은 3끼 식사를 꼬박꼬박 챙겨 먹는 것이었습니다. 처음으로 부모님 곁을 떠나 지방에서 혼자 원룸을 잡아 생활하다 보니 세끼를 꼬박꼬박 챙겨 먹는 것이 생각보다 어려웠습니다. 그래서 유튜브에 올라온 레시피를 보면서 새로운 요리에 도전해 보기도 하고, 선배님들과 함께 저녁에 맛있는 것을 먹으러 다니곤 했습니다. 덕분에 요리 실력도 많이 키울 수 있었고 선배님들과 친해져 나중에는 선배님들의 직장생활 노하우 같은 것들도 많이 배울 수 있었습니다.

답변

제가 아르바이트를 하면서 가장 어려웠던 점은 퇴근 시간이 너무 늦어지는 것이었습니다. 제가 근무하던 카페는 자정까지 영업하는 곳이었는데 제가 야간근무조이다 보니 영업을 마감하고 청소와 정리까지 마치고 나면 거의 새벽 1시가 다 되곤 했습니다. 그래서 집에 가는 길에 교통편이 끊길까봐 마음을 졸이기도 하고 늦은 귀갓길이 조금 무서워서 남동생을 귀찮게 하기도 했었습니다.

답변

제가 공공기관에서 인턴으로 근무하면서 가장 어려웠던 것은 조직에 빨리 적응하는 것이었습니다. 처음으로 해보는 직장생활이다 보니 조직문화에 적응하는 것도 어려웠고, 선배님들께서 모두 업무 때문에 너무 바쁘셔서 처음에는 업무를 제대로 배우지 못하고 그냥 선배님들 눈치만 보면서 시간을 보내기도 했습니다. 그래서 처음 1~2주 동안에는 제가 생각했던 인턴 생활과 달라서 마음고생하기도 하고, 괜히 인턴 근무를 시작했나 후회하기도 했습니다.

답변

제가 인턴으로 근무하면서 가장 아쉬웠던 점은 선배님들께 별로 도움을 드리지 못했던 것입니다. 제가 인턴으로 근무했던 에너지 공기업의 경우에는 발전소 안전을 위해 보안등급이 높게 설정되어 있었습니다. 그래서 현장에서 선배님들께 도움을 드리지 못하고, 대부분 사무실에서 선배님들께서 부탁하신 자료정리와 같은 업무만을 수행하다 보니 그런 점들이 아쉽게 느껴졌습니다. 하지만 그럴수록 선배님들께 방해가 되지 않는 선에서 발전설비 운영과 정비에 대해 궁금한 점을 많이 여쭤보고 하나라도 더 배우려고 노력했습니다.

답변

제가 인턴으로 근무하면서 가장 아쉬웠던 점이 있다면, 선배님들과 자주 회식을 하지 못한 점이었습니다. 당시 저는 근무 시간 중에 선배님들께 업무도 많이 배우고 퇴근 후에는 선배님들과 회식하면서 직장생활 노하우들을 많이 배우고 싶었습니다. 하지만 코로나가 확산하면서 재택근무를 하는 경우도 많았고 회식도 거의 하지 못하다 보니 회식은 꿈도 꿀 수 없는 상황이었습니다. 그래서 선배님들과 더 많이 친해지고 직장생활 노하우를 배울 수 있는 기회를 많이 가지지 못해 조금 아쉽게 느껴지기도 했습니다.

조언 ▶ 지원자의 경력과 경험과 관련한 질문과 답변 과정에서 자주 등장하는 질문이다. 이런 질문은 지원자의 생각이나 가치관을 빠르게 파악할 수 있어 면접관들이 선호하는 질문인 만큼, 자기 생각이나 가치관에 대해 미리 생각해 보고 대비하는 것이 필요하다.

답변

네, 제가 공공기관 인턴 근무를 통해 배운 점이 있다면, 직장생활이 절대 만만하지 않다는 점인 것 같습니다. 조금 여유 있었던 학창 생활과 달리 처음으로 해보는 사회생활이다 보니 정해진 시간에 맞춰 힘들게 출퇴근하는 것도 어려웠고 가끔 찾아오시는 까다로운 고객을 응대하는 것도 어려웠던 것 같습니다. 그래서 이렇게 힘든 직장생활을 아버지께서는 20년 넘게 하셨다는 생각에 아버지께 죄송한 마음도 많이 들었던 것 같습니다.

답변

제가 공공기관에서 인턴으로 근무하면서 느낀 점이 있다면 공공기관 업무가 생각보다 어렵다는 것이었습니다. 처음 공공기관에서 인턴 근무를 시작하면서 공공기관이니까 조금 업무가 편할 것이라고 생각했습니다. 하지만 실제 인턴으로 근무하면서 선배님들께서 항상 최고의 결과를 위해 열심히 노력하시면서도 끊임없이 고민하고 노력하는 모습을 보면서, 오히려 공공기관 직원에게 더 무거운 책임이 필요하다는 것을 느낄 수 있었습니다.

답변

제가 봉사동아리 활동을 하면서 배운 점이 있다면 어르신들에게 가장 필요한 것은 거창한 것보다는 작은 관심이라는 점입니다. 저희는 주로 요양원을 방문해 어르신들을 모시고 가벼운 산책을 하고 말동무를 해드리는 봉사활동을 했었는데요. 어르신과 함께 이야기를 나누면서 제가 작은 것을 기억해 드리고 작은 것을 칭찬해 드리면 환하게 웃으시며 좋아하시곤 하셨습니다. 그래서 어르신들께서 정말로 원하시는 것은 작은 관심이라는 점을 배울 수 있었던 것 같습니다.

답변

제가 우리 공단에서 인턴으로 근무하면서 배운 점은 선배님들의 고객응대 노하우였습니다. 제가 근무하던 지사는 규모가 큰 편이어서 매일 찾아오시는 고객들이 많았습니다. 처음 고객응대를 담당하면서 어려운 점도 많았지만, 선배님들께서 잘 도와주시고 가르쳐 주신 덕분에 어떻게 고객을 응대해야 하는지 배울 수 있었습니다.

제가 축구동호회 활동을 하면서 배운 점이 있다면 항상 동료들을 봐야 한다는 점인 것 같습니다. 축구를 하면서 골만 보고 쫓아가다 보면 결국 골을 빼앗기고 심지어 실점하는 경우가 많았습니다. 그래서 항상 동료들이 어디에 있는지, 혹시 압박받는 것은 아닌지 살펴보고 필요하다면 적극적으로 달려가 도와줘야 한다는 것을 배웠습니다.

 성공 경험, 실패 경험

 지원자의 성공과 실패 경험을 묻는 질문은 자주 제시되는 편이다. 이런 성공 경험과 실패 경험은 반드시 하나 정도를 준비하는 것이 좋다. 성공 경험을 답변할 때는 다른 동료들을 칭찬하고 실패 경험에서는 자신의 부족함을 언급하는 것이 좋다.

제가 어려웠던 상황을 극복하고 좋은 성과를 만들어 냈던 경험은 공모전을 준비했던 경험입니다. 대학 4학년 때 친구들 3명과 함께 국내관광 홍보 아이디어 공모전에 참여하게 되었습니다. 당시 졸업시험을 앞두고 있어서 시간이 부족해 어려움이 많았지만, 우리 모두 똘똘 하나로 뭉쳐 열심히 준비해서 공모전 본선에 진출하는 성과를 거둘 수 있었습니다.

제가 성공했던 경험은 금연에 성공했던 경험입니다. 군대에 입대해서 동기들과 함께 어울리다 보니 담배를 피우기 시작했습니다. 제대 후에 담배를 끊기 위해 많이 노력했지만 계속 실패하다가 작년에 부모님과 약속하고 독하게 마음먹은 덕분에 5년 동안 피웠던 담배를 끊을 수 있었습니다. 가끔 담배 냄새가 좋게 느껴지는 때도 있지만 다시 담배를 끊을 자신이 없어 최대한 담배를 피우는 상황을 피하려고 노력하고 있습니다.

제가 전 직장에서 가장 성공했던 경험이 있다면, 약 30억 정도의 납품을 무사히 마쳤던 것입니다. 당시 선배님 한 분과 함께 약 30억 정도의 물품을 빠듯한 기한 내에, 거래처에 납품하는 업무를 담당하게 되었습니다. 기한이 10일 정도밖에 되지 않는 상황에서 원자재 납품이 제대로 되지 않아서 혹시라도 납품하지 못하면 어쩌나 라는 걱정하기도 했지만, 다행히 선배님께서 여러 문제를 해결해주시고 저 역시 공단지역을 뒤져가며 협력업체를 찾은 덕분에 기한 내에 납품을 무사히 마쳐, 전무님으로부터 격려금까지 받을 수 있었습니다.

제가 능력을 발휘해 성과를 거두었던 경험은 졸업논문을 작성했던 경험입니다. 당시 4명의 친구와 함께 졸업논문을 작성하면서 약 100명의 시민을 대상으로 기업이미지가 매출에 미치는 영향에 대한 설문조사를 진행하게 되었습니다. 하지만 생각보다 설문조사 응답자가 적어 마음고생을 했지만, 저의 장점인 친화력을 발휘해 설문조사를 친구들보다 2배 이상 많이 받아서 졸업논문을 무사히 작성하고 교수님께 칭찬까지 들었던 적이 있습니다.

제가 실패했던 경험은 타 공공기관에서 인턴으로 근무하면서 우수인턴에 선정되지 못한 경험입니다. 우수인턴으로 선정될 경우, 취업에서 가점받을 수 있어서 선배님들을 도와드리며 제 나름대로 열심히 근무했습니다. 하지만 조직혁신 아이디어 공모전에서 좋은 결과를 얻지 못해 결국 우수인턴에는 선정되지는 못했습니다. 당시 저를 응원해 주시고 도와주셨던 선배님들께 죄송한 마음에 너무 속상했던 기억이 있습니다.

제가 열심히 노력했지만 결국 실패했던 경험은 성적우수 장학금을 받지 못했던 경험입니다. 처음 대학교에 입학하면서 열심히 공부해서 모든 학기에서 성적우수 장학금을 받겠다는 저만의 목표를 세웠습니다. 제 나름대로 열심히 노력했지만, 워낙 경쟁이 치열하고 저 역시 노력이 부족해 2번 정도 성적우수 장학금을 놓쳤던 적이 있었습니다.

질문 ▶ 힘들었던 경험?

조언 ▶ 일반적인 경험질문 중에서 가장 빈번한 경험질문이다. 주로 지원자가 힘들었던 경험을 통해 지원자에 대해 더 깊이 알아보고 싶어 제시되는 면접질문이다. 간혹 인턴 근무, 조별 과제 등의 경험으로 답변하는 예도 있지만, 이 경우 면접관의 공감을 이끌어내지 못하게 된다. 그래서 실제 가장 힘들었던 경험을 솔직하게 답변하고 꼬리질문에 대비하는 것이 좋다.

또한, 힘들었던 경험과 함께 어떻게 극복했는지 그리고 극복 결과까지 함께 답변하는 방식도 있지만 그보다는 힘들었던 경험만을 자세히 답변하고 이어지는 극복 방법과 결과는 꼬리질문으로 유도하는 것이 바람직하다.

제가 가장 힘들었던 경험은 작년에 우리 회사 최종 면접에서 탈락했던 때였습니다. 꼭 합격하고 싶은 욕심에 나름대로 열심히 준비했지만 제가 부족한 탓에 좋은 결과를 얻지 못했습니다. 최종 불합격 소식을 듣고 괜찮다며 위로해 주시면서도 속상해하시는 어머님께 죄송하기도 했고 저 역시 너무 속이 상해 하루 종일 울었던 기억이 있습니다.

제가 가장 힘들었던 때는 2년간 준비했던 공인회계사 시험을 포기할 때였습니다. 학교에 다니면서 회계과목을 좋아해서 자연스럽게 공인회계사 시험을 준비하게 되었습니다. 하지만 정말 열심히 준비한다고 준비했지만 제 실력과 노력이 부족해 시험을 포기하고 공기업 취업을 준비하게 되었습니다. 2년 동안 시험을 준비하면서 비록 회계 관련 전문지식을 쌓을 수 있었지만 저 때문에 속상해하시는 부모님을 보면서 저 자신을 많이 자책하고 힘들어했던 것 같습니다.

네, 제가 가장 힘들었던 경험은 바로 요즘인 것 같습니다. 대학을 다니면서 열심히 노력해 왔기 때문에 취업이 쉬운 줄 알았습니다. 하지만 생각보다 오랫동안 좋은 결과를 얻지 못했고, 저녁 늦게 집에서 야식을 챙겨 주시는 어머니를 뵙는 것이 가장 죄송스럽고 힘들었습니다. 그래서 밤잠을 줄여가며 한 시간씩이라도 더 열심히 공부하려고 노력했고 오늘 이 자리까지 오게 되었습니다. 오늘 최선을 다해 어머님께 꼭 좋은 소식을 들려드리고 싶습니다.

제가 가장 힘들었던 때는 계속 취업에 실패할 때였습니다. 제 나름대로 열심히 노력한다고 했지만 계속 좋은 결과를 얻지 못하다 보니 자신감도 떨어지고 영영 취업하지 못하는 것은 아닌지 걱정이 들곤 했습니다. 그럴 때마다 열심히 노력하면 분명히 좋은 결과를 얻을 수 있다고 생각해 하루에 십 분씩이라도 더 의자에 앉아 공부하려고 노력했고 스스로 부족한 점을 보완하기 위해 노력했습니다.

네, 제가 가장 힘들었던 것은 어머니가 병원에 입원하셨을 때였습니다. 작년에 어머니가 갑자기 유방암 판정을 받아 큰 수술을 받게 되셨습니다. 제가 취업만 일찍 했었더라면, 어머니께서 병을 더 키우지 않으셨을 거라는 생각에 스스로 많이 힘들어했던 것 같습니다. 다행히 어머니께서 다시 건강을 회복하실 수 있었지만, 항암치료 때문에 힘들어하시는 어머니를 보면서 혹시나 어머니가 돌아가실까 봐 병원 복도에서 주저앉아 울었던 때가 제가 가장 힘든 순간이었습니다.

네, 제게 가장 힘들었던 경험은 동아리 회장을 맡을 때였습니다. 정기연주회 준비를 하는 과정에서 제 나름대로 열심히 노력했지만, 동아리원들이 생각보다 잘 따라와 주지 않았습니다. 준비해야 할 일은 많은데 대부분 취업 준비와 시험 등을 핑계로 잘 참여하지 않다 보니 정기연주회를 망칠지 모른다는 걱정 때문에 마음고생을 많이 했었습니다. 제가 능력이 부족하고 리더십이 부족해서 그런 거라는 생각에, 저녁에 동아리방에서 혼자 포스터를 만들다가 울었던 적도 있었습니다.

네, 제가 가장 힘들었던 것은 인턴으로 근무할 때였습니다. 학교에서 공부만 하다가 처음으로 해보는 직장생활이었는데 제가 생각했던 것보다 어려운 점이 많았습니다. 다짜고짜 화를 내시며 언성을 높이시는 고객 때문에 속상해 울기도 하고 제가 스스로 부족한 점이 많다는 것도 깨닫게 되었습니다. 그래서 괜히 인턴 근무를 시작했나 후회하기도 했지만, 선배님들께서 많이 가르쳐 주시고 도와주신 덕분에 인턴 근무를 통해 더 많이 단단해지고 성장할 수 있었던 것 같습니다.

 가장 기뻤던 경험?, 성취감을 느꼈던 경험?

 최근에 가장 기뻤던 경험 역시 자주 제시되는 면접질문 중 하나이다. 특별한 답변 방향은 없지만 실제 자신이 가장 기뻤던 때를 하나 정도는 준비하는 것이 좋다.

제가 가장 기뻤던 경험은 다른 지원자들과 마찬가지로 우리 공사 필기 합격 소식을 들을 때였습니다. 꼭 합격하고 싶은 마음에 열심히 필기를 준비했지만, 워낙 뛰어난 경쟁자들이 많아 사실 합격할 수 있을까 걱정을 많이 했었습니다. 하지만 운이 좋게도 필기 합격 소식을 듣고 너무 좋아서 어머니하고 함께 소리를 지르며 거실에서 뛰기도 했었습니다.

제가 최근에 가장 기뻤던 때는 한동안 소식이 끊겼던 고등학교 친구와 다시 연락됐을 때였습니다. 고등학교 때 가장 친하게 지내던 친구였는데 그 친구네 집 사정이 갑자기 나빠지는 바람에 연락이 끊겼습니다. 그런데 얼마 전에 그 친구가 어렵게 제 연락처를 찾아 연락해주어서 다시 만날 수 있었습니다. 마음고생을 많이 했었을 텐데 별로 도움이 되어 주지도 못했는데 저를 잊지 않고 연락을 다시 해준 친구가 정말 고마워서 가장 기뻤던 경험이었습니다.

제가 가장 뿌듯했던 경험은 전기기사 자격증을 취득할 때였던 것 같습니다. 취업을 준비하면서 가장 먼저 전기기사 자격증에 도전했지만 제 노력이 부족해 불합격하게 되었습니다. 그래서 다시 3달 정도 하루도 빠짐없이 학교 도서관에 가서 열심히 공부한 덕분에 최종 합격 소식을 들었을 때가 가장 행복하고 스스로 뿌듯했던 것 같습니다.

제가 가장 보람을 느꼈던 경험은 인턴으로 근무할 당시, 선배님으로부터 고생했다고 인정받았을 때였습니다. 공공기관에서 인턴으로 근무하면서 처음에는 적응하는데 어려웠지만 그럴수록 선배님들께 조금이라도 도움을 드리기 위해 더 열심히 뛰어다녔습니다. 인턴 근무 마지막 날 선배님들께서 정말 열심히 해줘서 고맙다고 말씀해 주시며 작은 선물을 주셨을 때, 매우 기쁘고 보람을 느꼈던 것 같습니다.

제가 가장 성취감을 느꼈던 경험은, 전 직장에서 힘들었던 프로젝트를 성공시켰을 때 경험이었습니다. 당시 선배님들과 함께 지방에서 개최되는 박람회에 신제품을 출품하게 되었습니다. 신제품 출시에 맞춰 박람회를 준비하면서 크고 작은 문제들이 발생해 어려움이 많았지만, 선배님들과 함께 열심히 준비해 참석자들로부터 많은 관심을 받으면서 많은 성취감을 느낄 수 있었습니다.

 가장 후회하는 선택?

 가장 후회하는 선택을 묻는 질문이 종종 제시되곤 한다. 간혹 면접관님들께 좋지 않은 인상을 줄까 봐 그저 그런 답변을 준비하는 경우도 있지만, 그보다는 실제 자신이 가장 후회하는 점을 솔직히 답변하는 것이 좋다.

제가 가장 후회하는 선택이 있다면 취업 준비를 조금 더 빠르게 시작하지 않은 것입니다. 학교에 다니면서 취업 준비보다는 전공 공부를 열심히 하고 친구들과 어울려 노는 것을 좋아했습니다. 그러다 보니 취업 준비가 늦어져 친한 친구들은 모두 취업했는데 저만 지금까지 취업을 못 해서 부모님께 걱정을 끼쳐드리게 되었습니다. 그래서 학교에 다니면서 조금 더 취업 준비를 빠르게 시작하지 않은 것이 가장 후회스럽습니다.

제가 가장 후회하는 일이 있다면 해외 교환학생 기회를 포기한 것입니다. 대학교 4학년 때 교수님의 추천으로 영국에 약 6개월간 교환학생으로 갈 기회가 있었습니다. 하지만 당시 부담해야 할 경비가 만만치 않아 부모님께 부담을 드리기 싫었고 취업도 빨리하고 싶은 욕심에 교환학생 기회를 포기했습니다. 하지만 지금 생각해 보면 교환학생으로 갔었더라면 더 많은 것을 배우고 세상을 느꼈을 텐데 라는 아쉬운 마음이 들곤 했습니다.

제가 지금까지 가장 후회하는 일이 있다면 친구에게 제대로 사과하지 못한 것입니다. 대학교 때 친하게 지내던 친구가 있었는데 졸업 후에 작은 오해와 말다툼 때문에 사이가 서먹서먹해지게 되었고 요즘에는 거의 연락도 하지 않고 있습니다. 그때, 제가 미안했다고 제대로 사과만 했었더라면 그 친구랑 잘 지낼 수 있었을 텐데 하는 생각을 종종 하곤 합니다.

제가 요즘 가장 후회하는 것이 있다면 우리 공사에 더 빨리 도전하지 않은 것입니다. 대학교 4학년 때 우리 공사에 대해 처음 알게 되었지만, 당시 제가 스스로 부족하다는 생각에 도전하지 않았습니다. 그래서 올해 우리 공사에 도전하면서, 만일 작년에 도전했더라면 비록 좋은 결과를 얻지 못했더라도 경험도 쌓고 동기부여도 되었을 텐데 미리 겁을 먹고 도전하지 않았던 것을 가끔 후회하곤 했습니다.

 도전했던 경험

 최근에 가장 어려웠던 목표에 도전했던 경험과 같이 지원자의 도전 경험을 묻는 질문이다. 이런 경험을 묻는 의도를 굳이 생각하기보다는 자신이 실제 어려웠던 목표에 도전했던 경험을 답하면 된다.

제가 최근 가장 어려웠던 목표에 도전했던 경험은 우리 공사에 도전해서 오늘 이 자리에까지 온 것입니다. 취업을 준비하면서 우리 공사가 어떤 역할을 하는지 그리고 얼마나 좋은 직장인지를 알게 되었습니다. 하지만 제 실력이 부족하다는 생각에 지원을 망설이기도 했지만, 꼭 입사하고 싶은 마음에 도전을 결심하고 체계적으로 계획을 세워 오늘 이 자리에까지 오게 되었습니다.

제가 도전했던 경험은 해외 배낭여행에 도전했던 경험입니다. 군 전역 후 더 넓은 세상을 보고 배우고 싶다는 생각에 2달간 해외 배낭여행에 도전하게 되었습니다. 500만 원 정도의 경비를 스스로 마련하고 친구와 함께 여행계획을 세워 총 13개국을 여행했습니다. 생각보다 배낭여행이 어렵고 힘들어 포기하고 싶었을 때도 있었지만 친구와 함께 서로를 응원하면서 많은 추억을 쌓고 세상에 대해 조금이나마 배우고 돌아올 수 있었던 것 같습니다.

제가 스스로 한계를 극복하기 위해 도전했던 경험이 있다면 물공포증을 극복한 것입니다. 어릴 때 수영장에 갔다가 물에 빠져 죽을 뻔한 일이 있었습니다. 그때부터 물이 너무 무서워 수영은 꿈도 꾸지 못했습니다. 하지만 언제까지 물을 무서워하며 살 수 없다고 생각해 2달간 매일 수영장에서 스스로 할 수 있다고 생각하면서 열심히 노력한 덕분에, 수영에 자신감을 키울 수 있었습니다.

제가 자기 계발을 위해 목표를 세우고 도전했던 경험이 있다면 그리 특별한 것은 아니지만 고객응대 역량을 쌓기 위해 노력한 것입니다. 우리 공단 취업을 준비하면서 실제 고객응대 역량이 중요하다는 것을 알게 되었습니다. 그래서 부모님께서 말리시는 데도, 시간을 쪼개서 카페에서 아르바이트하고 타 복지 관련 공공기관에서 6개월간 계약직으로 일자리안정자금 사업을 담당하면서 고객응대에 대해 자신감을 키울 수 있었습니다.

제가 목표를 세우고 도전했던 경험이 있다면 인턴으로 근무하면서 우수인턴에 도전했던 경험입니다. 처음 인턴으로 근무하면서 대충 기간만 채우려고 일하기보다는 선배님들께 더 많은 도움을 드리면서 저의 업무실력도 쌓고 상위 10%에 해당하는 우수인턴에도 선정되자는 목표를 세웠습니다. 비록 우수인턴이라는 목표를 달성하기 위해 매일매일 노력한 덕분에 비록 우수인턴에는 선정되지 못했지만 선배님들로터 요즘 인턴 답지 않다는 칭찬까지 들을 수 있었습니다.

조언 ▶ 기존의 현실에 안주하지 않고 새로운 아이디어를 통해 문제를 해결했던 경험을 묻는 질문이다. 그리 특별하고 거창한 소재를 찾기보다는 작은 것들을 개선했던 경험을 찾아 답변을 준비하면 된다.

답변

제가 창의력을 발휘했던 경험은 우리 공단 인턴으로 근무할 때 경험입니다. 인턴으로 근무하면서 고객을 응대하는 역할을 담당했었는데 고객들께서 업무 창구를 잘못 찾아가시는 경우가 많았습니다. 그래서 선배님께 말씀드려 입구에 자주 찾는 업무와 창구번호를 큰 글씨 안내판을 부착해 고객들의 불편을 줄였던 경험이 있습니다.

답변

제가 조직의 프로세스를 개선했던 경험은 아니지만 매장 배치를 변경해 매출을 높였던 적이 있습니다. 편의점에서 아르바이트할 당시, 손님들이 많이 찾으시던 포켓몬스터 빵을 출입구 쪽에 새롭게 배치해 포켓몬스터 빵 매출뿐만 아니라 다른 제품 판매 매출까지 높일 수 있었습니다. 또한 밸런타인데이 일주일 전부터 편의점 앞에 판매 매대를 설치해 초콜릿 판매량을 높여 점장님한테 참 일머리가 좋다는 칭찬을 듣기도 했습니다.

답변

제가 새로운 아이디어를 통해 문제를 해결했던 경험은 동아리 신입 회원을 모집했던 것입니다. 제가 활동했던 봉사동아리는 규모가 작고 홍보가 제대로 이루어지지 않아 신입생 모집에 어려움을 겪고 있었습니다. 그래서 학교 앞 식당들을 일일이 찾아가 동아리 홍보 포스터 부착을 부탁드려 전년보다 신입생을 두 배 이상 모집할 수 있었습니다. 덕분에 폐쇄위기에 놓여있던 동아리를 정상적으로 운영할 수 있었고 많은 후배들 덕분에 동아리 분위기도 떠들썩하게 만들 수 있었습니다.

답변

제가 조직의 잘못된 관행을 개선했던 경험은 병동에서 근무할 때의 경험을 말씀드리고 싶습니다. 당시 제가 근무하던 병동에서는 신규 간호사가 병동 내 물품의 재고를 확인하고 오더를 넣는 것이 오래된 관행이었습니다. 하지만 저 역시 신규 시절 너무 힘들었던 기억이 있어, 팀장님께 말씀드려 물품관리를 선배들이 돌아가면서 담당해 신규 간호사의 업무 부담을 줄여주었고 덕분에 신규 간호사 퇴직률을 낮추는 효과까지 거둘 수 있었습니다.

조언 ▶ 조직 적응 경험을 묻는 질문이 종종 제시되곤 한다. 낯선 조직에 들어가서 빠르게 적응했던 소재를 찾아서 답변하면 된다. 조직 적응은 조직융합, 대인 관계 형성, 업무 적응 등으로 나누어 생각할 수 있다.

답변

낯선 조직에 빠르게 적응했던 경험은 우리 공단에서 처음 인턴으로 근무할 때였던 것 같습니다. 아무래도 공기업이니까 조금 수월하리라 생각했지만, 선배님들께서 업무가 너무 많아 정말 힘들게 일하시는 모습을 보게 되었습니다. 그런 상황에서 제가 도움을 드릴 것이 별로 없어서 처음에는 적응하는 것이 어려웠지만 선배님들께 더 자주 여쭤보고 스스로 일을 찾아 나선 덕분에, 나중에는 선배님들께서 덕분에 일이 쉬워졌다며 고맙다는 인사까지 들을 수 있었습니다. 또한 인턴근무를 마치는 날, 선배님들께서 손편지와 만년필까지 선물해 주셔서 가슴이 뭉클해져 저도 모르게 울기도 했었습니다.

답변

제가 조직에 적응하는데 가장 힘들었던 때는 카페에서 아르바이트를 시작할 때였습니다. 카페 아르바이트가 편할 것이라고 생각했지만, 생각보다 메뉴를 만들고 고객을 응대하는 것이 힘들어 다른 동료들에게 미안한 마음에 차라리 빨리 관둘까 고민하기도 했습니다. 그래도 다른 동료들이 하나씩 꼼꼼하게 알려주고 저도 매일 30분씩 일찍 출근해 열심히 메뉴와 레시피를 공부한 덕분에, 카페에서 6개월간 동료들과 함께 즐겁게 근무할 수 있었습니다.

답변

새로운 조직에서 동료들과 빠르게 친해진 경험은 봉사동아리에 새롭게 가입해 많은 선배님과 친해졌던 경험입니다. 신입생 시절, 선배들의 꼬임에 빠져 봉사동아리에 가입했지만 같은 학년 동기들이 별로 없어 처음에는 겉돌게 되었습니다. 하지만 봉사활동을 하면서 선배님들에게 먼저 다가가 많이 여쭤보고 도움을 드리기 위해 노력한 덕분에 선배님들로부터 많은 귀염을 받을 수 있었습니다.

답변

제가 새로운 조직에 들어가서 성과를 창출했던 경험은 타 공공기관에서 인턴으로 근무하면서 선배님들께 작게나마 도움을 드렸던 경험을 말씀드리고 싶습니다. 처음 타 공공기관에서 인턴으로 근무하면서 배워야 할 업무도 많았고 고객응대도 생각보다 어려웠습니다. 하지만 업무매뉴얼을 복사해 집으로 가지고 다니면서 업무 내용을 공부하고 찾아오신 고객들에게 더 밝게 인사를 드리기 위해 노력한 덕분에 선배님들로부터 야무지게 일 잘한다는 칭찬을 들을 수 있었고, 고객만족도 분야 우수지사로 선정되는데 조금이나마 이바지할 수 있었습니다.

질문 ▸ 갈등 해결 경험

조언 ▸ 조직 내에서 발생하는 갈등을 원만하게 해결했던 경험을 묻는 질문이다. 갈등을 너무 심각하게 생각하기보다는 서로 불편하고 서먹서먹했던 상황을 해결했던 경험을 찾아 답변을 준비하면 된다.

답변

제가 갈등을 슬기롭게 해결했던 경험은 조별 과제 당시, 친구들과의 갈등을 해결했던 경험입니다. 당시 팀원 3명과 함께 마케팅원론 수업을 들으면서 성공한 스타트업의 사례를 조사하고 발표하는 과제를 수행하게 되었습니다. 과제를 수행하면서 서로 조사 방법에 대해 의견이 달라 작은 갈등이 발생해 마음고생을 하기도 했지만 서로 마음을 열고 대화를 통해 해결책을 찾아 갈등을 해결하고 과제를 무사히 마칠 수 있었고 팀원들과 더 좋은 관계가 될 수 있었습니다.

답변

갈등을 중재해서 해결했던 경험은 동아리에서 서로를 불편해하는 동아리원을 화해시켜줬던 경험입니다. 동아리에 새로 들어온 후배 두 명이 사소한 오해 때문에 서로를 불편해하는 눈치가 보였습니다. 그래서 두 후배에게 맛있는 닭갈비를 사주면서 이야기를 들어주고 좋은 분위기를 만들어 갈등을 중재했던 적이 있습니다. 덕분에 두 후배는 전보다 사이가 좋아져서 나중에는 가장 친한 사이가 될 수 있었습니다.

답변

의견이 다른 동료를 논리적으로 설득했던 경험은 공공기관에서 인턴으로 근무하면서 인턴 동기를 설득했던 경험입니다. 당시 인턴 동기들 3명이 함께 문서고에서 약 10년 정도 쌓인 서류철을 분류하고 정리하는 일을 담당하게 되었습니다. 다른 동기 한 명이 선배님께서 말씀하신 것과 다른 방법을 고집했지만, 그 방법이 오히려 일이 늘어날 수 있다는 점을 논리적으로 설득해 문서정리를 정해진 기한보다 빠르게 마칠 수 있었습니다.

질문 ▶ 희생했던 경험, 배려했던 경험

조언 ▶ 타인을 위한 희생이나 배려했던 경험을 묻는 질문이다. 조직에 융화되고 동료들과 좋은 관계를 유지하기 위해서는 타인을 위한 희생과 배려가 필요한 때도 있다. 거창한 것은 아니더라도 타인을 위해 희생하고 배려했던 경험을 하나 정도는 준비하는 것이 좋다.

답변

타인을 위해 희생했던 것까지는 아니지만 발표를 두려워하던 친구를 위해 대신 발표를 자원했던 경험이 있습니다. 조별 과제를 수행하면서 역할을 분담했는데, 발표를 담당했던 친구가 발표 울렁증 때문에 조별 과제에서 빠지겠다고 폭탄 발언을 한 적이 있었습니다. 그래서 그 친구를 찾아가 제가 대신 발표하겠다고 이야기해 그 친구와 함께 끝까지 조별 과제를 무사히 마쳤던 적이 있습니다.

답변

조직 생활을 하면서 솔선수범을 했던 경험은 그리 특별한 것은 아니지만 카페에서 아르바이트하면서 설거지를 담당했던 경험을 말씀드리겠습니다. 제가 근무하던 카페는 규모가 작아 온수가 나오지 않았습니다. 그래서 겨울철에 음료 잔을 설거지하는 것을 모두 다 꺼려 싱크대가 수북이 쌓이곤 했습니다. 그래서 제가 먼저 솔선수범해서 설거지하려고 노력했고, 동료들 역시 그런 저를 위해 청소 같은 궂은일들을 많이 해결해 준 덕분에 카페 아르바이트를 즐겁게 할 수 있었습니다.

답변

타인을 배려했던 경험이 있다면 카페에서 아르바이트하면서 명절 근무 때문에 마음고생했던 동료를 위해 대신 명절에 근무했던 경험입니다. 근무하던 카페가 규모가 큰 편이라 아르바이트생끼리 명절에 조를 나누어 근무하게 되었습니다. 그런데 한 동료가 시골에 내려가야 할 상황 때문에 마음고생을 하는 것을 보고, 제가 먼저 명절 근무를 대신해 주겠다고 제안해 명절에 카페에 나가 근무했던 적이 있었습니다.

조언 공직윤리를 중요하게 생각하는 공기업에서 자주 제시되는 경험질문이다. 공직윤리에는 원칙준수, 성실, 책임, 청렴, 친절, 공정, 형평, 개인정보 보호 등 다양하다. 그래서 이러한 공직윤리 중에서 하나를 선택하고 그 직업윤리를 지켰던 경험을 묻는 형태이다. 또는 반대로 그 직업윤리를 지키지 못했던 경험을 물어 당황하게 만들기도 한다.

물론 답변을 준비하기가 어렵지만 답변 소재만 미리 생각해 놓는다면 쉽게 답변할 수 있다. 다른 경험 질문들에 비해 더 많은 꼬리질문이 주어지곤 한다는 점을 기억해야 한다. 또한 답변 내용 중에 다른 동료들은 지키지 않았는데, 나만 잘 지켰다는 식으로 답변하는 것은 오히려 공격의 빌미가 될 수 있으므로 조심해야 한다.

답변

제가 원칙을 지켰던 경험은 그리 특별한 것은 아니지만 대학교 실험실에서 안전수칙을 지켰던 경험입니다. 대학 시절 학과 실험실에서 전공 관련 실험을 하는 경우가 종종 있었습니다. 당시 교수님께서 실험실 안전의 중요성을 많이 강조하신 덕분에, 조금 번거롭기는 했지만, 친구들과 함께 실험을 진행하면서 보안경 착용과 같은 작은 안전수칙뿐만 아니라 실험과정에서도 정해진 절차를 준수하기 위해 노력했습니다. 덕분에 특별한 사고 없이 실험을 마칠 수 있었고 안전이란 작은 것부터 시작한다는 것도 배울 수 있었습니다.

답변

제가 원칙을 준수했던 경험은 우리 공단에서 인턴으로 근무하면서 신분증을 놓고 오신 고객을 응대할 때였던 것 같습니다. 어느 날, 한 고객께서 건강보험 관련 서류를 발급받기 위해 지사를 방문하셨던데 발급에 꼭 필요한 신분증을 집에 놓고 오셨습니다. 신분증이 없으면 발급이 어렵다는 안내에 고객께서 언성을 높이시기도 하셨지만, 개인정보보호를 위한 불가피한 조치라는 점을 차분히 설명해 드리고 재방문을 하실 수 있도록 안내해 드려려 고객응대를 잘 마쳤던 적이 있습니다.

답변

제가 원칙을 지키지 못했던 경험이 있다면 편의점 아르바이트를 말씀드리고 싶습니다. 제가 근무했던 편의점에서는 환경보호를 위해 비닐봉지를 반드시 유상으로 판매하는 것이 원칙이었습니다. 그런데 어느 날 한 할머니께서 손자들 주실 과자를 사셨는데 봉툿값을 말씀드렸더니 그냥 달라고 계속 부탁하셨습니다. 그래서 시골에 계신 저희 할머니 생각이 나서 그냥 봉투를 드리고 점장님께 설명해 드려 무상 처리했던 적이 있습니다.

네, 저는 타 공공기관 계약직 직원으로 근무하며 일자리안정자금 사업을 담당하면서 원칙을 지키지 못했던 경험이 있습니다. 일자리안정자금을 신청하면서 신청자 본인이 서류를 작성하는 것이 원칙이었습니다. 그런데 어느 날 몸이 불편하신지 행동이 어눌하신 한 사업주께서 계속 서류를 작성하시면서 실수하시는 바람에 고객 대기 줄이 너무 길어지게 되었습니다. 그래서 제가 대신 서류작성을 해 드리면서 도움을 드렸고 나중에 팀장님으로부터 다음부터는 그러지 말라는 주의를 들었던 적이 있었습니다.

제가 청렴을 지켰던 경험은 그리 특별한 것은 아니지만 병원에서 근무할 당시 한 보호자가 주신 상품권을 거절했던 경험입니다. 병동에서 근무하면서 저랑 친해진 할머니 환자가 계셨는데 퇴원하시면서 그동안 고마웠다며 제 손에 상품권 봉투를 꼭 쥐여 주셨습니다. 손녀 같아서 준다는 할머니 마음이 정말 고마웠지만 이러시면 병원에서 저 혼난다고 말씀드리고 거절했던 적이 있습니다.

제가 공정함을 지켰던 경험은 그리 대단한 것은 아니지만 카페에서 아르바이트했을 때 경험을 말씀드리고 싶습니다. 제가 근무하던 프랜차이즈 카페를 거의 매일 찾아오시던 단골손님이 계셨습니다. 어느 날 그 고객께서 카페에서 판매하는 한정판 텀블러를 사고 싶다며 미리 한 개만 빼놔달라고 부탁하셨습니다. 고객님의 부탁을 들어드리고 싶었지만, 점장님께서 절대 그러면 안 된다는 말씀에 죄송하다는 말씀과 함께 정중히 거절했던 적이 있었습니다.

네, 저는 편의점에서 아르바이트하면서 저에게 주어진 책임을 다하기 위해 노력했던 경험이 있습니다. 취업 준비를 제대로 하기 위해 6개월 동안 근무했던 편의점을 그만두게 되었습니다. 그런데 제가 그만두는 날까지 후임 근무자를 구하지 못했고 점장님께서는 어떻게든 꾸려 갈 테니 너무 걱정하지 말라고 말씀해 주셨지만, 평소 저를 동생처럼 챙겨주시던 점장님이 너무 고생하실 것 같아 자원해서 열흘 정도 더 추가로 근무했던 적이 있었습니다.

제게 주어진 책임을 다하지 못했던 경험이 있다면 학창 시절 공모전에서 좋은 결과를 얻지 못했던 것입니다. 제가 주도해서 친구들 3명과 함께 마케팅 공모전을 한 달간 준비하게 되었습니다. 하지만 리더를 맡았던 제가 의욕만 앞섰지, 제대로 방향을 잡지 못해 친구들이 모두 열심히 해주었지만, 예선에서 탈락하게 되었습니다. 제가 리더로서 주어진 책임을 다하지 못한 탓에 시간만 허비하고 좋은 결과를 얻지 못했다는 생각에 친구들에게 정말 미안했던 기억이 있습니다.

6부.

공기업
합격후기

공기업 합격 후기

공기업 취업을 준비하다 보면 계속되는 실패에 좌절하고 힘들어할 때가 있다. 영영 취업하지 못할지도 모른다는 두려움, 잘못된 길을 선택한 것은 아닐까 하는 불안감, 세상이 모두 나를 외면하고 있는 듯한 답답함, 부모님과 사랑하는 사람들에 대한 미안함 등으로 혼자서 눈물을 흘리기도 하고, 쓸쓸히 혼자 고개를 숙인 채 걷기도 한다.

하지만, 취업이란 과정은 결국 실패를 거듭하다가 결국 1번의 성공을 만들어 내는 과정이다. 그런 실패에 좌절하고 위축되기보다는 실패가 거듭될수록 점점 합격에 다가가고 있다는 긍정적인 생각을 갖는 것이 중요하다.

그동안 겟잡컨설팅과 함께 공기업에 합격한 학생들이 겟잡컨설팅 홈페이지에 남겨준 합격 후기들을 모아 봤다.

대부분 합격 후기에 면접과 관련된 특별한 정보나 팁이 있는 것은 아닐 것이다. 하지만 공기업에 먼저 합격한 학생들의 아팠던 이야기, 힘들었던 이야기, 그리고 그런 실패와 아픔을 어떻게 극복하고 최종 합격이라는 기쁨을 맛보게 되었는지 알게 된다면 힘든 시기를 이겨내는 데 조금이라도 도움이 되지 않을까 하는 생각에 합격생들의 합격 후기를 가감하거나 수정하지 않고 그대로 책의 뒷부분에 포함하게 되었다.

취준 초기에 면접 스터디를 하면서 인턴면접은 한 번에 붙었기 때문에 당시에는 면접 컨설팅이 필요하다기 보다는 지원기업 관련해서 지식을 늘려가는 것이 필요하다고 판단했습니다.

하지만, 수많은 금융공기업과 사기업 금융권에서 필기를 뚫었지만 면접에서 좋지 않은 결과가 계속되었습니다. 유튜브에 수많은 자칭 인사 전문가의 전략을 따라해 보고 그 기업에 떨어지면 다른 기업 지원 시 다른 유튜버의 전략을 따라해 봤습니다. 결과는 역시나 좋지 않았고 돌이켜봤을 때 잘못된 선택이었다고 생각합니다.

지금 생각해 보면 1대1로 컨설팅을 받기보다는 강의하기 쉬운 방향으로 면접 유튜브 영상을 찍는 사람들에 대해 좀 더 의문을 품고 전략을 수정해야 했습니다.

저는 면접경험이 많기 때문에 PT발표 면접과 집단면접은 따로 준비하지 않았습니다. 대신 인성에 대해 집중적으로 컨설팅을 받았습니다. 그리고 박규현 선생님과 상담을 하면서 면접에서 왜 떨어졌는지 조금씩 감이 잡히기 시작했습니다. 같은 것을 얘기해도 겸손하고 사람과 사람 간의 대화처럼 느껴지도록 하는 것이 핵심이었습니다. 다양한 경험과 사례를 가지고 있지만 제가 면접에서 가장 강조해야 생각했던 경험과 규현 선생님께서 면접에서 추천하신 경험이 다르기도 했습니다.

수많은 탈락을 통해 오로지 선생님의 전략을 믿고 따랐고 좋은 결과로 이어졌습니다. 상담을 통해 바뀐 부드러운 어조는 실제 PT나 팀면접에서 긍정적으로 작용했다고 생각합니다.

산업은행 PT면접의 경우 다양하고 넓은 국내 경제와 산업이슈를 다루기 때문에 그 어떠한 기업의 PT면접보다도 난이도가 높습니다. 그렇기 때문에 모든 주제를 학습하고 완벽히 대비하는 것은 사실상 불가능에 가깝습니다. 면접관분들도 이 사실을 알고계시기 때문에 모르는 주제일지라도 자신의 생각을 겸손하게 말하는 것이 중요합니다.

실제 내 경험에서 솔직함과 겸손함을 잘 녹여내는 과정이 중요하지만 혼자 혹은 취준생끼리 이를 준비하는 것은 현실적으로 어렵다고 생각합니다. 면접에서 계속 떨어지는 데 그 이유를 모르겠다면 하루라도 빨리 공기업, 공공기관 외부면접관으로 들어간 경험이 있는 선생님께 상담을 받는 것을 추천드립니다.

안녕하세요. 이번 2025 상반기 한국철도공사 사무영업 직무에 합격해 후기를 작성합니다.

저는 면접에 대해 두려움이 많고 항상 면접준비를 할 때마다 스트레스를 심하게 받아왔습니다. 면접 질문에 대한 답을 완벽하게 쓰고 이것을 모두 외워가야 한다는 압박감을 갖고 있었고, 이 때문에 필기보다 면접이 더 어렵게 느껴졌습니다.

앞서 다른 기업 준비를 하면서 선생님께 4시간 정도 면접 컨설팅을 받았지만, 시간도 부족했고 스스로 마음이 조급하여 좋은 결과는 받지 못했습니다. 긴장을 해서 면접장에서 무슨 말을 했는지 모를 정도로 와다다 말을 하고 끝냈던 것 같습니다. 선생님께서 말을 천천히 하라고 하셨는데, 스스로 준비가 안 되었다는 생각에 선생님과 컨설팅한 내용을 전혀 반영하지 못하고 면접을 보고 왔던 것이 아쉬웠습니다.

한 번 실패를 겪고 나서 면접에 대한 두려움이 더 심해졌고 그만큼 평소에 면접 대비를 해야겠다고 생각해 선생님을 믿고 따라가자는 마음으로 합격보장패키지를 끊었습니다.

패키지를 끊고는 기본적인 인성 질문에 답변을 써보고 선생님께 검토받는 방식으로 컨설팅을 두 번 정도 진행하다, 바로 한국철도공사 필기에 합격하여 이틀에 2시간 혹은 하루 1시간씩 거의 매일 방문하여 컨설팅을 진행했습니다.

먼저 코레일 면접에 맞춰 상황면접 질문 1, 2개씩 발표하고 이에 대한 피드백을 해주셨습니다. 실제 직원 입장에서 생각해 보라는 말씀을 듣고 평소 지하철을 타고 다니면서도 상황을 떠올려보고 어떻게 대처할지, 지하철에 어떤 시설이 있는지를 더 관심 있게 생각해 보면서 타고 다녔고, 철도안전법 등도 찾아보면서 평소에 상황에 대한 대응을 준비했습니다.

인성면접을 준비할 때는 필수질문 리스트를 준비해 스스로 답변을 써보고, 선생님께 검토받았습니다. 답변하기 어려운 질문들은 선생님께서 키워드를 던져주시거나 직접 써주셨습니다. 사실 저는 제가 쓴 답변에 믿음이 없었고 거의 100개 정도가 넘는 질문을 선생님께 모두 검토받았을 정도로 불안감이 심했습니다. 또 선생님께서 면접 컨설팅을 오래하셨다 보니 기업 관련 질문들도 바로 답변해 주셔서 정말 수월하게 면접 준비를 할 수 있었다고 생각합니다.

또한 면접장에서는 답변 내용보다는 이미지가 중요하다고 말씀을 많이 해주셨고, 제 목소리 크기나 억양 같은 것들을 같이 연습을 해주셨습니다. 사실 저는 답변 내용에만 많이 신경을 쏟고 있었는데, 이런 부분을 조금 내려놓고 이미지에 신경을 써야 한다고 강조해 주셨습니다. 실제로 선생님과 컨설팅을 진행하며 제가 원래 면접을 보던 모습과, 제 표정이나 억양 등에 신경 써서 고친 모습을 비교해 보니 무엇이 문제였는지를 깨달을 수 있었습니다.

또 저 스스로 자신감이 많이 없었는데, 선생님께서는 항상 잘 하고 있다고 말씀해 주셔서 불안하고 스트레스 받다가도 컨설팅을 받고 나오면 자신감이 생기고 면접 별거없네 라는 생각이 들었던 것 같습니다. 그래서 하루라도 놓치지 않고 한시간씩이라도 꼭 선생님과 컨설팅을 해야 마음에 안정이 찾아와서.. 조금 과하게 컨설팅 예약을 잡기도 해서 죄송한 마음도 있었습니다 ㅠ. 하지만 그만큼 선생님께서 자신감도 북돋아주시고 쉽게 답변할 수 있도록 만들어주셔서 멘탈 관리에도 도움을 많이 받을 수 있었습니다.

마지막으로 저는 선생님과 같이 면접 준비를 해서 이번에 합격할 수 있었다고 생각합니다. 면접이 처음이신 분들은 아예 필기 준비하면서 일주일에 한 번씩 컨설팅 받아보는 것도 좋을 것 같아요! 저는 평소 면접 준비 안 하다가 시작해서 더 힘들었던 것 같아 미리 대비하는 걸 추천드립니다.

조금 늦게 쓰는 후기이지만 선생님께 정말 감사드리고, 주변에도 추천 많이 할게요!! 감사합니다.

2025년 한국마사회 합격후기

저는 박규현 선생님 아니면 합격하지 못했을 것입니다. 왜냐하면 면접을 다른 유튜브들을 보고 잘못된 방식으로 준비했었기 때문입니다.

최초에 선생님을 찾아갔을 때가 생각납니다. 당시 타 유튜브들을 통해 면접을 잘못 배웠었던 저는 저의 경험과 역량을 부풀리고 포장하여 면접관을 속여야 한다고 생각했습니다. 그러다 보니 들킬까봐 전전긍긍하고 꼬리질문에 굉장히 방어적인 답변이 나가고 사실상 면접관과 싸우는 방식으로 면접을 준비했던 것 같습니다.

이렇게 잘못된 길로 빠져 평생 합격하지 못할 뻔한 저를 구원해 주신 건 선생님이었습니다.

선생님께선 공기업에서 원하는 신입은 겸손하고 조직에 잘 화합되는 신입, 열정적이고 성실한 자세로 선배님들을 도와주겠다는 태도를 가진 신입이라고 하셨습니다. 또한 면접관들도 신입의 경험이 별 볼 일 없다는 것을 잘 알고 있으며 역량과 경험을 부풀리게 되면 의심하고 굉장히 건방지게 본다고 하셨습니다. 저의 잘못된 생각이 완전히 깨부숴지는 순간이었습니다.

저는 굉장히 큰 충격을 받았습니다. 어느 취업 캠프를 가던 어떤 유튜브를 보던 직무 중심, 역량 중심 채용이라면서 '~했더니 내가 120% 만큼 개선했다' 이런식으로 거짓말을 해야 되는 줄 알았는데 솔직하고 겸손한 답변이 최고라니?

하지만 금방 납득이 되었습니다. 왜냐하면 사기업에 재직하시면서 면접에도 참석하셨던 고모부님과 한전에서 재직하고 계신 이모부님께서도 비슷하게 말씀하셨기 때문입니다. 두 분은 공통적으로 조직은 무조건 낮은 자세로 배우고 열심히 하겠다는 신입사원을 원한다고 하셨었는데 들었을 당시엔 좀 구시대적 인재상이 아닌가 생각하였지만 박규현 선생님께 '건방지게 본다'는 말을 들었을 때 이것이 맞다고 확실히 느꼈습니다.

그렇습니다. 부모가 자식이 거짓말을 하면 무조건 알아차리듯이 면접관도 자신을 포장하고 속이려 드는 신입을 모를리가 없습니다. 투명하게 보고받아야 최적의 의사결정을 내릴 수 있는 관리자와 CEO 입장에서 이런 신입을 달가워할리가 없습니다.

이렇게 큰 깨달음을 얻은 저는 이후 박규현 선생님의 올바른 인도를 받아서 자세와 발성부터 사고방식까지 개조받으며 공기업 최적화 인재로 거듭날 수 있었습니다.

더 이상 어떤 질문이 와도 두렵지 않았습니다. 솔직하게 답변하면 그만이기 때문입니다. 모르는 것을 물어봐도 두렵지 않았습니다. 모르는 것을 솔직하게 인정하고 배우겠다고 대답하면 그만이기 때문입니다.

어떠한 압박과 공격 질문이 와도 두렵지 않았습니다. 답변의 근거가 부족함을 솔직하게 인정하고 선생님이 알려주신 답변 공식대로 긍정적인 희망을 제시하면 그만이기 때문입니다.

여러분, 박규현 선생님을 만나서 솔직해지십시요. 제 생애 첫 면접이었던 2023년 4대 공단 최종 합격, 제 생에 두 번째 면접이었던 2025 한국마사회 최종 합격, 2전 2승 불패 신화! 여러분도 박규현 선생님과 함께라면 할 수 있습니다. 박규현 선생님 정말 진심으로 감사합니다!!

이번에 캠코와 사학연금공단 둘 다 합격했습니다!

사실 상반기에 4번의 면접 탈락을 겪고, 친구들에게도 "내용은 괜찮은 것 같은데 이상하다."라는 말을 많이 들어왔습니다. 그리고 결정적으로 제일 마지막에 본 중진공 면접에서 형편없는 점수를 받게 되고 컨설팅을 받아보기로 결심했습니다

인터넷에서 "공기업은 박규현 선생님이 최고다."라는 말을 듣자마자 책을 한 권 구매하고, 책을 반복해서 읽으며 스크립트를 짰습니다. 그리고 컨설팅을 통해 비언어적인 측면에서 큰 도움을 받았습니다. 저도 모르던 그 말투와 속도에서 문제가 있던걸 깨닫게 되고, 선생님이 숙제를 내주시며 몇 주간 이걸 고쳐나가기 시작했습니다!!

놀랍게도 이 두 개(책과 컨설팅)를 병행한 후부터 공기업 면접의 본질을 조금 알게 된 것 같았고, 이를 바탕으로 면접에서 통과하기 시작했습니다(컨설팅 이후 봤던 두 개의 면접에서 모두 최종합격 했습니다). 이는 다른 유튜브에서 어필하는 내용과 전혀 다릅니다. 저는 그 모든 것을 버리고 새로운 시작을 선생님과 함께 하겠다는 생각으로 싹 바꿨습니다(실제로 이전의 공기업 면접에서 탈락했던 이유도 사기업 중심의 역량을 어필하는 유튜브를 참고했기 때문이 아닌가 싶습니다).

아마 박규현 선생님이 아니셨더라면 아직도 면접에서 탈락하고 괴로워하고 있지 않았을까 싶습니다.

실제로 면접 중에서 모르는 부분은 모르겠다고 했고, 최대한 나의 진심과 공기업스러움을 섞어 이 회사에서 바라는 모습을 어필할 수 있도록 노력했습니다. 자세한 것을 알려드릴 순 없지만 남들이 역량을 어필할 때 저는 저의 진심과 신뢰를 어필했습니다. 그래서인지 저를 한 번 더 봐주시는 모습을 발견했습니다. 또. 인터넷에 돌아다니는 답변이 아닌 저만의 답변을 했습니다. 이는 정말 사소하고 실제 상황에서 자주 겪지만, 면접에선 들어본 적 없는 답변이었다고 주변 친구들이 말해줬습니다.

이를 통해 깨달은 것은, 공기업에선 특별한 경험이 크게 중요하지 않다는 점이고 사소한 경험 하나하나에서 본인이 어떤 것을 깨달았는지, 그걸 바탕으로 어떻게 회사에서 펼쳐나가고 싶은지를 차분히 전달하면 되는 것입니다. 서류를 뚫고 필기를 뚫어 면접장에 도달한 우리는 모두 자격이 있는 사람인 것입니다. 본인의 경험을 부끄럽거나 부족하다 생각하지 마시고, 본인이 진정으로 느낀 점을 어필하는 것이 충분하다 생각합니다. 성과가 아닌 협력을 통해 하나의 업무를 완성하는 것이 공기업 업무의 본질이라 생각합니다.

2년이라는 짧다면 짧은, 길다면 긴 취준 기간을 마무리하게 되었습니다. 모두들 성공하실 수 있을 겁니다!! 파이팅!

안녕하세요. 저는 사실 3년 전에 규현 쌤 덕분에 공기업에 입사했었던 사람입니다.

더 좋은 기업에 가기 위해 퇴사 후 재취준을 했는데요, 이번에도 규현쌤 도움으로 수자원공사에 합격하게 되었습니다. 하필 업무 영역이 비슷했던 공기업 퇴사자인 만큼 퇴사 사유, 지원동기에 가장 약점이 있다고 느꼈고 그래서 규현쌤을 다시 찾아갔습니다. 결과적으로 제가 걱정했던 부분에 대해 정말 명쾌하게 해결해 주셔서 역시나 또 찾아뵙기 잘했다는 생각이 들었습니다.

쌤께서 공공기관에서 그것도 인사부에서 오랜기간 근무하셨기에 면접관 입장에서 이직사유로 어떤 답변이 솔직하지 않고 속보이고 싫어하는지 정확히 알 수 있었고 덕분에 제가 아예 잘못 준비하던 답변들도 교정받을 수 있었습니다. 또 큰 주제나 방향 뿐 아니라 세밀한 단어 선택까지 제 거친 표현을 찝고 다듬어 주셔서 답변이 더 윤택해질 수 있었습니다.

이외에도 여러 도움을 받았지만 결국 가장 도움을 받은 것은 "면접관들이 마음에 들어하는 면접자"에 대해 정확히 이해시켜 주셨고 그러한 이미지를 형성하는 방법을 같이 훈련할 수 있었던 것이었습니다. 면접이란게 참 불확실한 영역인데 공기업 면접 자체에 대한 이해도를 상승시키고 오해를 바로잡는다는 점에서 특히 기관 업무 경험이 없는 수험생들에게 가장 필요하지 않을까 합니다.

마지막으로, 제가 첫 회사에 들어갔을 때 필기실력이 출중함에도 면접에서 여러번 탈락해서 결국 기업 눈높이를 낮춰 입사한 동기들 선후배들 정말 많이 봤습니다. ㅠㅠ 공기업 면접 경쟁률이 주로 2~3대 1 이기에 필기 실력이 좋다면야 결국에는 다들 합격하시겠지만, 면접 한 번에 입사할 회사가 바뀌고 연봉도 1~2천씩 바뀌는게 공기업 것 같습니다. 최종 문턱에서 돌아갈 필요 없기 위해, 내 필기 실력의 최대한에 해당하는 기업에 입사하기 위해서도 꼭 추천합니다. 그리고 규현쌤 두 번이나 큰 행운을 가져다주셔서 다시 한번 정말 감사드립니다.

2023년 한국철도공사 합격후기

이번에 한국철도공사 면접 합격에 겟잡 컨설팅에 박규현 선생님에 도움을 받아 합격하여 후기를 작성합니다. 많은 분이 참고해서 취업에 도움이 되면 좋을 것 같습니다.

저는 공공기관 전기직 취업을 3년 가까이 준비하면서 5번의 면접기회를 받았으나 그동안 모두 불합격 했습니다. 사실 공공기관을 처음 준비할 때는 필기만 합격하면 면접은 쉽게 합격할 줄 알았습니다. 그래서 필기공부에 대부분에 시간을 사용했었습니다.

1년차

처음 면접에 떨어지고 "면접은 운이다."라고 생각하고 저한테는 문제가 없다고 자만 했던것 같습니다. 그런데 이러한 자세 때문에 취업기간이 더 길어졌던거 같습니다. 이후에 저의 면접 실력에 문제가 있다는 것을 파악하고 스터디도하고 제가 사는 지역에 학원도 갔지만 그럼에도 계속 면접에 떨어졌습니다.

2년차

어떻게 해야 할지 정말 막막하고 저는 안될 거라는 생각을 많이 했습니다. 그러다 2년 차 하반기에 유튜브에 우연히 박규현 선생님 강의 영상을 봤습니다. 제가 면접을 가서 그동안 느끼고 부족했던 점을 영상을 보고 선생님이 시키는 데로 준비했습니다. 이러한 노력을 통해서 작년 하반기 마지막 면접에는 5:1 면접에서 예비 1번까지 받을 수 있었고 자신감도 조금은 찾았습니다.

올해

올해 한국철도공사에 면접에 갈 기회를 얻었고 꼭 합격하고 싶은 마음이 많았습니다. 면접 스터디도 꾸준히 해왔지만 스터디를 통한 발전에 한계를 많이 느꼈었습니다. 그래서 박규현 선생님께 도움을 받고 싶었고 제가 사는 지역에서 서울까지 찾아가서 컨설팅을 받았습니다.

저는 컨설팅을 2시간 받았습니다. 이 시간 동안 저의 부족한 점을 선생님께서 빠른 시간 내에 명확하게 파악하셨고 개선방법, 면접관님들이 좋아하는 멘트, 한국철도공사가 좋아하는 지원자의 자세와 같은 팁들을 알려 주셨습니다. 이러한 점은 제가 그동안 스터디나 학원에서는 배울 수 없었던 점이었습니다. 5시간에 가까운 이동시간을 가지고 왔지만 부족한 점을 채울 수 있었던 소중한 시간이었습니다.

끝으로 취준생 여러분 모두 막히고 힘든 일이 있을 때는 노력하는 것도 중요하지만 도움을 받는 것이 굉장히 중요하다고 생각합니다. 여러분도 박규현 선생님 강의 또 컨설팅과 같은 것들을 잘 이용해서 모두 원하시는 기업 꼭 합격하시길 바랍니다. 포기하지 말고 힘내세요.

작년 9월 공기업 첫 면접을 박규현 선생님과 함께했습니다. 자세, 목소리부터 시작해서 정말 많은 걸 알려주셨습니다. 하지만 제가 준비되지 못해서 부족한 게 너무 많았습니다. 선생님의 스킬을 많이 흡수하지 못했고 그 결과, 예비 1번으로 불합격하게 되었습니다.

사실 저는 첫 컨설팅 때 선생님께서 저에게 여기보다 더 좋은 공기업 갈 수 있을 것 같다고 합격하면 아까울 것 같다고 하신 말씀이 첫 탈락을 비롯하여 여러 번의 탈락을 버티게 한 버팀목이 되었습니다. 중간에 포기하고 싶었던 순간도 많았지만 저를 더 믿어주며 버틸 수 있었습니다.

그리고 올해 한국공항공사 필기 합격하고 바로 박규현 선생님 면접 컨설팅을 예약했습니다. 이전에 부족함을 반복하지 않기 위해 정말 많이 노력했습니다. 그 결과, 선생님의 대답 스킬을 숙지하면서 이전과는 확실히 달라진 태도로 면접에 임할 수 있었습니다.

합격에 도움이 될 수 있는 팁은

1. 박규현 선생님 책을 꼭 읽고 면접 컨설팅 받으시는 것을 추천드립니다. 기관에 대해 어떤 것들을 알아야 하는지도 책에 다 나와 있습니다. 당연한 말이지만 기관과 직무에 대한 이해도가 높아야 긴장하지 않고 답변 잘할 수 있습니다.

2. 면접 5일~7일 전에 컨설팅받으시는 걸 추천드립니다. 컨설팅받게 되면 평소 준비했던 답변이 싹 갈아엎어지면서 달라지는 부분들이 많습니다. 그래서 5일~7일 전에 받아야 달라진 답변의 방향을 면접 날까지 숙지할 수 있습니다.

3. 박규현 선생님을 전적으로 믿으시는 게 중요하다고 생각합니다. 컨설팅받다 보면 선생님 답변 스킬이 평소에 보던 유튜브와는 확연히 다르다는 것을 알게 됩니다. 하지만 면접을 보면서 느낀바 선생님의 가르침대로 100% 수용하여 답변하면 면접에서 탈락할 일 없습니다.

제가 면접 하루 전날까지 선생님께 질문하고 귀찮게 해드렸는데 매번 성심성의 있게 답변 주셔서 감동 많이 받았습니다. 이번에 합격할 수 있었던 것도 선생님께서 알려주신 그대로 했기 때문입니다.

실제로 면접관님들도 제 답변에만 고개 끄덕이시고 꼬집는 질문 안 하신 것도(끝나고 다른 면접자분들과 대화 후 알게 됨) 다 선생님 답변 스킬 덕분이었습니다.

이 후기를 보시는 분들도 다른 유튜브들보다도 박규현 선생님만 믿고 진행하셨으면 합니다. 저에게도 합격이라는 두 글자가 와줘서 너무 기쁘고 박규현 선생님께 정말 감사드립니다.

안녕하세요 저는 이번 2022년 상반기 국민연금공단 사무직, 건강보험공단 요양직 합격을 하게 되었습니다 ^^!!

준비는 2019년도 하반기부터 시작했는데 2019년도에는 자격증 만들고 2020년도부터는 필기도 슬슬 붙기 시작했습니다. 처음 필합은 2020년도 상반기였는데 면접에서는 계속 탈하더라구요. 처음에는 필기만 붙으면 다 될 줄 알았는데, 면접에서 탈하더니 2021년도에는 필합했던 기관의 필기도 떨어지고 ㅠㅠ 2021년에도 겨우 필기를 붙은 기관이 있었지만 또다시 면접에서 떨어졌습니다.

지속적인 면탈에 너무 지쳤고, 필기도 아닌 면접이라 이건 답이 없다고 생각했습니다. 그러던 중에 지인에게 박규현 선생님을 추천받아 온라인 면접 컨설팅을 받게 되었습니다.

면접 시즌이 되면 또 악순환이 될까봐 상반기가 시작하기 전인 1월에 한 번 온라인 면접 컨설팅을 받았고, 추후 필합하고 나서 강의를 수강하여 총 4회정 도 수강했습니다. (3회는 건보, 1회는 국연)

결론부터 말씀드리면 박규현 선생님 컨설팅은 저에게 큰 도움이 되었습니다.

첫째, 말의 구조화를 알려주셨습니다. 그전에는 인성면접 준비 당시 경험정리가 중요하다는 말은 수도 없이 들었지만 그 경험정리를 어떻게 하는 건지 몰랐고, 하고 싶은 말이 많아 항상 말이 너무 길다는 피드백을 많이 받았습니다. 하지만 어떻게 정리하는지 몰라 항상 저에게는 숙제인 부분이었습니다. 이 부분을 어떻게 구조화 할 수 있는지 알려주셔서 어떤 것이 경험정리인지 알고 말할 수 있었습니다.

둘째, 면접관의 입장에서 제가 어떻게 보이고, 어떤 부분이 부족한지 알려주셨습니다. 처음 컨설팅을 하고나서, 제가 조급해보이고, 빨리 면접을 끝내고 싶어하는 것이 보인다는 말씀을 해주셨습니다. 맞는 말씀이었던 게, 왠지 꼬리질문이 길어지면 저의 단점이 탄로날 수 있다는 생각이 들어 되도록 꼬리질문을 덜 받아야 겠다는 생각을 늘 하고 있었기 때문입니다. 그래서 조급한 부분을 내려놓고 면접관과 대화를 해야 한다고 말씀해 주셨고, 실제로 면접 때도 차분히 대화하는 태도를 보이며 저의 생각을 말씀드려서 좋은 결과를 얻을 수 있었습니다.

셋째, 지원자의 생각을 말하는 것이 중요함을 알려주셨습니다. 그전에는 면접관이 듣고 싶어할 것 같은 정답을 찾기에 급급했는데, 선생님께서 면접관이 듣고 싶어하는 건 정답이 아니라 지원자의 생각이라고 말씀해 주셨습니다. 처음에 컨설팅 했을 때 제가 어떤 사람인지 전혀 보이지 않는다고 하셨고, 생각을 말함으로써 어떤 지원자인지 보여줘야 한다고 말씀해 주셨습니다. 이 부분 역시도 제가 합격할 수 있었던 방법이었다고 생각합니다.

박규현 선생님 덕분에 계속 면탈을 하던 제가, 두 기관이나 합격을 하게 되어 원하는 기업을 골라서 갈 수 있게 되었습니다. 저에게 이런 일이 있을까 싶었는데, 아직도 꿈만 같고, 모든 것이 감사합니다. 면접이 어려우신 분들, 정말 박규현 선생님 너무너무 추천합니다.!!

안녕하세요! 늦었지만 2022년 한국철도공사 상반기 운전직 합격후기 올립니다.

한국철도공사의 경우 서류–필기(전공+NCS)–면접(상황, 인성)으로 진행됐습니다.

우선 서류전형의 경우 적부로 결정되기 때문에 지원만 하면 대부분 합격하게 됩니다.

하지만 지난 채용에서 자소서를 장난으로 써서 낸 지원서까지 합격됐던 것이 논란이 되어 이번엔 조금 까다롭게 심사했다는 얘기를 들었습니다. 그렇기 때문에 적부라고 만만하게 생각하지 않고 면접까지 길게 보며 신중하게 작성하는 것이 중요할 것 같습니다.

가산점은 공통 자격증과 전공 자격증 가산으로 구분되어 있고 3점씩 최대 6점 받을 수 있습니다. 이 가산점은 필기점수에만 가산이 됩니다(코레일은 필기점수가 면접점수에 반영되지 않는 허들식입니다).

필기시험의 경우 NCS 25문제, 전공 25문제로 구성되어 있고, 총 50문제를 동시에 60분 안에 푸는 방식입니다. 때문에 시간 안배가 매우 중요하다고 생각됩니다. 저는 운전직이었기 때문에 전공은 기계를 선택했고, 실제 시험에서는 전공문제를 15분, NCS 35분, 검토 마킹 기타 10분 이렇게 안배해서 문제를 풀었습니다.

전공난이도는 다른 공기업보다 난이도가 다소 낮다고 느껴졌습니다. 기계의 경우 계산문제는 최대한 간단하게 출제하려고 노력한 느낌이 보였으며 이론문제가 조금 까다로웠습니다. NCS의 경우 코레일은 PSAT형으로 출제되기 때문에 평소 비문학, 응수, 자료해석과 같은 기본기가 탄탄한 것이 무엇보다 중요하다고 생각됩니다. 난이도는 의사소통 〈 수리 〈〈〈 문제해결 순이었습니다.

필기시험에 합격하게 되면 면접을 보게 되는데, 코레일의 면접은 10분~13분 내의 짧은 시간 동안 모든 게 결정됩니다.

이 시간 안에 인사 및 아이스브레이킹, 1분 자기소개, 상황면접, 인성면접까지 진행되기 때문에 준비하는 데에 더욱 부담이 됐던 기억이 납니다. 경쟁률은 2:1로 낮은 편이지만 2대1이라는 숫자가 심리적으로 압박이었고 또 면접 방식은 면접관 4명에 혼자 들어가는 면접이었기 때문에 다대다 면접과는 다른 전략이 필요합니다.

특히 저는 면접 경험도 부족했고 여러 사람 앞에서 말하는 것을 무서워 하는 사람이었습니다. 학부시절 발표 중 실수했던 것이 트라우마로 남아 면접 준비 과정 자체가 공포였습니다.

이를 극복하기 위해 여러 매체를 통해 면접을 준비했는데 그때 유튜브로 박규현쌤 강의를 처음 접했습니다. 그리고 기존에 준비했던 모든 자료를 갈아엎었습니다.

저는 합격하기 위한 면접을 준비한 티가 나는 사람이었다는 걸 알게됐기 때문입니다.

자기소개 때, 제가 해왔던 업적을 자랑하고 전공 지식을 뽐내며, 모든 예상 질문에 대한 대답을 멋있게 만들어 놨습니다. 하지만 면접관들이 좋아하는 답변은 이게 아니었다는 걸 박규현쌤 유튜브를 통해 알게 됐고 "기름기 빠진 담백한 사람이 되자."라는 생각으로 덤덤하고 성실했던 제 원래 모습을 보여주기로 했습니다.

이 과정에서 6회의 컨설팅을 받았는데, 제가 준비하며 부족했던 부분들을 채워주시고 좋은 답변으로 다듬어 주셔서 면접에 큰 도움이 됐던 기억이 납니다.

가장 중요했던 건 면접컨설팅 회차가 진행될수록 제 발표 공포증이 사라져 가는 것을 발견했습니다.

면접스터디를 할 때는 느낄 수 없었던 실제 면접관이 앞에 있다는 생각이 들어서 많이 떨었었는데, 회차를 거듭할수록 마음이 편해지고 하고 싶은 말을 다 할 수 있는 상태가 되었습니다. 결국 그 상태가 실제 면접장까지 이어져서 아무런 떨림, 긴장 없이 면접을 보고 올 수 있었습니다.

그리고 당당히 합격통지서를 받아올 수 있었습니다.

면접을 합격으로 이끌어주신 규현쌤 덕분에 회사 잘 다니고 있습니다. 감사합니다!

면접 준비로 많은 부담을 안고 계신 취준생분들도 규현쌤 강의 꼭! 보고 담백한 사람이 되셔서 행복한 2023년 보내셨으면 좋겠습니다.

새해 복 많이 받으세요!

2022 강원랜드 카지노 딜러직 합격 후기 남깁니다.

1. 서류

예전에는 서류를 배수로 통과시켰는데 이번에는 적부만 심사하였습니다.

다른 기업들과 마찬가지로 출신학교나 지역 등을 표기하지 않으면 무난하게 통과되었습니다. 서류합격에 필요한 필수 토익점수나 자격증은 없었기 때문에 이번 연도 같은 적부에서는 크게 문제가 되지 않았습니다. 하지만 다시 배수로 바뀌면 달라지기 때문에 다른 공기업 공공기관처럼 토익이나 자격증은 갖추시면 좋을 것 같습니다.

자소서를 보면 질문 항목들이 딜러의 덕목을 묻는 항목들이 많아서 경험이 없으신 분들은 기존에 해왔던 아르바이트나 여러 활동 등을 통해 잘 녹아들게 작성하시는 게 좋을 것 같습니다.

면접에 가서도 면접관분들께서 공통질문을 하지만 그 이후에는 자소서를 바탕으로 개인 질문도 하셨기 때문에 자신을 잘 보여주는 방향으로 유도가 될 수 있도록 영리하게 작성하면 좋을 것 같습니다.

공채가 시작하면 카카오톡 오픈 채팅방이 만들어 지는데, 자소서를 대충 작성하고 필기에 합격하여 면접에 가서 후회하는 분들도 계셨습니다.

2. 필기

보통 공기업들은 공채 시험을 용역하는 거로 알고 있습니다. 그래서 나라장터라는 사이트에서 검색하면 입찰 금액이 보이고 어느 업체가 이번 연도 시험을 출제하는지 알 수가 있습니다.

작년이랑 똑같으면 그때는 어떻게 나왔는지 공기업 취업 카페 등을 검색해서 알아보고, 그 기업의 스타일대로 공부를 해왔습니다. 예를 들어 어느 업체는 피셋형, 다른 업체는 모듈형처럼 출제 회사마다 스타일이 달라서 효율적으로 공부하려고 했습니다.

요즘은 피듈형이라고 복합적으로 나오기는 하지만 요즘 출판사별로 복원 문제도 잘되어 있고 책도 잘 나오기 때문에 감각을 잃지 않고 꾸준히만 하시면 좋은 결과를 얻으실 수 있을 것 같습니다.

제가 시험을 볼 때는 난도가 높지 않아 합격 컷이 높았지만, 다음 공채 때는 어렵게 출제되어 합격 컷이 낮았습니다. 때문에 문제가 잘 안 풀린다고 당황하지 말고 해왔던 만큼하시면 필기를 합격하실 거라 생각합니다.

그다음 한국사 문제가 나오는데 한국사 고급 자격증을 가지고 계시면 그것보다는 훨씬 쉽게 나오기 때문에 무난하게 풀 수 있습니다.

전공 문제는 딱히 문제집이 없어 도서관에서 전공 서적을 간단하게만 보았습니다.

또한, 서비스 관련 국가공인 자격증들이 있어 취득을 위해 공부하면서 전공공부도 같이 하였습니다.

　실제로 전공 문제에서 공부한 이론들이 나왔고, 지원자들이 시험 후 답이 뭐냐고 의견이 분분했지만 저는 공부를 했기 때문에 자신 있게 풀 수 있었습니다.

3. 면접

　보통 필기 합격자 발표가 나면 합격자들끼리 면접 스터디를 꾸려서 진행하는 경우가 많습니다. 저 같은 경우도 그렇게 하였는데 아무래도 취업준비생들끼리 피드백이 오가기 때문에 잘못된 방향으로 조언을 해줄 수도 있고 아무래도 전문성이 부족하다 보니 방향이 다른 쪽으로 흘러갈 수도 있습니다.

　그래서 저는 예전에 최종면접에서 불합격을 해보았기 때문에 면접 코칭을 받아봐야 하겠다 생각했고, 유튜브나 책등을 검색하여 제가 추구하고 싶은 면접 스타일인 박규현 선생님을 찾아뵈어 면접 코칭을 받게 되었습니다.

　당시에 압박 면접 형태로 진행이 되어 처음부터 당황하였고, 제 페이스에 밀리게 되면서 면접을 망쳤습니다. 처음 상담받으며 이런 것들을 말씀드렸고, 녹화를 해주시며 현재 저의 스타일대로 면접을 진행하였습니다. 그리고 영상을 보여주시면서 발성이나 태도 등 조언을 해주셨습니다.

　우선 저 같은 경우는 자신감이 없어 보여서 말을 할 때 패기 있게 할 수 있도록 과제도 주시고 연습을 시켜주셨습니다. 본격적으로 면접 코칭을 시작하면서 면접관의 질문에 부연 설명 없이 장황하지 않게 지원자의 생각을 말하는 방법을 알려주셨고, 다음에 면접관이 궁금하면 추가 질문을 할 수 있도록 하였습니다.

　면접관이 질문을 하면 빨리 끝내고 싶은 마음에 말이 빨라지고 문장이 자연스럽지 않기 때문에 편안한 마음을 가지고 면접관과 대화한다는 마음을 가지려고 했습니다.

　토론 면접 같은 경우는 주제가 광범위하여 우선 지원 기업 대표 이슈를 바탕으로 선생님과 진행하였습니다. 당연히 실제 면접에서는 다른 주제가 나왔지만 저는 토론 면접에서 내 생각을 말하는 것도 중요하지만 시선 처리나 지원자들의 말을 듣는 태도, 전 지원자가 말하는 내용을 간단히 요약하여 부연설명하는 등의 디테일한 것들이 실제 면접에서 도움이 많이 되었습니다.

　그리고 영상녹화분과 음성 녹음분도 제공해주시기 때문에 면접장으로 가는 길에 계속 들으면서 마인드컨트롤을 하면서 면접을 보았습니다.

　실제 면접은 예상 질문들이 아닌 것들도 있었지만 배운 대로 제 생각을 자신 있게 말씀드렸고 면접관님들께서 저를 좋게 봐주신 거 같았습니다.

　결과적으로 저는 면접 컨설팅을 받은 게 아주 만족스러웠고, 만약 다른 지인들이 면접 컨설팅을 문의한다면 박규현 선생님을 자신있게 소개시켜 드릴 겁니다.

　이제 합격하고 1년 정도 회사생활을 한 것 같은데, 이 글을 작성하며 다시 한번 그때의 절실한 시절을 회상하며 초심을 잃지 않고 회사생활 해나가도록 하겠습니다.

안녕하세요, 이번에 국민건강보험공단 2022년 상반기 합격하게 된 학생입니다.

가장 원했던 기업 중 하나인 국민건강보험공단 필기 합격 받아놓고 난 후 사실 정말 막막했습니다. 스터디를 준비한다고 했지만, 여러 번 면접에서 떨어졌던 기억 때문에 이번에도 최종 탈락을 하게 되면 어떡하나 걱정이 됐기 때문입니다. 그러던 와중에, 전 회사에서 같이 이직 준비하던 동기들이 건보 준비할 때 박규현 선생님 자기소개서나 면접 강의 봤다고 했던 게 생각이 나서 다급하게 면접 컨설팅을 잡게 됐습니다.

그리고 이게 상반기 건보 합격에 있어 제게 가장 도움이 되는 패가 됐습니다.

첫째로, 먼저 제가 생각지 못했던 부분들을 알려주신 게 정말 도움이 많이 됐습니다.

스터디를 하면서 답변의 퀄리티를 높여야 한다는 강박이 있었습니다. 그래서 나는 건강보험공단에 대해 이렇게 지식이 많다는 걸 보여주려고 애썼습니다. 그런데 첫 답변을 했을 때, 선생님께서 너무 다급해 보인다. 알고 있는 걸 다 말하려고 할 필요는 없다. 어려운 말 대신에 현직자로서 할 수 있는 말을 하는 것이 더 적합해 보인다. 라는 조언을 제게 해주셨을 때 제가 방향성을 잘못 잡고 있다는 사실을 알게 됐습니다.

그리고 언어적 표현보다 비언어적 표현을 강조하시며, 제가 답변을 할 때 저도 모르게 하고 있는 눈 굴리는 습관이나 너무 딱딱하게 말하는 방식 등을 짚어주셨습니다. 그 부분에서 제가 제 모습을 확인할 수 있도록 영상으로 제가 답변하는 모습을 녹화해주시고, 그 부분을 돌려주시면서 계속 저의 면접 태도를 자연스럽게 만들어주시려고 하셨던 것도 기억납니다. 이 부분이 제가 면접을 볼 때 특히 도움이 많이 됐던 것 같습니다.

둘째로, 답변의 방식을 알려주신 게 도움이 많이 됐습니다.

저는 A를 물었을 때 A만 답하는 것이 아닌 A′, A″까지 답하는 버릇이 있었습니다. 사실 스터디를 하면서 조금 더 똑부러지고 조금 더 영민해보이기 위해 이런 방법을 했던 건데 버릇이 든 것 같았어요. 그런데 그 버릇을 고쳐주시면서, 답변을 그렇게 하기보다는 묻는 것을 더 정확하게 대답하는 것이 좋겠다고 말씀해 주신 것이 도움이 많이 됐습니다.

선생님과 함께 제 경험 정리를 다시 하고, 답변을 하는 방법을 연습하면서 어떻게 답변을 해야 하는지 그 방법에 대해서 잘 알게 된 것 같습니다. 그렇게 답변을 하는 방식을 알게 되자 면접관들께 꼬리 질문을 유도하고 제가 면접관님들과 핑퐁을 할 수 있도록 면접의 주도권을 잡을 수 있게 되었습니다. 이전 면접에서는 제가 면접관의 페이스에 말린다는 기분이었는데, 이번 건보 면접에서는 제가 이 면접의 주도권을 가지고 면접을 보고 있다는 생각이 들더라고요.

이번 면접에서 압박 면접을 하는 방에 들어가서, 다른 방보다 조금은 어려운 면접을 겪게 되었습니다만 이런 훈련 덕에 조금 더 적절한 태도로 적절한 답변을 할 수 있지 않았나 싶습니다. 면접장을 나오면서, 아. 이 정도면 그래도 붙을 수 있지 않을까. 하는 낙관적인 생각을 하기도 했었어요. 다른 면접을 봤을 때 이렇게 말했으면 더 좋았을 텐데. 하는 후회가 굉장히 많이 들었었는데요.

이번 면접에서는 박규현 선생님 덕분에 면접에서 어느 정도 확신을 가지고 말을 할 수 있었고 좋은 결과도 얻을 수 있었습니다. 선생님 덕분에 합격 할 수 있었던 것 같습니다. 감사합니다.

올해 상반기 초까지 6번의 필합, 6번의 1차 면접 합 그리고 6번 최탈에서 공기업과 나는 안맞나? 사기업으로 돌릴까? 이런 생각도 했었지만, 6월에 소중한 필기 합격 후 박규현 선생님께 컨설팅 받고 면접에 대해서 공부한 결과 최종합격할 수 있었습니다. 사실 선생님과 도로교통공단으로만 준비를 함께해서 소진공 합격했다는 걸 보시면 의아해하실 수도 있으실 것 같네요. 소진공 준비는 혼자 전날 하루만 했지만 면접에 대해서 이해하고 깊게 준비한 결과 소진공도 합격할 수 있었습니다.

1차 면접 후기

도교공과 소진공 모두 1차 면접이 PT면접이 있습니다. 소진공은 PT후 30분간 5명의 조원과 토의 면접까지 하기에 조금 더 준비할게 많다고 볼 수 있네요.

먼저 도교공 PT는 기사 1개 분량의 자료만 주는데 기본적인 분석력과 구조화된 답변 연습만 한다면 어느 주제가 나와도 평타는 칠 수 있고, 저는 아는 주제가 아니었지만 다른 주제로 준비했던 대응 방안 3가지를 모두 활용해서 무사히 PT를 마칠 수 있었고 면접관님들께 질문이 아닌 칭찬부터 받기도 했습니다. 이후 인성면접 질문을 받기도 했습니다. 그래도 당황하지 마시고 준비한 대로 간결하게 대답하시면 됩니다! 질의 응답시간이 5분인 만큼 더더욱 간결하게 묻는 것에만 답해야 더 많은 질문을 받고 점수를 더 따낼 수 있을 것 같습니다. 저는 5분간 7개 정도 질문을 받았습니다.

소진공PT & 토의 면접은 일단 PT에서 실력을 보여주는 게 중요한 것 같습니다. 왜냐하면 토의 단계에서는 나 잘났다고 뽐내면 안 되기 때문이죠. PT단계에서 자신있는 말투와 표현 그리고 구조화된 PT와 구체적인 방안을 제시할 수 있다면 면접관님들이 자신을 바라보는 눈빛과 빈도가 달라질 것입니다. 토의를 할 때는 진행자 역할을 자신 있게 연습하셨다면 자연스럽게 맡으시면 됩니다.

저희 조의 경우 한 지원자가 진행자 + 다른 사람들 의견마다 꼬리를 물어서 제가 중재하는 역할을 했습니다. 그 이후로 자연스럽게 사회자 역할로 넘어오게 되었습니다. 토의에서 중요한 건 욕심을 보이지 말 것, 지적하지 말 것, 타인의 의견의 문제점을 보완해줄 것, 살을 붙여서 구체화시켜줄 것 등 입니다. 그리고 너무 오바해서 남을 칭찬하거나 억지로 치켜세우는 것만 좀 조심하면 될 것 같습니다. 그리고 여유가 된다면 40초~1분 분량으로 간결한 결론 구조를 미리 준비해두면 좋을 것 같습니다.

최종 면접 후기

소진공과 도교공 모두 최종 인성면접을 보고 여태까지와 다른 약간의 후련한? 만족스러운? 느낌을 받았습니다. 특히 소진공은 관련 공기업들을 많이 준비했어서 더 준비를 사실상 안했음에도 답변 구조화 연습 + 깊은 경험 정리 + 관련 지식들 때문에 오히려 도교공보다 잘 본 느낌이 들었습니다. 도교공은 반대로 상당한 압박감이 있었고, 꼬리 질문도 했다가 안했다가 해서 좀 혼란스러웠습니다. 특히 성격 장단점 언급하라고 해서 단점 극복 방안까지는 말 안했는데, 극복 방안을 안 물어 보길래 당황했었습니다. 게다가 옆 지원자는 한 번에 극복 사례까지 완결형으로 말해 버렸었거든요. 면접관님들의 태도도 좋지 못해서 더 흔들렸었습니다. 의자에 누워앉거나, 계속 자세를 바꾸고 볼펜을 툭툭 치기도 하는 등... 저는 이런거에 멘탈이 좀 흔들렸는데 이 글을 읽으시는 분들은 안 그랬으면 좋겠습니다. 끝나고 입장 바꿔 생각하니 8시간 동안 한자리에서 면접관하는게 절대 쉽지 않을테니...흔들리지 말고 준비한대로 하시면 됩니다.

사실 최종면접 후기는 별로 적을 게 없는 것 같습니다. 우선 선생님과 함께 여러 질문들의 의도와 어떻게 답변을 구성해야 하는지, 어떻게 나를 어필해야하는지 이해를 한 후에 구조화된 답변 + 깊은 경험 정리 + 자신만의 표현과 응용력 연습을 충분히 했기에, 적어도 스스로는 후회하지 않을 정도로 볼 수 있었습니다. 아 그리고 답변이 진짜 90% 이상 겹칠 걸 대비해서 약간 뻔한 답변은 2가지로 준비하는 것도 좋을 것 같습니다. 저는 스트레스 극복 방법이 사례까지 앞 지원자랑 거의 완전히 겹쳐서 갈등 극복 방법을 바꿔서 답변을 했습니다. 그런데 나중에 갈등 해결 방법을 물어보셔서 그땐 갈등 해결 방법2를 답변해서 무사히 넘어갈 수 있었습니다. 근데 이것도 몇 번 연습해봐야 면접장에서 말이 나올겁니다..!

면접 컨설팅 후기

처음엔 흔히들 보는 면접 유튜브를 보고 나름 이해한대로 면접을 준비했습니다. 하지만 스스로도 준비하면서 이런 방향성이 맞나 의문이 들었고 최탈 여러 번하고 좌절하다가 유튜브에서 박규현선생님의 영상을 접했습니다. 선생님은 뭔가 다름(공기업 맞춤형..? 이런 느낌)을 느꼈지만 컨설팅 받기까지 고민을 엄청했습니다. 스스로 부족함을 인정하고 그만두었던 카페 대타를 뛰면서 돈을 마련해서 받으러 갔습니다. 정말 정말 잘한 선택이었습니다.

감성적인 부분들은 그만하고 이제 면접컨설팅을 고민하시는 분들께 참고할 수 있는 (개인적인) 내용을 적겠습니다.

1. 박규현 선생님의 컨설팅은 저처럼 머리로 이해해야 준비가 잘되는 분들한테 특히 좋을 것입니다. 아마 막힌 것들이 뻥 뚫린 느낌이 날 겁니다. 필기랑 PT나 토론면접은 사전 공부와 준비로 충분히 대비가 되는데 도대체 최종면접에서 "지원자의 특기가 무엇인가요?", "우리 공사/ 공단만을 위해 한 노력은 무엇인가요?" 이런 질문들의 의도, 의도를 알았다면 적절한 답변의 방향성, 어떤 소재가 좋을까? 이런 고민들이 해결될 수 있을 것입니다. 즉, 컨설팅이 답을 주는 것은 절대 아닙니다. 하지만 컨설팅 내용을 이해하려고 하고, 답변을 준비해서 선생님께 보여드리고 피드백을 받고 이런 과정에서 분명 스스로 합격에 가까워지고 있음을 느꼈습니다. 그래서 이번에 합격 못하더라도, "이대로 나아가면 결국 붙을 수 있다."라는 생각이 들었습니다.

2. 되도록 빨리, 미리 준비해가서 검증받을 생각이 아닌 처음부터 탑을 같이 쌓아간다는 생각으로 컨설팅을 일찍 받으시면 좋습니다. 아마 저 말고도 대부분 분들이 처음 면접이 잡히면 학교 선배나 먼저 취업한 동기, 아니면 유명 면접 유튜버들을 참고해서 일주일~열흘 정도 준비하실텐데요. 물론 그렇게 준비해도 합격은 하실 수 있으나, 적어도 공기업의 블라인드/ NCS면접에서는 보다 확실한 면접의 개념(흔히 유튜브 사기업 인사팀 출신이나 취준생들이 알고 있는 것들과 다른..!)이 있습니다.

   그래서 이에 대해서 파악한 후에 준비를 해야 올바른 방향을 갖고 준비할 수 있습니다. 예를 들어 요즘 취준생 80~90프로가 하는 1분 자기소개 구성 방식인 직무+번호(이름)로 짧은 소개/ 성과 경험 2개 나열/ 짧은 포부 이러한 구성이 있죠. 딱 보면 엄청 깔끔합니다. 하지만 공기업 면접에서는 주목받지 못하고 오히려 공격받으실 확률이 더 높습니다. 그래서, 공기업 면접에 대해서 감이 안 오시는 분들은 미리 받으실수록 오히려 좋으실 거라 생각합니다.

3. 면접에 대해서 어느 정도 이해하고 준비가 되면 답변을 자기 표현으로 만드셔야하고, 달달 외우는게 아닌 질문 표현을 조금씩 바꾸면서 유연하게 대처하는 것을 연습하시길 바랍니다. 즉, 양이 아닌 깊이 있게 준비하셔야 합니다. 자기소개만 하더라도 1분 자기소개, 30초 자기, 지원동기 포함, 자기 자신을 주변에서 말하는 모습을 포함, 신입으로서 어떻게 할지를 포함 등등 제가 단 8번의 면접을 보면서 요구받았던 자기소개들입니다.

이걸 다 준비하는게 아닌 깊이 있게 경험을 정리하고, 답변을 연습하면 자연스레 응용력이 생기고 모두가 당황스러운 상황에서 확실히 다른 지원자들과 차별화된 모습이 나올 겁니다. 제 생각에는 이게 역량이라고 생각합니다. 흔히들 면접에서 스스로 ~~역량이 있다고 말하는데 그건 그냥 주장일 뿐이고... 이런 차별화된(자신만의) 답변을 보고 면접관은 역량을 판단한다고 생각합니다.

지금 합격 메세지를 보자마자 적어서 글이 좀 횡설수설 하기도 하는데... 읽고 도움되는 내용들만 건지셔서 참고하셨으면 좋겠습니다!! 그리고 확신을 갖고 나아가시고, 부족한 부분은 인정하고 채워나가다 보면 분명 다들 원하는 공기업 합격하실 수 있으실 겁니다.! 그리고 박규현 선생님 다시 한번 감사드립니다.

안녕하십니까 저는 중소벤처기업진흥공단에 합격한 학생입니다.

저는 원래 필기만 합격하면 모든 게 끝날 줄 알았습니다. 하지만 면접부터가 시작이라는걸 깨닫기까지는 그리 오래 걸리지 않았습니다. 발전소에 처음 필기합격을 하고 독서실에서 나와서 다 합격한거 마냥 구석에서 질질 짰던 기억이 나네요…그렇지만 열심히 혼자 했지만 면접탈락을 하였고 칼을 갈았습니다.

공기업의 장점이 면접점수를 투명하게 공개해 준다는 것인데 제가 토론면접점수가 심각하게 낮아서 박규현 선생님 유튜브 강의도 참고하고 실제 유명 명문 고등학교 토론영상들을 보면서 연습하였습니다.

그 후 중진공 1차 면접을 합격하였습니다. 토론면접에서도 무난하게 하였고 실무면접에서는 순수 전공지식같은 것이나 회사 소개들을 물어봐서 다행히 잘 대답하였습니다.

하지만 문제는 2차 면접이었습니다. 2차 면접때는 주로 인성을 물어본다는데 임원면접은 처음이고 면까몰이라는 말이 너무 많고 말을 잘했지만 떨어졌다는 말이 많아서 박규현 선생님을 직접 찾아뵈었습니다.

사실 다대다 면접이고 한 명당 4개 정도 질문을 하는데 그걸로 어떻게 변별을 한다는 건지 이해도 되지 않았습니다. 그래서 불안감에 박규현선생님을 찾아가게 되었고. 그 후 제가 인지하지 못한 문제점들을 짧은시간 동안 많이 파악하였고, 크게 도움이 되었습니다.

면접이 보통 임원 2분 외부면접관 2분께서 오전 9시부터 시작하시는데 저는 마지막 순번인 오후 7시에 입장하였습니다. 그 때 임원분들 얼굴 표정이 상당히 지쳐보였습니다.

저는 질문 4개 중에 2개나 약간 동문서답을 해서 임원분들이 고개를 갸우뚱 하기도 하셨습니다 (갸우뚱 하셨을 때, "아 나는 또 떨어졌구나…끝장이구나" 이런 생각을 했었습니다.) 하지만 마지막 인성질문에서 박규현 선생님께서 알려주셨던 것처럼 남들이 하는 회사 이야기나 조별과제 이야기가 아닌, 친구랑 다투었던… 조금 특별한 이야기를 하였고(유튜브에서 고기구워주는거 알려주신 내용이랑 비슷) 그 때 지금까지는 질문하신분 빼고는 전부 고개를 푹 숙이고 답변을 들으면서 자소서를 읽으셨는데…제가 마지막 질문에 답변을 할 때 고개를 푹 숙이고 서류만 보시던 분들까지도 모든 행동을 멈추고 저를 응시하셨습니다.

사실 동문서답을 한 것도 한 개는 완벽히 동문서답이지만 그 후 다른 문제는 약간 핀트가 어긋나긴 했어도 완벽한 동문서답은 아니긴 했습니다. 지금 합격한 후에 다시 생각해 보면 흔히 인터넷에 굴러다니는 모범답안이 아닌 독특한 이야기들 위주로 해서 갸우뚱한 것 같기도 합니다.

결국 최종면접에서 커트라인 87점에 96.25점을 맞고 합격하였습니다.

사실 저는 결과가 나오는 2주 동안 떨어질 확률이 더 높았다고 생각했었습니다. 왜냐하면 제가 너무 심하게 긴장해서 목소리도 떨고 답변도 약간 핀트가 어긋나게 해서 임원분이 직접 고개를 갸우뚱하기도 했었거든요. 그렇지만 결과는 매우 높은 점수를 얻었습니다. 중간에 면접을 망치더라도 끝까지 포기하지 않는게 정말 중요하고, 박규현 선생님께서 알려주시는 것처럼 "독특한 필살기?"를 장착하시고 잘 써먹으시면 충분히 좋은 결과를 이룰 수 있을 것이라고 확신합니다.

남들이 말하는 진부한 이야기보다는 남들과 다른 차별화된 튀는 이야기를 하는게 중요하고 그 방향을 박규현선생님께서 잡아주셨습니다. 물론 부도덕하거나 심하게 튀는 건 좋지 않지만…모범답안이 아닌 자기 자신을 보여주는 그런 말을 하며 임원분들의 이목을 집중시킨 부분이 동문서답을 했음에도 좋은 점수를 만들지 않았나 생각이 듭니다.

면접에서 떨어지는 게 제일 억울하고 멘탈 타격이 큽니다. 꼭 박규현 선생님 강의 수강해서 취준판 떠나시길 바랍니다.

안녕하세요. 선생님. 그리고 후기를 보고 계실 지원자분들.

취업 시장이 많이 어려운 만큼 필기에 합격해 면접을 가시게 되어도 높은 배수로 인해 고민도 많고 불안감도 크시리라 생각합니다.

저 역시 그런 사람 중 한 명이었습니다. 특히 아무리 연습을 해도 계속해서 딱딱한 대답밖에 나오질 않아 면접 스터디를 해도 "약간 거짓말처럼 느껴진다."는 평을 주로 받아 고민이 많았습니다. 아마 이건 저뿐만 아니라 많은분들이 공통적으로 가지고 있는 고민일 거로 생각합니다. 나름대로 생각해서 좋은 답변이라고 생각하는 것을 골라 말했는데, 그게 거짓말이라고 받아들여진다니 도대체 어떻게 해야 하는 것인가 싶었습니다.

그러던 중 선배 한 분이 이곳을 제게 추천해주셨습니다. 처음에는 저의 문제인 부분을 면접 컨설팅으로 얼마나 나아지게 할까 고민되는 부분도 있었습니다. 하지만 정말 혼자서는 답이 나오지 않아 추천대로 선생님을 찾게 되었습니다.

그리고 결론적으로는 선생님으로부터 결정적인 도움을 많이 받았습니다. 면접 컨설팅 첫날 선생님께서 잡아주신 기본적 태도와 말 빠르기는 제가 면접의 톤을 잡는 데 큰 도움이 되었습니다. 특히 중간중간 숨을 쉬는 법과 시선처리를 잡아주신 것이 면접에서 여유를 가지는데 도움이 되었습니다.

저의 경우 빨리 대답하려는 조급함으로 인해 솔직한 말보다는 입에 발린 말이 나오는 케이스였기에, 생각하는 시간을 1, 2초 가지는 것만으로도 판에 박힌 대답을 막을 수 있었습니다. 저와 같은 고민을 하신 분들은 반드시 선생님께 태도와 여유에 대해 배우시기를 권합니다.

뿐만아니라 선생님께서 "그런 답변보다는 ~와 같은 이런 개인적일지라도 솔직한 답변을 해라."라고 가이드를 주신 것을 집에 가서 녹음본을 돌려보며 저의 사례가 뭐가 있을지 고민해보는 과정에서 기존과 다른 재미나고 인간적인 사례들도 많이 발굴해 낼 수 있었습니다. 이때 고민했던 것들이 면접에서 예상치 못한 질문을 받았을 때 순간적으로 생각이 났고, 이 덕분에 1차 면접의 위기를 넘길 수 있었습니다. 아니 위기를 넘길 뿐만이 아니라 오히려 호감으로 분위기를 바꿀 수 있었습니다. 여러분 역시 선생님이 보내주시는 녹음파일을 내버려두지 마시고 다시 한번 복기하면서 자신의 말로 바꾸는 연습을 해보시기 바랍니다.

그리고 마지막으로 총정리를 하면서 전반적으로 답변의 퀄리티를 체크하는 것 역시 추천드립니다. 면접 스터디에서 학생들끼리는 좋다고 생각한 답변이 면접관의 입장에서는 별로일 수도 있고, 반대로 학생들은 사소하다고 생각한 것이 면접관의 입장에서는 맘에 들 수도 있습니다. 이 부분을 마지막으로 확인할 수 있어서 좋았습니다. 또 제가 가장 조심해야 할 두 가지를 말씀해 주셨는데, 면접을 대기하면서 '이 두 가지만 주의하자.'라고 중얼중얼거렸습니다.

그리고 마지막으로 힘을 주셨는데, 막판에 떨어진 자신감도 회복할 수 있었습니다. 아 면접 스위치 잊지 마시구요. 최종에서 첫 답변을 망치고 나서 부지런히 면접 스위치 누르면서 정신 차리려고 노력했었습니다.

다시 한번 합격에 도움을 주신 박규현 선생님께 감사하다는 말씀을 드리며, 또 지원자분들 역시 선생님께 도움 많이 받으셔서 좋은 결과 내시길 바라겠습니다.

취준생분들이 여기 합격 후기 게시판을 본다는 건, 면접 컨설팅을 받아야 될지 말아야 될지 고민하고 있는 상태라고 생각됩니다.

면접 스터디해도 충분할 거 같은데 비싼 돈주고 받아야되나? 생각할 수도 있고, 이분 별로 안 유명한데 받아야 되나? 이 돈으로 ㄱㅁㅎ이나 ㅇㅎ한테 받고 말지. 하는 분도 있을 겁니다.

하지만 저 역시 유명 유튜버한테 면접 컨설팅 받아본 경험 있지만 도움은 1도 안됐습니다. 최종관문인 면접 앞두고 몇 만 원 아껴보자 하다가, 값으로 측정 불가한 기회비용 다 날리지 마시고 박규현 대표님 컨설팅 강력히 추천드립니다.

안녕하세요.

올해 수도권 지역농협 공채 합격자입니다. 박규현 대표님 덕분에 첫 면접의 기회를 놓치지 않고 잡을 수 있었고, 지금 이 자리에 올 수 있게 되어 감사한 마음으로 합격 후기를 남깁니다.

저는 중고 신입으로 이전에도 다른 기업에서 몇 번의 면접을 가봤었습니다. 이번에는 전문가의 도움을 얻어보고 싶어 박규현 대표님에게 5시간 면접패키지 과정을 신청했습니다. 박 대표님을 알게 된 경로는 다른 분들과 마찬가지로 유튜브로 알게 됐습니다.

인X ㄷㄷㅈ, 강ㅁㅎ, 이ㅎ 등 많은 유명 유튜버가 있지만 이분들은 솔직히 사기업 출신이라 '공기업'의 면접 과정 메커니즘에 이해가 부족하다고 생각합니다(실제로 제가 직접 면접 컨설팅 받아봄).

또한 유튜브만 봐도 이분들이 하고 있는 얘기 뻔합니다.(문제해결 과정을 보여줘라, 인싸이트 어쩌고~, 필살기를 보여줘라~, 디지털 역량을 보여줘라 등등)

물론 제가 합격한 지역농협은 공기업이 아니지만, ncs 블라인드채용으로서 공기업 면접과 같은 성향을 띄고 있습니다.

어느 날 박 대표님의 영상들을 보니 실제 공기업 면접관 출신으로서의 진솔한 얘기에 큰 인상을 받게 됐고, 그 영향으로 면접패키지 과정을 신청하여 최종면접을 준비하게 됐습니다. 면접 준비자 90%는 스크립트 짜서 달달달 외우고 있는 게 현실입니다. (저 역시 그랬습니다.)

면접장 가보면 죄다 제가 가장 존경하는 인물은 백종원입니다! 제 단점은 꼼꼼함입니다! 꼼꼼해서 일 처리가 늦기 때문에 단점이라 생각합니다! 제 강점 3가지를 말씀 드리겠습니다! 첫째 !

이런 흔해 빠진 모범답안이라 생각하는 것들을 가면 쓴 모습으로 말하고 있으니 변별력이 있을까요? 또한, 최종면접까지 온 지원자 중에 스펙 딸리는 사람이 있을까요? 이런 잘난 척하고 진부한 모습 보이는 순간 단언컨대 불합격입니다. 최종면접은 자기 자랑 시간이 아닙니다. 그냥 진솔하고 솔직하게, 지원자의 '생각'을 보여주면 합격합니다.

그리고 가면 쓰지 마세요. 내성적인 사람이 적극적이고 밝은 성격이라고 어필하면 베테랑 면접관들이 그거 눈치 못챌거 같나요? 그리고 내성적인 사람은 면접에서 합격 못 한답니까? 제가 내성적이고 무뚝뚝한데 제 단점 다 까놓고 합격했습니다. 그 외 박 대표님의 여러 가지 조언들로 정말 큰 도움이 됐는데, 여기에 다 기록하면 영업방해가 될 수 있으니⋯ 이 정도로 하겠습니다.

또한 면접 컨설팅 때 녹음파일, 실제 모의 면접한 영상파일까지 제공해주기 때문에 혼자 연습할 때 아주아주 큰 도움이 됐고 제 단점을 고치는 계기가 됐습니다. 다른 유명 유튜버한테 비싼 돈 주고 컨설팅 받을 땐 저것마저 제가 녹음하고 녹화하는 셀프시스템이더군요;;

그리고 면접 스터디에 대한 개인적인 의견은 '모 아니면 도'라고 생각합니다. 돈 아껴보고자 면접 스터디 많이들 하죠? 고만고만한 지원자끼리 모여서 서로 조언하고 그러는 게⋯ 독이 될 가능성이 높다고 생각합니다. 심지어 면접장에서 같이 연습했던 스터디원 답변 가로채는 경우도 있죠. 시간 맞추고, 다른 사람이 시간 펑크내고 하는 것도 스트레스라⋯ 저는 그래서 면접 스터디 한 번도 안 해봤고, 첫 직장 때도 혼자 연습했습니다.

공기업 준비하면서, 지역농협 지원해 보는 분들이 꽤 많은 걸로 알고 있는데, 박 대표님에게 컨설팅 받으시며 질문 남겨주시면 지역농협 준비과정에 필요한 것들, 궁금한 점들 전부 도움드리겠습니다!

농준모 이딴 '뇌피셜 난발하는 카페 정보'보다, 재직자가 가장 확실하고 정확합니다.

이 자리를 빌려 박규현 대표님에게 다시 한번 감사드립니다!

13번 연속 면탈자였던 제가 박규현 선생님의 컨설팅으로 첫 합격을 볼 수 있었습니다

저는 2021년도 하반기 국민건강보험공단 채용과정의 서류전형부터 면접전형까지 박규현 선생님께 도움을 받았습니다. 박규현선생님 컨설팅은 크게 비언어적인 태도, 논리적이고 좋은 답변 이렇게 두 개 모두 개선할 수 있어서 좋았습니다. 아마 박규현 선생님께 배우지 않았다면, 솔직히 또 불합격했을 것 같아요. 계속되는 면탈에 지쳐가고 막막했는데, 선생님 덕분에 저랑 우리 가족 모두 이번 겨울을 행복하게 보낼 수 있게 됐어요. 저처럼 면탈로 고민이 많으신 분들께 이 후기가 조금이라도 도움이 됐으면 좋겠습니다.

서류전형: 자소서 첨삭

저는 그동안 건보를 총 6번 지원했습니다. 작년에 처음으로 서류전형에서 합격하고 최탈한 뒤로는 3번 연속 서탈로 서류전형에도 자신감이 떨어져 갔습니다. 그래서 고민 끝에 처음으로 자소서 첨삭을 받았습니다. 제가 복잡하게 써놓은 부분들을 읽는 사람 입장에서 쉽게 읽히도록 첨삭해 주셨습니다. 그리고 항목마다 적합한 소재인지도 봐주셨습니다. 이전과는 다르게 정말 읽히기 쉬운 자소서를 작성할 수 있어서, 서류에서 합격할 수 있었던 것 같습니다.

면접전형

저는 총 13번 면접에서 탈락했습니다. 지금까지 인턴 면접 빼고 정규직 직원으로서 보는 면접은 다 탈락했어요. 심지어 면접등수를 알려준 기업도 있었는데 제가 꼴찌였더라구요.. ㅎ 그정도로 심각했습니다. 더 심각했던건 면접에서 왜 떨어지는지 모르고 있었고, 스터디팀원들이 답변 참 잘한다고, 합격할 것 같다고 하셨어요. 면접 끝나면, 항상 "이정도면 잘봤다. 합격할거다!" 라고 생각했었는데 번번이 불합격창을 봤습니다. 그래서 답답한 마음에 '박규현의 공기업 NCS면접'이라는 책을 쓰신 박규현쌤께 찾아가게 됐습니다.

선생님께 첫 컨설팅 때 모의면접을 보고 왜 주눅들어서 면접을 보냐고, 그리고 저보고 떨어지게끔 면접을 보고 있다고 피드백해 주셨습니다. 면접관에게 잘 보이고 싶어서 뜬구름 잡는 답변을 하고, 항상 멋있는 말 그럴듯한 말을 하지만 알맹이는 없는 답변을 하고 있었다는 것을 컨설팅을 통해 깨달았습니다. 그때부터 차근차근 피드백 받으며 배워나갈 수 있었습니다.

1분 자기소개

선생님께서 저를 면접관으로서 바라보셨을 때, 제가 어떤 점이 부족하고, 안 좋은 이미지가 형성되는지 파악하시고 이걸 보완하는, 거의 정면승부하는 자기소개를 만들어주셨습니다.

태도와 마음가짐을 강조하는 자기소개를 만들어주셨는데, 사실 처음에는 불안했습니다. 저는 그동안 지식이나 기술, 능력을 자랑하는 자기소개가 좋은 자기소개라고 생각했거든요. 그래서 마지막 전날까지도 이전에 해왔던 방식의 자기소개를 보여드리면서 성과를 자랑하는 자기소개로 바꾸고 싶다고 했었어요. 하지만 선생님께서 태도를 강조하는 자기소개를 하는게 저의 이미지를 보완할 수 있을 것이라고 말씀해주셨고, 이게 건보 직원이 가져야 할 역량이라고 설득해주셨습니다. 그래서 선생님을 믿고 기존의 제 자기소개와는 다른 1분 자기소개를 했습니다.

면접날 1분 자기소개를 가장 먼저 했었는데, 그동안 봤던 면접에서는 면접관들이 단 한번도 자기소개할 때 저를 쳐다보시지도 않으셨고 심드렁해하셨거든요. 그런데 이번 건보면접에서는 면접관 3분께서 눈이 커지셔서 저를 바라보셨습니다. 특히 제가 겸손한 태도를 보이는 문장을 말했을 때, 면접관분들이 동시에 눈이 커지면서 저를 바라보셨어요. 그때는 너무 떨려서 혹시 내가 잘못말해서 저렇게 쳐다보신건가..?했는데 지금 생각해보니 좋은 시그널이었던 것 같습니다.

면접답변 피드백

피드백을 주실 때 제가 부족한 부분이 뭔지, 제가 어떤 생각을 하고 잘못된 방향의 답변을 하는지 다 알아차리시고는 고쳐야 할 부분을 정확히 가르쳐 주셨습니다. 특히 면접에 임할 때 공기업 직원이 가져야할 올바른 생각과 태도를 많이 배웠습니다. 그래서 마지막에 인성면접 질문을 받았을 때, 선생님이 가르쳐주신 생각과 태도를 바탕으로 답변을 했습니다. 그때 까다롭고 어렵게만 느껴졌던 면접관님께서 고개를 끄덕이시고는 더 이상 꼬리질문을 하지 않고 멈추셨습니다.

또, 선생님은 피드백 주실 때도 부드럽고 친절하게 가르쳐주셔서, 더 잘 기억에 잘 남고 제대로 배울 수 있었던 것 같습니다. 사실 저는 계속되는 탈락에 거의 유리멘탈이 되어있었거든요. 그래서 강압적인 분위기에서 자꾸 혼나기만 하면 주눅들고 배우는 내용은 잘 안 들어올 것 같았습니다. 다른 취준생분들도 너무나도 간절하고 다들 심적으로 지치고 힘든 상태이기 때문에, 자신감을 잃지 않게 피드백해 주시는 이 부분이 참 좋다고 생각합니다. 만약 저의 어떤 부분이 부족한지 정확히 가르쳐주시지 않고 '너는 잘못됐다 큰일났다'라고만 지적받았다면... 아마 저는 갈피를 잃고 무너졌을 것 같습니다.

답변 내용

선생님 컨설팅의 가장 큰 장점이 면접관 입장에서 답변 내용을 구성해 주신다는 것이었습니다. 이전에 제 면접답변은

- 항상 그럴듯한 말, 추상적이고 멋있는 단어, 뜬구름 잡는 말

- 내 성격이 파악되지 않는 답변

- 경험도 상황이 그려지지 않고 성과를 자랑하기만 급급했던 답변

이랬습니다. 전 이게 정답이라고 생각해서 면접 때 정답을 말하고 왔다고 착각했습니다. 하지만 컨설팅을 하면서 제가 오답을 준비해 가서 면접장에서 기계같이 내뱉고 온다는 것을 깨달았습니다. 그리고 제가 강조할 역량이라고 생각한 부분들이 사실은 면접관들에게 어필이 안 되고 와닿지 않는 역량이라는 것을 컨설팅을 하면서 알게 됐습니다.

컨설팅 내내 선생님께 답변을 점검받으면서

- 논리적인 답변

- 진솔하고 호감가는 답변

- 면접관 입장에서 쉽게 바로 이해되는 답변

- 겸손한 답변

이렇게 바꿔나갈 수 있었습니다. 저는 많은 면접을 잘못된 방식으로 봐왔기 때문에 사실 안 좋은 습관이 생겨서 쌤과 컨설팅을 하다가도 자주 이전과 같은 방향으로 욕심을 부려 답변하곤 했었습니다. 그때마다 선생님께서 바로바로 고쳐주셔서 나아질 수 있었습니다. 실제로 면접장에서도 어려운 말, 멋있는 말 하지 않고, 상대방이 이해하기 쉬운 단어, 진솔한 답변을 해서 합격할 수 있었던 것 같습니다. 긴장을 정말 많이 했지만, 꾸며내지 않고 선생님과 연습했던 답변 그대로 답변할 수 있었습니다. 선생님을 믿고 가르쳐주신 방향대로 했기 때문에 기존에 봐왔던 다르게 면접을 봐서 합격할 수 있었다고 생각해요 ㅎㅎ

비언어적 태도

저는 힘없고 가는 목소리, 자신감 없는 태도, 기계적으로 말을 술술 잘하는 걸 꼭 고쳐야 한다고 말씀해주셨어요. 그래서 선생님께서 앉는 자세, 시선처리, 목소리 내는 방법, 기계같이 말하지 않고 외운 티 안 나게 자연스럽게 말하는 방법을 가르쳐주셨습니다. 그래서 선생님이 가르쳐주신 대로 연습하곤 했습니다. 그래서 면접장에 가서 예전처럼 답변 머신처럼 말하지 않고, 면접관님과 호흡(?)하면서 대화할 수 있었습니다. 저는 사실 면접장에서 정말 많이 긴장했기 때문에 100% 준비한 만큼 발휘하지 못하고 왔었는데, 그래도 면접관과 상호작용하며 대화했기 때문에 저의 부족한 점을 보완할 수 있지 않았나 라고 생각합니다.

마지막 마무리

사실 저는 첫 면탈이 건보였고, 또 첫 면접합격이 건보에요. 선생님 덕분에 제가 꼭 가고 싶었던 꿈이었던 건보에 갈 수 있게 됐다고 생각합니다. 제가 잘해서가 아니라 선생님께 배웠기 때문에 합격할 수 있었어요. 선생님 정말 감사합니다. 감사하다는 말로 표현이 안 될만큼 정말 감사해요. 선생님의 친절하고 따뜻한 가르침으로 제가 면접에 합격한 만큼, 저도 고객에게 친절하고 따뜻한 겸손한 직원이 되겠습니다.

그리고 이 글을 읽으시는 취준생 분들이 꼭 자신감을 가졌으면 좋겠습니다! 전 가장 가고 싶었던 최애 기업인 건보에서 첫 면탈을 하니 자신감이 낮아졌어요ㅠㅠ 또 계속 면접에서 탈락하면서 트라우마가 생겼고, 많은 면접을 보면서 안 좋은 습관들, 태도가 만들어졌어요. 하지만 선생님께 컨설팅을 받으면서 고쳐야 할 점들을 알게됐고 고치기 위해 노력할 수 있었습니다. 평소 면접 준비할 때, 당일에 할 일들을 가르쳐주셔서 선생님이 가르쳐주신 그대로 다 따라갔고, 면접장에서도 선생님께서 배운걸 계속 생각하면서 대답했습니다. 앞으로 선생님께 컨설팅 받는 분들도 꼭 선생님께서 가르쳐주신걸 토대로 면접날 그동안의 노력을 잘 발휘해 주시길 바랍니다.

그리고 저는 취준 내내 자꾸 면접에서 떨어지다보니, 스스로 괴롭히고 비난하면서 힘들어했는데요. 이 글을 읽으시는 분들은 안 그러셨으면 좋겠어요.

취준과정을 너무 혹독하게 보낸 것 같아 그게 참 아쉽고 스스로에게 미안해요. 사실 우리는 부족해서, 못나서가 아니라, 가고 싶은 기업에서 일하기 위해 도전하고 준비하는 과정에 있다는 걸 아셨으면 좋겠어요. 마음 졸이며 자소서 작성하고, 잠 줄여가며 준비하셨던 노력을 보답받아 원하는 결과 얻을 수 있으실 거라고 믿어요. 계속 불합격만 했던 저도 결국 원하는 기업에 합격했듯이요 ㅎㅎ

꼭 건강하게 그리고 자신을 잃지 않으면서, 원하는 기업에 취뽀하시기를 진심으로 응원합니다!

안녕하세요. 저는 박규현쌤에게 자소서 첨삭 및 면접컨설팅 도움을 받으며 2020년 국민건강보험공단 요양직으로 입사하게 된 사람입니다. 입사한 이후로 너무 늦게 합격수기를 올려드려 쌤에게 죄송한 마음이 듭니다. 죄송한 마음과 함께 시간이 많이 흘렀지만 공기업을 준비하는 분들에게 도움이 되고자 합격수기를 올려드립니다.

스펙

- 사회복지사 1급
- 종합복지관 및 노인복지관 8년 2개월 근무 (관리자 3년)

준비기간 및 내용

- 6주 (4월 3째주 강의 수강부터~ 5월 말 면접까지)
- 규현쌤 위포트 강의 수강 (자소서 작성방법, 면접 등)
- 규현쌤 자소서 첨삭 및 면접컨설팅 3회

컨설팅 총평

저는 복지관에서 근무하다가 아내의 권유를 받고 건강보험공단에 단기간(6주) 준비하여 합격하였습니다. 보훈전형이여서 필기시험은 안봤지만 서류전형과 면접을 꼼꼼히 준비한 케이스입니다.

첫 번째로 경험 및 경력기술서는 제가 8년 2개월 동안 근무하면서 성과중심으로 요양직업무와 연계된 내용으로 작성하였습니다. 저는 경력기술서 작성시 "요양직 직무기술서"를 바탕으로 직무수행태도 키워드를 분석하여 작성했습니다. 제가 요양직 업무를 이미 하고 있는 직원처럼 말이죠.

두 번째로 자소서는 규현쌤 위포트 강의를 듣고 제가 직접 작성하였고, 2,000byte에 맞게 작성했는데도 불구하고 일목요연하게 작성이 되지 않아 규현쌤의 첨삭을 받아 매끄럽게 마무리 하였습니다. 자소서의 핵심은 질문을 통해서 내가 어떤 사람인지 보여줘야 하는데, 저는 처음에 너무 장황하게 글을 많이 썼던 것 같습니다. 자소서 작성시에도 요양직 업무와 관련된 내용으로 작성하였고 인재상 키워드를 적절히 넣어가며 경력위주로 작성하였습니다. 첨삭을 받으면서 키워드를 뽑아주시고 정리를 해주셔서 잘 마무리 할 수 있었던 것 같습니다.

세 번째로 마지막 관문인 면접입니다. 제가 가장 많은 도움을 받았던 부분입니다. 먼저 직장생활하면서 단기간에 면접을 준비하다 보니 주말 총 3회 시간을 내서 면접 컨설팅을 받았습니다. 처음에는 면접 준비가 막막하여 어떻게 방향을 잡고 준비해야 될지 몰랐지만, 저의 면접태도와 목소리를 음성과 영상으로 모니터링 해주시면서 잘못된 부분을 바로 잡아 주셨습니다. 토론면접의 경우, 다른 면접자들의 목소리를 귀기울여 경청하고 상황에 따라 토론방법에 대해 지도 받을 수 있었습니다. 제가 속한 조에서는 빌런이 한 분 계셔서 거의 토론이 진행되지는 못했지만, 규현쌤에게 배운 내용을 바탕으로 너무 튀지 않고 무난하게 마무리 했던 것 같습니다.

저에게 가장 많은 도움이 됐던 부분은 인성면접인데 규현쌤이 실제로 면접관 앞에서 보는 것처럼 지도를 해주셨습니다. 건보에 대해 아는 지식이 별로 없어서 자신감이 많이 없었는데, 매주 컨설팅을 받고 평일에도 칼퇴하여 저녁 늦게까지 입이 마르도록 면접내용을 소리내어 외우면서 준비하였습니다. 면접당일 인성면접에서 자기소개가 가장 중요하다고 하였는데 규현쌤의 지도를 받은 내용으로 자신감 있게 자기소개를 하였고, 면접관들이 저를 처음부터 주목해주고 계시다는 사실을 알게되었습니다. 자기소개 이후 마음속으로 합격할 수 있겠다는 확신이 들었던 것 같습니다. 자기소개를 하고 나니 다른 질문들과 꼬리질문까지 당황하지 않고 편안하게 대답할 수 있었던 것 같습니다.

소감

직장을 다니면서 6주 동안 건보 입사를 준비한다는게 쉽지 않았는데, 규현쌤의 컨설팅을 통해 단기간에 효율적으로 준비하여 합격할 수 있었습니다. 6주 동안은 거의 고시생처럼 준비했던 것 같습니다. 면접당일 면접관들의 모습이 아직도 잊혀지지 않습니다. 규현쌤의 맞춤형 컨설팅이 아니었다면 단기간 합격은 불가능했을 것입니다. 규현쌤에게 진심으로 감사의 말씀드리며, 공기업을 준비하는 분들이 저의 합격수기를 보고 많은 도움이 되었으면 좋겠습니다. 감사합니다.

박규현의 공기업 NCS 면접

지은이 박규현
펴낸이 정규도
펴낸곳 (주)다락원

초판 1쇄 발행 2025년 9월 12일

기획 권혁주, 김태광
편집 이후춘, 배상혁

디자인 하태호, 홍수미

다락원 경기도 파주시 문발로 211
내용문의: (02)736-2031 내선 288
구입문의: (02)736-2031 내선 250~252
Fax: (02)732-2037
출판등록 1977년 9월 16일 제406-2008-000007호

ISBN 978-89-277-7488-4 13320

http://www.darakwon.co.kr